KB080435

임원경제지
권35-36

위선지 魏鮮志 2

林園經濟志

임원경제지
권35-36

위선지 魏鮮志 2

풍흉·길흉 예측 백과사전

권3·풍흉과 길흉의 예측(하)

권4·바람과 비의 예측

풍석 서유구 지음 추담 서우보 교정
임원경제연구소 최시남, 김용미, 정명현, 민철기 옮김

풍석문화재단

이 책은 ㈜DYB교육 송오현 대표와 ㈜우리문화 백경기 대표 외
수많은 개인의 기부 및 문화체육관광부의 지원으로 완역 출판되었습니다.

임원경제지 위선지2

지은이　풍석 서유구
교　정　추담 서우보
옮기고 쓴 이　**임원경제연구소** [최시남, 김용미, 정명현, 민철기]
1차 교열 : 전용훈, 김정기
교감·교열 : 임원경제연구소
감수 : 전용훈(한국학중앙연구원 인문학부 철학 전공 교수)
펴낸 곳　자연경실　**풍석문화재단**
펴낸 이 : 신정수
진행 : 박시현, 박소해
전화 : 02)6959-9921 E-mail : pungseok@naver.com
일러스트　임원경제연구소
편집디자인　아트퍼블리케이션 디자인 고흐
인　쇄　상지사피앤비
펴낸 날　초판 1쇄 2024년 2월 20일
ISBN　979-11-89801-67-0

* 표지그림 : 천상열차분야지도(국립중앙도서관 소장)
* 사진 사용을 허락해 주신 국립중앙도서관, 국립민속박물관, 국립중앙박물관, 서울대 규장각한국학연구원, 고려대 도서관 한적실 여러분께 감사드립니다.

자연경실은 풍석문화재단의 출판브랜드입니다.

차례

2. 운기로 점치다 占運氣

위선지 권제4 魏鮮志 卷第四 임원십육지 36 林園十六志 三十六

바람과 비의 예측 候風雨

18. 곤충이나 물고기로 점치다 占蟲魚

19. 잡점 雜占

20. 시후로 점치다 占時候

21. 역일로 점치다 占曆日

일러두기

- 이 책은 풍석 서유구의 《임원경제지》를 표점, 교감, 번역, 주석, 도해한 것이다.
- 저본은 정사(正寫) 상태, 내용의 완성도, 전질의 구성 등을 고려하여 1·2권은 오사카 나카노시마부립도서관본으로, 3·4권은 서울대학교 규장각한국학연구원본을 저본으로 했다.
- 위선지 1·2·3·4권은 현재 남아 있는 이본 가운데 고려대 도서관본으로 교감하고, 교감 사항은 각주로 처리했으며, 각각 오사카본, 규장각본, 고대본으로 약칭했다.
- 교감은 본교(本校) 및 대교(對校)와 타교(他校)를 중심으로 하고, 필요에 따라서는 이교(理校)를 반영했으며 교감 사항은 각주로 밝혔다.
- 번역주석의 번호는 일반 숫자(9)로, 교감주석의 번호는 네모 숫자(⑨)로 구별했다.
- 원문에 네모 칸이 쳐진 注와 서유구의 의견을 나타내는 按, 案, 又案 등은 원문의 표기와 유사하게 네모를 둘러 표기했다.
- 원문의 주석은【 】로 표기했고, 주석 안의 주석은〔 〕로 표기했다.
- 서명과 편명은 원문에는 모두《 》로 표시했고, 번역문에는 각각《 》및〈 〉로 표시했다.
- 표점 부호는 마침표(.), 쉼표(,), 물음표(?), 느낌표(!), 쌍점(:), 쌍반점(;), 인용부호(“ ”, ‘ ’), 가운데점(·), 모점(、), 괄호(( )), 서명 부호(《 》)를 사용했고 인명, 지명 등 고유명사에는 밑줄을 그었다.
- 字, 號, 諡號 등으로 표기된 인명은 성명으로 바꿔서 옮겼다.

3

위선지 권제 3
魏鮮志卷第三

임원십육지 35
林園十六志三十五

목성은 83년에 7번 하늘을 회전한다. 이 기간 동안 태양과 회합[合度]하는 횟수는 76번이다. 이를 기준으로 보면 일반적으로 398일 88각(刻)에 태양과 1번 회합한다.《원사》
목성은 동방 7수인 각(角)·항(亢)·저(氐)·방(房)·심(心)·미(尾)·기(箕) 7성을 주관한다. 군주와 제후의 도덕에 관한 일, 그리고 농사 담당 관리와 오복(五福)을 주관한다. 목성이 머무는 곳에 덕이 깃드니, 그 분야의 나라에 복이 있어서 그 나라를 정벌할 수 없게 된다. 목성의 여성(餘星)은 자기(紫氣)이다.《군방보》

- I -

풍흉과 길흉의 예측(하)

候歲(下)

1 별로 점치다

2 운기로 점치다

1. 별로 점치다

占星

1) 총론

總論

만물의 정화가 위로 올라가 총총히 늘어선 별이 된다.[1] 하늘에서는 상(象)을 이루고, 땅에서는 형(形)을 이룬다.[2] 이 별들이 정미함을 보존하고 신령함을 지키면 인간세의 빛나는 직분들이 명료하게 잘 실행되고 있음을 알 수 있다. 또 별들이 모였다 흩어지기도 하고 서로 침범하기도 하면서 인간세의 상서로움이나 흉한 기운을 일일이 보여준다. 뿐만 아니라 별들의 밝음과 어두움, 오래 지체함과 숨음으로써 인간세의 화(禍)나 복(福)을 알려준다.

百昌之精上爲列星，在天成象，在地成形．精存神守，麗職宣明；合散凌侵，歷①示祥祲；明暗留伏，用告禍福．

나는 무릇 물난리나 가뭄, 풍년이나 흉년은 더욱 칠정(七政)[3]과 연계되어 있는데도 누원례(婁元禮)[4]나 육영(陸泳)[5]의 점과 예측이 별들의 상(象)에까지 개괄하여 미치지 못했던 이유는 무엇 때문인지 홀로 이상

余獨怪夫水旱、豐荒尤繫七政，而婁、陸占侯不概及於星象者何也．今上溯甘、石，下逮司馬遷、張衡、李

1 만물의……된다:《설문해자(說文解字)》의 "萬物之精上爲列星"과 유사하다.《說文解字》7篇 上〈晶部〉"曐"(《說文解字注》, 312쪽).

2 하늘에서는……이룬다:《周易·繫辭》에 이 구절이 보인다.《周易正義》卷7〈繫辭〉上(《十三經注疏整理本》1, 303쪽).

3 칠정(七政):일(日)·월(月)과 금(金)·목(木)·수(水)·화(火)·토(土)의 오성(五星).

4 누원례(婁元禮):?~?. 중국 원말명초(元末明初)의 학자. 자는 학천(鶴天). 날씨를 잘 예측했으며 농업기상 전문서인《전가오행(田家五行)》을 저술했다.

5 육영(陸泳):?~?. 중국 원(元)나라의 학자.《오하전가지(吳下田家志)》를 저술했다.

① 歷:고대본에는 "曆".《晉書·天文志》의 "日月運行, 歷示吉凶, 五緯躔次, 用告禍福"이라는 대목 참조.

3원 28수의 위치(《천상열차분야지도》. 별자리를 12성차와 분야로 나타낸 그림. 발을 남쪽으로 머리를 북쪽으로 두고 누워서 바라본 천구를 2차원 지면에 그린 그림이다.)

하게 여겼다. 그러므로 지금 위로 거슬러 올라가서 전국 시대의 감덕(甘德)[6]과 석신(石申)[7], 아래로는 한나라의 사마천(司馬遷)[8]과 장형(張衡)[9], 당나라의 이순

淳風諸家, 撮其有關於候歲者, 著之于篇.

---

6 감덕(甘德) : ?~?. 중국 전국 시대 제(齊)나라의 천문학자.

7 석신(石申) : ?~?. 중국 전국 시대 위(魏)나라의 천문학자.

8 사마천(司馬遷) : B.C. 135~87. 중국 한나라의 역사가. 《사기(史記)》의 저자. 「天官書」에서 하늘을 중앙과 동서남북의 5개 영역으로 나누는 5궁(宮) 체계를 기본으로 삼았다.

9 장형(張衡) : 78~139. 중국 후한(後漢)의 관리·천문학자·수학자·문인. 일식과 월식의 원인을 발견하고 2,500여 개의 별자리를 기록했으며, 혼천설(渾天說)을 확립했다. 저서로 《영헌(靈憲)》·《혼천의(渾天儀)》·《현도(玄圖)》·《산망론(算罔論)》 등이 있다.

풍(李淳風) 등 여러 학자에 이르기까지 풍흉과 길흉의 예측과 관련된 내용을 모아서 이 편에 기록했다.

아! 드러나서 밝은 것은 상(象)이요, 은미하여 알듯 모를 듯 아득한 것은 이치[理]이다. 그러므로 상에 너무 집착하면 구애된다. 그렇다고 이를 저버리는 일도 옳지 않다. 너무 집착하지도 말고 버리지도 말아야 한다. 《주역(周易)》〈계사전(繫辭傳)〉에서는 "신령하게 밝히는 일은 바로 그 사람에게 달려 있다. 글로는 말의 본뜻을 다 나타낼 수 없다."[10]라고 하지 않던가. 《행포지(杏蒲志)》[11]

噫! 著明者象, 微茫者理. 泥之則拘, 捨之亦非, 不泥不捨. "神而明之, 存乎其人. 書不盡言."云. 《杏蒲志》

10 신령하게……없다:《周易正義》卷7〈繫辭傳〉上(《十三經注疏整理本》1, 342~345쪽).

11 출전 확인 안 됨. 현전본《행포지》에는 위 내용이 없다.

2) 자미원(紫微垣)[12]의 별자리 紫微垣

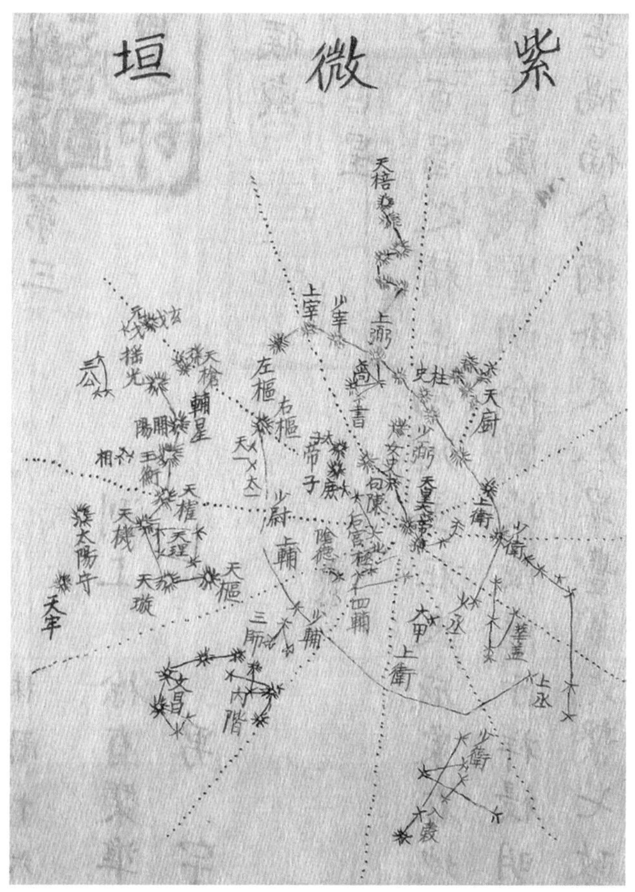

〈원도1〉 자미원(紫微垣). 좌추(左樞)·천봉(天棓)·상재(上宰)·소재(少宰)·상서(尙書)·상필(上弼)·주사(柱史)·천주(天廚)·상위(上衛)·소위(少衛)·소승(少丞)·화개(華蓋)·우추(右樞)·천일(天一)·태일(太一)·소위(少尉)·상보(上輔)·소보(少輔)·상위(上衛)·상승(上丞)·소위(少衛)·팔곡(八穀)·제(帝)·태자(太子)·서자(庶子)·여사(女史)·구진(句陳)·음덕(陰德)·후궁(后宮)·북극(北極)·사보(四輔)·천황(天皇)·태제(太帝)·태갑(太甲)·원과(元戈)·현과(玄戈)·삼공(三公)·요광(搖光)·천창(天槍)·보성(輔星)·개양(開陽)·상(相)·옥형(玉衡)·천권(天權)·천기(天機)·천리(天理)·천선(天璇)·천추(天樞)·삼사(三師)·문창(文昌)·내계(內階)·태양수(太陽守)·천뢰(天牢)

12 자미원(紫微垣) : 천구의 중심에 있는 별자리. 태미원(太微垣)·천시원(天市垣)과 더불어 삼원(三垣)이라 부른다. 하늘의 적도를 따라서 펼쳐진 하늘을 28개 구역으로 나누고 각 구역을 대표하는 별자리를 지정하였는데, 이를 28수(宿)라 한다. 28수는 크게 동방7수(宿)·북방7수(宿)·서방7수(宿)·남방7수(宿)의 넷으로 나눈다. 동방7수는 각(角)·항(亢)·저(氐)·방(房)·심(心)·미(尾)·기(箕), 북방7수는 두(斗)·우(牛)·여(女)·허(虛)·위(危)·실(室)·벽(壁), 서방7수는 규(奎)·누(婁)·위(胃)·묘(昴)·필(畢)·자(觜)·삼(參), 남방7수는 정(井)·귀(鬼)·유(柳)·성(星)·장(張)·익(翼)·진(軫)의 성수(星宿)로 구성되어 있다.

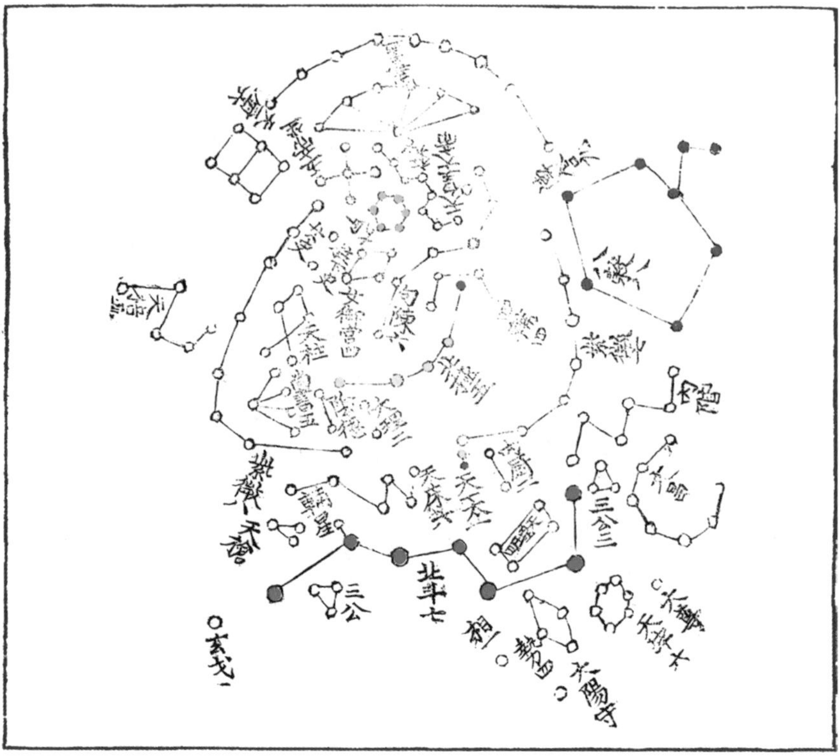

자미원 및 천일·태일·육갑·팔곡(《보천가》)

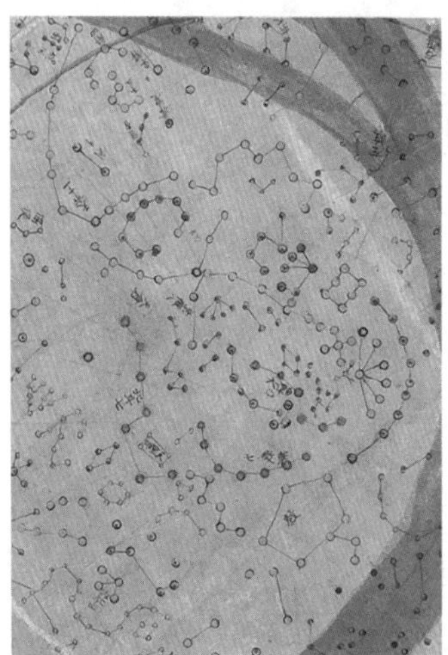

자미원(《천상열차분야지도》, 국립민속박물관)

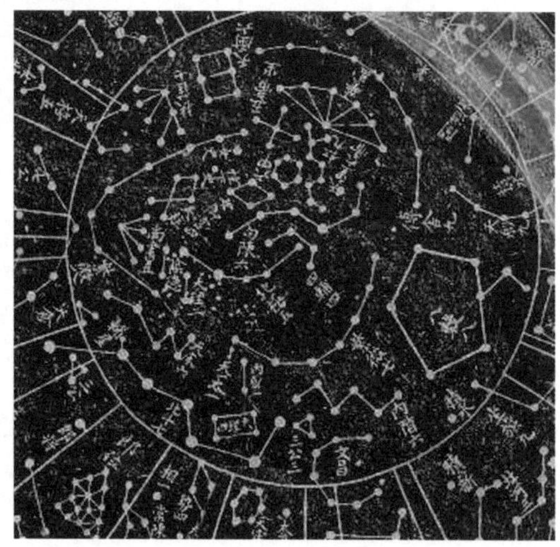

자미원(《천상열차분야지도》, 국립중앙도서관)

【안 별로 점치려면 반드시 먼저 천체를 측량해야[步天] 한다. 지금 여기에 삼원(三垣)·이십팔수(二十八宿) 전체의 그림을 싣고, 그 위치를 분야(分野)로 표기했다. 이는 모두 단구자(丹邱子)[13]의 《보천가(步天歌)》[14]를 근거로 했다. 별은 대·중·소로 나누어 그렸으며 대진현(戴進賢)[15]의 《황도총성도(黃道總星圖)》[16]를 참조했다】

【按 將欲占星, 必先步天. 今載三垣、二十八宿全圖而分野位置, 一依丹邱子《步天歌》. 星分大中小, 參用戴進賢《黃道總星圖》云】

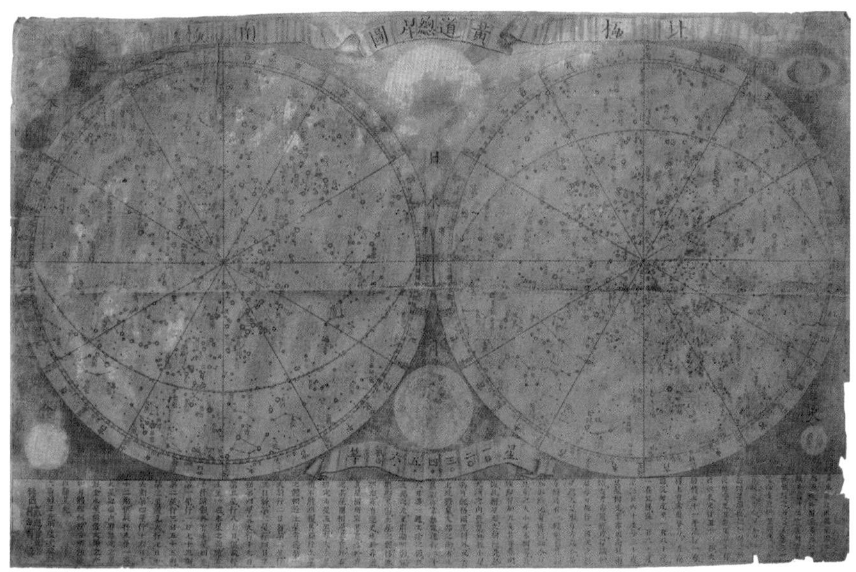

《황도총성도(黃道總星圖)》(국립중앙도서관)

13 단구자(丹邱子) : 미상. 《보천가》의 저자 왕희명(王希明)의 호로 추정되나 확실하지 않다.

14 보천가(步天歌) : 7언시로 구성된 중국의 천문서. 당(唐)나라 왕희명의 저술이라는 설이 있으나 확실하지 않다. 삼원·이십팔수의 체계로 별자리를 분류하기 시작한 최초의 저술이다.

15 대진현(戴進賢) : 1680~1746. 독일 예수회 선교사. 본명은 쾨글러(I. Kogler). 1716년 중국에 건너와 옹정제 3년인 1725년 당시 중국의 천문관측소 소장이라고 할 수 있는 흠천감감정(欽天監監正)을 지냈다.

16 황도총성도(黃道總星圖) : 중국의 대진현이 1723년에 펴낸 천문도. 중국의 대진현이 1723년에 펴낸 천문도. 천구를 황도면으로 잘라 각각을 평면에 투사한 양반구형 천문도이다. 조선 관상감의 김태서(金兌瑞)·안국빈(安國賓)은 중국에 사신으로 갔을 때 대진현으로부터 직접 천문에 대한 학습을 받았고, 1742년에 이를 모사해서 조선에 소개했다.

2-1) 천일(天一)[17] 1성[18]

天一一星

【보천가[19] 천일과 태일(太一)[20]은 자미궁(紫微宮, 자미원) 문 앞의 길에 있네.

【步天歌 天一、太一當門路.

성경(星經)[21][22] 천일성은 자미궁 문 바깥, 오른쪽 별[23]의 남쪽에 있다. 천제(天帝)의 신이다. 전투를 주관하고, 길흉을 알게 한다.

星經 天一星在紫微宮門外右星南, 爲天帝之神, 主戰鬭, 知吉凶.

송양조천문지(宋兩朝天文志)[24][25] 천일은 북극거리[去極][26]가 20.5도이고, 경도(經度)[27]가 항(亢)수에서 1.5도 들어간다[28]】

宋兩朝天文志 天一去極二十度半, 入亢宿一度半】

객성(客星)[29]이 천일을 범(犯)하면[30] 오곡이 아주 비

客星犯天一, 五穀大貴; 流

---

17 천일(天一): 자미원에 속한 별자리. 천을(天乙)이라고도 한다. 지황(地皇, 고대 3황 중 하나)씨의 정화가 하늘로 올라가서 별로 되었다고 하며, 만물을 품고 기르며 소통시키는 역할을 한다고 한다.

18 1성: 아라비아 숫자는 별자리에 속한 별의 개수. 이하 동일.

19 《步天歌》〈紫微垣〉, 37쪽(국립중앙도서관, 관상감 편, 청구기호: 한古朝66-81);《通志》卷39〈天文略〉第2 "北極紫微宮"(《文淵閣四庫全書》373, 473쪽);《欽定協紀辨方書》卷13〈公規〉2 "星圖步天歌" '紫微垣'(《文淵閣四庫全書》811, 510쪽).

20 태일(太一): 자미원에 속한 별자리. 태을(太乙)이라고도 한다. 인황(人皇)씨의 정화가 하늘로 올라가서 별로 되었다고 하며, 비바람, 물난리와 가뭄, 전쟁 등을 주관한다.

21 성경(星經): 중국 전국 시대의 감덕(甘德)·석신(石申)이 지은 천문서.

22 《星經》卷上 "天一", 23쪽;《說郛》卷108上〈星經〉卷上 "天一"(《文淵閣四庫全書》882, 246쪽).

23 오른쪽 별: 우자미원(右紫微垣) 7성 중 첫 번째 별인 우추(右樞)성.

24 송양조천문지(宋兩朝天文志): 중국 북송과 남송의 정사인《宋史》에 들어 있는〈천문지(天文志)〉로 추정된다.

25 출전 확인 안 됨;《五禮通考》卷192〈嘉禮〉65 "觀象授時" '天一太一各一星'(《文淵閣四庫全書》139, 643~644쪽).

26 북극거리[去極]: 천구의 북극에서 어떤 천체까지의 각거리. 거극도(去極度)라고도 한다.

27 경도(經度): 고대 중국천문학의 입수도(入宿度). 28수의 대표로서 기준이 되는 별[距星, 거성]로부터 어떤 별까지 잰 경도이다.

28 항(亢)수에서……들어간다: 천일성의 경도는 항수의 거성에서 동쪽으로 1.5도 더 간다는 뜻이다.

29 객성(客星): 혜성 따위와 같이, 일정한 곳에 늘 있지 않고 일시적으로 나타나는 별.

30 범(犯)하면:《무비지》에서는 "나아가 그곳에 침입하는 경우를 '범(犯)'이라 한다(行而侵之曰"犯")."라 했다.《武備志》卷157〈占星〉4 "星變" 1, 6352쪽 참조.

싸진다. 유성(流星)[31]이 천일에 곧바로 오면[抵][32] 겨울에 물난리가 나고, 여름에 가뭄이 들게 되며, 만물이 제대로 여물지 않게 된다. 《황제점(黃帝占)[33]》[34]

星抵天一, 冬澇夏旱, 物不成. 《黃帝占》

천일이 밝으면서 빛이 나면 음양이 잘 소통되어서 만물이 제대로 여문다. 그렇지 않다면 이와는 반대되는 일이 일어난다. 《장형점(張衡占)[35]》[36]

天一明而有光, 則陰陽龢合萬物成; 不然, 反是. 《張衡占》

천일성이 조금 밝아지려고 하면서 빛나면 음양이 화합하여 만물이 제대로 여물게 된다.

天一星欲小明而有光, 則陰陽和, 萬物成;

천일성이 크고 성대하게 밝으면 물난리와 가뭄이 고르지 않고, 오곡이 제대로 여물지 않으며, 천하의 기근을 겪는 사람들이 유랑하게 된다.

星大盛明, 則水旱不調, 五穀不成, 天下饑人流亡.

오성(五星)[37]이 천일성을 침범하여 그 옆을 차지하면[守][38] 물난리가 나거나 가뭄이 들고, 전쟁이나 기근으로 죽는 재앙이 생기게 된다.

五星犯、守, 爲水旱, 兵饑死喪之災;

유성이 천을에 곧바로 오면 곡식이 비싸지고, 사람들은 전염병에 걸리게 된다.

流星抵天乙, 穀貴人疫;

---

31 유성(流星) : 지구의 대기권 안으로 들어와 빛을 내며 떨어지는 작은 물체.

32 곧바로 오면[抵] : 《무비지》에서는 "저(抵)는 움직였다가 가만히 있다가 하면서 그 장소에 곧바로 오는 경우이다(抵者, 一動一靜而直至其所也)."라 했다. 《武備志》卷157 〈占星〉 4 "星變" 1, 6355쪽 참조.

33 황제점(黃帝占) : 오행과 천체 관측을 이용한 점서로 추정된다.

34 출전 확인 안 됨; 《二如亭群芳譜》 〈元部〉 "天譜" 卷2 '星'(《四庫全書存目叢書補編》80, 80쪽).

35 장형점(張衡占) : 중국 후한(後漢)의 천문학자 장형(張衡, 78~139)이 지은 점서로 추정된다.

36 출전 확인 안 됨; 《通志》卷39 〈天文略〉 第2 "北極紫微宮"(《文淵閣四庫全書》373, 474쪽)

37 오성(五星) : 금(金)·목(木)·수(水)·화(火)·토(土)의 다섯 별.

38 그……차지하면[守] : 《무비지》에서는 "그 옆에 의지하여 차지하는 경우를 '수(守)'라 한다(依其旁而居曰"守")."라 했다. 《武備志》卷157 〈占星〉 4 "星變" 1, 6352쪽 참조.

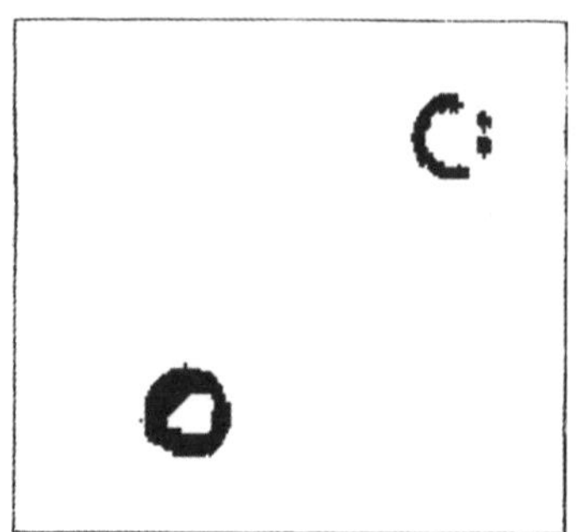

천일과 태일(《오례통고》)

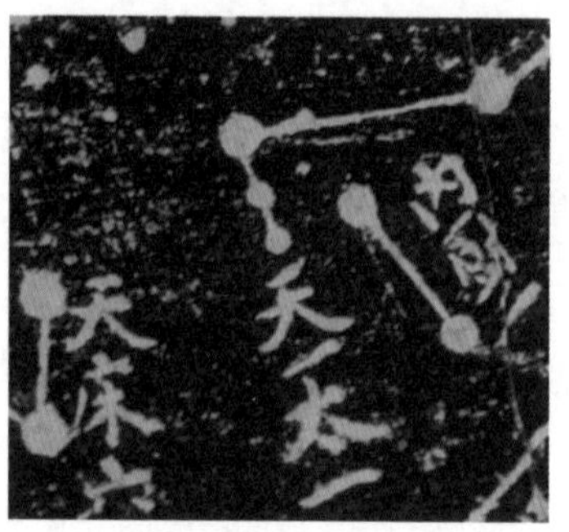
천 1과 태 1(《천상열차분야지도》)

유성이 천을의 옆으로 들어오면(入)[39] 곡식이 잘 익고, 천하가 평안하게 된다. 《관규집요》[40]

流星入天乙旁, 穀熟, 天下安. 《管窺輯要》

---

39 들어오면(入) : 《무비지》에서는 "당연히 와야 하지는 않지만 온 경우를 '입(入)'이라 한다(未當來而來曰"入")."라 했다. 《武備志》卷157 〈占星〉 4 "星變" 1, 6351쪽 참조.

40 출전 확인 안 됨; 《二如亭群芳譜》, 위와 같은 곳.

2-2) 태일(太一) 1성

太一一星

【보천가[41] 천일과 태일은 자미궁 문 앞의 길에 있네.

【步天歌 天一、太一當門路.

성경[42] 태일성은 천일성 남쪽 0.5도에 있다.

星經 太一星在天一南半度.

송양조천문지[43] 태일은 북극거리가 21도이고, 경도가 항수에서 1도 들어간다.

宋兩朝天文志 太[2]一去極二十一度, 入亢宿一度.

통지[44] 태을(태일) 1성은 천을(천일) 남쪽 가까운 곳에 있다. 역시 천제(天帝)의 신이다. 16신(神)[45] 부리는 일을 주관하고, 바람이나 비, 물난리나 가뭄, 전쟁, 기근, 전염병, 재앙이 생기는 나라를 알게 한다.

通志 太乙一星在天乙南相近, 亦天帝神也, 主使十六神, 知風雨、水旱、兵革、饑饉、疾疫、災害所生之國也.

군방보[46] 태일은 천지(天地)의 신이다. 16신 부리는 일을 주관하고, 흉사와 흉년을 알게 한다】

群芳譜 太一, 天地之神也, 主使十六神而知凶荒】

태일성이 밝고 빛나면 길하고, 어두우면 흉하다.

星明而有光, 則吉; 暗, 則凶.

---

41 《步天歌》, 위와 같은 곳;《通志》, 위와 같은 곳;《欽定協紀辨方書》, 위와 같은 곳.

42 《星經》卷上 "太一", 24쪽;《說郛》卷108上〈星經〉卷上 "太一"(《文淵閣四庫全書》882, 246쪽).

43 출전 확인 안 됨;《五禮通考》卷192〈嘉禮〉65 "觀象授時" '天一太一各一星'(《文淵閣四庫全書》139, 644쪽).

44 《通志》卷39〈天文略〉第2 "北極紫微宮"(《文淵閣四庫全書》373, 474쪽).

45 16신(神): 태을이 부리는 신들. 자(子)신·축(丑)신·간(艮)신·인(寅)신·묘(卯)신·진(辰)신·손(巽)신·사(巳)신·오(午)신·미(未)신·곤(坤)신·신(申)신·유(酉)신·술(戌)신·건(乾)신·해(亥)신.

46 《二如亭群芳譜》〈元部〉"天譜" 卷2 '星'(《四庫全書存目叢書補編》80, 80쪽).

[2] 太: 저본에는 "天".《五禮通考·嘉禮·觀象授時》에 근거하여 수정.

객성이 태일의 옆을 차지하면 천하에 큰 가뭄이 들거나 홍수가 나게 되고, 백성이 기근을 겪거나 전염병에 걸리며, 유랑하여 흩어지게 된다. 점은 천일과 대략 같다.《통지》[47]

客星守太一, 天下大旱大水, 民飢疫流散. 占與天一略同.《通志》

유성이 태을로 들어오면 점은 천을의 것과 같다.

流星入太乙, 占同天乙;

혜성(彗星)[48]이나 패성(孛星)[49]이 태을을 침범하면 전쟁이나 죽음, 물난리나 가뭄이 함께 일어나게 된다.

彗孛干犯太乙, 兵喪、水旱俱起;

적색 기운이 태을을 출입하면 큰 가뭄이 들게 된다.

赤氣出入太乙, 大旱;

흑색 기운이 태을을 출입하면 홍수가 나게 된다.

黑氣, 大水;

창백색 기운이 태을을 출입하면 큰 전염병이 돌아 죽게 된다.《관규집요》[50]

蒼白氣, 大疫死喪.《管窺輯要》

태일이 밝고 크면 그해에는 풍년이 들고 만사가 형통하게 된다.

太一明大, 則年歲豐亨;

태일이 보이지 않으면 물난리가 나거나 가뭄이 들어 재앙이 있게 된다.

不見, 則水旱爲災.

혜성이나 패성이 태을을 침범하여 그 옆을 차지하면 기근이 여기저기에 오게 된다.《관규집요》

彗孛犯守, 則饑饉游至. 同上

---

47 《通志》, 위와 같은 곳;《二如亭群芳譜》, 위와 같은 곳.

48 혜성(彗星) : 가스 상태로 빛나는 긴 꼬리를 끌고 태양을 초점으로 긴 타원이나 포물선에 가까운 궤도를 그리며 운행하는 천체. 꼬리별·꽁지별·미성·살별·장성·추성·혜패라고도 한다.

49 패성(孛星) : 혜성 중에 꼬리가 넷으로 갈라져 있거나, 만(卍)자 형태로 보이는 별.

50 출전 확인 안 됨.

2-3) 육갑(六甲, 거북등껍데기)[51] 6성 六甲六星

【지금은 1성이다. 【今一星.

보천가[52] 구진(句陳)[53] 6성은 육갑 앞에 있네. 步天歌 句陳六星六甲前.

성경[54] 육갑 6성은 화개(華蓋)[55] 아래, 강(杠)[56] 옆에 있다. 星經 六甲六星在華蓋之下、杠星之旁.

송양조천문지[57] 육갑의 거성(距星)[58]은 남쪽 별로, 북극거리가 15도이고, 경도가 규수(奎宿)[59]에서 4도 들어간다. 宋兩朝天文志 距南星, 去極一十五度, 入奎宿四度.

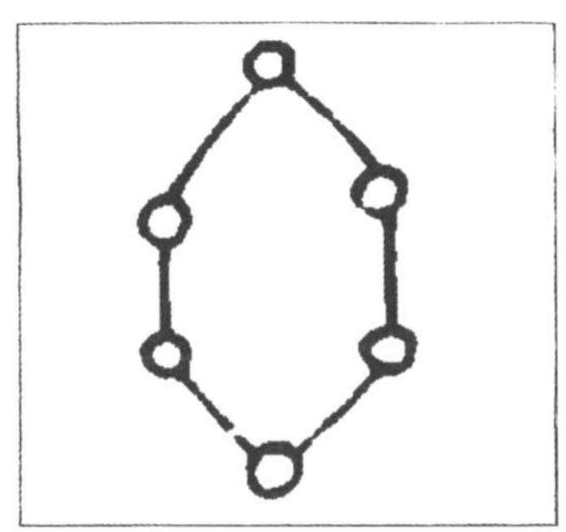

육갑(《성경》)

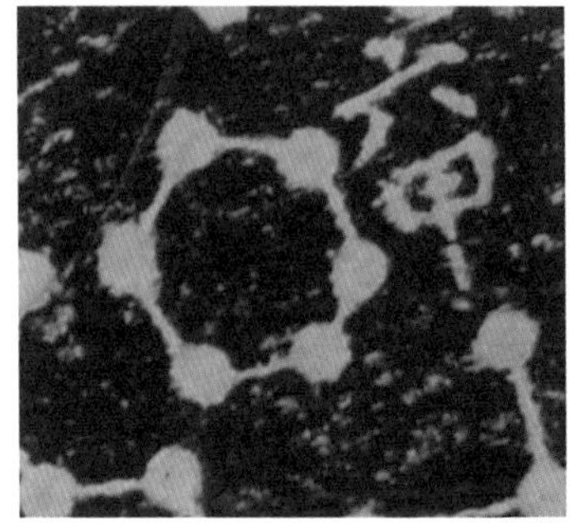

육갑 6(《천상열차분야지도》)

51 육갑(六甲, 거북등껍데기): 자미원에 속한 별자리. 오제(五帝) 아래에 있으며, 6개의 별이 정육각형모양이다.
52 《步天歌》〈紫微垣〉, 38쪽; 《通志》卷39 〈天文略〉第2 "北極紫微宮"(《文淵閣四庫全書》373, 473쪽).
53 구진(句陳): 자미원에 속한 별자리. 육갑 아래에 있으며, 6개의 별이 국자모양이다.
54 《星經》卷上 "六甲", 11쪽; 《說郛》卷108上 〈星經〉 卷上 "六甲"(《文淵閣四庫全書》882, 243쪽).
55 화개(華蓋): 자미원에 속한 별자리. 천황(天皇) 위에 있으며, 7개의 별이 우산을 활짝 펼친 모양이다.
56 강(杠): 자미원에 속한 별자리. 화개 아래에 있으며, 9개의 별이 우산의 자루모양이다.
57 출전 확인 안 됨; 《五禮通考》卷192 〈嘉禮〉 65 "觀象授時" '六甲六星'(《文淵閣四庫全書》139, 645쪽); 《文獻通考》卷278 〈象緯考〉 1 "中宮三垣" '北極紫微宮'(《文淵閣四庫全書》615, 518쪽).
58 거성(距星): 어떤 별자리를 대표하는, 가장 큰 별.
59 규수(奎宿): 28수 중 서방7수의 첫 번째 별자리.

통지[60] 육갑은 음과 양을 나누어 관장하고, 사시의 절기를 기록한다】

通志 分掌陰陽, 記時節】

육갑성이 밝으면 음과 양이 화합하게 된다. 밝지 않으면 추위나 더위로 절기가 쉽게 바뀌게 된다. 《통지》[61]

星明, 則陰陽龢; 不明, 則寒暑易節. 《通志》

육갑성의 까끄라기가 보이지 않으면 물난리나 가뭄이 그 절도를 잃게 된다. 객성이 육갑을 침범하면 농사를 폐업하게 된다. 유성이 육갑에 출입하면 물난리나 가뭄이 그 절도에 맞지 않게 된다. 객성이 육갑 옆을 차지할 때 적색이면 가뭄이 들게 된다. 흑색이나 백색이면 물난리가 많이 나고, 전염병에 걸리게 된다. 《관규집요》[62]

星芒不見, 則水旱失節. 客犯, 農事廢業; 流星出入, 水旱不節. 客星守六甲, 赤, 爲旱; 黑, 白, 多水疾疫.[3] 《管窺輯要》

유성이 육갑을 관통하면[貫][63] 가뭄이나 물난리가 그 절도에 맞지 않고, 농사는 적당한 때를 잃게 되며, 추위와 더위로 절후가 쉽게 바뀌게 된다. 《관규집요》[64]

流星貫六甲, 旱潦不節, 農失其時, 寒暑易候. 同上

60 《通志》卷39 〈天文略〉第2 "北極紫微宮"(《文淵閣四庫全書》373, 475쪽).

61 《通志》, 위와 같은 곳.

62 《管窺輯要》卷18 〈紫微垣諸星去極度數考〉(《管窺輯要》7, 37면); 《管窺輯要》卷18 〈紫微垣列座附客星流星彗孛雲氣干犯占〉 "六甲"(《管窺輯要》7, 79~80면).

63 관통하면[貫]: 《무비지》에서는 "관(貫)이란 곧바로 그 중심을 지나가는 것이니, 무기가 출입하는 모양이다(貫者直經其中過也兵出入之象)."라 했다. 《武備志》卷157 〈占星〉 4 "星變" 1, 6355쪽 참조.

64 《管窺輯要》卷18 〈紫微垣列座附客星流星彗孛雲氣干犯占〉 "六甲"(《管窺輯要》7, 80면).

[3] 疫: 《管窺輯要·紫微垣諸星去極度數考》에는 "病".

2-4) 팔곡(八穀, 8가지 곡식)[65] 8성

八穀八星

【보천가[66] 내계(內階)[67] 앞의 8성은 '팔곡(八穀)'이라 하네.

【步天歌 階前八星名"八穀".

진서(晉書) 천문지(天文志)[68][69] 제왕(諸王)[70] 서쪽의 8성을 '팔곡'이라 한다. 풍흉 예측과 8가지 곡식[八穀]을 주관한다.

晉·天文志 諸王西八星曰"八穀", 主候歲八穀.[4]

송사(宋史) 천문지(天文志)[71][72] 팔곡 8성은 화개(華蓋) 서쪽, 오차(五車) 북쪽에 있다. 다른 본에서는 "제왕 서쪽에 있다."라 했다.

宋·天文志 八穀八星在華蓋西、五車北, 一曰: "在諸王西".

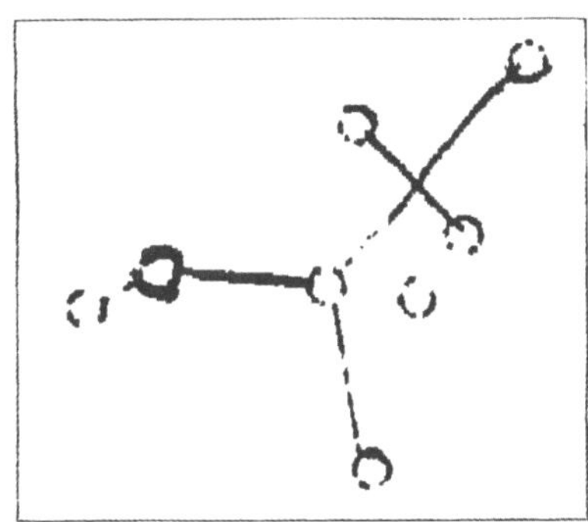

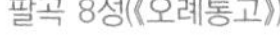
팔곡 8성(《오례통고》)

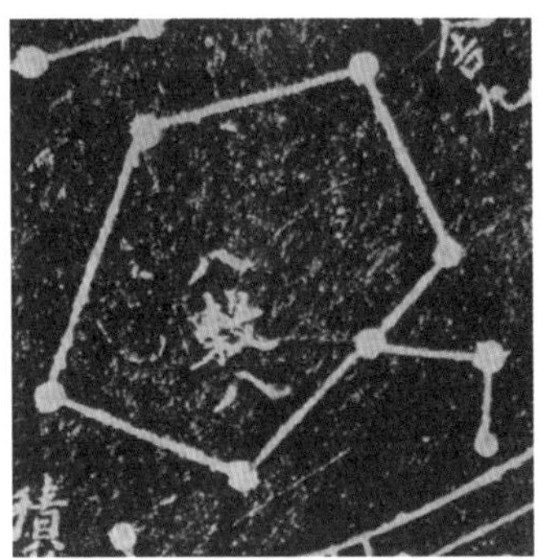
팔곡 8(《천상열차분야지도》)

65 팔곡(八穀, 8가지 곡식): 자미원에 속한 별자리. 내계(內階)의 위쪽에 있으며 8개의 별로 구성되어 있다.
66 《步天歌》, 위와 같은 곳; 《通志》卷39 〈天文略〉第2 "北極紫微宮"(《文淵閣四庫全書》373, 473쪽).
67 내계(內階): 자미원에 속한 별자리. 우자미원의 바깥 오른쪽에 있으며 6개 별로 구성되어 있다.
68 진서(晉書): 중국 당(唐)나라 때 편찬된 진(晉)나라의 정사.
69 《晉書》卷11 〈天文〉上 "中宮", 298쪽.
70 제왕(諸王): 서방7수 중 필(畢)수에 속한 별자리. 오차(五車)성 서쪽에 있으며, 6개 별로 구성되어 있다.
71 송사(宋史): 중국 원(元)나라 때 편찬된 송(宋)나라의 정사.
72 《宋史》卷49 〈天文志〉第2 "天文" 2 '紫微垣'(《文淵閣四庫全書》281, 19쪽).
[4] 八穀: 《晉書·天文·中宮》에는 없음.

무밀(武密)[73]은 "팔곡은 팔곡의 풍흉 예측을 주관한다. 1성은 벼, 2성은 기장, 3성은 보리, 4성은 밀, 5성은 메주콩, 6성은 팥, 7성은 조, 8성은 참깨를 각각 주관한다."라 했다.	武密曰: "主候歲豐儉, 一稻、二黍、三大麥、四小麥、五大豆、六小豆、七粟、八麻."
감덕(甘德)은 "팔곡은 자미궁 북문의 오른쪽에 있으며 친경(親耕)[74]·풍흉 예측·상식(尙食)[75]을 담당한다."라 했다.	甘氏曰: "八穀在宮北門之右, 司親耕, 司候歲, 司尙食."
송양조천문지[76] 팔곡의 거성은 서남쪽 별로, 북극 거리가 31.5도이고, 경도가 필수(畢宿)에서 3도 들어간다】	宋兩朝天文志 距西南星, 去極三十一度半, 入畢宿三度】
팔곡성 중의 1성이 없는 듯이 어두우면 곡식 1종이 제대로 익지 않게 된다. 《진서》〈천문지〉[77]	八穀星一星亡, 一穀不登. 《晉·天文志》
팔곡이 밝으면 8가지 곡식이 모두 제대로 여물게 된다.	明, 則八穀皆成;
어두우면 곡식이 제대로 익지 않게 된다.	暗, 則不熟;
팔곡 중 1성이 보이지 않으면 곡식 1종이 제대로 익지 않게 된다.	一星不見, 則一穀不登;

73 무밀(武密): 중국 고대의 점성가로 추정된다. 그는 역사서와 천문서에 많이 인용되었다.

74 친경(親耕): 제왕이 농업을 장려하기 위하여 적전(籍田)에 나와 몸소 농사를 짓던 일.

75 상식(尙食): 제왕의 음식을 관리하는 일.

76 출전 확인 안 됨;《五禮通考》卷192〈嘉禮〉65 "觀象授時" '八穀八星'(《文淵閣四庫全書》139, 646~647쪽);《文獻通考》卷278〈象緯考〉1 "中宮三垣" '北極紫微宮'(《文淵閣四庫全書》615, 519쪽).

77《晉書》, 위와 같은 곳.

8성이 보이지 않으면 나라 안의 사람들이 입에 풀칠을 하게 된다. 《통지》[78]

八星不見，則國人糊口.《通志》

팔곡 중 1성이 밝지 않으면 곡식 1종이 제대로 여물지 않게 된다.

一星不明, 一穀不成;

3성이 밝지 않으면 백성의 먹을거리가 부족하게 된다.

三星不明, 民食不足;

8성이 모두 없는 듯이 어두우면 천하가 크게 어지러워지게 된다.

八星皆亡, 天下大亂⑤.

객성이 팔곡을 침범하면 곡식이 아주 비싸진다.

客星犯八穀, 穀大貴;

혜성이나 패성이 팔곡을 침범하면 물난리가 나서 곡식이 아주 비싸진다.

彗孛犯八穀，水滂⑥穀大貴;

흑색 기운이 팔곡으로 들어오면 천하의 만물이 제대로 여물지 않게 되고, 사람들이 기근으로 태반이 죽게 된다. 《관규집요》[79]

黑氣入八穀，天下萬物不成，人飢死太半.《管窺輯要》

78 《通志》卷39 〈天文略〉 第2 "北極紫微宮"(《文淵閣四庫全書》373, 475쪽).

79 《管窺輯要》卷18 〈紫微垣列座附客星流星彗孛雲氣干犯占〉 "八穀"(《管窺輯要》7, 90면).

⑤ 亂:《管窺輯要·紫微垣列座附客星流星彗孛雲氣干犯占·八穀》에는 "飢".

⑥ 滂:《管窺輯要·紫微垣列座附客星流星彗孛雲氣干犯占·八穀》에는 "潦".

2-5) 북두칠수(北斗七宿, 국자)[80]

【보천가】[81] 북두칠수는 7성이 밝으니,
제1성은 황제를 주관하며 '추정(樞精)'이라 하지.
제2성과 제3성은 '선기(璇璣)성'이라 하고,
제4성은 '권(權)', 제5성은 '형(衡)'이라 하며,
'개양(闓陽)'·'요광(搖光)'은 제6성·제7성이네.

北斗七宿

【步天歌】北斗之宿七星明,
第一主帝名"樞精",
第二、第三"璇璣"星,
第四名"權"第五"衡",
"闓陽"、"搖光"六、七星.[7]

【성경】[82] 북두성을 '칠정(七政)'이라 한다. 이는 하늘의 제후이고, 또한 황제의 수레이다. 머리 부분인 4성을 '선기(璇璣)'라 하고, 자루 부분인 3성을 '옥형(玉衡)'이라 한다. 칠정을 가지런히 한다.

북두성은 군주이고, 명령을 하는 주체이니, 명령을 내려서 시행하고, 하늘에서 정사를 펼치며, 사방에 군림하여 제어한다.

【星經】北斗星謂之"七政", 天之諸侯, 亦爲帝車. 魁四星爲"璇璣", 杓三星爲"玉衡", 齊七政.

斗爲人君, 號令之主, 出號施令, 布政天中, 臨制四方.

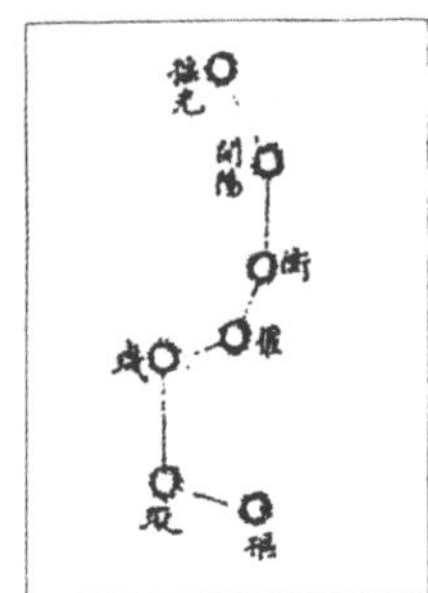
북두칠수(《오례통고》)

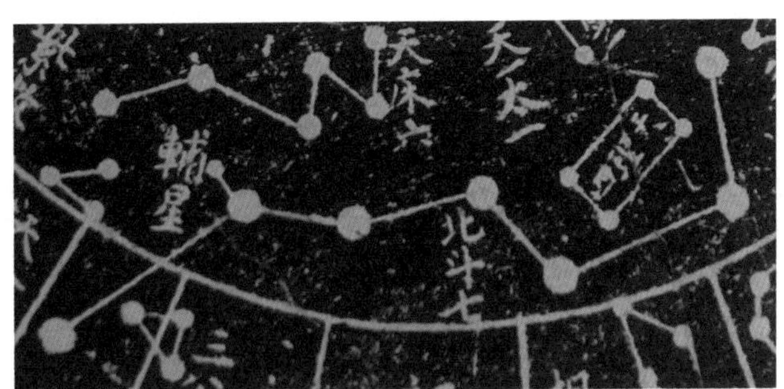

북두 7(《천상열차분야지도》)

---

80 북두칠수(北斗七宿, 국자): 자미원에 속한 별자리. 북두칠성. 태일성 아래에 있으며 7개의 별로 구성되어 있다.

81 《步天歌》〈紫微垣〉, 39쪽; 《通志》卷39 〈天文略〉 第2 "北極紫微宮"(《文淵閣四庫全書》373, 473쪽).

82 《星經》 卷上 "北斗", 14~16쪽; 《星經》 卷上 "輔星", 19~20쪽; 《說郛》 卷108上 〈星經〉 卷上 "北斗"(《文淵閣四庫全書》882, 243~244쪽); 《說郛》 卷108上 〈星經〉 卷上 "輔星"(《文淵閣四庫全書》882, 245쪽).

[7] 星: 《通志·天文略·北極紫微宮》에는 "名".

① 제1성은 '천추(天樞)'라 하고, '정성(政星)'이라고도 한다. 이는 천자(天子, 황제)의 상이다.

第一名"天樞", 亦曰"政星"也, 是天[8]子象.

② 제2성은 '선(琁)'이라 한다. 이는 여주(女主, 왕후)의 지위이다.

第二名"琁", 女主之位.

③ 제3성은 '기(璣)'라 하고, '영성(令星)'이라고도 한다.

第三名"璣", 亦名"令星".

④ 제4성은 '권(權)'이라 한다. 이는 징벌을 담당한다.

第四名"權", 爲伐.

⑤ 제5성은 '형(衡)'이라 한다. 이는 살육을 담당한다.

第五名"衡", 爲殺.

⑥ 제6성은 '개양(開陽)'이라 한다.

第六名"開[9]陽".

⑦ 제7성은 '요광(搖光)'이라 하고, '응성(應星)'이라고도 한다.

第七名"搖光", 亦爲"應星".

천추는 경도가 장(張)수에서 1도 들어가고, 북극거리가 18도이다.

樞入張一度, 去北辰十八度也.

형(衡)은 북극거리가 15도이고, 진(辰)수와의 거리가 11도이다.

衡去極十五度, 去辰十一度.

북두칠성의 제6·7성은 각(角)수를 가리키고, 제4·5·6성은 남하(南河)[83]성을 가리키며, 제1·2성은 자(觜)수를 가리킨다.

斗第六、七指[10]角, 第四、五、六指南, 第[11]一、二指觜.

---

83 남하(南河): 남방7수 중 정(井)수에 속하는 별자리. 3개의 별로 구성되어 있다.

[8] 天:《星經·北斗》에는 "太".

[9] 開:《星經·北斗》에는 "闓".

[10] 指:《星經·輔星》에는 "損".

[11] 第: 저본에는 "斗".《星經·輔星》에 근거하여 수정.

사기 천관서[84] 제6·7성인 자루는 용의 뿔과 같은 각(角)[85]수를 끌고, 제5성인 형(衡)은 남두(南斗)[86]를 마주하며, 제1·2·3·4성인 머리 부분은 삼(參)[87]수의 머리를 베고 있다.

史記·天官書 杓攜龍角, 衡殷南斗, 魁枕參首.

해 질 무렵에 가운데를 가리키는[88] 별은 북두칠성의 제6·7성인 자루 부분이다. 자루 부분의 분야(分野)[89]는 화산(華山)[90]의 서남쪽이다.

用昏建者杓, 杓自華以西南;

한밤중에 가운데를 가리키는 별은 제5성인 형(衡)이다. 형이 마주하는 분야는 중주(中州)[91]의 황하와 제수(濟水)[92] 사이이다.

夜半建者衡, 衡殷中州河、濟之間;

새벽[平祖, 오전 3~5시]에 가운데를 가리키는 별은 머리 부분인 제1·2·3·4성이다. 머리 부분의 분야는 해대(海岱)[93]의 동북쪽이다.

平朝建者魁, 魁海岱以東北也.

북두칠성은 황제의 수레이다. 하늘의 중앙을 운행하며, 사방에 군림하여 제어한다. 음과 양을 나누고, 사계절을 굳건하게 하며, 오행을 고르게 하고,

斗爲帝車, 運于中央, 臨制四方.[12] 分陰陽, 建四時, 均五行, 移節氣, 定諸紀,

84 《史記》卷27 〈天官書〉 第5, 1291쪽.

85 각(角): 동방7수의 하나.

86 남두(南斗): 북방7수의 하나인 두(斗)수의 별칭. 국자모양이며 6개의 별로 구성되어 있다.

87 삼(參): 서방7수의 하나.

88 가운데를 가리키는: 원문의 "建"을 번역한 말이다. 《史記索隱》卷9에는 "建中"으로 되어 있어 이렇게 번역했다. 건(建)은 북두칠성의 자루 부분이 가리키는 곳을 뜻하며, 1년 동안 자루가 회전하면서 12개월에 해당하는 지지(地支)를 각각 가리키고 이를 십이월건(十二月建)이라 한다. 여기서는 북두칠성이 하루 동안 회전하며 가리키는 분야를 의미한다.

89 분야(分野): 중국 전국 시대에 지상(地上)의 영역을 하늘의 28수(宿)에 배당하여 나눈 영역.

90 화산(華山): 중국 섬서성(陝西省) 동쪽에 있는 산.

91 중주(中州): 현재 중국 하남성(河南城) 일대. 예주(豫州)의 이칭. 예주가 고대 구주(九州)의 가운데 있었으므로 이렇게 불렀다.

92 제수(濟水): 중국 하남성 일대를 흐르는 강.

93 해대(海岱): 중국 산동성 발해에서 태산(泰山) 사이의 지역.

[12] 方: 《史記·天官書》에는 "鄉".

절기를 옮아가게 하며, 여러 기강(紀綱)을 정하는 일이 모두 북두칠성에 연관되어 있다.

皆繫于斗.

진서 천문지[94] 제1성인 추정(樞精)은 하늘이다. 제2성인 선(琁)은 땅이다. 제3성인 기(璣)는 사람이다. 제4성인 권(權)은 시간이다. 제5성인 옥형(玉衡)은 음(音)[95]이다. 제6성인 개양(開陽)은 율(律)[96]이다. 제7성인 요광(搖光)은 별이다.

晉·天文志 樞爲天, 琁爲地, 璣爲人, 權爲時, 玉衡爲音, 開陽爲律, 搖光爲星.

석신(石申)은 다음과 같이 말했다. "제1성은 '정성(正星)'이라 한다. 양(陽)의 덕(德)을 주관하며, 천자의 상이다. 제2성은 '법성(法星)'이라 한다. 음(陰)의 형(刑)을 주관하며, 왕후의 지위이다. 제3성은 '영성(令星)'이라 한다. 재앙을 주관한다. 제4성은 '벌성(伐星)'이라 한다. 천리(天理)를 주관하며, 무도한 이를 징벌한다. 제5성은 '살성(殺星)'이라 한다. 중앙과 사방을 주관하며, 죄가 있는 이를 살육한다. 제6성은 '위성(危星)'이라 한다. 천창(天倉)성과 오곡을 주관한다. 제7성은 '부성(部星)'이라 한다. '응성(應星)'이라고도 한다. 전쟁을 주관한다."[97]

石氏曰: "第一曰'正星', 主陽德, 天子之象也; 二曰'法星', 主陰刑,⑬ 女主之位也; 三曰'令星', 主禍⑭害也⑮; 四曰'伐星', 主天理, 伐無道; 五曰'殺星', 主中央、四⑯方, 殺有罪⑰; 六曰'危星', 主天倉五穀; 七曰'部星', 亦曰'應星', 主兵."

94 《晉書》卷11〈天文〉上 "中宮", 290~291쪽.

95 음(音):자연의 소리[聲]가 변하여 갖춘 일정한 형식.

96 율(律):악율. 음에 부여된 일정한 질서.

97 제1성은……주관한다:출전 확인 안 됨. 《通志》卷39〈天文略〉第2 "北極紫微宮"(《文淵閣四庫全書》373, 476~477쪽)에 보인다.

⑬ 刑:저본에는 "形". 《晉書·天文·中宮》에 근거하여 수정.

⑭ 禍:《晉書·天文·中宮》에는 "中禍".

⑮ 害也:《晉書·天文·中宮》에는 없음.

⑯ 四:《晉書·天文·中宮》에는 "助四".

⑰ 殺有罪:저본에는 "伐無道". 《晉書·天文·中宮》에 근거하여 수정.

또 "제1성은 천(天, 태양)을 주관한다. 제2성은 지(地, 달)을 주관한다. 제3성은 화(火)성을 주관한다. 제4성은 수(水)성을 주관한다. 제5성은 토(土)성을 주관한다. 제6성은 목(木)성을 주관한다. 제7성은 금(金)성을 주관한다."[98]라 했다.

又云: "一主天, 二主地, 三主火, 四主水, 五主土, 六主木, 七主金."

【송양조천문지[99] 천추(제1성)는 북극거리가 23.5도이고, 경도가 장(張)수에서 10도 들어간다. 요광(제7성)은 북극거리가 35도이고, 경도가 각(角)수에서 9도 들어간다】

【宋兩朝天文志 天樞去極二十三度半, 入張宿十度. 搖光去極三十五度, 入角宿九度】

북두칠성의 옆에 중소성(中小星, 크지 않은 별)이 많으면 천하가 평안하지 않아 사람들이 원망을 많이 하게 된다【다른 본에는 "중소성이 많으면 천하가 평안하게 된다. 그렇지 않으면 사람들이 흩어지게 된다."라 했다】.

斗星旁及中小星多, 則天下不安人多怨【一云: "天下安. 不然, 則人散."】.

오요(五曜, 오성)와 객성이 북두칠성에 들어와 그 옆을 차지하면[守入] 모두 흉하다.

五曜及客星守入, 皆凶;

혜성이나 패성이 들어와 그 옆을 차지하면 그 흉함이 더욱 심하다. 《통지》[100]

孛彗, 尤甚也. 《通志》

12월 그믐날 밤에 북두칠성으로 점친다. 탐랑(貪狼)[101]

除夜占斗. 貪主蕎麥, 巨主

98 제1성은……주관한다 : 출전 확인 안 됨. 《通志》 卷39 〈天文略〉 第2 "北極紫微宮"(《文淵閣四庫全書》 373, 477쪽)에 보인다.

99 출전 확인 안 됨; 《五禮通考》 卷192 〈嘉禮〉 65 "觀象授時" '北斗七宿'(《文淵閣四庫全書》 139, 649쪽); 《文獻通考》 卷278 〈象緯考〉 1 "中宮三垣" '北極紫微宮'(《文淵閣四庫全書》 615, 519쪽).

100 《通志》 卷39 〈天文略〉 第2 "北極紫微宮"(《文淵閣四庫全書》 373, 477쪽).

101 탐랑(貪狼) : 북두칠성 중 제1성의 이칭.

은 메밀을 주관한다. 거문(巨門)[102]은 조를 주관한다. 녹존(祿存)[103]은 기장을 주관한다. 문창(文昌)[104]은 참깨를 주관한다. 염정(廉貞)[105]은 맥류를 주관한다. 무곡(武曲)[106]은 메벼와 찰벼를 주관한다. 파군(破軍)[107]은 팥을 주관한다. 보(輔)[108]는 메주콩을 주관한다.

粟, 祿主黍, 文主芝麻, 廉主麥, 武主粳稉, 破主赤豆, 輔主大豆.

해당하는 별이 밝으면 주관하는 곡식이 잘 익지만, 어두우면 곡식에 손실이 있게 된다. 《월령통고》[109]

明, 則熟; 暗, 則有損. 《月令通考》

북두칠성이 흑색이면 주로 물난리가 나게 된다.

北斗色黑, 主水.

토성이 북두칠성에 들어오면 큰 기근을 겪게 된다.

填星入, 大饑.

적색 구름이 들어오면 가뭄이 들게 된다.

赤雲入, 旱;

흑색 구름이 들어오면 주로 비가 많이 내리게 된다. 《군방보》[110]

黑雲, 主雨. 《群芳譜》

102 거문(巨門): 북두칠성 중 제2성의 이칭.

103 녹존(祿存): 북두칠성 중 제3성의 이칭.

104 문창(文昌): 북두칠성 중 제4성의 이칭. 《고금율력고(古今律曆考)》 卷28 〈장경고(藏經考)〉에는 "문곡(文曲)"으로 되어 있다.

105 염정(廉貞): 북두칠성 중 제5성의 이칭.

106 무곡(武曲): 북두칠성 중 제6성의 이칭.

107 파군(破軍): 북두칠성 중 제7성의 이칭.

108 보(輔): 자미원에 속한 별자리. 1개의 별로 구성되어 있으며 북두칠성의 제6성인 개양(開陽) 옆에 있다. 북두칠성을 돕는 승상[輔]의 지위이다.

109 출전 확인 안 됨; 《欽定授時通考》 卷6 〈天時〉 "冬" '十二月'(《文淵閣四庫全書》732, 79쪽).

110 《二如亭群芳譜》 〈元部〉 "天譜" 卷2 '星'(《四庫全書存目叢書補編》80, 79쪽).

3) 태미원(太微垣)[111]의 별자리

太微垣

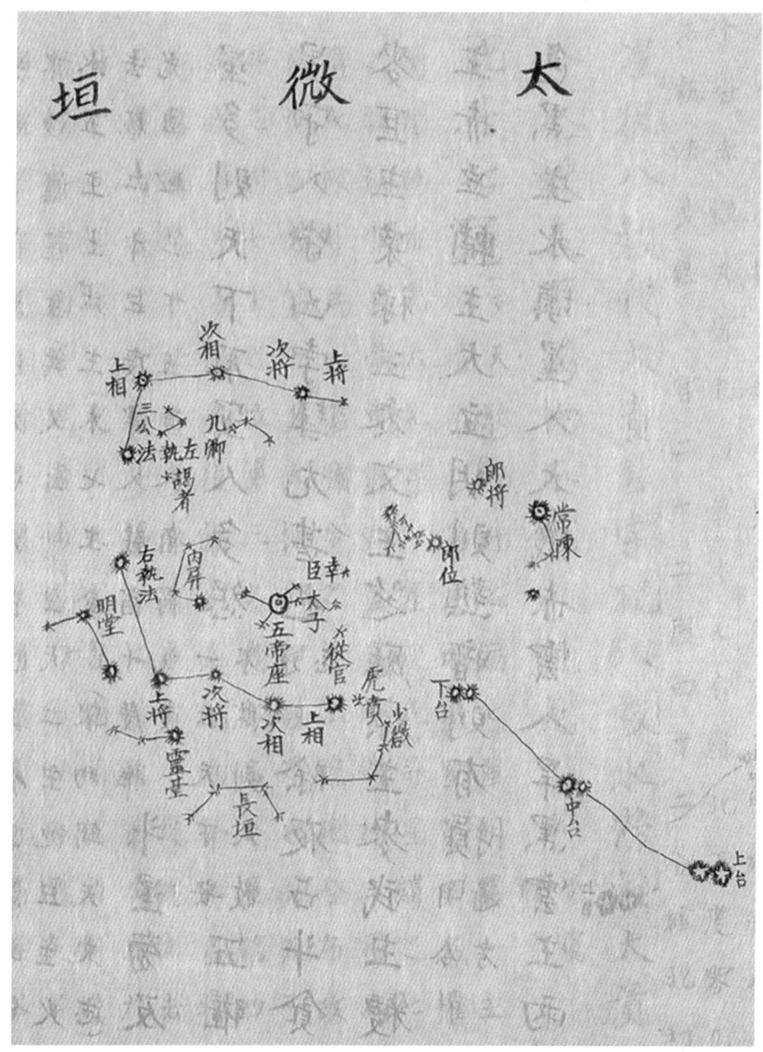

〈원도2〉 태미원(太微垣). 좌집법(左執法)·상상(上相)·차상(次相)·차장(次將)·상장(上將)·삼공(三公)·구경(九卿)·알자(謁者)·우집법(右執法)·상장(上將)·차장(次將)·차상(次相)·상상(上相)·명당(明堂)·영대(靈臺)·장원(長垣)·내병(內屏)·오제좌(五帝座)·태자(太子)·행신(幸臣)·종관(從官)·호분(虎賁)·소미(少微)·낭장(郎將)·낭위(郎位)·상진(常陳)·하태(下台)·중태(中台)·상태(上台)

---

111 태미원(太微垣) : 자미원(紫微垣)·천시원(天市垣)과 더불어 삼원(三垣)이라 부른다.

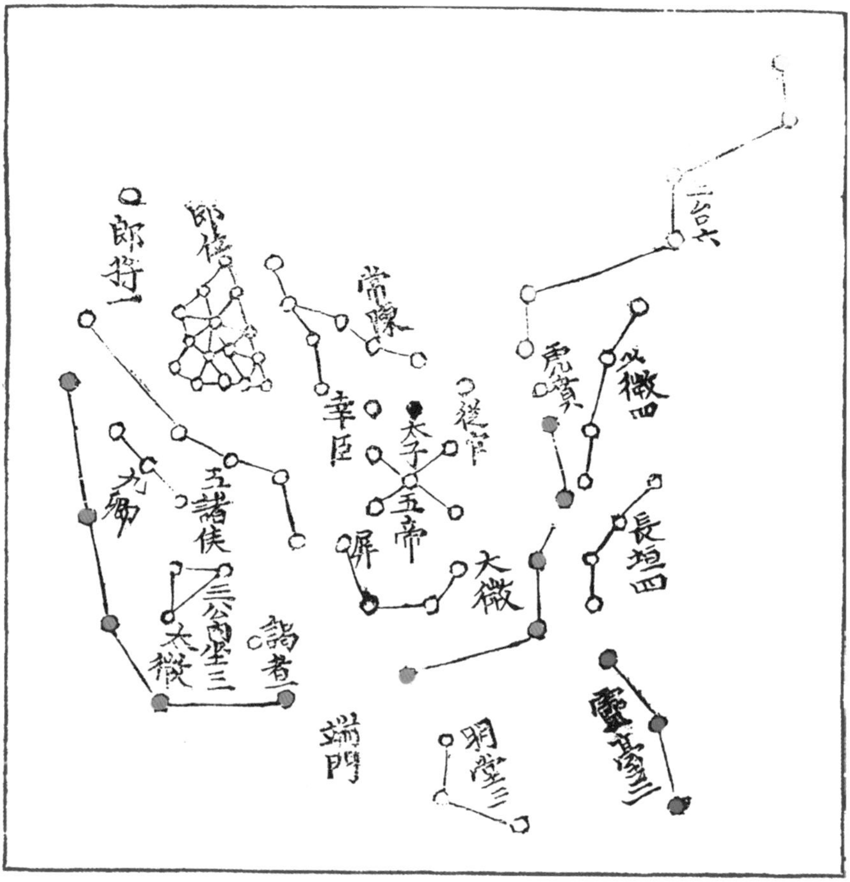

태미원 및 서번·동번·영대·삼태(《보천가》)

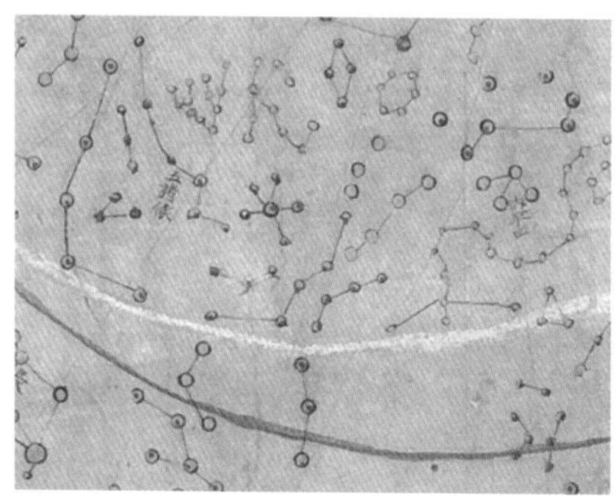
태미원(《천상열차분야지도》, 국립민속박물관)

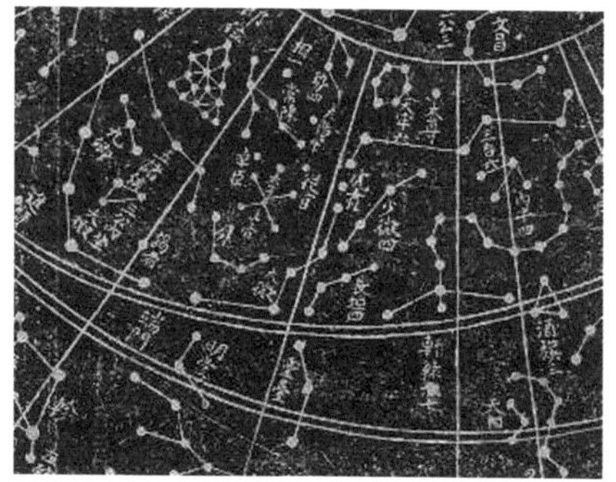
태미원(《천상열차분야지도》, 국립중앙도서관)

3-1) 서번(西藩, 서쪽 담장)[112] 5성과 동번(東藩, 동쪽 담장)[113] 5성

西藩五星·東藩五星

【보천가】[114] 이곳이 좌집법(左執法)[115]과 우집법(右執法)[116]이 일을 보는 장소라서,

【步天歌】左右執法是其所,

동원(東垣)[117]에는 상상(上相, 재상)·차상(次相, 부재상) 늘어서 있네.

東垣上相次相陳,

차장(次將, 부대장)·상장(上將, 대장)도 연이어 빛나서,

次將上將相連明,

서쪽(오른쪽) 담장도 이 관리의 숫자와 같지만,

西面垣牆依此數,

다만 차장·상장 등의 순서가 반대여서 남쪽으로 간다네.

但將上將逆南去.

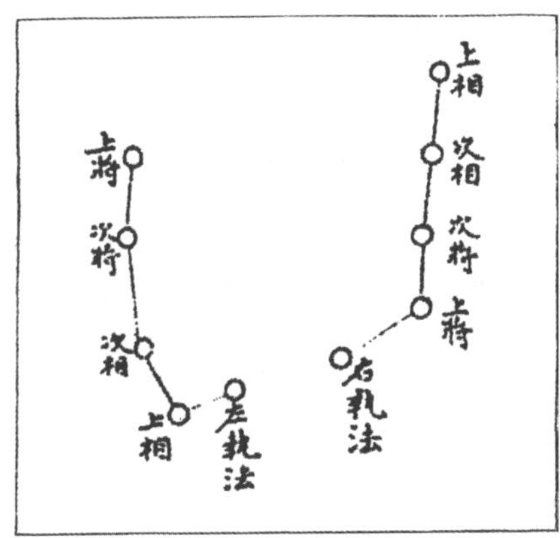

서번 5성과 동번 5성(《오례통고》)

서번 5성과 동번 5성(《천상열차분야지도》)

112 서번(西藩, 서쪽 담장) : 태미원에 속한 별자리. 서쪽(오른쪽) 담장을 상징한다.

113 동번(東藩, 동쪽 담장) : 태미원에 속한 별자리. 동쪽(왼쪽) 담장을 상징한다.

114 《步天歌》〈太微垣〉, 34쪽.

115 좌집법(左執法) : 태미원 중 서번 5성의 제1성. 형벌을 담당하는 관리인 정위(廷尉)를 상징한다.

116 우집법(右執法) : 태미원 중 동번 5성의 제1성. 관리들의 규찰을 담당하는 관리인 어사대부(御史大夫)를 상징한다.

117 동원(東垣) : 태미원의 왼쪽 담장.

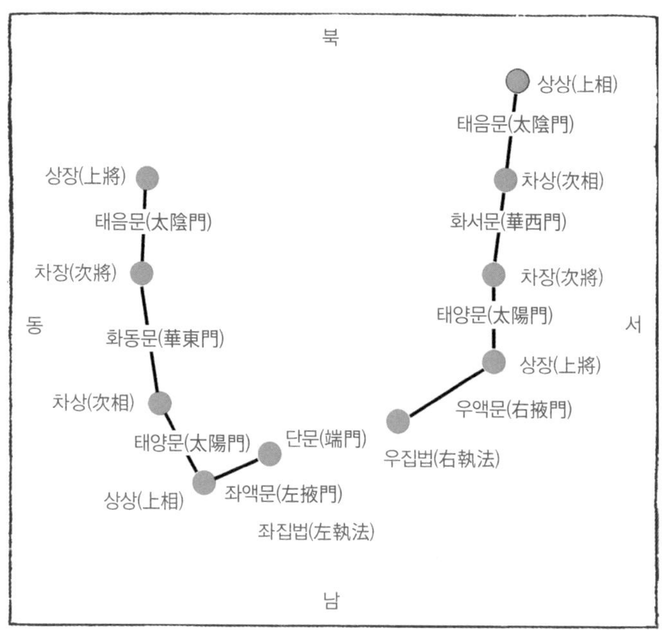

서번 5성과 동번 5성 및 각 문의 명칭(임원경제연구소)

진서 천문지[118] 태미원은 천자의 궁전마당이고, 오제(五帝)[119]의 자리이다. 다른 본에서는 "태미원은 저울대이다."라 했다. 저울대는 공평함을 주관한다. 남번(南藩, 남쪽 담장) 중 2성 사이를 '단문(端門, 궁전의 정남문)'이라 한다.

晉·天文志 太微, 天子庭也, 五帝之座也. 一曰: "太微, 爲衡", 衡主平也. 南藩中二星間曰"端門".

2성 중 동쪽을 '좌집법'이라 하고, 서쪽을 '우집법'이라 한다. 좌집법의 동쪽은 '좌액문(左掖門, 왼쪽 옆문)'이고, 우집법의 서쪽은 '우액문(右掖門, 오른쪽 옆문)'이다.

東曰"左執法", 西曰"右執法". 左執法之東, "左掖門"也, 右執法之西, "右掖門"也.

118 《晉書》卷11 〈天文〉上 "中宮", 291~292쪽.

119 오제(五帝) : 태미원에 속한 별자리. 황제(黃帝)·전욱(顓頊)·제곡(帝嚳)·당요(唐堯)·우순(虞舜)의 오제를 상징한다.

동번(東藩, 동쪽 담장) 4성 중 남쪽 제1성을 '상상(上相)'이라 한다. 그 북동쪽이 '태양문(太陽門)'이다. 제2성을 '차상(次相)'이라 한다. 그 북쪽 중앙이 '화동문(華東門)'이다. 제3성을 '차장(次將)'이라 한다. 그 북동쪽이 '태음문(太陰門)'이다. 제4성을 '상장(上將)'이라 한다. 위 4성이 이른바 '사보(四輔)'이다.

東藩四星，南第一曰"上相[18]"，其北東"太陽門"也．第二星曰"次相"，其北中"華東門"也．第三星曰"次將"，其北東"太陰門"也．第四星曰"上將[19]"．所謂"四輔"也．

서번(西藩, 서쪽 담장) 4성 중 남쪽 제1성을 '상장(上將)'이라 한다. 그 북서쪽이 '태양문(太陽門)'이다. 제2성을 '차장(次將)'이라 한다. 그 북쪽 중앙이 '화서문(華西門)'이다. 제3성을 '차상(次相)'이라 한다. 그 북서쪽이 '태음문(太陰門)'이다. 제4성을 '상상(上相)'이라 한다. 위 4성 역시 '사보(四輔)'라 부른다.

西藩四星，南第一星曰"上將"，其北西"太陽門"也．第二星曰"次將"，其北中"華西門"也．第三星曰"次相"，其北西"太陰門"也．第四星曰"上相"．亦曰"四輔"也．

송양조천문지[120] 우집법은 북극거리가 84도이고, 경도가 익(翼)수에서 12.5도 들어간다. 좌집법은 북극거리가 86도이고, 경도가 진(軫)수에서 1.5도 들어간다.

宋兩朝天文志 右執法，去極八十四度，入翼宿十二度半；左執法，去極八十六度，入軫宿初度半．

통지[121] 태미원은 익수와 진수 북쪽에 있다.

通志 太微垣在翼、軫北．

진혜전왈(秦蕙田曰)[122][123] 《사기》〈천관서〉와 《한서》

秦蕙田曰 案《天官》及《漢

---

120 출전 확인 안 됨; 《五禮通考》卷192 〈嘉禮〉 65 "觀象授時" '左右執法各一星'(《文淵閣四庫全書》139, 651쪽); 《文獻通考》卷278 〈象緯考〉 1 "中宮三垣" '太微宮'(《文淵閣四庫全書》615, 523쪽).

121 《通志》卷39 〈天文略〉 第2 "北極紫微宮"(《文淵閣四庫全書》373, 471쪽).

122 진혜전왈(秦蕙田曰): 《오례통고(五禮通考)》의 저자 진혜전의 안설(案說).

123 《五禮通考》卷192 〈嘉禮〉 65 "觀象授時" '西蕃五星東藩五星'(《文淵閣四庫全書》139, 653쪽).

[18] 相: 저본에는 "將". 《晉書·天文·中宮》에 근거하여 수정.

[19] 將: 저본에는 "相". 《晉書·天文·中宮》에 근거하여 수정.

〈천문지〉를 살펴보면 모두 "둘러싸고 호위하는 별이 12성이다."[124]라 했다. 그러나 이는 진(晉)나라나 수(隋)나라 이하의 여러 천문지류 저술과 일치하지 않는다.

志》, 俱稱"匡衛十二星", 與晉、隋以下諸志不合.

금측(今測)[125][126] 좌집법은 황경(黃經)[127]이 9궁(宮) 1도 16분[128]이고, 황위(黃緯)[129]는 북으로 1도 25분이다.

今測 左執法, 黃經九宮初度一十六分, 緯北一度二十五分.

동번 상상은 황경이 9궁 5도 46분이고, 황위가 북으로 2도 50분이다.

東上相, 黃經九宮五度四十六分, 緯北二度五十分.

적경(赤經)[130]이 9궁 6도 25분이고, 적위(赤緯)[131]가 북으로 1도 18분이다.

赤經九宮六度二十五分, 緯北初度一十八分.

동번 차상은 황경이 9궁 7도 5분이고, 황위가 북으로 8도 40분이다.

東次相, 黃經九宮七度零五分, 緯北八度四十分.

적경이 9궁 9도 57분이고, 적위가 북으로 5도 9분이다.

赤經九宮九度五十七分, 緯北五度零九分.

우집법은 황경이 8궁 22도 42분이고, 황위가 북으로 1도 43분이다.

右執法, 黃經八宮二十二度四十二分, 緯北初度四十三分.

---

124 둘러싸고……12성이다 : 《漢書》 卷26 〈天文志〉 第6, 1274쪽.

125 금측(今測) : 《오례통고(五禮通考)》에서 "현재의 측정 결과[今測]" 부분, 즉 진혜전이 활동하던 시대의 측정 결과를 인용한 내용이다.

126 《五禮通考》 卷192 〈嘉禮〉 65 "觀象授時" '西蕃五星東藩五星'(《文淵閣四庫全書》139, 650~651쪽); 《五禮通考》 卷192 〈嘉禮〉 65 "觀象授時" '西蕃五星東藩五星'(《文淵閣四庫全書》139, 653쪽).

127 황경(黃經) : 황도좌표계의 북극·남극과 어떤 천체를 지나는 원이 황도와 교차하는 점에서 춘분점까지의 각거리.

128 9궁(宮) 1도 16분 : 황도 상에서 서번 5성 중 좌집법의 경도. 8궁까지 240도를 세고, 1도 16분을 합하면 좌집법의 경도는 춘분점으로부터 모두 241도 16분이다. 현대 천문학에서 좌집법은 6궁에 있다. 천문서마다 황도 12궁의 출발점인 1궁의 기준점이 조금씩 다르다.

129 황위(黃緯) : 황도좌표계에서 황도면과 천체가 이루는 각거리.

130 적경(赤經) : 적도좌표계에서 춘분점과 천체를 지나는 대원이 이루는 각거리.

131 적위(赤緯) : 적도좌표계에서 천구의 적도면에서 천체까지의 각거리.

적경이 8궁 23도 35분이고, 적위가 북으로 3도 34분이다.

赤經八宮二十三度三十五分, 緯北三度三十四分.

서번 상장은 황경이 8궁 14도 18분이고, 황위가 북으로 1도 42분이다.

西上將, 黃經八宮一十四度一十八分, 緯北一度四十二分.

서번 차장은 황경이 8궁 13도 08분이고, 황위가 북으로 6도 7분이다.

西次將, 黃經八宮一十三度零八分, 緯北六度零七分.

서번 차상은 황경이 8궁 9도이고, 황위가 북으로 9도 42분이다】

西次相, 黃經八宮九度, 緯北九度四十二分】

달이 서쪽의 태음문으로 들어가서 동쪽의 태양문으로 나오면 홍수가 나게 된다.

月入太陰西門, 出太陽東門, 有大水;

목성이 태미원으로 들어와서 동쪽으로 가면 그 해는 곡식이 제대로 익지 않아 인민들이 기근을 겪게 된다.

木入太微東行, 歲不登, 人民飢;

객성이 태미원의 단문(端門)으로 들어오면 천하에 큰 가뭄이 들어 오곡이 제대로 여물지 않게 된다. 《황제점》[132]

客星入太微端門, 天下大旱, 五穀不成.《黃帝占》

132《二如亭群芳譜》〈元部〉"天譜" 卷2 '星'(《四庫全書存目叢書補編》80, 80쪽).

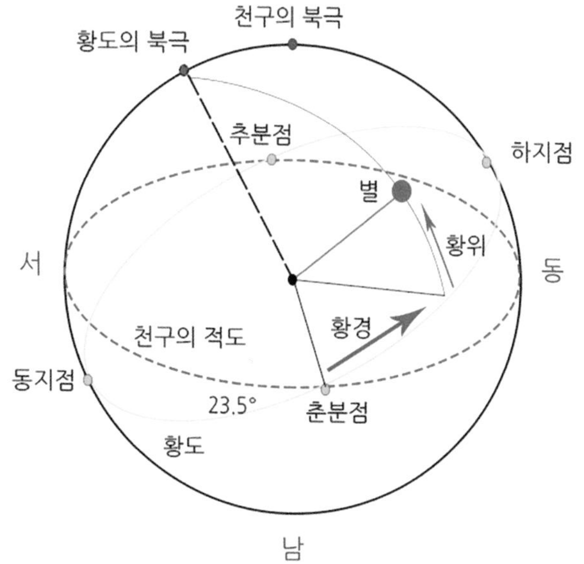

황도좌표계(임원경제연구소)

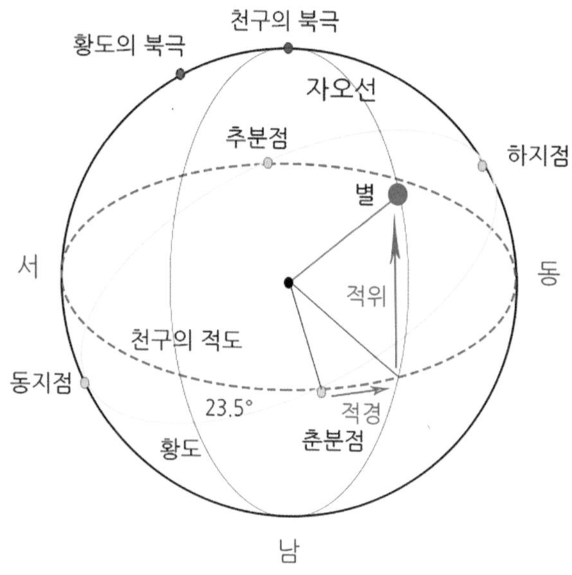

적도좌표계(임원경제연구소)

황도12궁과 12성차(《한국민족문화대백과》 등 참조)

번호	황도 12궁	12성차	서양별자리	분야	12 지지	속한 성수	방향	각도
1궁	백양궁(白羊宮)	강루(降婁)	양자리	노(魯)	술(戌)	규(奎)·누(婁)	서북서	0°~30°
2궁	금우궁(金牛宮)	대량(大梁)	황소자리	조(趙)	유(酉)	위(胃)·묘(昴)·필(畢)	서	30°~60°
3궁	음양궁(陰陽宮)	실침(實沈)	쌍둥이자리	진(晉)	신(申)	자(觜)·삼(參)	서남서	60°~90°
4궁	거해궁(巨蟹宮)	순수(鶉首)	게자리	진(秦)	미(未)	정(井)·귀(鬼)	남남서	90°~120°
5궁	사자궁(獅子宮)	순화(鶉火)	사자자리	주(周)	오(午)	유(柳)·성(星)·장(張)	남	120°~150°
6궁	쌍녀궁(雙女宮)	순미(鶉尾)	처녀자리	초(楚)	사(巳)	익(翼)·진(軫)	남남동	150°~180°
7궁	천칭궁(天秤宮)	수성(壽星)	저울자리	정(鄭)	진(辰)	각(角)·항(亢)	동남동	180°~210°
8궁	천갈궁(天蝎宮)	대화(大火)	전갈자리	송(宋)	묘(卯)	저(氐)·방(房)·심(心)	동	210°~240°
9궁	인마궁(人馬宮)	석목(析木)	궁수자리	연(燕)	인(寅)	미(尾)·기(箕)	동북동	240°~270°
10궁	마갈궁(摩羯宮)	성기(星紀)	염소자리	오(吳)	축(丑)	두(斗)·우(牛)	북북동	270°~300°
11궁	보병궁(寶瓶宮)	현효(玄枵)	물병자리	제(齊)	자(子)	여(女)·허(虛)·위(危)	북	300°~330°
12궁	쌍어궁(雙魚宮)	추자(娵訾)	물고기자리	위(衛)	해(亥)	실(室)·벽(壁)	북북서	330°~360°

《천상열차분야지도》에 표시한 황도12궁의 범위. 현대 천문학과 완전히 일치하지는 않는다.

3-2) 영대(靈臺, 천문대)[133] 3성

靈臺三星

【보천가[134] 3개 흑색[135] 별 영대는 구름이나 비를 예측하네.

【步天歌 三黑靈臺候雲雨.

천경왈(天經曰)[136][137] 영대에서 귀신과 관련된 일을 예측하는 경우가 이것이다. 영대 3흑성은 거성이 남성이며 북극거리가 80.5도이고, 경도가 익(翼)수에서 1도 들어간다.

天經曰 候鬼神於靈臺是也. 靈臺三黑星, 距南, 去極八十度半, 入翼初度.

관규집요[138] 영대 3성은 명당(明堂)[139]의 서쪽에 있으며, 기상을 점치는 누대이다. 주로 이 별에 낀 구름

管窺輯要 靈臺三星在明堂西, 占候之臺, 主觀雲物

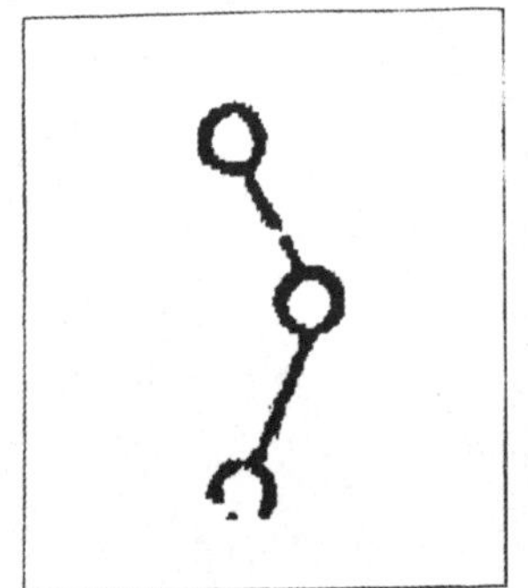

영대 3성(《오례통고》)

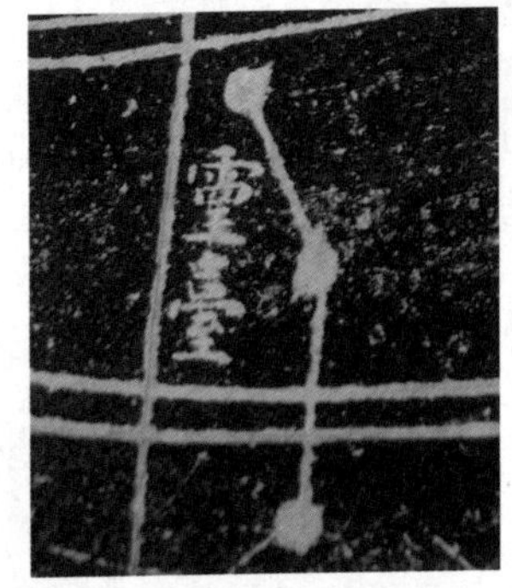

영대 3성(《천상열차분야지도》)

---

133 영대(靈臺, 천문대): 태미원에 속한 별자리. 천문을 관찰하고 기상과 재앙을 예측하는 제왕의 천문대를 상징한다. 명당(明堂) 오른쪽에 있으며 3개의 별로 구성되어 있다.

134 《步天歌》〈太微垣〉, 35쪽; 《通志》卷39 〈天文略〉 第2 "北極紫微宮"(《文淵閣四庫全書》373, 471쪽).

135 실제 별의 색이 아니라 고대 성도(星圖)에서 계통이 다른 별자리를 구분하기 위한 언급이다. 이하 《보천가》의 '적색'·'홍색'·'오색'·'황색'도 마찬가지다.

136 천경왈(天經曰): "천경(天經)"은 천문역법에 관한 책으로 추정된다.

137 출전 확인 안 됨; 《靈臺秘苑》卷10 〈太微垣〉 "靈臺"(《文淵閣四庫全書》807, 94쪽).

138 《管窺輯要》卷19 〈太微垣諸星去極度數考〉(《管窺輯要》8, 25면).

139 명당(明堂): 태미원에 속한 별자리. 천자가 정사를 베푸는 궁전을 상징하며 3개의 별로 구성되어 있다.

등을 관찰하여 상서로운 징조를 살피며, 재앙이나 복을 예측한다. 또한 이 별이 밝으면 막힌 일과 울체된 일을 잘 펼치게 한다. 영대가 어두우면 음양이 화합하지 않게 된다. 점은 사괴(司怪)[140]와 같다】

察符瑞, 候⑳災祥,㉑ 亦宣壅蔽而舒鬱滯也. 暗, 則陰陽不和. 與司怪同】

영대성이 밝고 바르게 보이지 않은 듯하면 바람이나 비가 순리대로 불거나 내리게 된다.

星不欲見明正, 則風雨順;

항상 밝은 데를 차지하면 길하다.

居常明, 吉.

혜성이 영대를 침범하면 음양이 화합하지 않고, 사계절이 바르지 않게 된다.

彗干犯, 則陰陽不和, 四時不正;

영대가 보이지 않으면 음양이 화합하지 않게 된다.

星不見, 則陰陽不和;

오성이 영대를 침범하면 물난리나 가뭄이 불시에 생기게 된다.

五星犯靈臺, 水旱不時;

청흑색 기운이 영대로 들어오면 큰바람이 불고 비가 많이 내리게 된다. 《관규집요》[141]

青黑氣入靈臺, 有大風雨. 《管窺輯要》

140 사괴(司怪) : 서방 7수 중 자수(觜宿)에 속한 별. 천지(天地)·일월성신(日月星辰)·조수초목(鳥獸草木) 등의 변화를 관찰하는 역할을 한다.

141 《管窺輯要》 卷19 〈太微垣列座【干犯附占】〉 "靈臺"(《管窺輯要》8, 39쪽).

⑳ 候 : 저본에는 "徵". 《管窺輯要·太微垣諸星去極度數考》에 근거하여 수정.

㉑ 祥 : 《管窺輯要·太微垣諸星去極度數考》에는 "變".

3-3) 삼태(三台, 3계단)[142] 6성

三台六星

【보천가[143] 태미원 북문 서쪽 바깥은 삼태와 접해 있네.

【步天歌 北門西外接三台.

사기 천관서[144] 북두칠성의 머리 부분 아래쪽에는 6성이 둘씩 둘씩 짝지어 늘어서 있다. 이를 '삼능(三能)'이라 한다. 소림(蘇林)은 "능(能)은 음이 태(台)이다."라 했다.[145]

史記·天官書 斗魁下六星兩兩相比者, 名曰"三能". 蘇林曰: "能, 音台".

진서 천문지[146] 삼태 6성은 둘씩 둘씩 짝지어 자리 잡고 있으며, 문창(文昌)에서부터 늘어서서 태미원과 맞닿아 있다. '천주(天柱)'라고도 한다. 일명 '태계(泰階)'이다.

晉·天文志 三台六星, 兩兩而居, 起文昌列抵太微. 一曰"天柱", 一名"泰階".

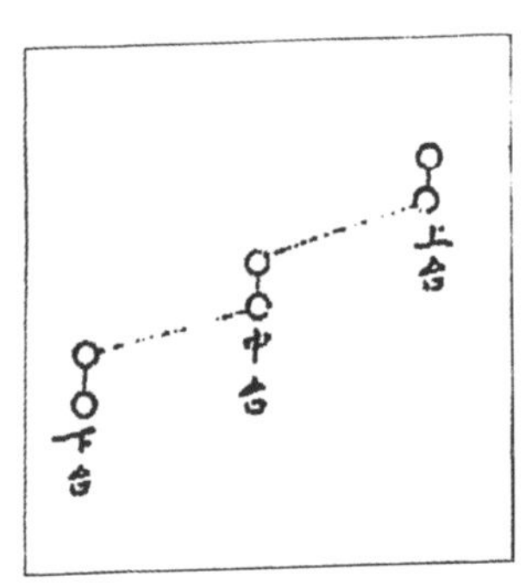

삼태 6성(《오례통고》)

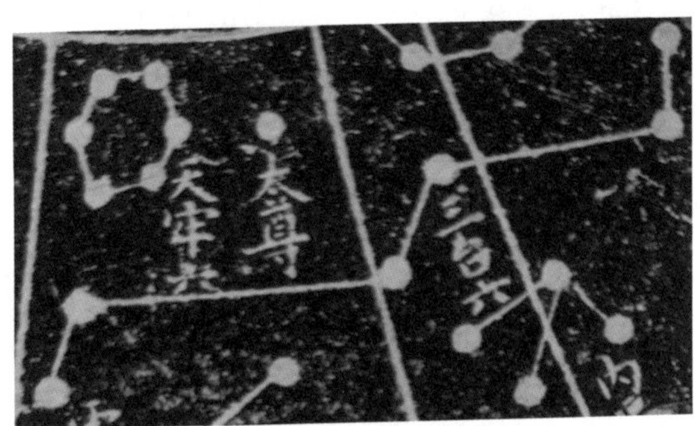

삼태 6(《천상열차분야지도》)

142 삼태(三台, 3계단): 태미원에 속한 별자리. 6개 별이 둘씩 짝을 지어 있다.

143 《步天歌》, 위와 같은 곳; 《通志》 卷39 〈天文略〉 第2 "太微宮"(《文淵閣四庫全書》 373, 471쪽).

144 《史記》 卷27 〈天官書〉 第5, 1293쪽.

145 소림(蘇林)은……했다: 출전 확인 안 됨; 《史記》 卷27 〈天官書〉 第5, 1294쪽, 주【五】에 있는 《史記集解》의 내용이다. 《史記集解》 卷27 〈天官書〉 第5(《文淵閣四庫全書》 245, 307쪽)에는 "音三台"로 되어 있다.

146 《晉書》 卷11 〈天文〉 上 "中宮", 293쪽.

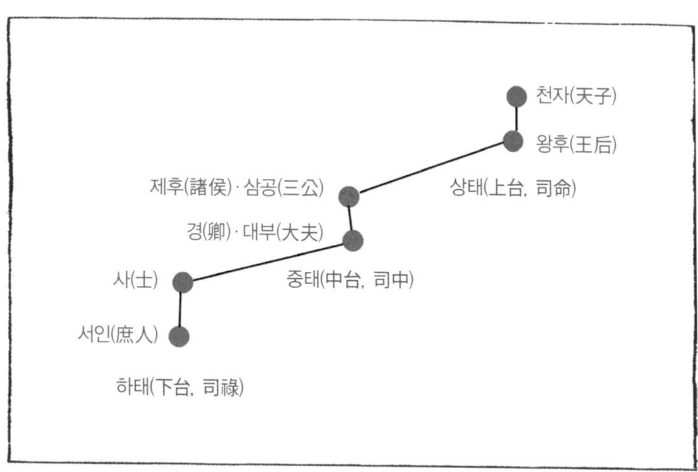

삼태 6성에 연관된 인간세의 계급(임원경제연구소)

서쪽 문창과 가까운 2성을 '상태(上台)'라 한다. 사명(司命)[147]으로서 수명을 주관한다.

西近文昌二星日"上台", 爲司命, 主壽;

그다음 2성을 '중태(中台)'라 한다. 사중(司中)[148]으로서 종실(宗室)을 주관한다.

次二星日"中台", 爲司中, 主宗室;

동쪽 2성을 '하태(下台)'라 한다. 사록(司祿)[149]으로서 전쟁을 주관한다.

東二星日"下台", 爲司祿, 主兵.

상계(상태)의 위쪽 별은 천자이고, 아래쪽 별은 왕후이다.

上階上星爲天子, 下星爲女主;

중계(중태)의 위쪽 별은 제후·삼공(三公)[150]이고, 아래쪽 별은 경대부(卿大夫)[151]이다.

中階上星爲諸侯、三公, 下星爲卿大夫;

147 사명(司命) : 수명을 주관하는 신. 또는 군사를 담당하는 관리.
148 사중(司中) : 신의 이름. 또는 관직명.
149 사록(司祿) : 신의 이름. 또는 관직명.
150 삼공(三公) : 왕 바로 아래에 있는, 3가지 최고 관직명의 합칭.
151 경대부(卿大夫) : 경(卿)과 대부(大夫). 고급 관리를 가리킨다.

하계(하태)의 위쪽 별은 사(士)이고, 아래쪽 별은 서인(庶人)이다.

下階上星爲士, 下星爲庶人.

송사 천문지[152] 상태 2성은 유(柳)수 북쪽에 있다. 그중 북성의 경도가 유수에서 6도 들어간다.

중태 2성 중 북성의 경도가 장(張)수에서 2도 들어간다.

하태 2성은 태미원 서쪽 담장 북쪽에 있다. 그중 북성의 경도가 익(翼)수에서 2도 들어간다.

무밀(武密)은 "삼태성은 귀(鬼)수에 속한다. 또 유수·장수에 속한다."[153]라 적었다. 《건상신서(乾象新書)》[154]에서는 "상태는 유수에 속하고, 중태는 장수에 속하며, 하태는 익수에 속한다."[155]라 했다.

宋·天文志 上台二星在柳北, 其北星入柳六度;

中台二星, 其北入張二度;

下台二星在太微垣西藩北, 其北星入翼二度.

武密書: "三台屬鬼, 又屬柳屬張." 《乾象新書》"上台屬柳, 中台屬張, 下台屬翼".

군방보[156] 삼태는 제후와 농사꾼의 상(象)이다】

群芳譜 三台諸侯、農人之象也】

삼태가 밝으면 길하다.

상태 2성이 모두 밝지 않으면 봄에 농지를 갈 수 없게 된다.

중태 2성이 모두 밝지 않으면 여름에 농지를 김맬 수 없게 된다.

明, 吉;

上台不俱, 春不得畊;

中台不俱, 夏不得耘;

152 《宋史》卷49 〈天文志〉 第2 "天文" 2 '太微垣'(《文淵閣四庫全書》281, 25쪽).

153 삼태성은……속한다: 출전 확인 안 됨.

154 건상신서(乾象新書): 중국 송나라의 궁중 천문학자 양유덕(楊惟德, ?~?)이 지은 술수서.

155 상태는……속한다: 출전 확인 안 됨.

156 《二如亭群芳譜》 〈元部〉 "天譜" 卷2 '星'(《四庫全書存目叢書補編》80, 85쪽).

하태 2성이 모두 밝지 않으면 가을에 곡식을 거둘 수 없게 된다.

下台不俱, 秋不得收.

화성이 하태 2성을 침범하면 백성이 대부분 전염병에 걸려 죽게 된다. 《군방보》[157]

火星犯下台, 民多疾疫㉒死喪.《群芳譜》

삼태가 평안하게 밝으면 음양이 화합하고, 바람과 비가 때에 맞으며, 오곡이 제대로 익게 된다.

三台平明, 則陰陽和, 風雨時, 五穀登;㉓

삼태가 평안하게 밝지 않으면 추위와 더위가 절도를 잃게 되고, 비와 맑음이 때에 맞지 않게 되며, 가뭄과 물난리가 번갈아 들게 된다.

三台不平, 則寒暑失節, 雨暘不時, 旱澇迭至;

상태가 보이지 않으면 봄에 농지를 갈 수 없게 된다.

上台不見, 春不得畊;

중태가 보이지 않으면 여름에 농지를 김맬 수 없게 된다.

中台不見, 夏不得耘;

하태가 보이지 않으면 가을에 곡식을 거둘 수 없게 된다.

下台不見, 秋不得收.

화성이 하태를 침범하여 그 옆을 차지하면 백성이 대부분 질병에 걸려 죽게 되고, 게다가 기근을 겪게 된다.

熒惑犯守下台, 民多疾病死喪, 且飢;

객성이 삼태의 옆을 차지하면 수재가 나게 된다. 《관규집요》[158]

客星守三台, 水災.《管窺輯要》

---

157 《二如亭群芳譜》〈元部〉"天譜" 卷2 '星'(《四庫全書存目叢書補編》80, 85~86쪽).

158 《管窺輯要》 卷19 〈太微垣列座【干犯附占】〉"三台"(《管窺輯要》8, 43~45쪽).

㉒ 疫:《二如亭群芳譜·元部·天譜》에는 "病".

㉓ 登:《管窺輯要·太微垣列座【干犯附占】》에는 "豐".

4) 천시원(天市垣)[159]의 별자리

天市垣

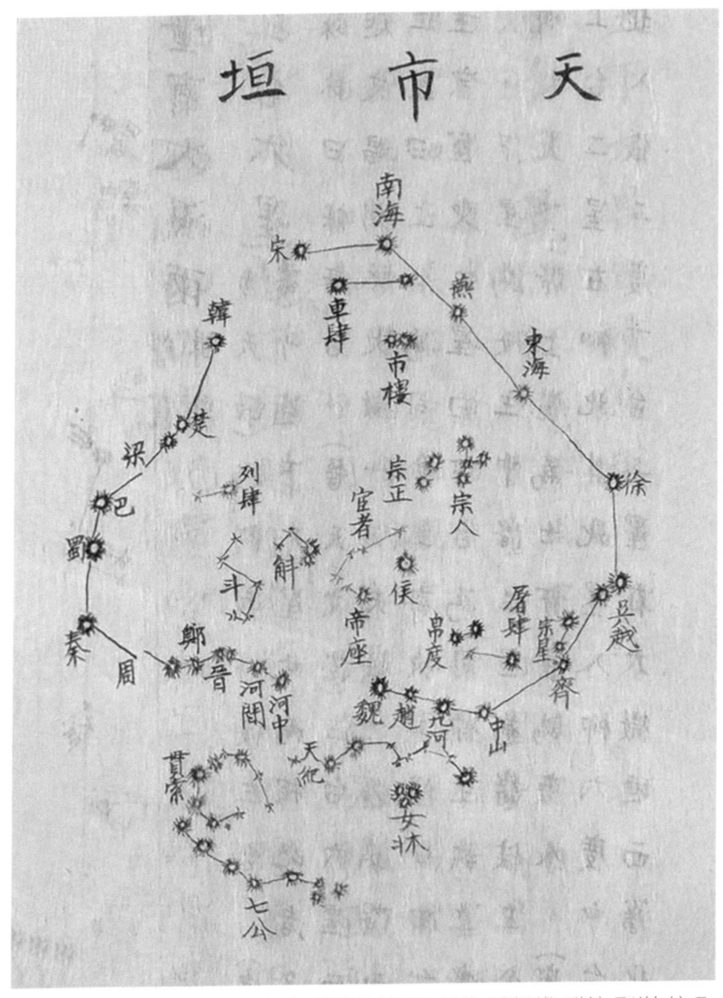

〈원도3〉 천시원(天市垣). 송(宋)·남해(南海)·연(燕)·동해(東海)·서(徐)·오월(吳越)·제(齊)·중산(中山)·구하(九河)·조(趙)·위(魏)·한(韓)·초(楚)·량(梁)·파(巴)·촉(蜀)·진(秦)·주(周)·정(鄭)·진(晉)·하간(河間)·하중(河中)·천기(天紀)·여상(女牀)·관색(貫索)·칠공(七公)·차사(車肆)·시루(市樓)·열사(列肆)·두(斗)·곡(斛)·환자(宦者)·종정(宗正)·종인(宗人)·후(侯)·제좌(帝座)·백탁(帛度)·도사(屠肆)·종성(宗星)

159 천시원(天市垣) : 천구의 중심에 있는 별자리. 자미원(紫微垣)·태미원(太微垣)과 더불어 삼원(三垣)이라 부른다.

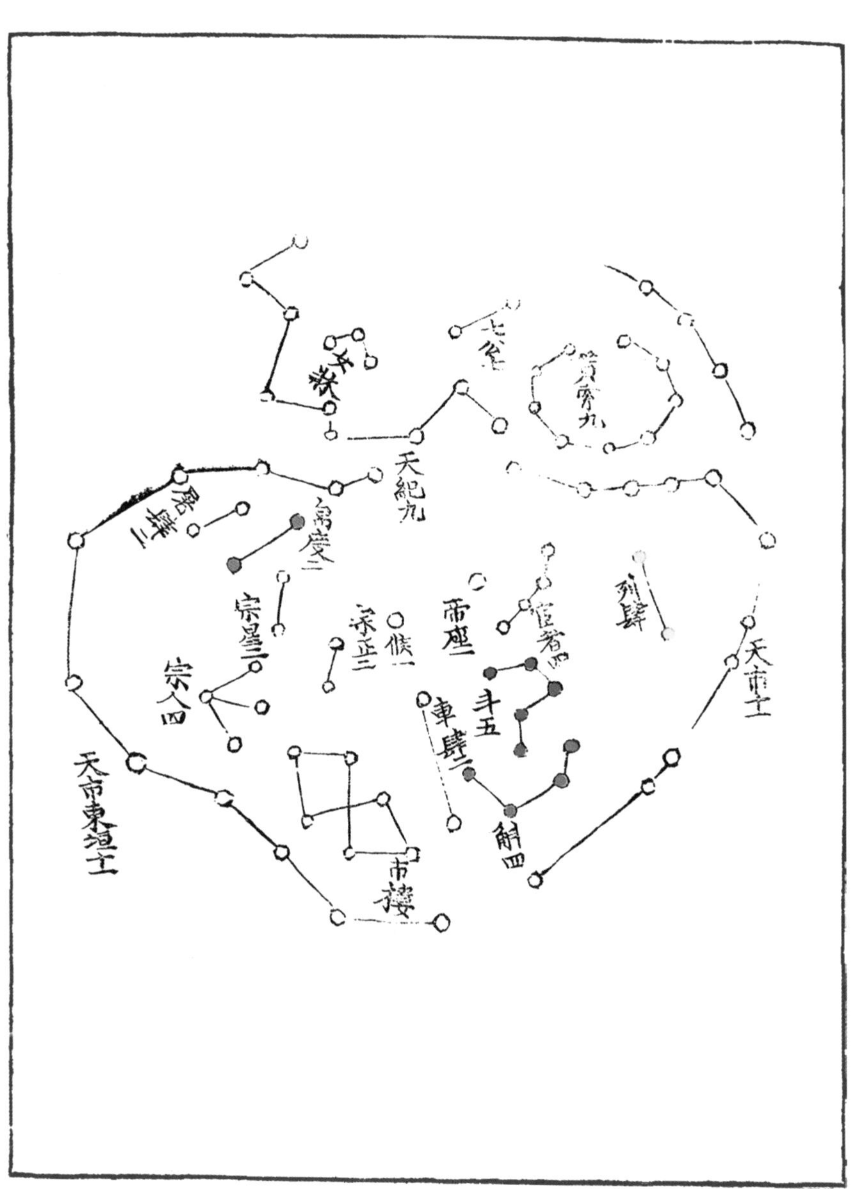

천시원 및 백탁·열사·두·곡(《보천가》)

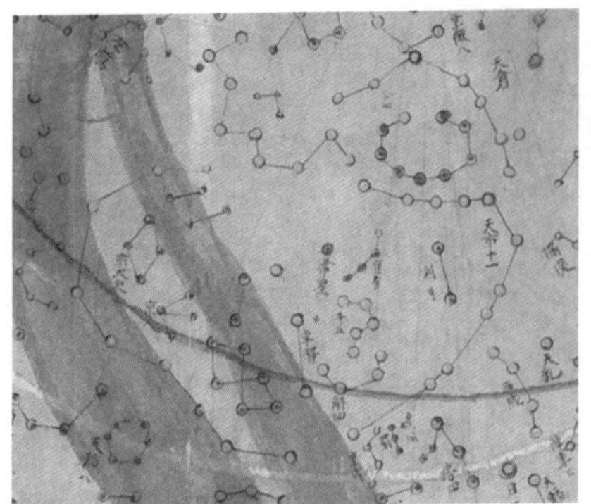

천시원(《천상열차분야지도》, 국립민속박물관)

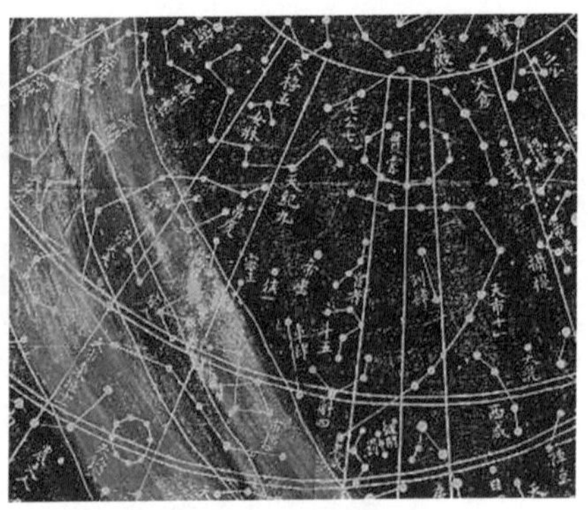

천시원(《천상열차분야지도》, 국립중앙도서관)

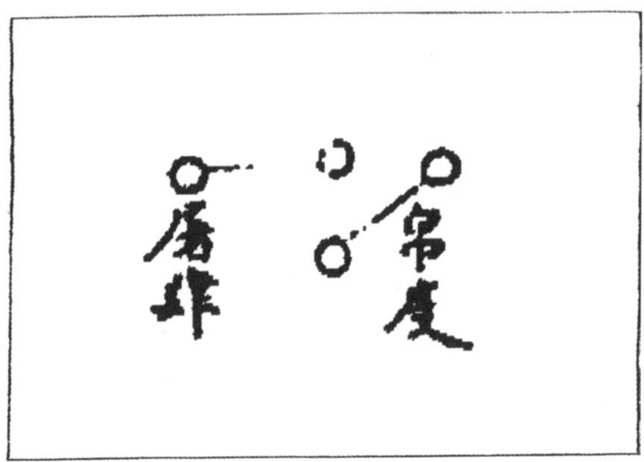

백탁 2성과 도사 2성(《오례통고》)

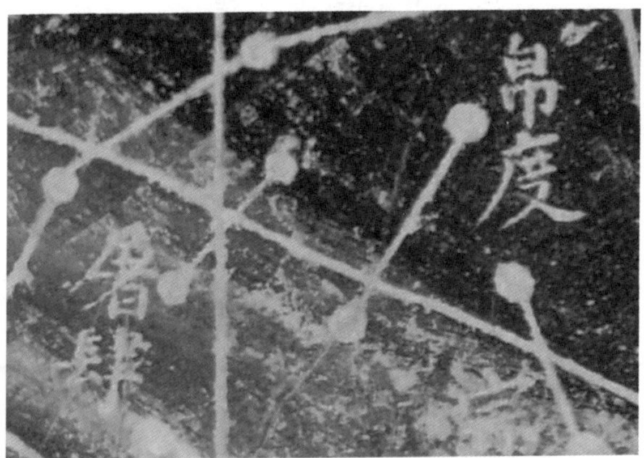

백탁 2와 도사 2(《천상열차분야지도》)

4-1) **백탁**(帛度, 견직물 재는 자)[160] 2성	帛度二星
【보천가[161] 백탁은 2개의 황색별이고 도사(屠肆)의 앞에 있네.	【步天歌 帛度兩黃屠肆前.
성경[162] 백탁 2성은 종성(宗星)[163] 동북쪽에 있다. 공평하고 양을 헤아리는 일을 주관한다.	星經 帛度二星在宗星東[24]北, 主平量也.
송사 천문지[164] 백탁은 도사(屠肆) 남쪽에 있다.	宋·天文志 在屠肆南.
송양조천문지[165] 백탁의 거성은 서쪽 별로, 북극거리가 69도이고, 경도가 기(箕)수에서 3도 조금 들어간다】	宋兩朝天文志 距西星, 去極六十九度, 少入箕三度也】
백탁이 밝으면 자와 저울로의 측량이 공평해져서 상인이 값을 속이지 않게 된다.	明, 則尺量平, 商人不欺;
어두우면 그렇지 않게 된다. 《통지》[166]	暗, 則否. 《通志》
혜성·패성·객성이 백탁의 옆을 차지하여 침범	彗、孛、客星守犯, 則絲、

160 백탁(帛度, 견직물 재는 자): 천시원에 속한 별자리. 종성(宗星) 위에 있으며, 2개의 별로 구성되어 있다.
161 《步天歌》〈天市垣〉, 41쪽; 《通志》卷39 〈天文略〉 第2 "天市垣"(《文淵閣四庫全書》373, 477쪽).
162 《星經》 卷下 "帛度", 53쪽; 《說郛》 卷108上 〈星經〉 卷下 "帛度"(《文淵閣四庫全書》882, 255쪽).
163 종성(宗星): 천시원에 속한 별자리. 종인(宗人) 위에 있으며 별 2개로 구성되어 있다.
164 《宋史》卷49 〈天文志〉 第2 "天文" 2 '天市垣'(《文淵閣四庫全書》281, 27쪽).
165 《文獻通考》卷278 〈象緯考〉 1 "中宮三垣" '天市垣'(《文淵閣四庫全書》615, 526쪽).
166 《通志》卷39 〈天文略〉 第2 "天市垣"(《文淵閣四庫全書》373, 478쪽).
[24] 東: 저본에는 없음. 《星經·帛度》에 근거하여 보충.

하면 명주·백(帛)[167]·베가 비싸지고, 쌀과 면이 크게 비싸지며, 천하가 기근과 추위를 겪게 된다.《관규집요》[168]

帛、布貴, 米、綿[25]大貴, 天下飢寒.《管窺輯要》

167 백(帛): 견직물의 일종.

168《管窺輯要》卷20〈天市垣諸星去極度數考〉"主聚衆"(《管窺輯要》8, 29쪽).

[25] 綿:《管窺輯要·天市垣諸星去極度數考·主聚衆》에는 없음.

4-2) 열사(列肆, 상점)[169] 2성

列肆二星

【보천가[170] 환자(宦者)[171] 다음 2성을 열사라 하네.

【步天歌 以次兩星名列肆.

성경[172] 열사 2성은 곡(斛)[173] 서북쪽에 있다. 재화·보물·금옥(金玉) 등을 주관한다.

星經 列肆二星在斛西北, 主貨、珍寶、金玉等也.

송양조천문지[174] 열사의 거성은 동쪽 별로, 북극거리가 86도이고, 경도가 심(心)수에서 3.5도 들어간다.

宋兩朝天文志 距東星, 去極八十六度, 入心宿三度半.

오례통고[175] 여러 책에서 모두 "열사는 곡(斛) 서북쪽에 있다."라 했다. 그러나 지금의 천문도에는 서남

五禮通考 諸書皆云: "列肆在斛西北." 今圖乃在西㉖

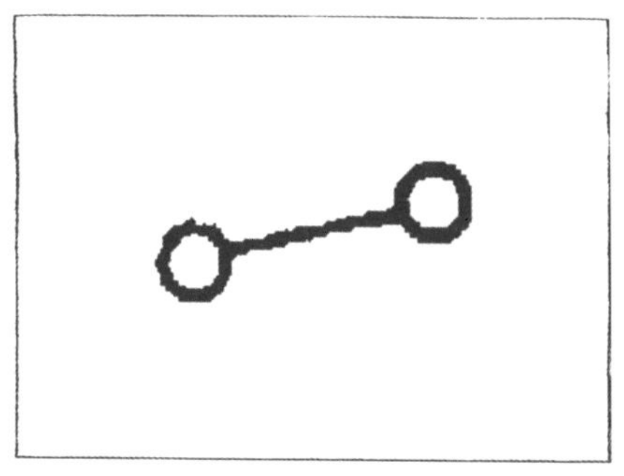

열사 2성(《오례통고》)

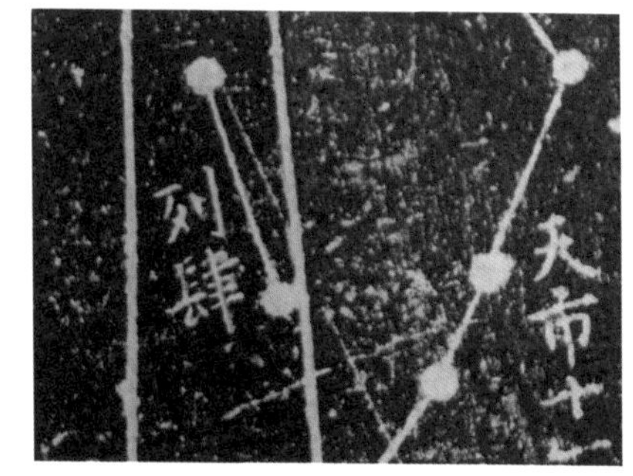

열사 2(《천상열차분야지도》)

169 열사(列肆, 상점): 천시원에 속한 별자리. 환자(宦者)의 오른쪽에 있으며, 2개의 별로 구성되어 있다.

170 《步天歌》, 위와 같은 곳; 《通志》, 위와 같은 곳.

171 환자(宦者): 천시원에 속한 별자리. 제좌(帝坐) 오른쪽에 있으며, 희미한 별 4개로 구성되어 있다.

172 《星經》 卷下 "列肆", 53쪽; 《說郛》 卷108上 〈星經〉 卷下 "列肆"(《文淵閣四庫全書》 882, 255쪽).

173 곡(斛): 천시원에 속한 별자리. 두(斗) 아래에 있으며 4개의 별로 구성되어 있다.

174 출전 확인 안 됨; 《五禮通考》 卷192 〈嘉禮〉 65 "觀象授時" '列肆二星'(《文淵閣四庫全書》 139, 658쪽); 《文獻通考》, 위와 같은 곳.

175 《五禮通考》 卷192 〈嘉禮〉 65 "觀象授時" '列肆二星'(《文淵閣四庫全書》 139, 658쪽).

㉖ 西: 《五禮通考·嘉禮·觀象授時》에는 "斛西".

쪽에 있어서, 옛 기록과는 다르다】

南, 與古異】

다른 곳으로 옮겨가면 열사가 평안하지 않게 된다.[176] 《통지》[177]

移徙, 則列肆不安. 《通志》

176 다른……된다 : 이 의미를 잘 모르겠다.

177 《通志》 卷39 〈天文略〉 第2 "天市垣"(《文淵閣四庫全書》 373, 478쪽).

4-3) 두(斗, 말박) 5성과 곡(斛, 10두들이 용기) 4성 斗五星、斛四星

【보천가】[178] 곡·두는 제좌(帝坐)[179] 앞에 차례대로 있으며,

두(斗)는 5성이고 곡(斛)은 4성이라네.

【步天歌】斛、斗[27]帝前依其次,

斗是五星斛是四.

성경[180] 두 5성은 환자(宦者)성 서남쪽에 있다. 무게 재는 일을 주관한다.

곡 4성은 두 남쪽에 있다. 먹을거리의 양 재는 일을 주관한다.

星經 斗五星在宦星西南, 主稱量;

斛四星在斗[28]南, 主斛食之事.

송양조천문지[181] 두의 거성은 동쪽 큰 별로, 북극

宋兩朝天文志 斗距東大

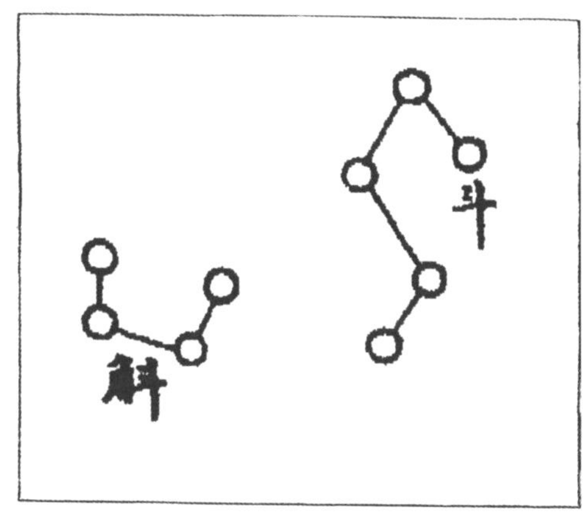

두 5성과 곡 4성(《오례통고》)

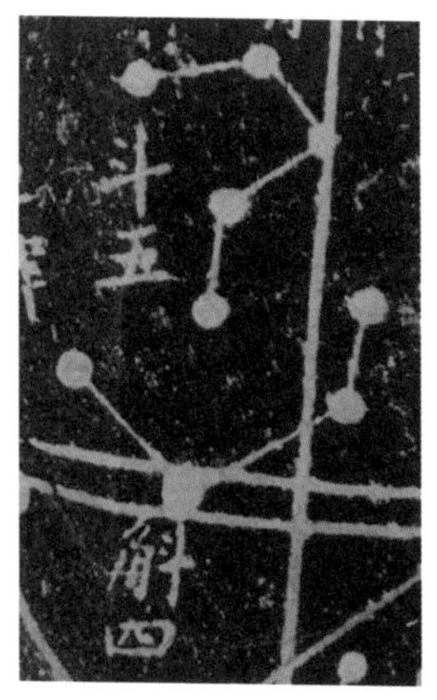

두 5와 곡 4(《천상열차분야지도》)

178 《步天歌》, 위와 같은 곳; 《通志》 卷39 〈天文略〉 第2 "天市垣"(《文淵閣四庫全書》 373, 477쪽).

179 제좌(帝坐): 천시원 한가운데에 있는 별자리. 별 1개로 구성되어 있다.

180 《星經》 卷上 "斗", 49쪽; 《星經》 卷下 "斛", 51쪽; 《說郛》 卷108上 〈星經〉 卷上 "斗"(《文淵閣四庫全書》 882, 253쪽); 《說郛》 卷108上 〈星經〉 卷下 "斛"(《文淵閣四庫全書》 882, 254쪽).

181 출전 확인 안 됨; 《五禮通考》 卷192 〈嘉禮〉 65 "觀象授時" '斗五星'(《文淵閣四庫全書》 139, 659쪽); 《文獻通考》 卷278 〈象緯考〉 1 "中宮三垣" '天市垣'(《文淵閣四庫全書》 615, 526쪽).

[27] 斛斗: 《通志·天文略·天市垣》에는 "斗斛".

[28] 斗: 《星經·斛》에는 "北斗".

거리가 79도이고, 경도가 미(尾)수에서 6.5도 들어간다.

곡의 거성은 서남쪽 별로, 북극거리가 87.5도이고, 경도가 미수에서 3도 들어간다】

星, 去極七十九度, 入尾六度半;

斛距西南星, 去極八十七度半, 入尾宿三度】

두성이 밝으면 길하게 된다.

밝지 않으면 오곡이 제대로 여물지 않게 된다.

두성이 보이지 않으면 그해는 큰 기근을 겪고, 사람들이 서로 잡아먹으며, 두(斗)나 곡(斛)[182]을 쓰지 않게 된다.

두성이 뒤집히면 그해에는 풍년이 들게 된다.

화성이 두성 옆을 차지하면 쌀이 비싸진다.

그 안으로 들어오면 쌀이 10배 비싸지고, 두(斗)나 곡(斛)으로 되는 일이 불공평하게 된다.

곡성의 점도 두성의 그것과 같다. 석신(石申) 《성경》[183]

斗星明, 則吉;

不明, 則五穀不成.

亡, 則歲大饑, 人相食, 斗、斛不用.

覆, 則歲穰.

火星守之, 米貴;

入其中, 米貴十倍, 斗、斛不平.

斛星占, 與斗星同. 石氏《星經》

두성이 뒤집히면 그해 곡식이 잘 익게 된다.

위를 바라보면 큰 기근을 겪게 된다.

두성의 밝은 경우와 어두운 경우의 점은 백탁의 그것과 같다. 《통지》[184]

覆, 則歲熟;

仰, 則大饑.

明暗, 與帛度同. 《通志》

두성이 밝으면 길이와 양을 헤아리는 일이 공평

斗星明, 則度量平. 《管窺

182 곡(斛): 곡식을 되는 부피 단위. 고대에는 10두가 1곡이었으나 송대에는 5두를 1곡으로 바꾸었다.

183 출전 확인 안 됨; 《二如亭群芳譜》 〈元部〉 "天譜" 卷2 '星'(《四庫全書存目叢書補編》 80, 86쪽).

184 《通志》 卷39 〈天文略〉 第2 "天市垣"(《文淵閣四庫全書》 373, 478쪽).

하다. 《관규집요》[185]

輯要》

두성과 곡성이 밝으면 그해에는 곡식이 잘 익게 된다.

斗、斛明, 則歲熟;

밝지 않으면 그해에는 흉년이 들게 된다.

不明, 則歲歉.

보이지 않으면 그해에는 큰 기근을 겪게 되어 사람들이 서로 잡아먹으며, 두나 곡을 쓰지 않게 된다.

不見, 則歲大饑, 人相食, 斗斛不用.

화성이 두성을 침범하면 그해에는 가뭄을 겪게 되고, 시장의 쌀값이 10배 비싸진다.

火星干犯, 歲旱, 糴貴十倍;

수성이 그 옆을 차지하면 주로 물난리가 나게 된다.

水星守, 主澇;

혜성이나 패성이 그 옆을 차지하여 침범하면 천하에 전쟁이 나고 기근을 겪게 되어 사람들이 길바닥에 나앉아서 서로 바라보게 된다.

彗孛守犯, 天下兵荒饑饉, 相望於道路;

목성이 그 옆을 차지하면 천하에 큰 풍년이 들게 된다. 《관규집요》[186]

木星守, 天下大豐. 同上

185 《管窺輯要》 卷20 〈天市垣論〉(《管窺輯要》8, 4쪽); 《管窺輯要》 卷20 〈天市垣別本參考〉(《管窺輯要》8, 10쪽).

186 《管窺輯要》 卷20 〈天市垣諸星去極度數考〉 "主聚衆"(《管窺輯要》8, 31쪽).

5) 동쪽 각(角)[187]·항(亢)[188]·저(氐)[189] 3수　　東方角、亢、氐三宿

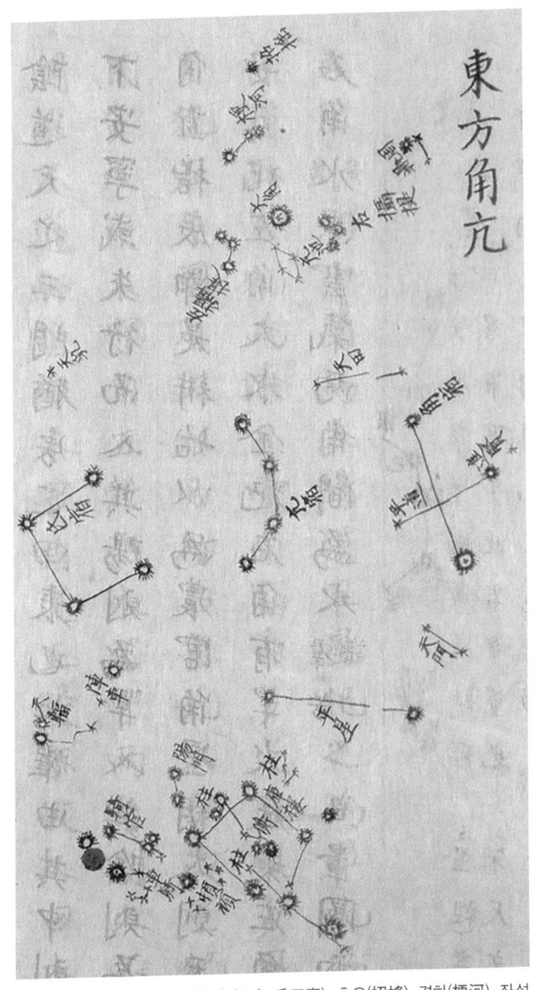

〈원도4〉 동방각·항·저삼수(東方角、亢、氐三宿). 초요(招搖)·경하(梗河)·좌섭제(左攝提)·대각(大角)·항지(亢池)·우섭제(右攝提)·주정(周鼎)·천유(天乳)·천전(天田)·저수(氐宿)·항수(亢宿)·평도(平道)·진현(進賢)·각수(角宿)·천폭(天輻)·진거(陣車)·평성(平星)·천문(天門)·양문(陽門)·주(柱)·주(柱)·주(柱)·고루(庫樓)·형(衡)·기관(騎官)·거기(車騎)·돈완(頓頑)

187 각(角): 동방7수에 속한 별자리. 2개의 별로 구성되어 있다.

188 항(亢): 동방7수에 속한 별자리. 4개의 별로 구성되어 있다.

189 저(氐): 동방7수에 속한 별자리. 4개의 별로 구성되어 있다.

5-1) 각수(角宿, 뿔) 2성

角宿二星

【보천가】[190] 각수 2성은 너비[191]가 12도이다. 규(奎)수와 마주 보고, 황도12궁[192] 중 천칭궁(天秤宮)에 속한다. 진(辰) 방향이고, 정(鄭)나라의 분야이다.[193]

홍색별 2개 남북으로 곧게 배열되었네.

【步天歌】角二星, 十二度. 對奎, 天秤宮, 辰地, 鄭之分.

兩紅南北正直著.

천구 365° 중 28수가 각각 차지하는 너비(《위선지》 권3 정리)

동방7수		북방7수		서방7수		남방7수	
각(角)	12°	두(斗)	26°	규(奎)	16°	정(井)	33°
항(亢)	9°	우(牛)	8°	누(婁)	12°	귀(鬼)	4°
저(氐)	15°	여(女)	12°	위(胃)	14°	유(柳)	15°
방(房)	5°	허(虛)	10°	묘(昴)	11°	성(星)	7°
심(心)	5°	위(危)	17°	필(畢)	16°	장(張)	18°
미(尾)	18°	실(室)	16°	삼(參)	9°	익(翼)	18°
기(箕)	11°	벽(壁)	9°	자(觜)	2°	진(軫)	17°
소계	75°	소계	98°	소계	80°	소계	112°
총계	365°						

성경[194] 각수 2성은 천문(天門, 천자의 궁궐문)이고, 12성차(星次)[195] 중 수성(壽星)[196]이며, 동방을 상징하는 창룡의 뿔이다. 남쪽 좌각(左角, 각수의 왼쪽)을 '천진(天津)'이라 하고, 북쪽 우각(右角, 각수의 오른쪽)을 '천문'

星經 角二星爲天門, 壽星, 蒼龍角也. 南左角名"天津", 北右角爲"天門", 中間名"天關". 左主天田, 右

190 《步天歌》〈角〉, 1쪽;《天文類抄》〈角〉, 8쪽;《通志》卷38 〈天文略〉第1 "東方"(《文淵閣四庫全書》373, 450쪽).

191 너비:천구 365도 중 각수가 차지하는 각도를 뜻한다.

192 황도12궁:황도(黃道)를 따라서 펼쳐진 하늘의 구역을 등간격으로 분할하기 위해 설정한 12개 별자리. 춘분점에서 시작하여 각 궁마다 30도씩 차지한다. 순서와 명칭은 4쪽 뒤에 있는 표 참조.

193 각수……분야이다:이 내용은 보천가가 아니고 각수에 대한 개괄이다. 가결로 된 보천가는 이 다음 내용이다.

194 《星經》卷上 "角宿", 25쪽;《說郛》卷108上 〈星經〉卷上 "角宿"(《文淵閣四庫全書》882, 246쪽).

195 12성차(星次):동양에서 황도를 12개로 나눈 구획. 즉 성기(星紀)·현효(玄枵)·추자(娵訾)·강누(降婁)·대량(大梁)·실침(實沈)·순수(鶉首)·순화(鶉火)·순미(鶉尾)·수성(壽星)·대화(大火)·석목(析木)을 말한다.

196 수성(壽星):12성차의 하나.

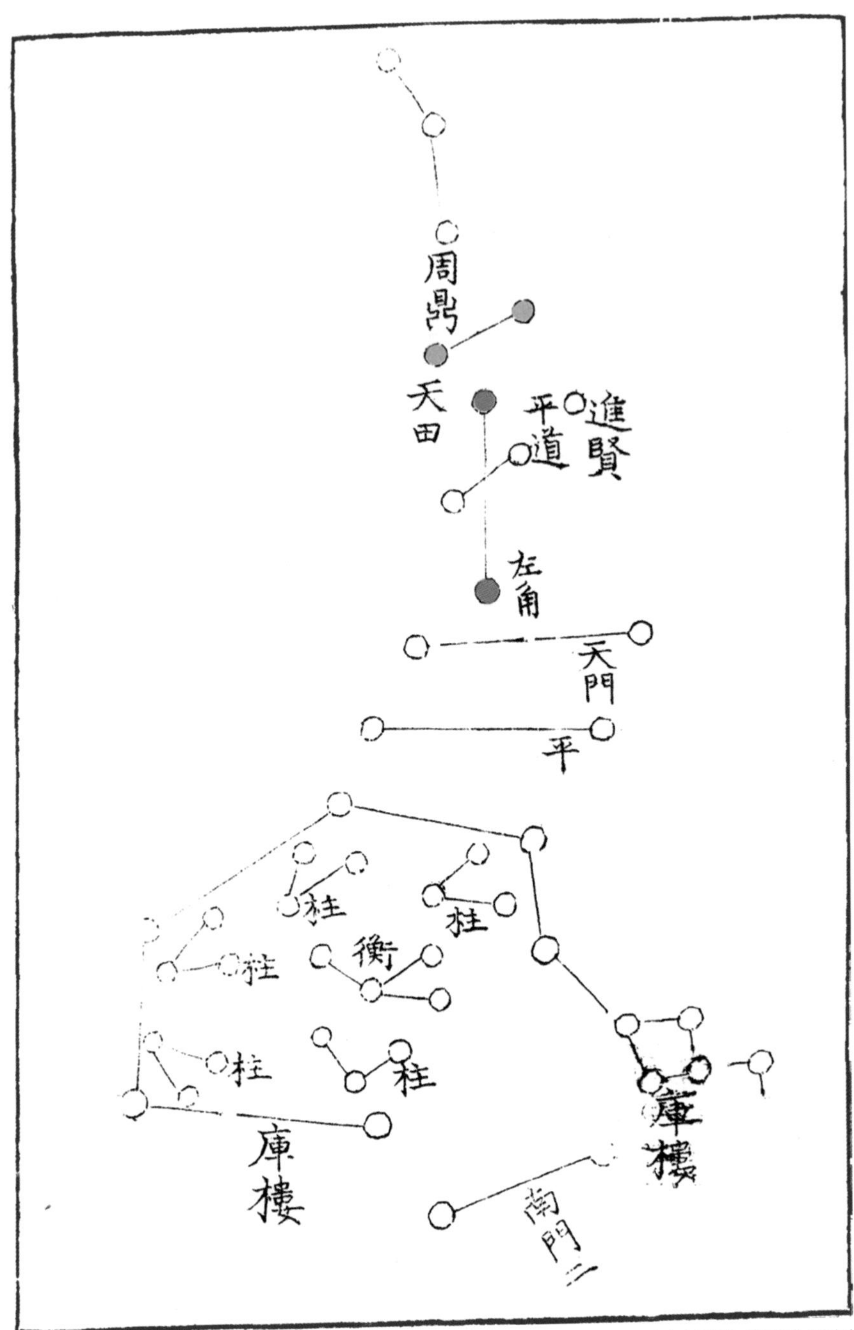

각수 전체. '각수'는 황별색 2개로 구성된 별자리를 의미하면서 '각수 2성'으로 대표되는 더 큰 별자리의 집합을 의미한다. 나머지 27수도 마찬가지다. 각수 및 천전(《보천가》)

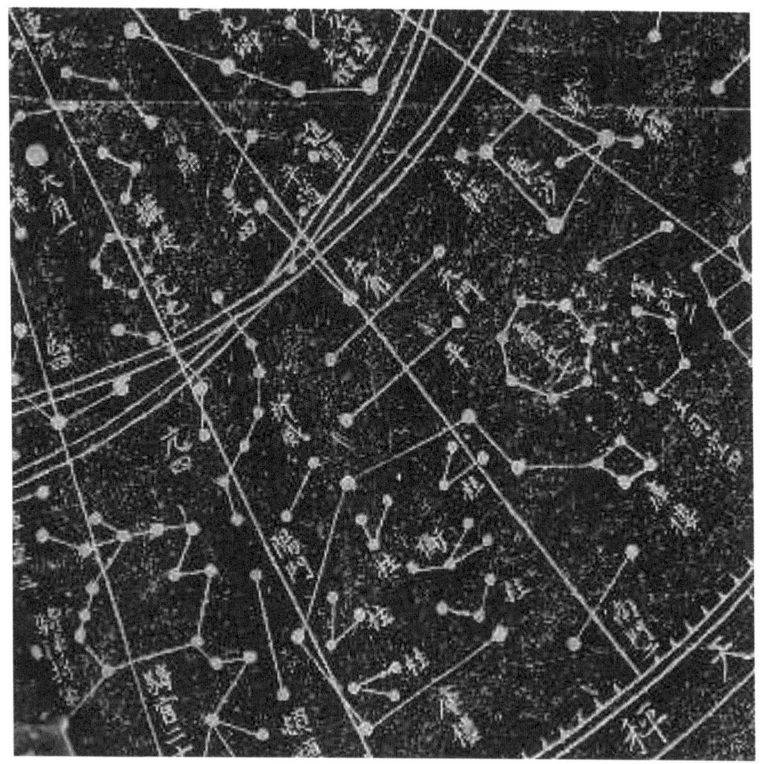

각수 및 천전(《천상열차분야지도》)

이라 한다. 그 사이는 '천관(天關, 하늘의 관문)'이라 한다. 좌각은 천전(天田)[197]을 주관하고, 우각은 천기(天祇)[198]를 주관한다.

主天祇.

송사 천문지 [199] 한나라 영원동의(永元銅儀)[200]로 측정

宋·天文志 漢永元銅儀,

197 천전(天田) : 각수에 속한 별자리. 2개의 흑색 별로 구성되어 있다.

198 천기(天祇) : 미상.

199 《宋史》卷50 〈天文志〉 第3 "天文" 3 '二十八舍'(《文淵閣四庫全書》281, 31쪽).

200 영원동의(永元銅儀) : 중국 한나라 영원(永元) 연간(89~105)에 가규(賈逵, 30~101)가 만든 혼천의인 황도동의(黃道銅儀).

했을 때, 각수의 너비는 13도이다.

以角爲十三度;

당 개원유의(開元游儀)[201]로 측정했을 때, 각수 2성의 너비는 12도이다.

而唐開元游儀, 角二星十二度.

옛 성경(星經)에는 북극거리가 91도였다.

舊經, 去極九十一度;

지금의 측정으로는 93.5도이다.

今測, 九十三度半.

각수의 거성은 적도를 정면으로 마주한다. 그 황도는 적도의 남쪽에 있으며, 각수의 사이를 지나지 않는다.

距星正當赤道, 其黃道在赤道南, 不經角中.

그러나 지금의 측정으로 각수는 적도 남쪽으로 2.5도에 있으며, 황도가 다시 각수의 사이를 지난다. 그러므로 이는 하늘의 상과 일치한다.

今測, 角在赤道南二度半, 黃道復經角中, 卽與天象合.

경우(景祐) 연간(1034~1038)의 측정으로 각수 2성은 너비가 12도이고, 거성은 남쪽 별로, 북극거리가 97도이며, 경도가 적도 밖으로 6도에 있다.

景祐測驗, 角二星十二度, 距南星, 去極九十七度, 在赤道外六度.

통지[202] 각수는 만물을 조화롭게 하고, 군주의 위엄과 신뢰를 펼치는 일을 주관한다.

通志 主造化萬物、布君威信.

군방보[203] 각수는 하늘의 관문이며, 창룡(蒼龍)의 뿔이다. 2성 사이는 천문(天門)이고, 그 안은 천정(天庭, 하늘의 마당)이다. 황도가 그 가운데를 지나가고, 해와 달이 지나가는 곳이다. 또 '유수(維首)'·'천진(天陳)'·'천상(天相)'·'천근(天根)'·'천전(天田)'이라고도 한다.

群芳譜 角爲天關, 蒼龍角也. 其間天門, 其內天庭, 黃道經其中, 日月之所行也. 一曰"維首", 一曰"天陳", 一曰"天相", 一曰"天

---

201 개원유의(開元游儀): 중국 당나라 개원(開元) 연간(713~741)에 양영찬(梁令瓚, 690~?)이 나무로 만든 천문 관측 기구. 정확한 별자리 도수를 측정하기 위해 기구를 옮겨가며 작동시키기 때문에 유의(游儀)라 했다.

202 《通志》卷38 〈天文略〉第1 "東方"(《文淵閣四庫全書》373, 451쪽).

203 《二如亭群芳譜》〈元部〉"天譜" 卷2 '星'(《四庫全書存目叢書補編》80, 81쪽).

'금성(金星)'이다.

根", 一曰"天田". 金星也.

금측[204] 각수 제1성은 황경이 9궁 19도 26분이고, 황위가 남으로 1도 59분이다.

今測 角一星, 黃經九宮一十九度二十六分, 緯南一度五十九分;

적경이 9궁 17도 10분이고, 적위가 남으로 9도 27분이다.

赤經九宮一十七度一十分, 緯南九度二十七分.

각수 제2성은 황경이 9궁 17도 43분이고, 황위가 북으로 8도 42분이다.

二星, 黃經九宮一十七度四十三分, 緯北八度四十二分;

적경이 9궁 18도 23분이고, 적위가 북으로 1도 1분이다】

赤經九宮一十八度二十三分, 緯北一度零一分】

각수의 두 별 사이는 양기가 올라가는 곳이다. 좌각의 남쪽으로 3척 떨어진 부분을 '태양도(太陽道)'라 하고, 우각의 북쪽으로 3척 떨어진 부분을 '태음도(太陰道)'라 한다. 하늘의 삼문(三門)[205]은 방 안의 사표(四表)[206]와 같다.

兩角之間, 陽氣所升. 左角南三尺曰"太陽道", 右角北三尺曰"太陰道". 天之三門, 猶房之四表也.

칠요(七耀, 일월과 오성)가 그 가운데로 지나가면 천하가 안녕하다. 혹 칠요가 그 길을 잃고 태양도로 들어가면 가뭄이 들게 된다. 태음도로 들어가면 물난리가 나게 된다.

七耀由其中, 則天下安寧; 或失行而入其陽, 則爲旱; 入其陰, 則爲水.

각수가 곧바로 수성[辰] 방향을 가리키면 이는 밭

角直指辰, 卽是耕始以爲農

---

204 《五禮通考》卷193 〈嘉禮〉 66 "觀象授時" '東方蒼龍七宿'(《文淵閣四庫全書》139, 661쪽).

205 삼문(三門) : 천자의 도성(都城) 4면에 각각 3개씩 있는 문.

206 사표(四表) : 사방의 맨 끝.

갈이의 시작이라 각수를 농사 관장하는 관리로 삼는다.

官;

각성(각수)이 밝고 크면 천하가 평안하게 된다.

角星明大, 則天下安.

달이 좌각을 침범하면 홍수가 나게 된다.

月犯左角, 大水;

금성이 우각을 침범하면 가뭄이 들게 된다.

金犯右角, 有旱;

화성이나 수성이 좌각을 타고 누르면[乘][207] 가뭄이 들게 된다.

火、辰乘左角, 旱;

우각을 타고 누르면 물난리가 나게 된다.

右角, 水;

흑색 구름 기운이 각수의 두 별 사이에 있으면 물난리가 나게 된다. 《군방보》[208]

黑雲氣兩角間, 爲水. 《群芳譜》

햇무리가 각수 두 별을 둥글게 감싸면 홍수가 나게 된다. 《황제점》[209]

日暈圓兩角, 大水. 《黃帝占》

각수의 남쪽은 태양도(太陽道)이다. 오성이 이곳을 침범하면 가뭄이 들게 된다.

南爲太陽道, 五星犯之, 爲旱;

북쪽은 태음도(太陰道)이다. 오성이 이곳을 침범하면 물난리가 나게 된다.

北爲太陰道, 五星犯, 爲潦;

햇무리가 각수에 지면 벌레떼가 대부분 죽게 되고, 신하들이 기근을 겪게 되며, 바람이나 비가 많게 된다.

日暈角宿, 蟲多死, 臣飢, 多風雨.

달이 좌각을 침범하면 나라에 홍수가 나게 된다.

月犯左角, 國有大水;

---

207 타고 누르면[乘]: 《무비지》에서는 "위에서 아래로 누르는 경우를 '승(乘)'이라 한다(自上而下壓之曰"乘")."라 했다. 《武備志》卷157 〈占星〉 4 "星變" 1, 6353쪽 참조.

208 《二如亭群芳譜》, 위와 같은 곳.

209 출전 확인 안 됨; 《管窺輯要》 卷23 〈日月變異占〉(《管窺輯要》9, 12쪽). 《唐開元占經》 卷15 〈月占〉 5 "月暈東方七宿" '月暈角' 1(《文淵閣四庫全書》807, 301쪽)에 "《黃帝占》曰: '月暈圍兩角大水.'"라는 내용이 보인다.

달이 우각 북쪽으로 지나가면 큰 가뭄이 들게 된다.	月行右角北, 大旱.
목성이 각수를 침범하면 백성이 대부분 전염병에 걸리게 된다.	歲星犯角, 民多疾疫;
목성이 각수 옆을 차지하면 오곡이 잘 익게 된다.	木守角, 五穀熟;
목성이 각수 두 별 사이를 오래 차지하여[留守] 오랫동안 아래로 내려오지 않으면 관문과 교량을 통행하지 못하게 된다.	木留守兩角間, 久不下, 關梁不通.
치맹(郗萌)[210]은 "목성이 각수 있는 곳 옆을 차지하면 오곡을 거둘 수 없게 된다."라 했다. 또 "목성이 각수의 남쪽이나 북쪽을 이용하면 기장과 조[稷] 농사에 좋다."라 했다.	郗萌曰: "木守角處, 五穀不收." 又曰: "木用南北, 宜黍稷."
목성이 우각 북쪽 옆을 차지하면 홍수가 나서 오곡을 반만 수확하게 된다.	木守右角北, 大水, 五穀半收;
목성이 우각 남쪽 옆을 차지하면 큰 기근을 겪어 사람들이 서로 잡아먹게 된다.	守右角南, 大饑, 人相食;
목성이 좌각 옆을 차지하고 그 색이 황백이면 작은 가뭄이 들게 된다.	木守左角, 其色黃白, 小旱;
목성이 각수에서 역행하면 가뭄이 들게 된다.	逆行, 卽旱;
각수를 돌아가면 비가 많이 내리게 된다.	還, 則雨;
목성이 출입하여 각수 자리 옆을 오래 차지하면 그해에는 곡식이 아주 잘 익게 된다.	木出入留舍守角, 其歲大熟.
화성이 각수로 들어오면 큰 기근을 겪게 된다.	火入角, 大饑;
화성이 각수 가운데 길로 지나가면 천하가 화평	火行角中道, 天下和平;

210 치맹(郗萌) : ?~?. 중국 한나라의 천문점성가. 1세기 전후에 활동했다. 저술로《춘추재이(春秋災異)》·《진재이(秦災異)》·《예홍통현기(霓虹通玄記)》등이 있다.

하게 된다.

화성이 태양도로 지나가면 가뭄이 들게 된다. 陽道, 旱;

화성이 태음도로 지나가면 물난리가 나게 된다. 陰道, 水;

화성이 좌각 옆을 차지하면 큰 가뭄이 들어 큰 기근을 겪게 된다. 火守角, 大旱大饑;

화성이 우각 옆을 차지하면 오곡이 익지 않게 된다. 火守右角, 五穀不熟;

화성이 각수 두 별 사이를 지나가면 비가 많이 내리게 된다. 火經兩角, 多雨.

토성이 좌각을 타고 누르면 가뭄이 들게 된다. 土乘左角, 爲旱;

토성이 우각을 타고 누르면 물난리가 나게 된다. 右角, 爲水;

토성이 각수 옆을 차지하면 만물이 제대로 여물지 않고, 오곡이 상하며, 사람들이 유랑하게 된다. 土守角, 萬物不成, 五穀傷, 人流亡;

토성이 우각 옆을 차지하여 그 색이 윤택하면 그 해에는 곡식이 잘 익게 된다. 土守右角, 色潤澤, 歲熟;

토성의 색이 황색이면 작은 가뭄이 들게 된다. 色黃, 小旱;

토성이 각수에서 역행하면 큰 가뭄이 들게 된다. 土逆行, 大旱.

금성이 각수를 침범하면 가뭄이 들게 된다. 太白犯角, 有旱;

금성이 좌각을 타고 누르면 가뭄이 들게 된다. 太白乘左角, 旱;

금성이 우각을 타고 누르면 물난리가 나게 된다. 右角, 水. 同上

《황제점》[211]

수성이 각수 2성의 사이를 지나가면 천하가 화평하게 된다. 辰星行角中, 天下和平;

211 출전 확인 안 됨;《管窺輯要》卷23〈角星論〉(《管窺輯要》9, 4쪽);《管窺輯要》卷23〈日月變異占〉(《管窺輯要》9, 12~13쪽);《管窺輯要》卷23〈月五星干犯占〉(《管窺輯要》9, 13~19쪽).

수성이 각수 옆을 차지하면 홍수가 나서 물바다가 되고, 오곡이 제대로 여물지 않게 된다.

守角, 大水滂沱,[29] 五穀不成.

객성이 각수로 들어오면 메뚜기떼가 생겨서 오곡이 상하게 된다.

客星入角, 蝗蟲生, 五穀傷;

객성이 좌각 옆을 차지하고 적색이면 천하에 큰 가뭄이 들어 오곡이 제대로 여물지 않게 된다.

客星守左角, 色赤, 天下大旱, 五穀不成;

객성이 각수 두 별 사이를 차지하면 큰 가뭄이 들어 큰 기근을 겪게 된다. 《관규집요》[212]

客守兩角間, 大旱大饑. 《管窺輯要》

212《管窺輯要》卷23〈月五星干犯占〉(《管窺輯要》9, 20쪽);《管窺輯要》卷23〈客星流星彗孛干犯占〉(《管窺輯要》9, 21~22쪽).

[29] 沱:《管窺輯要·月五星干犯占》에는 "滂".

5-2) 천전(天田, 하늘의 밭) 2성

天田二星

【보천가[213] 각수 가운데 평도(平道)[214]가 가로질렀고 그 위에 천전(天田) 있네.

【步天歌 中有平道上天田.

성경[215] 천전 2성은 각수 북쪽에 있다. 천자가 관할하는 기내(畿內)[216]의 땅을 주관한다.

星經 天田二星在角北, 主天子畿內地.

송사 천문지[217] 무밀은 "천전은 천자의 적전(籍田)[218]이다."라 했다.

宋·天文志 武密曰: "天子籍田也."

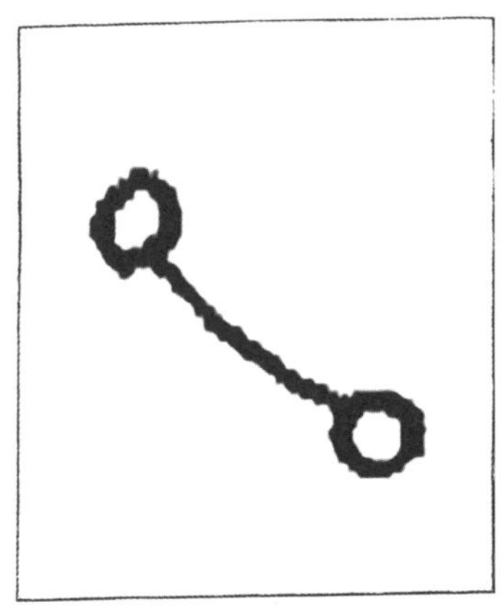

천전(《성경》)

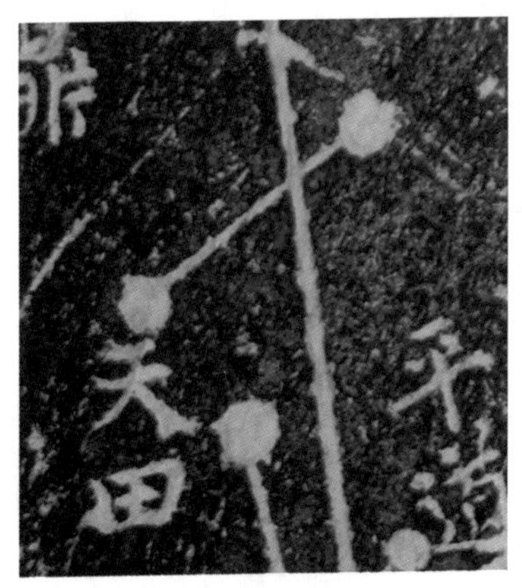

천전(《천상열차분야지도》)

213《步天歌》, 위와 같은 곳;《通志》卷38〈天文略〉第1 "東方"(《文淵閣四庫全書》373, 450쪽).
214 평도(平道): 동방7수 중 각수에 속한 별자리. 2개의 별로 구성되어 있다.
215《星經》卷上 "天田", 29쪽;《說郛》卷108上〈星經〉卷上 "天田"(《文淵閣四庫全書》882, 248쪽).
216 기내(畿內): 왕도와 그 주위 1,000리의 땅.
217《宋史》卷50〈天文志〉第3 "天文" 3 '二十八舍'(《文淵閣四庫全書》281, 31쪽).
218 적전(籍田): 천자나 제후가 백성을 부려 경작하는 농지.

송양조천문지[219] 거성은 서쪽 별로, 북극거리가 82.5도이고, 경도가 각수에서 2.5도 들어간다.

宋兩朝天文志 距西星, 去極八十二[30]度半, 入角二度半.

군방보[220] 천전은 각수의 우각 북쪽에 있다】

群芳譜 在右角北】

목성이 천전 옆을 차지하면 오곡이 큰 풍년이 들게 된다.

歲星守之, 五穀大豐;

화성이 그 옆을 차지하면 주로 가뭄이 들어 오곡이 잘 여물지 않게 된다.

熒惑守之, 主旱, 五穀不成;

수성이 그 옆을 차지하면 홍수가 나서 오곡을 상하게 한다.

辰星守之, 大水傷五穀;

객성이 들어오면 천하에 타는 듯한 가뭄이 들고 메뚜기떼가 많아져서, 오곡이 생기지 않게 된다. 《군방보》[221]

客星入之, 天下焦旱蝗多, 五穀不生. 《群芳譜》

천전이 밝으면 그해에는 곡식이 잘 익게 된다.

天田明, 則歲熟;

보이지 않으면 흉년으로 천지(天地)와 종묘에 제사를 지내지 못하게 된다.

亡, 則郊廟不享.

목성이 그 옆을 차지하면 그해에는 풍년이 들게 된다.

木守, 歲穰;

화성이 그 옆을 차지하면 가뭄이 들게 된다.

火守, 旱;

---

219 출전 확인 안 됨; 《五禮通考》 卷193 〈嘉禮〉 66 "觀象授時" '東方蒼龍七宿·天田二星'(《文淵閣四庫全書》 139, 662쪽); 《文獻通考》 卷279 〈象緯考〉 2 "二十八宿" '東方 蒼龍七宿'(《文淵閣四庫全書》 615, 528쪽).

220 《二如亭群芳譜》 〈元部〉 "天譜" 卷2 '星'(《四庫全書存目叢書補編》 80, 86쪽).

221 《二如亭群芳譜》, 위와 같은 곳.

[30] 二: 저본에는 "三". 《五禮通考·嘉禮·觀象授時》·《文獻通考·象緯考》에 근거하여 수정.

수성이 그 옆을 차지하면 물난리가 나게 된다.

금성이 그 옆을 차지하면 농사를 폐하게 된다.

객성이 그 옆을 차지하면 오곡이 잘 익지 않고, 메뚜기떼로 재앙이 있게 된다.

혜성이나 패성이 그 옆을 차지하면 흉년으로 천지와 종묘에 지내는 제사를 모두 폐하고, 집안 제사를 지내지 못하여 왕은 존경을 받지 못하고, 천하가 기근을 겪게 된다. 《관규집요》[222]

水守, 澇;

金守, 農業廢;

客守, 五穀不熟, 蝗蟲爲害;

彗孛守, 郊廟祖廟俱廢, 祀不享, 王者不[31]敬, 天下饑荒. 《管窺輯要》

222《管窺輯要》卷23〈角宿去極度數考〉(《管窺輯要》9, 29쪽).

[31] 不: 저본에는 없음. 《管窺輯要·角宿去極度數考》에 근거하여 보충.

5-3) 항수(亢宿, 관칭)[223] 4성

亢宿四星

【보천가】[224] 항수 4성은 너비가 9도이다. 누(婁)수와 마주 보고, 천칭궁에 속한다. 진(辰) 방향이고, 정(鄭)나라의 분야이다.

【步天歌】亢四星, 九度. 對婁, 天枰宮, 辰地, 鄭之分.

홍색별 4개 굽은 활모양과 비슷하네.

四紅却似[32]彎弓狀.

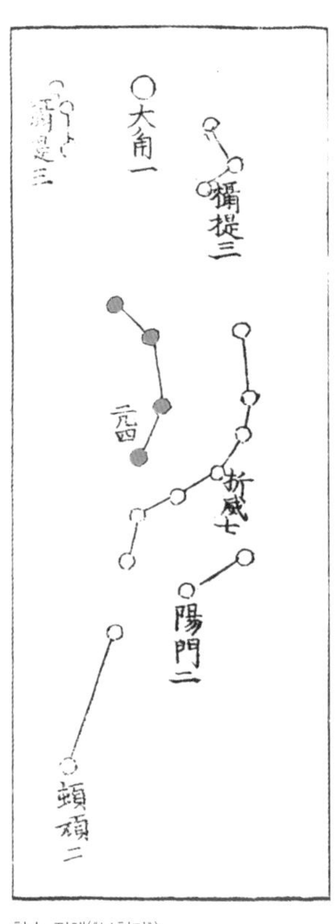

항수 전체(《보천가》)

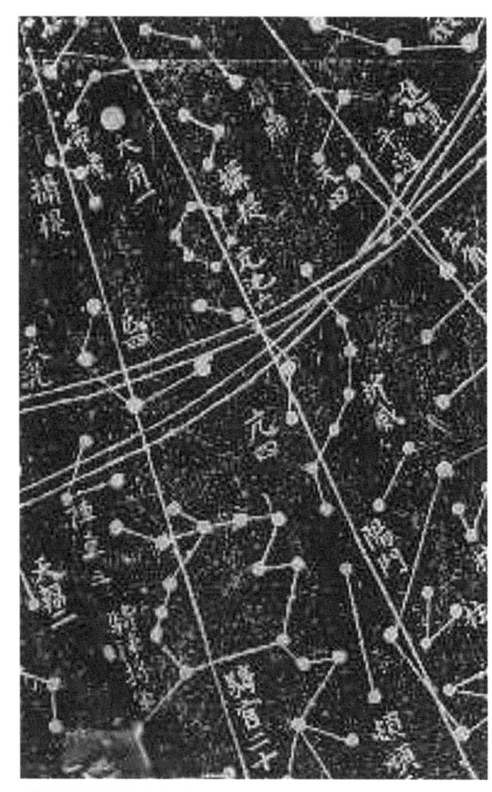

항수(《천상열차분야지도》)

223 항수(亢宿, 관칭): 동방7수에 속한 별자리. 4개의 별로 구성되어 있다.

224 《步天歌》〈亢〉, 2쪽;《天文類抄》〈亢〉, 11쪽;《通志》 卷38 〈天文略〉 第1 "東方"(《文淵閣四庫全書》 373, 451쪽).

[32] 紅却似: 《通志·天文略·東方》에는 "星恰如".

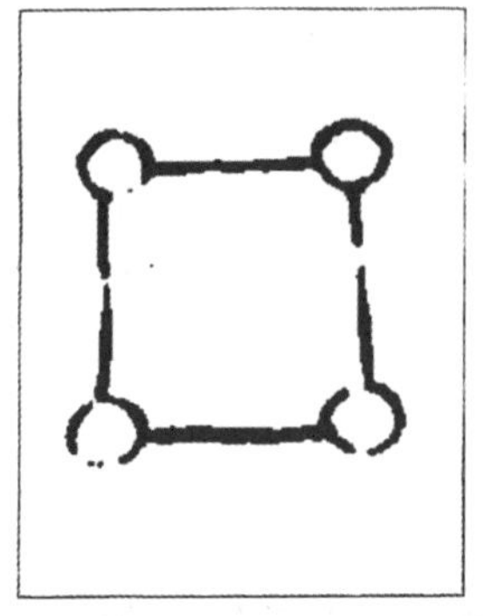

항(《성경》)

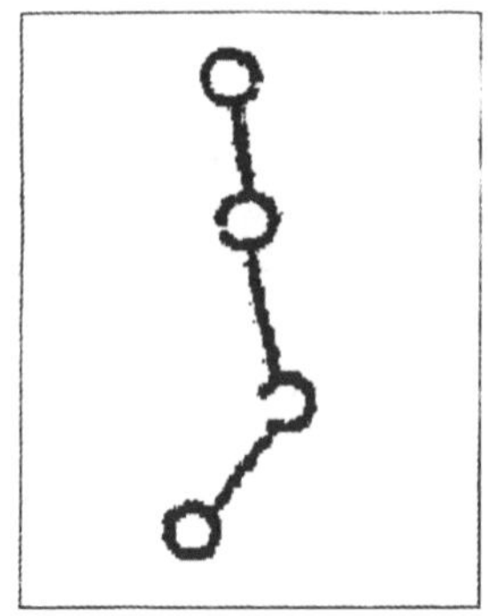

항 4성(《오례통고》)

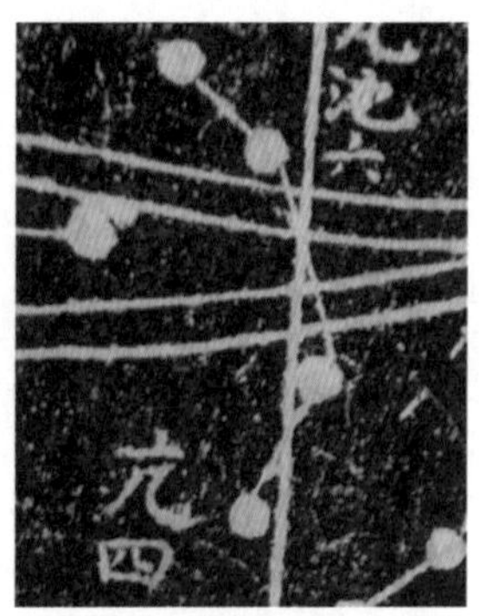

항 4(《천상열차분야지도》)

성경[225] 항 4성을 '천부(天府)'라 한다. 일명 '천정(天庭)'이다.

星經 亢四星名"天府", 一名"天庭".

사기 천관서[226] 항수는 소묘(疏廟, 나란히 선 조정의 신하)이다. 질병을 주관한다.

史記·天官書 亢爲疏廟, 主疾.

진서 천문지[227] 항수는 천자의 내조(內朝, 내부 조정)이다. 천하의 상소와 소송, 옥사와 상벌을 총괄하여 다스린다. '소묘(疏廟)'라고도 한다. 전염병을 주관한다.

晉·天文志 亢, 天子之內朝也. 摠攝天下奏事、聽訟、理獄、錄功者也. 一曰"疏廟", 主疾疫.

사기색은(史記索隱)[228][229] 《춘추원명포(春秋元命包)》[230]

索隱 《元命包》云: "亢四

225 《星經》 卷上 "亢宿", 33쪽; 《說郛》 卷108上 〈星經〉 卷上 "亢宿"(《文淵閣四庫全書》 882, 249쪽).

226 《史記》 卷27 〈天官書〉 第5, 1297쪽.

227 《晉書》 卷11 〈天文〉 上 "二十八舍", 299쪽.

228 사기색은(史記索隱): 중국 당나라의 사마정(司馬貞, 679~732)이 지은 사기 주석서. 30권.

229 《史記索隱》 卷9 〈天官書〉 第5(《文淵閣四庫全書》 246, 504쪽); 《史記》, 위와 같은 곳.

230 춘추원명포(春秋元命包): 중국 한나라 때 지어진 춘추(春秋) 관련 위서(緯書) 중 하나. 작자는 미상이며, 송균(宋均, ?~76)이 주석을 달았다.

에서는 "항수 4성은 '묘정(廟廷)'이다."라 했다. 《춘추문요구(春秋文耀鉤)》[231]에서는 "항수는 소묘(疏廟)이다."라 했다. 송균(宋均)[232]은 "소(疏)는 밖이라는 뜻이다. 묘(廟)는 혹 '조(朝)'라고도 한다."라 했다.	星爲'廟廷'."《文耀鉤》爲"疏廟". 宋均以爲"疏, 外也. 廟, 或爲'朝'."
송양조천문지[233] 거성은 남쪽 제2성으로, 북극거리는 96도이다.	宋兩朝天文志 距南第二星, 去極九十六度.
송사 천문지[234] 항수 4성은 한나라 영원동의로 측정했을 때, 너비가 10도이다.	宋·天文志 亢宿四星, 漢永元銅儀, 十度;
당 개원유의로 측정했을 때, 너비가 9도이다.	唐開元游儀, 九度.
옛 성경(星經)에는 북극거리가 89도였다.	舊, 去極八十九度;
지금의 측정으로는 91.5도이다.	今, 九十一度半.
경우(景祐) 연간의 측정으로 항수는 너비가 9도이다. 거성은 남쪽 제2성으로, 북극거리가 95도이다.	景祐測驗, 亢九度, 距南第二星, 去極九十五度.
군방보[235] 항수는 천자의 관청으로, 화성(火星, 불의 별)이다. 그 아래로 8척 떨어진 부분은 일월오성이 지나가는 궤도[中道, 중도]이다. 사해(四海)를 통솔하고, 천하의 상소와 상벌, 소송과 옥사 처리를 총괄하는 일을 주관한다. 천자의 내조(內朝)로, 제사를	群芳譜 亢爲天子之府, 火星也. 其下八尺, 日月五星所行之中道, 主統領四海, 總天下之政奏事、錄功、聽訟、理獄. 天子內朝, 主享

231 춘추문요구(春秋文耀鉤): 중국 한나라 때 지어진 춘추(春秋) 관련 위서(緯書) 중 하나. 작자는 미상이다.

232 송균(宋均): ?~76. 중국 후한(後漢)의 관리·학자. 《시경》과 《예기》에 능했으며 진양장(辰陽長)과 하내태수(河內太守) 등을 지냈다.

233 출전 확인 안 됨; 《五禮通考》 卷193 〈嘉禮〉 66 "觀象授時" '東方蒼龍七宿·亢宿四星'(《文淵閣四庫全書》 139, 663쪽); 《文獻通考》 卷279 〈象緯考〉 2 "二十八宿" '東方蒼龍七宿'(《文淵閣四庫全書》 615, 529쪽).

234 《宋史》 卷50 〈天文志〉 第3 "天文" 3 '二十八舍'(《文淵閣四庫全書》 281, 33쪽).

235 《二如亭群芳譜》 〈元部〉 "天譜" 卷2 '星'(《四庫全書存目叢書補編》 80, 81쪽).

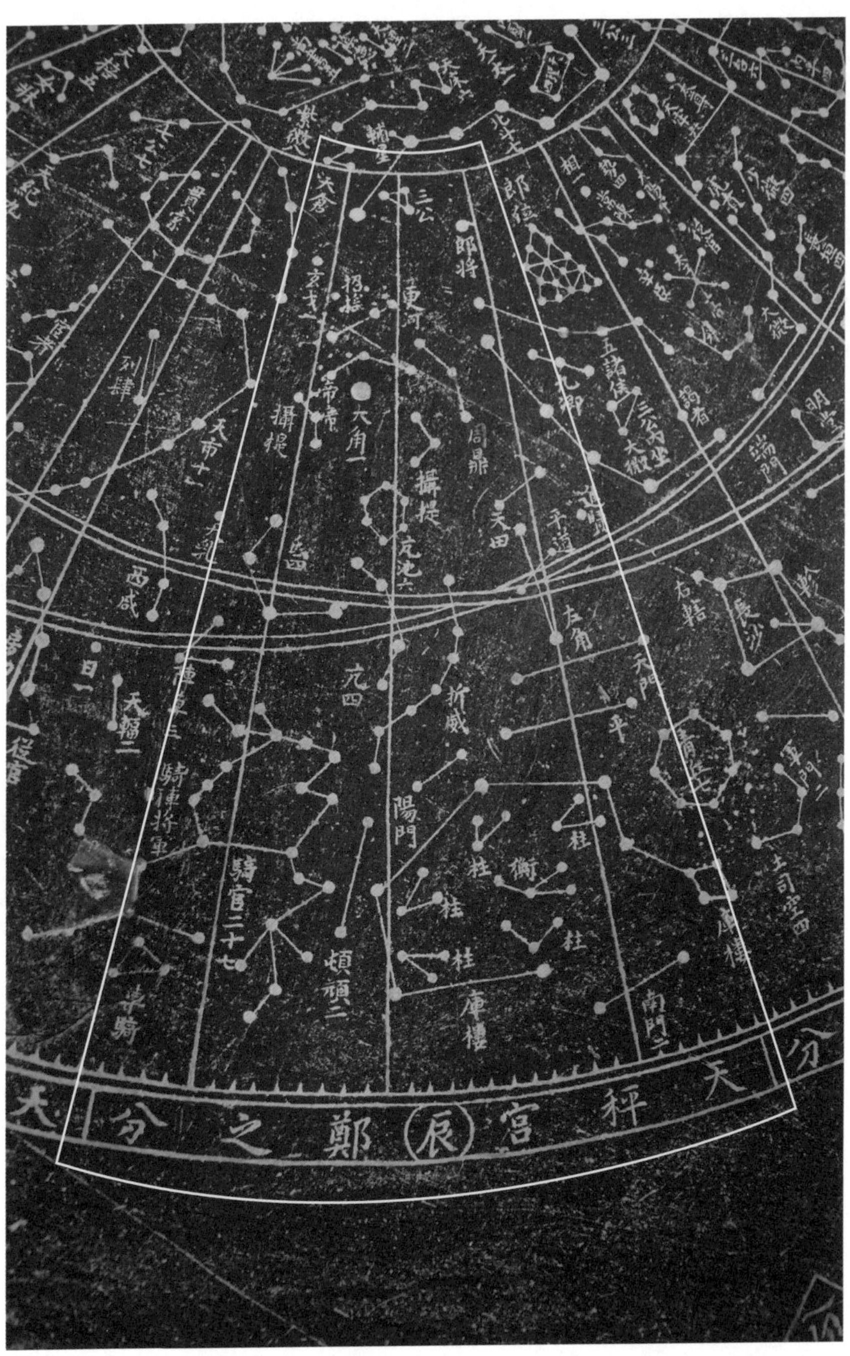

7궁 천칭궁 정(鄭)(《천상열차분야지도》)

주관하고, 질병을 주관한다. 祀, 主疾病.

금측[236] 항수 제1성은 황경이 10궁 1도 3분이고, 황위가 북으로 2도 58분이다. 今測 亢一星, 黃經十宮初度零三分, 緯北二度五十八分;

적경이 9궁 28도 59분이고, 적위가 남으로 8도 44분이다. 赤經九宮二十八度五十九分, 緯南八度四十四分.

제3성은 황경이 9궁 39도 19분이고, 황위가 북으로 7도 19분이다. 三星, 黃經九宮三十九度一十九分, 緯北七度一十九分.

제4성은 황경이 10궁 2도 32분이고, 황위가 북으로 1도 32분이다】 四星, 黃經十宮二度三十二分, 緯北初度三十二分】

그 별이 밝고 크면 사람들에게 전염병이 없게 된다. 其星明大, 人無疾疫;

항수가 이동하면 질병이 많게 된다. 移動, 多疾病;

보이지 않으면 천하가 솥의 물처럼 끓게 되고, 가뭄이나 물난리가 일어나게 된다. 《통지》[237] 不見, 則天下鼎沸, 而旱澇作矣. 《通志》

치맹은 다음과 같이 말했다. 郗萌曰:

"춘분에 항수를 관찰했을 때 항수가 보이지 않으면 오곡이 모두 상하게 된다. "秋分視亢, 不見, 則五穀俱傷.

달이 좌성을 타고 누르면 주로 물난리가 나게 된다. 月乘左星, 主水.

목성이 항수 옆을 차지하면 오곡이 아주 잘 익게 된다. 木星守亢, 五穀大熟;

236 《五禮通考》 卷193 〈嘉禮〉 66 "觀象授時" '東方蒼龍七宿'(《文淵閣四庫全書》 139, 663쪽).
237 《通志》 卷38 〈天文略〉 第1 "東方"(《文淵閣四庫全書》 373, 451쪽).

목성이 좌성 옆을 차지하면 가뭄이 들게 된다. 左星, 旱;

우성 옆을 차지하면 물난리가 나게 된다. 右星, 水.

화성이 항수를 침범하면 전염병이 크게 돌고, 조가 비싸진다. 火犯亢, 大疫粟貴;

화성이 좌성을 침범하면 불로 인한 재앙을 겪게 된다. 左星, 火災.

토성이 항수를 역행하면 오곡이 상하고, 사람들이 유랑하게 된다. 또 '오곡이 물로 썩게 되고, 벌레떼가 생기며, 사람들이 전염병에 걸리게 된다.'라 했다. 土逆行亢, 五穀傷, 人流亡. 又曰: '五穀以水敗, 蟲生人疫.'

토성이 우성을 타고 누르면 수재가 나게 된다. 乘右星, 水災;

좌성을 타고 누르면 곡식이 비싸진다. 左星, 穀貴.

수성이 항수를 침범하면 음기는 없어지고 양기가 빛나서 홍수로 물이 넘실거리되, 담장을 넘길 정도가 되며, 천하가 질병으로 인한 재앙을 겪게 된다. 水犯亢, 陰蔽陽光, 大水洋洋, 無有堵墻, 天下疾殃.

객성이 항수로 나오면 큰 가뭄이 들어 쌀이 비싸진다. 客星出亢, 大旱米貴;

객성이 항수 옆을 차지하면 천하에 메뚜기떼가 많아진다. 守亢, 天下多蝗;

유성이 항수를 침범하면 가을과 겨울에 도적이 많아지고, 수재가 나게 된다. 流星犯亢, 秋冬盜賊水災;

혜성이나 패성이 항수로 나오면 큰 기근을 겪게 되어 사람들이 서로 잡아먹게 된다. 彗孛出亢, 大饑人相食.

3년이 지나지 않아 구름 기운이 항수로 들어오되, 청색이면 주로 전염병이 돌게 된다. 不出三年, 雲氣入亢, 青色, 主疫;

흑색이면 수재가 나게 된다."《군방보》[238] 黑色, 水災."《群芳譜》

238《二如亭群芳譜》, 위와 같은 곳.

5-4) 저수(氐宿, 궁전)[239] 4성

【보천가[240] 저수 4성은 너비가 15도이다. 위(胃)수와 마주 보고, 천갈궁(天蝎宮)[241]에 속한다. 묘(卯) 방향이고, 송(宋)나라의 분야이다.

홍색별 4개 쌀 되는 말박 같네.

氐宿四星

【步天歌 氐四星, 十五度. 對胃, 天蝎宮. 卯地, 宋之分.

四紅似斗側量米.

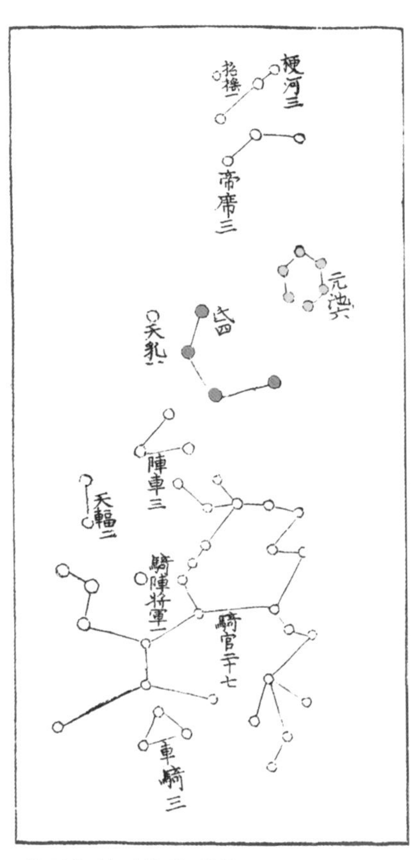

저수 전체. 저수 및 항지(《보천가》)

저수 및 항지(《천상열차분야지도》)

239 저수(氐宿, 궁전): 동방7수에 속한 별자리. 별 4개로 구성되어 있다.
240 《步天歌》〈氐〉, 3쪽; 《天文類抄》〈氐〉, 13~14쪽.
241 천갈궁(天蝎宮): 12황도궁의 하나.

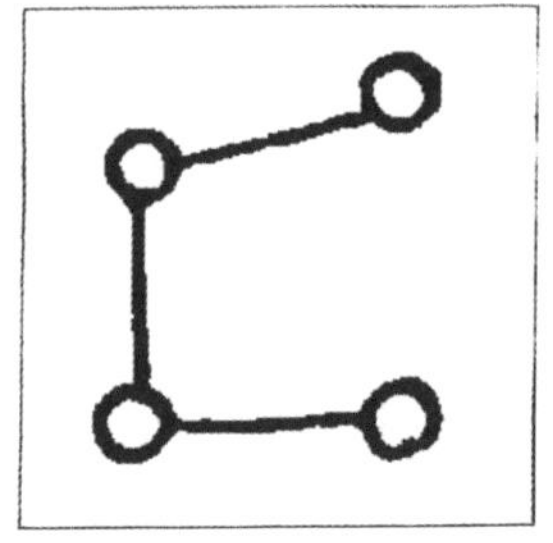

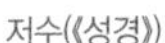

저수(《성경》)

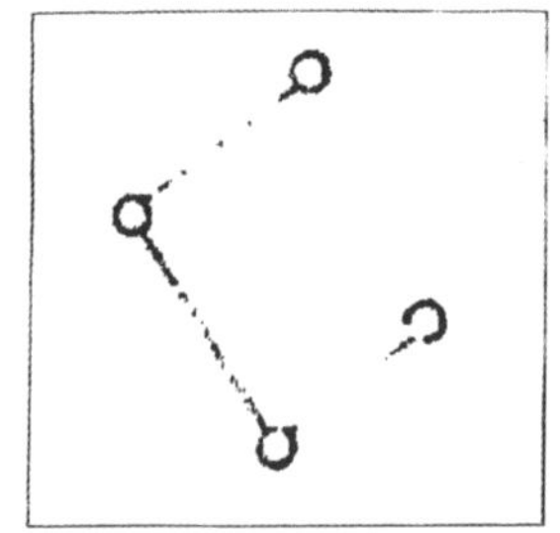

저수 4성(《오례통고》)

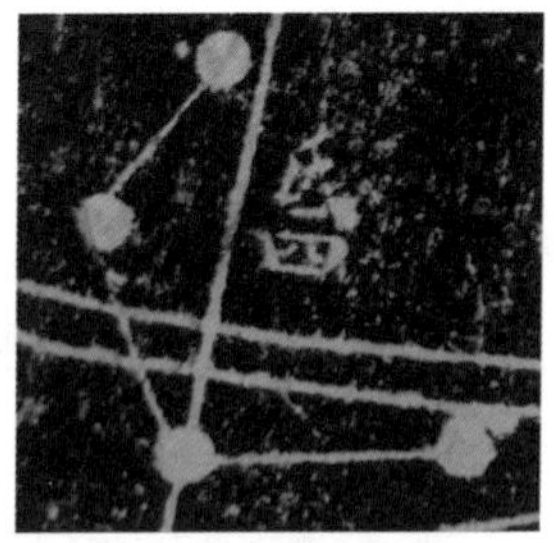

저 4(《천상열차분야지도》)

성경[242] 저수 4성은 천숙궁(天宿宮, 천자가 머무는 궁전)이다. 일명은 '천근(天根)'이다. 2번째 이름은 '천부(天符)'이다. 황후나 비빈(妃嬪)[243]을 주관한다. 앞의 큰 2성은 정비(正妃, 정실 왕비)이고, 뒤의 2성은 좌우의 빈(嬪)이다.

星經 氐四星爲天宿宮. 一名"天根", 二名"天符", 主皇后、妃嬪. 前二大星正妃, 後二左右.

사기 천관서[244] 저수는 천근(天根)이다. 전염병을 주관한다.

史記·天官書 氐爲天根, 主疫.

송양조천문지[245] 거성은 서남쪽 별로, 북극거리는 104.5도이다.

宋兩朝天文志 距西南星, 去極一百四度半.

송사 천문지[246] 한나라 영원동의와 당나라 개원유의로 측정했을 때, 저수의 너비는 16도이고, 북극거리는 94도이다.

宋·天文志 漢永元銅儀、唐開元游儀, 氐宿十六度, 去極九十四度.

242《星經》卷上 "氐宿", 39쪽;《說郛》卷108上〈星經〉卷上 "氐宿"(《文淵閣四庫全書》882, 250쪽).

243 비빈(妃嬪) : 제왕의 후궁. 후(后) 다음이 비(妃)이고, 비(妃) 다음이 빈(嬪)이다.

244《史記》卷27〈天官書〉第5, 1297쪽.

245 출전 확인 안 됨;《五禮通考》卷193〈嘉禮〉66 "觀象授時" '東方蒼龍七宿·氐宿四星'(《文淵閣四庫全書》139, 665쪽);《文獻通考》卷279〈象緯考〉2 "二十八宿" '東方蒼龍七宿'(《文淵閣四庫全書》615, 530쪽).

246《宋史》卷50〈天文志〉第3 "天文" 3 '二十八舍'(《文淵閣四庫全書》281, 34쪽).

경우 연간의 측정값과 《건상신서》의 측정값은 모두 98도이다.

景祐測驗與《乾象新書》, 皆九十八度.

군방보[247] 저수 4성의 너비는 15도로 계량된다. 천자가 머무는 궁전이자 휴식하는 장소이며, 후비의 관부로, 토성(土星)이다. 중앙은 칠요가 지나가는 궤도이다. 또 요역(徭役)[248]을 주관한다.

群芳譜 氐四星計十五度, 爲天子宿宮, 休解之所, 后妃之府, 土星也. 中央爲七耀中道. 又主徭役.

금측[249] 저수 제1성은 황경이 10궁 10도 41분이고, 황위가 북으로 1도 26분이다.

今測 氐一星, 黃經十宮一十度四十一分, 緯北初度二十六分;

적경이 10궁 8도 24분이고, 적위가 남으로 14도 39분이다.

赤經十宮八度二十四分, 緯南十四度三十九分.

제2성은 황경이 10궁 16도 34분이고, 황위가 남으로 1도 18분이다.

二星, 黃經十宮一十六度三十四分, 緯南一度一十八分.

제3성은 황경이 10궁 20도 40분이고, 황위가 북으로 4도 28분이다.

三星, 黃經十宮二十度四十分, 緯北四度二十八分.

제4성은 황경이 10궁 14도 58분이고, 황위가 북으로 8도 35분이다.

四星, 黃經十宮十四度五十八分, 緯北八度三十五分;

적경이 10궁 15도 2분이고, 적위가 남으로 8도 9분이다】

赤經十宮十五度零二分, 緯南八度零九分】

247 《二如亭群芳譜》〈元部〉"天譜" 卷2 '星'(《四庫全書存目叢書補編》80, 81쪽).
248 요역(徭役) : 나라에서 성인 남자에게 시키던 노동.
249 《五禮通考》卷193〈嘉禮〉66 "觀象授時" '東方蒼龍七宿'(《文淵閣四庫全書》139, 665쪽).

목성이 저수를 침범하여 구부러진 뱀처럼 둘러싸면 그 나라는 기근을 겪게 된다.

木犯氐, 若環繞句巳, 其國饑.

금성이 저수에 들어오면 전염병이 크게 돌고, 서리나 비가 때에 맞지 않게 내리게 된다.

金入氐, 大疫, 霜雨不時;

금성이 저수의 우성을 타고 누르면 홍수가 나게 된다.

乘右星, 大水.

수성이 저수 옆을 차지하면 홍수가 나고, 만물이 제대로 여물지 않게 된다. 일설에는 "대부분 수확이 나빠지고, 천하에 바람이 많이 불며, 전염병이 크게 돌게 된다."라 했다.

辰星守氐, 大水, 萬物不成. 一曰: "多惡, 風天下, 大疫."

유성이 저수에 들어오면 가을이나 겨울에 물난리가 나고, 가뭄이 들게 된다.

流星入氐, 秋冬爲水爲旱.

구름 기운이 저수에 들어와서 흑색이면 물난리가 나게 된다.

雲氣入氐, 黑, 爲水;

청색이면 전염병이 돌게 된다. 《군방보》[250]

青, 爲瘟疫. 《群芳譜》

250 《二如亭群芳譜》, 위와 같은 곳.

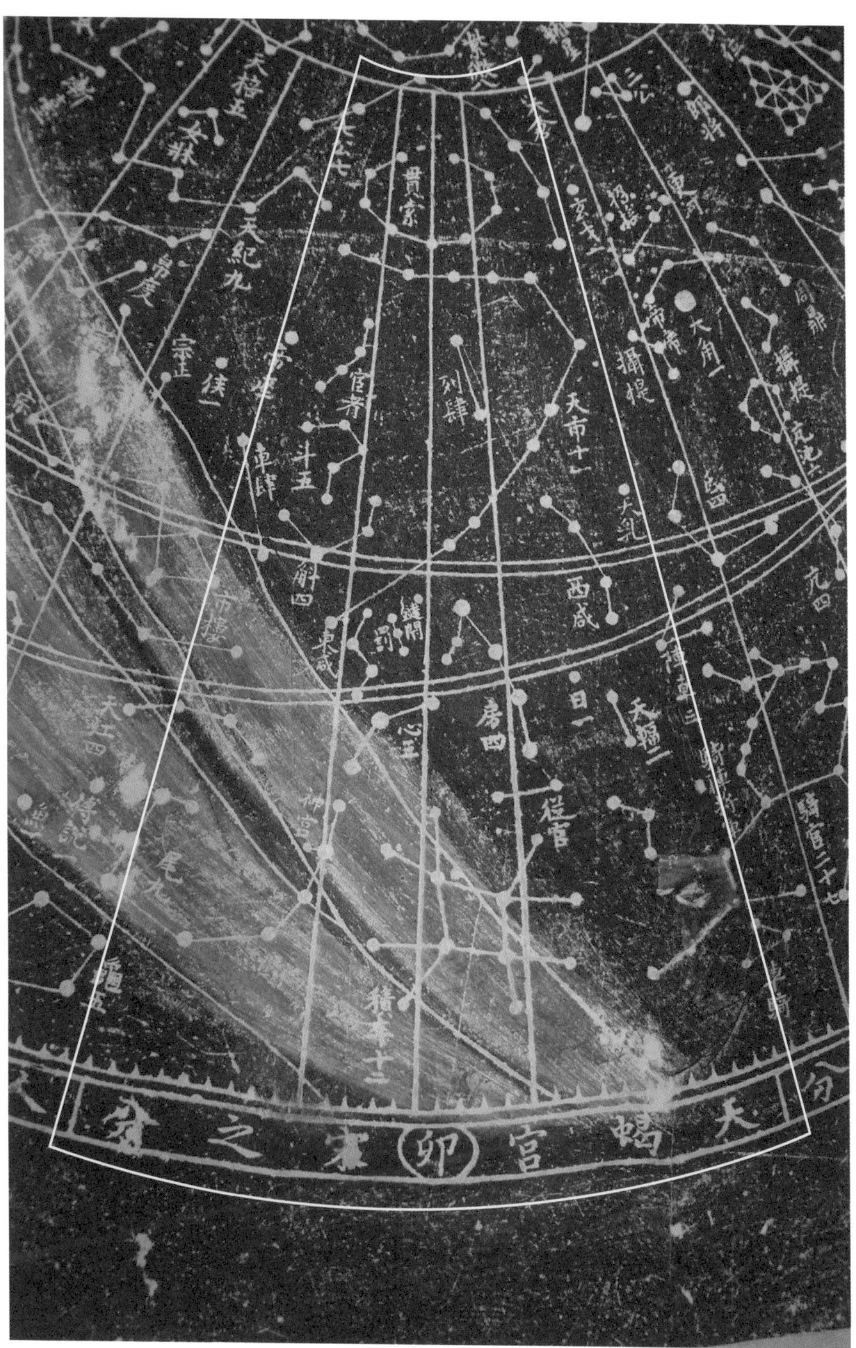

8궁 천갈궁 송(宋)(《천상열차분야지도》)

5-5) 항지(亢池, 뱃길)[251] 6성

亢池六星

지금은 4성이다.

今四星.

【보천가[252] 항지 6성 섭제(攝提)[253]와 가깝네.

【步天歌 亢池六星[33]近攝提.

성경[254] 항지 6성은 항수 북쪽에 있다. 손님 배웅과 마중을 헤아리는 일을 주관한다.

星經 亢池六星在亢北, 主度送迎之事.

수서 천문지[255] 항수 북쪽 6성을 '항지(亢池)'라 한다. 항(亢)은 배이고, 지(池)는 물이다. 가는 손님을 배웅하고 오는 손님을 마중하는 일을 주관한다.

隋·天文志 亢北六星曰"亢池". 亢, 舟航也; 池, 水也, 主送往迎來.

송양조천문지[256] 거성은 북쪽 큰 별로, 북극거리가 70.5도이고, 경도가 항수에서 3도 들어간다.

宋兩朝天文志 距北大星, 去極七十度半, 入亢三度.

군방보[257] 항지는 항수 북쪽의 섭제 가운데에 있다. 물길을 주관한다.

群芳譜 亢池在亢北攝提中, 主水道】

251 항지(亢池, 뱃길) : 동방7수 중 저수에 속한 별자리. 항수의 섭제(攝提)성 옆에 있으며 별 6개로 구성되어 있다.
252 《步天歌》〈氐〉, 4쪽; 《通志》卷38〈天文略〉第1 "東方"(《文淵閣四庫全書》373, 452쪽).
253 섭제(攝提) : 동방7수 중 항수에 속한 별자리. 솥모양이며 별 6개로 구성되어 있다.
254 《星經》卷上 "亢池", 32쪽; 《說郛》卷108上〈星經〉卷上 "亢池"(《文淵閣四庫全書》882, 248쪽).
255 《隋書》卷19〈志〉第14 "天文" 上 '經星中宮'(《文淵閣四庫全書》264, 355쪽).
256 출전 확인 안 됨; 《五禮通考》卷193〈嘉禮〉66 "觀象授時" '東方蒼龍七宿·亢池六星'(《文淵閣四庫全書》139, 666쪽)《文獻通考》卷279〈象緯考〉2 "二十八宿" '東方蒼龍七宿'(《文淵閣四庫全書》615, 530쪽).
257 《二如亭群芳譜》〈元部〉"天譜" 卷2 '星'(《四庫全書存目叢書補編》80, 86쪽).
[33] 星 : 《步天歌·氐》에는 "黑".

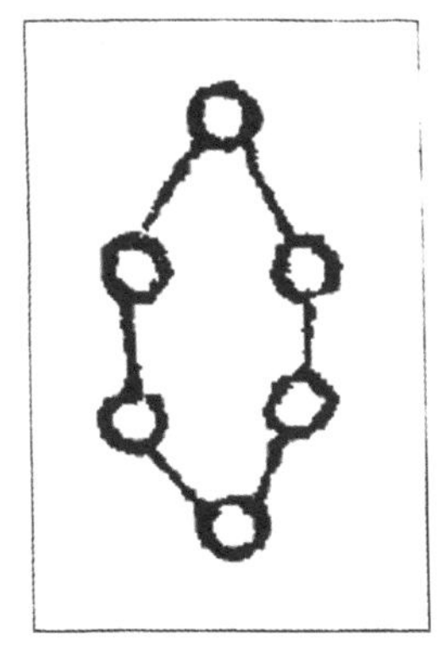

항지(《성경》)

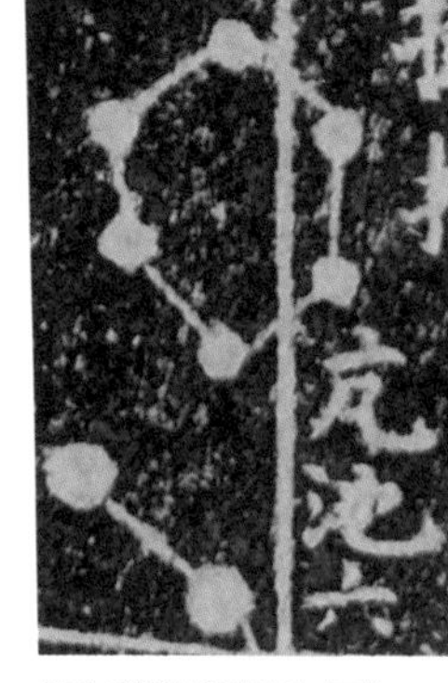

항지 6(《천상열차분야지도》)

항지가 다른 곳으로 옮겨가면 흉하게 된다. 《통지》[258]

移徙, 則凶. 《通志》

별빛이 약하고 어두우면 홍수가 나게 된다.

星微暗, 則有大水.

오성이 항지 옆을 차지하면서 침범하면 모든 하천이 넘치게 된다.

五星守犯之, 百川皆溢;

객성이 그 옆을 차지하면 물벌레들이 대부분 죽게 된다.

客星守之, 水蟲多死;

화성이 침범하면 바다에 있던 큰 어류가 대부분 죽게 된다. 《군방보》[259]

火犯之, 海中大魚多死者. 《群芳譜》

258 《通志》, 위와 같은 곳.

259 《二如亭群芳譜》, 위와 같은 곳.

6) 동쪽 방(房)[260]·심(心)[261]·미(尾)[262]·기(箕)[263] 4수 東方房、心、尾、箕四宿

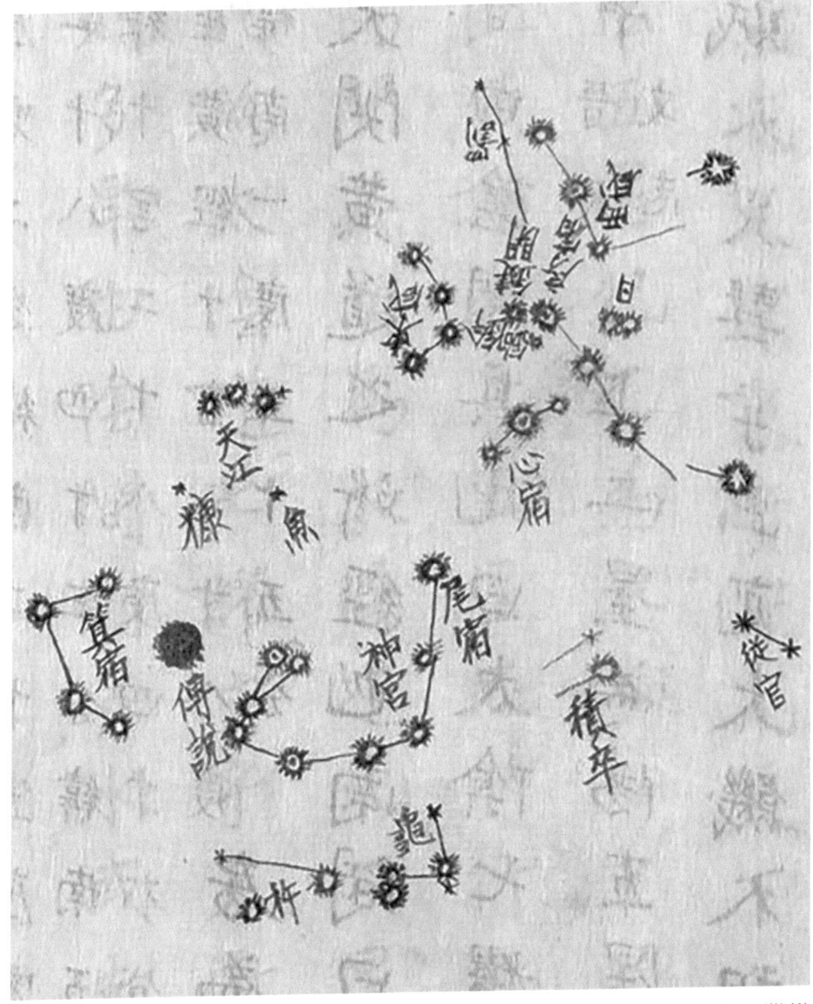

〈원도5〉 동방방·심·미·기4수(東方房､心､尾､箕四宿). 벌(罰)·서함(西咸)·동함(東咸)·방수(房宿)·건폐(鍵閉)·구검(鉤鈐)·일(日)·심수(心宿)·천강(天江)·강(糠)·어(魚)·기수(箕宿)·부열(傅說)·신궁(神宮)·미수(尾宿)·저(杵)·귀(龜)·적졸(積卒)·종관(從官)

---

260 방(房) : 28수 중 동방7수에 속한 별자리.

261 심(心) : 28수 중 동방7수에 속한 별자리.

262 미(尾) : 28수 중 동방7수에 속한 별자리.

263 기(箕) : 28수 중 동방7수에 속한 별자리.

6-1) 방수(房宿, 집)[264] 4성

房宿四星

【보천가】[265] 방수 4성은 너비가 5도이다. 묘(昴)수와 마주 보고, 천갈궁에 속한다. 묘(卯) 방향이고, 송(宋)나라의 분야이다.

【步天歌】房四星, 五度. 對昴, 天蝎宮, 卯地, 宋之分.

홍색별 4개 곧게 아래로 늘어섰고 명당 주관하네.

四紅直下主明堂.

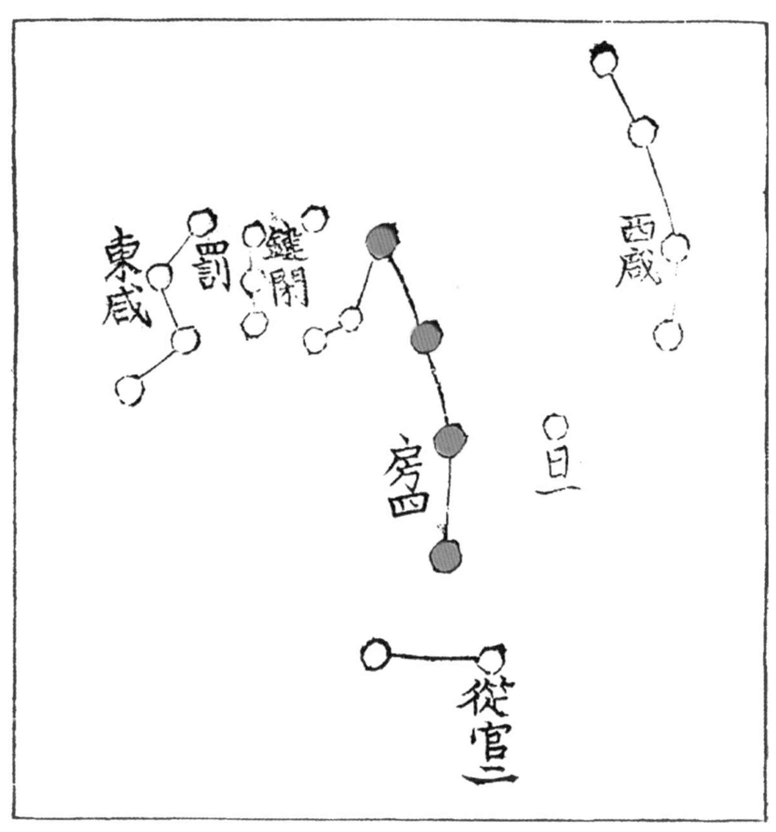

방수 전체(《보천가》)

264 방수(房宿, 집) : 동방7수 중 방수의 대표 별자리. 별 4개로 구성되어 있다.

265 《步天歌》〈房〉, 5쪽; 《天文類抄》〈房〉, 16~17쪽.

방수(《천상열차분야지도》)

성경[266] 방수 4성을 '천부(天府)'라 하니, 사방을 관리한다. 일명은 '천기(天旗)'이다. 2번째 이름은 '천사(天駟)'이고, 3번째 이름은 '천룡(天龍)'이고, 4번째 이름은 '천마(天馬)'이고, 5번째 이름은 '천형(天衡)'이고, 6번째 이름은 '명당(明堂)'이다.

방수는 사표(四表)이다. 삼도(三道)[267]·일월오성을 대표하니, 상도(常道)이다.

星經 房四星名"天府", 管四方. 一名"天旗", 二名"天駟", 三名"天龍", 四名"天馬", 五名"天衡", 六名"明堂".

房爲四表, 表三道、日月五星, 常道也.

266《星經》卷上 "房宿", 37~38쪽;《說郛》卷108上〈星經〉卷上 "房宿"(《文淵閣四庫全書》882, 250쪽).

267 삼도(三道): 방수 4성 사이의 세 길. 1·2성 사이는 음도(陰道), 2·3성 사이는 황도(黃道), 3·4성 사이는 양도(陽道)라 한다.

위쪽 제1성은 '우복차장(右服次將)'이라 한다. 그 이름은 '양환상도(陽環上道)'이다.

上第一星, 名爲"右服次將", 其名"陽環上道".

제2성은 '우참상상(右驂上相)'이라 한다. 그 이름은 '중도(中道)'이다.

二星名"右驂上相", 其名"中道".

제3성은 '좌복차장(左服次將)'이라 한다. 그 이름은 '하도(下道)'이다.

三名"左服次將", 其名"下道".

제4성은 '좌참상상(左驂上相)'이라 한다.

四名"左驂上相".

이렇게 모두 사보(四輔)이다.

總四輔.

방수 각 성의 역할(《성경》)

1성	우복차장(右服次將)
2성	우참상상(右驂上相)
3성	좌복차장(左服次將)
4성	좌참상상(左驂上相)

《천문류초(天文類抄)》에 기재된 방수 각 성의 역할(위 《성경》의 내용과는 다르다)

<table>
<tr><td rowspan="4">천사(天駟)</td><td>우참(右驂)</td><td>1성</td><td>상상(上相)</td><td rowspan="2">부인위(夫人位)</td><td rowspan="4">사보(四輔)</td></tr>
<tr><td>우복(右服)</td><td>2성</td><td>차상(次相)</td></tr>
<tr><td>좌복(左服)</td><td>3성</td><td>차장(次將)</td><td rowspan="2">군위(君位)</td></tr>
<tr><td>좌참(左驂)</td><td>4성</td><td>상장(上將)</td></tr>
</table>

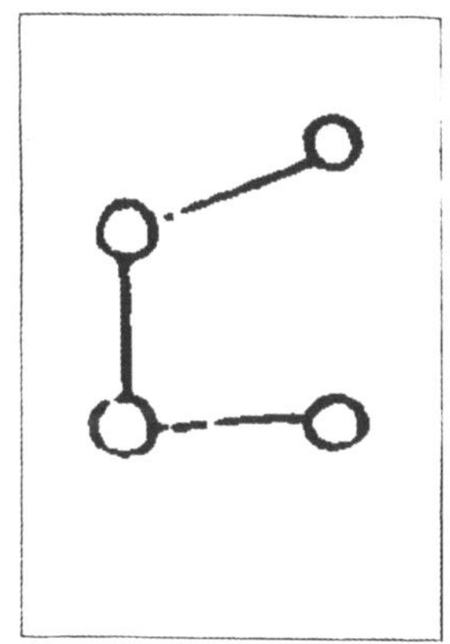
방(《성경》)

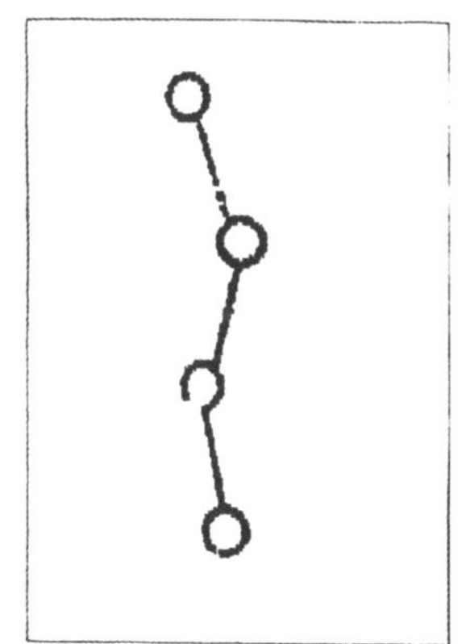
방수 4성(《오례통고》)

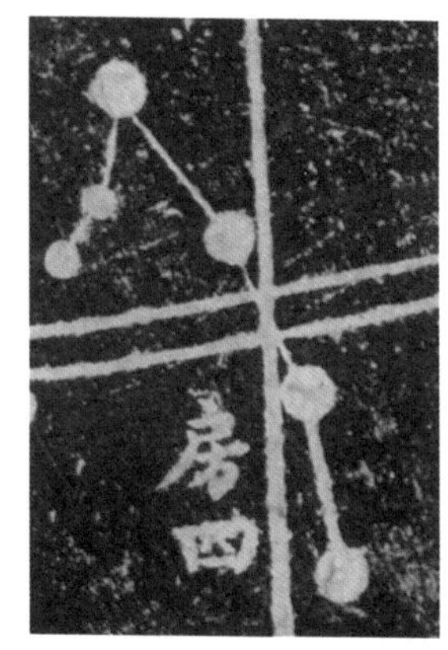

방 4(《천상열차분야지도》)

감씨성경[268] 방수는 명당(明堂)이다. 천자가 정치를 시행하는 궁전이다. 농사를 주관한다.

甘氏星經 房爲明堂, 天子布政之宮也, 主農事.

사기 천관서[269] 방수는 관청이다. '천사(天駟)'라고 한다. 그 음도(陰道)는 '우참(右驂)'이다.

史記·天官書 房爲府, 曰"天駟". 其陰"右驂".

송양조천문지[270] 거성은 남쪽 제2성으로, 북극거리는 114.5도이다.

宋兩朝天文志 距南第二星, 去極一百一十四度半.

송사 천문지[271] 한나라 영원동의로 측정했을 때와 당나라 개원유의로 측정했을 때, 방수의 너비는 5도이다.

宋·天文志 漢永元銅儀、唐開元游儀, 房宿五度.

옛 성경(星經)에는 북극거리가 108도였다.

舊, 去極百八度;

지금의 측정으로는 110.5도이다.

今, 百十度半.

경우 연간의 측정으로 방수의 거성은 남쪽 제2성으로, 북극거리가 115도이고, 경도가 적도 밖으로 23도에 있다.

景祐測驗, 房距南第二星, 去極百十五度, 在赤道外二十三度.

《건상신서》에는 경도가 적도 밖으로 24도에 있다.

《乾象新書》, 在赤道外二十四度.

군방보[272] 방수 4성은 곧게 아래로 늘어섰고, 너비는 5도로 계량된다. '천상(天牀)'이라 하며 사방을 총

群芳譜 房四星直下計五度, 曰"天牀", 總管四方.

268 출전 확인 안 됨;《二如亭群芳譜》〈元部〉"天譜" 卷2 '星'(《四庫全書存目叢書補編》 80, 81쪽).

269《史記》卷27〈天官書〉第5, 1295쪽.

270 출전 확인 안 됨;《五禮通考》卷193〈嘉禮〉66 "觀象授時" '東方蒼龍七宿·房宿四星'(《文淵閣四庫全書》 139, 667쪽);《五禮通考》卷193〈嘉禮〉66 "觀象授時" '東方蒼龍七宿'(《文淵閣四庫全書》 139, 667쪽).

271《宋史》卷50〈天文志〉第3 "天文" 3 '二十八舍'(《文淵閣四庫全書》 281, 36쪽);《五禮通考》, 위와 같은 곳.

272《二如亭群芳譜》, 위와 같은 곳.

괄한다. 일명 '천기(天旗)'·'천시(天市)'·'천룡(天龍)'·'천창(天倉)'·'천부(天府)'이다. 목성(木星)이다.

一曰"天旗", 一曰"天市", 一曰"天龍", 一曰"天倉", 一曰"天府". 木星也.

【금측】[273] 방수 제1성은 황경이 10궁 28도 31분이고, 황위가 남으로 5도 23분이다.

【今測】 房一星, 黃經十宮二十八度三十一分, 緯南五度二十三分.

적경이 10궁 25도 2분이고, 적위가 남으로 25도 8분이다.

赤經十宮二十五度零二分, 緯南二十五度零八分.

제2성은 황경이 10궁 28도 43분이고, 황위가 남으로 5도 23분이다.

二星, 黃經十宮二十八度四十三分, 緯南五度二十三分.

제3성은 황경이 10궁 28도 46분이고, 황위가 북으로 1도 5분이다.

三星, 黃經十宮二十八度四十六分, 緯北一度零五分.

제4성은 황경이 10궁 28도 8분이고, 황위가 남으로 1도 55분이다】

四星, 黃經十宮二十八度零八分, 緯南一度五十五分】

방수는 사표(四表)이다. 그 가운데 공간은 '천구(天衢, 하늘의 사거리)'·'천관(天關, 하늘의 관문)'이다. 황도가 경유하는 곳이다. 남쪽 공간을 '양환(陽環)'이라 하고 그 남쪽을 '태양(太陽)'이라 한다. 북쪽 공간을 '음간(陰間)'이라 하고 그 북쪽을 '태음(太陰)'이라 한다. 칠요(일월오성)가 천구로 지나가면 천하가 화평하

房爲四表, 中間爲"天衢", 爲"天關", 黃道之所經也. 南間曰"陽環", 其南曰"太陽"; 北間曰"陰間", 其北曰"太陰". 七耀由乎天衢, 則天下和平.㉞《晉·天文志》

273《五禮通考》, 위와 같은 곳.

㉞ 和平:《晉書·天文·二十八舍》에는 "平和".

게 된다. 《진서》 〈천문지〉[274]

위쪽 별 2개는 양(陽)이다. 이곳을 오성이 침범하면 가뭄이 들게 된다. 아래쪽 별 2개는 음(陰)이다. 이곳을 오성이 침범하면 물난리가 나게 된다. 《통지》[275]

上二星爲陽, 五星犯之爲旱; 下二星爲陰, 五星犯之爲水. 《通志》

방수 4성의 가운데 공간은 '천구대도(天衢大道, 하늘의 사거리 큰길)'이다. 또한 '하늘의 황도'라고도 하니, 일월오성이 지나가는 곳이다.

中間爲"天衢大道", 亦謂"天之黃道", 日月五星之所行也.

남쪽 별 2개는 '양환(陽環)'이다. 또 '양간(陽間)'이라고도 한다. 그 남쪽은 '태양도(太陽道, 해가 지나가는 길)'이다.

南二星爲"陽環", 亦謂"陽間", 其南爲"太陽道".

북쪽 별 2개는 '음환(陰環)'이다. 또 '음간(陰間)'이라고도 한다. 그 북쪽은 '태음도(太陰道, 달이 지나가는 길)'이다.

北二星爲"陰環", 亦曰"陰間", 其北爲"太陰道".

칠요가 천구(天衢)로 지나가면 천하가 화평하게 된다.

七耀由乎天衢, 則天下和平;

칠요가 양간으로 지나가면 가뭄이 많게 된다.

由陽間, 則多旱;

칠요가 음간으로 지나가면 물난리가 많게 된다.

由陰間, 則多水;

칠요가 혹시 길을 잃고 남쪽의 태양도로 지나가면 큰 가뭄이 들게 된다.

或失行而南由太陽道, 爲大旱;

칠요가 길을 잃고 북쪽의 태음도로 들어가면 홍수가 나게 된다.

失行而北入太陰道, 則爲大水.

---

274 《晉書》 卷11 〈天文〉 上 "二十八舍"(《文淵閣四庫全書》 255, 171쪽).
275 《通志》 卷38 〈天文略〉 第1 "東方"(《文淵閣四庫全書》 373, 453쪽).

금성이 방수에 머무르면 서리나 비가 때에 맞지 않게 되고, 사람들은 기근을 겪게 되며, 말이나 소가 대부분 죽게 된다.	金星留舍于房, 霜雨不時, 人飢, 馬牛多死;
수성이 방수를 침범하면 천하에 홍수가 나게 된다.	水星犯, 天下大水;
수성이 역행하여 방수 옆을 차지하면 사람들은 지게미나 쌀겨를 먹게 된다.	水逆行守房, 人食糟糠;
□□【안 탈자(빠진 글자)가 있는 듯하다】이 방수를 침범하면 말이 크게 비싸진다. 일설에는 "천하에 물난리가 나게 된다."라 했다.	□□【案 疑有脫字】犯之, 馬大貴. 一曰: "天下水."
객성이 방수를 침범하면 사람들이 기근을 겪게 되어 골육상잔이 벌어지게 된다.	客星犯房, 人飢骨肉相殘;
객성이 방수 옆을 차지하면서 태양도에 있으면 가뭄이 들게 된다.	守之在陽, 爲旱;
객성이 방수 옆을 차지하면서 태음도에 있으면 물난리가 나게 된다.	陰, 爲水;
객성이 방수에 들어오면 쌀이 비싸지고 사람이 서로 잡아먹게 된다.	入房, 米貴人相食;
혜성이 방수에서 나오면 물난리가 나거나 가뭄이 들어 사람들이 기근으로 죽게 된다. 《군방보》[276]	彗星出房, 水旱人飢死. 《群芳譜》

276 《二如亭群芳譜》, 위와 같은 곳.

6-2) 심수(心宿, 중심) 3성

心宿三星

【보천가】[277] 심수 3성은 너비가 5도이다. 필(畢)수와 마주 보고, 천갈궁(天蝎宮)에 속한다. 묘(卯) 방향이고, 송(宋)나라의 분야이다.

【步天歌】心三星, 五度. 對畢, 天蝎宮, 卯地, 宋之分.

심수 3성 중 가운데 별이 가장 밝네.

三星中央赤最深.

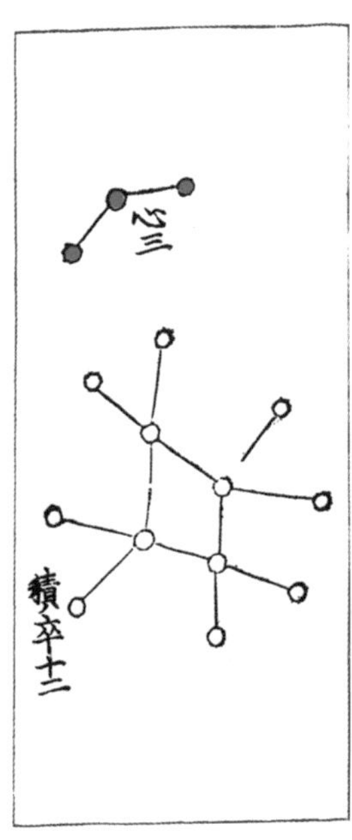

심수 전체(《보천가》)

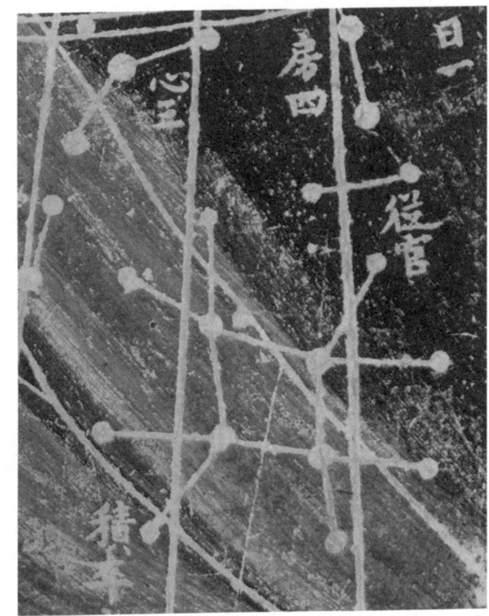

심 3(《천상열차분야지도》)

277《步天歌》〈心〉, 5쪽;《天文類抄》〈心〉, 19쪽.

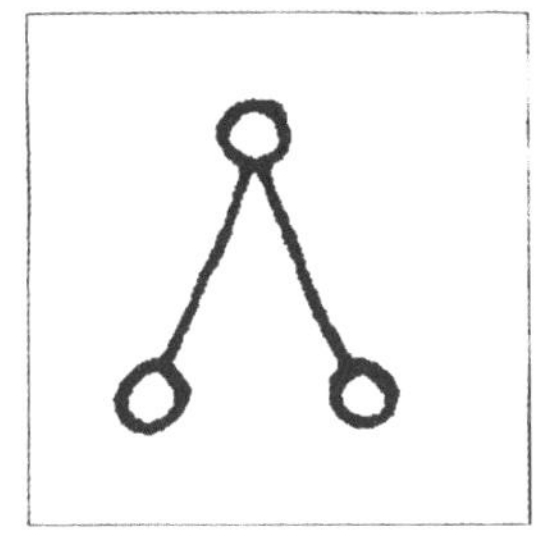

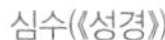
심수(《성경》)

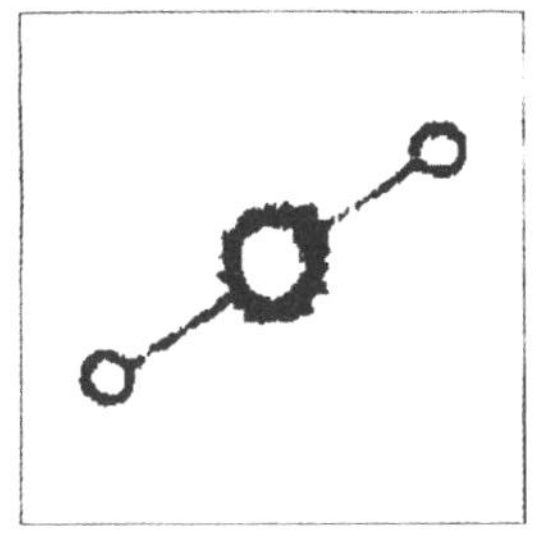
심수 3성(《오례통고》)

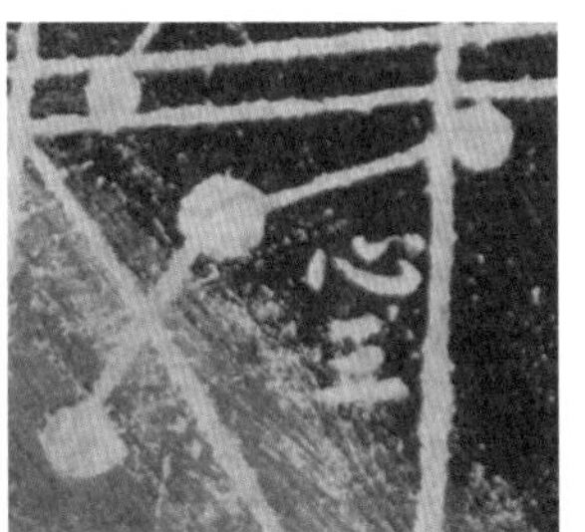
심 3(《천상열차분야지도》)

성경[278] 심수 3성 중 가운데 별이 천왕(天王)이다. 앞은 태자(太子)이고, 뒤는 서자(庶子, 맏이가 아닌 아들)이다. 일명 '대화(大火)'이다. 2번째 이름은 '대진(大辰)'이고, 3번째 이름은 '순화(鶉火)'이다.

星經 心三星中天王. 前爲太子, 後爲庶子. 一名"大火", 二名"大辰", 三名"鶉火".

송사 천문지[279] 한나라 영원동의와 당나라 개원유의로 측정했을 때, 심수 3성은 너비가 모두 5도이고, 북극거리는 108도이다.

경우 연간의 측정으로 거성은 서쪽 제1성으로, 북극거리가 114도이다.

宋·天文志 漢永元銅儀、唐開元游儀, 心三星皆五度, 去極一百八度.
景祐測驗, 距西第一星, 去極百十㉟四度.

군방보[280] 심수는 화성(火星)이다. 그러므로 그 색이 적색이다. 그 북쪽으로 4척 떨어진 부분은 일월오성이 지나가는 궤도이다.

群芳譜 心, 火星也, 故其色赤. 其北四尺, 爲日月五星中道.

278《星經》卷上 "心宿", 46쪽;《說郛》卷108上〈星經〉卷上 "心宿"(《文淵閣四庫全書》882, 252쪽).
279《宋史》卷50〈天文志〉第3 "天文" 3 '二十八舍'(《文淵閣四庫全書》281, 38쪽)
280《二如亭群芳譜》〈元部〉"天譜" 卷2 '星'(《四庫全書存目叢書補編》80, 81~82쪽).
㉟ 十: 저본에는 "□". 고대본·《宋史·天文志·天文》에 근거하여 보충.

금측[281] 심수 제1성은 황경이 11궁 3도 21분이고, 황위가 남으로 3도 55분이다.

今測 心一星, 黃經十一宮三度二十一分, 緯南三度五十五分.

적경은 11궁 1도 29분이고, 적위가 남으로 24도 43분이다.

赤經十一宮初度二十九分, 緯南二十四度四十三分.

제2성은 황경이 11궁 5도 19분이고, 황위가 남으로 4도 27분이다.

二星, 黃經十一宮五度一十九分, 緯南四度二十七分.

제3성은 황경이 11궁 6도 59분이고, 황위가 남으로 5도 59분이다】

三星, 黃經十一宮六度五十九分, 緯南五度五十九分】

화성이 심수를 침범하면 굶어 죽는 사람이 생기고, 만물이 제대로 여물지 않게 된다.

火星犯心, 有餓死者, 萬物不成;

토성이 심수를 침범하면 만물이 제대로 여물지 않게 된다.

土星犯心, 萬物不成;

금성이 심수 옆을 차지하면 큰 기근을 겪게 된다.

金星守心, 大饑;

수성이 심수를 침범하면 물이 불을 제압하여 모든 하천이 크게 넘치게 된다.

辰星犯心, 水滅火, 百川大溢;

객성이 심수에서 나오면 큰 가뭄이 들고, 천하는 불을 조심하게 된다.

客星出心, 大旱, 天下愼火;

유성이 심수를 침범하면 봄이나 여름에 화재를 겪게 된다. 《무함점(巫咸占)[282]》[283]

流星犯心, 春夏有火災. 《巫咸占》

281《五禮通考》卷193〈嘉禮〉66“觀象授時”‘東方蒼龍七宿’(《文淵閣四庫全書》139, 663쪽).

282 무함점(巫咸占):작자와 시대가 미상인 점서로, 《관규집요(管窺輯要)》나 《당개원점경(唐開元占經)》 등의 책에 그 내용의 일부가 보인다. 무함은 고대에 점을 잘 쳤다는 전설적 인물이다.

283 출전 확인 안 됨;《二如亭群芳譜》〈元部〉“天譜” 卷2 ‘星’(《四庫全書存目叢書補編》80, 82쪽).

6-3) 미수(尾宿, 꼬리) 9성

尾宿九星

【보천가】[284] 미수 9성은 너비는 18도이다. 자(觜)[285]수와 마주 보고, 인마궁(人馬宮)[286]에 속한다. 인(寅) 방향이고, 연(燕)나라의 분야이다.

갈고리모양 적색별 9개 동방 창룡 꼬리라네.

【步天歌】尾九星, 十八度. 對觜, 人馬宮, 寅地, 燕之分.

九赤如鉤蒼龍尾.

성경[287] 용미(龍尾, 미수) 9성은 비빈(妃嬪)이 거처하는 궁전[後宮]이다. 제1성은 왕후이다. 그다음 3성은 부인(夫人)[288]이다. 그다음 9성[289]은 빈(嬪)이다. 그다음은 빈의 시녀[嬪妾]이다.

星經 龍尾九星, 爲後宮. 第一星后, 次三夫人, 次九嬪, 次嬪妾.

사기 천관서[290] 미수는 아홉 아들이다.

史記·天官書 尾爲九子.

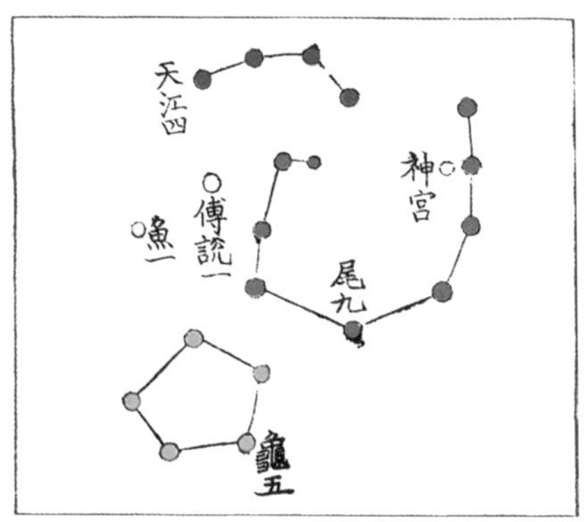

미수 전체. 미수 및 귀·천강·어(《보천가》)

미 9 및 귀 5·천강 4·어 1(《천상열차분야지도》)

284《步天歌》〈尾〉, 6쪽;《天文類抄》〈尾〉, 21쪽.
285 자(觜): 서방7수에 속한 별자리. 3개의 별로 구성되어 있다.
286 인마궁(人馬宮): 12황도궁 중 하나.
287《星經》卷下 "尾宿", 56쪽;《說郛》卷108上〈星經〉卷下 "尾宿"(《文淵閣四庫全書》882, 255쪽).
288 부인(夫人): 여인의 봉호(封號) 중 하나. 제왕의 첩(妾). 제후의 처(妻)를 의미하기도 한다.
289 9성: 별빛이 가장 희미한 맨 뒤 1성을 빈의 시녀로 보므로 빈은 9성이 아니라 4성이 되어야 할 듯하다.
290《史記》卷27〈天官書〉第5, 1298쪽.

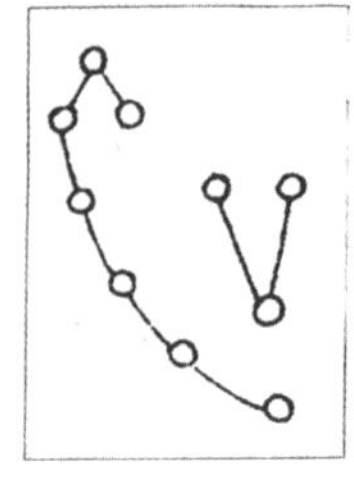

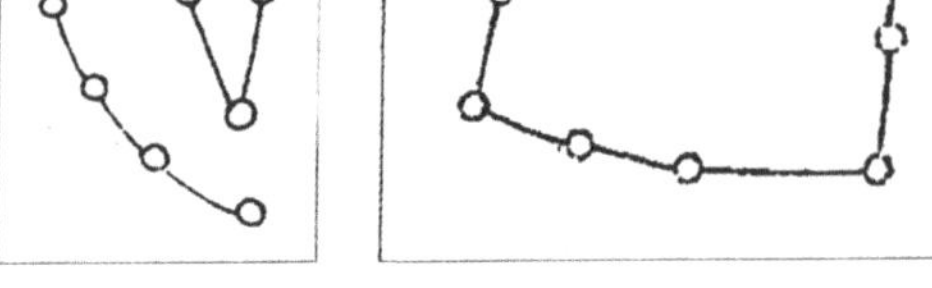

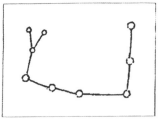

미수와 신궁(神宮)(《성경》) 미수 9성(《오례통고》) 미 9와 신궁(《천상열차분야지도》)

송사 천문지[291] 한나라 영원동의로 측정했을 때, 미수의 너비는 18도이다.

당나라 개원유의로 측정했을 때도 같다.

옛 성경(星經)에는 북극거리가 120도였다. 일설에는 "140도이다."라 했다.

지금의 측정으로는 124도이다.

경우 연간의 측정으로 너비가 역시 18도이고, 거성은 서쪽부터 셀 때 서쪽 제2성으로, 북극거리가 128도이며, 경도가 적도 밖으로 22도에 있다.

《건상신서》에는 경도가 27도이다.

宋·天文志 漢永元銅儀, 尾宿十八度;

唐開元游儀同.

舊, 去極百二十度. 一云: "百四十度";

今, 百二十四度.

景祐測驗亦十八度, 距西行從西第二星, 去極百二十八度, 在赤道外二十二度.

《乾象新書》, 二十七度.

군방보[292] 미수 9성은 갈고리모양[鉤]이고, 너비가 18도로 계량된다. 동쪽 창룡(蒼龍)의 꼬리이다. 일명 '천구(天狗)', '절목(折木)', '풍후(風后)', '천묘(天廟)', '천사공(天司空)', '구자(九子)'이다. 수성(水星)이다.

群芳譜 尾九星如鉤, 計十八度, 蒼龍之尾也. 一曰"天狗", 一曰"折[36]木", 一曰"風后", 一曰"天廟", 一曰"天

291 《宋史》 卷50 〈天文志〉 第3 "天文" 3 '二十八舍'(《文淵閣四庫全書》 281, 39쪽).

292 《二如亭群芳譜》, 위와 같은 곳.

[36] 折 : 《二如亭群芳譜·元部·天譜》에는 "析".

	司空", 一曰"九子". 水星也.
그 북쪽으로 100척 떨어진 부분은 일월오성이 지나가는 궤도이다. 미수는 바람을 주관한다. 미수와 기(箕)수 사이를 '구강구(九江口)'라 한다. 이곳에서는 물을 주관한다.	其北十丈爲日月五星中道. 尾, 主風. 尾、箕之間[37], 謂之"九江口", 主水.
금측[293] 미수 제1성은 황경이 11궁 10도 54분이고, 황위가 남으로 15도이다.	今測 尾一星, 黃經十一宮一十度五十四分, 緯南一十五度.
적경은 11궁 6도 42분이고, 적위가 남으로 36도 57분이다】	赤經十一宮六度四十二分, 緯南三十六度五十七分】
미수에 여러 별이 모여들면 홍수가 나게 된다.	就聚, 則大水;
해나 달이 미수를 가리면 주로 기근을 겪게 된다. 《통지》[294]	日、月食, 主饑. 《通志》
금성이 미수 옆을 차지하면 천하는 큰 기근을 겪게 되고, 사람들이 서로 잡아먹게 된다.	金星守尾, 天下大饑, 人相食.
일설에 "금성이 구강구(九江口) 옆을 차지하면 풀 한 포기 없이 붉은 땅이 천리나 되는 심한 재난이 들게 된다."라 했다.	一曰: "金守九江, 赤地千里."
토성이 미수를 침범하면 큰 가뭄이 들고, 사람들이 기근을 겪으며 대부분 도둑이 된다.	土犯尾, 大旱, 人飢多盜;

293 《五禮通考》 卷193 〈嘉禮〉 66 "觀象授時" '東方蒼龍七宿'(《文淵閣四庫全書》 139, 670쪽).

294 《通志》 卷38 〈天文略〉 第1 "東方"(《文淵閣四庫全書》 373, 454쪽).

[37] 間 : 저본에는 "問". 고대본·《二如亭群芳譜·元部·天譜》에 근거하여 수정.

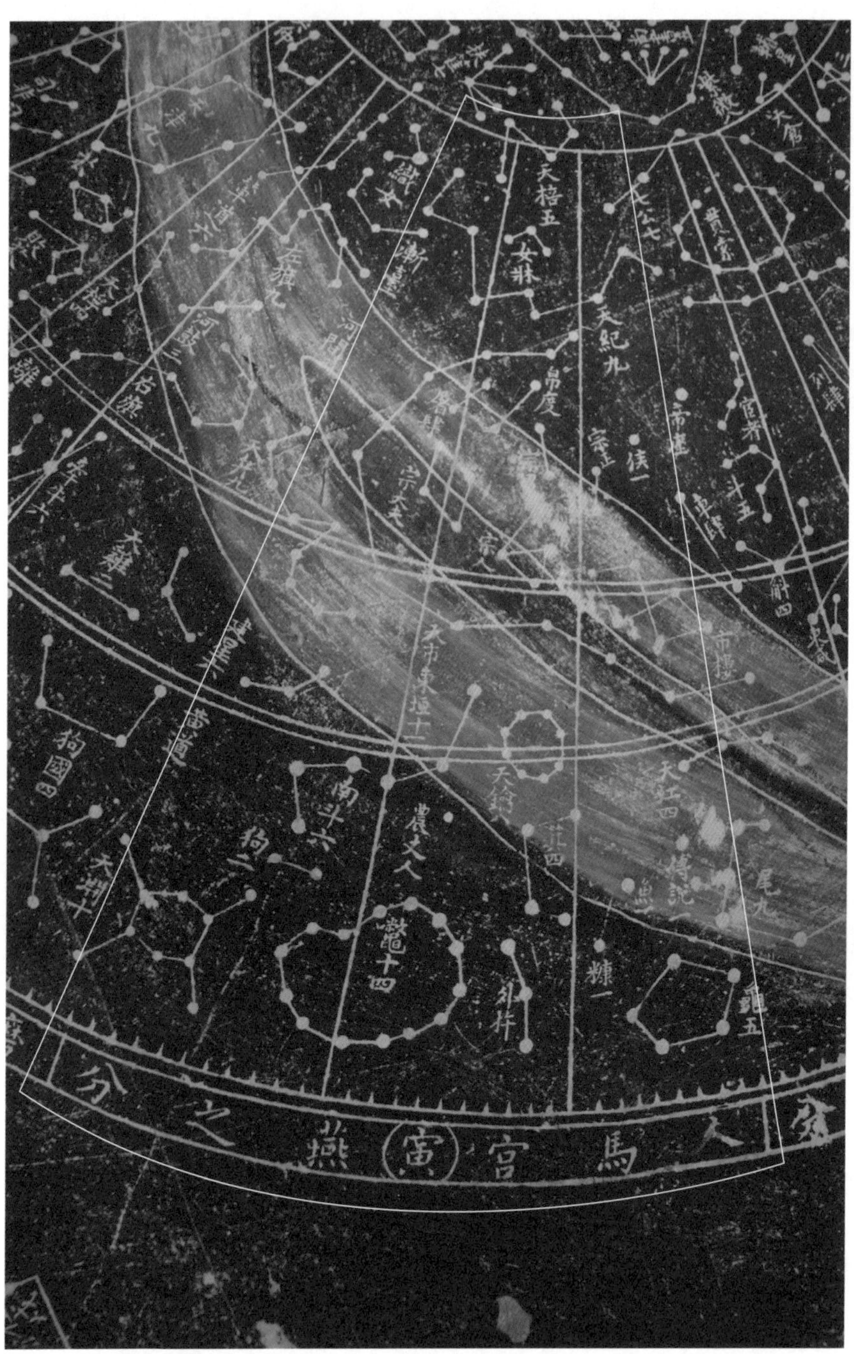

9궁 인마궁 연(燕)(《천상열차분야지도》)

금성이 미수를 침범하면 수재가 많이 나고, 오곡이 제대로 여물지 않게 된다.

太白犯尾, 多水災, 五穀不成;

수성이 미수로 들어오면 천하에 홍수가 나고, 양자강과 황하가 넘치며, 쌀이 비싸지고, 물고기와 소금이 3배 비싸지게 된다.

辰星入尾, 天下大水, 江河決溢, 米貴, 魚鹽三倍;

객성이 미수로 들어오면 천하는 기근을 겪고, 사람들은 서로 잡아먹게 되고, 유랑하여 다른 고장으로 가고, 질병이 발생하여 사람들이 죽고, 남자는 밭갈이를 하지 못하고 여자는 양잠을 못하게 된다.

客星入尾, 天下饑, 人相食, 流徙他鄉, 疾病死亡, 男不得耕, 女不得桑;

혜성이나 패성이 미수에서 나오면 그해에는 곡식이 대부분 익지 않고, 거센 바람과 폭우가 많아지며, 천하에 홍수가 나고, 사람들이 대부분 기근을 겪게 된다. 《군방보》[295]

彗孛出尾, 歲多惡風、暴雨, 天下大水, 人多飢. 《群芳譜》

295 《二如亭群芳譜》, 위와 같은 곳.

6-4) 귀(龜, 거북)[296] 5성

【보천가[297] 아래 머리 부분 5개 적색별을 귀성(龜星)이라 부르네.

성경[298] 천귀(天龜) 6성[299]은 미수(창룡의 꼬리) 남쪽 은하수 가운데에 있다. 길흉 점치기를 주관한다. 경도가 미수에서 12도 들어가고, 북극거리가 141도이다.

송양조천문지[300] 귀(龜) 5성은 거성이 남쪽 제2성으로, 북극거리가 114.5도이고, 경도가 미수에서 10도 들어간다.

진혜전왈[301] 다른 책에는 모두 5성으로 되어 있지만 《성경》만 6성이라 했다. 《성경》의 오류인 듯하다】

龜五星

【步天歌 下頭五赤號龜星.

星經 天龜六星在尾南漢中, 主卜吉凶. 入尾十二度, 去北辰一百四十一度.

宋兩朝天文志 龜五星, 距南第二星, 去極一百一十四度半, 入尾宿十度.

秦蕙田曰 他書皆作五星, 惟《星經》作六星. 疑誤也】

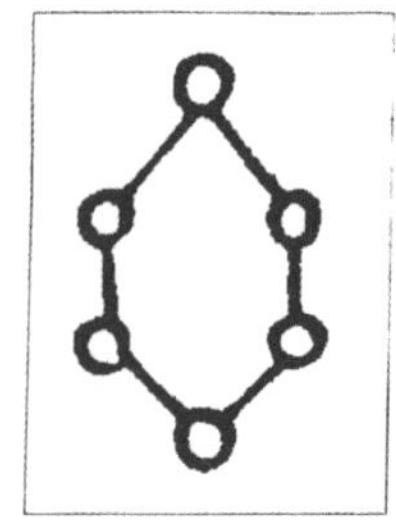
천귀(《성경》)

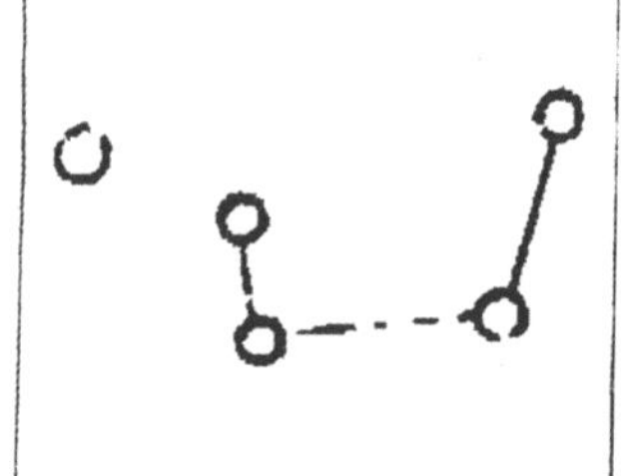
귀 5성(《오례통고》)

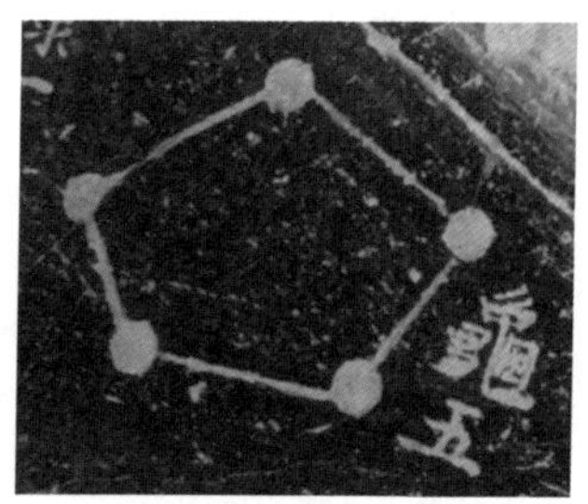

귀 5(《천상열차분야지도》)

296 귀(龜, 거북): 미수에 속한 별자리. 별 5개로 구성되어 있다.

297 《步天歌》, 위와 같은 곳; 《天文類抄》 〈尾〉, 21쪽.

298 《星經》 卷下 "天龜", 55쪽; 《說郛》 卷108上 〈星經〉 卷下 "天龜"(《文淵閣四庫全書》 882, 255쪽).

299 6성: 《성경》의 천문도에도 별이 6개로 구성되어 있다.

300 출전 확인 안 됨; 《五禮通考》 卷193 〈嘉禮〉 66 "觀象授時" '東方蒼龍七宿·龜五星'(《文淵閣四庫全書》 139, 670쪽).

301 《五禮通考》, 위와 같은 곳.

귀성이 은하수에 있지 않으면 하천에 변화가 생기게 된다. 《한서》〈천문지〉[302]

龜㊳星不居漢中, 則川有易者. 《漢·天文志》

귀성이 보이지 않으면 풀 한 포기 없이 붉은 땅이 천리나 되는 심한 재난이 들게 된다. 《통지》[303]

亡, 則赤地千里. 《通志》

귀성이 은하수에 있지 않으면 천하에 물난리나 가뭄이 들게 되고, 만물이 제대로 여물지 않게 된다.

龜星不居漢中, 則天下水旱, 萬物不成;

귀성이 보이지 않으면 풀 한 포기 없이 붉은 땅이 천리나 되는 심한 재난이 들게 된다.

星亡, 赤地千里.

오성이 귀성을 침범하고 그 옆을 차지할 때, 양기가 돌면 가뭄이 들게 되고, 음기가 돌면 물난리가 나게 된다.

五星犯守, 陽爲旱, 陰爲水;

화성이 귀성 옆을 차지하면 천하에 홍수가 나게 된다.

火守之, 天下大水;

화성이 빠르게 귀성에서 떠나면 가뭄으로 만물이 제대로 여물지 않게 된다.

去之疾, 則旱萬物不成.

유성이 귀성에 들어오면 천하에 물난리가 나고, 옥이 비싸진다.

流星入之, 天下有水, 珠玉貴;

유성이 귀성에서 나가면 천하에 큰 가뭄이 들고, 오곡이 비싸진다. 《군방보》[304]

出之, 天下大旱, 五穀貴. 《群芳譜》

302《漢書》卷26〈天文志〉第6, 1288쪽.

303《通志》卷38〈天文略〉第1 "東方"(《文淵閣四庫全書》373, 454쪽).

304《二如亭群芳譜》〈元部〉"天譜" 卷2 '星'(《四庫全書存目叢書補編》80, 86쪽).

㊳ 龜:《漢書·天文志》에는 "龜鼈".

6-5) 천강(天江, 하늘의 강)305 4성 | 天江四星

【보천가】306 미(尾)수 위 천강 홍색별 4개라네. | 【步天歌】尾上天江四紅是.

성경 307 천강 4성은 미수 북쪽에 있다. 태음(太陰)을 주관한다. 경도가 미수에서 6에서 들어가고, 북극거리가 111도이다. | 星經 天江四星在尾北, 主太陰. 入尾六度, 去北辰一百十一度.

사기 천관서 308 천황(天潢)309 옆은 천강성이다. | 史記·天官書 天潢旁江星.

금측 310 천강 제1성은 황경이 11궁 15도 11분이고, 황위가 남쪽으로 2도 12분이다. | 今測 天江一星, 黃經十一宮一十五度一十一分, 緯南

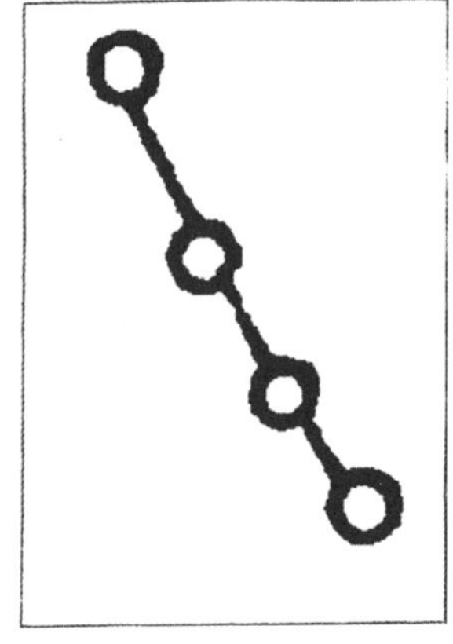

천강(《성경》)

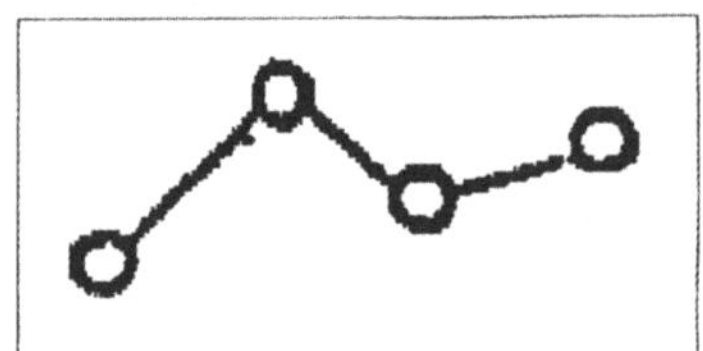

천강 4성(《오례통고》)

천강4(《천상열차분야지도》)

---

305 천강(天江, 하늘의 강) : 미수에 속한 별자리. 미(尾)수 위에 있으며 별 4개로 구성되어 있다.

306 《步天歌》, 위와 같은 곳; 《天文類抄》 〈尾〉, 21쪽.

307 《星經》 卷下 "天江", 55쪽; 《說郛》 卷108上 〈星經〉 卷下 "天江"(《文淵閣四庫全書》 882, 255쪽).

308 《史記》 卷27 〈天官書〉 第5, 1309~1310쪽.

309 천황(天潢) : 천진(天津)의 이칭. 북방7수 중 여수(女宿)에 속한 별자리. 호과(瓠瓜) 위에 있으며 별 9개로 구성되어 있다. 천진과 천강은 거리가 멀다. 착오가 있는 듯하다. 천진 9성 참조.

310 《五禮通考》 卷193 〈嘉禮〉 66 "觀象授時" '東方蒼龍七宿'(《文淵閣四庫全書》 139, 670쪽).

	二度一十二分.
제2성은 황경이 11궁 16도 57분이고, 황위가 남쪽으로 1도 44분이다.	二星, 黃經十一宮一十六度五十七分, 緯南一度四十四分.
제3성은 황경이 11궁 18도 22분이고, 황위가 남쪽으로 1도 29분이다.	三星, 黃經十一宮一十八度二十二分, 緯南初度二十九分.
재4성은 황경이 11궁 18도 46분이고, 황위가 남쪽으로 1도 58분이다】	四星, 黃經十一宮一十八度四十六分, 緯南初度五十八分】

천강성이 움직이면 비가 많이 와서 사람들이 물을 건너게 된다【《사기정의(史記正義)》[311]에서 "천강 4성은 미수 북쪽에 있으며 태음을 주관한다. 밝지 않아야 좋다. 만약 밝아진 데다 움직이기까지 하면 엄청난 물난리가 나게 된다. 그 별이 밝고 크면 물을 막을 수 없게 된다."[312]라 했다】. 《사기》〈천관서〉[313]

江星動, 人涉水【《正義》曰: "天江四星在尾北, 主太陰. 不欲明. 明而動, 水暴至.[39] 其星明大, 水不禁也"】. 《史記·天官書》

천강성이 잘 보이지 않으면 천하의 수로와 통로가 서로 통하지 않게 된다.

밝은 데다 움직이면 홍수가 나게 된다.

천강성의 밝기가 들쭉날쭉하면 말이 비싸진다.

天江星不具, 天下津河關道不通;

明若動搖, 大水出;

參差, 則馬貴;

---

311 사기정의(史記正義): 중국 당나라의 장수절(張守節, ?~?)이 736년에 저술한 《사기》 주석서. 총 30권. 《사기집해(史記集解)》·《사기색은(史記索隱)》과 함께 가장 중요한 《사기》 주석서 중 하나이다.

312 천강……된다: 《史記正義》 卷27 〈天官書〉 第5(《文淵閣四庫全書》247, 394쪽); 《史記》 卷27 〈天官書〉 第5, 1310쪽.

313 《史記》 卷27 〈天官書〉 第5, 1309쪽.

[39] 至: 《史記·天官書》에는 "出".

객성이 천강성에 들어오면 수로가 끊어지게 된다.

客星入之, 河津絕.

또 "목성이나 화성이 천강성을 침범하면 수로가 통하지 않게 된다."라 했다. 《진서》〈천문지〉[314]

又曰: "歲星、熒惑犯天江, 河津不通."《晉·天文志》

화성이 천강성에 들어오면 홍수가 나게 된다. 《사중미점(謝中美占)[315]》[316]

熒惑入天江, 大水. 《謝中美占》

【안 채조(蔡絛)[317]의 《철위산총담(鐵圍山叢談)》[318]에서 "선화(宣和) 연간(1119~1125)의 기해년(1119) 여름, 도성에 홍수가 났다. 예전에 화성이 천강성으로 들어간 적이 있었는데, 사중미(謝中美)라는 사람이 '3년 뒤 도성에 반드시 홍수가 나게 된다.'라 했다. 지금 그 점이 확인된 것이다."[319]라 했다.

【案 蔡絛《鐵圍山叢談》云: "宣和己亥夏, 都邑大水. 頃熒惑入天江, 有謝中美者, 謂'後三年都邑必大水', 今驗矣."

그러나 포정박(鮑廷博)[320]은 다음과 같이 말했다. "《문헌통고(文獻通考)》[321]에서 '정화(政和)[322] 7년(1117) 7월 을미일에 화성이 천강성을 범했다. 주로 가뭄이 들었다.'[323]라 했다."[324] 지금 사중미는 "주로 홍수가 나게 된다."라 하니, 점괘의 확인된 결과가 이와 같이 다르다】

鮑廷博曰: "《文獻通考》云: '政和七㊵年七月乙未, 熒惑犯天江, 主旱.'" 今謝云: "主大水", 占驗不同如此】

314 《晉書》 卷11 〈天文〉 上 "中宮", 295쪽; 《晉書》 卷13 〈天文〉 下 "月五星犯列舍", 376쪽.

315 사중미점(謝中美占): 미상. 송나라의 점성가로 추정되는 사중미의 예언서로 보인다.

316 《鐵圍山叢談》 卷2(《文淵閣四庫全書》 1037, 578쪽).

317 채조(蔡絛): 1096~1162. 중국 송나라의 문인. 저서로 《서청시화(西淸詩話)》·《철위산총담》 등이 있다.

318 철위산총담(鐵圍山叢談): 중국 송나라의 문인 채조가 백주(白州)로 유배갔을 때 지은 산문집. 철위산은 백주에 있는 산이다.

319 《鐵圍山叢談》, 위와 같은 곳.

320 포정박(鮑廷博): 1728~1814. 중국 청나라의 장서가. 《지부족재총서(知不足齋叢書)》 26집을 간행했다.

321 문헌통고(文獻通考): 중국 송나라의 마단임(馬端臨, 1254~1340)이 편찬한 백과전서. 총 348권.

322 정화(政和): 1111~1118년. 중국 송나라 휘종의 네 번째 연호.

323 정화(政和)……들었다: 《文獻通考》 卷290 〈象緯考〉 13 "月五星凌犯"(《文淵閣四庫全書》 615, 723쪽).

324 《문헌통고(文獻通考)》에서……했다: 출전 확인 안 됨.

㊵ 七: 저본에는 "六". 《文獻通考·象緯考·月五星凌犯》에 근거하여 수정.

천강성은 밝지 않아야 좋다. 밝으면 천하에 수재가 나게 된다.

天江星不欲明. 明, 則天下水災;

평소처럼 흐리면 음양이 화합하여 물난리나 가뭄이 조화롭게 조절된다.

微如常, 則陰陽和, 水旱調;

밝은 데다 움직이면 물난리가 엄청나게 나서 양자강과 황하가 넘치며, 오곡이 제대로 여물지 않고, 백성은 물난리로 기근을 겪게 된다.

明而動, 則水暴出, 江河溢, 五穀不成, 民以水饑;

별빛의 밝기가 균일하지 않으면 말이 대부분 죽게 된다.

不齊, 則馬多死;

별빛이 까끄라기처럼 보이면서 별이 움직이면 홍수가 성을 덮치게 된다.

芒角動搖, 大水汲城.

달이 천강성을 침범하면 홍수가 나고, 백성이 기근을 겪어서 유랑하게 된다.

月犯之, 大水, 民飢流移;

화성이 천강성 옆을 차지하면 풀 한 포기 없이 붉은 땅이 천리나 되는 심한 재난이 들게 되고, 백성이 유랑하게 된다.

火守之, 赤地千里, 民流亡;

객성이 천강성에서 나오면 홍수가 나게 된다.

客星出天江, 大水;

유성이 천강성으로 들어오면 홍수로 황하와 바다가 넘치게 되고, 사람들이 기근을 겪게 된다.

流星入, 大水河海溢, 人飢;

혜성이나 패성이 천강성에서 나오면 천하에 홍수가 나고, 오곡이 제대로 여물지 않아서 사람들이 서로 잡아먹게 된다.

彗孛出天江, 天下大水, 五穀不成, 人飢相食;

청색 기운이 천강성으로 들어오면 홍수가 나게 된다. 《군방보》325

靑氣入天江, 大水. 《群芳譜》

325 《二如亭群芳譜》, 위와 같은 곳.

6-6) 어(魚, 물고기)[326] 1성 | 魚一星

【보천가[327] 부열(傳說) 동쪽 홍색별 1개 외로운 어성이라네.

【步天歌 傳說東紅一魚子.

성경[328] 천어(天魚, 어) 1성은 미수·은하수 가운데에 있다. 구름이나 비를 주관하고, 음양을 조절한다.

星經 天魚一星在尾、河中, 主雲雨, 理陰陽.

송양조천문지[329] 어성은 북극거리가 126도이고, 경도가 미수에서 15.5도 들어간다.

宋兩朝天文志 去極一百二十六度, 入尾宿十五度半.

군방보[330] 어 1성은 미수 뒤쪽 은하수 가운데에 있다. 구름이 낄지 비가 내릴지를 알려 준다. 일설에는 "흐린 별이 별 같기도 하고 구름 같기도 하다가 갑자

群芳譜 魚一星在尾後河中, 知雲雨之期. 一曰: "蒙星其狀如星如雲, 忽忽大

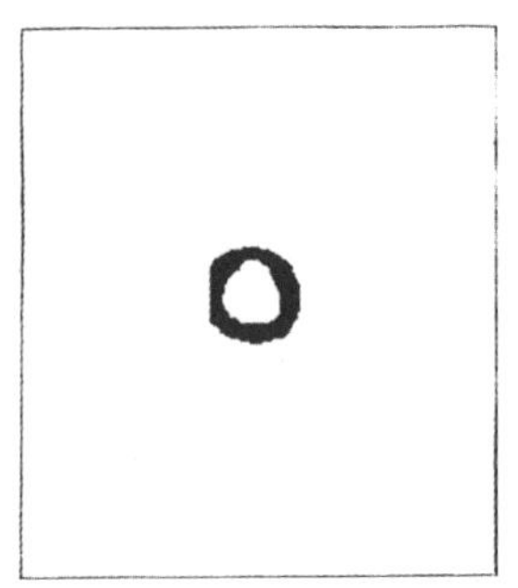

천어(《성경》)

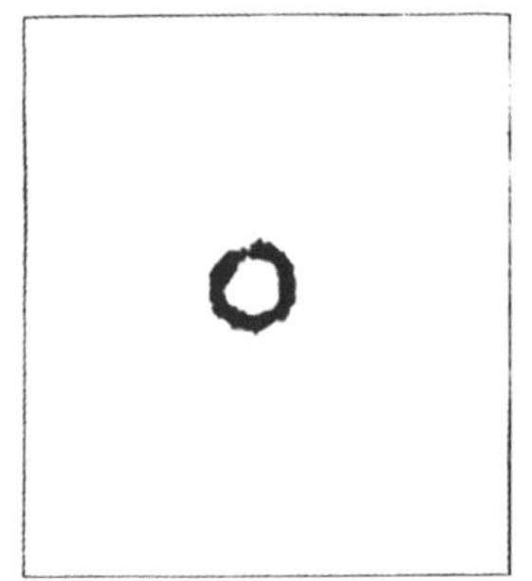

어 1성(《오례통고》)

어 1과 부열 1(《천상열차분야지도》)

326 어(魚, 물고기): 미수에 속한 별자리. 부열(傳說) 동쪽에 있으며 홍색별 1개로 구성되어 있다.

327《步天歌》, 위와 같은 곳;《天文類抄》〈尾〉, 21쪽.

328《星經》卷下 "天魚", 55쪽;《說郛》卷108上〈星經〉卷下 "天魚"(《文淵閣四庫全書》882, 255쪽).

329 출전 확인 안 됨;《五禮通考》卷193〈嘉禮〉66 "觀象授時" '東方蒼龍七宿·魚一星'(《文淵閣四庫全書》139, 671쪽).

330《二如亭群芳譜》〈元部〉"天譜" 卷2 '星'(《四庫全書存目叢書補編》80, 86쪽).

기 매우 밝아진다."라 했다.	明."
금측[331] 어성은 황경이 11궁 17도 37분이고, 황위가 남쪽으로 6도 10분이다】	今測 黃經十一宮一十七度三十七分, 緯南六度一十分】
어성이 매우 밝으면 음양이 화합하여 바람이나 비가 때에 맞게 된다.	大明, 則陰陽和, 風雨時;
어두우면 물고기가 대부분 죽게 된다.	暗, 則魚多亡;
움직이면 홍수가 갑자기 나게 된다.	動搖, 則大水暴出;
어성이 은하수 밖으로 나가면 큰 물고기가 대부분 죽게 된다.	出[41]漢中, 則大魚多死.
화성이 어성 남쪽을 차지하면 가뭄이 들게 된다.	火守在南, 則旱;
화성이 어성 북쪽을 차지하면 물난리가 일어나게 된다. 《통지》[332]	在北, 則水起.《通志》
어성이 항상 은하수 가운데 있으면 음양이 화합하여 바람이나 비가 때에 맞게 된다.	常居漢中, 則陰陽和, 風雨時;
어성이 밝고 크면서 움직이면 바람이나 비가 절도를 잃어 홍수가 나게 된다.	明大動搖, 風雨失節, 有大水;
항상 기수(箕宿) 가까이에 있으면서 은하수로 들어가면 물난리가 크게 나게 된다.	近箕爲常, 若入河中, 水暴出;
은하수에서 나가면 주로 가뭄이 들게 된다.	出河, 主旱.

331《五禮通考》, 위와 같은 곳.

332《通志》卷38〈天文略〉第1 "東方"(《文淵閣四庫全書》373, 454쪽).

[41] 出 : 저본에는 없음.《通志·天文略·東方》에 근거하여 보충.

오성이 어성 옆을 차지하면서 침범할 때, 양기가 있으면 가뭄이 들고, 물고기와 소금이 비싸진다. 五星守犯, 陽, 爲旱, 魚鹽貴;

음기가 있으면 물난리가 나서 물고기가 인도로 다니게 된다. 陰, 爲水, 魚行人道.

화성이 갑자기 어성에서 나오면 천하에 큰 가뭄이 들고, 오곡이 제대로 여물지 않아 백성이 큰 기근을 겪게 된다. 火暴出, 天下大旱, 五穀不成, 民大飢;

객성이 어성에서 나오면 물고기와 소금이 5배 비싸진다. 일설에는 "홍수가 나게 된다."라 했다. 客星出之, 魚鹽貴五倍, 一曰: "有大水."

유성이 어성에서 곧바로 오면 홍수가 나서 물고기와 소금이 비싸진다. 流星抵之, 大水, 魚鹽貴;

유성이 어성에서 나오면 홍수가 나서 물고기가 인도로 다니게 된다. 出之, 大水, 魚行人道.

혜성이나 패성이 어성에서 나오거나 1년간 어성 옆을 차지하면 연내에 천하에 홍수가 나게 된다. 《군방보》[333] 彗孛出, 或守之期, 年內天下大水. 《群芳譜》

333《群芳譜》, 위와 같은 곳.

6-7) 기수(箕宿, 키)334 4성

箕宿四星

【보천가】335 기수 4성은 너비가 11도이다. 삼(參)수와 마주 보고, 인마궁에 속한다. 인(寅) 방향이고, 연(燕)나라의 분야이다.

홍색별 4개 그 모양 키[簸箕]와 비슷하네.

【步天歌】箕四星, 十一度. 對參, 人馬宮, 寅地, 燕之分.

四紅其狀似簸箕.

성경 336 기(箕) 4성은 뒤쪽 별도의 관창에 있는 27개의 세부(世婦)337와 81명의 궁녀들을 주관한다. 그러므로 이 성은 천자를 돕는 왕후이다. 또한 은하수의 구강구(九江口)338이다.

星經 箕四星主後別府二十七世婦, 八十一御女, 爲相天子后也. 亦爲天漢九江口.

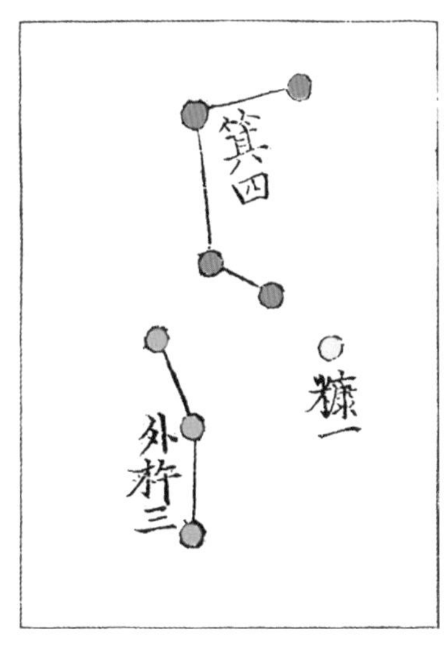

기수 전체. 기수 및 저·강(《보천가》)

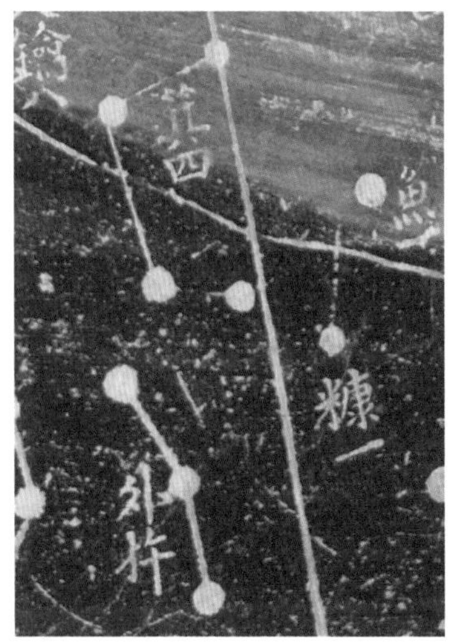

기 4 및 외저·강 1(《천상열차분야지도》)

334 기수(箕宿, 키) : 동방7수에 속한 별자리. 별 4개로 구성되어 있다.

335 《步天歌》〈箕〉, 7쪽; 《天文類抄》〈箕〉, 23~24쪽.

336 《星經》卷下 "箕宿", 57~58쪽; 《說郛》卷108上〈星經〉卷下 "箕宿"(《文淵閣四庫全書》882, 256쪽).

337 세부(世婦) : 궁중의 여자 관리. 장례·제사·손님 접대 등을 주관한다.

338 구강구(九江口) : 미수와 기수 사이의 명칭.

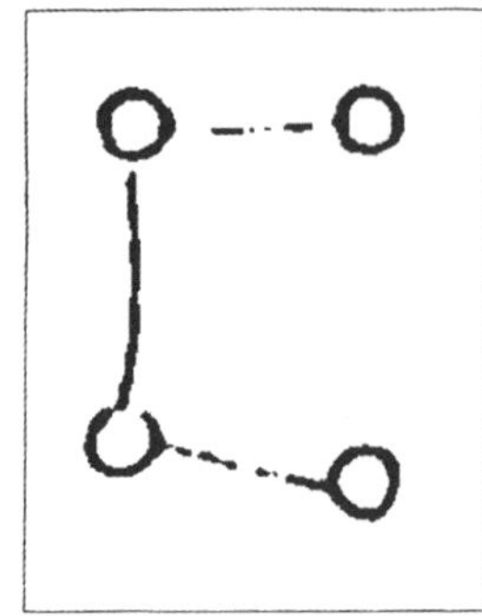

기수(《성경》)

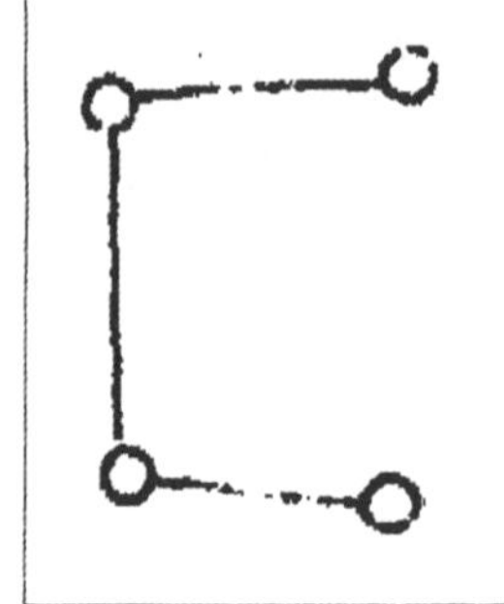

기수4성(《오례통고》)

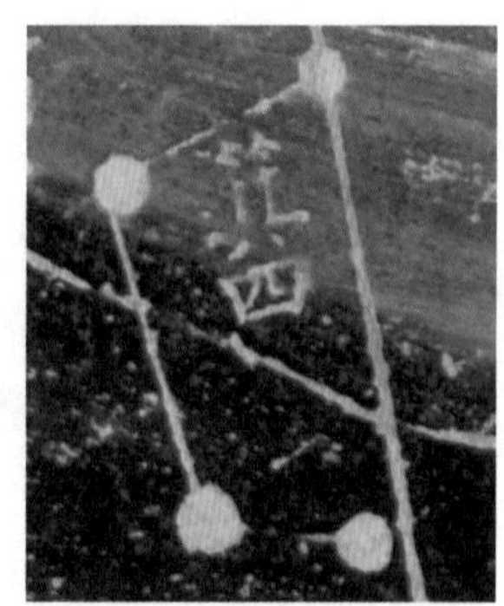

기 4(《천상열차분야지도》)

사기 천관서[339] 기수는 오객(敖客, 언변으로 손님을 응대함)이다. '구설(口舌)'이라고도 한다.

史記·天官書 箕爲敖客, 曰"口舌".

진서 천문지[340] 기수는 '천진(天津)'이라고도 한다. 일명 '천계(天鷄)'이다. 팔풍(八風)[341]을 주관한다.

晉·天文志 箕, 亦曰"天津", 一曰"天鷄", 主八風.

송양조천문지[342] 기수는 거성이 서북성으로, 북극 거리는 121.5도이다.

宋兩朝天文志 距西北星, 去極一百二十一度半.

송사 천문지[343] 한나라 영원동의로 측정했을 때, 기수의 너비는 10도이다.

당나라 개원유의로 측정했을 때, 너비는 11도이다.

宋·天文志 漢永元銅儀, 箕宿十度;

唐開元游儀, 十一度.

339《史記》卷27〈天官書〉第5, 1298쪽.

340《晉書》卷11〈天文〉上"二十八舍", 300쪽.

341 팔풍(八風): 팔방에서 부는 바람.

342 출전 확인 안 됨;《五禮通考》卷193〈嘉禮〉66"觀象授時"'東方蒼龍七宿·箕四星'(《文淵閣四庫全書》139, 671쪽).

343《宋史》卷50〈天文志〉第3"天文"3'二十八舍'(《文淵閣四庫全書》281, 38쪽);《五禮通考》, 위와 같은 곳.

옛 성경(星經)에는 북극거리가 118도였다.	舊, 去極百十八度;
지금의 측정으로는 120도다.	今, 百二十度.
경우 연간의 측정으로 기수 4성은 너비가 10도이고, 거성은 서북쪽 제1성으로, 북극거리가 123도이다.	景祐測驗, 箕四星十度, 距西北第一星, 去極百二十三度.
군방보[344] 기수 4성의 너비는 11도로 계량된다. 일명 '천진(天津)', '천황(天潢)'이다. 물길을 주관하기 때문이다.	群芳譜 箕四星計十一度. 一日"天津", 一日"天潢", 主津梁;
일명 '풍구(風口)', '풍성(風星)'이다. 팔풍을 주관하기 때문이다.	一日"風口", 一日"風星", 主八風;
일명 '호성(狐星)'이다. 여우나 담비를 주관하기 때문이다.	一日"狐星", 主狐、貉;
일명 '천계(天鷄)'이다. 시간을 주관하기 때문이다.	一日"天鷄", 主時;
일명 '천진(天陣)'이다. 금성이다. 본성이 바람을 좋아하여 구설(口舌)을 주관하기 때문이다.	一日"天陣", 金星也, 性好風, 主口舌.
기수 북쪽으로 6척 떨어진 부분은 일월오성이 지나가는 궤도이다. 또 만(蠻)·이(夷)·융(戎)·맥(貊) 네 오랑캐를 주관하니, 이 4곳으로 움직이려면 반드시 기수로 점쳐야 한다.	北六尺爲日月五星中道, 又主蠻、夷、戎、貊四夷, 將動必占于箕.
금측[345] 기수 제1성은 황경이 11궁 26도 50분이고, 황위가 남쪽으로 6도 56분이다.	今測 箕一星, 黃經十一宮二十六度五十分, 緯南六度五十六分.

344《二如亭群芳譜》〈元部〉"天譜" 卷2 '星'(《四庫全書存目叢書補編》80, 82쪽).

345《五禮通考》, 위와 같은 곳.

적경은 11궁 25도 59분이고, 적위가 남쪽으로 29도 57분이다】

赤經十一宮二十五度五十九分, 緯南二十九度五十七分】

기성(箕星)이 크고 밝으며 곧으면 오곡이 잘 익게 된다.

星大明直, 則五穀熟;

기성이 어두우면 오곡이 비싸진다.

暗, 則五穀貴;

기성이 다른 곳으로 옮겨가면 사람들이 유랑하게 된다.

離徙, 則人流;

기성이 움직여 은하수로 들어오면 나라에는 재앙이 생기고, 사람들이 서로 잡아먹게 된다. 《통지》[346]

若移入河, 國災, 人相食. 《通志》

기성이 밝고 크면 오곡이 무성하게 잘 익어 사방의 오랑캐가 곡식을 구하러 마당으로 오게 된다.

箕星明大, 五穀蕃熟, 四夷來庭;

기성이 움직이면 갑작스런 재앙이 닥치고, 구설이 생겨 서로 죽이게 된다.

動, 則有暴災, 有口舌相殺;

기성이 다른 곳으로 옮겨가면 사람들이 유랑하게 된다.

離徙, 則人流亡;

기성이 모여 작고 희미해지면 그해에는 흉년이 들게 되어 조가 비싸진다.

就聚細微, 則歲凶粟貴;

앞 2성은 천설(天舌)이다. 이 별빛에 까끄라기가 있고 움직이면 큰바람이 불어도 2일을 넘지 않게 된다.

前二星天舌, 芒動, 則大風不出二日.

목성이 기수를 침범하면 그해에는 대부분 험한 바람이 불고, 오곡이 비싸진다.

木星犯箕, 歲多惡風, 五穀貴;

346 《通志》 卷38 〈天文略〉 第1 "東方"(《文淵閣四庫全書》 373, 455쪽).

목성이 기수 옆을 차지하면 천하에 큰 가뭄이 들어 사람들이 서로 잡아먹게 된다.

木守箕, 天下大旱, 人相食;

화성이 기수를 침범하면 농사와 길쌈을 폐하고, 소나 말이 대부분 죽게 된다.

火犯箕, 廢耕織, 牛馬多死;

금성이 기수를 침범하면 천하에 큰 기근이 들게 된다.

太白犯箕, 天下大饑;

수성이 기수를 침범하면 양자강이나 황하가 넘치고 그해에는 험한 바람이 많이 불게 된다.

水星犯箕, 江河決溢, 歲多惡風;

객성이 기수에서 나오면 남쪽은 가뭄이 들고 북쪽은 물난리가 나게 된다.

客星出箕, 南爲旱, 北爲水;

객성이 기수로 들어오면 천하가 큰 기근을 겪게 된다.

入箕, 天下大饑;

유성이 기수로 들어오면 바람이나 비가 많게 된다.

流星入箕, 多風雨;

혜성이나 패성이 기수에서 나오면 홍수가 나서 사람들이 기근을 겪고, 쌀이 5배 비싸진다. 《군방보》[347]

彗孛出箕, 大水人飢, 米貴五倍. 《群芳譜》

347 《二如亭群芳譜》, 위와 같은 곳.

6-8) 저(杵, 절굿공이)[348] 3성

杵三星

【보천가[349] 기수 아래 홍색별 3개 '목저(木杵, 나무 절굿공이)'라 하네.

【步天歌 箕下三紅名"木杵".

성경[350] 저(杵) 3성은 기수 남쪽에 있다. 절굿공이와 절구로 쌀 찧는 일을 주관한다. 경도가 기수에서 1도 들어가고, 북극거리는 143도이다.

星經 杵三星在箕南, 主杵臼舂米事. 入箕一度, 去北辰一百四十三度.

송양조천문지[351] 거성은 중심의 큰 별로, 북극거리가 138도이고, 경도가 기수에서 3도 들어간다.

宋兩朝天文志 距中心大星, 去極一百三十八度, 入箕宿三度.

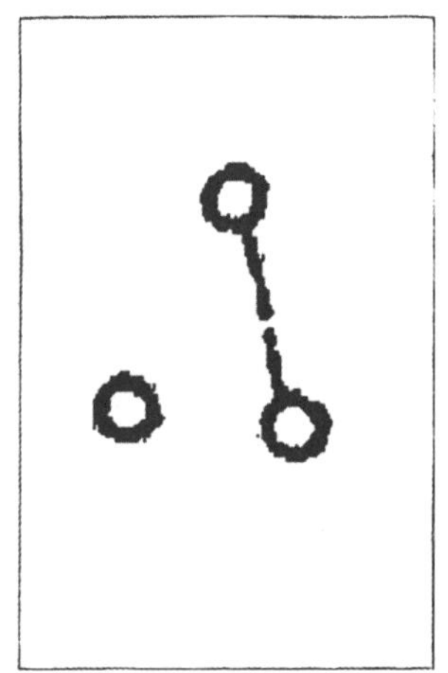

저(《오례통고》)

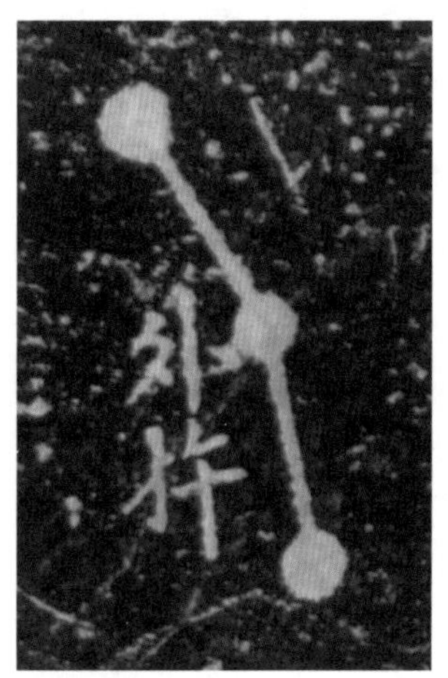

외저(《천상열차분야지도》)

348 저(杵, 절굿공이) : 기수에 속한 별자리. 별 3개로 구성되어 있다.

349 《步天歌》, 위와 같은 곳.

350 《星經》 卷下 "杵", 62쪽; 《說郛》 卷108上 〈星經〉 卷下 "杵"(《文淵閣四庫全書》 882, 257쪽).

351 출전 확인 안 됨; 《五禮通考》 卷193 〈嘉禮〉 66 "觀象授時" '東方蒼龍七宿·天田二星'(《文淵閣四庫全書》 139, 670쪽).

군방보[352] 저(杵)는 목관(木官)[353]이다】 群芳譜 杵, 木官也】

저(杵) 3성이 세로로 보이면 풍년이 들게 된다. 杵三星縱, 爲豐;

가로로 보이면 기근을 겪게 된다. 橫, 爲饑;

움직여 옮겨 가면 사람들이 직업을 잃게 된다. 移徙, 人失業;

보이지 않으면 사람들이 서로 잡아먹게 된다. 《통지》[354] 不見, 人相食. 《通志》

저(杵)수가 작고 밝으면 오곡이 잘 여물고, 천하가 평안하게 된다. 小而明, 則五穀成, 天下安;

밝지 않으면 그해에는 곡식이 여물지 않게 된다. 不明, 則歲惡;

저(杵)수가 세로로 보이면 천하 백성의 먹을거리가 충분하게 된다. 杵縱, 天下民食足;

옮겨 가면 사람들이 직업을 잃게 된다. 徙, 則人失業.

유성이 저수로 들어오면 오곡이 비싸져서 곡식을 찧는 절굿공이를 쓰지 않게 된다. 流星入杵, 五穀貴, 杵不用;

혜성이나 패성이 저수에서 나오면 그해에는 큰 기근을 겪게 된다. 《군방보》[355] 彗孛出杵, 歲大饑荒. 《群芳譜》

352 출전 확인 안 됨.

353 목관(木官) : 목의 운수를 맡은 관리.

354 《通志》 卷38 〈天文略〉 第1 "東方"(《文淵閣四庫全書》 373, 455쪽).

355 《二如亭群芳譜》 〈元部〉 "天譜" 卷2 '星'(《四庫全書存目叢書補編》 80, 86쪽).

6-9) 강(糠, 겨)[356] 1성

糠一星

【보천가】[357] 기(箕) 앞 흑색별 1개 곡식껍질 강(糠)이라네.

【步天歌】箕前一黑是糠皮.

진서 천문지[358] 강성은 기의 앞[箕舌, 키의 넓은 부분]이자, 저(杵)의 서북쪽에 있다.

晉·天文志 糠星在箕舌前, 杵西北.

송양조천문지[359] 강 1성은 북극거리가 117.5도이고, 경도가 미수에서 17.5도 들어간다.

宋兩朝天文志 糠一星, 去極一百一十七度半, 入尾宿十七度半.

군방보[360] 강성은 키를 까불러서 개나 돼지에게 쌀

群芳譜 糠星主簸揚給犬、

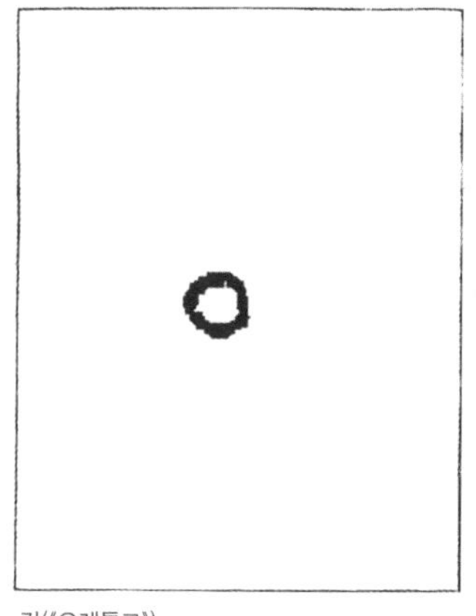
강(《오례통고》)

강 1(《천상열차분야지도》)

356 강(糠, 겨) : 기수에 속한 별자리. 별 1개로 구성되어 있다.
357《步天歌》, 위와 같은 곳.
358《晉書》卷11〈天文〉上 "星官在二十八宿之外者", 305쪽.
359 출전 확인 안 됨;《五禮通考》卷193〈嘉禮〉66 "觀象授時" '東方蒼龍七宿·糠一星'(《文淵閣四庫全書》139, 672쪽).
360《二如亭群芳譜》〈元部〉"天譜" 卷2 '星'(《四庫全書存目叢書補編》80, 86쪽).

겨 주는 일을 주관한다.

豕糠粃.

금측[361] 강(糠)수는 황경이 11궁 21도 37분이고, 황위가 남쪽으로 4도 10분이다】

今測 黃經十一宮二十一度三十七分, 緯南四度一十分】

강(糠)수가 밝으면 풍년이 들게 된다.

어두우면 기근을 겪게 된다.

보이지 않으면 사람들이 서로 잡아먹게 된다. 《통지》[362]

明, 則爲豐;

暗, 爲饑;

不見, 人相食. 《通志》

361 《五禮通考》 卷193 〈嘉禮〉 66 "觀象授時" '東方蒼龍七宿·糠一星'(《文淵閣四庫全書》 139, 671쪽).

362 《通志》, 위와 같은 곳.

7) 북쪽 두(斗)[363] · 우(牛)[364] · 여(女)[365] 3수　　北方斗、牛、女三宿

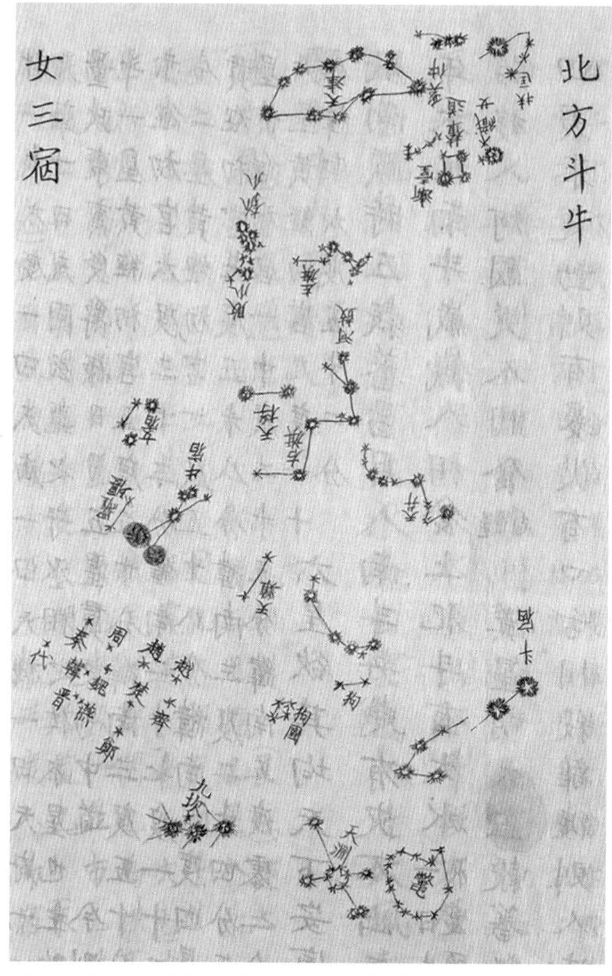

〈원도6〉 북방두·우·여삼수(北方斗、牛、女三宿). 부광(扶匡)·해중(奚仲)·천진(天津)·직녀(織女)·연도(輦道)·점대(漸臺)·좌기(左旗)·호과(瓠瓜)·패과(敗瓜)·하고(河鼓)·천부(天桴)·우기(右旗)·여수(女宿)·나언(羅堰)·우수(牛宿)·천변(天弁)·천계(天鷄)·두수(斗宿)·구(狗)·구국(狗國)·월(越)·제(齊)·조(趙)·초(楚)·정(鄭)·주(周)·위(魏)·연(燕)·진(秦)·한(韓)·진(晉)·대(代)·구감(九坎)·천연(天淵)·별(鼈)

---

363 두(斗) : 북방7수에 속한 별자리.

364 우(牛) : 북방7수에 속한 별자리.

365 여(女) : 북방7수에 속한 별자리.

7-1) 두수(斗宿, 국자)[366] 6성

斗宿六星

【보천가】[367] 두수 6성은 너비가 26.25도이다. 정(井)수와 마주 보고, 마갈궁에 속한다. 축(丑) 방향이고, 오(吳)나라의 분야이다.

홍색별 6개 그 모양 북두칠성과 비슷하네.

【步天歌】斗六星, 二十六度四分度之一. 對井, 磨蝎宮, 丑地, 吳之分.

六紅其狀似北斗.

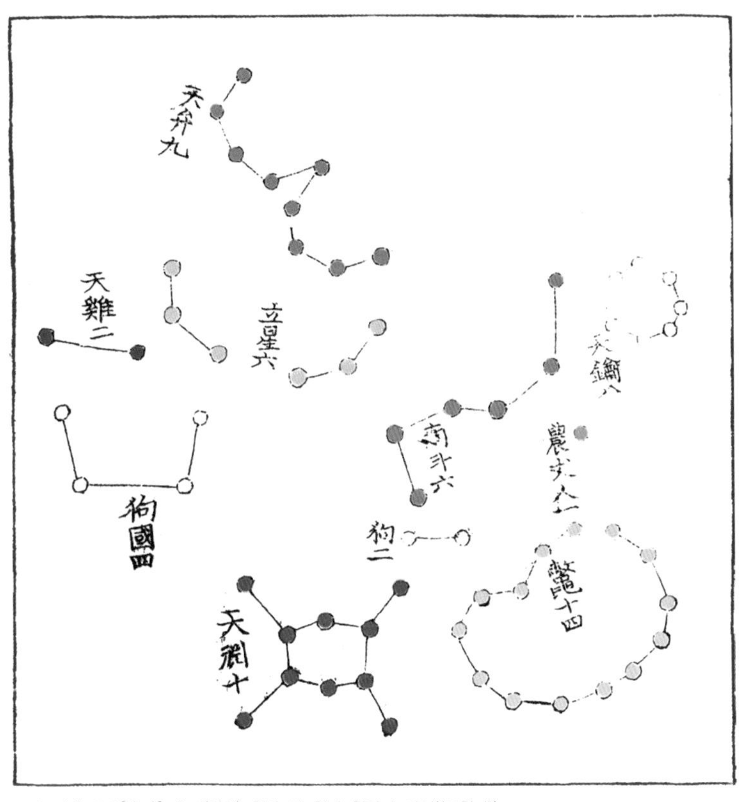

두수 전체. 두수[南斗] 및 건(입성)·천변·별·천계·천연·농장인(《보천가》)

366 두수(斗宿, 국자) : 북방7수에 속한 별자리. 별 6개로 구성되어 있다.

367 《步天歌》〈斗〉, 8쪽.

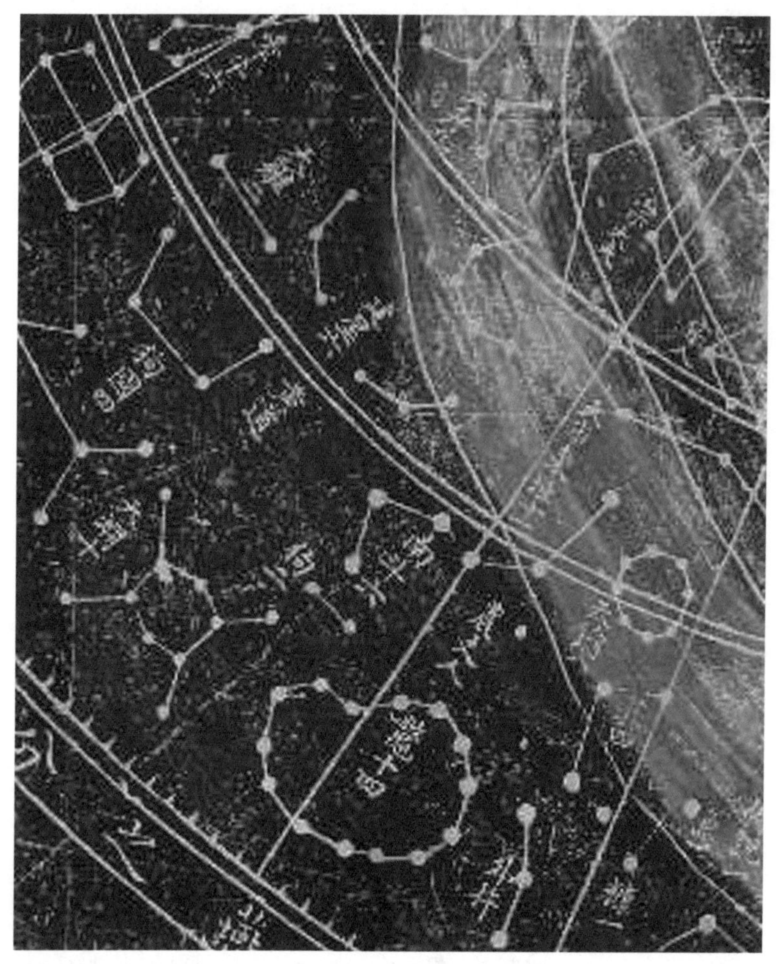

두수[南斗] 및 건(건성)·천변·별·천계·천연·농장인(《천상열차분야지도》)

성경 [368] 남두(南斗) 6성은 천자의 수명을 주관한다. "재상 작록의 지위를 주관한다."라고도 한다. 일명

星經 南斗六星, 主天子壽命, 亦曰: "宰相爵祿之位".

368《星經》卷下 "斗宿", 63쪽;《說郛》卷108上〈星經〉卷下 "斗宿"(《文淵閣四庫全書》882, 257쪽).

‘천부(天斧)’이다. 2번째 이름은 ‘천관(天關)’이고, 3번째 이름은 ‘천기(天機)’이다.

一名“天斧”,㊷ 二名“天關”, 三名“天機”.

사기 천관서[369] 남두는 정전[廟]이다.

史記·天官書 南斗爲廟.

진서 천문지[370] 북방7수 중 남두 6성은 천묘(天廟)이다. 승상(丞相)·태재(太宰)의 지위이다. ‘천기(天機)’라고도 한다.

晉·天文志 北方南斗六星, 天廟也, 丞相、太宰之位, 一曰“天機”.

남쪽 2성은 머리 부분으로, ‘천량(天梁, 대들보)’이다.

南二星魁, 天梁也.

중앙 2성은 ‘천상(天相, 재상)’이다.

中央二星, 天相也.

북쪽 2성은 국자의 자루로, 하늘 관서의 마당이다. 또한 수명을 기약하는 별이다.

北二星杓,㊸ 天府庭也, 亦爲壽命之期也.

송사 천문지[371] 한나라 영원동의로 측정했을 때, 두수의 너비는 24.25도이다.

宋·天文志 漢永元銅儀, 斗二十四度四分度之一;

당나라 개원유의로 측정했을 때, 너비는 26도이다.

唐開元游儀, 二十六度.

옛 성경에는 북극거리가 116도였다.

去極百一十六度.

지금의 측정으로는 119도이다.

今, 百十九度.

경우 연간의 측정으로 역시 너비가 26도이고, 거성은 머리 부분의 제4성으로, 북극거리가 122도이다.

景祐測驗, 亦二十六度, 距魁第四星, 去極百二十二度.

369《史記》卷27〈天官書〉第5, 1310쪽.

370《晉書》卷11〈天文〉上“二十八舍”, 301쪽.

371《宋史》卷50〈天文志〉第3“天文”3‘二十八舍’(《文淵閣四庫全書》281, 41쪽).

㊷ 斧: 저본에는“府”.《星經·斗宿》에 근거하여 수정.

㊸ 杓:《晉書·天文·二十八舍》에는 없음.

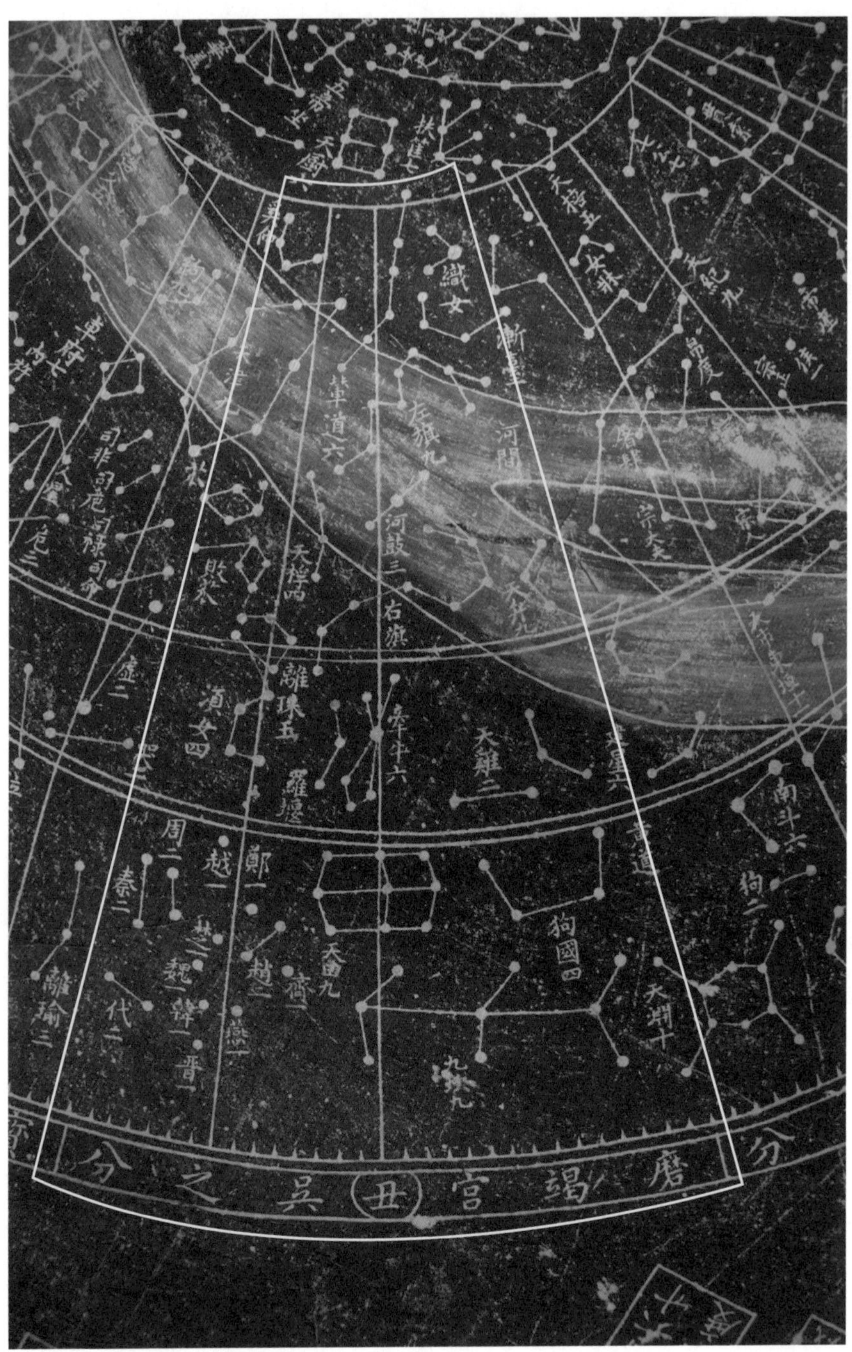

10궁 마갈궁 오(吳)(《천상열차분야지도》)

송양조천문지[372] 두수의 거성은 서쪽 제3성으로, 북극거리가 119도이다.

宋兩朝天文志 距西第三星, 去極一百一十九度.

군방보[373] 두수 6성은 모양이 북두칠성과 같고, 너비는 26도로 계량된다. 일명 '천묘(天廟)', '천기(天機)', '천부(天府)', '천고(天庫)', '천동(天同)'이라 한다.

群芳譜 斗六星, 狀如北斗, 計二十六度. 一日"天廟", 一日"天機", 一日"天府", 一日"天庫", 一日"天同".

북방의 현귀(玄龜)를 지키고, 승상의 지위이다. 목성(木星)이다. 정사(政事)를 헤아리고 작록(爵祿) 주는 일을 주관한다. 일월오성이 남두성을 꿰뚫고 지나가니, 그 궤도이다.

玄龜之守、丞相之位, 木星也. 主酌量政事, 稟受爵祿. 日月五星貫之, 爲中道.

금측[374] 두수 제1성은 황경이 1궁 5도 50분이고, 황위가 남쪽으로 3도 50분이다.

今測 斗一星, 黃經初宮五度五十分, 緯南三度五十分.

적경은 1궁 6도 33분이고, 적위가 남쪽으로 27도 12분이다.

赤經初宮六度三十三分, 緯南二十七度一十二分.

제2성은 황경이 1궁 1도 58분이고, 황위가 남쪽으로 2도이다.

二星, 黃經初宮一度五十八分, 緯南二度.

제4성은 황경이 1궁 7도 58분이고, 황위가 남쪽으로 3도 24분이다.

四星, 黃經初宮七度五十八分, 緯南三度二十四分.

제5성은 황경이 1궁 10도 25분이고, 황위가 남쪽으로 5도 2분이다.

五星, 黃經初宮一十度二十五分, 緯南五度零二分.

372 출전 확인 안 됨; 《五禮通考》 卷193 〈嘉禮〉 66 "觀象授時" '東方蒼龍七宿·斗宿六星'(《文淵閣四庫全書》 139, 672쪽).

373 《二如亭群芳譜》 〈元部〉 "天譜" 卷2 '星'(《四庫全書存目叢書補編》 80, 82쪽).

374 《五禮通考》, 위와 같은 곳.

제6성은 황경이 1궁 9도 10분이고, 황위가 남쪽으로 6도 52분이다】	六星，黃經初宮九度一十分, 緯南六度五十二分】
남두 6성이 모두 고르면 천하가 안녕하고, 바람이나 비가 때에 잘 따르며, 오곡이 번창하게 된다.	六星欲其均, 天下安寧, 風雨順時, 五穀蕃昌.
달이 남두에 들어오면 오(吳)나 월(越) 지역에 재앙이 생기게 된다.	月入南斗, 吳、越有災;
3년이 지나지 않아 목성이 남두를 침범하면 그해에는 기근을 겪어 사람들이 서로 잡아먹게 된다.	不出三年，木犯南斗，歲饑, 人相食;
토성이 남두를 침범하면 홍수가 나게 된다【일설에 "먼저 물난리가 나고 뒤에 가뭄이 들게 된다."라 했다】.	土犯斗，有大水【一曰："先水後旱"】;
수성이 남두 옆을 차지하면 수재가 나게 된다.	辰守斗, 水災;
객성이 남두 옆을 차지하면 큰물이 넘치게 된다.	客星守斗, 大水溢;
객성이 남두에 출입하면 곡식이 제대로 익지 않아 사람들이 서로 잡아먹게 된다.	出入斗, 穀不登, 人相食;
유성이 남두에 들어오면 여름에 홍수가 나게 된다.	流星入斗, 夏有大水.
창백(蒼白)색 구름 기운이 남두에 들어오면 큰바람이 불게 된다.	蒼白雲氣入斗, 大風;
적색 구름이 남두에 들어오면 큰 가뭄이 들게 된다. 《군방보》[375]	赤雲入斗, 大旱.《群芳譜》

375《二如亭群芳譜》, 위와 같은 곳.

7-2) 건(建, 세우다)[376] 6성

建六星

【보천가[377] 남두 머리 부분 위 입(立)[378]은 홍색별 3개씩 서로 마주 보고 있네.

【步天歌 魁上立紅三相對.

성경[379] 건 6성은 남두 북쪽에 있으며, 하늘 도성의 관문으로, 삼광(三光, 일월오성)이 지나가는 길이다.

건은 경도가 남두에서 7도 들어가고, 북극거리가 113도이다.

星經 建六星在南斗北, 天之都關, 三光道也.

星入斗七度, 去北辰一百十三度.

사기 천관서[380] 남두 북쪽에 건성(建星)이 있다. 건성은 깃발이다. 《사기정의》에서 "건성은 황도상에 있다."[381]라 했다.

史記·天官書 南斗其北建星. 建星者, 旗也. 《正義》曰: "臨黃道."

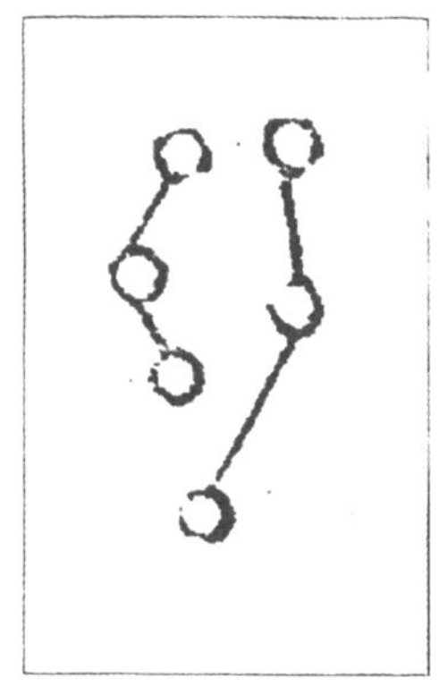

건(《성경》)

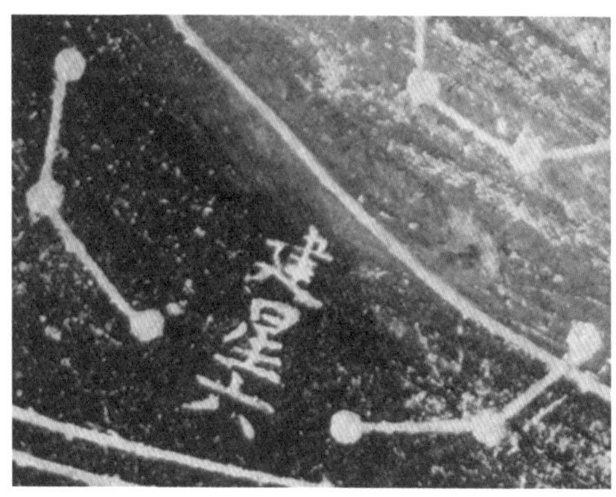

건성 6(《천상열차분야지도》)

376 건(建, 세우다): 두수에 속한 별자리. 입(立)이라고도 한다. 두수의 머리 위쪽에 있으며 별 6개로 구성되어 있다.
377 《步天歌》, 위와 같은 곳.
378 입(立): 건(建)수의 별칭.
379 《星經》 卷下 "建星", 59쪽; 《說郛》 卷108上 〈星經〉 卷下 "建星"(《文淵閣四庫全書》 882, 256쪽).
380 《史記》 卷27 〈天官書〉 第5, 1310~1311쪽.
381 건성은……있다: 《史記正義》 卷27 〈天官書〉 第5(《文淵閣四庫全書》 247, 394쪽); 《史記》 卷27 〈天官書〉 第5, 1311쪽.

진서 천문지[382] 건성 6성은 남두 북쪽에 있다. '천기(天旗)'라고도 한다. 하늘 도성의 관문이다. 또 '모사(謀事, 일을 도모함)'이고, '천고(天鼓, 하늘북)'이고, '천마(天馬, 하늘말)'이다.

남쪽 2성은 천고(天庫, 하늘창고)이다. 중앙의 2성은 시장이고, 부질(鈇鑕)[383]이다. 위쪽 2성은 깃발받침[旗跗]이다. 두와 건 사이는 삼광(三光, 일월오성)이 지나가는 길이다.

晉·天文志 建星六星在南斗北, 亦曰"天旗", 天之都關也. 爲"謀事", 爲"天鼓", 爲"天馬".

南二星, 天庫也. 中央二星, 市也, 鈇[44]鑕也. 上二星, 旗跗也. 斗、建之間, 三光道也.

송양조천문지[384] 건의 거성은 서쪽 별로, 북극거리가 113도이고, 경도가 두수에서 4도 들어간다.

宋兩朝天文志 距西星, 去極一百一十三度, 入斗宿四度.

금측[385] 건 제1성은 황경이 1궁 9도 2분이고, 황위가 북쪽으로 1도 45분이다.

제2성은 황경이 1궁 10도 36분이고, 황위가 북쪽으로 1도 59분이다.

제3성은 황경이 1궁 11도 51분이고, 황위가 북쪽으로 1도 31분이다.

今測 建一星, 黃經初宮九度零二分, 緯北一度四十五分.

二星, 黃經初宮一十度三十六分, 緯北初度五十九分.

三星, 黃經初宮一十一度五十一分, 緯北一度三十一分.

382《晉書》卷11〈天文〉上 "中宮", 295~296쪽.

383 부질(鈇鑕): 죄인의 허리를 베는 도끼.

384 출전 확인 안 됨;《五禮通考》卷193〈嘉禮〉66 "觀象授時" '東方蒼龍七宿·建六星'(《文淵閣四庫全書》139, 673쪽).

385《五禮通考》卷193〈嘉禮〉66 "觀象授時" '東方蒼龍七宿·建六星'(《文淵閣四庫全書》139, 672쪽).

[44] 鈇: 저본에는 "鉄". 고대본·《晉書·天文·中宮》에 근거하여 수정.

제4성은 황경이 1궁 15도 2분이고, 황위가 북쪽으로 1도 31분이다.

四星, 黃經初宮一十五度零二分, 緯北一度三十一分.㊺

제5성은 황경이 1궁 15도 2분이고, 황위가 북쪽으로 4도 17분이다.

五星, 黃經初宮一十五度零二分, 緯北四度一十七分.

제6성은 황경이 1궁 15도 21분이고, 황위가 북쪽으로 6도 10분이다】

六星, 黃經初宮一十五度二十一分, 緯北六度一十分】

건(建)에 달무리가 지면 소나 말이 전염병에 걸리게 된다.

月暈, 牛馬疫;

달이 건을 덮거나 오성이 침범하여 그 옆을 차지하면 관문이나 수로가 통하지 않고, 홍수가 나게 된다. 《진서》〈천문지〉[386]

月食, 五星犯守, 關梁不通, 有大水. 《晉·天文志》

386 《晉書》 卷11 〈天文〉 上 "中宮", 296쪽.

㊺ 四星……一分(21자) : 《五禮通考·嘉禮·觀象授時》에는 없음. 이는 제5성의 황경과 제3성의 황위가 합쳐진 오류이다.

7-3) 천변(天弁, 하늘의 관모)[387] 9성 | 天弁九星

【보천가[388] 천변은 입(立) 위에 있으며 홍색별 3개씩 모두 9성이라네.

【步天歌 天弁立上三紅九.

성경[389] 천변 9성은 건수 북쪽 은하수 가까이에 있다. 시장관리의 우두머리로, 시장의 거래를 주관한다.

星經 天弁九星在建北近河, 爲市官㊻之長, 主市易也.

진서 천문지[390] 천변 9성은 건성 북쪽에 있으며 시장관리의 우두머리로서 시장의 보배를 안다.

晉·天文志 天㊼弁九星在建星北, 市官之長也, 以知市珍也.

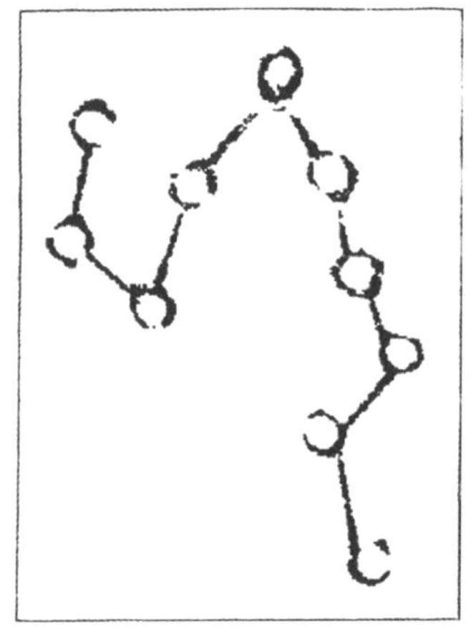

천변(《성경》)

천변 9(《천상열차분야지도》)

387 천변(天弁, 하늘의 관모) : 두수에 속한 별자리. 건수 위에 있으며 별 9개가 3개씩 3무더기로 구성되어 있다.

388《步天歌》, 위와 같은 곳.

389《星經》 卷下 "天弁", 60쪽;《說郛》 卷108上 〈星經〉 卷下 "天弁"(《文淵閣四庫全書》 882, 256쪽).

390《晉書》 卷11 〈天文〉 上 "中宮", 296쪽.

㊻ 官 : 저본에는 "宮". 《星經·天弁》에 근거하여 수정.

㊼ 天 : 저본에는 없음. 《晉書·天文·中宮》에 근거하여 보충.

수서 천문지[391] 천변은 점포를 개설하는 일과 시장의 장부 등의 일을 주관한다.

隋·天文志 主列肆闤闠, 若市籍之事.

송양조천문지[392] 천변의 거성은 서쪽 큰 별로, 북극 거리가 99.5도이고, 경도가 두수에서 1도 들어간다.

宋兩朝天文志 距西大星, 去極九十九度半, 入斗宿初度.

금측[393] 천변 제1성은 황경이 1궁 12도 56분이고, 황위가 북쪽으로 17도 41분이다.

今測 天弁一星, 黃經初宮一十二度五十六分, 緯北一十七度四十一分.

적경은 1궁 12도 22분이고, 적위가 남쪽으로 5도 15분이다】

赤經初宮一十二度二十二分, 緯南五度一十五分】

천변성이 밝으면 길하게 된다.

星欲明, 吉.

혜성이 천변을 침범하여 그 옆을 차지하면 시장의 곡식값이 비싸진다.《진서》〈천문지〉[394]

彗星犯守之, 糴貴.《晉·天文志》

391《隋書》卷19〈志〉第14 "天文" 上 '經星中宮'(《文淵閣四庫全書》264, 356쪽).

392 출전 확인 안 됨;《五禮通考》卷193〈嘉禮〉66 "觀象授時" '東方蒼龍七宿·天弁九星'(《文淵閣四庫全書》139, 673쪽).

393《五禮通考》, 위와 같은 곳.

394《晉書》卷11〈天文〉上 "中宮", 296쪽.

7-4) 별(鼈, 자라)[395] 13성

鼈十三星

【안】《보천가》에는 별이 14성이고, 《성경》에는 15성이며,[396] 《진서》 〈천문지〉에는 14성이다.[397]

【案】《步天歌》鼈十四星, 《星經》十五星, 《晉·天文志》十四星.

보천가[398] 두(斗) 아래 원모양 홍색별 14개,
이름은 '별(자라)'이지만 관삭(貫索, 엽전 꾸러미)[399]모양이라네.

步天歌 斗下圓紅十四星,
雖然名"鼈", 貫索形.

성경[400] 별(鼈)은 두수 남쪽에 있다. 태음(太陰)과 수중벌레[水蟲]를 주관한다. 경도가 오른쪽 두수에서 1도 들어가고, 북극거리가 127도이다.

星經 在斗南, 主太陰、水蟲. 右入斗一度, 去北辰一百二十七度.

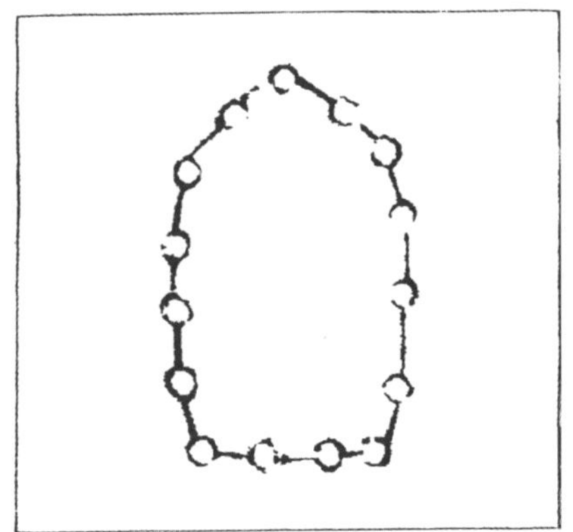

별(《성경》)

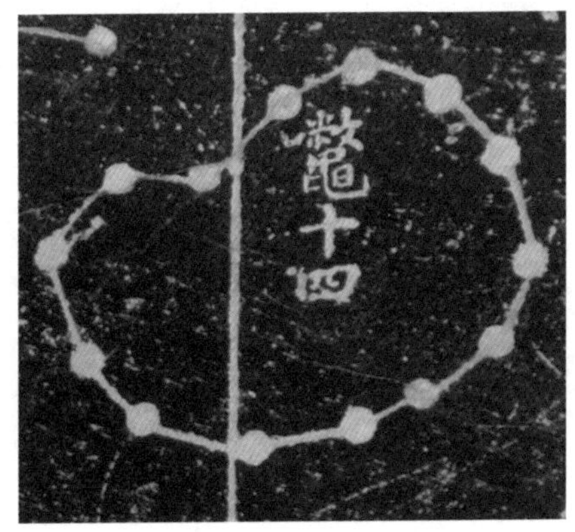

별 14(《천상열차분야지도》)

395 별(鼈, 자라): 두수에 속한 별자리. 두수 아래에 있고 원모양이며 별 14개로 구성되어 있다.
396 성경에는 15성이며: 《星經》 卷下 "鼈", 61쪽에 보인다.
397 진서……14성이다: 《晉書》 卷11 〈天文〉 上 "星官在二十八宿之外者", 305쪽에 보인다.
398 《步天歌》, 위와 같은 곳.
399 관삭(貫索): 천시원에 속한 별자리. 원모양이며 별 9개로 구성되어 있다.
400 《星經》, 위와 같은 곳.

송양조천문지[401] 별(鼈)의 거성은 동쪽 큰 별로, 북극거리가 130도이고, 경도가 두수에서 5도 들어간다】	宋兩朝天文志 距東大星, 去極一百三十度, 入斗五度】
별성이 은하수 안에 있지 않으면 하천에 변화가 생기게 된다.《한서》〈천문지〉[402]	鼈星不居漢中, 川有易者.《漢·天文志》
어떤 별이 별성 옆을 차지하면 주로 물난리가 나게 된다.《진서》〈천문지〉[403]	有星守之, 主有水.《晉·天文志》
화성이 별성 옆을 차지하면 가뭄이 들게 된다.《통지》[404]	火守之, 旱.《通志》
별성이 항상 은하수에 있으면 수중동물을 주관한다.	常居漢中, 主水族;
그 별이 약하여 밝지 않으면 비가 때에 맞게 내리고, 천하가 화평하게 된다.	其星微而不明, 則雨澤時, 天下和;
은하수에 있지 않으면 음양이 화합하지 않고, 천하에 물난리나 가뭄이 들게 된다.	不居漢中, 則陰陽不和, 天下水旱.
오성이 별성 옆을 차지하면서 침범하면 홍수가 나게 된다.	五星守犯, 有大水.
유성이 별성에 들어오면 홍수가 나게 된다.	流星入之, 有大水;

401 출전 확인 안 됨;《五禮通考》卷193〈嘉禮〉66 "觀象授時" '東方蒼龍七宿·鼈十四星'(《文淵閣四庫全書》139, 673쪽).

402《漢書》卷26〈天文志〉第6, 1288쪽.

403《晉書》, 위와 같은 곳.

404《通志》卷38〈天文略〉第1 "北方"(《文淵閣四庫全書》373, 455쪽).

유성이 별성에서 나올 때 청흑색이면 물난리가 나게 된다.

出之, 色青黑, 爲水;

황색이면 큰 가뭄이 들게 된다.

黃, 大旱;

유성이 별성을 침범하면 수중벌레가 죽고, 물고기가 비싸진다.

犯之, 水蟲死魚貴.

객성이 별성을 침범하면 홍수가 나게 된다.《군방보》[405]

客星犯之, 大水.《群芳譜》

405《二如亭群芳譜》〈元部〉"天譜" 卷2 '星'(《四庫全書存目叢書補編》80, 86쪽).

7-5) 천계(天鷄, 하늘의 닭)[406] 2성 天鷄二星

【보천가[407] 천계는 입(立) 뒤쪽 흑색별 2개라네. 【步天歌 天鷄立背雙黑㊽星.

성경[408] 천계 2성은 구국(狗國)[409] 북쪽에 있다. 기이한 새들을 주관한다. 星經 天鷄二星在狗國北, 主異鳥.

진서 천문지[410] 구국 북쪽 2성을 '천계'라 한다. 절기 시각 예측을 주관한다. 晉·天文志 狗國北二星曰"天鷄", 主候時.

송사 천문지[411] 천계는 우(牛) 서쪽에 있다. 宋·天文志 在牛西.

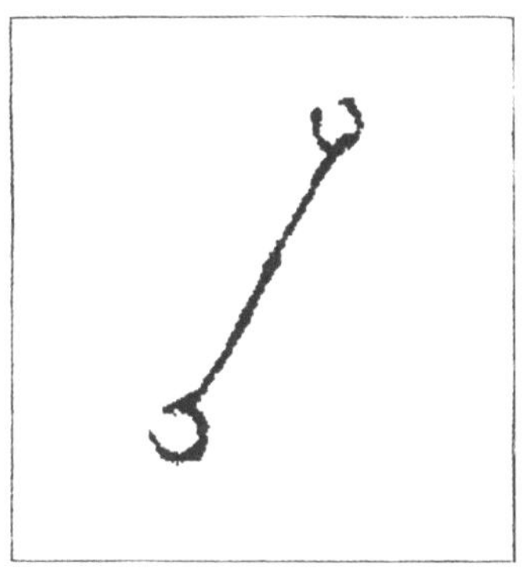

천계(《성경》)

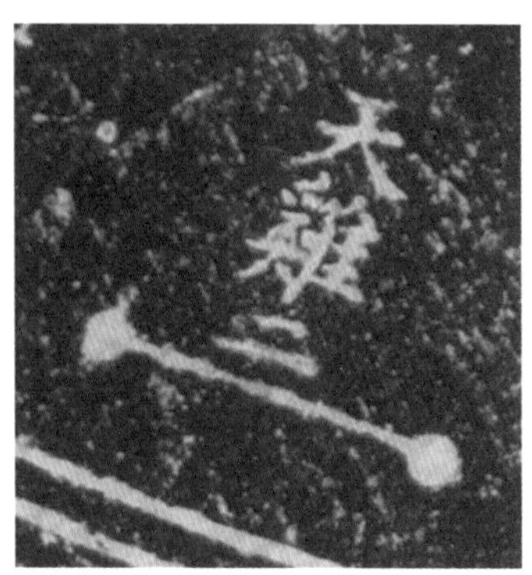

천계 2(《천상열차분야지도》)

---

406 천계(天鷄, 하늘의 닭): 두수에 속한 별자리. 건수 북쪽에 있으며 별 2개로 구성되어 있다.

407 《步天歌》, 위와 같은 곳.

408 《星經》 卷下 "天鷄", 67쪽.

409 구국(狗國): 두수에 속한 별자리. 천계 아래에 있으며 별 4개로 구성되어 있다.

410 《晉書》 卷11 〈天文〉 上 "中宮", 296쪽.

411 《宋史》 卷50 〈天文志〉 第3 "天文" 3 '二十八舍'(《文淵閣四庫全書》 281, 42쪽).

㊽ 黑: 저본에는 "魚". 《步天歌·斗》에 근거하여 수정.

송양조천문지[412] 거성은 서쪽 별로, 북극거리가 110도이고, 경도가 두수에서 16.5도 들어간다】

宋兩朝天文志 距西星, 去極一百一十度, 入斗宿十六度半】

천계가 움직여 옮겨 가서 일상의 자리를 잃으면 주로 홍수가 나게 된다.

動徙失常, 主大水.

화성이 천계에 들어오면 천하에 큰 가뭄이 들게 된다.

熒惑入之, 天下大旱;

토성이 천계를 침범하면 백성이 유랑하게 된다.

土犯之, 民流亡;

객성이 천계 옆을 차지하면 홍수가 나게 된다.

客星守之, 大水;

혜성이나 패성이 천계에서 나오면 비나 맑음이 절도를 잃어 물난리나 가뭄이 때에 맞지 않게 된다. 《군방보》[413]

彗孛出天鷄, 雨暘失節, 水旱不時. 《群芳譜》

---

412 출전 확인 안 됨; 《五禮通考》 卷193 〈嘉禮〉 66 "觀象授時" '東方蒼龍七宿·天鷄二星'(《文淵閣四庫全書》 139, 673쪽).

413 《二如亭群芳譜》, 위와 같은 곳.

7-6) 천연(天淵, 하늘의 연못)[414] 10성 — 天淵十星

【보천가】[415] 천연 10개의 황색별 별(鼈) 동쪽에 있네.

【步天歌】天淵十黃鼈東邊.

성경[416] 천천(天泉, 천연) 10성은 별(鼈) 동쪽에 있다. 일명 '대해(大海)'이다. 관개·수로의 일을 주관한다.

星經 天泉十星㊾在鼈東, 一曰"大海", 主灌漑、溝渠之事.

진서 천문지[417] 구감(九坎)[418] 사이의 10성을 '천지(天池)'라 한다. 일명 '삼지(三池)', '천해(天海)'이다. 관개나 농지의 일을 주관한다.

晉·天文志 九坎間十星曰"天池", 一曰"三池", 一曰"天海", 主灌漑、田疇事.

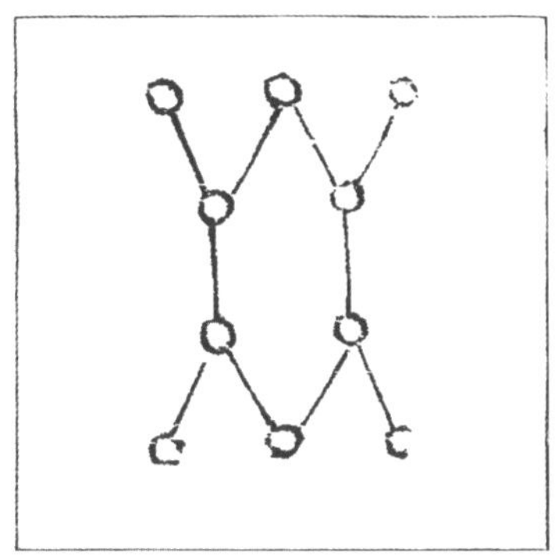

천연(《성경》)

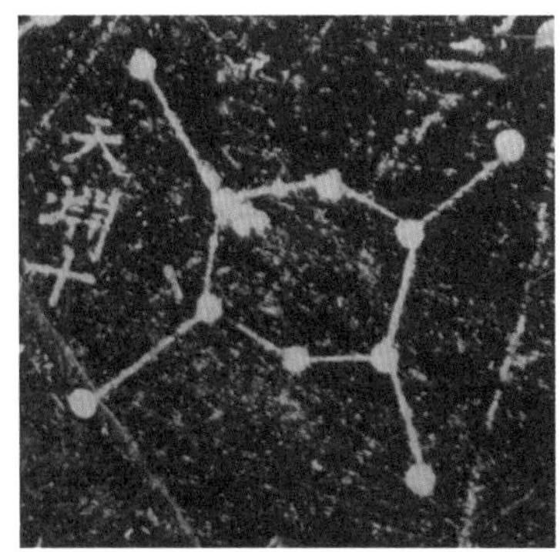

천연 10(《천상열차분야지도》)

414 천연(天淵, 하늘의 연못) : 두수에 속한 별자리. 별(鼈) 왼쪽에 있으며 별 10개로 구성되어 있다.
415 《步天歌》, 위와 같은 곳.
416 《星經》 卷下 "天泉", 65쪽.
417 《晉書》 卷11 〈天文〉 上 "星官在二十八宿之外者", 305쪽.
418 구감(九坎) : 우(牛)수에 속한 별자리. 천전(天田) 아래에 있으며 별 9개로 구성되어 있다.
㊾ 星 : 저본에는 "五". 《星經·天泉》에 근거하여 수정.

송사 천문지[419] 천연 10성은 일명 '천지(天池)', '천천(天泉)', '천해(天海)'이다. 별성 동남쪽으로, 구감의 사이에 있다. '태음(太陰)'이라고도 한다.

宋·天文志 天淵十星, 一曰"天池", 一曰"天泉", 一曰"天海", 在鼈星東南九坎間, 又名"太陰".

송양조천문지[420] 거성은 가운데 북쪽 별로, 북극거리가 129도이고, 경도가 두수에서 17도 들어간다.

宋兩朝天文志 距中北星, 去極一百二十九度, 入斗宿十七度.

통지[421] 일설에 "바다 속 어족(魚族)을 주관한다."라 했다】

通志 一曰: "主海中魚鼈."】

화성이 천연 옆을 차지하면 큰 가뭄이 들게 된다. 수성이 천연 옆을 차지하면 홍수가 나게 된다. 《통지》[422]

火守之, 大旱; 水守之, 大水. 《通志》

419 《宋史》 卷50 〈天文志〉 第3 "天文" 3 '二十八舍'(《文淵閣四庫全書》 281, 41쪽).

420 출전 확인 안 됨; 《五禮通考》 卷193 〈嘉禮〉 66 "觀象授時" '東方蒼龍七宿·天淵十星'(《文淵閣四庫全書》 139, 674쪽).

421 《通志》 卷38 〈天文略〉 第1 "北方"(《文淵閣四庫全書》 373, 456쪽).

422 《通志》, 위와 같은 곳.

7-7) 농장인(農丈人, 농부)423 1성 | 農丈人一星

【지금은 없다. | 【今無.

보천가 424 농가장(農家丈, 농장인) 흑색별은 구(狗)성 아래 눈알 같네. | 步天歌 農家丈黑狗下眼.

성경 425 농장인 1성은 두(斗) 남쪽에 있다. 농사 맡은 관리, 농지 정책, 사농경(司農卿)426 등의 직무를 주관한다. | 星經 農丈人一星在斗南, 主農官、田㊿政、司農卿等之職.

진서 천문지 427 농장인은 남두(南斗) 서남쪽에 있다. 노농(老農, 경험 많은 농사꾼)이 농사를 주관하는 역할을 한다. | 晉·天文志 在南斗西南, 老農主稼51穡也.

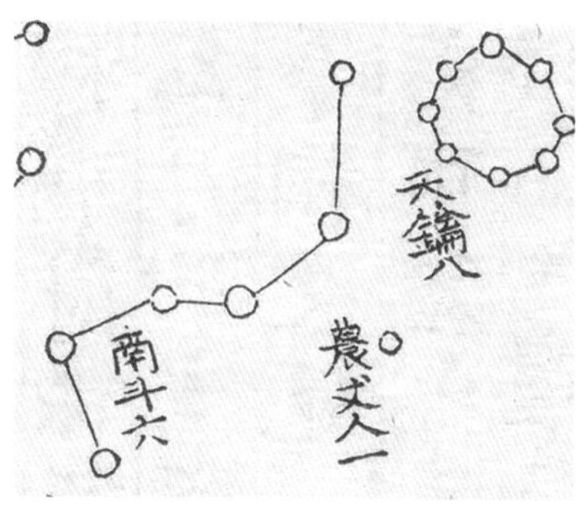

농장인과 두(남두)(《천문류초》)

농장인과 남두 6(《천상열차분야지도》)

423 농장인(農丈人, 농부) : 두수에 속한 별자리. 나이 든 농사꾼을 뜻한다. 구(狗) 아래에 있으며 별 1개이다.
424《步天歌》, 위와 같은 곳.
425《星經》卷下 "農", 62쪽.
426 사농경(司農卿) : 농사를 담당하는 관리. 한(漢)나라 때 설치되었다.
427《晉書》卷11〈天文〉上 "星官在二十八宿之外者", 305쪽.
50 田 : 저본에는 "正".《星經·農》에 근거하여 수정.
51 稼 :《晉書·天文·二十八舍》에는 없음.

송양조천문지[428] 농장인은 북극거리가 124.5도이고, 경도가 기수에서 6.5도 들어간다】

宋兩朝天文志 去極一百二十四度半，入箕宿六度半】

점사는 강(糠)성과 대략 같다. 《통지》[429]

占與糠略同.《通志》

농장인이 밝으면 천하에 풍년이 들게 된다.

明, 則天下豐稔;

어두우면 기근을 겪게 된다.

暗, 則飢;

보이지 않으면 백성이 직업을 잃게 된다. 일설에 "농장인이 기(箕)수 동쪽에 있으면 그해에는 곡식이 잘 익게 된다. 기수 서쪽에 있으면 기근을 겪게 된다. 기수 남쪽에 있으면 작은 가뭄이 들었다가 풍년이 들게 된다. 기수 북쪽에 있으면 홍수가 나게 된다."라 했다.

不見，民失業. 一云："在箕東，則歲熟；箕西，則飢；箕南，小旱穰；箕北，大水."

목성이 농장인 옆을 차지하면 풍년이 들게 된다.

歲星守之, 豐稔;

화성·토성·수성·금성 등 나머지 4성이나 혜성·패성·객성이 농장인 옆을 차지하면서 침범하면 천하에서는 농사를 지을 수 없게 된다. 《군방보》[430]

餘四星及彗孛、客星守犯, 天下不耕.《群芳譜》

---

428 출전 확인 안 됨;《五禮通考》卷193〈嘉禮〉66 "觀象授時" '東方蒼龍七宿·農丈人一星'(《文淵閣四庫全書》139, 674쪽).

429《通志》, 위와 같은 곳.

430《二如亭群芳譜》, 위와 같은 곳.

7-8) 우수(牛宿, 소)[431] 6성

牛宿六星

【보천가】[432] 우수 6성은 너비가 8도이다. 귀(鬼)와 마주 보고, 마갈궁(磨蝎宮)에 속한다. 축(丑) 방향이고, 오(吳)나라의 분야이다.

【步天歌】牛六星, 八度. 對鬼, 磨蝎宮, 丑地, 吳之分.

홍색별 6개 은하수 기슭 어귀 가까이에 있네.
머리 위 비록 뿔 2개 있지만,
배 아래로 내려오면 다리 1개 없네.

六紅近在河岸頭,
頭上雖然有兩角,
腹下從來欠一脚.

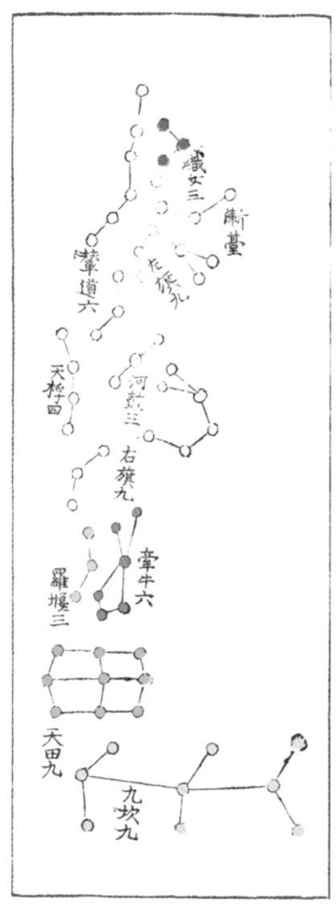

우수 전체. 우수(견우) 및 천전·구감·직녀·나언(《보천가》)

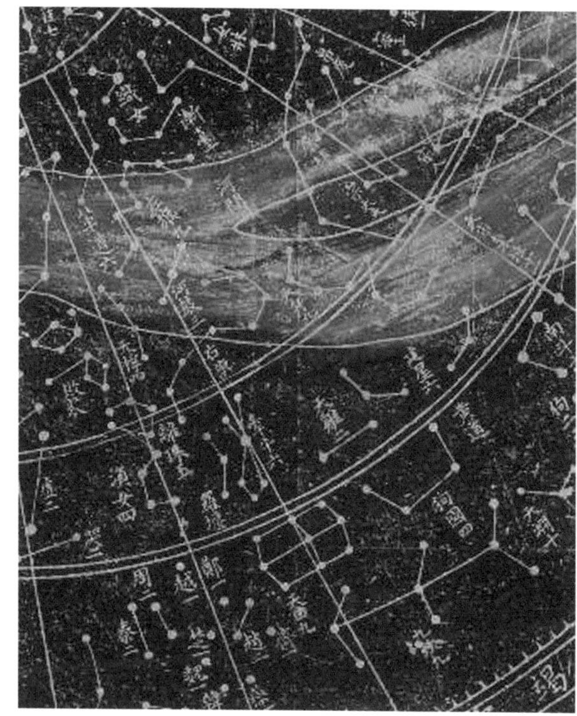

우수 및 천전·구감·직녀·나언(《천상열차분야지도》)

---

431 우수(牛宿, 소) : 북방7수에 속한 별자리. 은하수 근처에 있으며 별 6개로 구성되어 있다.

432 《步天歌》〈牛〉, 9쪽.

성경[433] 견우(牽牛, 우수) 6성은 관문과 수로를 주관한다. 너비가 8도이고, 북극거리는 110도이다.	星經 牽牛六星主關梁, 八度, 去北辰一百十[52]度.
사기 천관서[434] 견우는 희생(犧牲)으로 쓸 소이다.	史記·天官書 牽牛爲犧牲.
진서 천문지[435] 견우 6성 중 북쪽 2성은 일명 '즉로(卽路)'이다. 2번째 이름은 '취화(聚火)'이다. 또 "위쪽 1성은 도로를 주관하고, 그다음 2성은 관문과 수로를 주관하며, 그다음 3성은 남월(南越)[436]을 주관한다."라 했다.	晉·天文志 牽牛六星, 其北二星, 一曰"卽路", 二曰"聚火". 又曰: "上一星主道路, 次二星主關梁, 次三星主南越."
송사 천문지[437] 한나라 영원동의로 측정했을 때, 견우의 너비는 7도이다.	宋·天文志 漢永元銅儀, 以牽牛爲七度;
당나라 개원유의로 측정했을 때, 너비는 8도이다.	唐開元游儀, 八度.
옛 성경(星經)에는 북극거리가 106도였다.	舊, 去極百六度;
지금의 측정으로는 104도이다.	今, 百四度.
경우 연간의 측정으로 우(牛) 6성은 너비가 8도이고, 거성은 중앙의 큰 별로, 북극거리가 110.5도이다.	景祐測驗, 牛六星八度, 距中央大星, 去極百十度半.

433《星經》卷下 "牽牛", 66~67쪽.
434《史記》卷27 〈天官書〉第5, 1310쪽.
435《晉書》卷11 〈天文〉上 "二十八舍", 301쪽.
436 남월(南越): 중국 고대 지명. 광동(廣東)과 광서(廣西) 일대. 월남(越南)을 가리키기도 한다.
437《宋史》卷50 〈天文志〉第3 "天文" 3 '二十八舍'(《文淵閣四庫全書》281, 43쪽).
[52] 十: 저본에는 "一". 《星經·牽牛》에 근거하여 수정.

군방보[438] 견우 6성은 은하수 기슭에 가깝고, 너비는 8도로 계량된다. 목성(木星)이다. 일월오성이 견우를 관통하니, 그 궤도이다.	群芳譜 牽牛六星近河岸, 計八度, 木星也. 日月五星貫之, 爲中道.
금측[439] 우(牛) 제1성은 황경이 1궁 29도 37분이고, 황위가 북쪽으로 4도 41분이다.	今測 牛一星, 黃經初宮二十九度三十七分, 緯北四度四十一分.
적경이 1궁 1도 51분이고, 적위가 남쪽으로 15도 41분이다.	赤經一宮初度五十一分, 緯南一十五度四十一分.
제2성은 황경이 1궁 29도 28분이고, 황위가 북쪽으로 7도 3분이다.	二星, 黃經初宮二十九度二十八分, 緯北七度零三分.
제4성은 황경이 1궁 1도 18분이고, 황위가 북쪽으로 1도 59분이다.	四星, 黃經一宮初度一十八分, 緯北初度五十九分.
제5성은 황경이 1궁 1도 48분이고, 황위가 북쪽으로 1도 31분이다】	五星, 黃經一宮初度四十八分, 緯北初度三十一分】
견우가 밝지 않으면 관문이나 수로가 통하지 않고, 천하의 소가 전염병으로 죽게 된다. 《사기정의》[440]	牽牛不明, 關梁不通, 天下牛疫死. 《史記正義》
견우가 움직이면 소가 많은 재앙을 겪게 된다.	移動, 則牛多殃;
그 별이 구부러지면 시장의 곡식값이 비싸진다.	其星曲, 則糴貴. 又曰: "星

438 《二如亭群芳譜》〈元部〉"天譜" 卷2 '星'(《四庫全書存目叢書補編》 80, 82쪽).

439 《五禮通考》 卷193 〈嘉禮〉 66 "觀象授時" '北方元武七宿·牛宿六星'(《文淵閣四庫全書》 139, 675쪽).

440 《史記正義》 卷27 〈天官書〉 第5(《文淵閣四庫全書》 247, 394쪽); 《史記》 卷27 〈天官書〉 第5, 1311쪽.

또 "별이 밝고 크면 관문과 수로가 통하고, 소가 비싸진다.

明大, 則關梁通, 牛貴;

견우의 별빛이 뾰족해지면[怒] 말이 비싸진다."라 했다.

怒, 則馬貴."

견우가 밝지 않고 평소의 모습을 잃으면 곡식이 제대로 익지 않게 된다.

不明失常, 穀不登;

빛이 가늘어지면 소가 싸진다.

細, 則牛賤;

가운데 별이 상하로 이동하면 소가 대부분 죽게 된다.

中星移上下, 牛多死;

작은 별이 보이지 않으면 소가 대부분 전염병에 걸리게 된다.

小[53]星亡[54], 則牛多疫.

견우에 달무리가 지면 송아지를 잃게 된다. 《통지》[441]

月暈, 損犢.《通志》

견우가 밝으면 관문이나 수로가 통하고, 천하가 편안하게 된다.

明, 則關梁通, 天下寧;

밝지 않으면 오곡이 제대로 여물지 않고, 소가 대부분 재앙을 겪게 된다.

不明, 則五穀不成, 牛多災;

별빛이 변하면 오곡이 제대로 여물지 않게 된다.

變色, 五穀不成.

달이 견우를 침범하면 소가 대부분 전염병에 걸리고, 소·말·양이 갑자기 죽게 된다.

月犯, 牛多疫, 牛、馬、羊暴死;

목성이 견우 옆을 차지하면 천하가 화평하게 된다.

木守牛, 天下和平.

화성이 견우 옆을 차지하면 소가 10배 비싸지고,

火守牛, 牛貴十倍, 人飢相

441 《通志》 卷38 〈天文略〉 第1 "北方"(《文淵閣四庫全書》 373, 456쪽).

[53] 小 : 저본에는 "少". 《通志·天文略·北方》에 근거하여 수정.

[54] 亡 : 저본에는 "立". 《通志·天文略·北方》에 근거하여 수정.

사람들이 기근을 겪어 서로 잡아먹게 된다.

食.

수성이 견우 옆을 차지하면 큰물이 솟아나오고, 호랑이와 이리가 사람을 해치며, 오곡이 제대로 여물지 않고, 소가 대부분 죽게 된다.

水守牛, 大水湧出, 虎狼傷人, 五穀不成, 牛多死;

창백(蒼白)색 구름 기운이 견우로 들어오면 소가 대부분 죽게 된다.

蒼白雲氣入牛, 牛多死;

적색 기운이 견우를 관통하면 소나 말이 대부분 죽게 된다.《군방보》[442]

赤氣貫牛, 牛馬多死.《群芳譜》

442《二如亭群芳譜》, 위와 같은 곳.

7-9) 천전(天田, 하늘의 농지)[443] 9성

天田九星

【지금은 없다.

【今無.

보천가[444] 우(牛) 아래 흑색별 9개 천전이라네.

步天歌 牛下九黑是天田.

성경[445] 천전 9성은 우(牛) 동남쪽에 있다. 기내(畿內, 수도와 그 사방 1,000리)의 농지의 작물을 관리하는 일을 주관한다.

星經 天田九星在牛[55]東南, 主畿內田苗之職.

송사 천문지[446] 천전은 두(斗) 남쪽에 있다. 일설에 "천전은 우(牛) 동남쪽에 있다."라 했다. 천자가 다스리는 기내의 농지이다.

宋·天文志 在斗南.[56] 一曰: "在牛東南." 天子畿內之田.

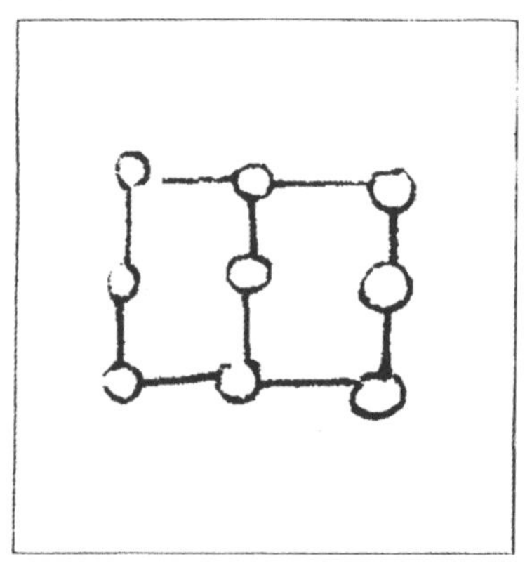

천전(《성경》)

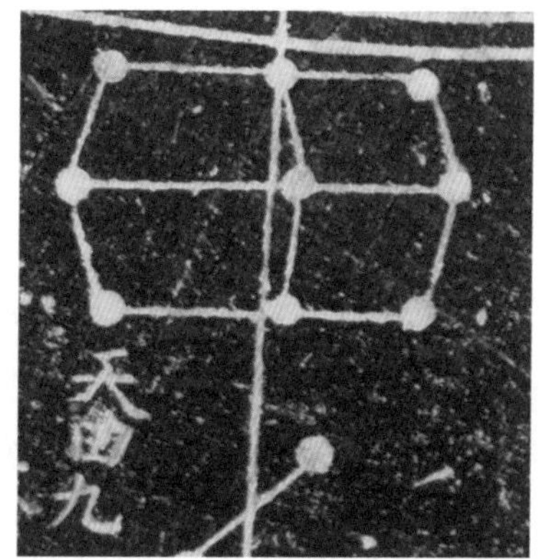

천전 9(《천상열차분야지도》)

443 천전(天田, 하늘의 농지) : 우수에 속한 별자리. 우수 아래에 있으며 별 9개로 구성되어 있다.

444《步天歌》, 위와 같은 곳.

445《星經》卷下 "天田", 69쪽.

446《宋史》, 위와 같은 곳.

[55] 牛 : 저본에는 "斗". 《星經·天田》에 근거하여 수정.

[56] 南 : 저본에는 "內". 《宋史·天文志·天文》에 근거하여 수정.

송양조천문지[447] 천전의 거성은 서북쪽 별로, 북극거리가 116.5도이고, 경도가 두수에서 22도 들어간다.

宋兩朝天文志 距西北星, 去極一百一十六度半, 入斗宿二十二度.

통지[448] 천전은 견우 남쪽 태미원의 동쪽에 있다】

通志 在牽牛南太微東也】

점은 각(角)수에 속한 천전의 그것과 같다.[449] 《통지》[450]

占與角之[57]天田同.《通志》

목성이 천전 옆을 차지하면 그해에는 풍년이 들어 곡식이 잘 익게 된다.

歲星守之, 年豐熟;

화성이 천전 옆을 차지하면 큰 가뭄이 들어 오곡이 제대로 여물지 않게 된다.

火星守之, 大旱五穀不成;

금성이 침범하면 홍수가 나게 된다. 일설에 "오곡이 서리로 죽게 된다."라 했다.

太白犯之, 大水, 一曰: "五穀霜死";

수성이 옆을 차지하면 큰물이 나게 된다.

水守之, 大水出;

객성이 천전으로 들어오면 천하가 큰 기근을 겪게 된다.

客星入之, 天下大饑;

혜성이나 패성이 침범하면 농부가 직업을 잃게 된다. 《군방보》[451]

彗孛犯之, 農人失業.《群芳譜》

---

447 출전 확인 안 됨;《五禮通考》卷193〈嘉禮〉66 "觀象授時" '北方元武七宿·天田九星'(《文淵閣四庫全書》139, 675쪽).

448《通志》, 위와 같은 곳.

449 점은……같다:《通志》卷38〈天文略〉第1 "東方"(《文淵閣四庫全書》373, 451쪽)에 보인다.

450《通志》, 위와 같은 곳.

451《二如亭群芳譜》〈元部〉"天譜" 卷2 '星'(《四庫全書存目叢書補編》80, 87쪽).

[57] 之 : 저본에는 "南".《通志·天文略·北方》에 근거하여 수정.

7-10) 구감(九坎, 수로)[452] 9성

九坎九星

【지금은 4성이다.

【今四星.

보천가[453] 천전 아래 3개씩 3개씩 구감이 연이어 있네.

步天歌 田下三三九坎連.

성경[454] 구감 9성은 우(牛) 남쪽에 있다. 수로와 하천의 유통을 주관한다. 경도가 서쪽 두수에서 4도 들어가고, 북극거리가 126도이다.

星經 九坎九星在牛南, 主溝渠、水泉流通. 西入斗四度, 去北辰一百二十六度.

진서 천문지[455] 구감(九坎) 9성은 견우 남쪽에 있다. 감(坎)은 수로이다. 샘의 근원까지 물길을 내고 물을 흐르게 하여 수로를 통하게 하는 형상이기 때문이다.

晉·天文志 九坎九星在牽牛南. 坎, 溝渠也, 所以導達泉源, 流[58]盈瀉溢, 通溝洫也.

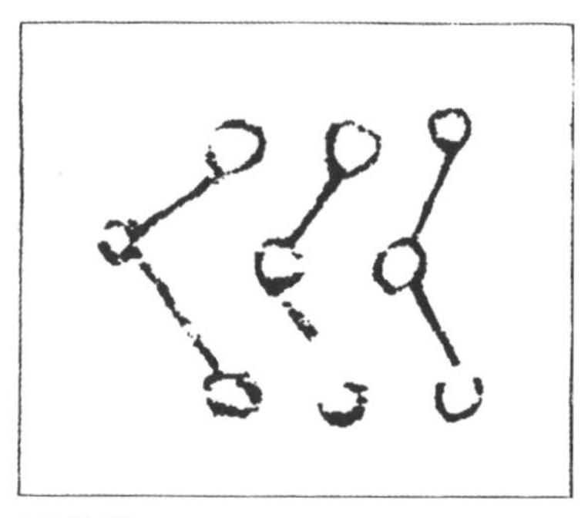

구감(《성경》)

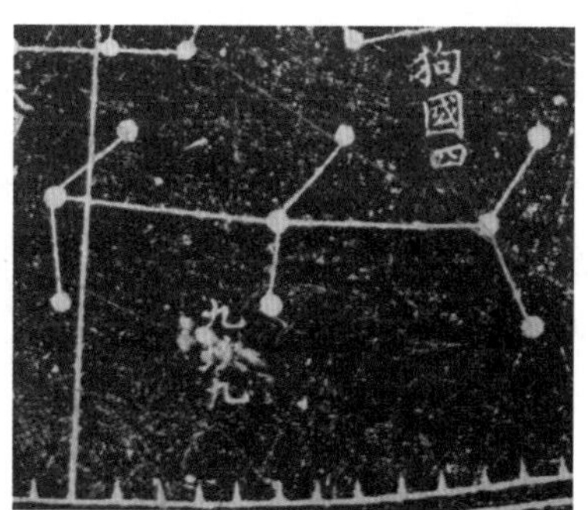

구감 9(《천상열차분야지도》)

452 구감(九坎, 수로): 우수에 속한 별자리. 천전 아래에 있으며 별이 3개씩 3무더기로 구성되어 있다.
453 《步天歌》, 위와 같은 곳.
454 《星經》 卷下 "九坎", 69쪽.
455 《晉書》 卷11 〈天文〉 上 "星官在二十八宿之外者", 305쪽.
[58] 流: 《晉書·天文·星官在二十八宿之外者》에는 "疏".

송양조천문지[456] 구감의 거성은 가장 큰 별로, 북극거리가 141.5도이고, 경도가 두수에서 25도 들어간다】

宋兩朝天文志 距大星, 去極一百四十一度半, 入斗宿二十五度】

구감이 밝고 왕성하면 재앙이 생기게 된다.

明盛, 則有災;

밝지 않으면 길하게 된다. 《통지》[457]

不明, 則吉.《通志》

---

456 출전 확인 안 됨; 《五禮通考》 卷193 〈嘉禮〉 66 "觀象授時" '北方元武七宿·九坎九星'(《文淵閣四庫全書》 139, 675~676쪽).

457 《通志》, 위와 같은 곳.

7-11) 직녀(織女, 직물 짜는 여자)[458] 3성 織女三星

【보천가[459] 하고(河鼓)[460] 위 홍색별 3개 직녀라네. 【步天歌 鼓上三紅是織女.

성경[461] 직녀 3성은 천시원 동쪽 끝에 있다. 천녀(天女, 하늘의 여자)가 채소농사나 과일농사, 양잠과 길쌈, 고장(故藏)[462], 금은보화, 그리고 여성의 재이를 주관하는 역할을 한다. 북극거리가 52도이다.

星經 織女三星在天市東端. 天女主瓜果、絲帛, 故[59]藏珍寶及女變. 去北辰五十二度.

사기 천관서[463] 무녀(婺女)[464] 그 북쪽은 직녀로, 천제의 손녀들이다.

史記·天官書 婺女其北織女, 天女孫也.

《사기정의》에서 "직녀는 은하수 북쪽, 천기(天紀)[465]

《正義》曰: "在河北天紀東,

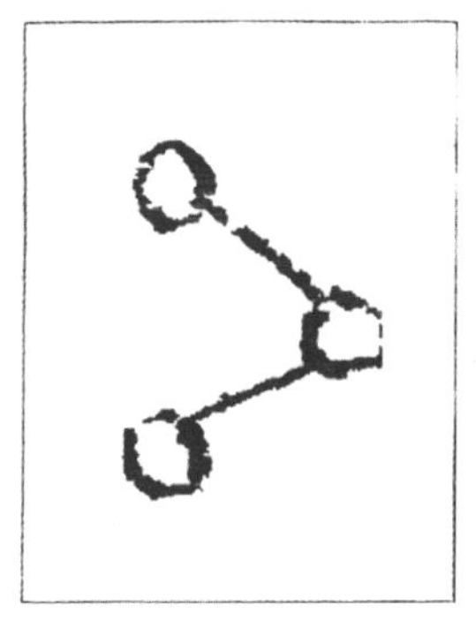
직녀(《성경》)

직녀(《천상열차분야지도》)

458 직녀(織女, 직물 짜는 여자) : 우수에 속한 별자리. 별 3개로 구성되어 있다.
459 《步天歌》, 위와 같은 곳.
460 하고(河鼓) : 우수에 속한 별자리. 견우성 북쪽에 있다.
461 《星經》 卷下 "織女", 65쪽.
462 고장(故藏) : 옛부터 전해 내려오는 물건.
463 《史記》 卷27 〈天官書〉 第5, 1311쪽.
464 무녀(婺女) : 북방7수 중 세 번째 별자리인 여(女)수의 별칭.
465 천기(天紀) : 천시원에 속한 별자리. 9개 별로 구성되어 있다.
[59] 故 : 《星經·織女》에는 "收".

의 동쪽에 있다. 과일농사나 채소농사, 양잠과 길쌈, 금은보화 등을 주관한다. 점사는 다음과 같다."[466]라 했다.

主果蓏、絲帛、珍寶. 占."[60]

송양조천문지[467] 직녀의 거성은 제일 큰 별로, 북극 거리가 52.5도이고, 경도가 두수에서 5도 들어간다.

宋兩朝天文志 距大星, 去極五十二度半, 入斗宿五度.

금측[468] 직녀 제1성은 황경이 1궁 10도 27분이고, 황위가 북쪽으로 61도 48분이다.

今測 織女一星, 黃經初宮一十度二十七分, 緯北六[61]十一度四十八分.

적경이 1궁 6도 18분이고, 적위가 북쪽으로 38도 32분이다】

赤經初宮六度一十八分, 緯北三十八度三十二分】

직녀 3성이 모두 밝으면 여성이 담당하는 방직이 잘 진행된다.

三星俱明, 女功善;

어두워 희미하면 천하에 여성이 담당하는 방직을 할 수 없게 된다.

暗而微, 天下女工[62]廢;

제일 큰 별의 빛이 뾰족하게 뿔처럼 보이면 면포나 견직물이 비싸진다.《통지》[469]

大星怒而角, 布帛[63]貴.《通志》

466《史記正義》卷27〈天官書〉第5(《文淵閣四庫全書》247, 394쪽);《史記》, 위와 같은 곳.

467 출전 확인 안 됨;《五禮通考》卷193〈嘉禮〉66 "觀象授時" '北方元武七宿·織女三星'(《文淵閣四庫全書》139, 676쪽).

468《五禮通考》, 위와 같은 곳.

469《通志》卷38〈天文略〉第1 "北方"(《文淵閣四庫全書》373, 457쪽).

[60] 占 : 연자(衍字)인 듯하다.《史記正義》에는 이 글자 뒤에 여러 가지 점괘가 나온다.

[61] 北六 : 저본에는 "六十".《五禮通考·嘉禮·觀象授時》에 근거하여 수정.

[62] 工 :《通志·天文略·北方》에는 "功".

[63] 帛 : 저본에는 "帛湇".《通志·天文略·北方》에 근거하여 수정.

7-12) 나언(羅堰, 제방)[470] 2성

羅堰二星

【보천가[471] 나언 오(烏)색별 3개 우(牛) 동쪽 차지하네.

【步天歌 羅堰三烏牛東居.[64]

성경[472] 나언 2성은 우(牛) 동쪽에 있다.

星經 羅堰二星在牛東.

진서 천문지[473] 나언 9성은 견우 동쪽에 있다. 큰 말과 같은 산[岠馬]이다. 제방을 쌓아 물을 저장했다가 농지에 물을 대는 역할을 하기 때문이다.

晉·天文志 羅堰九星在牽牛東, 岠馬也, 以壅蓄水潦, 漑渠[65]也.

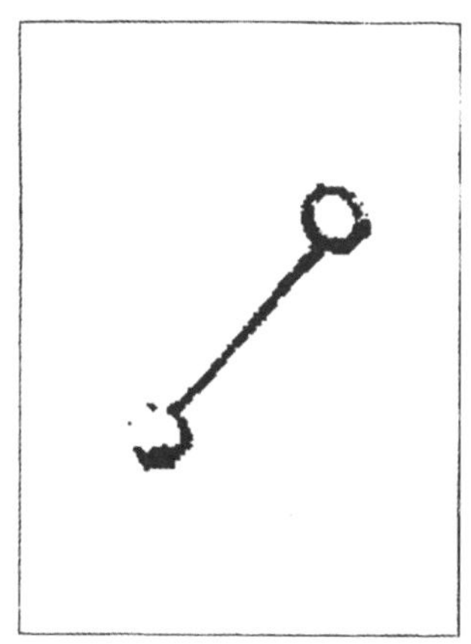

나언(《성경》)

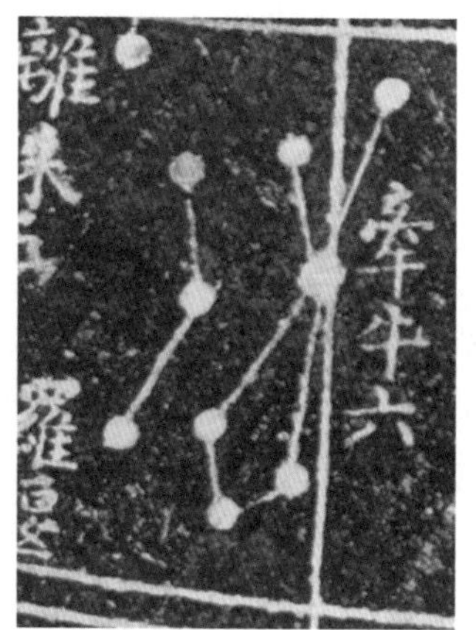

나언과 견우 6(《천상열차분야지도》)

470 나언(羅堰, 제방): 우수에 속한 별자리. 별 3개로 구성되어 있다.

471《步天歌》〈牛〉, 10쪽.

472《星經》卷下 "羅堰", 70쪽.

473《晉書》卷11〈天文〉上 "星官在二十八宿之外者", 305쪽.

[64] 居: 저본에는 "宮". 에 근거하여 수정.

[65] 漑渠:《晉書·天文·星官在二十八宿之外者》에는 "灌漑溝渠".

송양조천문지[474] 나언 3성의 거성은 북쪽 별로, 북극거리가 109도이고, 경도가 우수에서 4도 들어간다.

宋兩朝天文志 羅堰三星距北星, 去極一百九度, 入牛宿四度.

진혜전왈[475] 《성경》은 '2성이다.'라 했고, 《진서》 〈천문지〉는 '9성이다.'라 했으며, 《송사》 〈천문지〉와 《보천가》는 모두 '3성이다.'라 했다. 이렇게 내용이 서로 다르다.

秦蕙田曰 《星經》云: "二星", 《晉·天文志》"九星", 《宋·天文志》及《步天歌》俱"三星", 互有不同.

금측[476] 나언 제2성은 황경이 1궁 3도 24분이고, 황위가 북쪽으로 1도 20분이다】

今測 羅堰二星, 黃經一宮三度二十四分, 緯北初度二十分】

나언이 밝고 크면 홍수로 물이 넘치게 된다. 《통지》[477]

明而大, 則大水泛濫. 《通志》

달이나 오성이 나언을 침범하면 모두 주로 물난리가 나게 된다. 《군방보》[478]

月、五星犯之, 皆主水. 《群芳譜》

474 출전 확인 안 됨: 《五禮通考》 卷193 〈嘉禮〉 66 "觀象授時" '北方元武七宿·羅堰二星'(《文淵閣四庫全書》 139, 677쪽).

475 《五禮通考》 卷193 〈嘉禮〉 66 "觀象授時" '北方元武七宿·羅堰二星'(《文淵閣四庫全書》 139, 677쪽).

476 《五禮通考》, 위와 같은 곳.

477 《通志》, 위와 같은 곳.

478 《二如亭群芳譜》, 위와 같은 곳.

7-13) 여수(女宿, 여자)[479] 4성

女宿四星

【보천가】[480] 여수 4성은 너비가 12도이다. 유(柳)수와 마주 보고, 보병궁(寶缾宮)에 속한다. 자(子) 방향이고, 제(齊)나라의 분야이다.

홍색별 4개 기(箕)수 같고 결혼 주관하며,

12개 나라들 그 아래 벌려 있네.

【步天歌】女四星, 十二度. 對柳, 寶缾宮, 子地, 齊之分.

四紅如箕主嫁娶,

十二諸國在下陳.

성경[481] 수녀(須女, 여수) 4성은 양잠과 길쌈으로 보화를 얻는 일은 주관한다. 일명 '무녀(婺女)'·'천녀(天女)'이다. 거성은 서쪽 별로, 북극거리가 106도이다.

星經 須女⑯四星主布帛爲珍寶, 一名"婺女"、"天女". 西星, 去北辰一百六度.

진서 천문지[482] 수녀 4성은 하늘의 작은 관청이다. 수(須)는 하급 시녀의 호칭으로, 직급이 있는 부인들의 하녀이다. 양잠과 길쌈, 옷 짓기와 결혼을 주관한다.

晉·天文志 須女四星, 天少府也. 須, 賤妾之稱, 婦職之卑者也, 主布帛、裁製、嫁娶.

송사 천문지[483] 한나라 영원동의로 측정했을 때, 수녀는 너비가 11도이다.

경우 연간의 측정으로, 너비가 12도이다.

거성은 서남쪽 별로, 북극거리가 105도이고, 경도가 적도 밖 14도에 있다.

宋·天文志 漢永元銅儀, 以須女爲十一⑰度.

景祐測驗, 十二度.

距西南星, 去極百五度, 在赤道外十四度.

---

479 여수(女宿, 여자) : 북방7수 중 3번째 별자리.

480《步天歌》〈女〉, 10쪽.

481《星經》卷下 "女宿", 70~71쪽;《說郛》卷108上〈星經〉卷下 "女宿"(《文淵閣四庫全書》882, 259쪽).

482《晉書》卷11〈天文〉上 "二十八舍", 301쪽.

483《宋史》卷50〈天文志〉第3 "天文" 3 '二十八舍'(《文淵閣四庫全書》281, 45쪽).

⑯ 須女 :《星經·女宿》에는 "女宿".《說郛·星經·女宿》에는 "須女".

⑰ 一 : 저본에는 없음.《宋史·天文志·天文》에 근거하여 보충.

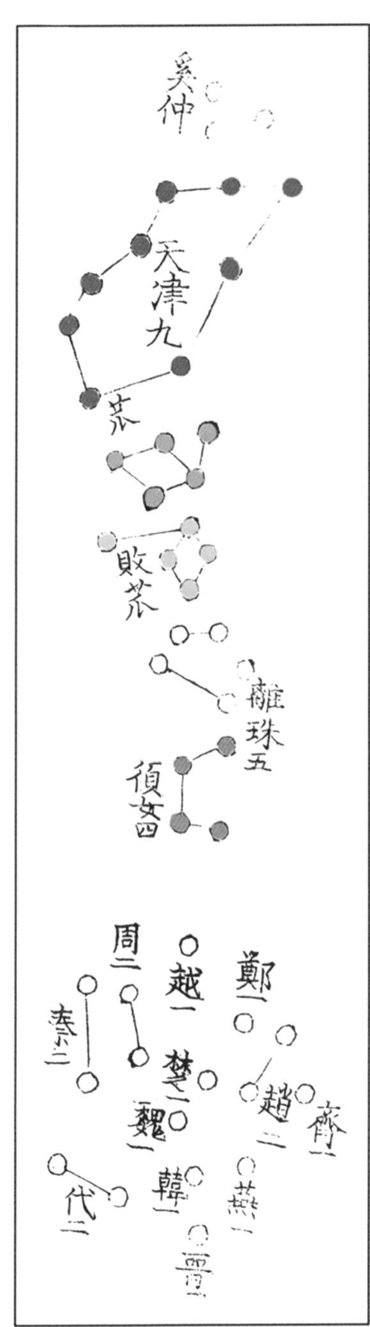

여수 전체. 여수(수녀) 및 호과(과)·패과·이주·천진·해중과 12개 나라들(《보천가》)

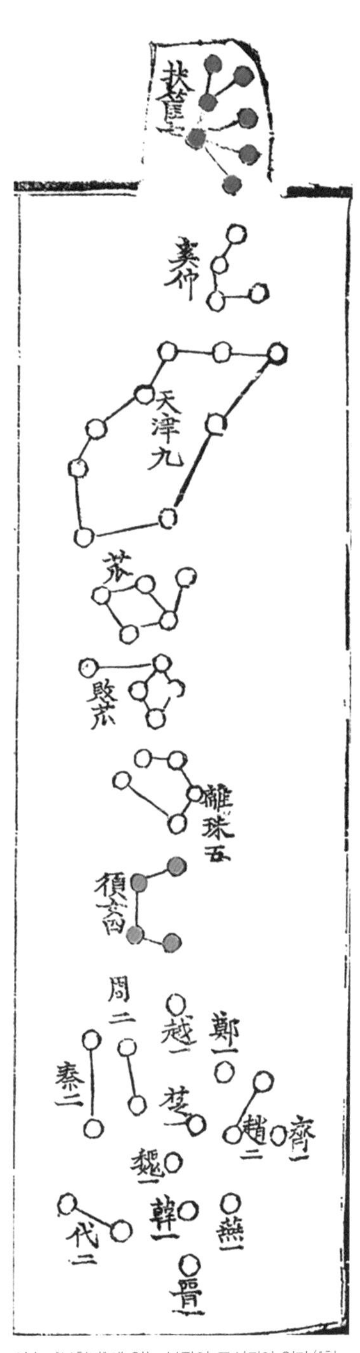

여수. 《보천가》에 없는 부광이 표시되어 있다.(《천문류초》)

여수(수녀) 및 호과(과)·패과·이주·천진·해중·부광과 12개 나라들(《천상열차분야지도》)

송양조천문지[484] 수녀는 북극거리가 104.5도이다.

宋兩朝天文志 去極一百四度半.

군방보[485] 무녀(婺女)는 수성(水星)이다. 보화·저장·채소농사와 과일농사를 주관한다. 또 결혼, 면직물·베·견직물 등을 생산하는 여성의 일을 주관한다. 무녀 아래로 9척 떨어진 부분은 일월오성이 지나가는 궤도이다.

群芳譜 婺女, 水星也, 主珍寶、庫藏、瓜果. 又主嫁娶、絲綿、布帛女工. 其下九尺爲日月五星中道.

금측[486] 여수 제1성은 황경이 1궁 7도 23분이고, 황위가 북쪽으로 8도 10분이다.

今測 女一星, 黃經一宮七度二十三分, 緯北八度一十分.

적경은 1궁 7도 41분이고, 적위가 남쪽으로 10도 33분이다.

赤經一宮七度四十一分, 緯南一十度三十三分.

제2성은 황경이 1궁 8도 39분이고, 황위가 북쪽으로 8도 19분이다】

二星, 黃經一宮八度三十九分, 緯北八度一十九分】

수성이 여수 옆을 차지하면 만물이 제대로 여물지 않게 된다.

水守之, 萬物不成;

화성이 그 옆을 차지하면 베나 견직물이 비싸진다

火守, 布帛貴;

토성이 그 옆을 차지하면 여성들의 초상이 생기게 된다.

土守, 有女喪;

금성이 그 옆을 차지하면 전쟁이 일어나게 된다.

金守, 兵起.《史記正義》

484 출전 확인 안 됨;《五禮通考》卷193〈嘉禮〉66 "觀象授時" '北方元武七宿·女宿四星'(《文淵閣四庫全書》139, 678쪽).

485《二如亭群芳譜》〈元部〉"天譜" 卷2 '星'(《四庫全書存目叢書補編》80, 82쪽).

486《五禮通考》, 위와 같은 곳.

《사기정의》[487]

토성이나 패성이 침범하면 누에를 손상시키게 된다. 《통지》[488]

土、孛犯, 損蠶.《通志》

여수가 밝으면 천하에 풍년이 들게 되고, 방직하는 여성 장인의 일이 잘 되어 창고가 가득차게 된다.

明, 則天下豐, 女工就, 府庫充;

어두우면 방직하는 여성 장인이 직업을 잃게 되어 창고가 비게 된다.

暗, 則女工失職, 府庫空虛;

색이 변하면 삼이 제대로 자라지 않게 된다.

色變, 麻不成.

달이 여수를 침범하면 여인에게 많은 재앙이 있게 된다.

月犯, 女人多災;

목성이 여수 옆을 차지하면 비가 많이 내리게 되고, 사람들이 얼어 죽게 된다.

歲星守女, 多雨水, 人有凍死者;

화성이 여수 옆을 차지하면 베나 견직물이 매우 비싸지고, 사람이 많이 죽게 된다.

火守女, 布帛大貴, 人多死;

토성이 여수 옆을 차지하면 양잠농사가 잘못되고, 여성에게 많은 재앙이 생기며, 오나 월 지역의 백성에게 재앙이 생기게 된다.

土守女, 蠶凶, 女多災, 吳、越民災;

금성이 여수를 침범하면 베나 견직물이 비싸진다.

金犯女, 布帛貴;

수성이 여수 옆을 차지하면 수재가 나고, 만물이 제대로 여물지 않으며, 베나 견직물이 매우 비싸지고, 그 나라는 기근을 겪으며, 사람들이 전염병으로 대부분 죽게 된다.

水守女, 有水災, 萬物不成, 布帛大貴, 其國飢, 人疫多死者;

---

487 《史記正義》 卷27 〈天官書〉 第5(《文淵閣四庫全書》 247, 394쪽); 《史記》 卷27 〈天官書〉 第5, 1311쪽.
488 《通志》, 위와 같은 곳.

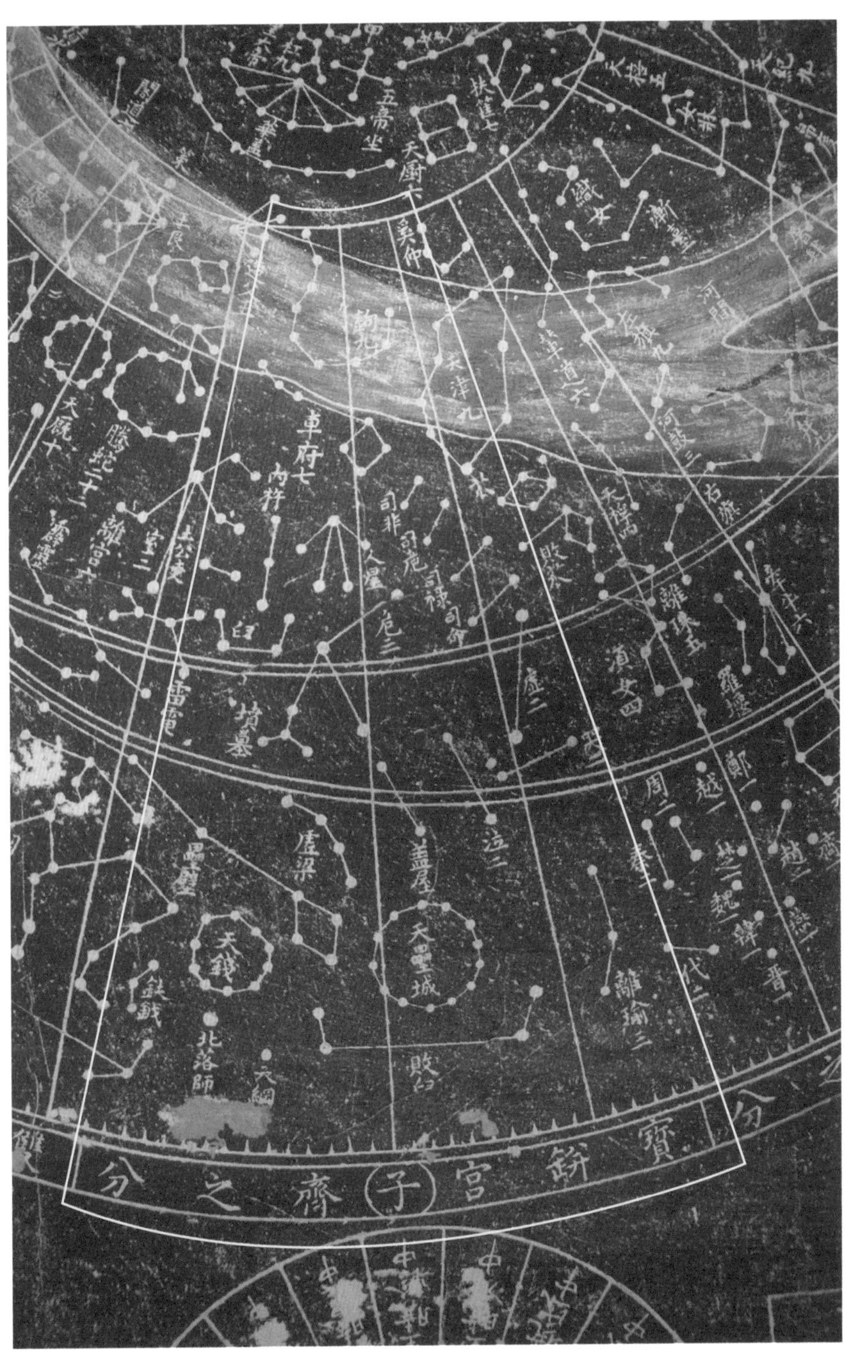

11궁 보병궁 제(齊)(《천상열차분야지도》)

유성이 여수를 침범하면 천하의 누에와 삼이 제대로 여물지 않게 된다.

流星犯女, 天下蠶、麻不成.

창백색 운기가 여수에 들어오면 천하의 여성들이 대부분 병에 걸리게 된다.

雲氣蒼白入女, 天下女子多疾;

적색 기운이 여수에 들어오면 많은 여성이 출산하다가 죽게 된다. 《군방보》[489]

赤氣入女, 婦多產死. 《群芳譜》

489 《二如亭群芳譜》, 위와 같은 곳.

7-14) 호과(瓠瓜, 조롱박)[490] 5성과 패과(敗瓜, 풀열매)[491] 5성

瓠瓜五星、敗瓜五星

【보천가[492] 패과 위에 호과 살고 있고,

두 별자리 각각 5성이나 호과가 더 밝네.

【步天歌 敗瓜之上瓠[68]瓜生,

兩星各五瓠[69]瓜明.

성경[493] 호과 5성은 이주(離珠)[494] 북쪽에 있고, 패과 5성은 호과 남쪽에 있다. 경도가 여수에서 1도 들어가고, 북극거리가 71도이다.

星經 瓠瓜五星在離珠北, 敗瓜五星在瓠瓜南. 入女一度, 去北辰七十一度.

사기정의[495] 호과는 천자의 과수원이다.

史記正義 瓠[70]瓜, 天子果園.

호과(《성경》)

호과와 패과(《오례통고》)

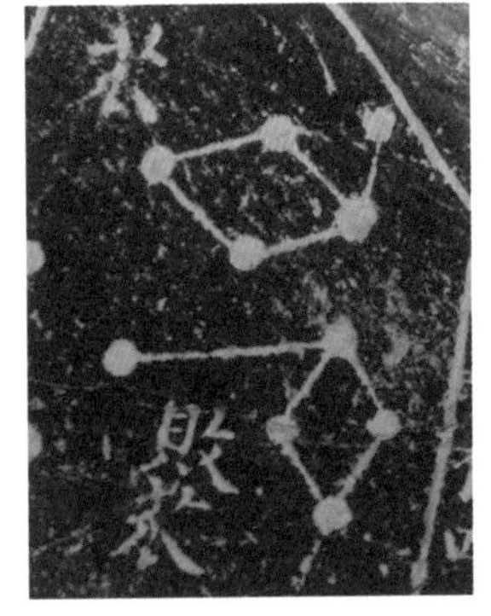

과(호과)와 패과(《천상열차분야지도》)

490 호과(瓠瓜, 조롱박) : 여수에 속한 별자리. 이주(離珠) 위에 있으며 별 5개로 구성되어 있다.

491 패과(敗瓜, 풀열매) : 여수에 속한 별자리. 이주 오른쪽에 있으며 별 5개로 구성되어 있다.

492 《步天歌》〈女〉, 11쪽.

493 《星經》 卷下 "瓜瓠", 72쪽.

494 이주(離珠) : 여수에 속한 별자리. 여수 위에 있으며 별 5개로 구성되어 있다.

495 《史記正義》 卷27 〈天官書〉 第5(《文淵閣四庫全書》 247, 394쪽); 《史記》 卷27 〈天官書〉 第5, 1310쪽.

[68] 瓠 : 《步天歌·女》에는 "匏".

[69] 瓠 : 《步天歌·女》에는 "匏".

[70] 瓠 : 《史記正義·天官書》에는 "匏".

형주점(荊州占)[496][497] 호과는 일명 '천계(天鷄)'이다. 하고(河鼓)[498] 동쪽에 있다.	荊州占 瓠[71]瓜, 一名"天鷄", 在河鼓東.
송양조천문지[499] 패과의 거성은 남쪽 별로, 북극거리가 82.5도이고, 경도가 우(牛)수에서 6도 들어간다.	宋兩朝天文志 敗瓜距南星, 去極八十二度半, 入牛宿六度.
호과의 거성은 서쪽 별로, 북극거리가 79도이고, 경도가 우수에서 7도 들어간다】	瓠瓜距西星, 去極七十九度, 入牛宿七度】
호과 옆을 청흑색 별이 차지하면 물고기나 소금이 비싸진다.《사기》〈천관서〉[500]	瓠[72]瓜有青黑星守之, 魚鹽貴.《史記·天官書》
호과가 밝고 크며 빛나고 윤택하면 그해에는 곡식이 잘 익게 된다.	明大光潤, 歲熟;
그렇지 않으면 박 종류나 과실의 열매가 잘 여물지 않게 된다.	不, 則包果之實不登.
객성이 그 옆을 차지하면 물고기나 소금이 비싸진다.《사기정의》[501]	客守, 魚鹽貴.《史記正義》

496 형주점(荊州占) : 중국 후한의 유예(劉叡)가 지은 천문서. 지금은 일실되었고《사기》·《한서》·《후한서》의 주석과《개원점경(開元占經)》등에 그 내용의 일부가 보인다.

497 출전 확인 안 됨;《史記索隱》卷9〈天官書〉第5(《文淵閣四庫全書》246, 505쪽).

498 하고(河鼓) : 우(牛)수에 속한 별자리. 견우 북쪽에 있으며 3개의 별로 구성되어 있다.

499 출전 확인 안 됨;《五禮通考》卷193〈嘉禮〉66 "觀象授時" '北方元武七宿·瓠瓜五星敗瓜五星星'(《文淵閣四庫全書》139, 679쪽).

500《史記》, 위와 같은 곳.

501《史記正義》, 위와 같은 곳;《史記》, 위와 같은 곳.

[71] 瓠 :《史記索隱·天官書》에는 "匏".

[72] 瓠 :《史記·天官書》에는 "匏".

패과는 풀열매농사와 과일농사를 주관한다. 점은 호과의 그것과 대략 같다.[502] 《통지》[503]

敗瓜主種植.[73] 占[74]與瓠瓜略同. 《通志》

호과가 밝으면 과실이 잘 여물고, 그해에는 풍년이 들게 된다.

明, 則果實成, 歲豐;

어두우면 과일이 제대로 여물지 않고, 홍수가 나며, 그해에는 곡식이 잘 여물지 않게 된다.

暗, 則果物不成, 大水, 歲不登.

오성이 호과를 침범하고 그 옆을 차지하면 과실이 비싸지고, 물고기나 소금이 10배 비싸지기를 1년간 지속된다.

五星犯守, 果實貴, 魚鹽貴十倍, 期一年.

객성이 호과에 들어오면 물고기나 소금이 비싸진다.

客星入之, 魚鹽貴;

객성이 호과 옆을 차지하면 산과 계곡에 많은 물난리가 난다.

守之, 山[75]谷多水.

유성이 호과에서 나오면 물고기나 소금이 10배 비싸진다.

流星出瓠瓜, 魚鹽貴十倍;

혜성이 호과 옆을 차지하면 과실이 제대로 여물지 않고, 물고기나 소금이 비싸진다. 《군방보》[504]

彗星守瓠瓜, 果實不成, 魚鹽貴. 《群芳譜》

---

502 점은……같다 : 《通志》, 위와 같은 곳에 보인다.

503 《通志》, 위와 같은 곳.

504 《二如亭群芳譜》〈元部〉"天譜" 卷2 '星'(《四庫全書存目叢書補編》 80, 87쪽).

[73] 植 : 저본에는 없음. 《通志·天文略·北方》에 근거하여 보충.

[74] 占 : 《通志·天文略·北方》에는 없음.

[75] 山 : 《二如亭群芳譜·元部·天譜》에는 "出".

7-15) 천진(天津, 하늘의 나루터)[505] 9성

天津九星

【보천가[506] 천진 적색별 9개 탄궁(彈弓, 시위를 놓은 활)모양이고,

별 2개 경도는 우(牛)수에서 들어가고 은하수 가운데 횡으로 걸쳐 있네.

【步天歌 天津九赤彈弓形,

兩星入牛河中橫.

성경[507] 천진 9성은 허(虛)수 북쪽 은하수 가운데 있다. 하천과 교량을 주관한다. 길이 막혀 위험해진 상황을 알아 교량으로 소통시키는 관리이다. 경

星經 天津九星在虛北河中, 主津瀆、津梁, 知窮危通濟渡之官. 西入牛二度,

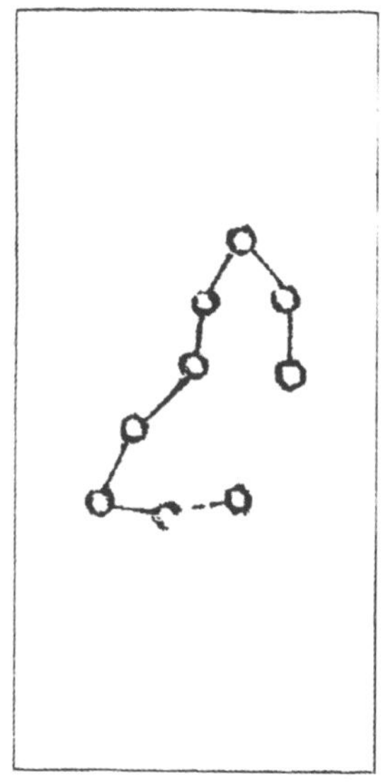

천진(《성경》)

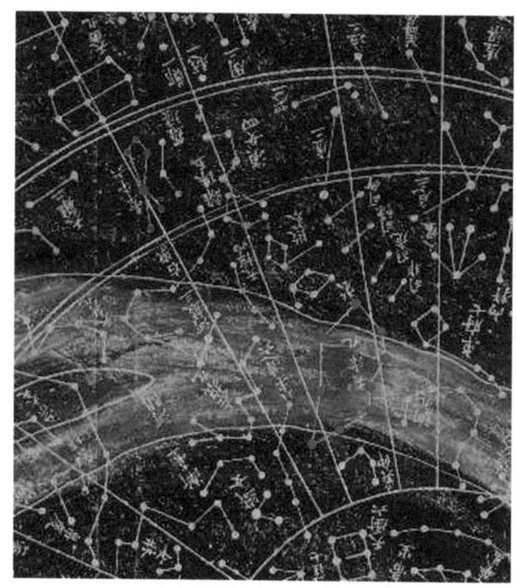

천진 9와 견우(우수) 6·직녀·은하수(《천상열차분야지도》)

505 천진(天津, 하늘의 나루터): 북방7수 중 여수에 속한 별자리. 호과 위에 있으며 별 9개로 구성되어 있다.

506 《步天歌》, 위와 같은 곳.

507 《星經》 卷下 "天津", 77쪽.

도가 서쪽으로 우수에서 2도 들어가고, 북극거리가 49도이다.

去北辰四十九度也.

사기 천관서[508] 영실(營室)[509] 옆에 8성이 있다. 이 8성이 은하수를 가로지른다. 이를 '천황(天潢)'이라 한다. 송균(宋均)[510]은 "천황은 천진이다."[511]라 했다.

史記·天官書 營室旁有八星, 絕漢, 曰"天潢". 宋均云: "天潢, 天津也."

진서 천문지[512] 천진 9성은 은하수를 가로지른다. '천한(天漢)', '천강(天江)'이라고도 한다. 사독(四瀆)[513]의 교량을 주관한다. 신묘한 해결책을 찾아 사방을 통하게 하기 때문이다.

晉·天文志 天津九星橫河中, 一曰"天漢", 一曰"天江", 主四瀆津梁, 所以度[76]神通四方也.

송양조천문지[514] 천진의 거성은 서쪽 활고자모양 별[515]로, 북극거리가 47.5도이고, 경도가 두수에서 23도 들어간다.

宋兩朝天文志 距西弰星, 去極四十七度半, 入斗宿二十三度.

금측[516] 천진은 황경이 1궁 20도 35분이고, 황위가 북으로 57도 10분이다.

今測 黃經一宮二十度三十五分, 緯北五十七度一十分.

---

508 《史記》 卷27 〈天官書〉 第5, 1309쪽.

509 영실(營室): 실수(室宿).

510 송균(宋均): ?~76. 중국 후한(後漢)의 관리·학자. 《춘추원명포(春秋元命包)》를 주석했다.

511 천황은 천진이다: 출전 확인 안 됨; 《史記》 卷27 〈天官書〉 第5, 1310쪽.

512 《晉書》 卷11 〈天文〉 上 "中宮", 296쪽.

513 사독(四瀆): 중국의 4대강. 양자강·황하·제수·회수.

514 출전 확인 안 됨; 《五禮通考》 卷193 〈嘉禮〉 66 "觀象授時" '北方元武七宿·天津九星'(《文淵閣四庫全書》 139, 680쪽).

515 활고자모양 별: 활고자는 활줄을 거는 양쪽 끝부분이다. 천진의 거성은 위 그림에서 맨 위쪽 별인 듯하다.

516 《五禮通考》 卷193 〈嘉禮〉 66 "觀象授時" '北方元武七宿·天津九星'(《文淵閣四庫全書》 139, 679쪽).

[76] 度: 저본에는 "渡". 《晉書·天文·中宮》에 근거하여 수정.

적경이 1궁 2도 46분이고, 적위가 북으로 39도 10분이다】

赤經一宮二度四十六分, 緯北三十九度一十分】

천진이 들쭉날쭉하여 고르지 않으면 말이 비싸진다.

參差不齊, 馬貴;

천진 중 1성이라도 보이지 않아 갖추어지지 않으면 나루·관문의 도로가 통하지 않게 된다.

一星不備, 津、關道[77]不通;

천진이 보이지 않으면 수재가 나서 하천이 넘치게 된다. 《통지》[517]

星亡, 水災河溢.《通志》

517《通志》卷38〈天文略〉第1 "北方"(《文淵閣四庫全書》373, 458쪽).

[77] 津關道:《通志·天文略·北方》에는 "關梁".

7-16) 부광(扶筐, 광주리)[518] 7성

扶筐七星

【지금은 4성이다.

【今四星.

보천가[519] 황색별 4개 해중(奚仲)[520] 천진 위에 있고,
해중 옆의 오(烏)색별 7개 부광성이라네.

步天歌 四黃奚仲天津上,
七烏仲側扶筐星.

성경[521] 부광 7성은 천주(天柱)[522] 동쪽에 있다. 양잠을 주관한다.

星經 扶筐七星在天柱東, 主桑蠶之事.

진서 천문지[523] 천봉(天棓)[524] 동쪽 7성을 '부광'이라 한다. 부광은 뽕잎 담는 대그릇이다. 양잠 장려하는 일을 주관한다.

晉·天文志 天棓東七星曰"扶筐", 盛桑之器, 主勸蠶也.

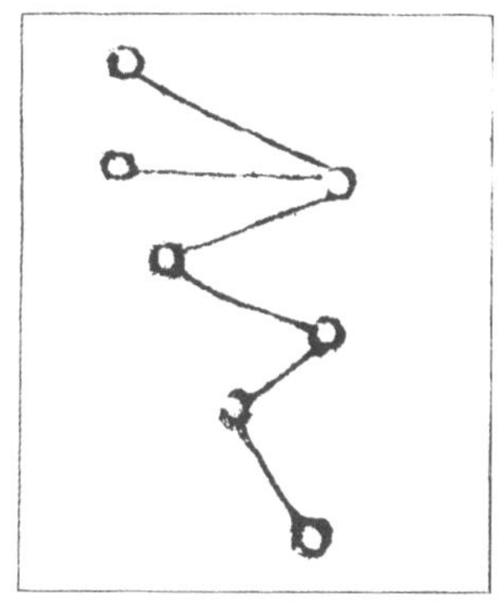

부광(《성경》)

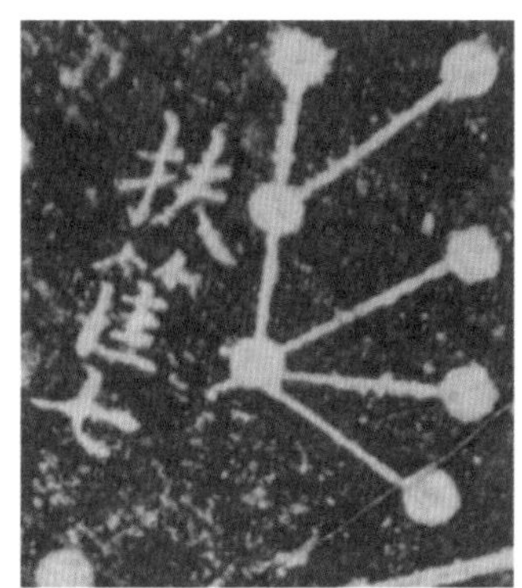

부광 7(《천상열차분야지도》)

518 부광(扶筐, 광주리) : 북방7수 중 여수에 속한 별자리. 해중 옆에 있으며 별 7개로 구성되어 있다.
519 《步天歌》, 위와 같은 곳.
520 해중(奚仲) : 북방7수 중 여수에 속한 별자리. 천진 위에 있으며 별 4개로 구성되어 있다.
521 《星經》 卷下 "扶匡", 67쪽.
522 천주(天柱) : 자미원에 속한 별자리. 여사(女史) 아래에 있으며 5개 별로 구성되어 있다.
523 《晉書》 卷11 〈天文〉 上 "中宮", 294쪽.
524 천봉(天棓) : 자미원에 속한 별자리. 천주 아래에 있으며 별 5개로 구성되어 있다.

송양조천문지[525] 부광의 거성은 남쪽 제1성으로, 북극거리가 32.5도이고, 경도가 두수에서 6.5도 들어간다】

宋兩朝天文志 距南第一星, 去極三十二度半, 入斗宿六度半也】

부광이 보이면 길하다.

보이지 않으면 흉하다.《통지》[526]

見, 吉;

不見, 凶.《通志》

부광이 밝으면 양잠이 길하게 된다.

어두우면 견사나 면이 제대로 만들어지지 않게 된다.

객성·유성·혜성·패성이 부광을 침범하면 누에가 제대로 여물지 않아 견사나 면이 매우 비싸진다.《군방보》[527]

明, 則蠶吉;

暗, 則絲綿不成.

客星、流星、彗孛犯之, 蠶不成, 絲綿大貴.《群芳譜》

525 출전 확인 안 됨;《五禮通考》卷193〈嘉禮〉66 "觀象授時" '北方元武七宿·扶筐七星'(《文淵閣四庫全書》 139, 680쪽).

526《通志》, 위와 같은 곳.

527《二如亭群芳譜》, 위와 같은 곳.

8) 북쪽 허(虛)·위(危)·실(室)·벽(壁) 4수　　北方虛、危、室、壁四宿

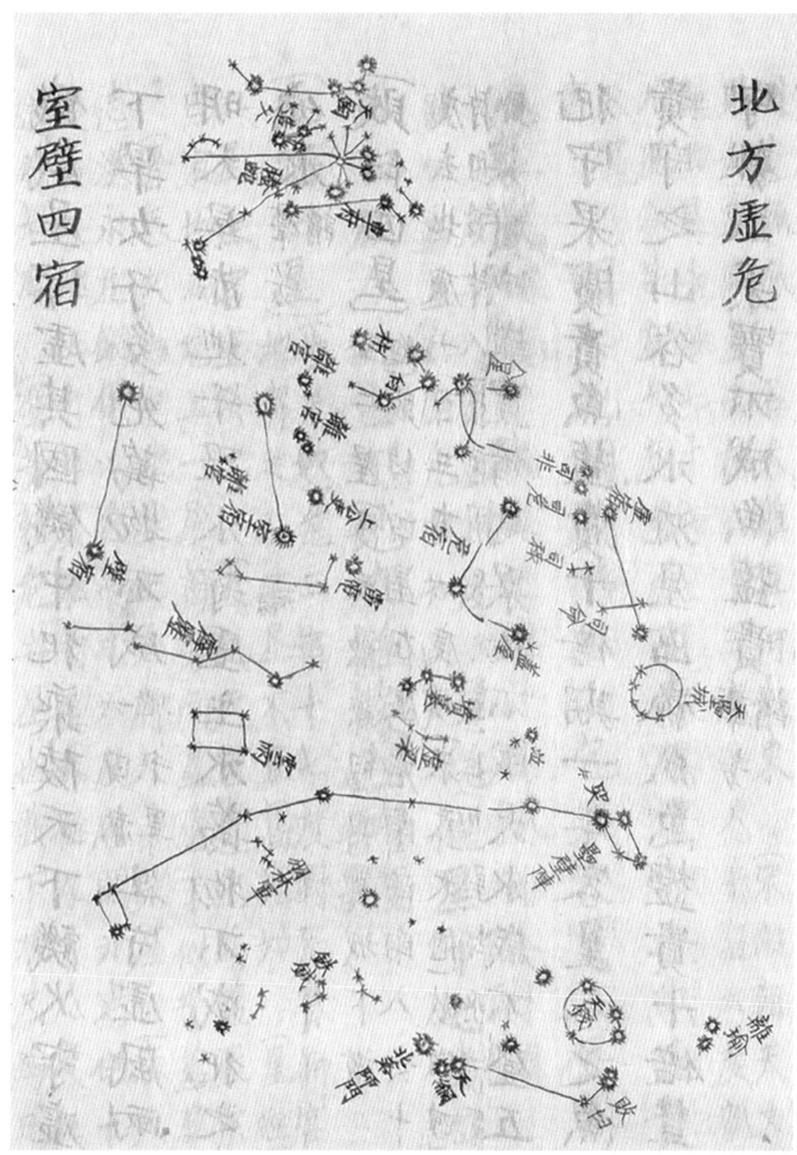

〈원도7〉 북방허·위·실·벽사수(北方虛,危,室,壁四宿).천기(天廐)·조부(造父)·등사(騰蛇)·거부(車府)·이궁(離宮)·이궁(離宮)·이궁(離宮)·저(杵)　·구(臼)·인성(人星)·벽수(壁宿)·실수(室宿)·상공리(上公吏)·뇌전(雷電)·위수(危宿)·개옥(蓋屋)·사비(司非)·사위(司危)·사록(司祿)·사명(司命)·허수(虛宿)·천루성(天壘城)·벽력(霹靂) 운우(雲雨)·분묘(墳墓)·허량(虛梁)·읍(泣)·곡(哭)·우림군(羽林軍)·누벽진(壘壁陳)·부월(鈇鉞)·북락사문(北落師門)·천강(天綱)·천월(天鉞)·패구(敗臼)·이유(離瑜)

8-1) 허수(虛宿, 빈 곳)[528] 2성

虛宿二星

【보천가】[529] 허(虛) 2성은 너비가 10도이다. 성(星)수와 마주 보고, 보병궁에 속한다. 자(子) 방향이고, 제(齊)나라의 분야이다.

【步天歌】虛二星, 十度. 對星, 寶缾宮, 子地, 齊之分.

위아래 각각 1개 별이 구슬 이어진 듯하고,

上下各一如連珠,

사명(司命)[530]·사록(司祿)[531]·사위(司危)[532]·사비(司非)[533]가 허 위에 있네.

命、祿、危、非虛上呈.

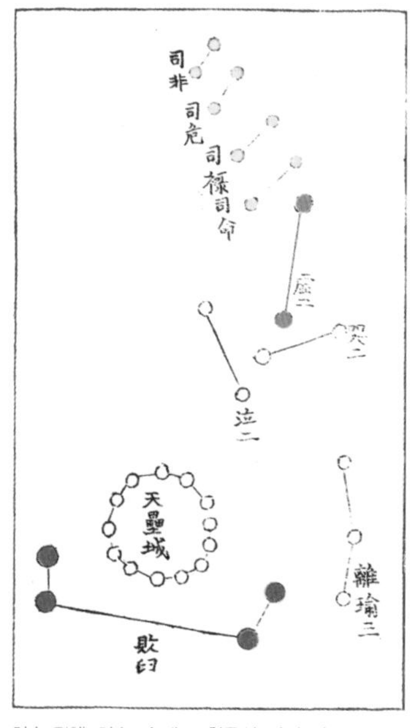

허수 전체. 허수 및 패구·천루성·사명·사록·사위·사비(《보천가》)

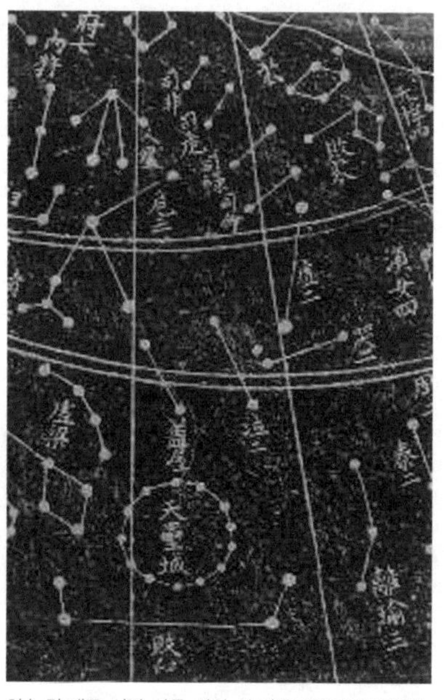

허수 및 패구·사명·사록·사위·사비(《천상열차분야지도》)

---

528 허수(虛宿, 빈 곳): 북방7수에 속한 별자리. 별 2개로 구성되어 있다.

529 《步天歌》〈虛〉, 12쪽.

530 사명(司命): 북방7수 중 허수에 속한 별자리. 허 위에 있으며 2개의 별로 구성되어 있다.

531 사록(司祿): 북방7수 중 허수에 속한 별자리. 사명 위에 있으며 2개의 별로 구성되어 있다.

532 사위(司危): 북방7수 중 허수에 속한 별자리. 사록 위에 있으며 2개의 별로 구성되어 있다.

533 사비(司非): 북방7수 중 허수에 속한 별자리. 사위 위에 있으며 2개의 별로 구성되어 있다.

성경[534] 허 2성은 종묘와 곡읍(哭泣, 슬피 읇)하는 의례를 주관한다. 일명 '현효(玄枵)'[535]이다. 2번째 이름은 '전욱(顓頊)'[536]이고, 3번째 이름은 '대경(大卿)'[537]이다.

星經 虛二星, 主廟堂哭泣. 一名"玄枵", 二名"顓頊", 三名"大卿".

진서 천문지[538] 허 2성은 총재(冢宰)[539]라는 관직이다. 북쪽을 주관한다. 수도[邑]에 살면서 종묘와 제사와 기도하는 의례를 주관한다.

晉·天文志 虛二星, 冢宰之官也, 主北方, 主⑱邑居廟堂、祭祀、禱祝事.

송사 천문지[540] 한나라 영원동의로 측정했을 때 허수는 너비가 10도이다.

당나라 개원유의로 측정했을 때도 같다.

옛 성경(星經)에는 북극거리가 104도였다.

지금의 측정값은 101도이다.

경우 연간의 측정으로 거성은 남쪽 별로, 북극거리가 103도이고, 경도가 적도 밖으로 12도에 있다.

宋·天文志 漢永元銅儀, 以虛爲十度;

唐開元游儀, 同.

舊, 去極百四度;

今, 百一度.

景祐測驗, 距南星, 去極百三⑲度, 在赤道外十二度.

534《星經》卷下 "虛宿", 72쪽.

535 현효(玄枵) : 고대 전설 속 군장인 제곡(帝嚳)의 할아버지. 현효(玄囂)라고도 쓴다. 또 12성차의 하나로, 11궁인 보병궁(寶甁宮)과 같은 의미로도 쓰인다. 현효에는 여(女)·허(虛)·위(危) 3수가 속한다. 여기서는 전자의 의미로 쓰였다.

536 전욱(顓頊) : 오제(五帝)의 하나.

537 대경(大卿) : 중앙 각 관서의 장관.

538《晉書》卷11〈天文〉上 "二十八舍", 301쪽.

539 총재(冢宰) : 중국 주(周)나라의 관직명. 육경(六卿)의 우두머리이다.

540《宋史》卷50〈天文志〉第3 "天文" 3 '二十八舍'(《文淵閣四庫全書》281, 47쪽).

⑱ 主 :《晉書·天文·二十八舍》에는 없음.

⑲ 三 : 저본에는 "三十".《宋史·天文志·天文》에 근거하여 수정.

송양조천문지[541] 허수의 거성은 남쪽 별로, 북극거리가 100.5도이다.

宋兩朝天文志 距南星, 去極百[80]度半.

군방보[542] 허는 수수(水宿)[543]이다. 죽음·곡읍(哭泣)·분묘·제사의 의례를 주관한다. 또 관악기[律管]·타악기[黃鍾]를 주관한다. 그 아래 9척 떨어진 부분은 일월오성이 지나가는 궤도이다. 이 부분은 바람과 구름을 주관한다.

群芳譜 虛, 水宿也, 主死喪、哭泣、墳墓、祭祀. 又主律管、黃鍾. 其下九尺爲日月五星中道, 主風雲.

금측[544] 허 1성은 황경이 1궁 19도 1분이고, 황위가 북으로 8도 42분이다.

今測 虛一星, 黃經一宮一十九度零一分, 緯北八度四十二分.

적경이 1궁 18도 44분이고, 적위가 남으로 6도 52분이다】

赤經一宮一十八度四十四分, 緯南六度五十二分】

수성이 허 옆을 차지하면 사람들이 기근을 겪게 된다.《사기정의》[545]

水守, 則人饑饉.《史記正義》

목성이 허 옆을 차지하면 기근을 겪게 된다.《진서》〈천문지〉[546]

歲星守虛, 饑.《晉·天文志》

541 출전 확인 안 됨;《五禮通考》卷193〈嘉禮〉66 "觀象授時" '北方元武七宿·虛宿二星'(《文淵閣四庫全書》139, 681쪽).

542《二如亭群芳譜》〈元部〉"天譜" 卷2 '星'(《四庫全書存目叢書補編》80, 83쪽).

543 수수(水宿): 북방 7수의 통칭.

544《五禮通考》, 위와 같은 곳.

545《史記正義》卷27〈天官書〉第5(《文淵閣四庫全書》247, 393쪽);《史記》卷27〈天官書〉第5, 1308쪽.

546《晉書》卷13〈天文〉下 "月五星犯列舍", 367~368쪽.

[80] 百:《五禮通考·嘉禮·觀象授時》에는 "一百".

허가 밝고 이동하지 않으면 천하가 평안하게 된다.	明靜, 則天下安;
밝지 않으면 천하에 가뭄이 들게 된다.	不明, 則天下旱.
달이 허를 침범하면 백성이 기근을 겪게 된다.	月犯虛, 民饑.
목성이 허 옆을 차지하면 그 분야의 나라인 제(齊)나라는 기근을 겪게 된다.	歲星守虛, 其國饑;
목성이 허를 침범하여 타고 올라가면 천하가 기근을 겪게 된다.	中犯乘陵, 天下饑.
화성이 허 옆을 차지하면 천하에 가뭄이 들고, 여자들이 많이 죽으며, 만물이 제대로 여물지 않게 된다【일설에는 "풀 한 포기 없이 붉은 땅이 천리나 되는 심한 재난이 들게 된다."라 했다】.	火守虛, 天下旱, 女子多死, 萬物不成【一曰"赤地千里"】;
토성이 허 옆을 차지하면 바람과 비가 때에 맞지 않고, 큰 가뭄이 들며, 풀 한 포기 없이 붉은 땅이 천리나 되는 심한 재난이 들게 된다.	土守虛, 風雨不時,[81] 大旱, 赤地千里.
수성이 허 옆을 차지하면 주로 물난리가 나고, 만물이 제대로 여물지 않게 된다.	水守虛, 主水, 萬物不成;
수성이 허를 침범하면 그 분야인 제(齊)나라에 물난리가 나게 된다. 《군방보》[547]	犯之, 其分水. 《群芳譜》

547 《二如亭群芳譜》, 위와 같은 곳.

[81] 時 : 저본에는 "明". 《二如亭群芳譜·元部·天譜》에 근거하여 수정.

8-2) 패구(敗臼, 절구)[548] 4성

敗臼四星

【지금은 2성이다.

【今二星.

보천가[549] 패구 4성 천루성(天壘城) 아래 가로로 있네.

步天歌 敗臼四星城下橫.

성경[550] 패구 4성은 허(虛)와 위(危) 남쪽에 있다. 경도가 서남쪽으로 여(女)수에서 13도 들어가고, 북극 거리는 131도이다.

星經 敗臼四星在虛、危南. 西南入女十三度, 去北辰一百三十一度.

송사 천문지[551] 패구 4성은 둘씩 둘씩 마주하고 있다.

宋·天文志 敗臼四星兩兩相對.

송양조천문지[552] 패구의 거성은 북쪽 별로, 북극

宋兩朝天文志 距北星, 去

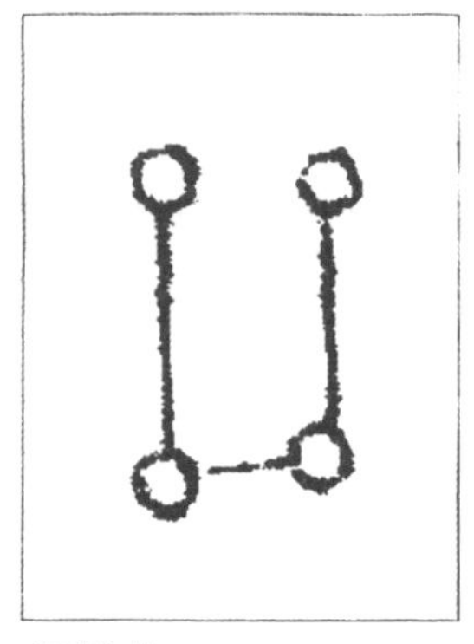

패구(《성경》)

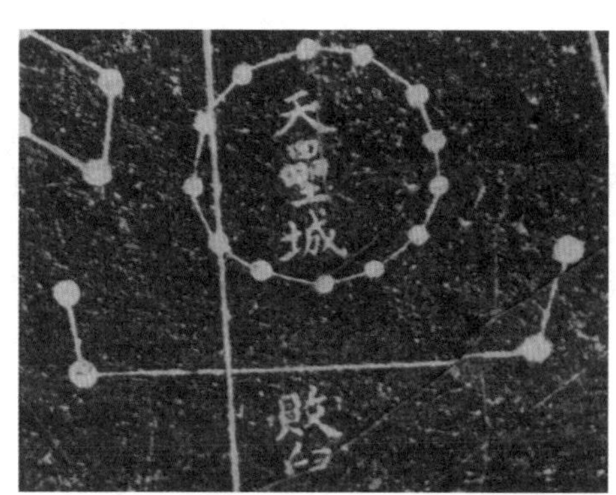

패구와 천루성(《천상열차분야지도》)

548 패구(敗臼, 절구) : 북방7수 중 허수에 속한 별자리. 천루(天壘) 아래에 있으며 4개의 별로 구성되어 있다.

549《步天歌》, 위와 같은 곳.

550《星經》卷下 "敗臼", 84쪽.

551《宋史》卷50〈天文志〉第3 "天文" 3 '二十八舍'(《文淵閣四庫全書》281, 48쪽).

552 출전 확인 안 됨;《五禮通考》卷193〈嘉禮〉66 "觀象授時" '北方元武七宿·敗臼四星'(《文淵閣四庫全書》139, 682쪽).

거리가 139.5도이고, 경도가 허수에서 8도 들어간다.	極一百三十九度半, 入虛宿八度.
통지[553] 패구 4성은 허와 위 남쪽에 있다. 흉한 재앙을 알게 한다】	通志 敗臼四星在虛、危南, 知凶災】
다른 별이 그 옆을 차지하면 기근을 겪게 된다.《통지》[554]	他星守之, 饑.《通志》
패구는 서인(평민)을 예측하는 점이다. 패구가 보이지 않으면 서인이 유랑하여 흩어지게 된다.《관규집요》[555]	敗臼, 庶人之占. 不見, 流離散亡.《管窺輯要》

553《通志》卷38〈天文略〉第1 "北方"(《文淵閣四庫全書》373, 458쪽).
554《通志》, 위와 같은 곳.
555《管窺輯要》卷33〈敗臼〉(《管窺輯要》12, 22면).

8-3) 위수(危宿, 지붕마루)[556] 3성

危宿三星

【보천가[557] 위 3성은 너비가 17도이다. 장(張)수와 마주 보고, 보병궁에 속한다. 자(子) 방향이고, 제(齊)나라의 분야이다.

【步天歌 危三星[82], 十七度. 對張, 寶缾宮, 子地, 齊之分.

위수 3성 곧지 않음을 예부터 먼저 알았네.

三星不直舊先知.

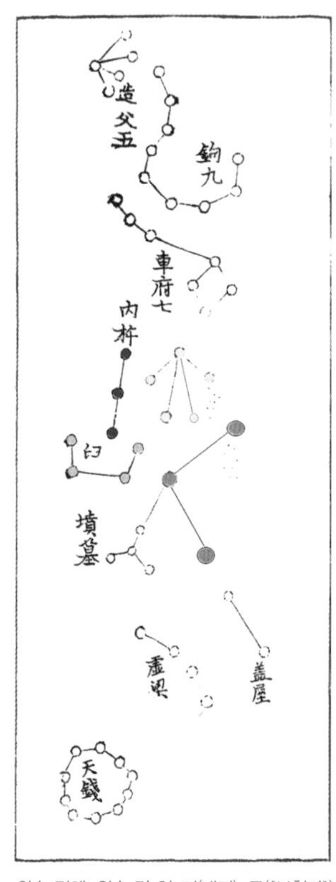

위수 전체. 위수 및 인·저(내저)·구(《보천가》)

위수 및 인·저(내저)·구(《천상열차분야지도》)

---

556 위수(危宿, 지붕마루) : 북방7수에 속한 별자리. 삼각형 모양이며 별 3개로 구성되어 있다.

557 《步天歌》〈危〉, 12쪽.

[82] 星 : 저본에는 "宿". 《步天歌·危》에 근거하여 수정.

성경[558] 위 3성은 궁궐의 제사를 주관한다.

星經 危三星, 主宮室祭祀.

사기 천관서[559] 위(危)는 지붕[蓋屋]이다. 《사기색은》에서 "송균은 '위(危)의 위쪽 1성은 높고 옆쪽 2성은 아래로 내려와 있어서 지붕모양과 비슷하다.'라 했다."[560]라 했다.

史記·天官書 危爲蓋屋. 《索隱》曰: "宋均云: '危上一星高, 旁兩星墮下, 似乎蓋屋也.'"

진서 천문지[561] 위 3성은 관청·시장·건축을 주관한다.

晉·天文志 危三星主天府、天市、架屋.

송사 천문지[562] 한나라 영원동의로 측정했을 때, 위(危)의 너비는 16도이다.

당나라 개원유의로 측정했을 때, 너비는 17도이다.

옛 성경(星經)에는 북극거리가 97도였다.

거성은 남쪽 별로, 지금은 북극거리가 98도이고, 경도가 적도 밖 7도에 있다.

宋·天文志 漢永元銅儀, 以危爲十六度;

唐開元游儀, 十七度.

舊, 去極九十七度;

距南星, 去極九十八度, 在赤道外七度.

군방보[563] 위는 토성(土星)이다. 그 아래쪽으로 9척 떨어진 부분은 일월오성이 지나가는 궤도이다.

群芳譜 危, 土星也. 其下九尺爲日月五星中道.

---

558 《星經》 卷下 "危宿", 78쪽.

559 《史記》 卷27 〈天官書〉 第5, 1308쪽.

560 송균은……했다: 《史記索隱》 卷9 〈天官書〉 第5(《文淵閣四庫全書》 246, 505쪽); 《史記》, 위와 같은 곳.

561 《晉書》 卷11 〈天文〉 上 "二十八舍", 301쪽.

562 《宋史》 卷50 〈天文志〉 第3 "天文" 3 '二十八舍'(《文淵閣四庫全書》 281, 49쪽).

563 《二如亭群芳譜》, 위와 같은 곳.

금측[564] 위(危) 제1성은 황경이 1궁 29도이고, 황위가 북으로 10도 42분이다.

今測 危一星, 黃經一宮二十九度, 緯北一十度四十二分.

적경이 1궁 27도 26분이고, 적위가 남으로 1도 48분이다.

赤經一宮二十七度二十六分, 緯南一度四十八分.

제3성은 황경이 1궁 27도 32분이고, 황위가 북으로 22도 8분이다.

三星, 黃經一宮二十七度三十二分, 緯北二[83]十二度零八分.

적경이 1궁 22도 12분이고, 적위가 북으로 8도 28분이다】

赤經一宮二十二度一十二分, 緯北八度二十八分】

금성이 위(危) 옆을 차지하면 기근을 겪게 된다. 《통지》[565]

金守, 則饑饉. 《通志》

수성이 위를 침범하면 그 아래에 해당하는 제나라 지역은 홍수가 나게 된다. 《군방보》[566]

水犯危, 其下大水. 《群芳譜》

---

564 《五禮通考》 卷193 〈嘉禮〉 66 "觀象授時" '北方元武七宿·危宿三星'(《文淵閣四庫全書》 139, 683쪽).

565 《通志》 卷38 〈天文略〉 第1 "北方"(《文淵閣四庫全書》 373, 459쪽).

566 《二如亭群芳譜》, 위와 같은 곳.

[83] 二 : 저본에는 "三". 《五禮通考·嘉禮·觀象授時》에 근거하여 수정.

8-4) 인성(人星, 사람)[567] 5성

人星五星

【지금은 4성이다.

【今四星.

보천가[568] 위(危) 위쪽 흑색별 5개 인성이라 부르네.

步天歌 危上五黑號人星.

성경[569] 인 5성은 위 북쪽에 있다. 천하의 백성을 주관한다.

星經 人五星在危北, 主天下百姓.

송사 천문지[570] 인 5성은 허 북쪽, 거부(車府)[571] 동쪽에 있다. 사람모양과 같다.

宋·天文志 人五星在虛北、車府東, 如人形.

송양조천문지[572] 인성의 거성은 서남쪽 별로, 북극 거리가 70도이고, 경도가 허수에서 6.5도 들어간다】

宋兩朝天文志 距西南星, 去極七十度, 入虛宿六度

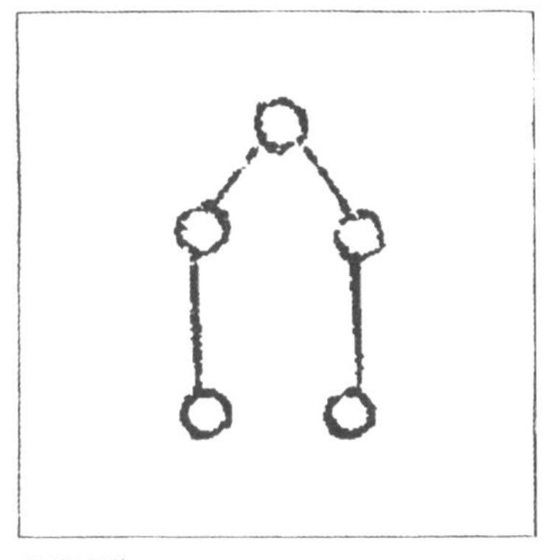

인성(《성경》)

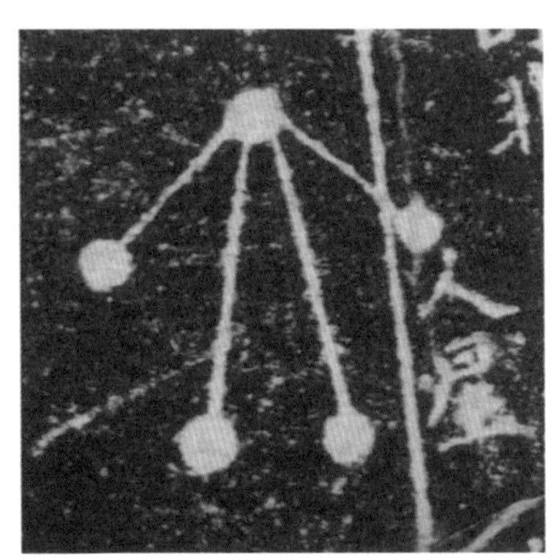

인성(《천상열차분야지도》)

567 인성(人星, 사람): 북방7수 중 위수에 속한 별자리. 위(危) 위에 있으며 별 5개로 구성되어 있다.

568 《步天歌》, 위와 같은 곳.

569 《星經》 卷下 "人星", 84쪽.

570 《宋史》 卷50 〈天文志〉 第3 "天文" 3 '二十八舍'(《文淵閣四庫全書》 281, 49쪽).

571 거부(車府): 북방7수 중 위수에 속한 별자리. 인 위에 있으며 별 7개로 구성되어 있다.

572 출전 확인 안 됨; 《五禮通考》 卷193 〈嘉禮〉 66 "觀象授時" '北方元武七宿·人星五星'(《文淵閣四庫全書》 139, 683쪽).

半】

오성이나 객성·혜성·패성이 인성을 침범하여 그 옆을 차지하면 천하에 기근이 들고, 사람들에게 큰 재앙이 들게 된다. 《군방보》[573]

五星、客、彗孛犯守, 天下饑荒, 人大災. 《群芳譜》

573 《二如亭群芳譜》〈元部〉"天譜" 卷2 '星'(《四庫全書存目叢書補編》 80, 87쪽).

8-5) 저(杵, 절굿공이)[574] 3성과 구(臼, 절구)[575] 4성

杵三星、臼四星

【저는 지금 1성이다. 구는 지금 3성이다. 보천가[576] 인 옆 3성과 4성이 절굿공이와 절구모양이라네.

【杵, 今一星; 臼, 今三星. 步天歌 人畔三四杵、臼形.

성경[577] 저성(杵星)·구성(臼星)은 인 옆에 있다. 군량미 찧는 일을 주관한다. 구 4성은 저 아래에 있다.

星經 杵、臼星在人旁, 主舂軍糧. 臼四星在杵下.

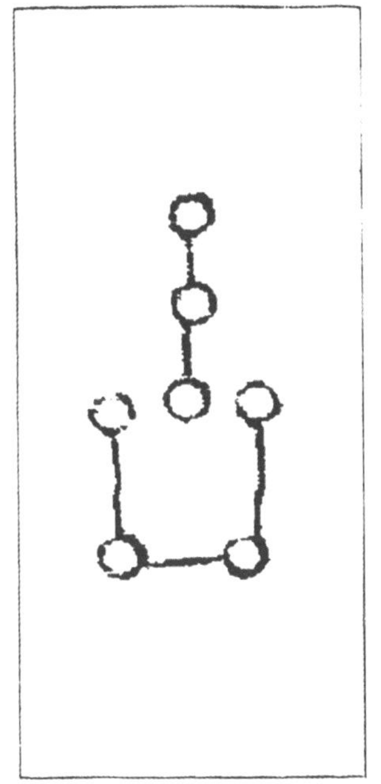

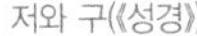

저와 구(《성경》)

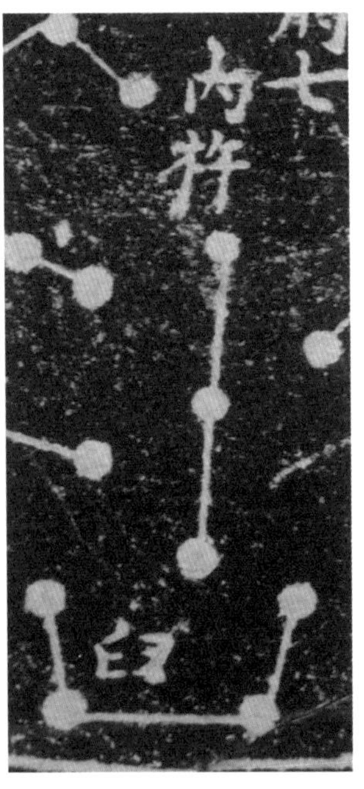

내저와 구(《천상열차분야지도》)

574 저(杵, 절굿공이) : 북방7수 중 위수에 속한 별자리. 인 왼쪽에 있으며 절굿공이모양이고, 3개의 별로 구성되어 있다.

575 구(臼, 절구) : 북방7수 중 위수에 속한 별자리. 저 아래에 있으며 절구모양이고, 4개의 별로 구성되어 있다.

576 《步天歌》〈危〉, 13쪽.

577 《星經》 卷下 "杵臼", 84쪽.

수서 천문지[578] 인성 남쪽 3성을 '저(杵)'라 한다. 동남쪽 4성을 '구(臼)'라 한다.	隋·天文志 人星南三星曰"杵", 東南四星曰"臼".
송양조천문지[579] 저의 거성은 남쪽 별로, 북극거리가 61.5도이고, 경도가 위(危)수에서 3도 들어간다.	宋兩朝天文志 杵距南星, 去極六十一度半, 入危宿三度.
구의 거성은 서남쪽 별로, 북극거리가 69.5도이고, 경도가 위수에서 3.5도 들어간다】	臼距西南星, 去極六十九度半, 入危宿三度半】
저가 곧게 아래로 구를 향하면 길하게 된다.	杵正直下臼, 吉;
저가 구와 똑바로 마주하지 않으면 식량이 없어지게 된다.	不相當, 糧絕;
저가 곧지 않으면 백성이 기근을 겪게 된다.	不直, 民飢;
밝지 않으면 그해에는 흉년이 들게 된다.	不明, 則歲凶;
저가 모이면 풍년이 들게 된다.	聚, 則豐;
멀어지면 흉년이 들게 된다【안 모인다거나 멀어진다는 표현은 옛날 저를 3성으로 보았을 때를 근거한 말이다】.	疏, 則歉【案 聚、疏據舊三星時言】;
움직이면 큰 기근이 들고, 백성이 유랑하게 된다.	動搖, 則大饑民流;
구가 거꾸로 뒤집히면 큰 기근을 겪게 된다.	臼覆, 則大饑;
바르게 위를 향하면 큰 풍년이 들게 된다. 《통지》[580]	仰, 則大豐. 《通志》

578 《隋書》 卷19 〈志〉 第14 "天文" 上 '經星中宮'(《文淵閣四庫全書》 264, 356쪽).

579 출전 확인 안 됨; 《五禮通考》 卷193 〈嘉禮〉 66 "觀象授時" '北方元武七宿·臼四星杵三星'(《文淵閣四庫全書》 139, 683쪽).

580 《通志》, 위와 같은 곳.

나머지 점은 저의 그것과 같다.

餘占與杵同.

객성이 저나 구 옆을 차지하면 그해에는 기근을 겪게 된다【일설에는 "백성이 절굿공이와 절구를 잃게 된다."라 했다】.

客星守杵、臼, 歲飢【一曰"民失杵臼"】;

객성이 저나 구를 침범하면 그해에는 흉년이 들어 사람들이 기근을 겪게 된다.

犯之, 歲歉人飢.

혜성이나 패성이 저나 구에서 나오면 천하가 큰 기근을 겪게 된다. 《군방보》[581]

彗孛出杵、臼, 天下大飢. 《群芳譜》

581 《二如亭群芳譜》, 위와 같은 곳.

8-6) 실수(室宿, 방)[582] 2성

室宿二星

【보천가】[583] 실수 2성은 너비가 16도이다. 익(翼)수와 마주 보고, 쌍어궁(雙魚宮)에 속한다. 해(亥) 방향이고, 위(衛)나라의 분야이다.

【步天歌】室二星, 十六度. 對翼, 雙魚宮, 亥地, 衛之分.

홍색별 2개 위로 이궁(離宮)[584]이 나와 있네.

兩紅上有離宮出.

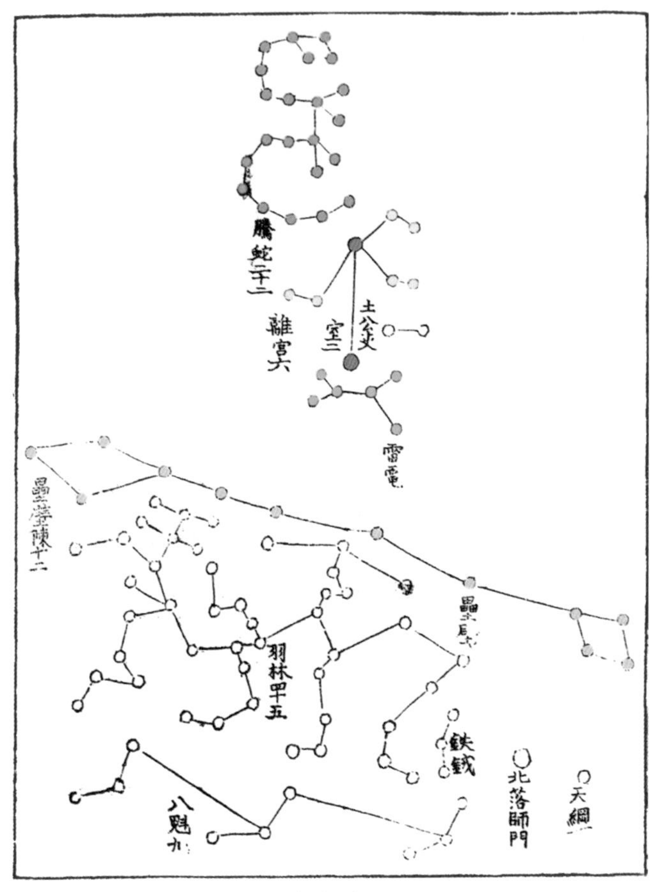

실수 전체. 실수 및 등사·이궁·뇌전·누벽진(《보천가》)

---

582 실수(室宿, 방): 북방7수에 속한 별자리. 별 2개로 구성되어 있다.

583 《步天歌》〈室〉, 15쪽.

584 이궁(離宮): 북방7수 중 실수에 속한 별자리. 실을 둘러싸고 있으며 별 2개씩 3쌍을 이루고 있다.

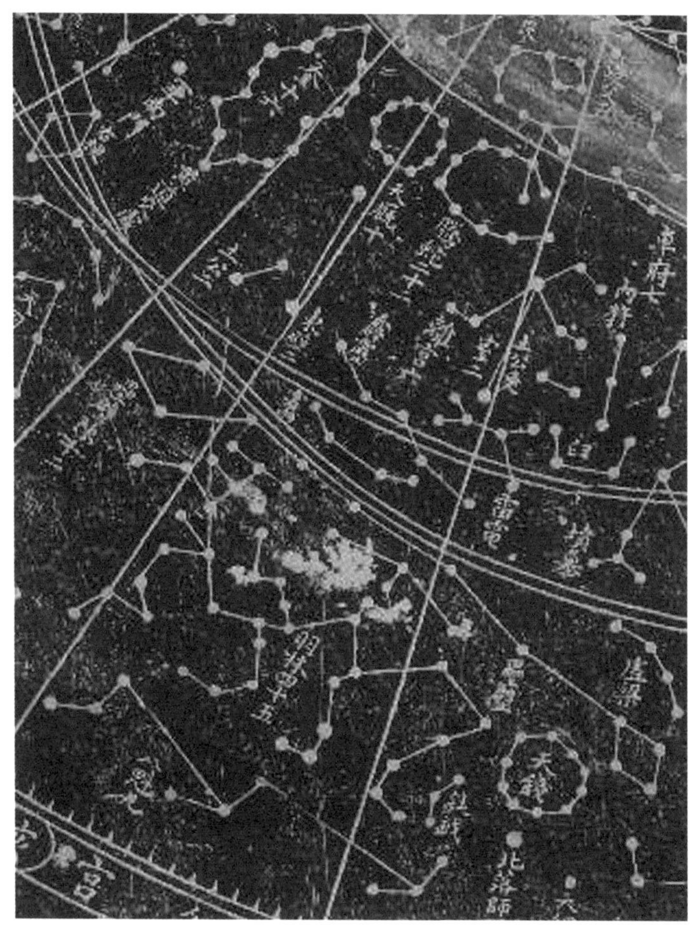

실수 및 등사·이궁·뇌전·누벽진(《천상열차분야지도》)

성경[585] 영실(營室, 실수) 2성은 군량미를 주관한다.

星經 營室二星主軍糧.

진서 천문지[586] 영실 2성은 천자의 궁전이다. '청묘

晉·天文志 營室二星, 天

585《星經》卷下 "室宿", 79쪽.

586《晉書》卷11〈天文〉上 "二十八舍", 301쪽.

(淸廟, 종묘)'라고도 한다. 또 군량미 창고이고 토목공사를 담당한다.

子之宮也, 一曰"淸廟". 又爲軍糧之府及土功事.

송사 천문지 587 한나라 영원동의로 측정했을 때, 영실의 너비는 18도이다.

당나라 개원유의로 측정했을 때, 너비는 16도이다.

옛 성경(星經)에는 북극거리가 85도였다.

경우 연간의 측정으로는, 실의 너비가 16도이다. 거성은 남쪽 별로, 북극거리가 85도이고, 경도가 적도 밖 6도에 있다.

宋·天文志 漢永元銅儀, 營室十八度;

唐開元游儀, 十六度.

舊, 去極八十五度.

景祐測驗, 室十六度, 距南星, 去極八十五度, 在赤道外六度.

송양조천문지 588 실의 거성은 남쪽 별로, 북극거리가 80.5도이다.

宋兩朝天文志 距南星, 去極八十度半.

군방보 589 '정성(定星)', '현명(玄冥)', '천관(天官)', '천고(天庫)', '체관(體官)'이라고도 한다. 삼군(三軍, 군대의 통칭)의 식량 창고와 토목공사를 주관한다. 그 아래쪽으로 9척 떨어진 부분은 일월오성이 지나가는 궤도이다.

群芳譜 一曰"定星", 一曰"玄冥", 一曰"天官", 一曰"天庫", 一曰"體官", 主三軍廩食及土功之事. 其下九尺爲日月五星中道.

금측 590 실 1성은 황경이 2궁 19도 7분이고, 황위가

今測 室一星, 黃經二宮

587 《宋史》 卷50 〈天文志〉 第3 "天文" 3 '二十八舍'(《文淵閣四庫全書》 281, 51쪽).

588 출전 확인 안 됨; 《五禮通考》 卷193 〈嘉禮〉 66 "觀象授時" '北方元武七宿·室宿二星離宮六星'(《文淵閣四庫全書》 139, 686쪽).

589 《二如亭群芳譜》 〈元部〉 "天譜" 卷2 '星'(《四庫全書存目叢書補編》 80, 83쪽).

590 《五禮通考》, 위와 같은 곳.

북으로 19도 26분이다.

一十九度零七分，緯北一十九度二十六分.

적경이 2궁 12도 17분이고, 적위가 북으로 13도 33분이다】

赤經二宮一十二度一十七分，緯北一十三度三十三分】

실(室)수가 밝지 않으면 나라에 전염병이 많이 돌게 된다.《통지》[591]

不明，國多疾疫.《通志》

목성이 실의 음기 있는 별을 침범하면 주로 물난리가 나게 된다. 실의 양기 있는 별을 침범하면 주로 가뭄이 들게 된다.

木犯室之陰，主水；陽，主旱.

수성이 실을 침범하면 그 아래에 해당 분야인 위 나라는 수재가 나고, 백성이 큰 기근을 겪게 된다.

水犯室，其下有水災，民大飢；

객성이 실에서 나오면 사람들이 기근을 겪고 전염병에 걸리게 된다.

客星出室，人飢疫；

혜성이나 패성이 실에서 나오면 홍수가 나게 된다.《군방보》

彗孛出室，大水.《群芳譜》

591《通志》, 위와 같은 곳.

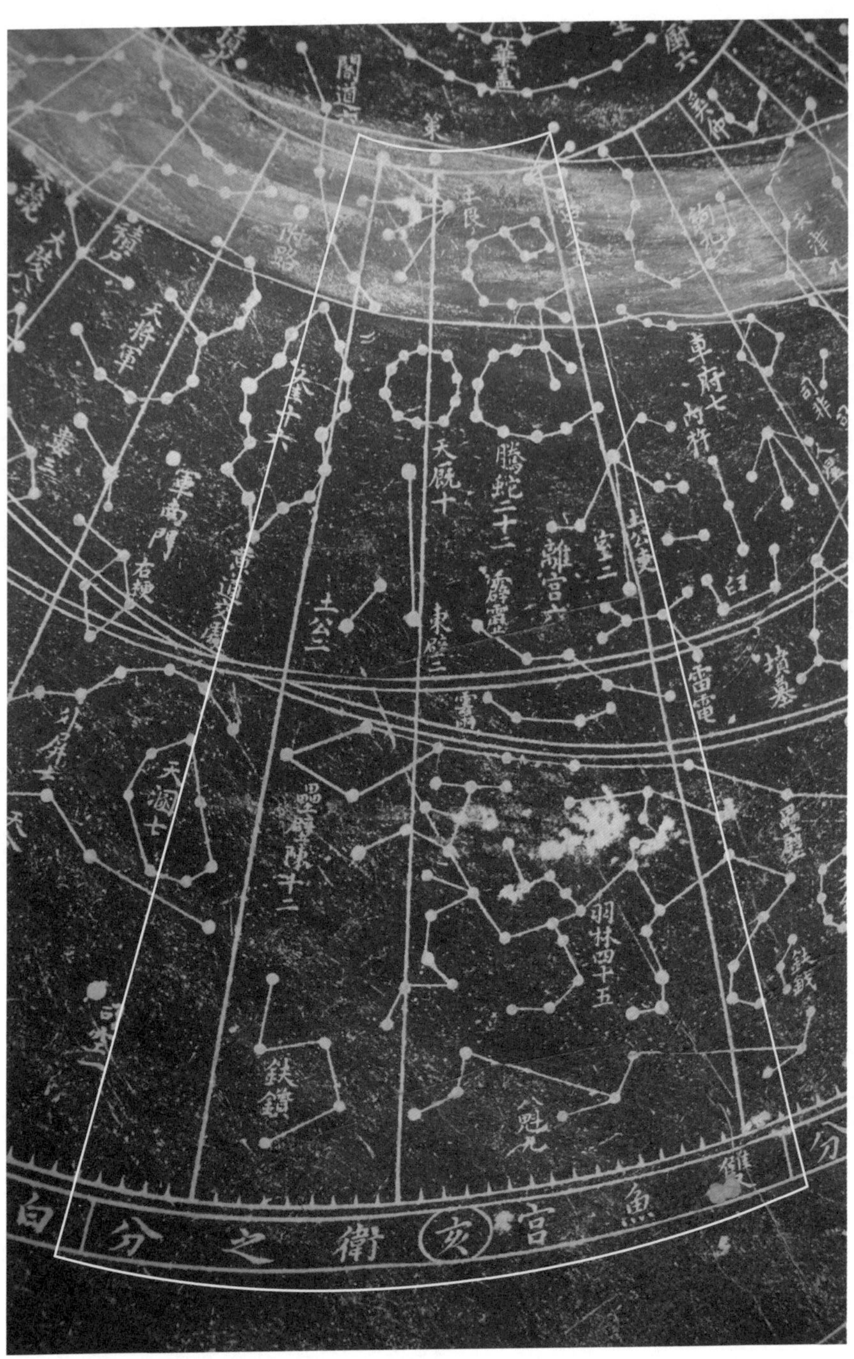

12궁 쌍어궁 위(衛)(《천상열차분야지도》)

8-7) 등사(騰蛇, 나는 뱀)[592] 22성

騰蛇二十二星

【지금은 18성이다.

【今十八星.

보천가[593] 등사는 실 위쪽 22성이라네.

步天歌 騰蛇室上二十二.

성경[594] 등사 22성은 실 북쪽 은하수 가에 있다. 수중벌레를 주관한다. 등사의 머리는 경도가 실수에서 1도 들어가고, 북극거리가 50도이다.

星經 騰蛇二十二[84]星在室北枕河, 主水蟲. 頭入室一度, 去北辰五十度.

진서 천문지[595] 등사 22성은 영실 북쪽에 있다. 천사(天蛇, 하늘의 뱀)이다.

晉·天文志 騰蛇二十二星在營室北, 天蛇也.

송양조천문지[596] 등사의 거성은 가운데 큰 별로,

宋兩朝天文志 距中大星,

등사(《성경》)

등사 22(《천상열차분야지도》)

---

592 등사(騰蛇, 나는 뱀): 북방7수 중 실수에 속한 별자리. 실 위에 있으며 22개 별로 구성되어 있다.

593 《步天歌》, 위와 같은 곳.

594 《星經》 卷下 "騰蛇", 85쪽.

595 《晉書》 卷11 〈天文〉 上 "中宮", 296쪽.

596 출전 확인 안 됨; 《五禮通考》 卷193 〈嘉禮〉 66 "觀象授時" '北方元武七宿·騰蛇二十二星'(《文淵閣四庫全書》 139, 689쪽).

[84] 二: 《星經·騰蛇》에는 "三".

북극거리가 44도이고, 경도가 위수로 9.5도 조금 들어간다】 去極四十四度, 少入危宿九度半】

등사가 남쪽으로 움직이면 큰 가뭄이 들게 된다. 移南, 大旱;
북쪽으로 움직이면 홍수가 나게 된다. 移北, 大水.
객성이 그 옆을 차지하면 비로 인해 수재를 겪고, 만물을 거두지 못하게 된다. 《통지》[597] 客星守之, 雨水爲災水, 物不收. 《通志》

등사가 밝으면 수생동물이 번성하고, 물고기나 소금이 싸진다. 明, 則水族茂, 魚鹽賤;
밝고 크면서 움직이면 수중벌레가 재앙을 당하고, 천하에 홍수가 나게 된다. 明大動搖, 則水蟲爲孽, 天下大水.
화성이 등사를 침범하면 물고기나 소금이 비싸진다. 火犯之, 魚鹽貴;
금성이나 수성이 침범하면 수재가 나고 수생생물이 제대로 자라지 않게 된다. 金、水犯之, 爲水災, 水物不成;
객성이 그 옆을 차지하면 비가 재해가 되고, 수생생물이 제대로 자라지 않게 된다. 客星守之, 雨水爲災, 水物不成.
유성이 침범하면 물난리와 가뭄이 모두 일어나게 된다. 流星犯之, 水旱俱作;
유성이 등사로 들어오면 비가 해를 끼치고, 수생생물이 제대로 자라지 않게 된다. 入之, 雨水爲害, 水物不成.
등사에 흑색 기운이 출입하면 천하에 홍수가 나게 된다. 《군방보》[598] 黑氣出入, 天下大水. 《群芳譜》

597 《通志》 卷38 〈天文略〉 第1 "北方"(《文淵閣四庫全書》 373, 460쪽).
598 《二如亭群芳譜》 〈元部〉 "天譜" 卷2 '星'(《四庫全書存目叢書補編》 80, 87쪽).

8-8) **벽수**(壁宿, 벽)[599] 2성

壁宿二星

【보천가[600] 벽 2성은 너비가 9도이다. 진(軫)수와 마주 보고, 쌍어궁(雙魚宮)에 속한다. 해(亥) 방향이고, 위(衛)나라의 분야이다.

【步天歌 壁二星, 九度. 對軫, 雙魚宮, 亥地, 衛之分.

홍색별 2개로, 그 아래쪽 끝부분은 벽력(霹靂)[601]이라네.

兩紅下頭是霹靂.

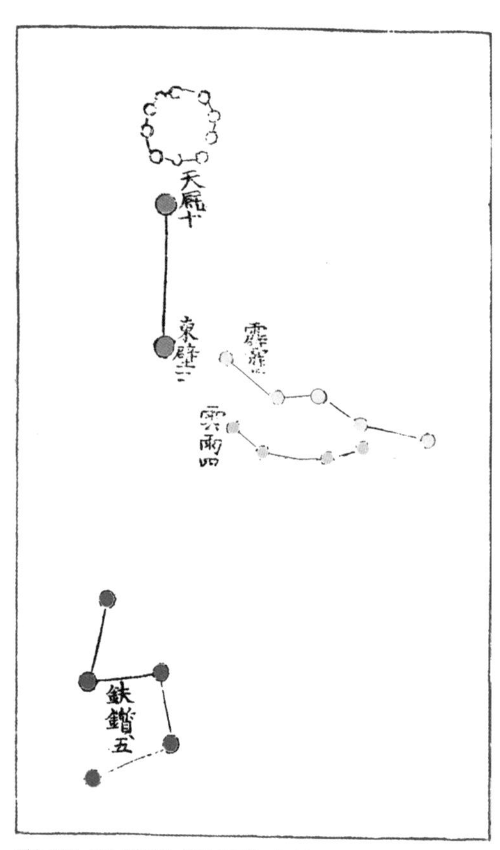

벽수 전체. 벽수 및 벽력·운우·부질(《보천가》)

599 벽수(壁宿, 벽): 북방7수에 속한 별자리. 별 2개로 구성되어 있다.

600《步天歌》〈壁〉, 16쪽.

601 벽력(霹靂): 북방7수 중 벽수에 속한 별자리. 벽수 아래에 있으며 별 5개로 구성되어 있다.

벽수 및 벽력·운우·부질(《천상열차분야지도》)

성경[602] 벽 2성은 문장과 도서(圖書)를 주관한다.

星經 壁二星主文章、圖書.

송사 천문지[603] 한나라 영원동의로 측정했을 때, 동벽(東壁, 벽수) 2성의 너비는 9도이다.

옛 성경(星經)에는 북극거리가 86도였다.

경우 연간의 측정으로 벽 2성은 너비가 9도이다.

宋·天文志 漢永元銅儀, 東壁二星九度.

舊, 去極八十六度.

景祐測驗, 壁二星九度, 距

602《星經》卷下 "壁宿", 88쪽.

603《宋史》卷50〈天文志〉第3 "天文" 3 '二十八舍'(《文淵閣四庫全書》281, 53쪽).

거성은 남쪽 별로, 북극거리가 85도이다.

南星, 去極八十五度.

송양조천문지[604] 벽의 거성은 남쪽 별로, 북극거리가 80.5도이다.

宋兩朝天文志 距南星, 去極八十度半.

군방보[605] 벽은 '천가(天街)', '천량(天梁)', '천지(天池)'라고도 한다. 문장과 도서 보관하는 창고를 주관한다. 토성(土星)이다. 또 토목공사를 주관한다. 영실과 함께 하늘의 사보(四輔)[606]이다. 그 아래쪽으로 9척 떨어진 부분은 일월오성이 지나가는 궤도이다.

群芳譜 壁, 一曰"天街", 一曰"天梁", 一曰"天池", 主文章圖書之府, 土星也, 亦主土功之事, 與營室共爲天四輔. 其下九尺爲日月五星中道.

금측[607] 벽 제1성은 황경이 3궁 4도 48분이고, 황위가 북으로 12도 35분이다.

今測 壁一星, 黃經三宮四度四十八分, 緯北一十二度三十五分.

적경이 2궁 29도 18분이고, 적위가 북으로 13도 26분이다】

赤經二宮二十九度一十八分, 緯北一十三度二十六分】

토성이 벽을 침범하면 만물이 제대로 여물지 않고, 사람들이 대부분 병에 걸리게 된다. 《군방보》[608]

土犯壁, 萬物不成, 人多病. 《群芳譜》

604 출전 확인 안 됨; 《五禮通考》 卷193 〈嘉禮〉 66 "觀象授時" '北方元武七宿·壁宿二星'(《文淵閣四庫全書》139, 690쪽).

605 《二如亭群芳譜》 〈元部〉 "天譜" 卷2 '星'(《四庫全書存目叢書補編》 80, 83쪽).

606 사보(四輔) : 천자를 보좌하는 4개 관직. 방(房)수 4성·동번(東蕃) 4성·서번(西蕃) 4성·진(軫) 4성 등도 사보라 한다.

607 《五禮通考》, 위와 같은 곳.

608 《二如亭群芳譜》, 위와 같은 곳.

8-9) 운우(雲雨, 비구름)[609] 4성

雲雨四星

【보천가[610] 운우는 벽력 다음에 있고 입 구(口)자 모양으로 사방에 펼쳐 있네.

【步天歌 雲雨次之口四方.

성경[611] 운우 4성은 뇌전(雷電)[612] 동쪽에 있다. 비와 연못을 주관하여 만물이 제대로 여물도록 한다.

星經 雲雨四星在雷電東, 主雨澤, 萬物成之.

수서 천문지[613] 벽력 남쪽 4성을 '운우'라 한다. 누벽(壘壁)[614] 북쪽에 있다.

隋·天文志 霹靂南四星曰"雲雨", 在壘壁北.

송양조천문지[615] 운우의 거성은 서북쪽 별로, 북극

宋兩朝[85]天文志 距西北

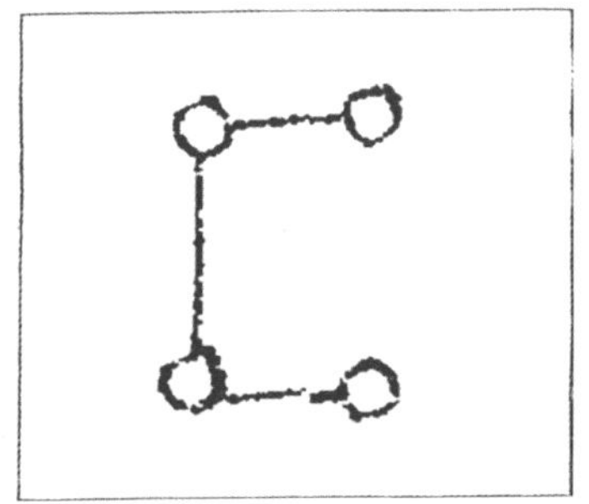

운우(《성경》)

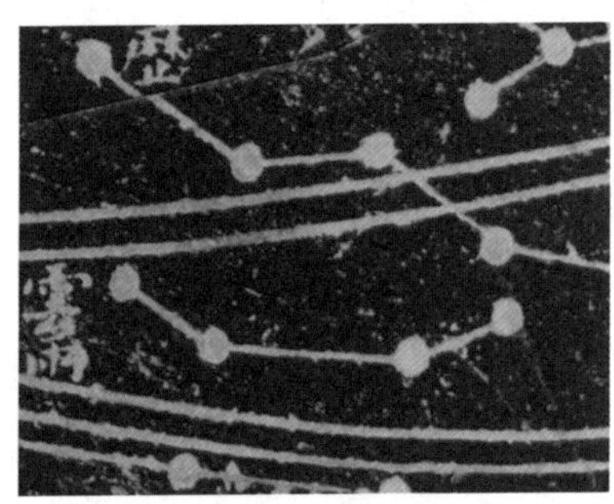

운우(《천상열차분야지도》)

---

609 운우(雲雨, 비구름): 북방7수 중 벽수에 속한 별자리. 벽력 아래에 있으며 별 4개로 구성되어 있다.

610 《步天歌》, 위와 같은 곳.

611 《星經》 卷下 "雲雨", 86쪽.

612 뇌전(雷電): 북방7수 중 실수에 속한 별자리. 실 아래쪽에 있으며 별 6개로 구성되어 있다.

613 《隋書》 卷20 〈志〉 第15 "天文" 中 '二十八舍'(《文淵閣四庫全書》 264, 366쪽).

614 누벽(壘壁): 북방7수 중 실수에 속한 별자리. 뇌전 아래쪽에 있으며 별 12개로 구성되어 있다.

615 출전 확인 안 됨; 《五禮通考》 卷193 〈嘉禮〉 66 "觀象授時" '北方元武七宿·雲雨四星'(《文淵閣四庫全書》 139, 690쪽).

[85] 兩朝: 저본에는 없음. 《五禮通考·嘉禮·觀象授時》에 근거하여 보충.

거리가 95도이고, 경도가 실수에서 5도 들어간다.	星, 去極九十五度, 入室宿五度.
금측[616] 운우 제1성은 황경이 2궁 28도 31분이고, 황위가 북으로 4도 27분이다.	今測 雲雨一星, 黃經二宮二十八度三十一分, 緯北四度二十七分.
제2성은 황경이 2궁 22도 15분이고, 황위가 북으로 3도 25분이다】	二星黃經二宮二十二度一十五分, 緯北三度二十五分】
운우가 밝으면 비가 많이 내리게 된다.	明, 則多雨水.
화성이 그 옆을 차지하면 큰 가뭄이 들게 된다. 《통지》[617]	火守之, 大旱.《通志》
운우가 보이지 않으면 가뭄이 들게 된다.	亡, 則旱.
수성이 그 옆을 차지하면 홍수가 나게 된다.《군방보》[618]	水守之, 大水.《群芳譜》

616《五禮通考》, 위와 같은 곳.

617《通志》, 위와 같은 곳.

618《二如亭群芳譜》〈元部〉"天譜" 卷2 '星'(《四庫全書存目叢書補編》80, 87쪽).

9) 서쪽 규(奎)·누(婁)·위(胃) 3수　　西方奎、婁、胃三宿

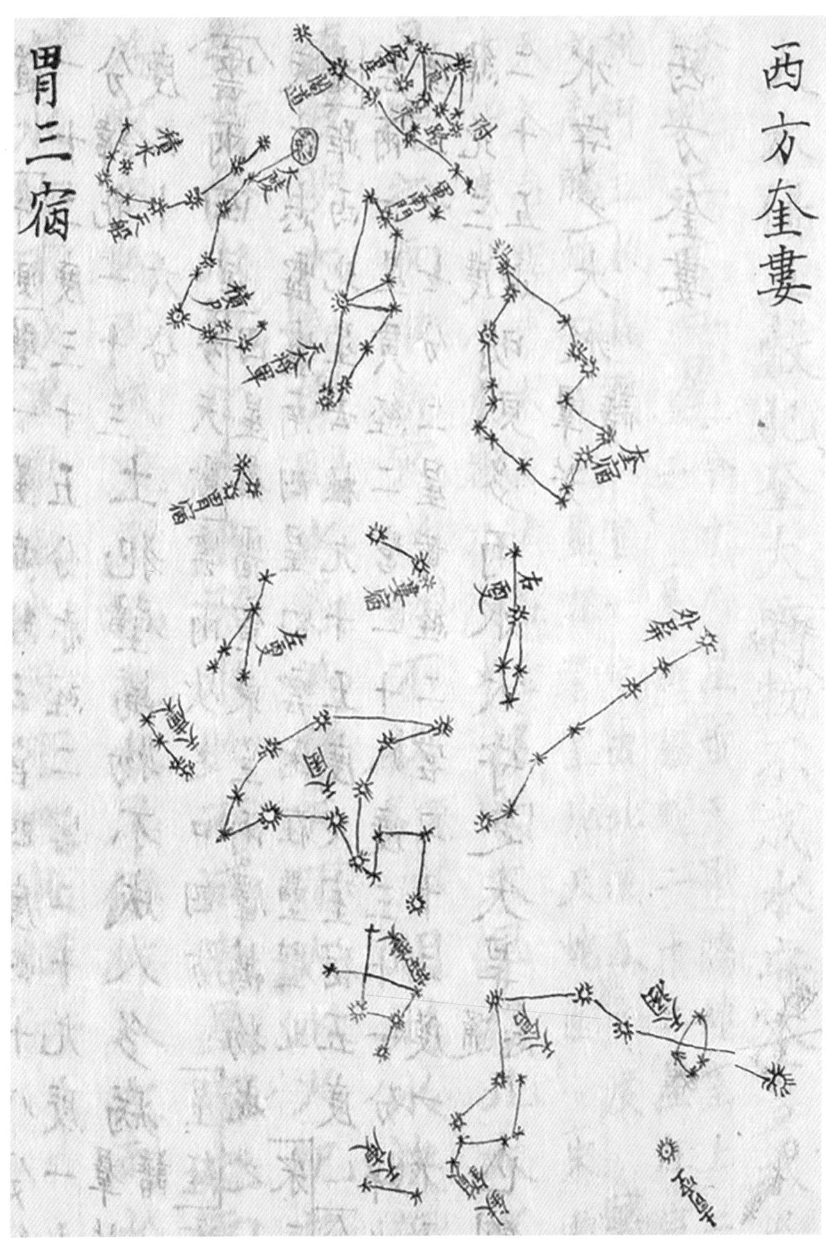

〈원도8〉 서방규·누·위삼수(西方奎,婁,胃三宿). 적수(積水)·천선(天船)·적시(積尸)·위수(胃宿)·대릉(大陵)·각도(閣道)·객성(客星)·책(策)·옥량(玉良)·부로(附路)·군남문(軍南門)·천대장군(天大將軍)·규수(奎宿)·좌경(左更)·누수(婁宿)·우경(右更)·천름(天廩)·천균(天囷)·외병(外屛)·추고(芻藁)·천유(天庾)·천창(天倉)·천혼(天溷)·부질(鈇鑕)·토사공(土司空)

9-1) 규수(奎宿, 신발)[619] 16성

奎宿十六星

【보천가[620] 규 16성은 너비가 16도이다. 각(角)수와 마주 보고, 백양궁(白羊宮)에 속한다. 술(戌) 방향이고, 노(魯)나라의 분야이다.

허리 가늘고 머리 뾰족하여, 해진 신발 같고,

홍색별 16개 빙 둘러 신발모양 만드네.

【步天歌 奎十六星, 十六度. 對角, 白羊宮, 戌地, 魯之分.

腰細頭尖似破鞋,

一十六紅遶鞋生.

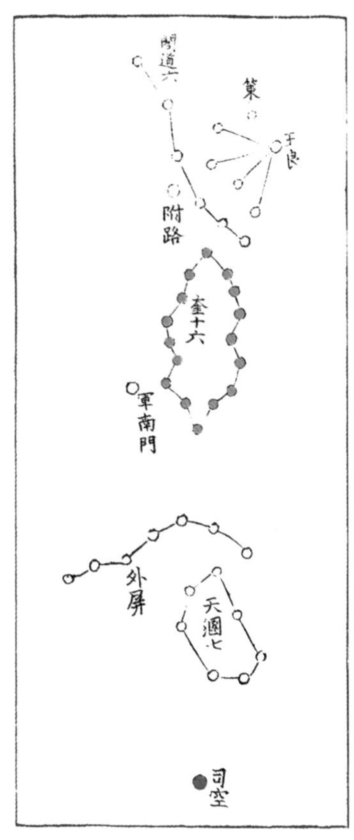

규수 전체. 규수 및 사공(토사공)·천혼(《보천가》)

619 규수(奎宿, 신발) : 서방7수에 속한 별자리. 신발모양이며 별 16개로 구성되어 있다.

620 《步天歌》〈奎〉, 17쪽.

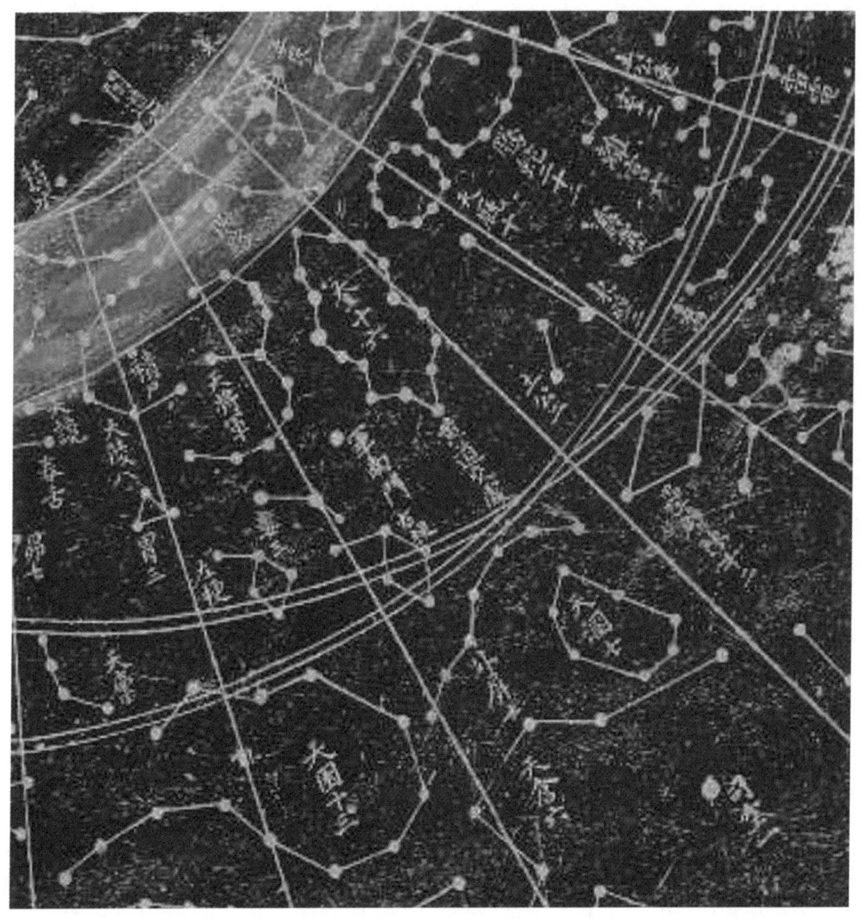

규수 및 사공(토사공)·천혼(《천상열차분야지도》)

사기 천관서 [621] 규는 봉시(封豕)[622]이다. 수로를 주관한다.

史記·天官書 奎爲封豕, 爲溝瀆.

진서 천문지 [623] 규 16성은 하늘의 무기고이다. '천

晉·天文志 奎十六星, 天

621 《史記》 卷27 〈天官書〉 第5, 1305쪽.
622 봉시(封豕): 규수의 별칭. 천시(天豕)라고도 한다.
623 《晉書》 卷11 〈天文〉 上 "二十八舍", 301쪽.

시(天豕)'라고도 하고 또 '봉시(封豕)'라고도 한다. 군사로 포악한 무리를 제어하는 일을 주관한다. 또한 수로를 주관한다.

之武庫. 一曰"天豕", 亦曰"封豕", 主以兵禁暴, 又主溝瀆.

송사 천문지 624 한나라 영원동의로 측정했을 때, 규의 너비는 17도이다.

宋[86]·天文志 漢永元銅儀, 奎十七度;

당나라 개원유의로 측정했을 때, 너비는 16도이다.

唐開元游儀, 十六度.

옛 성경(星經)에는 북극거리가 76도였다.

舊, 去極七十六度.

경우 연간의 측정도 이와 같다.

景祐測驗同.

군방보 625 '천변(天邊)'이라고도 한다. 금성이다. 문장·무기고를 주관한다. 그 남쪽으로 9척 떨어진 부분은 일월오성이 지나가는 궤도이다.

群芳譜 一曰"天邊", 金星也, 主文章、武庫. 其南九尺爲日月五星中道.

금측 626 규 제1성은 황경이 3궁 17도 54분이고, 황위가 북으로 15도 58분이다.

今測 奎一星, 黃經三宮一十七度五十四分, 緯北一十五度五十八分.

적경이 3궁 10분이고, 적위가 북으로 21도 47분이다】

赤經三宮一十分, 緯北二十一度四十七分】

규는 수로를 주관한다. 저수지나 강의 수리사업

奎主溝瀆, 坡澤江河之事

624《宋史》卷51〈天文志〉第4"天文"4(《文淵閣四庫全書》281, 56쪽);《五禮通考》卷193〈嘉禮〉66"觀象授時"'西方白虎七宿·奎宿十六星'(《文淵閣四庫全書》139, 692쪽).

625《二如亭群芳譜》〈元部〉"天譜"卷2'星'(《四庫全書存目叢書補編》80, 83쪽).

626《五禮通考》, 위와 같은 곳.

[86] 宋: 저본에는 "宋兩朝".《五禮通考·嘉禮·觀象授時》에 근거하여 삭제.

은 반드시 규로 점친다.	必占于奎.
규의 큰 별은 밝아야 한다. 밝으면 천하가 평안하게 된다. 움직이면 수로에 곤란한 일이 생기게 된다.	奎之大星欲其明. 明, 則天下安; 動搖, 則有溝瀆之事.
규의 작은 별이 밝으면 천하에 홍수가 나게 된다. 석신(石申) 《성경》[627]	奎中小星明, 則天下有大水. 石氏《星經》
규에 불꽃 같은 빛이 있으면 평민이 기근을 겪게 된다. 《사기정의》[628]	奎燄燄有光, 則庶人饑饉. 《史記正義》
서남쪽 큰 별을 '천시목(天豕目, 돼지의 눈)'이라 한다. 이 별은 밝아야 좋다. 《진서》 〈천문지〉[629]	西南大星, 所謂"天豕目", 欲其明. 《晉·天文志》
금성이나 화성이 그 옆을 차지하면 수재가 나게 된다. 《통지》[630]	金、火守, 有水災. 《通志》
천시목이 움직이면 홍수가 나게 된다. 날마다 그 분야의 나라를 점친다.	天豕目動搖, 有大水. 以日占其國.
달이 규를 침범하면 홍수가 나게 된다.	月犯奎, 大水;
화성이 규를 침범하면 백성이 대부분 전염병에 걸리게 된다.	火犯奎, 民多疫.
금성이 규 옆을 차지하면 홍수가 나서 오곡을 상하게 한다.	金守奎, 大水傷五穀;

627 출전 확인 안 됨.
628 《史記正義》 卷27 〈天官書〉 第5(《文淵閣四庫全書》 247, 392쪽); 《史記》, 위와 같은 곳.
629 《晉書》, 위와 같은 곳.
630 《通志》 卷38 〈天文略〉 第1 "西方"(《文淵閣四庫全書》 373, 461쪽).

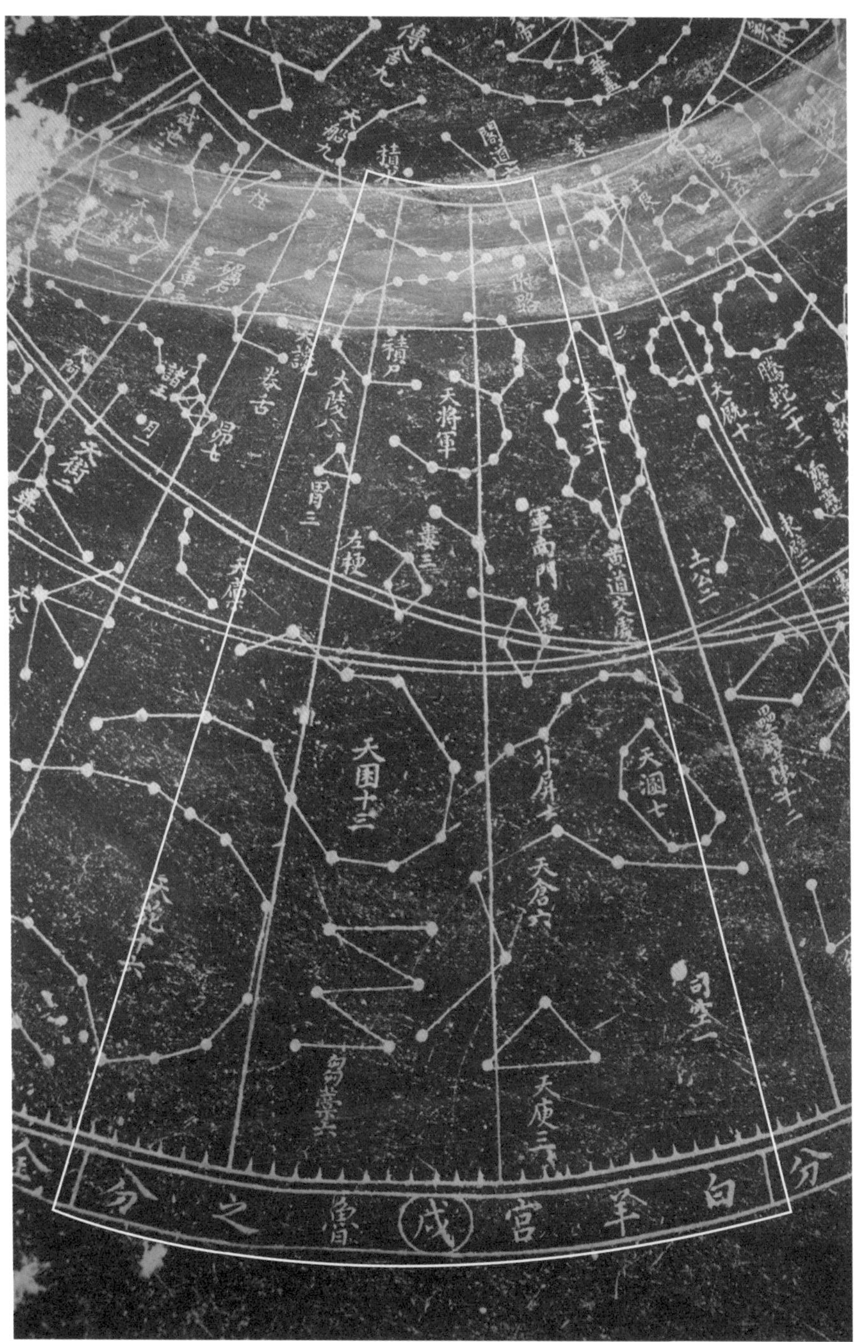

1궁 백양궁 노(魯)(《천상열차분야지도》)

금성이 규를 침범하면 큰 서리가 내려 만물이 제대로 여물지 않게 된다. 犯奎, 大霜物不成.

수성이 규 옆을 차지하면 수재가 많아서 강의 제방이 터지게 된다. 水守奎, 多水災, 江河決;

객성이 규에서 나오면 홍수가 나게 된다. 客星出奎, 大水;

혜성이나 패성이 규에서 나오면 큰 기근을 겪게 된다. 彗孛出奎, 大饑;

창백색 구름 기운이 규에서 나오면 천하의 결혼한 여자에게 재앙이 많게 된다. 《군방보》[631] 蒼白雲氣出奎, 天下嫁女多災. 《群芳譜》

631 《二如亭群芳譜》〈元部〉"天譜" 卷2 '星'(《四庫全書存目叢書補編》 80, 83쪽).

9-2) 토사공(土司空, 토목)632 1성 | 土司空一星

【보천가[633] 사공(司空)은 천혼(天溷)[634] 왼쪽에 있으며 흙의 정기라네. | 【步天歌 司空左畔土之精.

수서 천문지[635] 천혼 남쪽 1성을 '토사공(土司空)'이라 한다. 물이나 흙에 관한 일을 주관한다. | 隋·天文志 天溷南一星曰"土司空", 主水土之事.

송사 천문지[636] 토사공 1성은 규 남쪽에 있다. '천창(天倉)'이라고도 한다. 흙에 관한 일을 주관한다. | 宋·天文志 土司空一星在奎南, 一曰"天倉",[87] 主土事.

송양조천문지[637] 토사공은 북극거리가 115도이고, 경도가 벽수로 9도 조금 들어간다. | 宋兩朝天文志 去極一百一十五度, 少入壁宿九度.

군방보[638] 토사공은 토관(土官)[639]이다. 물이나 흙에 관한 일을 주관하여 그해의 화와 복을 알게 한다. | 群芳譜 土司空, 土官也, 主水土之事, 知歲禍福.

금측[640] 토사공은 황경이 2궁 28도 6분이고, 황위가 남으로 20도 47분이다. | 今測 黃經二宮二十八度零六分, 緯南二十度四十

632 토사공(土司空, 토목): 서방7수 중 규수에 속한 별자리. 천혼(天溷) 왼쪽에 있으며 별 1개이다.

633《步天歌》, 위와 같은 곳.

634 천혼(天溷): 서방7수 중 규수에 속한 별자리. 외병(外屛) 아래에 있으며 색별 7개로 구성되어 있다.

635《隋書》卷20〈志〉第15 "天文" 中 '二十八舍'(《文淵閣四庫全書》264, 366쪽).

636《宋史》卷51〈天文志〉第4 "天文" 4(《文淵閣四庫全書》281, 56쪽).

637 출전 확인 안 됨;《五禮通考》卷194〈嘉禮〉67 "觀象授時" '西方白虎七宿·土司空一星'(《文淵閣四庫全書》139, 693쪽).

638《二如亭群芳譜》〈元部〉"天譜" 卷2 '星'(《四庫全書存目叢書補編》80, 87쪽).

639 토관(土官): 고대에 물이나 흙을 주관하던 관리.

640《五禮通考》, 위와 같은 곳.

[87] 倉: 저본에는 "蒼". 고대본·《宋史·天文志·天文》에 근거하여 수정.

七分.

적경이 3궁 6도 54분이고, 적위가 남으로 19도 44분이다】

赤經三宮六度五十四分, 緯南一十九度四十四分】

토사공이 밝고 크며 황색으로 윤택하면 천하가 평안하게 된다.

明大黃潤, 則天下安;

작고 어두우면 가뭄이 들게 된다.

微暗, 則旱.

목성이 토사공을 침범하면 천하에 가뭄이 들게 된다.

歲星犯之, 天下旱;

금성이 토사공 옆을 차지하면 또한 주로 가뭄이 들게 된다【일설에는 "물난리를 염려하게 된다."라 했다】.

太白守之, 亦主旱【一曰"憂水"】;

객성이 토사공으로 들어와 그 옆을 차지하면 주로 수재가 나고, 공사의 노역이 크게 일어나며, 남자와 여자는 농사와 길쌈을 할 수 없고, 천하에 전염병이 크게 돌게 된다.

客星入守, 主水災, 工役大興, 男女不得耕織, 天下大疾;

토성이 토사공 옆을 차지하고 침범하면 토목공사가 일어나게 된다.《군방보》[641]

鎭星守犯, 土工興作.《群芳譜》

641《二如亭群芳譜》, 위와 같은 곳.

9-3) 누수(婁宿, 당기다)[642] 3성

婁宿三星

【보천가[643] 누 3성은 너비가 12도이다. 항(亢)수와 마주 보고, 백양궁(白羊宮)에 속한다. 술(戌) 방향이고, 노(魯)나라의 분야이다.

홍색별 3개 거리 고르지 않아 한쪽 끝만 서로 가깝네.

【步天歌 婁三星, 十二度. 對亢, 白羊宮, 戌地, 魯之分.

三紅不均近一頭.

사기 천관서[644] 누(婁)는 여러 사람 모으는 일을 주관한다.

史記·天官書 婁爲聚衆.

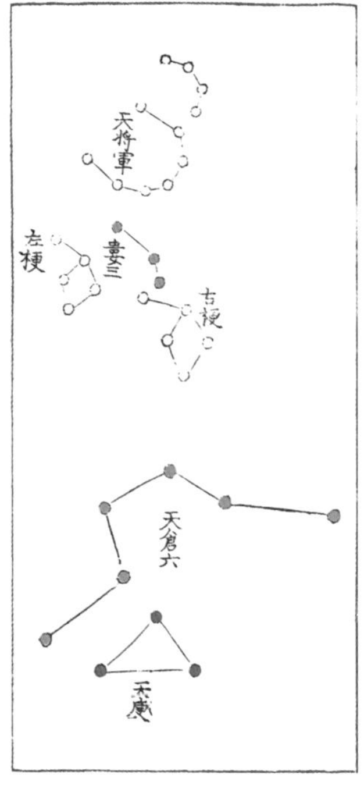

누수 전체. 누수 및 천창·천유(《보천가》)

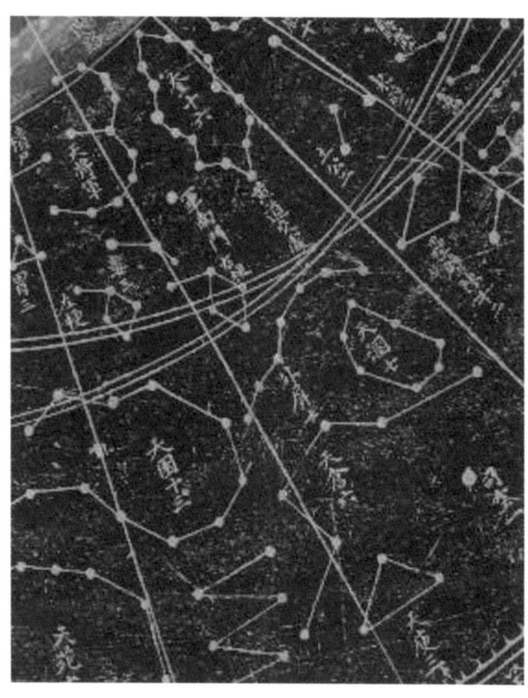
누수 및 천창·천유(《천상열차분야지도》)

642 누수(婁宿, 당기다) : 서방7수에 속한 별자리. 별 3개로 구성되어 있다.
643《步天歌》〈婁〉, 18쪽.
644《史記》卷27〈天官書〉第5, 1305쪽.

진서 천문지[645] 누 3성은 '천옥(天獄)'이다. 목축과 제물의 희생(犧牲)을 주관하고, 교사(郊祀)[646]에 제물을 공급한다.

晉·天文志 婁三星爲"天獄", 主苑牧、犧牲, 供給郊祀.

송양조천문지[647] 누 3성의 거성은 가운데 별로, 북극거리가 75.5도이다.

宋兩朝天文志 婁三星距中星, 去極七十五度半.

송사 천문지[648] 한나라 영원동의로 측정했을 때, 누의 너비는 12도이다.

당나라 개원유의로 측정한 값도 같다.

옛 성경(星經)에는 북극거리가 80도였다.

경우 연간의 측정으로 중앙 큰 별의 북극거리가 80도이고, 경도가 적도 안 11도에 있다.

宋·天文志 漢永元銅儀, 婁十二度;

唐開元游儀, 同.

舊, 去極八十度.

景祐測驗, 中央大星去極八十度, 在赤道內十一度.

군방보[649] 누는 '객성(客星)', '천시(天市)', '천묘(天廟)'라고도 한다. 토성이다. 희생·종묘·오사(五祀)[650]·목축을 주관한다. 그 아래쪽으로 9척 떨어진 부분은 일월오성이 지나가는 궤도이다.

群芳譜 婁, 一曰"客星", 一曰"天市", 一曰"天廟", 土星也, 主犧牲、宗廟、五祀、苑牧. 其下九尺, 爲日月五星中道.

645 《晉書》 卷11 〈天文〉 上 "二十八舍", 301쪽.

646 교사(郊祀): 교외에서 하늘과 땅에 지내는 제사.

647 출전 확인 안 됨; 《五禮通考》 卷194 〈嘉禮〉 67 "觀象授時" '西方白虎七宿·婁宿三星'(《文淵閣四庫全書》 139, 694~695쪽).

648 《宋史》 卷51 〈天文志〉 第4 "天文" 4(《文淵閣四庫全書》 281, 57~58쪽).

649 《二如亭群芳譜》 〈元部〉 "天譜" 卷2 '星'(《四庫全書存目叢書補編》 80, 83쪽).

650 오사(五祀): 체(禘)·교(郊)·종(宗)·조(祖)·보(報)의 5가지 제사.

금측[651] 누 제1성은 황경이 3궁 29도 33분이고, 황위가 북으로 8도 29분이다.	今測 婁一星, 黃經三宮二十九度三十三分, 緯北八度二十九分.
적경이 3궁 24도 18분이고, 적위가 북으로 19도 15분이다.	赤經三宮二十四度一十八分, 緯北一十九度一十五分.
제2성은 황경이 3궁 28도 47분이고, 황위가 북으로 7도 9분이다.	二星, 黃經三宮二十八度四十七分, 緯北七度零九分.
제3성은 황경이 4궁 3도 16분이고, 황위가 북으로 9도 57분이다】	三星, 黃經四宮三度一十六分, 緯北九度五十七分】

목성이 누 옆을 차지하면 사람들이 대부분 병에 걸리고, 소나 말이 대부분 죽고, 쌀이 비싸진다.	歲星守婁, 人多病, 牛馬多死, 米貴;
화성이 누 옆을 차지하면 큰 가뭄이 들어 사람들이 기근을 겪으며, 곡식이 비싸지고, 화재가 많게 된다.	火星守婁, 大旱人飢, 穀貴, 多火災;
수성이 누 옆을 차지하면 화재(火災)【안 화(火)자는 수(水)자인 듯하다】가 나고, 만물이 제대로 여물지 않게 된다.	辰守婁, 有火【案 火疑水】災, 物不成;
객성이 누 옆을 차지하면 화재가 나게 된다.	客星守婁, 有火災;
혜성이나 패성이 누에서 나오면 천하의 백성이 기근을 겪게 된다. 《군방보》[652]	彗孛出婁, 天下民飢. 《群芳譜》

651 《五禮通考》 卷194 〈嘉禮〉 67 "觀象授時" '西方白虎七宿·婁宿三星'(《文淵閣四庫全書》 139, 694쪽).
652 《二如亭群芳譜》 〈元部〉 "天譜" 卷2 '星'(《四庫全書存目叢書補編》 80, 83쪽).

9-4) 부질(鈇鑕, 도끼)[653] 5성

鈇鑕五星

【보천가[654] 부질 오(烏)색 별 5개 우림(羽林)[655] 옆에 있네.

【步天歌 鈇鑕五烏羽林傍.

통지[656] 부질 5성은 천창(天倉)[657] 서남쪽에 있다. 부질은 풀이나 나무를 베는 도구이다. 꼴을 베서 소나 말에게 먹이는 일을 주관한다】

通志 鈇鑕五星在天倉西南, 刈具也, 主斬芻飼牛馬】

부질이 밝으면 소나 말이 살지게 된다.

작고 어두우면 소나 말이 기근을 겪어 죽게 된다. 《통지》[658]

明, 則牛馬肥;

微暗, 則牛馬飢餓并死喪. 《通志》

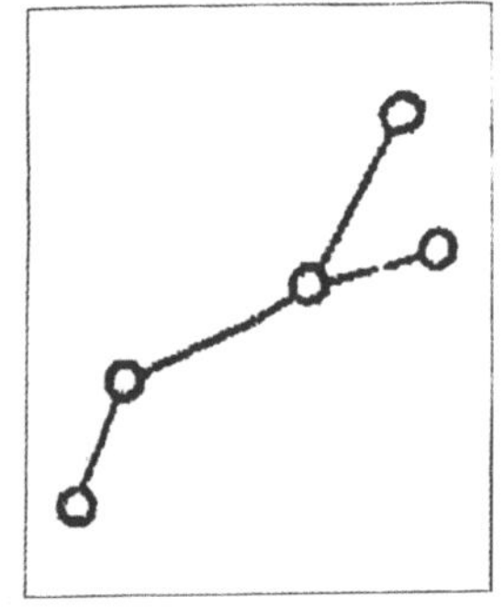

부질(《오례통고》)

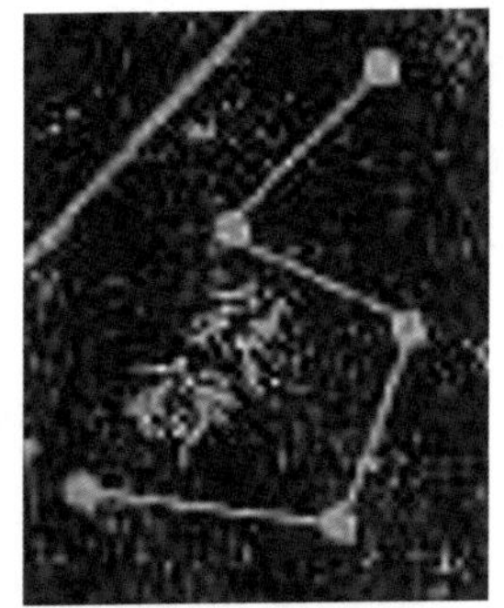

부질(《천상열차분야지도》)

653 부질(鈇鑕, 도끼): 북방7수 중 벽수에 속한 별자리. 우림(羽林) 왼쪽에 있으며 색별 5개로 구성되어 있다. 위 '8-8) 벽수 2성'의 그림 참조. 이 항목은 '8-9) 운우 4성' 다음에 들어가야 할 듯하다.

654 《步天歌》〈壁〉, 16쪽.

655 우림(羽林): 북방7수 중 실수에 속한 별자리. 누벽(壘壁) 아래에 있으며 45개 별로 구성되어 있다.

656 《通志》 卷38 〈天文略〉 第1 "北方"(《文淵閣四庫全書》 373, 460쪽).

657 천창(天倉): 서방7수 중 누수에 속한 별자리. 누 아래에 있으며 별 6개로 구성되어 있다.

658 《通志》, 위와 같은 곳.

9-5) 천창(天倉, 하늘의 창고) 6성

天倉六星

【보천가】[659] 천창 적색별 6개 누 아래 끝부분에 있네.

【步天歌】天倉六赤婁下頭.

진서·천문지[660] 천창 6성은 누 남쪽에 있다. 곡식을 보관하는 창고이다.

晉·天文志 天倉六星在婁南, 倉穀所藏也.

송양조천문지[661] 천창의 거성은 서북쪽 별로, 북극 거리가 104.5도이고, 경도가 규수에서 11도 들어간다.

宋兩朝天文志 距西北星, 去極一百四度半, 入奎宿十一度.

금측[662] 천창 제1성은 황경이 2궁 26도 33분이고, 황위가 남으로 10도 1분이다.

今測 天倉一星, 黃經二宮二十六度三十三分, 緯南一十度零一分.

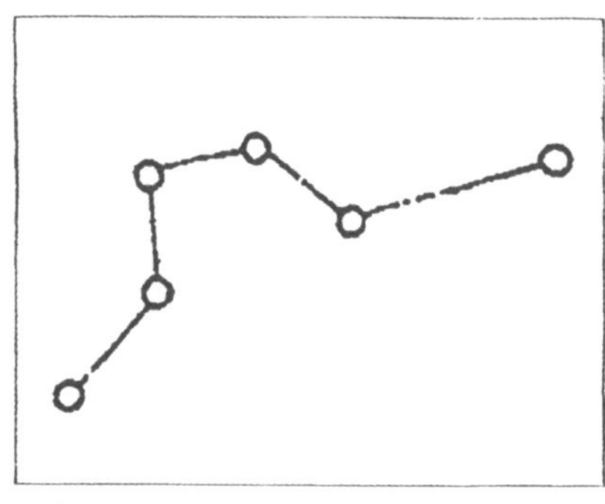

천창(《오례통고》)

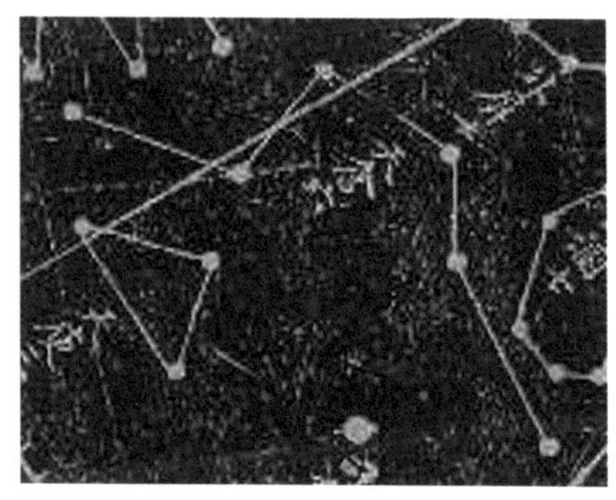

천창 6(《천상열차분야지도》)

659《步天歌》〈婁〉, 18쪽.

660《晉書》卷11〈天文〉上 "星官在二十八宿之外者", 305쪽.

661 출전 확인 안 됨;《五禮通考》卷194〈嘉禮〉67 "觀象授時" '西方白虎七宿·天倉六星'(《文淵閣四庫全書》139, 695쪽).

662《五禮通考》, 위와 같은 곳.

적경이 3궁 1도 53분이고, 적위가 남으로 10도 33분이다.

赤經三宮初度五十三分, 緯南一十度三十三分.

제3성은 황경이 3궁 11도 53분이고, 황위가 남으로 15도 47분이다.

三星, 黃經三宮一十一度五十三分, 緯南一十五度四十七分.

적경이 3궁 17도 8분이고, 적위가 남으로 9도 49분이다】

赤經三宮一十七度零八分, 緯南九度四十九分】

천창의 문[663]이 벌어져서 열리면 그해에는 큰 풍년이 들게 된다.

天倉戶開, 則歲大熟;

닫히면 그해에는 곡식이 여물지 않아서 천하가 기근을 겪게 된다.

閉, 則歲不登天下饑.

수성이 천창으로 들어와서 그 옆을 차지하면 그해에 곡식이 여물지 않아 백성이 기근을 겪게 된다.

水入天倉而守之, 歲惡民飢;

화성이 천창에 가까이 가면 천하에 큰 가뭄이 들어 기근을 겪게 된다. 석신(石申) 《성경》[664]

火近天倉, 天下大旱飢. 石氏《星經》

천창성이 황색이면서 크게 보이면 그해에는 곡식이 잘 익게 된다. 《통지》[665]

星黃而大, 歲熟. 《通志》

화성이 천창을 지나가고 그 옆을 차지하지 않으면 시장의 곡식이 매우 비싸진다.

火經天倉去而不守, 糴大貴;

화성이 천창을 역행하고 그 옆을 차지하여 침범

若逆行守犯之, 天下大飢.

663 천창의 문: 천창의 둘째 별과 다섯째 별로 구성되어 창고의 문처럼 생긴 부분을 가리킨 듯하다.
664 출전 확인 안 됨.
665 《通志》 卷38 〈天文略〉 第1 "西方"(《文淵閣四庫全書》 373, 462쪽).

하면 천하가 큰 기근을 겪게 된다.

객성이 천창으로 들어오면 쌀이 옥보다 비싸진다. 客星入, 米貴于玉.

유성이 천창을 침범하면 오곡이 매우 비싸지고 백성이 큰 기근을 겪게 된다. 流星犯之, 五穀大貴, 民大飢;

유성이 천창으로 들어오면 천하가 기근을 겪게 된다. 入之, 天下饑;

유성이 적색이면서 천창을 침범하면 가뭄이 들고 화재가 나게 된다. 流星赤色犯之, 旱有火災.

혜성이나 패성이 천창에서 나오면 곡식이 집에서 유출되어 백성이 기근을 겪게 된다. 彗孛出天倉, 粟出民飢;

창백색 구름 기운이 들어오면 그해에는 곡식이 익지 않게 된다. 蒼白氣入, 歲不熟;

적색 구름 기운이 들어오면 화재가 나게 된다. 《춘추도(春秋圖)[666]》[667] 赤氣入, 有火災. 《春秋圖》

천창이 황색이고 창고문이 서로 가까우면 그해에는 곡식이 아주 잘 익게 된다. 星黃戶[88]相近, 則歲大熟;

창고문이 닫히면 기근을 겪게 된다. 閉[89], 則飢;

창고 공간인 천창 가운데에 작은 별이 많으면 곡식이 많아지게 된다. 中多小星, 則穀多;

작은 별이 적으면 창고가 텅 비게 된다. 少, 則虛耗;

---

666 춘추도(春秋圖): 미상. 《唐開元占經》 卷37과 《二如亭群芳譜》 〈元部〉 "天譜" 卷2 '星' 등에 일부 내용이 인용되어 있다.

667 출전 확인 안 됨; 《二如亭群芳譜》, 위와 같은 곳.

[88] 戶: 삼재도회에는 없음.

[89] 閉: 삼재도회에는 "開".

천창이 밝으면 풍년이 들게 된다. 明, 則豐;

어두우면 흉년이 들게 된다. 暗, 則歉;

보이지 않으면 큰 기근을 겪게 된다. 《삼재도회》[668] 不見, 則大饑. 《三才圖會》

천창이 황색이고 크면서 밝으면 창고가 풍성하게 된다. 黃大而明, 則倉廩豐;

천창의 문이 열리고, 중간 크기의 별이나 작은 별들이 천창 안에 모이면 창고에 곡식이 넉넉하게 쌓이게 된다. 天倉戶開, 中小星聚, 則儲積富;

천창 주변에 별이 아주 적으면 창고가 텅 비게 된다. 《군방보》[669] 稀少, 則倉廩虛. 《群芳譜》

668 《三才圖會》 卷2 〈天文〉 "西方七宿" '婁', 654쪽.

669 《二如亭群芳譜》 〈元部〉 "天譜" 卷2 '星'(《四庫全書存目叢書補編》 80, 87쪽).

9-6) 천유(天庾, 하늘의 곳집)[670] 3성

天庾三星

【보천가[671] 천유 오(烏)색별 3개 천창 동쪽 아래에 있네.

【步天歌 天庾三烏倉東脚.

진서 천문지[672] 천창 남쪽 4성을 '천유(天庾)'라 한다. 주방에서 쓸 곡식을 쌓아 놓는 곳이다.

晉·天文志 天倉南四星曰"天庾", 積廚粟之所也.

송양조천문지[673] 천유 3성의 거성은 가운데 큰 별로, 북극거리가 125.5이고, 경도가 누(婁)수에서 5도 들어간다.

宋兩朝天文志 天庾三星距中大星, 去極一百二十五度半, 入婁宿五度.

진혜전왈[674] 《진서》〈천문지〉, 《수서》〈천문지〉, 《송사》〈천문지〉 등은 모두 "천유는 4성이다."라 했

秦蕙田曰 晉、隋、宋諸《史·志》俱云"天庾四星".

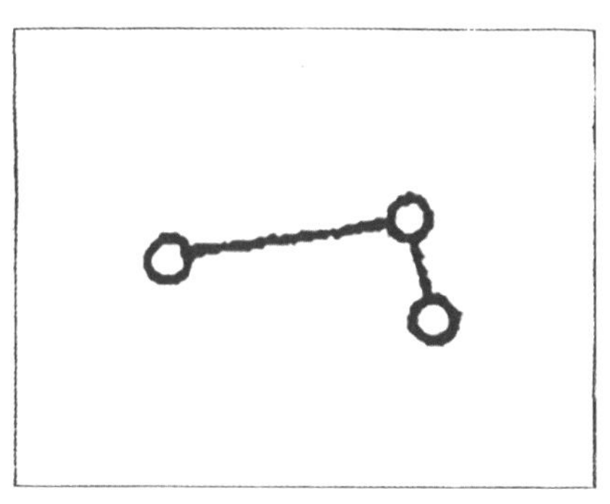

천유(《오례통고》)

천유 3과 천창 6(《천상열차분야지도》)

670 천유(天庾, 하늘의 곳집): 서방7수 중 누수에 속한 별자리. 천창 동쪽에 있으며 별 3개로 구성되어 있다.

671 《步天歌》, 위와 같은 곳.

672 《晉書》 卷11 〈天文〉 上 "星官在二十八宿之外者", 305쪽.

673 출전 확인 안 됨; 《五禮通考》 卷194 〈嘉禮〉 67 "觀象授時" '西方白虎七宿·天庾三星'(《文淵閣四庫全書》 139, 695쪽).

674 《五禮通考》 卷194 〈嘉禮〉 67 "觀象授時" '西方白虎七宿·天庾三星'(《文淵閣四庫全書》 139, 696쪽).

다. 그런데 《송양조천문지》와 《보천가》만 별의 개수가 맞다. 지금 영대(靈臺, 천문대)에서 측정한 결과도 이와 같다】

惟《宋兩朝天文[90]志》與《步天歌》合. 今靈臺測驗同】

점은 천창의 그것과 같다. 《삼재도회》[675]

占, 與天倉同. 《三才圖會》

675 《三才圖會》, 위와 같은 곳.

[90] 天文: 《五禮通考·嘉禮·觀象授時》에는 없음.

9-7) 위수(胃宿, 위장)[676] 3성

【보천가】[677] 위 3성은 너비가 14도이다. 저(氐)수와 마주 보고, 금우궁(金牛宮)에 속한다. 유(酉) 방향이고, 조(趙)나라의 분야이다.

홍색별 3개 솥발모양으로 은하수 다음에 있네.

胃宿三星

【步天歌】胃三星, 十四度. 對氐, 金牛宮, 酉地, 趙之分.

三紅鼎足河之次.

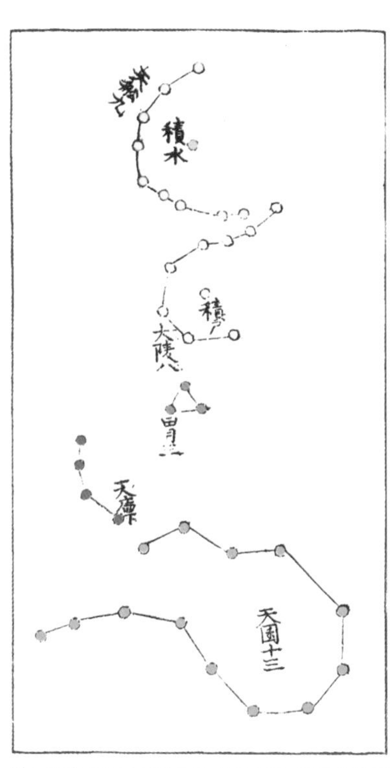

위수 전체. 위수 및 천름·천균·천선·대릉·적수(《보천가》)

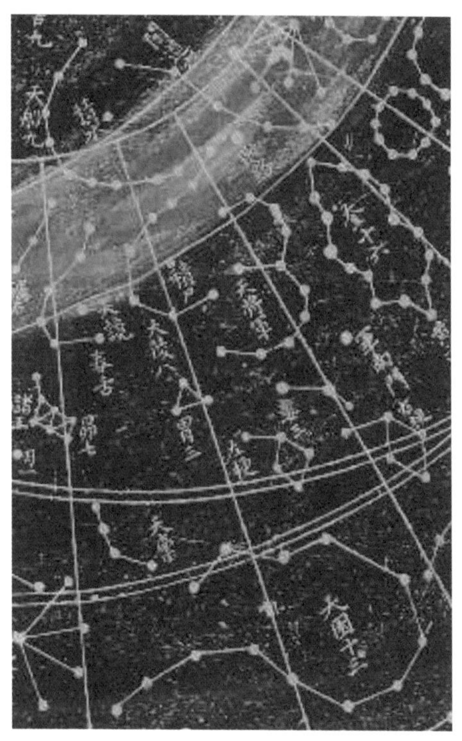

위수 및 천름·천균·천선·적수(《천상열차분야지도》)

676 위수(胃宿, 위장) : 서방7수에 속한 별자리. 은하수 밑에 있으며 삼각형모양의 별 3개로 구성되어 있다.
677 《步天歌》〈胃〉, 19쪽.

사기 천관서[678] 위는 곡식창고이다. 《사기정의》는 "위는 곡식창고를 주관한다. 오곡을 담당하는 관청이다."라 했다.[679]

史記·天官書 胃爲天倉. 《正義》曰: "胃主倉廩, 五穀之府也."

진서 천문지[680] 위 3성은 하늘의 주방과 창고이다. 곡식창고를 주관한다. 오곡을 담당하는 관청이다.

晉·天文志 胃三星天之廚藏, 主倉廩, 五穀府也.

송사 천문지[681] 한나라 영원동의로 측정했을 때, 위수의 너비는 15도이다.

경우 연간의 측정으로 14도이다.

宋·天文志 漢永元銅儀, 胃宿十五度.

景祐測驗, 十四度.

송양조천문지[682] 위의 거성은 서남쪽 별로, 북극거리가 67.5도이다.

宋兩朝天文志 距西南星, 去極六十七度半.

군방보[683] 위는 '대량(大梁)', '천중부(天中府)', '천고(天庫)', '밀궁(密宮)'이라고도 한다. 금성이다. 그 남쪽 아래로 9척 떨어진 부분은 일월오성이 지나가는 궤도이다.

群芳譜 胃, 一曰"大梁", 一曰"天中府", 一曰"天庫", 一曰"密宮", 金星也. 其南下九尺爲日月五星中[91]道.

금측[684] 위 제1성은 황경이 4궁 12도 33분이고, 황

今測 胃一星, 黃經四宮

---

678 《史記》 卷27 〈天官書〉 第5, 1305쪽.

679 출전 확인 안 됨; 《史記》, 위와 같은 곳.

680 《晉書》 卷11 〈天文〉 上 "二十八舍", 302쪽.

681 《宋史》 卷51 〈天文志〉 第4 "天文" 4(《文淵閣四庫全書》 281, 59쪽).

682 출전 확인 안 됨; 《五禮通考》 卷194 〈嘉禮〉 67 "觀象授時" '西方白虎七宿·胃宿三星'(《文淵閣四庫全書》 139, 696쪽).

683 《二如亭群芳譜》 〈元部〉 "天譜" 卷2 '星'(《四庫全書存目叢書補編》 80, 83쪽).

684 《五禮通考》, 위와 같은 곳.

[91] 中: 《二如亭群芳譜·元部·天譜》에는 "赤".

위가 북으로 11도 16분이다. 一十二度三十三分，緯北一十一度一十六分.

적경이 4궁 6도 17분이고, 적위가 북으로 26도 20분이다】 赤經四宮六度一十七分，緯北二十六度二十分】

위수가 밝으면 천하가 화평하고, 오곡 농사가 풍년이 들게 된다. 明，則天下和平，五穀豐稔;

어두우면 이와 반대가 된다. 《사기정의》[685] 不, 則反是. 《史記正義》

밝으면 화평하게 된다. 《진서》〈천문지〉[686] 明, 則和平. 《晉·天文志》

위수가 밝으면 사시에 화평하고, 천하가 편안하며, 창고가 가득 차게 된다. 明，則四時和平，天下晏然，倉廩實;

밝지 않으면 윗사람과 아랫사람이 올바른 자리를 잃게 된다. 不明, 則上下失位;

위성이 작으면 곡식 수송이 적어진다. 또 "위수가 움직이면 곡식 수송이 있고 일이 성취된다. 위수의 각 별이 모이면 곡식이 비싸지고 사람들이 유랑하게 된다."라 했다. 星小，則少穀輸運，又云: "動，則有輸運事就; 聚，則穀貴人流";

어두우면 흉년이 들게 된다. 暗, 則凶荒.

오성이 침범하거나, 해나 달이 먹거나, 패성이 침입하면 모두 재앙이 생기게 된다. 《통지》[687] 五星犯，日月食，孛侵，并有災. 《通志》

위성이 밝으면 곡식 창고가 넘치고, 천하에 풍년 星明, 則倉廩益, 天下豐;

685 《史記正義》 卷27 〈天官書〉 第5(《文淵閣四庫全書》 247, 392쪽); 《史記》 卷27 〈天官書〉 第5, 1305쪽.
686 《晉書》, 위와 같은 곳.
687 《通志》 卷38 〈天文略〉 第1 "西方"(《文淵閣四庫全書》 373, 462쪽).

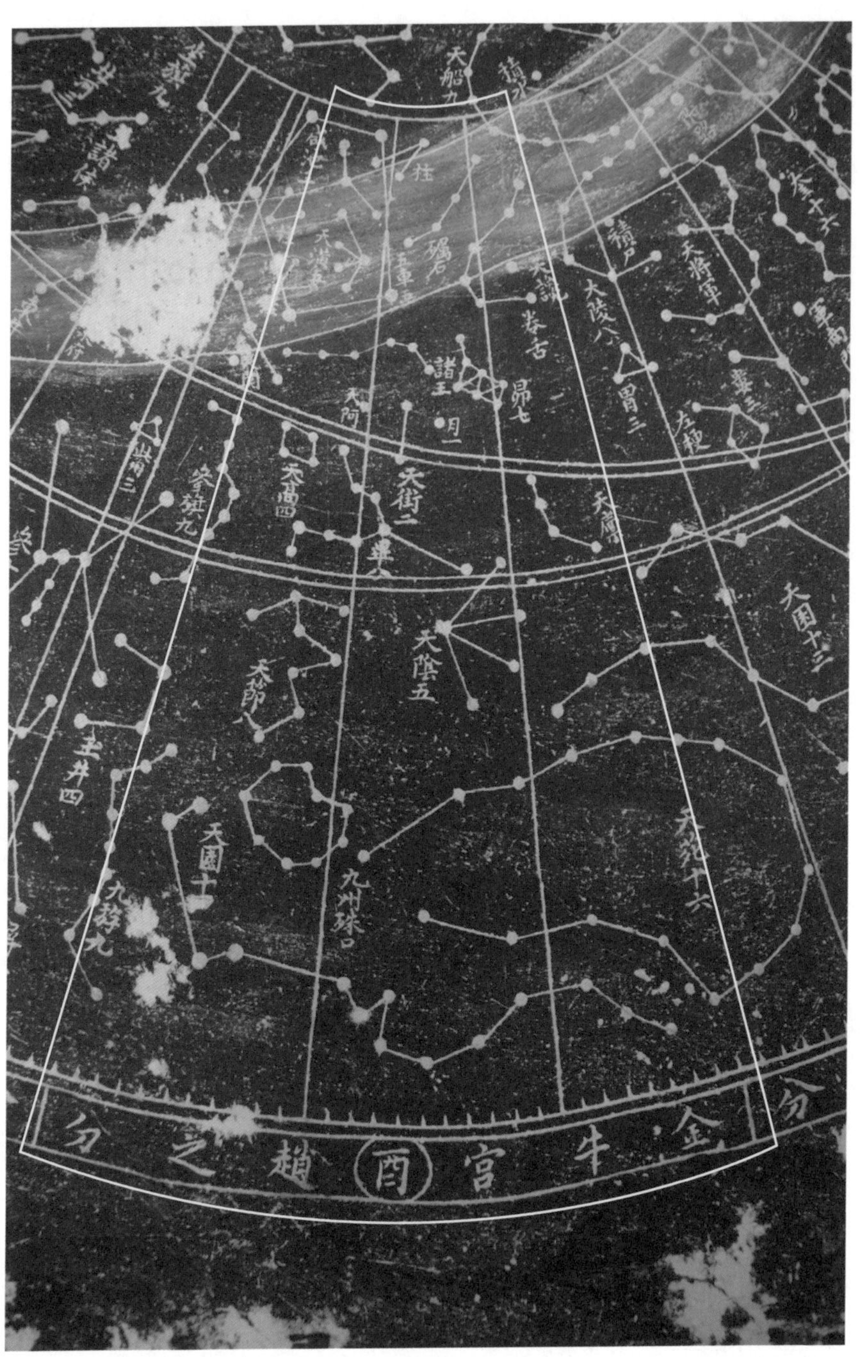

2궁 금우궁 조(趙)(《천상열차분야지도》)

이 들게 된다.

어둡고 작으면 천하의 쌀이 비싸지고, 창고가 비게 된다. 暗小, 則天下米貴, 倉空.

달이 위수를 침범하면 오곡을 거두지 못하게 된다. 月犯胃, 五穀不收;

목성이 위수 옆을 차지하면 그해에는 기근을 겪게 된다. 歲守胃, 歲饑;

목성이 위수를 침범하면 천하의 곡식이 여물지 않고, 그 분야의 지역에 홍수가 나서 물고기가 인도로 다니게 된다. 木犯胃, 天下穀不實, 其地大水, 魚行人道;

화성이 위수 옆을 차지하면 사람들이 대부분 병에 걸리고, 곡식이 매우 비싸진다. 火守胃, 人多病, 穀大貴;

토성이 위수를 침범하면 물난리가 많아진다. 土犯胃, 多水;

금성이 위수 옆을 차지하면 사람들이 기근을 겪게 된다. 金守胃, 人飢.

수성이 위수 옆을 차지하면 곡식 창고가 비고, 수재가 나며, 곡식이 비싸진다. 辰守胃, 倉廩空, 水災, 穀貴;

수성이 위수를 침범하면 천하의 곡식이 여물지 않게 된다. 犯之, 天下穀不實.

객성이 위수 옆을 차지하면 천하가 기근을 겪고, 오곡이 비싸진다. 客星守胃, 天下飢, 五穀貴;

유성이 위수로 들어오면 봄에 쌀이 비싸지고, 가을에는 오곡이 제대로 여물지 않게 된다. 流星入胃, 春米貴, 秋五穀不成;

혜성이나 패성이 위수에서 나오면 오곡이 제대로 여물지 않게 된다. 《군방보》[688] 彗孛出胃, 五穀不成. 《群芳譜》

688 《二如亭群芳譜》 〈元部〉 "天譜" 卷2 '星'(《四庫全書存目叢書補編》 80, 83쪽).

9-8) 천름(天廩, 하늘의 곡간)[689] 4성 天廩四星

【보천가】[690] 천름은 위(胃)수 아래쪽 비스듬한 4성이라네. 【步天歌】天廩胃下斜四星.

진서 천문지[691] 천름 4성은 묘(昴)수 남쪽에 있다. '천창(天倉)'이라고도 한다. 기장이나 조를 저장했다가 제사에 올리는 일을 주관한다. 이것이 《춘추좌씨전》에서의 이른바 '어름(御廩)'[692]이다. 晉·天文志 天廩四星在昴南, 一日"天倉",[92] 主蓄黍稷以供饗祀, 《春秋》所謂"御廩"也.

송양조천문지[693] 천름의 거성은 남쪽 별로, 북극거 宋兩朝天文志 距南星, 去

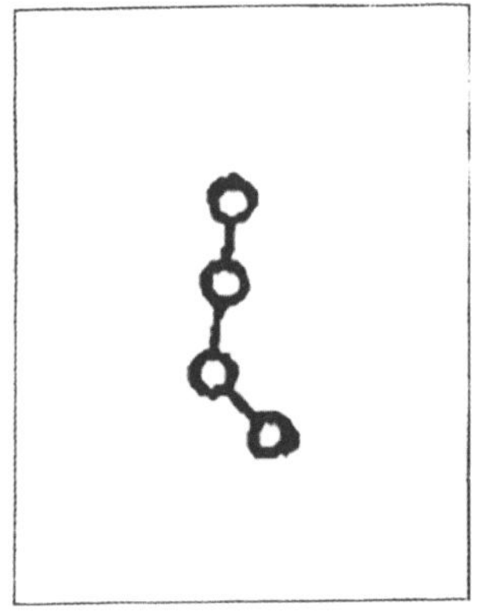

천름(《오례통고》)

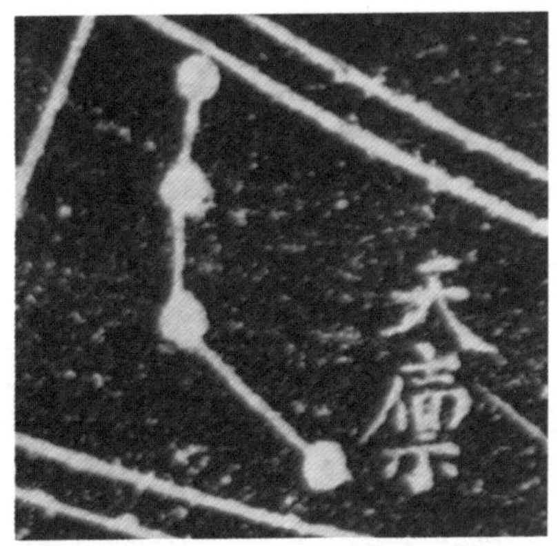

천름(《천상열차분야지도》)

689 천름(天廩, 하늘의 곡간): 서방7수 중 위수에 속한 별자리. 위(胃) 아래에 있으며 4개의 별로 구성되어 있다.

690 《步天歌》, 위와 같은 곳.

691 《晉書》 卷11 〈天文〉 上 "星官在二十八宿之外者", 306쪽.

692 어름(御廩): 《春秋左傳正義》 卷7 〈桓公七年至十八年〉 "十有四年"(《十三經注疏整理本》 16, 232쪽). "가을 8월 임신일, 어름에 불이 났다(秋八月壬申, 御廩災)."라는 기사가 보인다.

693 출전 확인 안 됨; 《五禮通考》 卷194 〈嘉禮〉 67 "觀象授時" '西方白虎七宿·天廩四星'(《文淵閣四庫全書》 139, 696쪽).

[92] 倉: 《晉書·天文·星官在二十八宿之外者》에는 "廥".

리가 85.5도이고, 경도가 위수에서 12도 들어간다.	極八十五度半, 入胃宿十二度.
금측[694] 천름 제1성은 황경이 4궁 19도 10분이고, 황위가 남으로 5도 57분이다.	今測 天廩一星, 黃經四宮一十九度一十分, 緯南五度五十七分.
제3성은 황경이 4궁 17도 28분이고, 황위가 남으로 8도 50분이다.	三星, 黃經四宮一十七度二十八分, 緯南八度五十分.
제4성은 황경이 4궁 16도 46분이고, 황위가 남으로 9도 23분이다】	四星, 黃經四宮一十六度四十六分, 緯南九度二十三分】
토성이 천름을 침범하면 천하가 기근을 겪게 된다. 《진서》〈천문지〉[695]	塡星犯天廩, 天下饑. 《晉·天文志》
점은 천균(天囷)[696]의 그것과 같다. 《삼재도회》[697]	占, 與天囷同. 《三才圖會》
천름이 고르고 밝으면 그해에는 풍년이 들고, 백성은 풍족하며, 나라는 평안하게 된다.	齊明, 則年豐, 民足國安;
작고 밝지 않으면 그해에는 곡식이 여물지 않고, 나라의 창고는 비며, 사람들이 기근을 겪게 된다.	小而不明, 歲惡, 國虛人飢;

694 《五禮通考》, 위와 같은 곳.

695 《晉書》 卷13 〈天文〉 下 "月五星犯列舍", 384쪽.

696 천균(天囷): 서방7수 중 위수에 속한 별자리. 천름 아래쪽에 있고, 을(乙)자 모양이며, 13개의 별로 구성되어 있다.

697 《三才圖會》 卷2 〈天文〉 "西方七宿" '胃', 655쪽.

청색이면 창고의 곡식이 썩게 된다.	色青, 廩粟腐敗.
오성이 침범하면 백성이 큰 기근을 겪게 된다.	五星犯之, 民大飢;
달이 침범하면 천하의 곡식이 비싸지되, 천름 중 1개를 침범하면 곡식 1종이 비싸진다.	月犯之, 天下粟貴, 一犯一貴.
객성이 천름으로 들어올 때 적색이면 큰 가뭄이 들고 화재가 많게 된다.	客星入色赤, 大旱多火災;
황백색이면 그해에는 곡식이 잘 익게 된다.	黃白, 歲熟;
객성이 나오면 곡식이 비싸지고 백성이 유랑하게 된다.	出之, 粟貴, 民流亡.
유성이 천름으로 들어오면 오곡이 잘 여물지 않고, 천하가 큰 기근을 겪게 된다.	流星入, 五穀不成, 天下大飢;
혜성이나 패성이 천름에서 나오면 사람들이 기근을 겪게 된다.	彗孛出天廩, 人飢;
유성이 천름을 침범하면 메뚜기떼로 해를 입어 그해에는 기근을 겪으며, 백성이 유랑하게 된다.	流星犯, 蝗蟲爲害, 歲饑, 民流亡;
적색 구름 기운이 들어오면 곡식이 썩게 된다.	赤氣入, 粟腐敗;
황백색 구름 기운이 들어오면 그해에는 풍년이 들게 된다. 《군방보》[698]	黃白氣入, 歲豐. 《群芳譜》

698 《二如亭群芳譜》〈元部〉"天譜" 卷2 '星'(《四庫全書存目叢書補編》 80, 87쪽).

9-9) 천균(天囷, 하늘의 곳집) 13성 天囷十三星

【보천가[699] 천균 13성 을(乙)자 모양 같네. 【步天歌 天囷十三如乙形.

진서 천문지[700] 천균 13성은 위수 남쪽에 있다. 균(囷)은 창고의 종류이다. 왕실의 식량을 공급하는 일을 주관한다. 晉·天文志 天囷十三星在胃南. 囷, 倉廩之屬也, 主給御糧也.

송양조천문지[701] 천균의 거성은 큰 별로, 북극거리가 91.5도이고, 경도가 위수에서 6.5도 들어간다. 宋兩朝天文志 距大星, 去極九十一度半, 入胃宿六度半.

금측[702] 천균 제1성은 황경이 4궁 9도 57분이고, 황위가 남으로 12도 37분이다. 今測 天囷一星, 黃經四宮九度五十七分, 緯南一十二度三十七分.

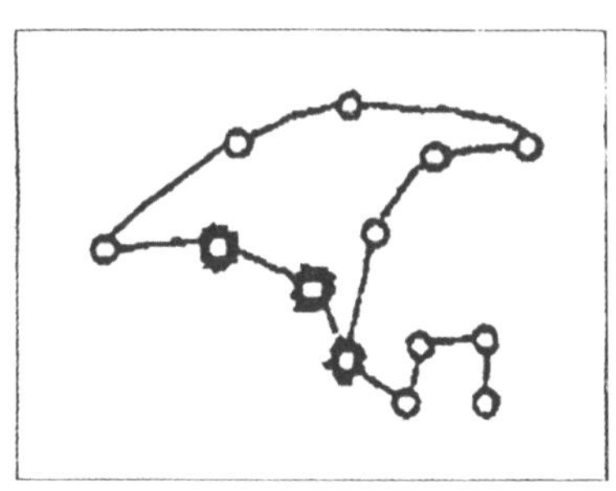

천균(《오례통고》)

천균 13(《천상열차분야지도》)

699《步天歌》, 위와 같은 곳.

700《晉書》卷11〈天文〉上 "星官在二十八宿之外者", 305쪽.

701 출전 확인 안 됨;《五禮通考》卷194〈嘉禮〉67 "觀象授時" '西方白虎七宿·天囷十三星'(《文淵閣四庫全書》139, 697쪽).

702《五禮通考》, 위와 같은 곳.

적경이 4궁 11도 30분이고, 적위가 북으로 2도 50분이다.	赤經四宮一十一度三十分, 緯北二度五十分.
제3성은 황경이 4궁 10도 41분이고, 황위가 남으로 7도 50분이다.	三星, 黃經四宮一十度四十一分, 緯南七度五十分.
제4성은 황경이 4궁 7도 17분이고, 황위가 남으로 5도 36분이다.	四星, 黃經四宮七度一十七分, 緯南五度三十六分.
제5성은 황경이 3궁 29도 37분이고, 황위가 남으로 4도 19분이다.	五星, 黃經三宮二十九度三十七分, 緯南四度一十九分.
제6성은 황경이 4궁 3도 4분이고, 황위가 남으로 5도 52분이다.	六星, 黃經四宮三度零四分, 緯南五度五十二分.
제7성은 황경이 4궁 3도 58분이고, 황위가 남으로 9도 13분이다.	七星, 黃經四宮三度五十八分, 緯南九度一十三分.
제8성은 황경이 4궁 5도 4분이고, 황위가 남으로 12도 3분이다.	八星, 黃經四宮五度零四分, 緯南一十二度零三分.
적경이 4궁 6도 47분이고, 적위가 북으로 1도 52분이다.	赤經四宮六度四十七分, 緯北一度五十二分.
제9성은 황경이 4궁 3도 12분이고, 황위가 남으로 14도 32분이다.	九星, 黃經四宮三度一十二分, 緯南一十四度三十二分.
적경이 4궁 5도 54분이고, 적위가 남으로 1도 5분이다】	赤經四宮五度五十四分, 緯南一度零五分】
금성이 천균으로 들어오면 기근을 겪게 된다.	太白入天囷, 飢;
화성이 천균으로 들어오면 큰 기근을 겪게 된다.	熒惑入天囷, 大饑.《晉·

《진서》〈천문지〉[703]

天文志》

천균이 밝고 황색이면 그해에는 풍년이 들게 된다.

明而黃, 則歲豐;

평소의 색에서 조금 변하면 불길하고, 기근을 겪게 된다.

微變常色, 則不吉, 爲飢饉;

가운데에 작은 별이 많으면 곡식과 음식이 많아진다.

中多小星, 則穀食多.

금성이나 화성이 그 옆을 차지하면 재앙이 바로 일어나게 된다. 《통지》[704]

金, 火守之, 災即起. 《通志》

천균이 밝고 많으면 창고에 저장된 곡식이 가득하게 된다.

明而衆, 則庫藏滿;

색을 잃으면 천하가 기근을 겪게 된다.

失色, 則天下饑.

오성이 천균을 침범하면 백성이 큰 기근을 겪게 된다.

五星犯之, 民大飢;

금성이 천균으로 들어오면 홍수와 가뭄이 나서 큰 기근을 겪게 된다.

太白入, 大水旱, 大饑;

객성이 천균에서 나와 그 옆을 차지하면 천하에 큰 가뭄이 들고, 사람들이 기근을 겪어 서로 잡아먹게 된다.

客星出天囷, 若守之, 天下大旱, 人飢相食;

혜성이나 패성이 천균에서 나오면 백성이 기근을 겪고 유랑하게 된다. 《군방보》[705]

彗孛出天囷, 民飢流亡. 《群芳譜》

703《晉書》卷13〈天文〉下"月五星犯列舍", 380쪽.

704《通志》, 위와 같은 곳.

705《二如亭群芳譜》, 위와 같은 곳.

9-10) 천선(天船, 하늘의 배)[706] 9성

天船九星

【보천가[707] 대릉(大陵)[708] 북쪽 적색별 9개 천선이라 하네.

【步天歌 陵北九赤天船名.

진서 천문지[709] 대릉 북쪽 9성을 '천선'이라 한다. '주성(舟星)'이라고도 한다. 통하지 않는 곳을 건너게 해서 통하게 하기 때문이다.

晉·天文志 大陵北九星曰"天船", 一曰"舟星", 所以濟不通也.

송양조천문지[710] 천선의 거성은 큰 별로, 북극거리가 54.5도이고, 경도가 위수에서 10도 들어간다.

宋兩朝天文志 距大星, 去極五十四度半, 入胃宿十[93]度.

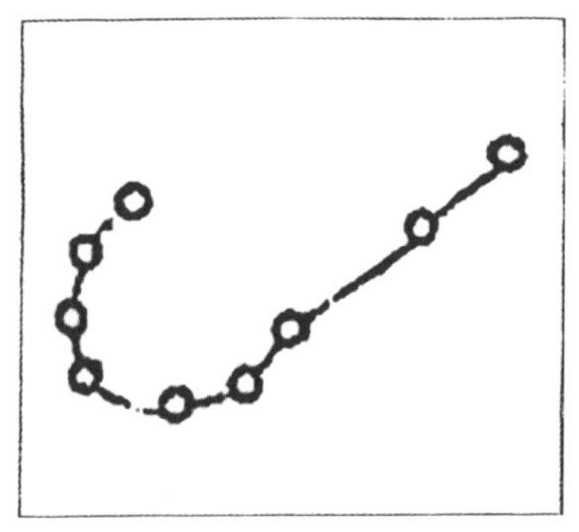

천선(《오례통고》)

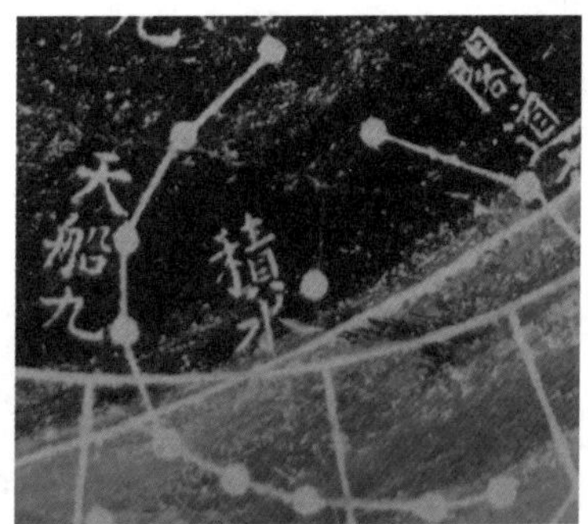

천선 9(《천상열차분야지도》)

---

706 천선(天船, 하늘의 배): 서방7수 중 위수에 속한 별자리. 대릉(大陵) 위쪽에 있으며 별 9개로 구성되어 있다.
707 《步天歌》, 위와 같은 곳.
708 대릉(大陵): 서방7수 중 위수에 속한 별자리. 은하수 안에 있으며 별 8개로 구성되어 있다.
709 《晉書》 卷11 〈天文〉 上 "中宮", 297쪽.
710 출전 확인 안 됨; 《五禮通考》 卷194 〈嘉禮〉 67 "觀象授時" '西方白虎七宿·天船九星'(《文淵閣四庫全書》 139, 697쪽).
[93] 十: 저본에는 "一". 《五禮通考·嘉禮·觀象授時》에 근거하여 수정.

통지[711] 천선 9성은 은하수 가운데에 있다.

通志 天船九星居河中.

삼재도회[712] 천선은 건너는 일을 주관한다. 또 물난리나 가뭄을 주관한다.

三才圖會 天船, 主渡, 亦主水旱.

군방보[713] 천선은 전염병을 주관한다】

群芳譜 主疾疫】

천선이 은하수 안에 있지 않으면 나루나 강이 통하지 않고, 물이 넘치게 된다.

不在河中, 津河不通, 水泛溢.

가운데 4성이 고르고 밝으면 천하가 평안하게 된다.

中四星欲其均明, 卽天下安.

객성이나 혜성이 출입하면 홍수가 나게 된다. 《통지》[714]

客彗出入, 爲大水.《通志》

천선이 항상 은하수 안에 있으면서 그중 4성이 항상 고르고 밝으면 천하가 평안하게 된다.

常居漢中, 其中有四星, 常欲均明, 則天下安;

천선이 은하수 안에 있지 않으면 홍수가 나서 물이 넘쳐나게 된다.

船不居漢中, 大水泛出.

달이 들어와서 침범하면 모든 하천이 넘치게 된다.

月入犯之, 百川流溢;

수성이 침범하거나, 객성·유성이 들어오거나, 혜성이나 패성이 천선에서 나오면 모두 주로 홍수가 나게 된다. 《군방보》[715]

辰星犯, 客星、流星入, 彗孛出, 皆主大水.《群芳譜》

---

711 《通志》, 위와 같은 곳.

712 《三才圖會》, 위와 같은 곳.

713 《二如亭群芳譜》〈元部〉"天譜" 卷2 '星'(《四庫全書存目叢書補編》80, 87쪽).

714 《通志》, 위와 같은 곳.

715 《二如亭群芳譜》, 위와 같은 곳.

9-11) 적수(積水, 모인 물)716 1성

積水一星

【보천가 717 적수는 천선 가운데 순정한 흑색별 1개라네.

【步天歌 積水船中一黑精.

진서 천문지 718 천선 안에 있는 1성을 '적수'라 한다. 수재 예측을 주관한다.

晉·天文志 天船中一星曰"積水", 主[94]候水災.

송양조천문지 719 적수는 북극거리가 53도이고, 경도가 묘(昴)수에서 1도 들어간다】

宋兩朝天文志 去極五十三度, 入昴宿初度】

화성이 적수로 들어오면 물난리가 나게 된다.《한서》〈천문지〉720

熒惑入積水, 水.《漢·天文志》

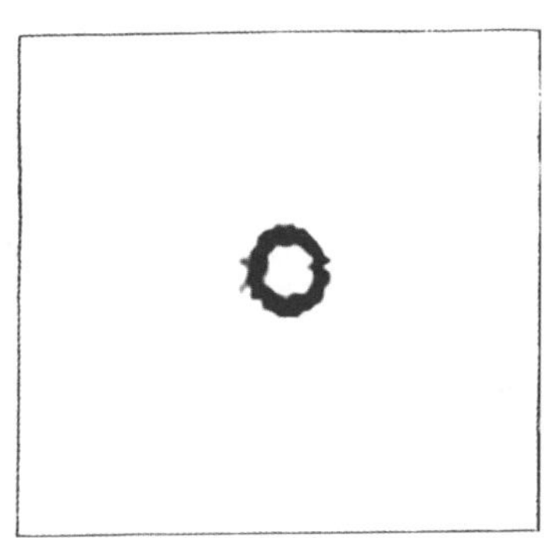

적수(《오례통고》)

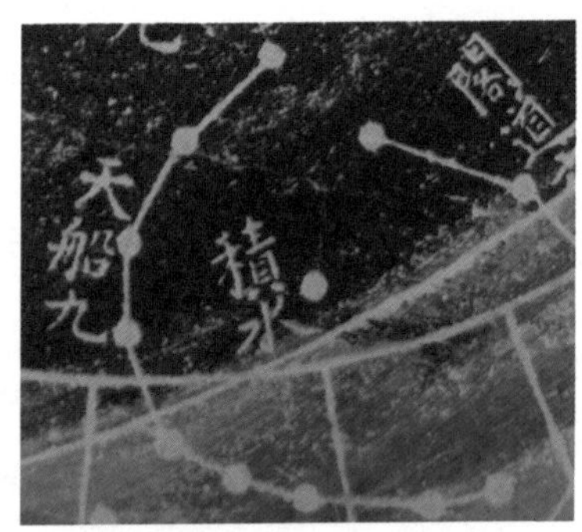

적수와 천선 9(《천상열차분야지도》)

716 적수(積水, 모인 물): 서방7수 중 위수에 속한 별자리. 천선 가운데에 있으며 별 1개이다.

717《步天歌》, 위와 같은 곳.

718《晉書》卷11〈天文〉上 "中宮", 297쪽.

719 출전 확인 안 됨;《五禮通考》卷194〈嘉禮〉67 "觀象授時" '西方白虎七宿·積水一星'(《文淵閣四庫全書》139, 697쪽).

720《漢書》卷26〈天文志〉第6, 1288쪽.

[94] 主:《晉書·天文·中宮》에는 없음.

적수가 밝고 크면 전쟁과 물난리가 함께 일어나게 된다. 《삼재도회》[721]	明大, 則兵水俱起. 《三才圖會》
밝으면 천하의 물이 넘치게 된다. 《관규집요》[722]	明, 則天下水溢. 《管窺輯要》

721 《三才圖會》, 위와 같은 곳.

722 《管窺輯要》 卷39 〈積水〉(《管窺輯要》 13, 17면).

9-12) 추고(芻藁, 꼴)[723] 6성

芻藁六星

【보천가[724] 천음(天陰)[725] 아래 오(烏)색별 6개 추고의 자리라네.

【步天歌 陰下六烏芻藁營.

수서 천문지[726] 천원(天苑)[727] 서쪽 6성을 '추고'라 한다. 소나 양에게 꼴 주는 일을 한다.

隋·天文志 天苑西六星曰"芻藁", 以供牛羊[95]之食也.

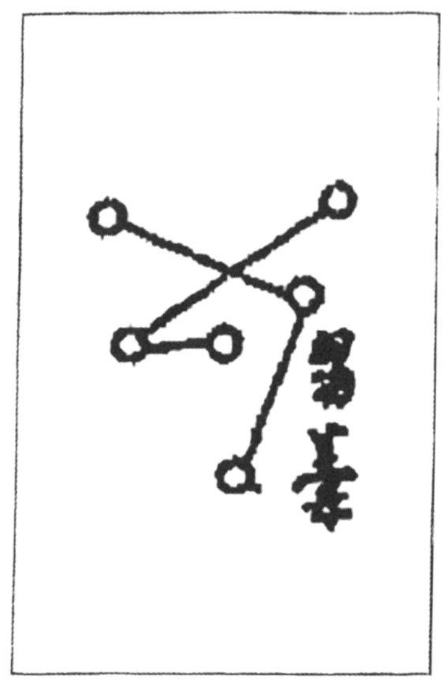

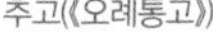
추고(《오례통고》)

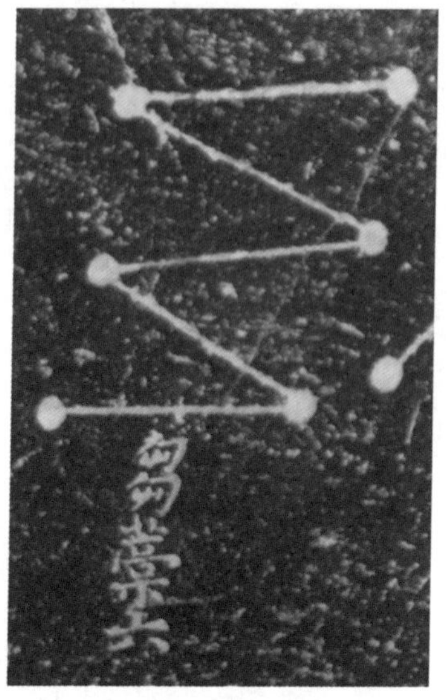

추고 6(《천상열차분야지도》)

723 추고(芻藁, 꼴): 서방7수 중 묘(昴)수에 속한 별자리. 천음(天陰) 아래에 있으며 별 6개로 구성되어 있다. '10-1) 묘수(昴宿)'의 그림 참조.

724 《步天歌》〈昴〉, 21쪽.

725 천음(天陰): 서방7수 중 묘(昴)수에 속한 별자리. 월(月)수 아래에 있으며 별 5개로 구성되어 있다.

726 《隋書》卷20〈志〉第15 "天文" 中 '二十八舍'(《文淵閣四庫全書》264, 366~367쪽).

727 천원(天苑): 서방7수 중 묘(昴)수에 속한 별자리. 추고 남쪽에 있으며 16개 별로 구성되어 있다. 《수서》〈천문지〉는 천원을 동쪽, 추고를 서쪽이라 보았으나 《천상열차분야지도》에는 천원이 남쪽, 추고가 북쪽에 있다.

[95] 羊: 《隋書·天文·二十八舍》에는 "馬".

송양조천문지[728] 추고의 거성은 서쪽 줄의 가운데 별로, 북극거리가 108도이고, 경도가 누수에서 11도 들어간다.	宋兩朝天文志 距西行中星, 去極一百八度, 入婁宿十一度.[96]
통지[729] 추고는 '천적(天積)'이라고도 한다. 천자의 저장창고이다】	通志 一曰"天積", 天子之藏府也】
추고성이 왕성하게 빛나면 그해에는 꼭이 풍년들게 된다.	星盛, 則歲豐穰;
희미하면 재물이 흩어지게 된다.	希, 則貨財散;
보이지 않으면 소가 갑자기 죽게 된다.	不見, 則牛暴死.
화성이 그 옆을 차지하면 화재가 일어나게 된다. 《화한삼재도회》[730]	火守之, 則火災起.《和漢三才圖會》

728 출전 확인 안 됨;《五禮通考》v 卷194〈嘉禮〉67 "觀象授時" '西方白虎七宿·芻藁六星'(《文淵閣四庫全書》139, 699쪽).

729《通志》卷38〈天文略〉第1 "西方"(《文淵閣四庫全書》373, 463쪽).

730《和漢三才圖會》卷2〈二十八宿〉"昴"(《倭漢三才圖會》1, 132쪽).

[96] 一百八度入婁宿十一度 : 저본에는 "脫".《五禮通考·嘉禮·觀象授時》에 근거하여 보충.

10) 서쪽 묘(昴)·필(畢)·삼(參)·자(觜) 4수　　西方昴、畢、參、觜四宿

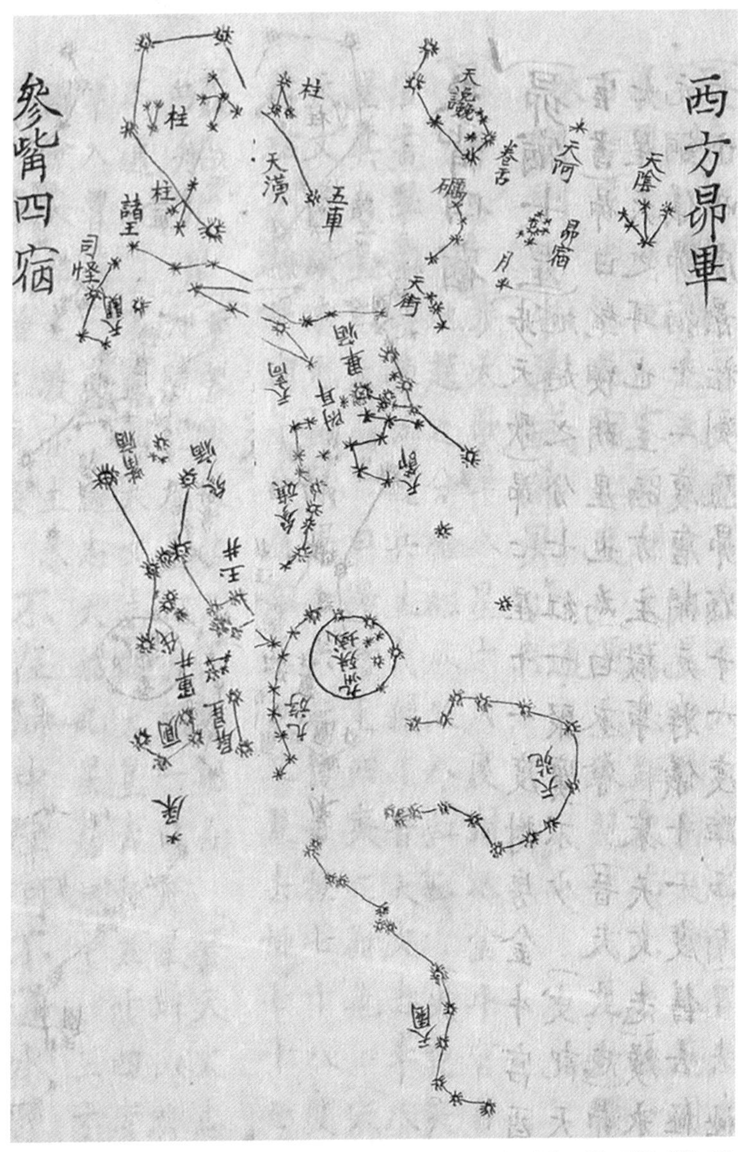

〈원도9〉 서방묘·필·삼·자사수(西方昴、畢、參、觜四宿). 사괴(司怪)·제왕(諸王)·주(柱)·주(柱)·주(柱)·천황(天潢)·오거(五차)·천관(天關)·천참(天讒)·권설(卷舌)·려(礪)·천아(天阿)·월(月)·묘수(昴宿)·천음(天陰)·천가(天街)·필수(畢宿)·천고(天高)·부이(附耳)·천절(天節)·삼수(參宿)·자수(觜宿)·옥정(玉井)·벌(伐)·군정(軍井)·병성(屛星)·구주수성(九州殊星)·구유(九斿)·측(厠)·시(屎)·천원(天苑)·천원(天園)

10-1) 묘수(昴宿)[731] 7성

【보천가[732] 묘 7성은 너비가 11도이다. 방(房)수와 마주 보고, 금우궁에 속한다. 유(酉) 방향이고, 조(趙)나라의 분야이다.

홍색별 7개 1개처럼 모여 있으나 사실 적은 수 아니라네.

昴宿七星

【步天歌 昴七星，十一度. 對房，金牛宮，酉地，趙之分.

七紅一聚實不少.

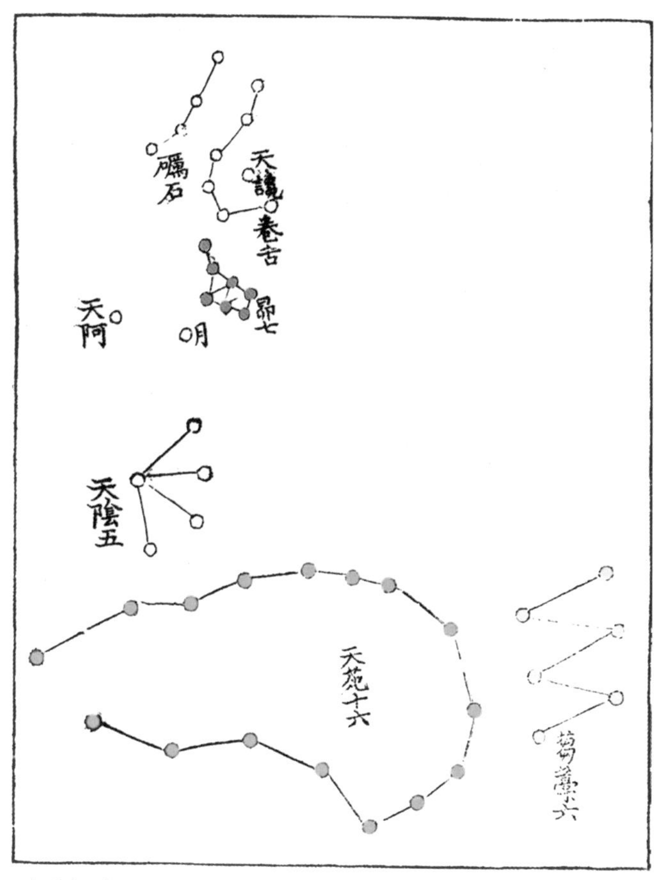

묘수 전체. 묘수 및 추고·천음·천원(《보천가》)

731 묘수(昴宿) : 서방7수에 속한 별자리. 홍색별 7개가 뭉쳐 있다.

732 《步天歌》, 위와 같은 곳.

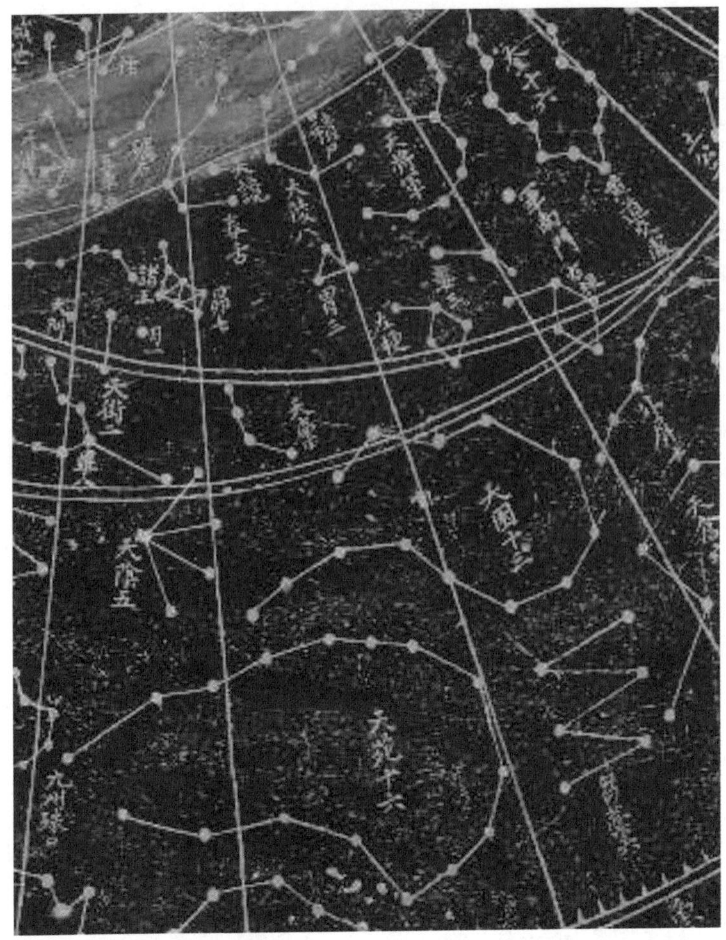

묘수 및 추고·천음·천원(《천상열차분야지도》)

사기 천관서[733] 묘는 '모두(髦頭)'[734]라고도 한다. 오랑캐별이다. 백의회(白衣會)[735]이다.

史記·天官書 昴曰"髦頭", 胡星也, 爲白衣會.

733 《史記》 卷27 〈天官書〉 第5, 1305쪽.

734 모두(髦頭): 중국 진(秦)나라 때 황제의 행렬 맨 앞에서 머리를 풀어 헤치고 가는 무사를 말한다.

735 백의회(白衣會): 흰구름이나 흰연기처럼 보이는 묘수를 표현한 말.

진서 천문지[736] 묘 7성은 하늘의 귀다. 서쪽을 주관하고, 옥사를 주관한다.

晉·天文志 昴七星, 天之耳[97]也, 主西方, 主獄事.

송사 천문지[737] 한나라 영원동의로 측정했을 때, 묘수의 너비는 12도이다.

당나라 개원유의로 측정했을 때는 11도이다.

옛 성경에는 북극거리가 74도였다.

경우 연간의 측정으로 묘수의 너비가 11도이고, 거성은 서남쪽 별로, 북극거리가 71도이다.

宋·天文志 漢永元銅儀, 昴宿十二度.

唐開元游儀, 十一度.

舊去極七十四度.

景祐測驗, 昴宿十一度, 距西南星, 去極七十一度.

송양조천문지[738] 묘수는 북극거리가 70도이다.

宋兩朝天文志 去極七十度.

군방보[739] '모미(毛尾)', '천기(天器)', '천옥(天獄)', '천주(天廚)', '천로(天路)'라고도 한다. 수성이다. 그 아래쪽으로 9척 떨어진 부분은 일월오성이 지나가는 궤도이다.

群芳譜 一曰"毛尾", 一曰"天器", 一曰"天獄", 一曰"天廚", 一曰"天路", 水星也. 其下九尺, 爲日月五星中道.

통지[740] 감덕(甘德)은 "묘수는 언변과 상소를 주관한다."라 했다.

通志 甘氏云: "主口舌奏對."

736 《晉書》 卷11 〈天文〉 上 "二十八舍", 302쪽.

737 《宋史》 卷51 〈天文志〉 第4 "天文" 4(《文淵閣四庫全書》 281, 61쪽).

738 출전 확인 안 됨; 《五禮通考》 卷194 〈嘉禮〉 67 "觀象授時" '西方白虎七宿·昴宿七星'(《文淵閣四庫全書》 139, 698쪽).

739 《二如亭群芳譜》 〈元部〉 "天譜" 卷2 '星'(《四庫全書存目叢書補編》 80, 83쪽).

740 《通志》 卷38 〈天文略〉 第1 "西方"(《文淵閣四庫全書》 373, 462쪽).

[97] 耳: 《晉書·天文·二十八舍》에는 "耳目".

금측[741] 묘 제1성은 황경이 4궁 24도 48분이고, 황위가 북으로 4도 10분이다.

今測 昴一星, 黃經四宮二十四度四十八分, 緯北四度一十分.

적경이 4궁 21도 20분이고, 적위가 북으로 23도 3분이다.

赤經四宮二十一度二十分, 緯北二十三度零三分.

제5성은 황경이 4궁 25도 25분이고, 황위가 북으로 4도이다】

五星, 黃經四宮二十五度二十五分, 緯北四度】

묘 7성 중 6성이 모두 밝아서 제일 큰 별과 밝기가 대등하면 홍수가 나게 된다.

六星皆明, 與大星等, 大水.

금성이 묘수를 침범하면 그해에는 가뭄이 들게 된다. 《진서》 〈천문지〉[742]

太白犯昴, 歲旱.《晉·天文志》

묘의 제일 큰 별은 밝아야 하고, 나머지 6성은 밝지 않아야 한다. 이 6성이 밝아서 제일 큰 별과 밝기가 대등하면 천하에 물난리가 많게 된다.

大星欲明, 其六星不欲明. 明, 與大星等, 則天下多水.

목성이 묘수 옆을 차지하면 쌀이 비싸지고, 사람들이 기근을 겪게 된다.

歲星守昴, 米貴, 人飢;

화성이 묘수를 침범하면 큰 가뭄이 들고, 큰 기근을 겪게 된다.

火犯昴, 大旱, 大饑;

금성이 묘수로 들어오면 가뭄이 들게 된다.

金入昴, 旱;

수성이 묘수로 들어오면 오곡이 제대로 여물지 않게 된다.

水入昴, 五穀不成.

741 《五禮通考》, 위와 같은 곳.

742 《晉書》, 위와 같은 곳; 《晉書》 卷13 〈天文〉 下 "月五星犯列舍", 371쪽.

창백색 구름 기운이 묘수로 들어오면 사람들은 대부분 전염병에 걸리게 된다.

雲氣蒼白入昴, 人多病疫;

구름 기운이 묘수에서 나가면 재앙이 없어지게 된다. 《군방보》[743]

出, 則禍除. 《群芳譜》

743 《二如亭群芳譜》, 위와 같은 곳.

10-2) 천원(天苑, 하늘의 동산)[744] 16성

天苑十六星

【보천가[745] 추고(芻藁)의 자리 남쪽 16성은 천원 모양이라네.

【步天歌 營南十六天苑形.

진서 천문지[746] 천원 16성은 묘수·필수 남쪽에 있다. 천자의 동산으로, 짐승을 기르는 곳이다.

晉·天文志 天苑十六星昴、畢南, 天子之苑囿, 養獸之所也.

송양조천문지[747] 천원의 거성은 동북쪽 별로, 북극거리가 107.5도이고, 경도가 묘수에서 7도 들어간다.

宋兩朝天文志 距東北星, 去極一百七度半, 入昴宿七度.

통지[748] 천원 16성은 동그란 고리모양과 같다】

通志 天苑十六星, 如環狀】

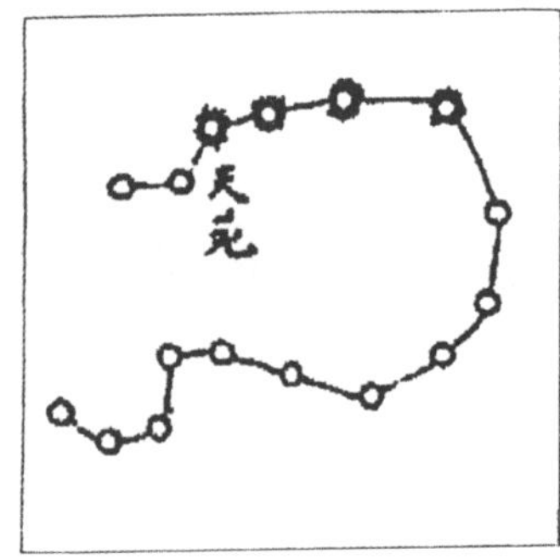

천원(《오례통고》)

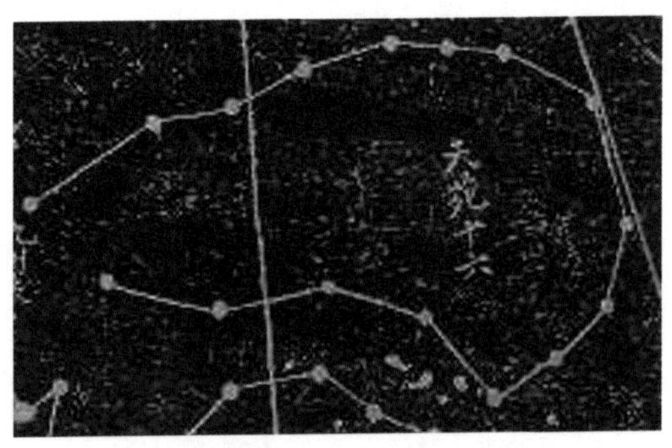

천원 16(《천상열차분야지도》)

744 천원(天苑, 하늘의 동산): 서방7수 중 묘수에 속한 별자리. 추고 남쪽에 있으며 16개 별로 구성되어 있다.

745 《步天歌》, 위와 같은 곳.

746 《晉書》 卷11 〈天文〉 上 "星官在二十八宿之外者", 306쪽.

747 출전 확인 안 됨; 《五禮通考》 卷194 〈嘉禮〉 67 "觀象授時" '西方白虎七宿·天苑十六星'(《文淵閣四庫全書》 139, 699쪽).

748 《通志》 卷38 〈天文略〉 第1 "西方"(《文淵閣四庫全書》 373, 463쪽).

천원이 밝으면 말·소·양이 번성하게 된다. 희미하면 이 짐승들이 죽게 된다. 《통지》[749]

明, 則馬、牛[98]、羊盛; 希, 則死. 《通志》

749 《通志》, 위와 같은 곳.

[98] 馬牛 : 《通志·天文略·西方》에는 "牛馬".

10-3) 필수(畢宿, 그물)[750] 8성

【보천가[751] 필 8성은 너비가 16도이다. 심(心)수와 마주 보고, 금우궁에 속한다. 유(酉) 방향이고, 조(趙)나라의 분야이다.

오이넝쿨처럼 갈라져 홍색별 8개 뻗었네.

畢宿八星

【步天歌 畢八星, 十六度. 對心, 金牛宮, 酉地, 趙之分.

恰似瓜叉八紅出.

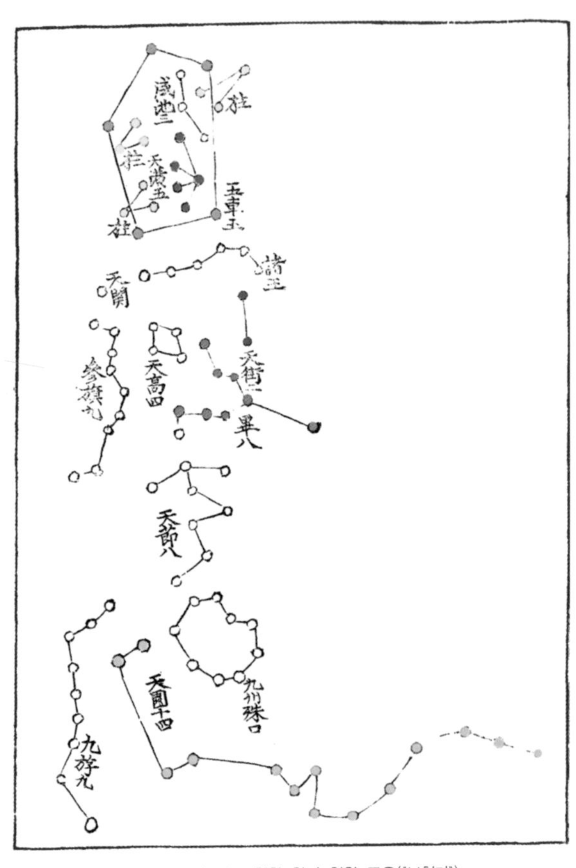

필수 전체. 필수 및 천가·오차·삼주·천황·함지·천원·구유(《보천가》)

750 필수(畢宿, 그물): 서방7수에 속한 별자리. 별 8개로 구성되어 있다. 필(畢)은 사냥할 때 사용하는, 자루가 달린 망(網)이다.

751 《步天歌》〈畢〉, 22~23쪽.

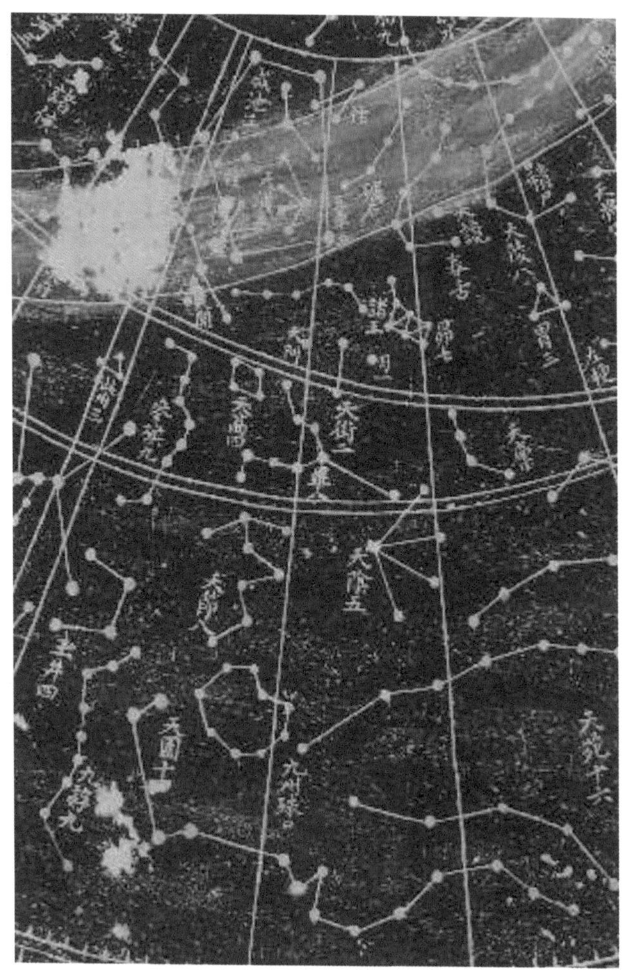

필수 및 천가·오차·삼주·천황·함지·천원·구유(《천상열차분야지도》)

사기 천관서 [752] 필수를 '한거(罕車, 사냥차)'라 한다. 변방의 군대이다. 사냥을 주관한다.

史記·天官書 畢曰"罕車", 爲邊兵, 主弋獵.

752《史記》卷27〈天官書〉第5, 1305쪽.

진서 천문지[753] 필 8성 중 제일 큰 별을 '천고(天高)'라 한다. '변장(邊將)'이라고도 한다. 사방 오랑캐를 살피고 위로하는 일을 주관한다.

晉·天文志 畢八星, 其大星曰"天高", 一曰"邊將", 主四夷之尉也.

송사 천문지[754] 한나라 영원동의로 측정했을 때, 필수의 너비는 16도이다.

옛 성경에는 북극거리가 78도였다.

경우 연간의 측정으로 필수의 너비는 17도이고, 거성은 필수 입구[畢口]의 북쪽 별로, 북극거리가 77도이다.

宋·天文志 漢永元銅儀, 畢十六度.

舊去極七十八度.

景祐測驗, 畢宿十七度, 距畢口北星, 去極七十七度.

송양조천문지[755] 거성은 오른쪽 가지 끝 제1성으로, 북극거리가 75도이다.

宋兩朝天文志 距右股第一星, 去極七十五度.

통지[756] 감덕은 "필수는 거리와 비를 주관한다. 하늘의 우사(雨師, 비의 신)이다."[757]라 했다. 장형(張衡)은 "필수는 천마(天馬)다."[758]라 했다.

通志 甘氏云: "畢, 主街巷、陰雨, 天之雨師也." 張衡云: "畢爲'天馬'."

군방보[759] 필은 수성이다. 그 북쪽으로 7척 떨어진 부분은 일월오성이 지나가는 궤도이다.

群芳譜 水星也. 北七尺, 爲日月五星中道.

753《晉書》卷11〈天文〉上 "二十八舍", 302쪽.

754《宋史》卷51〈天文志〉第4 "天文" 4(《文淵閣四庫全書》281, 63쪽).

755 출전 확인 안 됨;《五禮通考》卷194〈嘉禮〉67 "觀象授時" '西方白虎七宿·畢宿八星'(《文淵閣四庫全書》139, 700쪽).

756《通志》, 위와 같은 곳.

757 필수는……우사(雨師, 비의 신)이다: 출전 확인 안 됨.

758 필수는 천마(天馬)다: 출전 확인 안 됨.

759《二如亭群芳譜》〈元部〉"天譜" 卷2 '星'(《四庫全書存目叢書補編》80, 84쪽).

금측[760] 필 제1성은 황경이 5궁 4도 3분이고, 황위가 남으로 2도 37분이다.

今測 畢一星, 黃經五宮四度零三分, 緯南二度三十七分.

적경이 5궁 2도 34분이고, 적위가 북으로 18도 26분이다.

赤經五宮二度三十四分, 緯北一十八度二十六分.

제2성은 황경이 5궁 1도 23분이고, 황위가 남으로 5도 47분이다.

二星, 黃經五宮一度二十三分, 緯南五度四十七分.

제3성은 황경이 5궁 2도 27분이고, 황위가 남으로 4도 2분이다.

三星, 黃經五宮二度二十七分, 緯南四度零二分.

제4성은 황경이 5궁 3도 32분이고, 황위가 남으로 5도 53분이다.

四星, 黃經五宮三[99]度三十二分, 緯南五度五十三分.

제5성은 황경이 5궁 5도 23분이고, 황위가 남으로 5도 30분이다.

五星, 黃經五宮五度二十三分, 緯南五度三十分.

제6성은 황경이 4궁 26도 13분이고, 황위가 남으로 8도 3분이다】

六星, 黃經四宮二十六度一十三分, 緯南八度零三分】

필수가 밝고 움직이면 장맛비가 거리에 몰려 거리가 막히게 된다.

明而移動, 則霖潦及街壅塞;

밝고 고정되어 있으면 천하가 평안하게 된다. 감덕《성경》[761]

明而定, 則天下安. 甘氏《星經》

760《五禮通考》, 위와 같은 곳.

761 출전 확인 안 됨;《通志》卷38〈天文略〉第1 "西方"(《文淵閣四庫全書》373, 463쪽).

[99] 三: 저본에는 "二". 고대본·《五禮通考·嘉禮·觀象授時》에 근거하여 수정.

달이 필수에 머물면 많은 비가 내리게 된다. 장형《영헌(靈憲)[762]》[763]

月宿, 則多雨. 張衡《靈憲》

달이 필수를 침범하면 봄에 비가 많이 내리고, 여름에 바람이 많게 된다.

月犯畢, 春多雨, 夏多風;

달이 필수에 들어오면 큰 바람이 불고 큰비가 내리게 된다.

月入畢, 大風雨.

화성이 필수 옆을 차지하면 그 분야의 지역은 기근을 겪게 된다.

火守畢, 其分饑;

금성이 필수를 타고 침범하면 오곡이 제대로 여물지 않게 된다.

金乘陵, 五穀不成;

객성이 필수 옆을 차지하면 그해에는 기근을 겪게 된다.

客星守畢, 歲饑;

창백색 구름 기운이 필수로 들어오면 그해에서 곡식을 거둘 수 없게 된다. 《군방보》[764]

雲氣蒼白入畢, 歲不收. 《群芳譜》

762 영헌(靈憲) : 중국 동한(東漢)의 천문학자 장형(張衡, 78~139)의 저술. 별자리의 위치, 별의 종류, 점성(占星) 등을 서술했다. 원서는 산실되었으나 《後漢書》〈天文志〉에 1,700여 자가 전한다.

763 출전 확인 안 됨; 《尙史》 卷93 〈天文志〉 "西宮白虎"(《文淵閣四庫全書》 405, 593쪽).

764 《二如亭群芳譜》, 위와 같은 곳.

10-4) 천가(天街, 하늘의 사거리)[765] 2성

天街二星

【보천가[766] 천가 2성 필수 등쪽에 있네.

【步天歌 天街兩星畢背傍.

사기 천관서[767] 필수와 묘수 사이는 천가(天街)이다. 그 북쪽[陰]은 음국(陰國, 다른 나라)이고, 그 남쪽[陽]은 양국(陽國, 중국)이다.

史記·天官書 畢、昴[100]間爲“天街”. 其陰, 陰國; 陽, 陽國.

《사기색은》에서 다음과 같이 말했다.

“《춘추원명포(春秋元命包)》는 ‘필수는 천계(天階)이다.’[768]라 했다. 《이아》는 ‘큰 교량은 묘(昴)수이다.’[769]라 했다. 《이아음의(爾雅音義)》에서 손염(孫炎)[770]은 ‘필수와 묘수 사이는 일월오성이 출입하는 중요한 궤도이다. 나루의 교량과 같다.’[771]라고 주를 달았다.”[772]

《索隱》曰: “《元命包》云: ‘畢爲天階.’ 《爾雅》云: ‘大梁, 昴.’ 孫炎云: ‘畢、昴之間, 日月五星出入要道, 若津梁.’”

《사기집해》에서 맹강(孟康)은 “음(陰)은 서남쪽이다. 곤괘의 방향을 상징한다. 황하와 화산(華山, 섬서성 화악시에 있는 산) 이북의 나라이다. 양은 황하와 화산 이남의 나라이다.”[773]라 했다.

孟康曰: “陰, 西南, 坤維,[101] 河山已北國; 陽, 河山已南國.”

---

765 천가(天街, 하늘의 사거리): 서방7수 중 필수에 속한 별자리. 필 위에 있으며 2개의 별로 구성되어 있다.

766 《步天歌》〈畢〉, 23쪽.

767 《史記》卷27 〈天官書〉第5, 1305쪽.

768 필수는 천계(天階)이다: 출전 확인 안 됨.

769 큰……묘(昴)수이다: 《爾雅注疏》卷6 〈釋天〉第8(《十三經注疏整理本》24, 195쪽).

770 손염(孫炎): ?~?. 중국 삼국 시대 위(魏)나라의 학자. 정현(鄭玄)의 제자.

771 필수와……같다: 출전 확인 안 됨.

772 《춘추원명포(春秋元命包)》는……달았다: 《史記索隱》卷9 〈天官書〉第5(《文淵閣四庫全書》246, 505쪽); 《史記》, 위와 같은 곳.

773 음(陰)은……나라이다: 《史記集解》卷27 〈天官書〉第5(《文淵閣四庫全書》245, 308쪽); 《史記》, 위와 같은 곳.

[100] 畢昴: 《史記·天官書》에는 “昴畢”.

[101] 坤維: 《史記·天官書》에는 “象坤維”.

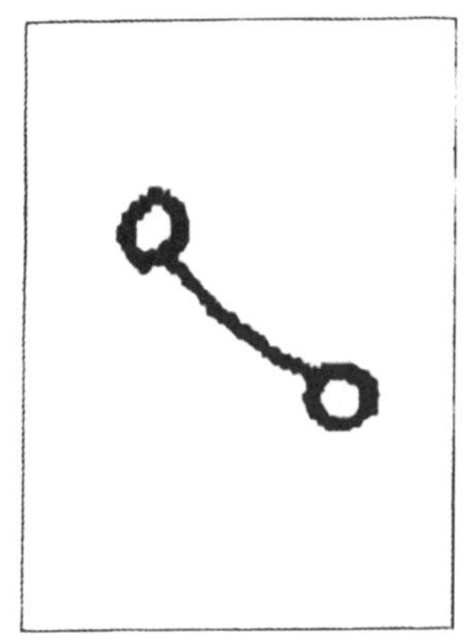
천가(《오례통고》)

천가 2(《천상열차분야지도》)

진서 천문지[774] 묘수 서쪽 2성을 '천가(天街)'라 한다. 일월오성[三光, 삼광]의 길이다. 관문과 교량, 나라 안팎의 여러 경계를 살피는 일을 주관한다.

晉·天文志 昴西二星曰"天街", 三光之道, 主伺候關梁中外之境.

송사 천문지[775] 천가 2성은 묘수와 필수 사이에 있다. 일설에는 "필수 북쪽에 있다."라 했다. 천가 남쪽은 화하(華夏, 중국)이고, 천가 북쪽은 다른 나라이다.

宋·天文志 天街二星在昴、畢間, 一曰: "在畢宿北". 街南爲華夏, 街北爲外邦.

송양조천문지[776] 천가의 거성은 남쪽 별로, 북극거리가 71도이고, 경도가 묘수에서 10도 들어간다.

宋兩朝天文志 距南星, 去極七十一度, 入昴宿十度.

---

774 《晉書》 卷11 〈天文〉 上 "中宮", 297쪽.
775 《宋史》 卷51 〈天文志〉 第4 "天文" 4(《文淵閣四庫全書》 281, 63쪽).
776 출전 확인 안 됨; 《五禮通考》 卷194 〈嘉禮〉 67 "觀象授時" '西方白虎七宿·天街二星'(《文淵閣四庫全書》 139, 700쪽).

금측[777] 천가 제1성은 황경이 5궁 3도 48분이고, 황위가 북으로 1도 35분이다】

今測 天街一星, 黃經五宮三度四十八分, 緯北初度三十五分】

달이 천가 가운데로 지나가면 천하가 평안하고 백성이 명을 순순히 따르게 된다.

月行天街中, 天下安, 百姓順.

오성이 천가로 들어오면 홍수가 나게 된다.

五星入之, 大水;

오성이 역행하여 천가를 침범하면 그해에는 기근을 겪게 된다.

逆犯, 歲饑;

오성이 침범하면 홍수가 나고, 도로가 통하지 않게 된다. 《군방보》[778]

犯之, 大水, 道路不通. 《群芳譜》

777《五禮通考》, 위와 같은 곳.

778《二如亭群芳譜》〈元部〉"天譜" 卷2 '星'(《四庫全書存目叢書補編》80, 88쪽).

10-5) 오차(五車, 마차)[779] 5성과 삼주(三柱, 3개의 기둥)[780] 9성

五車五星、三柱九星

【보천가[781] 필수 입구 비스듬히 오차 얼굴 마주 보고,
오차에는 삼주 여기저기 서 있네.

【步天歌 畢口斜對五車面,
車有三柱任縱橫.

진서 천문지[782] 오차 5성과 삼주 9성은 필수 북쪽에 있다. 오제(五帝)의 수레이고, 수레에 있는 오제의 자리이다. 천자의 오병(五兵)[783]을 주관한다. 일설에는 "오곡의 풍흉을 주관한다."라 했다.

서북쪽 큰 별을 '천고(天庫)'라 한다. 금성을 주관하고, 진(秦)나라를 주관한다.

晉·天文志 五車五星、三柱九星在畢北. 五帝車舍也, 五帝座也, 主天子五兵. 一曰: "主五穀豐耗."
西北大星日"天庫", 主太白, 主秦;

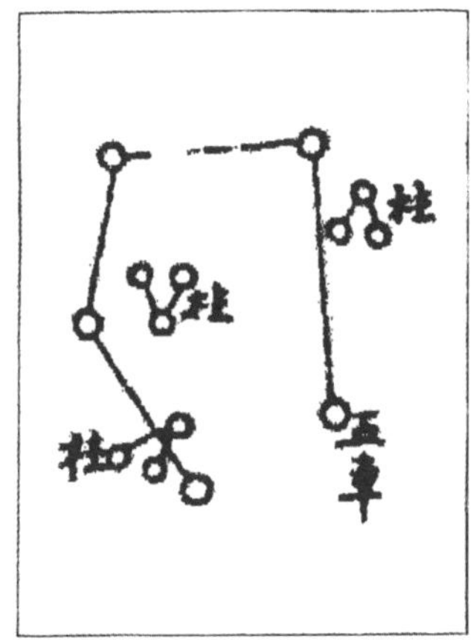

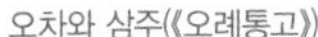
오차와 삼주(《오례통고》)

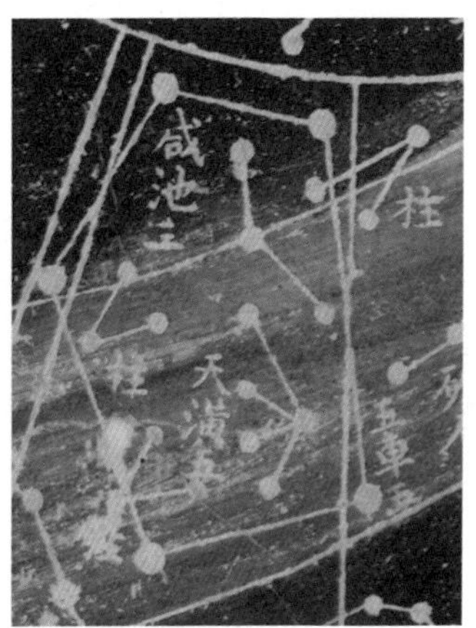

오차 5와 삼주(《천상열차분야지도》)

779 오차(五車, 마차): 서방7수 중 필수에 속한 별자리. 제왕(諸王) 위에 있으며 5개 별로 구성되어 있다.
780 삼주(三柱, 3개의 기둥): 서방7수 중 필수에 속한 별자리. 3개 별 3쌍으로 구성되어 있다.
781 《步天歌》〈畢〉, 23쪽.
782 《晉書》卷11〈天文〉上 "中宮", 297쪽.
783 오병(五兵): 군대의 총칭. 중병(中兵)·외병(外兵)·기병(騎兵)·별병(別兵)·도병(都兵)으로 나누기도 한다.

다음 동북쪽 별을 '옥(獄)'이라 한다. 수성을 주관하고, 연(燕)나라·조(趙)나라를 주관한다.

次東北曰"獄", 主辰星, 主燕、趙;

다음 동쪽 별을 '천창(天倉)'이라 한다. 목성을 주관하고, 노(魯)나라·위(衛)나라를 주관한다.

次東星曰"天倉", 主歲星, 主魯、衛;

다음 동남쪽 별을 '사공(司空)'이라 한다. 토성을 주관하고, 초(楚)나라를 주관한다.

次東南星曰"司空", 主塡星, 主楚;

다음 서남쪽 별을 '경성(卿星)'이라 한다. 화성을 주관하고, 위(魏)나라를 주관한다.

次西南星曰[102]"卿星", 主熒惑, 主魏.

삼주는 '삼천(三泉)'이라고도 한다.

三柱, 一曰"三泉".

송사 천문지 784 삼주는 '천연(天淵)', '천휴(天休)', '천기(天旗)'라고도 한다.

宋·天文志 三柱, 一曰"天淵", 一曰"天休", 一曰"天旗".

송양조천문지 785 오차 5성과 삼주 9성의 거성은 14개 중 제일 큰 별로, 북극거리가 47.5도이고, 경도가 필수에서 8.5도 들어간다.

宋兩朝天文志 五車五星、三柱九星, 距大星, 去極四十七度半, 入畢宿八度半.

금측 786 오차 제2성은 황경이 5궁 17도 26분이고, 황위가 북으로 22도 52분이다.

今測 五車二星, 黃經五宮一十七度二十六分, 緯北二十二度五十二分.

784《宋史》卷51〈天文志〉第4 "天文" 4(《文淵閣四庫全書》281, 64쪽).

785 출전 확인 안 됨;《五禮通考》卷194〈嘉禮〉67 "觀象授時" '西方白虎七宿·五車五星三柱九星'(《文淵閣四庫全書》139, 702쪽).

786《五禮通考》, 위와 같은 곳.

[102] 曰: 저본에는 "四".《晉書·天文·中宮》에 근거하여 수정.

적경이 5궁 13도 21분이고, 적위가 북으로 45도 38분이다.

赤經[103]五宮一十三度二十一[104]分, 緯北四十五度三十八分.

제5성은 황경이 5궁 18도 10분이고, 황위가 북으로 5도 20분이다】

五星, 黃經五宮一十八度一十分, 緯北五度二十分】

오차가 고르게 밝고, 삼주가 모두 보이면 창고가 가득 차게 된다.

五車均明, 柱皆見, 則倉庫實;

보이지 않으면 그 분야의 나라는 식량이 떨어지고, 전쟁이 일어나게 된다.

不見, 其國絕食, 兵起.

오차나 삼주에 변화가 생기면 해당하는 각각의 별로 그 분야의 나라를 점친다.

五車、三柱有變, 各以其國占之.

삼주가 1개월간 출입하면 쌀이 3배 비싸지기를 2년간 지속된다.

三柱入出一月, 米貴三倍, 期二年;

삼주가 3개월간 나오면 쌀이 10배 비싸지기를 3년간 지속된다.

出三月, 貴十倍, 期三[105]年;

삼주가 나올 때 오차의 천창(天倉)과 가깝지 않으면 군대가 출전하고, 쌀이 비싸지며, 1,000리 떨어진 곳에서 곡식을 운송하게 된다.

柱出, 不與天倉相近, 軍出, 米貴, 轉粟千里;

삼주가 거꾸로 서 있으면 위의 상황이 더욱 심하게 된다.

柱倒立,[106] 尤甚.

화성이 삼주에 들어오면 천하에 가뭄이 들게 된다.

火入, 天下旱;

---

[103] 經: 저본에는 "經赤". 《五禮通考·嘉禮·觀象授時》에 근거하여 수정.
[104] 一: 저본에는 없음. 《五禮通考·嘉禮·觀象授時》에 근거하여 보충.
[105] 期三: 저본에는 "一". 《史記正義·天官書》에 근거하여 수정.
[106] 立: 《史記正義·天官書》에는 "出".

금성이 들어오면 전쟁이 나게 된다.	金入, 兵;
수성이 들어오면 물난리가 나게 된다.《사기정의》[787]	水入, 水也.《史記正義》

수성이 오차에 들어오면 홍수가 나게 된다.	辰星入五車, 大水.
어떤 별이 삼연(三淵) 옆을 차지하면 천하에 홍수가 나고, 지진이 나서 바닷물고기가 물 밖으로 나오게 된다. 삼연은 오차 속에 있는 삼주이다.《한서》〈천문지〉[788]	有星守三淵, 天下大水, 地動, 海魚出. 三淵, 五車之三柱也.《漢·天文志》

오차가 밝으면 오곡이 풍년들게 된다.	明, 則五穀豐;
어두우면 오곡이 제대로 여물지 않게 된다.	暗, 則五穀不成;
색을 잃으면 풀 한 포기 없이 붉은 땅이 천리나 되는 심한 재난이 들게 된다	失色, 則赤地千里.
화성이 오차에 들어오면 큰 가뭄이 들고, 오곡이 제대로 여물지 않게 된다.	熒惑入之, 大旱, 五穀不成;
토성이 침범하면 베가 비싸진다.	土犯之, 布貴;
수성이 침범하면 천하에 홍수가 나게 된다.《군방보》[789]	水犯之, 天下大水.《群芳譜》

787《史記正義》卷27〈天官書〉第5(《文淵閣四庫全書》247, 392쪽);《史記》卷27〈天官書〉第5, 13쪽.
788《漢書》卷26〈天文志〉第6, 1288쪽.
789《二如亭群芳譜》〈元部〉“天譜” 卷2 ‘星’(《四庫全書存目叢書補編》80, 87~88쪽).

10-6) 천황(天潢, 하늘의 웅덩이)[790] 5성

天潢五星

【보천가[791] 오차 안의 점 5개 밝은 천황이라네.

【步天歌 車中五點天潢明.

사기 천관서[792] 서궁(西宮)[793]에 속한 함지(咸池)[794]를 '천오황(天五潢)'이라 한다. 오황은 오제의 수레이다.

《사기색은》에서 다음과 같이 말했다. "《춘추원명포》에서 '함지는 오곡을 주관한다. 그 5개의 별은 각각 맡은 직분이 있다. 함지는, 곡물이 물에서 생겨나므로 물과 열매를 포함한다는 말이다. 가을의

史記·天官書 西宮咸池曰"天五潢". 五潢, 五帝⑩⑦車舍.

《索隱》曰: "《元命包》云: '咸池主五穀, 其星五者各有所職. 咸池, 言穀生於⑩⑧

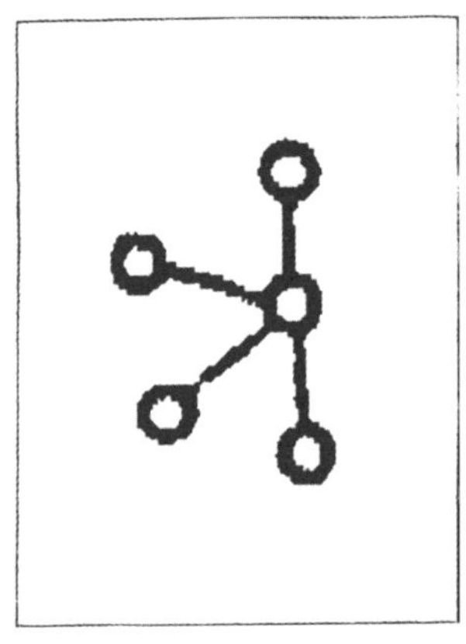

천황(《오례통고》)

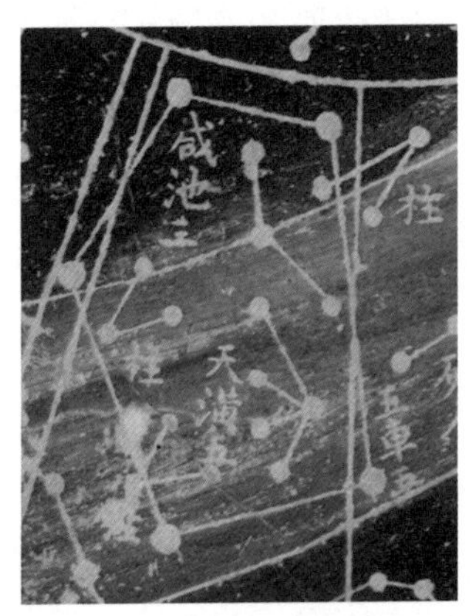

오차 5 안에 있는 천황 5(《천상열차분야지도》)

790 천황(天潢, 하늘의 웅덩이): 서방7수 중 필수에 속한 별자리. 오차 안에 있으며 밝은 별 5개로 구성되어 있다.

791 《步天歌》, 위와 같은 곳.

792 《史記》 卷27 〈天官書〉 第5, 1304쪽.

793 서궁(西宮): 28수 중 서방의 7수가 있는 지역. 《사기색은(史記索隱)》과 왕념손(王念孫, 1744~1832)의 《독서잡지(讀書雜志)》에서는 '서관(西官)'으로 고쳐야 한다고 했다. 司馬遷 지음, 丁範鎭 외 옮김, 《史記2 表序·書》, 까치, 1996, 131쪽, 주2 참조.

794 함지(咸池): 서방7수 중 필수에 속한 별자리. 《보천가》에서는 천황 위에 있는 별 3개로 보았으나, 5개 또는 오차·오황·삼주의 19개로 보는 설도 있다. 司馬遷 지음, 丁範鎭 외 옮김, 위와 같은 책, 139쪽, 주72 참조.

⑩⑦ 帝: 저본에는 "車". 《史記·天官書》에 근거하여 수정.

⑩⑧ 於: 저본에는 "放". 고대본·《史記·天官書》에 근거하여 수정.

시혜를 주관한다. 그러므로 일명 "오제차사(오제의 수레)"이다. 이는 수레에 곡식을 싣고 판매한다는 말이다.'[795]라 했다."[796]

水, 含水含實, 主秋垂. 故一名「五帝車舍」, 言以車載穀而販也.'"

안 《보천가》와 《진서》〈천문지〉, 그리고 역대 역사서의 천문지에서는 모두 함지는 3성, 오차는 5성, 천황은 5성이라 하여 각각 다른 별자리로 보았다. 그러나 《사기》〈천관서〉만 위 세 별자리를 합하여 하나로 보았다. 이는 어디에 근거한 설인지 모르겠다.

案 《步天歌》、《晉·天文志》及歷代史志, 皆咸池三星, 五車五星, 天潢五星, 而獨《天官書》三星合爲一. 未知何所據也.

진서 천문지[797] 오차 안에 있는 5성을 '천황'이라 한다.

晉·天文志 五車中五星曰"天潢".

송사 천문지[798] 천황은 오차 안에 있다. 교량과 나루를 주관한다.

宋史·天文志 天潢在五車中, 主河梁津渡.

송양조천문지[799] 천황의 거성은 서북쪽 별로, 북극 거리가 58도이고, 경도가 필수에서 11도 들어간다】

宋兩朝天文志 距西北星, 去極五十八度, 入畢宿十一度】

화성이 천황에 들어오면 가뭄이 들게 된다.

火入, 旱;

금성이 들어오면 전쟁이 나게 된다.

金, 兵;

---

795 함지는……말이다 : 출전 확인 안 됨.

796 《춘추원명포》에서……했다 : 《史記索隱》 卷9 〈天官書〉 第5(《文淵閣四庫全書》246, 505쪽); 《史記》, 위와 같은 곳.

797 《晉書》 卷11 〈天文〉 上 "中宮", 297쪽.

798 《宋史》 卷51 〈天文志〉 第4 "天文" 4(《文淵閣四庫全書》 281, 64쪽).

799 출전 확인 안 됨; 《五禮通考》 卷194 〈嘉禮〉 67 "觀象授時" '西方白虎七宿·天潢五星'(《文淵閣四庫全書》 139, 702쪽).

수성이 들어오면 물난리가 나게 된다.

【《사기색은》에서 다음과 같이 말했다. "화성·금성·수성이 오황에 들어오면 각각 그 별의 특성에 해당하는 재앙이 오게 된다는 뜻이다. 송균(宋均)은 '목성·토성을 말하지 않은 이유는 목성·토성은 덕성(德星)[800]이라서 여기에서는 해가 되지 않기 때문이다.'라 했다"】[801] 《사기》〈천관서〉[802]

水, 水.

【《索隱》曰: "謂火、金、水入五潢, 則各致此災也. 宋均云: '不言木、土者, 木、土德星, 於此不爲害也'"】《史記·天官書》

800 덕성(德星) : 나라에 복을 주고 현인(賢人)이 나타나게 한다고 믿은 별.

801 화성……했다 : 《史記索隱》 卷9 〈天官書〉 第5(《文淵閣四庫全書》 246, 505쪽); 《史記》 卷27 〈天官書〉 第5, 1305쪽.

802 《史記》 卷27 〈天官書〉 第5, 1304쪽.

10-7) 천원(天園, 하늘의 농원)[803] 13성

天園十三星

【보천가[804] 구유(九斿)[805] 아래 13개 오(烏)색별 천원이라네.

【步天歌 斿下十三烏天園.

진서 천문지[806] 천원(天苑) 남쪽 13성을 '천원(天園)'이라 한다. 과일나무와 채소를 심는 곳이다.

晉·天文志 天苑南十三星曰"天園", 植果菜之所也.

송양조천문지[807] 천원의 거성은 동북쪽 별로, 북극거리가 124도이고, 경도가 필수에서 5도 들어간다】

宋兩朝天文志 距東北星, 去極一百二十四度, 入畢宿五度】

천원(天苑) 남쪽 13성을 '천원(天園)'이라 한다. 굽은 곳이 닿을 듯하면서 일렬로 늘어선 모양이다. 과

天苑之南十三星曰"天園", 衡曲而列, 植果菜之所也.

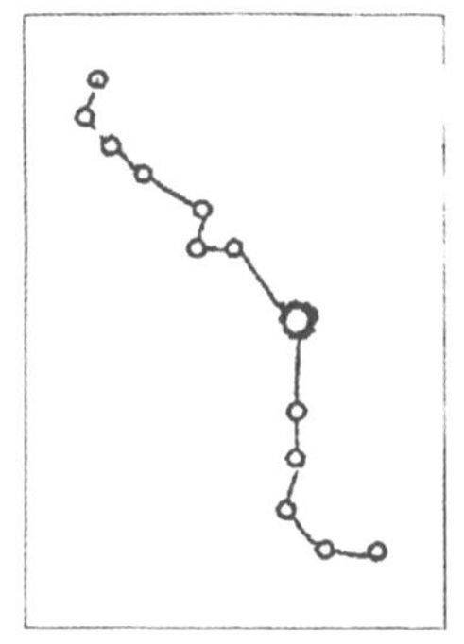

천원(《오례통고》)

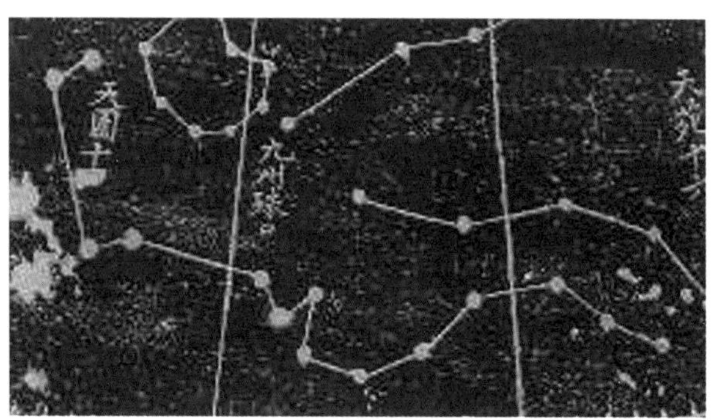

천원 14(《천상열차분야지도》)

803 천원(天園, 하늘의 농원): 서방7수 중 필수에 속한 별자리. 구유(九斿) 아래에 있으며 별 13개로 구성되어 있다.

804 《步天歌》, 위와 같은 곳.

805 구유(九斿): 서방7수 중 필수에 속한 별자리. 삼기(參旗) 아래에 있으며 별 9개로 구성되어 있다.

806 《晉書》 卷11 〈天文〉 上 "星官在二十八宿之外者", 306쪽.

807 출전 확인 안 됨; 《五禮通考》 卷194 〈嘉禮〉 67 "觀象授時" '西方白虎七宿·天園十三星'(《文淵閣四庫全書》 139, 703쪽).

일나무와 채소를 심는 곳이다.

천원이 굽고 갈고리모양이면 과일과 채소가 잘 익게 된다. 曲而鉤, 果菜熟;

그렇지 않으면 기근을 겪게 된다. 《삼재도회》[808] 否, 則饉. 《三才圖會》

천원 13성은 굴곡진 별이 횡으로 늘어서 있다. 그중 굽은 곳이 적고 밝으면 과실이 잘 여물고, 말·소·양이 모두 길하게 된다. 天園十三星, 屈曲橫列, 其中少句曲明, 則果實成, 馬、牛、羊皆吉;

보이지 않으면 이와 반대이다. 不見, 反是.

오성이 그 옆을 차지하고 침범하면 소·양에 재앙이 생기게 된다. 《군방보》[809] 五星守犯, 牛、羊災. 《群芳譜》

---

808 《三才圖會》 卷2 〈天文〉 "西方七宿" '畢'(《續修四庫全書》 1232, 658쪽).

809 《二如亭群芳譜》 〈元部〉 "天譜" 卷2 '星'(《四庫全書存目叢書補編》 80, 88쪽).

10-8) 삼수(參宿, 세 장군)[810] 7성과 벌(伐, 참형)[811] 3성

參宿七星、伐三星

【보천가[812] 삼 10성은 너비가 9도이다. 기(箕)수와 마주 보고, 음양궁에 속한다. 신(申) 방향이고, 진(晉)나라·위(魏)나라의 분야이다.

모두 10성으로 자(觜)수와 서로 침범하고,
두 어깨 두 다리 있고 3성은 심장(핵심)이지,
벌은 10성 중 3성으로 배 안 깊은 곳에 있네.

【步天歌 參十星, 九度. 對箕, 陰陽宮, 申地, 晉、魏之分.

總有十星觜相侵,
兩肩雙足三爲心,
伐有三星腹裏深.

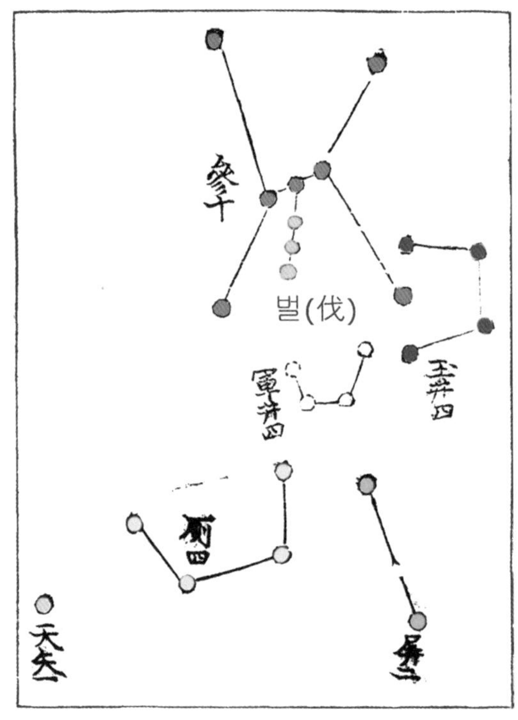

삼수 전체. 삼수와 벌 및 옥정·병·측(천측)·시(천시)(《보천가》, '벌(伐)'은 역자가 추가)

810 삼수(參宿, 세 장군) : 서방7수에 속한 별자리. 별 7개로 구성되어 있다.

811 벌(伐, 참형) : 서방7수에 속한 별자리. 삼수 가까이에 있어서 하나의 별자리로 간주하는 경우도 있으며 별 3개로 구성되어 있다.

812《步天歌》〈參〉, 24~25쪽.

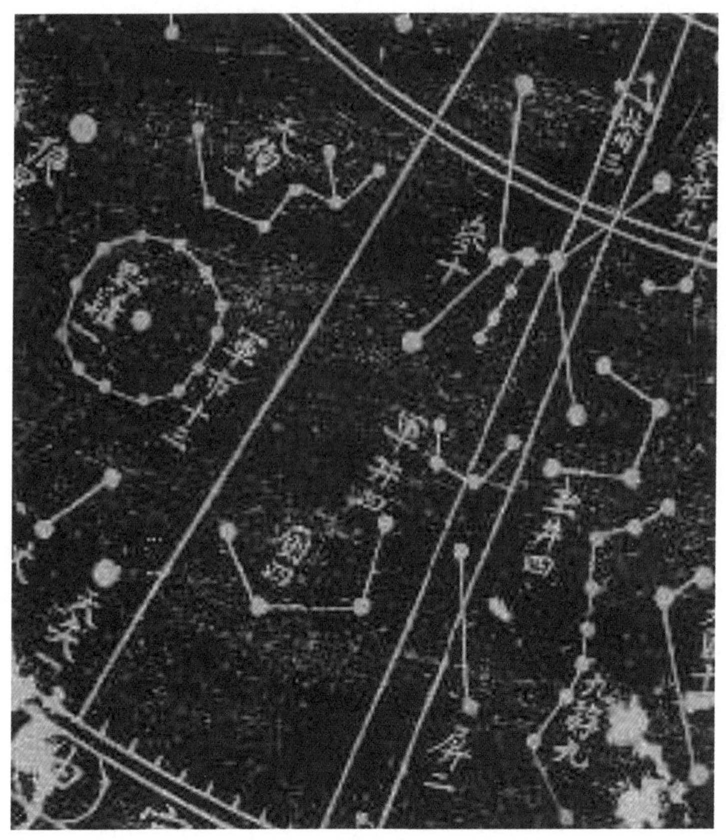

삼수 7성과 벌 3성 및 옥정·병·천측·시(《천상열차분야지도》)

사기 천관서[813] 삼은 백호(白虎)이다. 곧게 가로로 늘어선 3성은 저울대이며, 아래에 세로로 있는 3성은 위에 있는 저울대 가운데에서 저울질[兌]을 한다. 이를 '벌(罰, 형벌)'이라 하며 참형의 일을 한다. 그 외부에 있는 4성은 각각 왼쪽 어깨, 오른쪽 어깨, 왼쪽

史記·天官書 參爲白虎. 三星直者, 是爲衡石. 下有三星, 兌, 曰"罰", 爲斬艾事. 其外四星, 左右肩股也.

813《史記》卷27〈天官書〉第5, 1306쪽.

다리, 오른쪽 다리이다.

진서 천문지[814] 삼 10성을 '삼벌(參伐)'이라 하며, '대진(大辰)', '천시(天市)', '부월(鈇鉞)'이라고도 한다. 참형을 주관한다. 또 '천옥(天獄)'이다. 살육과 정벌을 주관한다. 또 저울의 일을 주관한다. 이치가 공평하게 되는 까닭이다. 또 변방의 성(城)을 주관한다. 변방 지역[九譯, 구역]이다.

晉·天文志 參十星曰"參伐", 一曰"大辰", 一曰"天市", 一曰"鈇鉞", 主斬刈. 又爲"天獄", 主殺伐. 又主權衡, 所以平理也. 又主邊城, 爲九譯.[109]

삼(參)은 백수(白獸, 백호)의 몸통이다. 그중 가로로 늘어선 3성은 삼장(三將)[815]이다.

參, 白獸之體. 其中三星橫列, 三[110]將也.

그리고 그 외부인 동북쪽 별을 '좌견(左肩)'이라 한다. 좌장군(左將軍)[816]을 주관한다.

東北曰"左肩", 主左將;

서북쪽 별을 '우견(右肩)'이라 한다. 우장군(右將軍)[817]을 주관한다.

西北曰"右肩", 主右將;

동남쪽 별을 '좌족(左足)'이라 한다. 후장군(後將軍)[818]을 주관한다.

東南曰"左足", 主後將軍;

서남쪽 별을 '우족(右足)'이라 한다. 편장군(偏將軍)[819]을 주관한다.

西南曰"右足", 主偏將軍.

중앙의 작은 3성을 '벌'이라 한다. 하늘의 도위(都

中央三小星曰"伐", 天之都

814《晉書》卷11〈天文〉上 "二十八舍", 302쪽.

815 삼장(三將): 삼군(三軍)의 장수.

816 좌장군(左將軍): 관직명. 상경(上卿)의 다음 등급이다.

817 우장군(右將軍): 관직명. 상경(上卿)의 다음 등급이다.

818 후장군(後將軍): 관직명. 상경(上卿)의 다음 등급이다.

819 편장군(偏將軍): 장군을 보좌하는 관직.

[109] 譯: 저본에는 "驛".《晉書·天文·二十八舍》에 근거하여 수정.

[110] 三: 저본에는 "之".《晉書·天文·二十八舍》에 근거하여 수정.

尉)[820]이다. 융(戎)[821]·적(狄)[822]의 나라를 주관한다.

尉也, 主戎、狄之國.

송사 천문지[823] 한나라 영원동의로 측정했을 때, 삼수의 너비는 8도이다.

옛 성경에는 북극거리가 94도이다.

경우 연간의 측정으로 삼수 10성의 너비는 10도이고, 우족(右足)은 경도가 필(畢)수에서 13도 들어간다.

宋·天文志 漢永元銅儀, 參八度.

舊去極九十四度.

景祐測驗, 參宿十星十度, 右足入畢十三度.

송양조천문지[824] 삼 10성의 거성은 가운데 별 중 서쪽 제1성으로, 북극거리가 92.5도이다.

宋兩朝天文志 參十星距中星西第一星, 去極九十二度半.

군방보[825] 삼성의 너비는 9도로 계측된다. '종룡(鍾龍)'이라고도 한다. 금성이다. 그 북쪽으로 3척 떨어진 부분은 일월오성이 지나가는 궤도이다.

群芳譜 計九度. 一曰"鍾龍", 金星也. 北三尺, 爲日月五星中道.

진혜전왈[826] 《역상고성(曆象考成)》[827]을 살펴보면 삼수의 가운데 서쪽 제1성을 거성으로 보았다. 그러므로 삼수가 자(觜)수보다 앞서며, 삼수의 경도가 적고

秦蕙田曰 案《考成》, 以參宿中西一星爲距星. 故參先於觜, 而參宿度少, 觜宿

---

820 도위(都尉): 군사를 담당하는 관직. 장군보다 낮은 등급이다.

821 융(戎): 중국 서쪽 지역 이민족.

822 적(狄): 중국 북쪽 지역 이민족.

823 《宋史》 卷51 〈天文志〉 第4 "天文" 4(《文淵閣四庫全書》 281, 67쪽).

824 출전 확인 안 됨; 《五禮通考》 卷194 〈嘉禮〉 67 "觀象授時" '西方白虎七宿·參宿七星伐三星'(《文淵閣四庫全書》 139, 705쪽).

825 《二如亭群芳譜》 〈元部〉 "天譜" 卷2 '星'(《四庫全書存目叢書補編》 80, 84쪽).

826 《五禮通考》 卷194 〈嘉禮〉 67 "觀象授時" '西方白虎七宿·參宿七星伐三星'(《文淵閣四庫全書》 139, 704쪽).

827 역상고성(曆象考成): 중국 청나라 강희(康熙) 연간(1662~1722)에 천문역법을 담당한 관서인 흠천감(欽天監)에서 편찬한 역법서. 서양 천문학이 반영되었다.

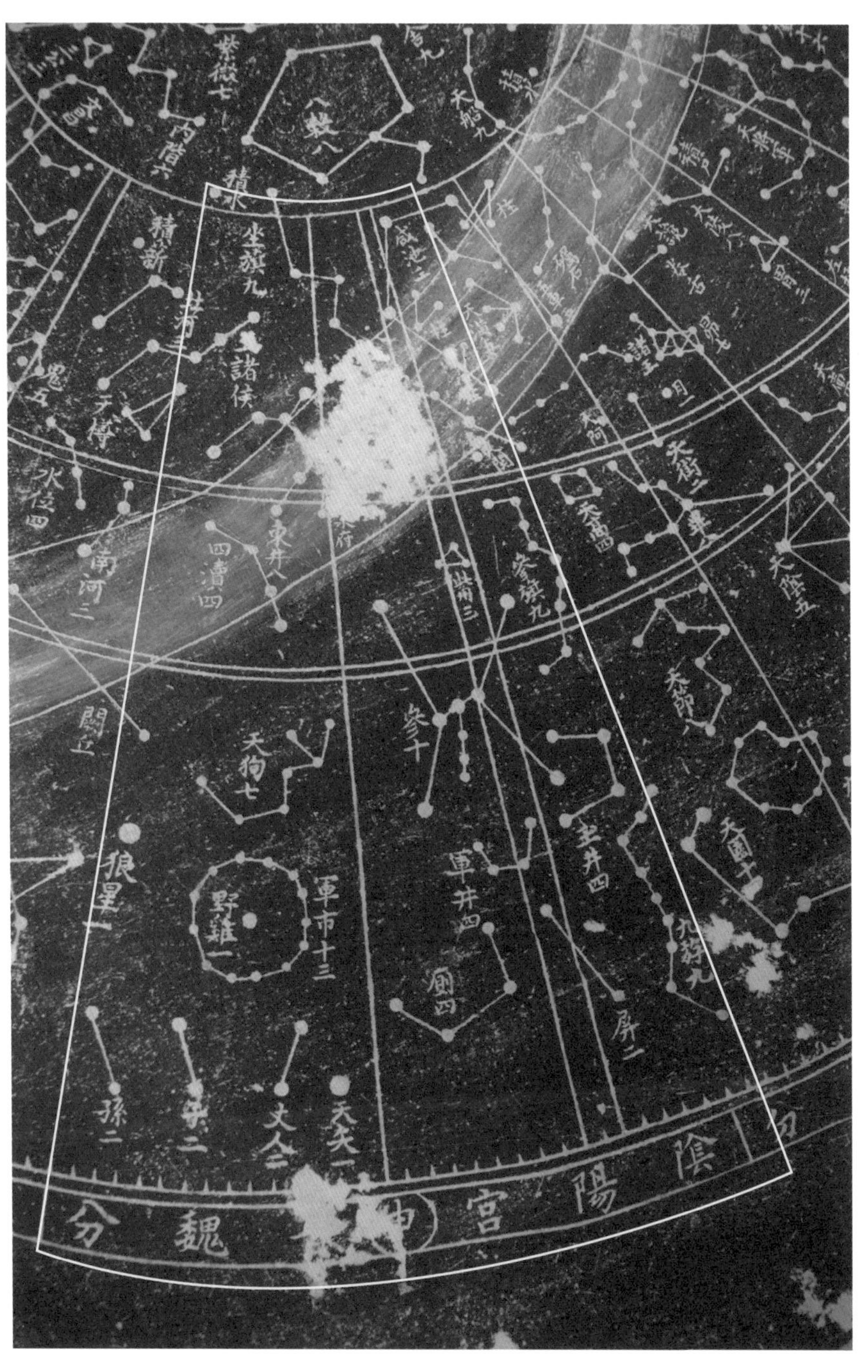

3궁 음양궁 진(晉)·위(魏)(《천상열차분야지도》)

자수의 경도가 많다.

度多.

지금 이를 고쳐서 가운데 동쪽 제1성을 거성으로 삼으면, 옛법에서 자수를 앞으로 하고 삼수를 뒤로 하는 순서와 일치한다. 그러면 제3성을 제1성으로 하고, 제1성을 제3성으로 한다.

今改用中東一星作距星, 與古法先觜後參之序合, 則以第三星爲第一, 而第一星爲第三矣.

금측[828] 삼 제1성은 황경이 5궁 18도 1분이고, 황위가 남으로 23도 38분이다.

今測 參一星, 黃經五宮一十八度零一分, 緯南二十三度三十八分.

적경이 5궁 19도 2분이고, 적위가 남으로 1도 36분이다.

赤經五宮一十九度零二分, 緯南初度三十六分.

제2성은 황경이 5궁 19도 4분이고, 황위가 남으로 14도 34분이다.

二星, 黃經五宮一十九度零四分, 緯南一[111]十四度三十四分.

적경이 5궁 20도 4분이고, 적위가 남으로 1도 27분이다.

赤經五宮二十度零四分, 緯南一度二十七分.

제3성은 황경이 5궁 20도 17분이고, 황위가 남으로 25도 22분이다.

三星, 黃經五宮二十度一十七分, 緯南二十五度二十二分.

적경이 5궁 21도 13분이고, 적위가 남으로 2도 10분이다.

赤經五宮二十一度一十三分, 緯南二度一十分.

제4성은 황경이 5궁 24도 22분이고, 황위가 남으로 16도 6분이다.

四星, 黃經五宮二十四度二十二分, 緯南一十六度零六分.

828《五禮通考》, 위와 같은 곳.

[111] 一:《五禮通考·嘉禮·觀象授時》에는 "二".

적경이 5궁 24도 33분이고, 적위가 북으로 7도 17분이다.

赤經五宮二十四度三十三分, 緯北七度一十七分.

제5성은 황경이 5궁 16도 33분이고, 황위가 남으로 16도 53분이다.

五星, 黃經五宮一十六度三十三分, 緯南一十六度五十三分.

적경이 5궁 17도 4분이고, 적위가 북으로 6도이다.

赤經五宮一十七度零四分, 緯北六度.

제6성은 황경이 5궁 22도이고, 황위가 남으로 33도 8분이다.

六星, 黃經五宮二十二度, 緯南三十三度零八分.

적경이 5궁 23도 13분이고, 적위가 남으로 9도 50분이다.

赤經五宮二十三度一十三分, 緯南九度五十分.

제7성은 황경이 5궁 12도 27분이고, 황위가 남으로 31도 12분이다.

七星, 黃經五宮一十二度二十七分, 緯南三十一度一十二分.

적경이 5궁 14도 53분이고, 적위가 남으로 8도 38분이다.

赤經五宮一十四度五十三分, 緯南八度三十八分.

벌 제2성은 황경이 5궁 18도 35분이고, 황위가 남으로 28도 45분이다.

伐二星, 黃經五宮一十八度三十五分, 緯南二十八度四十五分.

적경이 5궁 19도 58분이고, 적위가 남으로 5도 39분이다.

赤經五宮一十九度五十八分, 緯南五度三十九分.

제3성은 황경이 5궁 18도 38분이고, 황위가 남으로 29도 17분이다.

三星, 黃經五宮一十八度三十八分, 緯南二十九度一十七分.

적경이 5궁 20도 4분이고, 적위가 남으로 6도 11분이다】

赤經五宮二十度零四分, 緯南六度一十一分】

달이 삼수를 침범하면 큰 가뭄으로 기근을 겪어 사람들이 서로 잡아 먹게 된다.

月犯參, 大旱饑, 人相食.

목성이 삼수 옆을 차지하면 큰 전염병이 돌고, 백성이 유랑하여 흩어지게 된다.

木守參, 大疫, 民流散;

목성이 삼수를 침범하면 그해에는 큰 전염병이 돌게 된다.

犯之, 歲大疫.

토성이 삼수 옆을 차지하면 오곡이 제대로 여물지 않게 된다.

土守參, 五穀不成;

객성이 삼수 옆을 차지하면 그해에는 큰 기근을 겪게 된다.

客星守參, 歲大饑.

1월 8일 밤에 벌수 3성이 달 서쪽에 있으면 주로 홍수가 나게 된다.

正月八日, 三星夜在月西, 主大水;

여름 한 절기가 맑고 달 동쪽에 있으면서 달 입구와 마주하고 있으면 주로 고지대 농지는 곡식을 반만 수확하게 된다.

夏中一節晴, 若在月東對月口, 主高田半收;

남쪽에 있으면 큰 가뭄이 들게 된다.

在南, 大旱;

북쪽에 있으면 강한 바람이 세게 불고, 사람들은 전염병에 걸리게 된다. 《군방보》[829]

在北, 大惡風, 人疫. 《群芳譜》

829 《二如亭群芳譜》, 위와 같은 곳. 후반부는 출전 확인 안 됨.

10-9) 옥정(玉井, 천자의 우물)[830] 4성

玉井四星

【보천가[831] 옥정 홍색별 4개 우족 감싸고 있네.

【步天歌 玉井四紅右足陰.

진서 천문지[832] 옥정 4성은 삼수 좌족 아래에 있다. 주방에 물과 음료를 공급하는 일을 주관한다.

晉·天文志 玉井四星在參左足下, 主水漿以給廚.

송양조천문지[833] 옥정의 거성은 서북쪽 별로, 북극거리가 98도 조금 안 되고, 경도가 필수에서 11.5도 들어간다.

宋兩朝天文志 距西北星, 去極九十八度少, 入畢宿十一度半.

군방보[834] 옥정은 수관(水官)[835]이다. 물과 샘을 주관한다】

群芳譜 玉井, 水官也, 主水泉】

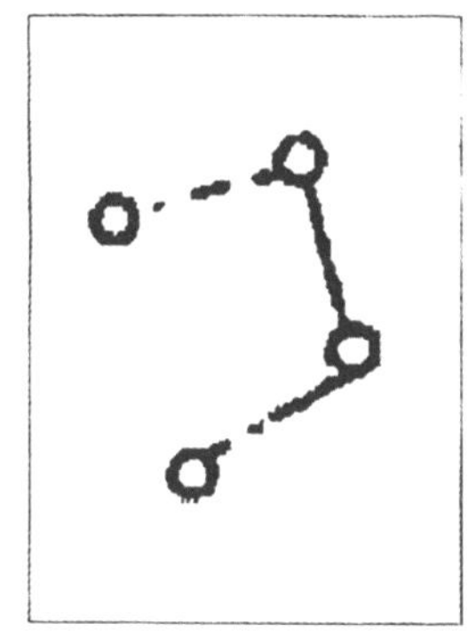

옥정(《오례통고》)

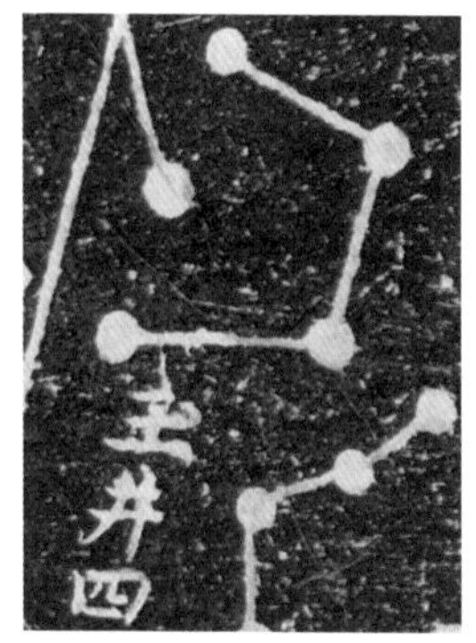

옥정 4(《천상열차분야지도》)

830 옥정(玉井, 천자의 우물) : 서방7수 중 삼수에 속한 별자리. 삼수 오른쪽 아래에 있으며 별 4개로 구성되어 있다.

831《步天歌》〈參〉, 25쪽.

832《晉書》卷11〈天文〉上 "星官在二十八宿之外者", 306쪽.

833 출전 확인 안 됨;《五禮通考》卷194〈嘉禮〉67 "觀象授時" '西方白虎七宿·玉井四星'(《文淵閣四庫全書》139, 705쪽).

834《二如亭群芳譜》〈元部〉"天譜" 卷2 '星'(《四庫全書存目叢書補編》80, 88쪽).

835 수관(水官) : 치수(治水)와 어세(魚稅)를 담당하는 관리.

옥정이 평소와 같이 희미하고 작으면 음양이 화합하여 오곡이 잘 여물게 된다.

星微小如常, 則陰陽和, 五穀成;

밝고 크면서 움직이면 천하에 홍수가 나서 큰 기근을 겪게 된다.

明大動搖, 則天下大水, 大饑.

오성이 옥정으로 들어오면 나라에 수해의 근심이 있고, 곡식이 물에 썩으며, 수생 생물이 제대로 자라지 않게 된다.

五星入之, 國有水憂, 穀有水敗, 水物不成;

유성이 들어오면 홍수가 나게 된다.

流星入之, 大水;

혜성이나 패성이 그 옆을 차지하면 천하에 홍수가 나서 강이나 바다가 넘치며, 백성이 대부분 물에서 죽게 된다. 《군방보》[836]

彗孛守之, 天下大水, 河海溢, 民多死于水. 《群芳譜》

836 《二如亭群芳譜》, 위와 같은 곳.

10-10) 병(屛, 병풍)[837] 2성

屛二星

【보천가[838] 병(屛)성 적색별 2개 옥정 남쪽으로 드리운 옷깃 같네.

【步天歌 屛星兩赤井南襟.

수서 천문지[839] 병 2성은 옥정 남쪽에 있다.

隋·天文志 屛二星在玉井南.

송사 천문지[840] 어떤 본에서는 '천병(天屛)'이라 되어 있다. 일설에 "삼수의 우족에 있다."라 했다.

宋·天文志 一作"天屛", 一云: "在參右足."

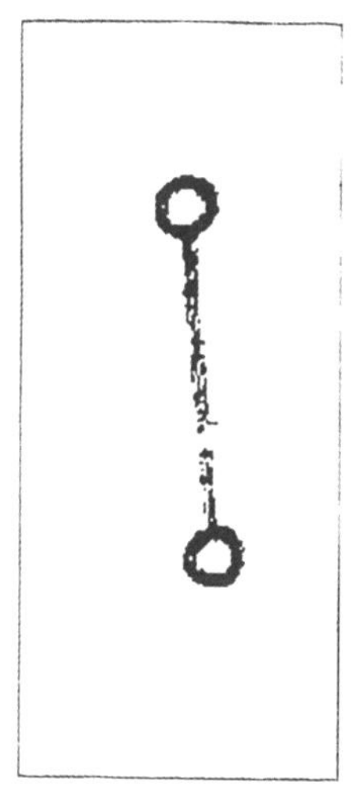

병(《오례통고》)

병 2(《천상열차분야지도》)

837 병(屛, 병풍): 서방7사 중 삼수에 속한 별자리. 옥정 아래에 있으며 별 2개로 구성되어 있다.

838《步天歌》, 위와 같은 곳.

839《隋書》卷20〈志〉第15 "天文" 中 '二十八舍'(《文淵閣四庫全書》264, 367쪽).

840《宋史》卷51〈天文志〉第4 "天文" 4(《文淵閣四庫全書》281, 67쪽).

송양조천문지[841] 병성의 거성은 남쪽 별로, 북극거리가 115도이고, 경도가 필수에서 13.5도 들어간다.

宋兩朝天文志 距南星, 去極一百一十五度, 入畢宿十三度半.

군방보[842] 병성은 질병을 주관한다】

群芳譜 主疾病】

병성이 밝지 않으면 천하의 사람들이 병으로 앓아 눕게 된다.

星不明, 天下寢疾;

병성이 잘 보이지 않으면 사람들이 대부분 병에 걸리게 된다.

不具, 則人多疾病.

화성이 3일 동안 그 옆을 차지하면 백성이 병에 걸리게 된다.

火守之三日, 民疾病.

객성이 병성으로 들어오면 다리 4개인 벌레가 큰 전염병에 걸리고, 백성이 대부분 병에 걸리게 된다.

客星入之, 四足蟲大疫, 民多病;

객성이 출입하여 침범하면 모두 주로 병에 걸리게 된다.

出入犯, 皆主病.

유성이 침범하면 사람들이 대부분 병으로 죽게 된다.

流星犯之, 人多病死;

혜성이나 패성이 병성에서 나오면 백성이 대부분 병에 걸리게 된다.

彗孛出屏, 民多疾病;

청색 구름 기운이 병성으로 들어오면 대부분 급성전염병에 걸리게 된다. 《군방보》[843]

青氣入屏, 多瘟疫. 《群芳譜》

841 출전 확인 안 됨; 《五禮通考》 卷194 〈嘉禮〉 67 "觀象授時" '西方白虎七宿·屏二星'(《文淵閣四庫全書》 139, 705쪽).

842 《二如亭群芳譜》, 위와 같은 곳.

843 《二如亭群芳譜》, 위와 같은 곳.

10-11) 천측(天廁, 하늘의 변소)[844] 4성

天廁四星

【보천가[845] 삼수의 좌족에 적색별 4개 천측이 닿아 있네.

【步天歌 左足四赤天廁臨.

사기 천관서[846] 삼수 남쪽에 4성이 있는데, 이를 '천측'이라 한다.

史記·天官書 參南有四星, 曰"天廁".

수서 천문지[847] 천측 4성은 병성 동쪽에 있다. 변소이다. 천하의 질병을 주관한다.

隋·天文志 天廁四星在屛東, 溷也, 主觀天下疾病.

송양조천문지[848] 천측의 거성은 서북쪽 별로, 북극 거리가 110.5도이고, 경도가 삼수에서 2도 들어간다】

宋兩朝天文志 距西北星, 去極一百一十度半, 入參宿二度】

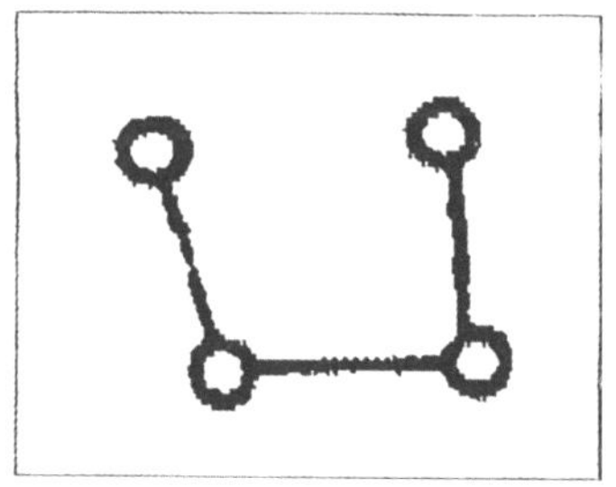

천측(《오례통고》)

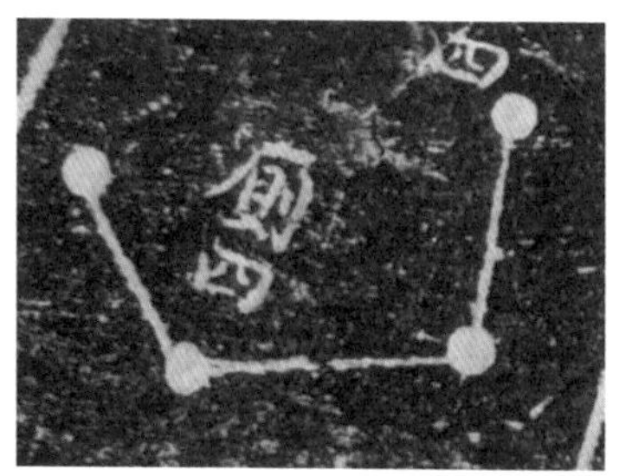

측 4(《천상열차분야지도》)

844 천측(天廁, 하늘의 변소): 서방7수 중 삼수에 속한 별자리. 삼수의 좌족(右足) 아래에 있으며 별 4개로 구성되어 있다.

845 《步天歌》, 위와 같은 곳.

846 《史記》 卷27 〈天官書〉 第5, 1306쪽.

847 《隋書》 卷20 〈志〉 第15 "天文" 中 '二十八舍'(《文淵閣四庫全書》264, 367쪽).

848 출전 확인 안 됨; 《五禮通考》 卷194 〈嘉禮〉 67 "觀象授時" '西方白虎七宿·天廁四星'(《文淵閣四庫全書》139, 705쪽).

천측이 황색이면 길하게 된다. 色黃, 吉;

청색이나 백색이면 모두 흉하게 된다. 靑與白, 皆凶;

보이지 않으면 사람들이 병으로 앓아 눕게 된다. 《사기정의》[849] 不見, 則人寢疾. 《史記正義》

천측성이 황색이면서 밝으면 길하게 된다. 星色黃而明, 則吉;

천측의 모양이 어그러지면 천하의 사람들이 전염병에 걸리게 된다. 若有陷廁, 天下人疫.

목성이 그 옆을 차지하거나, 객성이 천측에서 나오면 모두 큰 기근을 겪어 사람들이 서로 잡아 먹게 된다. 木星守之, 客星出之, 皆大饑, 人相食;

유성이 천측으로 들어오면 홍수가 나고, 큰 기근을 겪게 된다. 流星入, 大水, 大饑;

혜성이나 패성이 침범하면 사람들이 서로 잡아 먹게 된다. 《군방보》[850] 彗孛犯之, 人相食. 《群芳譜》

849 《史記正義》 卷27 〈天官書〉 第5(《文淵閣四庫全書》 247, 393쪽); 《史記》 卷27 〈天官書〉 第5, 1307쪽.
850 《二如亭群芳譜》, 위와 같은 곳.

10-12) 시(屎, 똥)[851] 1성 | 屎一星

【보천가[852] 천측 아래 적색별 1개 깊이 떨어진 천시(天屎, 하늘의 똥)라네. | 【步天歌 廁下一赤天屎沈.

사기 천관서[853] 천측 아래 1성을 '천시(天矢)'라 한다. | 史記·天官書 廁下一星曰"天矢".

수서 천문지[854] 천시 1성은 천측 남쪽에 있다. | 隋·天文志 天矢一星在廁南.

송양조천문지[855] 천시는 북극거리가 115도이고, 경도가 삼수에서 3.5도 들어간다】 | 宋兩朝天文志 去極一百一十五度, 入參宿三度半】

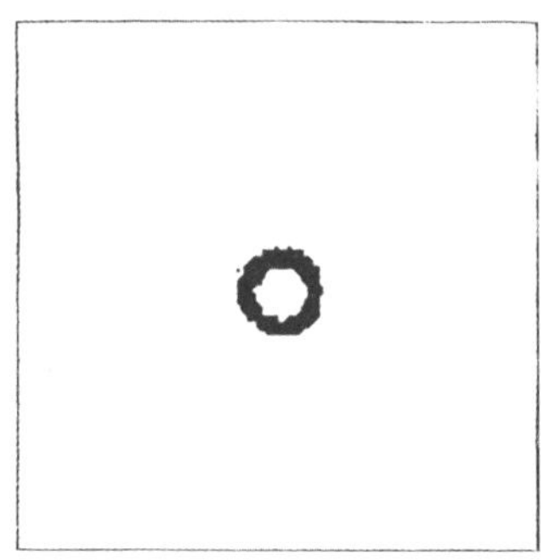
천시(《오례통고》)

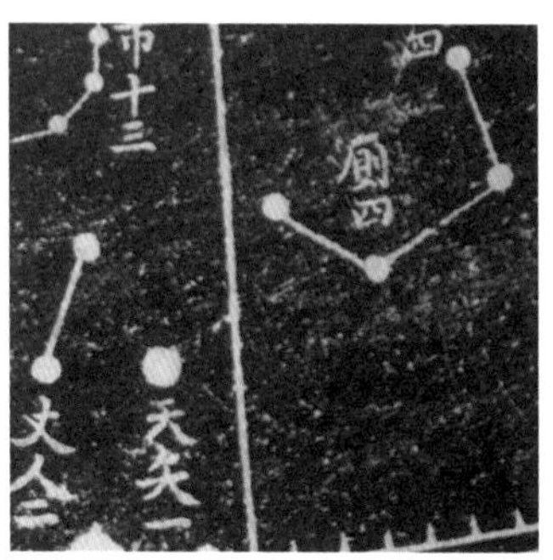

천시 1과 측 4(《천상열차분야지도》)

851 시(屎, 똥): 서방7수 중 삼수에 속한 별자리. 천측 아래에 있으며 별 1개이다.

852《步天歌》, 위와 같은 곳.

853《史記》卷27〈天官書〉第5, 1306쪽.

854《隋書》, 위와 같은 곳.

855 출전 확인 안 됨:《五禮通考》卷194〈嘉禮〉67 "觀象授時" '西方白虎七宿·屎一星'(《文淵閣四庫全書》139, 705쪽).

점은 천측의 그것과 같다. 《사기정의》[856]	占, 與天廁同. 《史記正義》
천시가 황색이면 길하게 된다.	色黃, 則吉;
빛이 희미하고 작으면 만물이 창성하지 않게 된다.	微小, 萬物不昌;
보이지 않으면 사람들이 대부분 병들어 죽게 된다.	不見, 則人多病死;
흑색이면 주로 사람들이 기근을 겪고, 대부분 전염병에 걸리게 된다.	色黑, 主人飢, 疾疫多.
오성이 그 옆을 차지하면 천하가 기근을 겪고, 사람들이 대부분 죽게 된다.	五星守之, 天下饑, 人多死;
화성이 그 옆을 차지하면 주로 가뭄이 들게 된다.	火守之, 主旱;
유성이 들어와서 천측에 닿으면 큰 기근을 겪고, 백성은 대부분 병으로 죽게 된다. 《군방보》[857]	流星入, 若抵之, 大饑, 民多病死. 《群芳譜》

856 《史記正義》, 위와 같은 곳; 《史記》 卷27 〈天官書〉 第5, 1307쪽.

857 《二如亭群芳譜》, 위와 같은 곳.

10-13) 자수(觜宿, 짐승 머리에 솟은 털뿔)858 3성 觜宿三星

【보천가】859 자(觜) 3성은 너비가 2도이다. 미(尾)수와 마주 보고, 음양궁에 속한다. 신(申) 방향이고, 진(晉)나라·위(魏)나라의 분야이다.

【步天歌】觜三星, 二度. 對尾, 陰陽宮, 申地, 晉、魏之分.

홍색별 3개 서로 가까이 삼(參)수의 꽃술 되네.

三紅相近作參蘂.

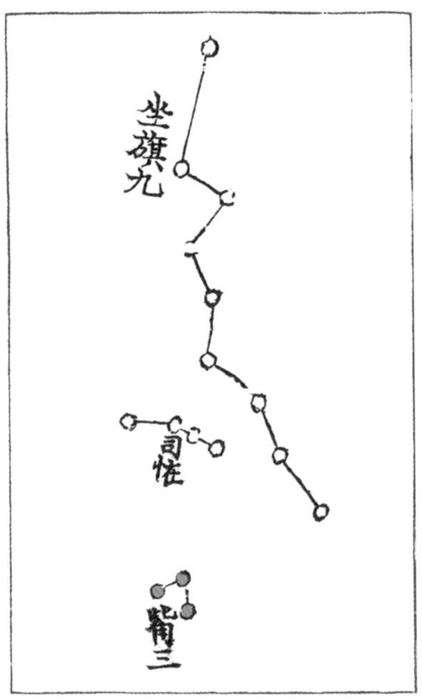

자수(자)(《보천가》)

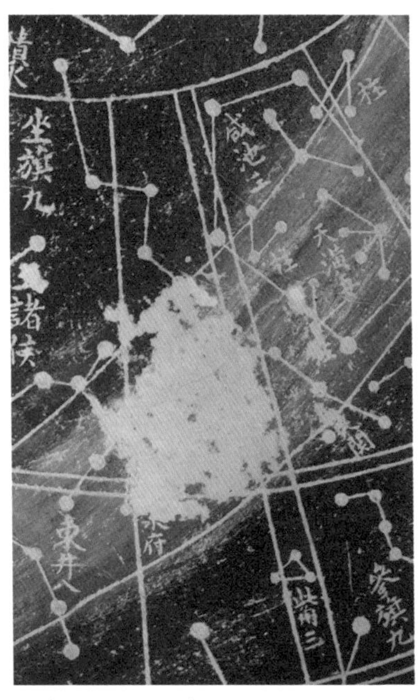

자 3(《천상열차분야지도》)

858 자수(觜宿, 짐승 머리에 솟은 털뿔) : 서방7수에 속한 별자리. 별 3개로 구성되어 있다.
859 《步天歌》〈觜〉, 24쪽.

사기 천관서[860] 작은 3성이 각을 이루어 있는 별을 '자휴(觜觿, 짐승 머리에 솟은 털뿔)'라 한다. 호랑이의 머리이다. 군대[旅] 보호하는[葆] 일을 주관한다.

史記·天官書 小三星隅置曰"觜觿", 爲虎首, 主葆旅事.

《사기색은》에서 다음과 같이 말했다. "송균은 '보(葆)는 지킨다[守]는 뜻이다. 여(旅)는 군대[軍旅]와 같다.'라 했다."[861]

《索隱》曰: "宋均云: '葆, 守也. 旅, 猶軍旅也.'"

진서 천문지[862] 자휴 3성은 삼군의 징후이고, 진군하는 군대의 보급창고이다. 군대를 보호하고 만물을 거두어 갈무리하는 일을 주관한다.

晉·天文志 觜觿三星, 爲三軍之候、行軍之藏府, 主[112]葆旅, 收斂萬物.

송사 천문지[863] 한나라 영원동의로 측정했을 때와 당나라 개원유의로 측정했을 때 모두 자휴의 너비는 3도이다.

宋·天文志 漢永元銅儀、唐開元游儀, 皆以觜觿爲三度.

옛 성경에는 북극거리가 84도였다.

舊去極八十四度.

경우 연간의 측정으로 자수 3성의 너비는 1도이다. 거성은 서남쪽 별로, 북극거리가 84도이고, 경도는 적도 안으로 7도에 있다.

景祐測驗, 觜宿三星一度, 距西南星, 去極八十四度, 在赤道內七度.

송양조천문지[864] 자수는 북극거리가 82.5도이다.

宋兩朝天文志 去極八十二度半.

860《史記》卷27〈天官書〉第5, 1306쪽.

861 송균은……했다:《史記索隱》卷9〈天官書〉第5(《文淵閣四庫全書》246, 505쪽);《史記》卷27〈天官書〉第5, 1307쪽.

862《晉書》卷11〈天文〉上 "二十八舍", 302쪽.

863《宋史》卷51〈天文志〉第4 "天文" 4(《文淵閣四庫全書》281, 66쪽).

864 출전 확인 안 됨;《五禮通考》卷194〈嘉禮〉67 "觀象授時" '西方白虎七宿·觜宿三星'(《文淵閣四庫全書》139, 703쪽).

[112] 主: 저본에는 없음.《晉書·天文·二十八舍》에 근거하여 보충.

군방보[865] 자수의 너비는 2도로 계량된다. '천화(天貨)'라고도 한다. 보화를 주관한다. 그 북쪽으로 3척 떨어진 부분은 일월오성이 지나가는 궤도이다.	群芳譜 計二度. 一曰"天貨", 主寶貨. 其北三尺, 爲日月五星中道.
금측[866] 자(觜) 제1성은 황경이 5궁 19도 22분이고, 황위가 남으로 13도 26분이다.	今測 觜一星, 黃經五宮一十九度二十二分, 緯南一十三度二十六分.
적경이 5궁 19도 31분이고, 적위가 북으로 9도 40분이다】	赤經五宮一十九度三十一分, 緯北九度四十分】
자수가 밝고 크면 천하가 평안하고, 오곡이 잘 익게 된다.	明大, 則天下安, 五穀熟;
움직이면 천하에 가뭄이 들게 된다.《삼재도회》[867]	動, 則天下旱.《三才圖會》
자(觜)성이 밝으면 천하가 평안하고, 오곡이 잘 익게 된다.	星明, 則天下安, 五穀熟;
움직이면 천하에 가뭄이 들게 된다.	動, 則天下旱.
목성이 자수 옆을 차지하면 사람들이 기근을 겪게 된다.	木守觜, 人飢;
오래 그 옆을 차지하면 오곡이 제대로 여물지 않고, 천하에 큰 전염병이 돌게 된다.	久守, 五穀不成, 天下大疫.
화성이 자수를 침범하면 큰 가뭄이 들고 화재가	火犯觜, 大旱, 多火災;

865《二如亭群芳譜》〈元部〉"天譜" 卷2 '星'(《四庫全書存目叢書補編》80, 84쪽).
866《五禮通考》, 위와 같은 곳.
867《三才圖會》卷2〈天文〉"西方七宿" '觜'(《續修四庫全書》1232, 658쪽).

많게 된다.

금성이 자수 옆을 차지하면 천하가 안녕하게 된다. 金守觜, 天下安寧;

수성이 자수를 침범하면 홍수가 나고, 그 분야의 나라는 큰 기근을 겪게 된다. 水犯觜, 有水災, 其國大饑;

혜성이나 패성이 자수에서 나오면 곡식이 비싸진다. 《군방보》[868] 彗孛出觜, 粟貴. 《群芳譜》

868 《二如亭群芳譜》, 위와 같은 곳.

11) 남쪽 정(井)·귀(鬼)·유(柳) 3수 南方井、鬼、柳三宿

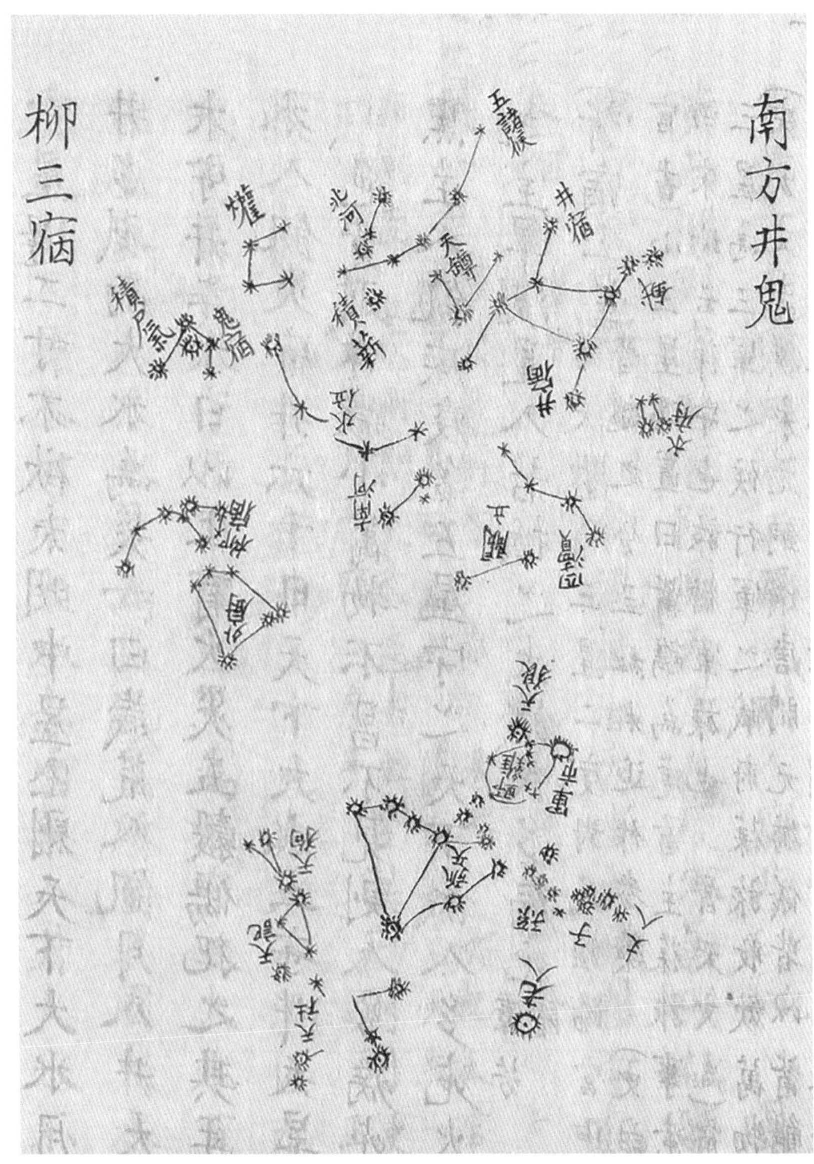

〈원도10〉 남방정·귀·유삼수(南方井、鬼、柳三宿). 적시기(積尸氣)·귀수(鬼宿)·적신(積薪)·수위(水位)·관(爟)·북하(北河)·천준(天罇)·오제후(五諸侯)·정수(井宿)·정수(井宿)·월(鉞)·영부(永府)·외주(外廚)·유수(柳宿)·남하(南河)·궐립(闕立)·사독(四瀆)·천랑(天狼)·야계(野鷄)·군시(軍市)·천구(天狗)·천기(天記)·천사(天社)·호시(弧矢)·손(孫)·자(子)·장인(丈人)·노인(老人)

11-1) 정수(井宿, 우물)[869] 8성

井宿八星

【보천가】[870] 정(井) 8성은 너비가 33도이다. 두(斗)수와 마주 보고, 거해궁(巨蟹宮)에 속한다. 미(未) 방향이고, 진(秦)나라의 분야이다.

【步天歌】 井八星，三十三度. 對斗，巨蟹宮，未地，秦之分.

홍색별 8개 가로로 늘어서 은하수 안에서 맑네.

八紅橫列河中淨.

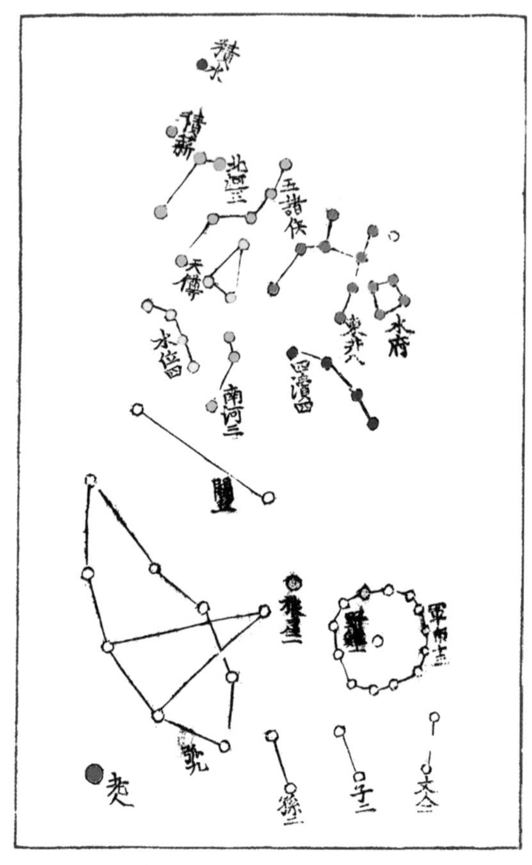

정수 전체. 정수(동정) 및 남하·북하·천준·오제후·적수·적신·수위·수부·사독·노인·호(《보천가》)

869 정수(井宿, 우물): 남방7수에 속한 별자리. 별 8개로 구성되어 있다.

870 《步天歌》〈井〉, 26쪽.

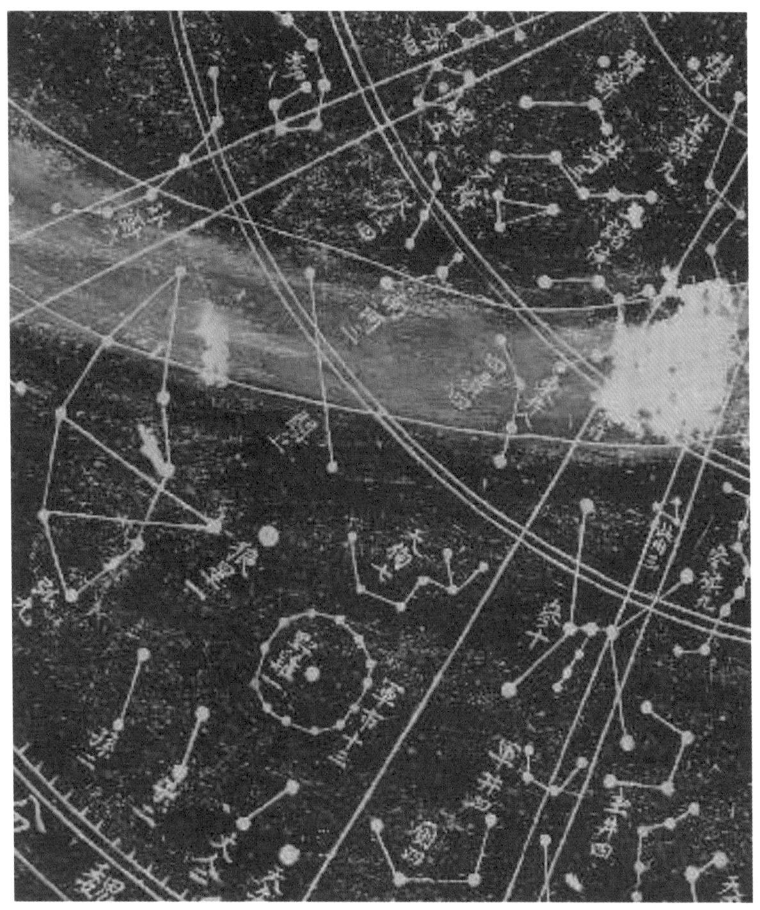

정수(동정) 및 남하·북하·천준·오제후·적수·적신·수위·수부·사독·노인·호(《천상열차분야지도》)

사기 천관서[871] 동정(東井, 정수)은 물에 관련된 일을 한다.

史記·天官書 東井爲水事.

《사기색은》은 다음과 같이 말했다. "《춘추원명포》는 '동정 8성은 수형(水衡)[872]을 주관한다.'라 했

《索隱》曰: "《元命包》云: '東井八星, 主水衡也.'"

871 《史記》 卷27 〈天官書〉 第5, 1302쪽.

872 수형(水衡): 물을 관리하는 관직.

다."[873]

진서 천문지[874] 동정 8성은 하늘의 남문이다. 황도가 지나가는 길이며, 주변을 감시하는 하늘의 망루이다. 수형의 일을 주관하고, 법령이 공평하게 시행되게 한다.

晉·天文志 東井八星, 天之南門, 黃道所經, 天之亭候, 主水衡事, 法令所取平也.

송사 천문지[875] 한나라 영원동의로 측정했을 때, 정수의 너비는 30도이다.

당나라 개원유의로 측정했을 때, 정수의 너비는 33도이고, 북극거리는 70도이다.

경우 연간의 측정으로 너비가 역시 33도이고, 거성은 서북쪽 별로, 북극거리가 69도이다.

宋·天文志 漢永元銅儀, 井宿三十度;

唐開元游儀, 三十三度, 去極七十度.

景祐測驗, 亦三十三度, 距西北星, 去極六十九度.

통지[876] 정수는 너비가 34도이다. 감덕은 "정 8성은 은하수 안에 있다. 샘과 물을 주관한다. 일월오성이 관통하는 궤도이다."라 했다.

석신은 이 별을 '동정'이라 했고, '천정(天井)'이라고도 했다. 제후와 종실과 삼공(三公)의 지위에 있는 이들의 일을 주관한다.

通志 井, 三十四度. 甘氏云: "井八星在河中, 主泉水, 日月五星貫之, 爲中道." 石氏謂之"東井", 亦日"天井", 主諸侯、帝戚、三公之位.

873《춘추원명포》는……했다:《史記索隱》卷9〈天官書〉第5(《文淵閣四庫全書》246, 504쪽);《史記》, 위와 같은 곳.

874《晉書》卷11〈天文〉上 "二十八舍", 303쪽.

875《宋史》卷51〈天文志〉第4 "天文" 4(《文淵閣四庫全書》281, 69쪽).

876《通志》卷38〈天文略〉第1 "南方"(《文淵閣四庫全書》373, 466쪽).

금측[877] 정(井) 제1성은 황경이 6궁 1도 55분이고, 황위가 남으로 1도 53분이다.	今測 井一星, 黃經六宮初度五十五分, 緯南初度五十三分.
적경이 6궁 1도이고, 적위가 북으로 22도 36분이다.	赤經六宮一度, 緯北二十二度三十六分.
제2성은 황경이 6궁 2도 24분이고, 황위가 남으로 3도 8분이다.	二星, 黃經六宮二度二十四分, 緯南三度零八分.
제3성은 황경이 6궁 4도 41분이고, 황위가 남으로 6도 49분이다.	三星, 黃經六宮四度四十一分, 緯南六度四十九分.
제5성은 황경이 6궁 5도 29분이고, 황위가 북으로 2도 1분이다.	五星, 黃經六宮五度二十九分, 緯北二度零一分.
제7성은 황경이 6궁 10도 36분이고, 황위가 남으로 2도 7분이다.	七星, 黃經六宮一十度三十六分, 緯南二度零七分.
제8성은 황경이 6궁 14도 22분이고, 황위가 남으로 5도 41분이다】	八星, 黃經六宮一十四度二十三分, 緯南五度四十一分】
토성이 동정을 침범하여 거성 가까이 지나가면서 북쪽으로 가면 그 점은 "홍수가 나고, 오곡이 제대로 여물지 않게 된다."라 했다.	填星犯東井, 行近距星而行陰, 其占曰"大水, 五穀不成".
달이 정수에 머물면 바람이 불고, 비가 내리게 된다. 《진서》〈천문지〉[878]	月宿井, 有風雨.《晉·天文志》

877 출전 확인 안 됨;《五禮通考》卷194〈嘉禮〉67 "觀象授時" '南方朱鳥七宿·井宿八星'(《文淵閣四庫全書》139, 706쪽).

878《晉書》卷13〈天文〉下 "月五星犯列舍", 363쪽;《晉書》卷11〈天文〉上 "二十八舍", 303쪽.

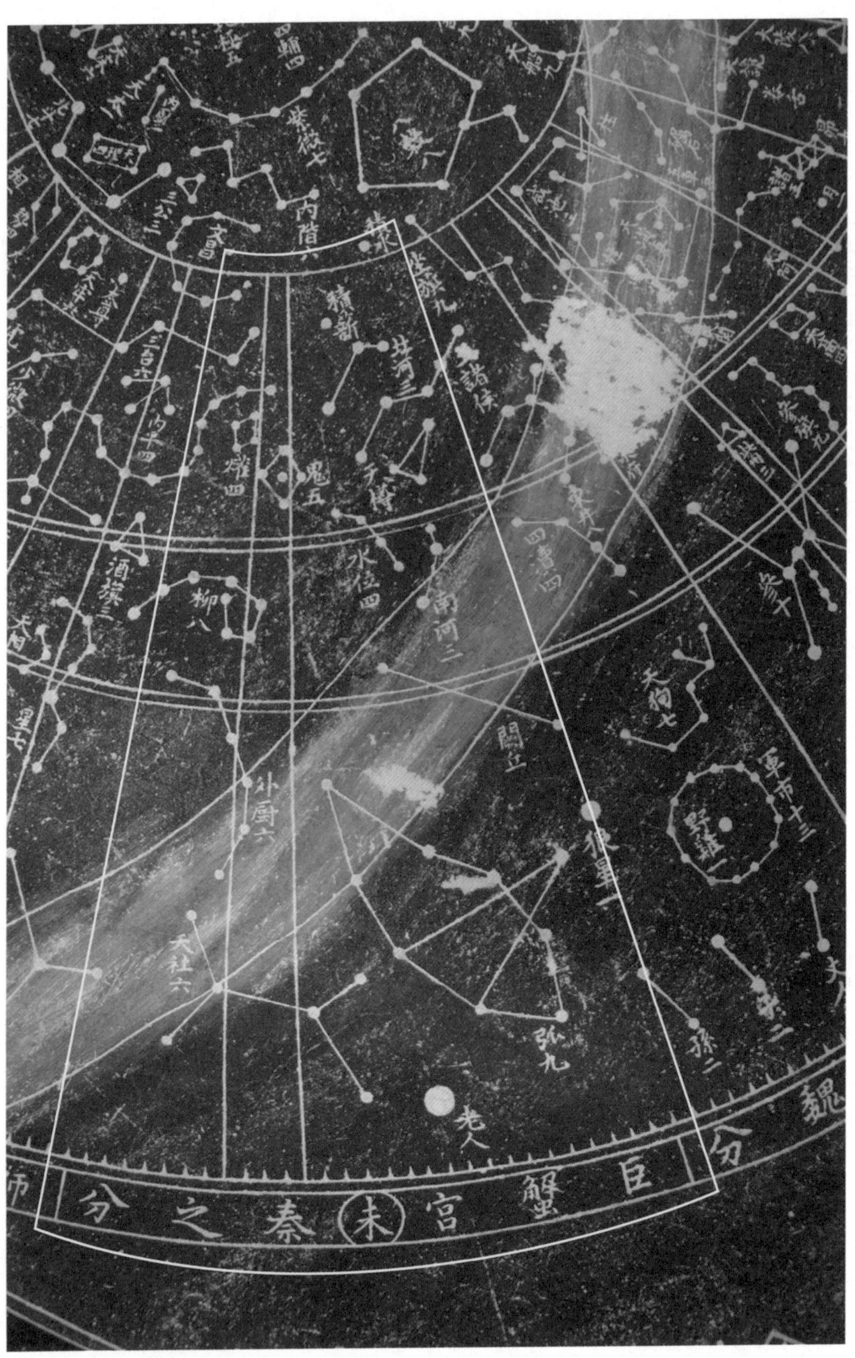

4궁 거해궁 진(秦)(《천상열차분야지도》)

왕의 마음이 바르면 정(井)성이 바르고 밝다. 王者心正, 則井星正而明;

매우 왕성하게 빛나면 비바람이 많이 불고, 홍수가 나게 된다. 大盛, 則多風雨而有大水;

정성이 움직이면 홍수가 나서 재앙이 된다. 移徙, 則洪水爲災;

월(鉞)[879] 1성이 정수 입구 제1성 옆에 2촌 정도 붙으면 너무 밝지 않아야 한다. 鉞一星附井口第一星邊二寸, 不欲太明;

가운데 별이 어두워서 보이지 않으면 천하에 홍수가 나게 된다. 中星亡, 則天下大水.

달이 정수를 침범하면 비바람이 많이 불고, 홍수가 재앙이 된다. 일설에는 "그해에는 흉년이 들어 사람들이 기근을 겪게 된다."라 했다. 月犯井, 多風雨, 大水爲災, 一曰: "歲荒, 人飢";

달이 정수에 들어오면 홍수가 나게 된다. 月入井, 大水.

목성이 정수 옆을 20일 이상 차지하면 화재가 나고, 오곡이 상하게 된다. 木守井二十日以上, 有火災, 五穀傷;

목성이 침범하면 그해에는 홍수가 나고 사람들이 기근을 겪게 된다. 犯之, 其年大水, 人飢.

화성이 정수 옆을 60일 차지하면 천하에 홍수가 나게 된다. 火守井六十日, 天下大水;

토성이 정수 옆을 차지하면 큰 가뭄이 들고, 오곡이 잘 여물지 않게 된다. 土守井, 大旱, 五穀不成;

화성이 출입하면서 정수 옆을 30일 차지하면 홍수가 나고 사람들이 유랑하게 된다. 火出入留守井三十日, 大水, 人流亡;

수성이 정수를 침범하면 말이 갑자기 비싸진다. 水犯井, 馬暴貴.

수성이 정수 옆을 차지하고, 정수의 모양이 움직이면서 흑색이면 물난리가 나게 된다. 水守井, 角動色黑, 爲水;

879 월(鉞) : 남방7수 중 정수에 속한 별자리. 정(井) 오른쪽 끝에 있으며 별 1개이다.

수성이 그 옆을 차지하면 홍수가 나고 모든 하천이 넘치게 된다. 守之, 大水, 百川皆溢.

객성이 정수로 들어오면 물난리나 가뭄은 재앙이 된다. 客星入井, 水旱爲災;

유성이 오면 그 분야의 나라에는 홍수가 나게 된다. 流星所至, 其國大水;

청색 구름 기운이 정수에 출입하여 은하수로 들어오면 홍수가 나게 된다. 青雲氣出入井, 入河中, 大水;

적색 구름 기운이 정수로 들어오면 홍수가 나게 된다. 赤雲氣入井, 大水;

그렇지 않으면 전염병이 돌고, 가뭄도 들게 된다. 《군방보》[880] 不, 則疾疫, 亦爲旱. 《群芳譜》

880 《二如亭群芳譜》, 위와 같은 곳.

11-2) 남하(南河, 남쪽 강)[881] 3성과 북하(北河, 북쪽 강)[882] 3성

南河三星、北河三星

【보천가[883] 남하·북하 각각 3성 남북 정면으로 마주 보네.

【步天歌 兩河各三南北正.

사기 천관서[884] 월(鉞)수[885] 북쪽에는 북하가 있고, 남쪽에는 남하가 있다.

史記·天官書 鉞北, 北河; 南, 南河.

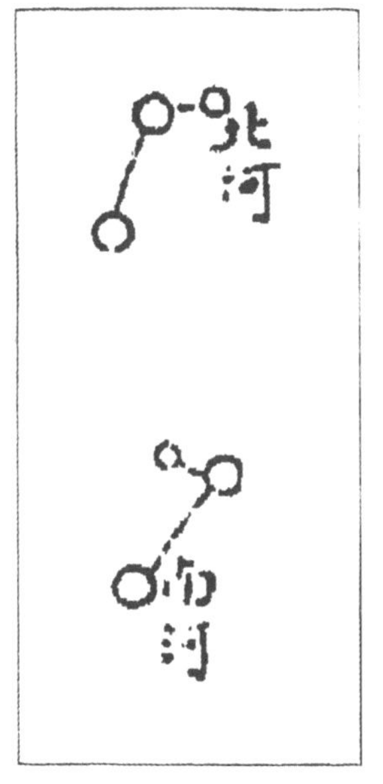

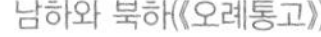
남하와 북하(《오례통고》)

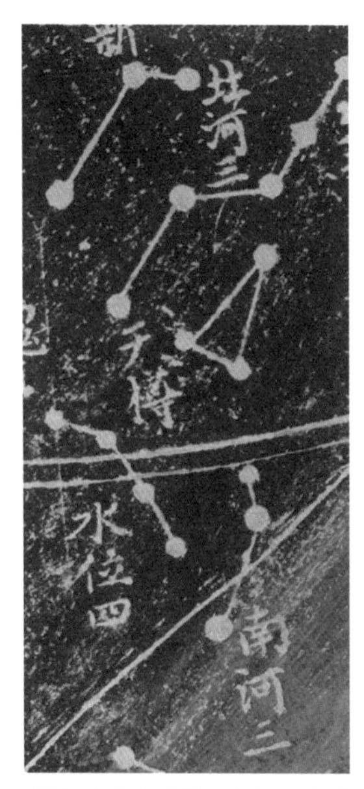

남하 3과 북하 3(《천상열차분야지도》)

---

881 남하(南河, 남쪽 강): 남방7수 중 정수에 속한 별자리. 북하와 마주 보고 있으며 3개의 별로 구성되어 있다.

882 북하(北河, 북쪽 강): 남방7수 중 정수에 속한 별자리. 남하와 마주 보고 있으며 3개의 별로 구성되어 있다.

883 《步天歌》. 위와 같은 곳.

884 《史記》 卷27 〈天官書〉 第5, 1302쪽.

885 월(鉞)수: 《史記》 〈天官書〉에서 "동정(東井)수는 물의 일을 주관한다. 그 서쪽에 굽은 별을 월(鉞)이라 한다(東井爲水事. 其西曲星曰'鉞')."라 했다. 그러나 《보천가》나 《천상열차분야지도》에는 이 별이 보이지 않는다.

진서 천문지[886] 남하·북하는 각각 3성은 동정(東井)을 끼고 있다. '천고(天高)'라고도 한다. 하늘의 관문이다. 관문과 교량을 주관한다.

晉·天文志 南河、北河各三星夾東井. 一曰"天高", 天[113]之關門也, 主關梁.

남하를 '남수(南戍)'라 한다. 또 '남궁(南宮)', '양문(陽門)', '권성(權星)'이라고도 한다. 불을 주관한다.

南河曰"南戍", 一曰"南宮", 一曰"陽門", 一曰"權星", 主火.

북하를 '북수(北戍)'라 한다. 또 '음문(陰門)', '형성(衡星)'이라고도 한다. 물을 주관한다.

北河曰"北戍", 一曰"陰門", 一曰"衡星", 主水.

남수와 북수 사이는 일월오성이 늘 지나가는 궤도이다.

兩河戍間, 日月五星之常道也.

송양조천문지[887] 북하의 거성은 동쪽 큰 별로, 북극거리가 61.5도이고, 경도가 정수에서 20도 들어간다.

宋兩朝天文志 北河距東大星, 去極六十一度半, 入井宿二十度.

남하의 거성은 동쪽 큰 별로, 북극거리가 83.5도이고, 경도가 정수에서 21도 들어간다.

南河距東大星, 去極八十三度半, 入井宿二十一度.

금측[888] 북하 제1성은 황경이 6궁 14도 39분이고, 황위가 북으로 9도 45분이다.

今測 北河一星, 黃經六宮一十四度三十九分, 緯北九度四十五分.

제2성은 황경이 6궁 15도 51분이고, 황위가 북으로 11도 2분이다.

二星, 黃經六宮一十五度五十一分, 緯北十一度零二分.

886《晉書》卷11〈天文〉上 "中宮", 298쪽.

887 출전 확인 안 됨;《五禮通考》卷194〈嘉禮〉67 "觀象授時" '南方朱鳥七宿·南河三星北河三星'(《文淵閣四庫全書》139, 707쪽).

888《五禮通考》卷194〈嘉禮〉67 "觀象授時" '南方朱鳥七宿·南河三星北河三星'(《文淵閣四庫全書》139, 706쪽).

[113] 天: 저본에는 없음.《晉書·天文·中宮》에 근거하여 보충.

제3성은 황경이 6궁 18도 51분이고, 황위가 북으로 6도 40분이다.

三星, 黃經六宮一十八度五十一分, 緯北六度四十分.

적경이 6궁 21도 31분이고, 적위가 북으로 28도 43분이다.

赤經六宮二十一度三十一分, 緯北二十八度四十三分.

남하 제2성은 황경이 6궁 17도 50분이고, 황위가 남으로 13도 34분이다.

南河二星, 黃經六宮一十七度五十分, 緯南一十三度三十四分.

적경이 6궁 17도 32분이고, 적위가 북으로 8도 51분이다.

赤經六宮一十七度三十二分, 緯北八度五十一分.

제3성은 황경이 6궁 21도 29분이고, 황위가 남으로 15도 57분이다.

三星, 黃經六宮二十一度二十九分, 緯南一十五度五十七分.

적경이 6궁 20도 44분이고, 적위가 북으로 6도 이다】

赤經六宮二十度四十四分, 緯北六度】

화성이 남하·북하 옆을 차지하면 곡식이 익지 않게 된다.《사기》〈천관서〉[889]

火守南、北河, 穀不登.《史記·天官書》

남하와 북하 사이는 하늘의 궤도이다. 칠요(일월오성)가 늘 운행하면서 지나가면 길하게 된다.

兩河間爲天中道, 七耀常行而過之, 則吉;

오래 머물면 재앙이 생기게 된다.

久留, 則殃咎生.

남하성과 북하성이 밝으면 천하가 평안하게 된다.

星明, 則天下安;

밝지 않으면 수로가 통하지 않게 된다.

不具, 則水道不通;

889《史記》, 위와 같은 곳.

남하가 밝지 않으면 남쪽이 통하지 않게 된다.	南, 則南不通;
북하가 밝지 않으면 북쪽이 통하지 않게 된다.	北, 則北不通.
달이 남하를 침범하면 큰 가뭄이 들고, 사람들은 전염병에 걸리며, 남자가 대부분 죽게 된다.	月犯南河, 大旱, 人疫, 男子多死;
달이 북하를 침범하면 동이(東夷, 동쪽 이민족)와 북적(北狄, 북쪽 이민족)이 흉하고, 홍수가 나며, 사람들이 전염병에 걸리고, 여자가 대부분 죽게 된다.	犯北河, 夷狄凶, 大水, 人疫, 女子多死.
화성이 침범하여 양하 옆을 차지하면 달이 범한 경우와 점이 같다.	火犯守河, 與月犯同.
금성이 남하를 침범하면 가뭄이 들게 된다.	太白犯南, 爲旱;
금성이 북하를 침범하면 물난리가 나게 된다.	北, 爲水.
창백색 구름 기운이 남하·북하로 들어오면 도로가 통하지 않게 된다. 《군방보》[890]	蒼白氣入兩河, 道路不通. 《群芳譜》

890《二如亭群芳譜》〈元部〉"天譜" 卷2 '星'(《四庫全書存目叢書補編》80, 88쪽).

11-3) 천준(天罇, 하늘의 술그릇)[891] 3성

天罇三星

【보천가】[892] 천준 오(烏)색별 3개 정수 위쪽 끝에 있네.

【步天歌】天罇三烏井上頭.

진서 천문지[893] 오제후(五諸候)[894] 남쪽 3성을 '천준'이라 한다. 죽을 담아 굶주린 사람에게 주는 일을 주관한다.

晉·天文志 五諸候南三星曰"天罇", 主盛饘粥以給貧餒.

송양조천문지[895] 천준의 거성은 서쪽 별로, 북극거리가 68도이고, 경도는 정수에서 16도 들어간다.

宋兩朝天文志 距西星, 去極六十八度, 入井宿十六度.

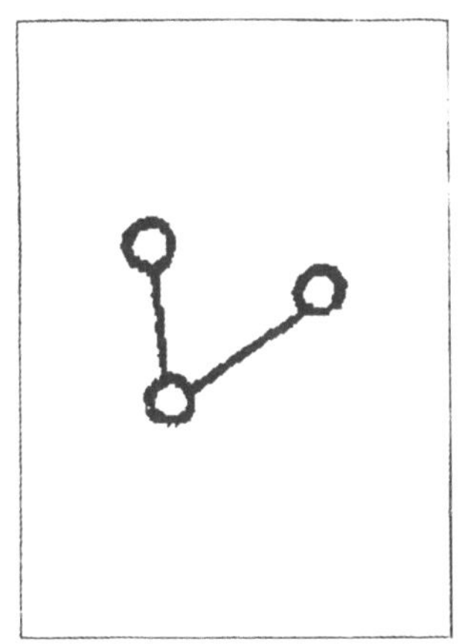
천준(《오례통고》)

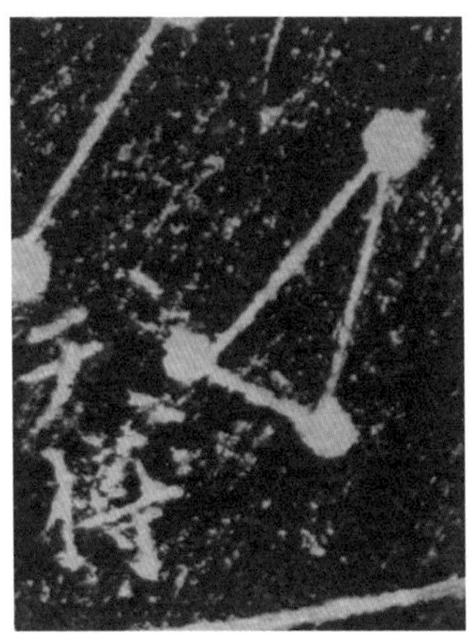
천준(《천상열차분야지도》)

891 천준(天罇, 하늘의 술그릇): 남방7수 중 정수에 속한 별자리. 정수 위에 있으며 별 3개로 구성되어 있다.

892 《步天歌》, 위와 같은 곳.

893 《隋書》 卷19 〈志〉 第14 "天文" 上 '中宮'(《文淵閣四庫全書》 264, 298쪽).

894 오제후(五諸候): 남방7수 중 정수에 속한 별자리. 천준 위에 있으며 별 3개로 구성되어 있다.

895 출전 확인 안 됨; 《五禮通考》 卷194 〈嘉禮〉 67 "觀象授時" '南方朱鳥七宿·天罇三星'(《文淵閣四庫全書》 139, 707쪽).

금측[896] 천준 제2성은 황경이 6궁 14도 6분이고, 황위가 남으로 1도 14분이다】

今測 天罇二星, 黃經六宮一十四度零六分, 緯南初度一十四分】

천준이 밝으면 그해에는 풍년이 들게 된다.

明, 則年豐;

어두우면 그해에는 흉년이 들게 된다. 어떤 이는 "어두우면 길하게 된다."라 했다. 《삼재도회》[897]

暗, 則年荒. 或曰: "暗, 吉." 《三才圖會》

896《五禮通考》, 위와 같은 곳.

897《三才圖會》卷2〈天文〉"南方七宿" '井'(《續修四庫全書》1232, 661쪽).

11-4) 오제후(五諸侯) 5성

五諸侯五星

【보천가[898] 천준 위쪽 가로로 늘어선 별이 오제후라네.

【步天歌 樽上橫列五諸侯.

진서 천문지[899] 오제후 5성은 동정(東井) 북쪽에 있다. 무도한 자를 검거하는 일과 예상치 못한 일을 경계하는 일을 주관한다. 또 "음양을 다스리고 득실을 살핀다."라 했다. 또 "천제(天帝)의 마음을 주관한다."라 했다.

晉·天文志 五諸侯五星在東井北, 主刺擧, 戒不虞. 又曰: "理陰陽, 察得失." 亦曰: "主帝心."

제1성을 '제사(帝師)', 제2성을 '제우(帝友)', 제3성을 '삼공(三公)', 제4성을 '박사(博士)', 제5성을 '태사(太史)'라 한다. 이 5성은 항상 제왕이 결정하지 못한 일을 의논해서 정해준다.

一曰"帝師", 二曰"帝友", 三曰"三公", 四曰"博士", 五曰"太史". 此五者常爲帝定疑議.

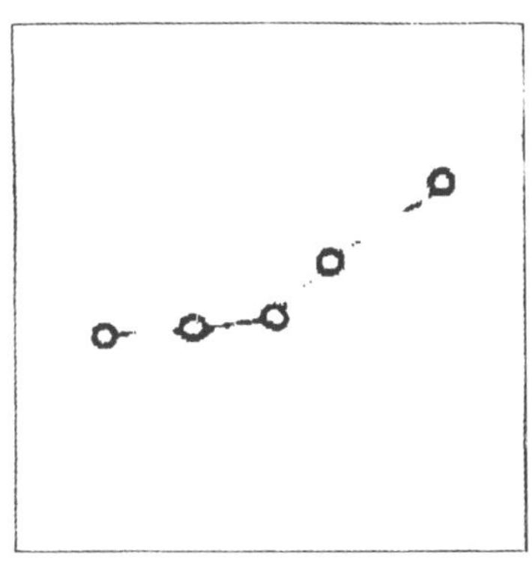
오제후(《오례통고》)

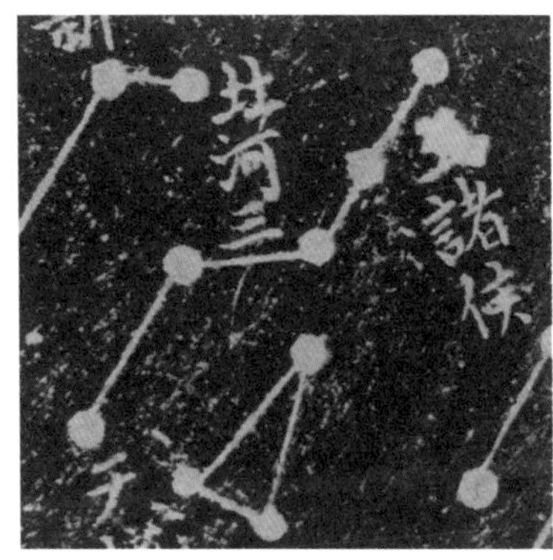

오제후(《천상열차분야지도》)

898《步天歌》, 위와 같은 곳.

899《晉書》卷11〈天文〉上 "中宮", 298쪽.

송양조천문지[900] 오제후의 거성은 서쪽 별로, 북극 거리가 56.5도이고, 경도가 정수에서 6.5도 들어간다.

宋兩朝天文志 距西星, 去極五十六度半, 入井宿六度半.

금측[901] 오제후 제2성은 황경이 6궁 11도 2분이고, 황위가 북으로 7도 43분이다.

今測 五諸侯二星, 黃經六宮一十一度零二分, 緯北七度四十三分.

제3성은 황경이 6궁 14도 34분이고, 황위가 북으로 5도 42분이다.

三星, 黃經六宮一十四度三十四分, 緯北五度四十二[114]分.

제4성은 황경이 6궁 16도 57분이고, 황위가 북으로 5도 10분이다.

四星, 黃經六宮一十六度五十七分, 緯北五度一十分.

제5성은 황경이 6궁 20도 52분이고, 황위가 북으로 5도 44분이다】

五星, 黃經六宮二十度五十二分, 緯北五度四十四分】

오제후가 적색이면 풍년이 들게 된다.
어두우면 흉년이 들게 된다. 《장형점》[902]

赤, 則豐;
暗, 則荒. 《張衡占》

900 출전 확인 안 됨; 《五禮通考》 卷194 〈嘉禮〉 67 "觀象授時" '南方朱鳥七宿·五諸侯五星'(《文淵閣四庫全書》 139, 707쪽).

901 《五禮通考》, 위와 같은 곳.

902 출전 확인 안 됨; 《通志》 卷38 〈天文略〉 第1 "西方"(《文淵閣四庫全書》 373, 466쪽).

[114] 二: 《五禮通考·嘉禮·觀象授時》에는 "三".

11-5) 적수(積水, 모인 물)[903] 1성

積水一星

【지금은 없다.

【今無.

보천가[904] 오제후 위쪽 북하 그 서쪽이 적수라네.

步天歌 侯上北河西積水.

진서 천문지[905] 적수 1성은 북하 서북쪽에 있다. 물과 강이다. 좋은 술과 음식을 공급하기 때문이다.

晉·天文志 積水一星在北河西北, 水河也, 所以供酒食之正也.

송양조천문지[906] 적수는 북극거리가 54.5도이고, 경도가 정수에서 18도 들어간다.

宋兩朝天文志 去極五十四度半, 入井宿十八度.

적수(《보천가》)

적수(《천상열차분야지도》)

903 적수(積水, 모인 물): 남방7수 중 정수에 속한 별자리. 오제후 위에 있으며 별 1개이다.

904 《步天歌》, 위와 같은 곳.

905 《晉書》 卷11 〈天文〉 上 "中宮", 298쪽.

906 출전 확인 안 됨; 《五禮通考》 卷194 〈嘉禮〉 67 "觀象授時" '南方朱鳥七宿·積水一星'(《文淵閣四庫全書》 139, 707쪽).

군방보[907] 적수는 좋은 물을 모아서 천자에게 술과 음식을 공급하는 일을 주관한다】

群芳譜 主聚美水, 給天子酒食】

적수가 보이지 않으면 재앙이 생기게 된다. 또 수재의 징후 살피는 일을 주관한다. 《삼재도회》[908]

不見, 爲災. 又主候水災. 《三才圖會》

적수가 밝으면 천하가 평안하고 잔치나 제사를 지낼 수 있게 된다.

明, 則天下安, 宴享行;

어두우면 오곡이 익지 않고, 인민이 근심하게 된다.

暗, 則五穀不登, 人民憂;

밝고 크며 움직이면 강과 바다가 넘치고, 나루와 교량이 통하지 않게 된다.

明大動搖, 河海溢決, 津梁不通.

오성이 침범하여 그 옆을 차지하면 수재가 나게 된다.

五星犯守, 有水災;

화성이 침범하면 주로 가뭄이 들게 된다.

火犯之, 主旱;

유성이 적수에 닿거나 들어오면 홍수가 나게 된다.

流星抵積水, 若入之, 大水;

창백색 구름 기운이 들어오면 천하에 수재가 나게 된다. 《군방보》[909]

蒼白氣入, 天下水災. 《群芳譜》

---

907 《二如亭群芳譜》, 위와 같은 곳.

908 《三才圖會》, 위와 같은 곳.

909 《二如亭群芳譜》, 위와 같은 곳.

11-6) 적신(積薪, 쌓아 놓은 땔감)[910] 1성 積薪一星

【보천가[911] 적신 보려면 오제후 동쪽이라네. 【步天歌 欲覓積薪東畔是.

진서 천문지[912] 적신 1성은 적수(積水) 동북쪽에 있다. 주방에 적합한 물건을 공급한다 晉·天文志 積薪一星在積水東北, 供庖廚之正也.

송양조천문지[913] 적신은 북극거리가 65.5도이고, 경도가 정수에서 27도 들어간다. 宋兩朝天文志 去極六十五度半, 入井宿二十七度.

금측[914] 황경이 6궁 19도 16분이고, 황위가 북으로 3도 3분이다】 今測 黃經六宮一十九度一十六分, 緯北三度零三分】

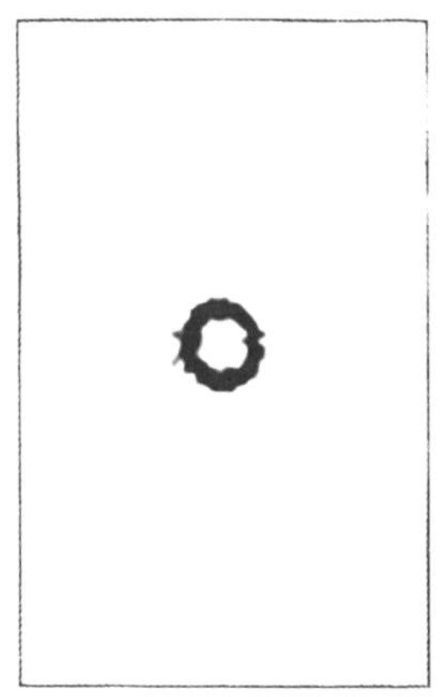

적신(《오례통고》)

적신과 적수(《천상열차분야지도》)

910 적신(積薪, 쌓아 놓은 땔감): 남방7사 중 정수에 속한 별자리. 북하의 왼쪽에 있으며 별 1개이다.

911 《步天歌》, 위와 같은 곳.

912 《晉書》 卷11 〈天文〉 上 "中宮", 298쪽.

913 출전 확인 안 됨; 《五禮通考》 卷194 〈嘉禮〉 67 "觀象授時" '南方朱鳥七宿·積薪一星'(《文淵閣四庫全書》 139, 707쪽).

914 《五禮通考》, 위와 같은 곳.

화성이 적신으로 들어오면 가뭄이 들게 된다. 熒惑入積薪, 旱;

화성이 그 옆을 차지하면 역시 마찬가지다. 《한서》 〈천문지〉[915] 守之, 亦然. 《漢·天文志》

적신성이 밝으면 오곡이 잘 익고, 주방이 풍족하게 된다. 星明, 則五穀熟, 庖廚足;

어두우면 주방이 비고, 천하에 가뭄이 들어 그해에는 흉년이 들고, 사람들이 기근을 겪게 된다. 暗, 則庖廚空, 天下旱, 歲歉, 人飢.

적수와 적신이 5척 이내의 거리에 있으면 천하가 평안하고, 오곡이 잘 익게 된다. 積水、積薪相去五尺以內, 則天下平, 五穀登;

10척 이내에 있으면 천하에 흉년이 들어 기근을 겪고, 인민이 유랑하게 된다. 一丈內, 則天下飢荒, 人民流亡.

화성이 그 옆을 차지하면 가뭄이 들게 된다. 火守之, 旱;

수성이 그 옆을 차지하면 홍수가 나게 된다. 水守之, 大水;

오성이 적신을 침범하여 그 옆을 차지하면 오곡이 제대로 여물지 않고, 백성이 기근을 겪어 유랑하게 된다. 五星犯積薪, 若守之, 五穀不成, 民飢流亡;

적색 구름 기운이 들어오면 불이 적신을 태워버리게 된다. 《군방보》[916] 赤氣入, 火焚積薪. 《群芳譜》

915 《漢書》 卷26 〈天文志〉 第6, 1288쪽.

916 《二如亭群芳譜》, 위와 같은 곳.

11-7) 수위(水位, 물 높이)[917] 4성 / 水位四星

【보천가[918] 수위는 정(井)수 동쪽 홍색별 4개라네.

【步天歌 水位東邊四紅是.

진서 천문지[919] 수위 4성은 적신 동쪽에 있다. 수형(水衡)을 주관한다.

晉·天文志 水位四星在積薪東, 主水衡.

송사 천문지[920] 일설에는 "수위는 동정(東井) 동북쪽에 있다."라 했다.

宋·天文志 一曰: "在東井東北."

송양조천문지[921] 수위의 거성은 서쪽 별로, 북극거리가 73.5도이고, 경도가 정수에서 18도 들어간다.

宋兩朝天文志 距西星, 去極七十三度半, 入井宿十八度.

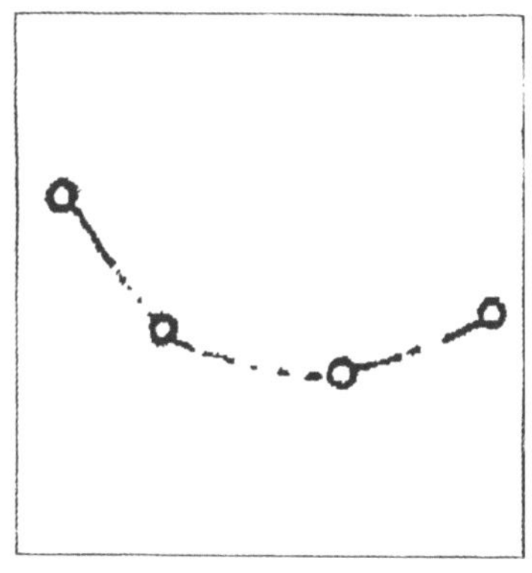

수위(《오례통고》)

수위 4(《천상열차분야지도》)

917 수위(水位, 물 높이) : 남방7수 중 정수에 속한 별자리. 남하 왼쪽에 있으며 별 4개로 구성되어 있다.

918《步天歌》, 위와 같은 곳.

919《晉書》卷11〈天文〉上 "中宮", 298쪽.

920《宋史》卷51〈天文志〉第4 "天文" 4(《文淵閣四庫全書》281, 70쪽).

921 출전 확인 안 됨;《五禮通考》卷194〈嘉禮〉67 "觀象授時" '南方朱鳥七宿·水位四星'(《文淵閣四庫全書》139, 708쪽).

삼재도회[922] 수위는 물의 범람이나 물의 흐름을 주관한다.

三才圖會 主瀉溢流也.

금측[923] 수위 제3성은 황경이 6궁 26도 10분이고, 황위가 남으로 7도 5분이다.

今測 水位三星, 黃經六宮二十六度一十分, 緯南七度零五分.

제4성은 황경이 6궁 26도 53분이고, 황위가 남으로 2도 18분이다】

四星, 黃經六宮二十六度五十三分, 緯南二度一十八分】

수위 4성은 물의 범람이나 물의 흐름을 주관한다. 수위가 북하(北河)수 근처로 이동하면 그 분야의 나라는 물에 잠겨 강이 된다.

水位四星, 瀉溢流移. 動近北河,[115] 則國沒爲江河.

수성이나 화성, 객성이 침범하면 모든 하천이 넘치게 된다. 《무함씨찬(巫咸氏贊)[924]》[925]

若水、火及客星犯之, 百川盈溢. 《巫咸氏贊》

수위가 평소와 같이 희미하고 작으면 비가 때에 맞게 내려서 천하가 평안하게 된다.

微小如常, 則雨澤時, 天下安;

밝으면 홍수가 나서 강이 범람하고, 오곡이 상하며, 백성이 기근을 겪게 된다.

明, 則大水橫流, 五穀傷, 民飢.

오성이 침범하면 홍수가 성 안으로 넘쳐 사람을 상하게 한다.

五星犯之, 大水入城郭傷人.

---

922 《三才圖會》, 위와 같은 곳.

923 《五禮通考》, 위와 같은 곳.

924 무함씨찬(巫咸氏贊): 무함씨는 중국 고대 상(商)나라 경(卿)을 지낸 이의 이름. 후대에 성씨가 되었다. 앞의 《무함점》 각주 참조.

925 출전 확인 안 됨; 《通志》 卷38 〈天文略〉 第1 "西方"(《文淵閣四庫全書》 373, 467쪽).

[115] 北河: 저본에는 "河北". 《通志·天文略·西方》에 근거하여 수정.

오성이 수위 북쪽을 차지하면 홍수가 나게 된다.	五星守之北, 大水;
남쪽을 차지하면 큰 가뭄이 들게 된다.	南, 大旱.
객성이 그 옆을 차지하면 모든 하천이 범람하게 된다.	客星守之, 百川泛溢;
객성이 침범하면 홍수로 수재가 나게 된다.	犯之, 大水河災.
유성이 수위로 들어오면 천하에 수재가 나서 강이 범람하고, 오곡이 제대로 여물지 않게 된다.	流星入, 天下有水災河溢, 五穀不成.
혜성이나 패성이 수위에서 나오면 천하에 홍수가 나고, 사람들은 기근을 겪게 된다.	彗孛出水位, 天下大水, 人飢;
혜성이나 패성이 침범하면 수로가 통하지 않게 된다.	犯之, 水路不通.
흑색 구름 기운이 들어오면 홍수가 나게 된다.	黑氣入, 大水;
적색 구름 기운이 들어오면 큰 가뭄이 들게 된다. 《군방보》[926]	赤氣入, 大旱. 《群芳譜》

926《二如亭群芳譜》, 위와 같은 곳.

11-8) 수부(水府, 저수지)[927] 4성

水府四星

【보천가[928] 월(鉞) 아래 오(烏)색별 4개 수부라 하네.

【步天歌 鉞下四烏名水府.

진서 천문지[929] 동정 서남쪽 4성을 '수부'라 한다. 물과 관련된 관직을 주관한다.

晉·天文志 東井西南四星曰"水府", 主水之官也.

송사 천문지[930] 수부는 저수지·도로·교량·수로를 주관하여 물의 피해를 방지하는 일에 대비한다.

宋·天文志 主隄塘、道路、梁溝以設隄防之備.

송양조천문지[931] 수부의 거성은 서쪽 별로, 북극거리가 76.5도이고, 경도가 삼수에서 7.5도 들어간다.

宋兩朝天文志 距西星, 去極七十六度半, 入參宿七度半.

금측[932] 수부 제1성은 황경이 5궁 28도 34분이고,

今測 水府一星, 黃經五宮

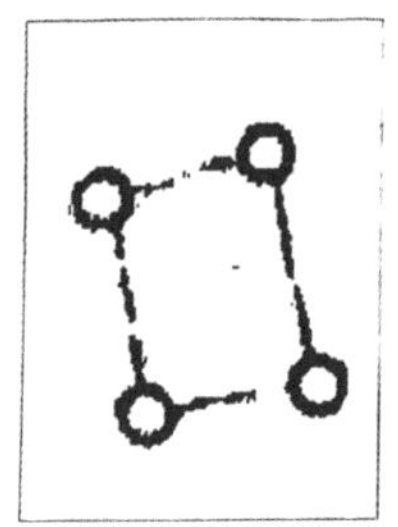

수부(《오례통고》)

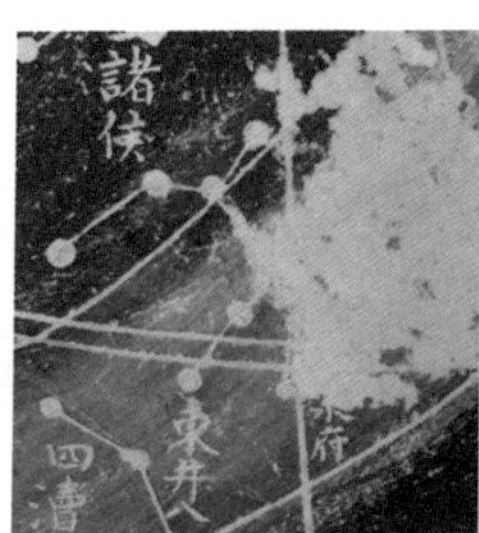

수부와 동정 8(《천상열차분야지도》)

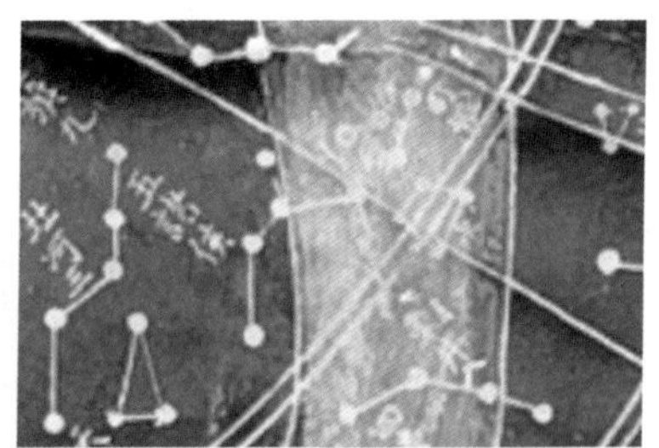

수부와 동정 8·오제후(《천상열차분야지도》, 국립민속박물관)

927 수부(水府, 저수지): 남방7수 중 정수에 속한 별자리. 월(鉞) 아래에 있으며 별 4개로 구성되어 있다.

928《步天歌》, 위와 같은 곳.

929《晉書》卷11〈天文〉上 "二十八舍", 306쪽.

930《宋史》卷51〈天文志〉第4 "天文" 4(《文淵閣四庫全書》281, 71쪽).

931 출전 확인 안 됨;《五禮通考》卷194〈嘉禮〉67 "觀象授時" '南方朱鳥七宿·水府四星'(《文淵閣四庫全書》139, 708쪽).

932《五禮通考》卷194〈嘉禮〉67 "觀象授時" '南方朱鳥七宿·水府四星'(《文淵閣四庫全書》139, 707쪽).

황위가 남으로 9도 15분이다.

二十八度三十四分, 緯南九度一十五分.

제2성은 황경이 5궁 27도 28분이고, 황위가 남으로 8도 44분이다】

二星, 黃經五宮二十七度二十八分, 緯南八度四十四分】

점은 수위의 그것과 같다. 《삼재도회》[933]

占, 與水位同. 《三才圖會》

933 《三才圖會》, 위와 같은 곳.

11-9) 사독(四瀆, 4대 하천)[934] 4성

四瀆四星

【보천가[935] 사독은 가로로 있는 흑색별, 남하 안에 있네.

【步天歌 四瀆橫黑南河裏.

진서 천문지[936] 동정 남쪽 담장의 동쪽에 있는 4성을 '사독'이라 한다. 강(江, 양자강)·회(淮)수[937]·하(河, 황하)·제(濟, 제수) 4대 강의 정수(精髓)이다.

晉·天文志 東井南垣之東四星曰⑯"四瀆", 江、淮、河、濟之精也.

송양조천문지[938] 사독의 거성은 서남쪽 별로, 북극 거리가 86도이고, 경도가 정수에서 2도 들어간다】

宋兩朝天文志 距西南星, 去極八十六度, 入井宿二度】

사독이 밝고 크며 움직이면 큰 강이 범람하게 된다. 《군방보》[939]

明大動搖, 大江泛溢. 《群芳譜》

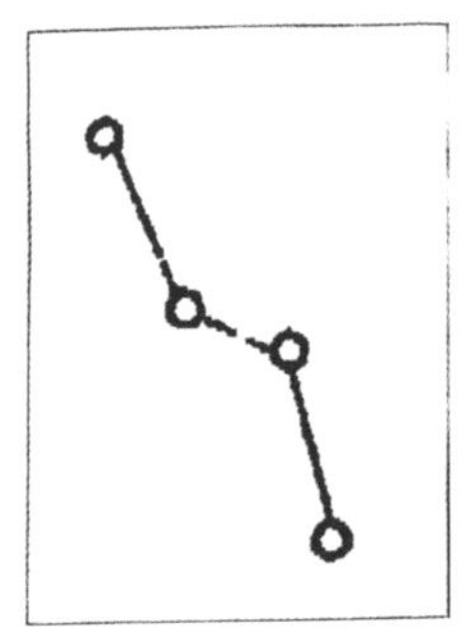

사독(《오례통고》)

사독 4(《천상열차분야지도》)

934 사독(四瀆, 4대 하천): 남방7수 중 정수에 속한 별자리. 남하 서쪽에 있으며 별 4개로 구성되어 있다.

935 《步天歌》, 위와 같은 곳.

936 《晉書》 卷11 〈天文〉 上 "二十八舍", 306쪽.

937 회(淮)수: 중국 황하(黃河)와 양자강(揚子江) 사이를 동서로 흐르는 평탄하고 큰 하천.

938 출전 확인 안 됨; 《五禮通考》 卷194 〈嘉禮〉 67 "觀象授時" '南方朱鳥七宿·四瀆四星'(《文淵閣四庫全書》 139, 708쪽).

939 《二如亭群芳譜》, 위와 같은 곳.

⑯ 曰: 저본에는 없음. 《晉書·天文·星官在二十八宿之外者》에 근거하여 보충.

11-10) 노인(老人)[940] 1성

老人一星

【보천가[941] 죽장 짚은 노인 남극 안에 있네.

【步天歌 有箇老人南極中.

사기 천관서[942] 낭(狼)[943]에서 지평선과 나란히 하여 큰 별이 있는데, 이를 '남극노인(南極老人)'이라 한다.

史記·天官書 狼比地有大星, 日"南極老人".

진서 천문지[944] 노인 1성은 호(弧)수[945] 남쪽에 있다. '남극(南極)'이라고도 한다. 늘 추분 아침에 병(丙, 남남동) 방향에서 나타났다가, 춘분 저녁에 정(丁, 남남서) 방향으로 사라진다.

晉·天文志 老人一星在弧南, 一日"南極", 常以秋分之朝見于丙, 春分之夕沒于丁.

송양조천문지[946] 노인은 북극거리가 143도이고, 경

宋兩朝天文志 去極一百

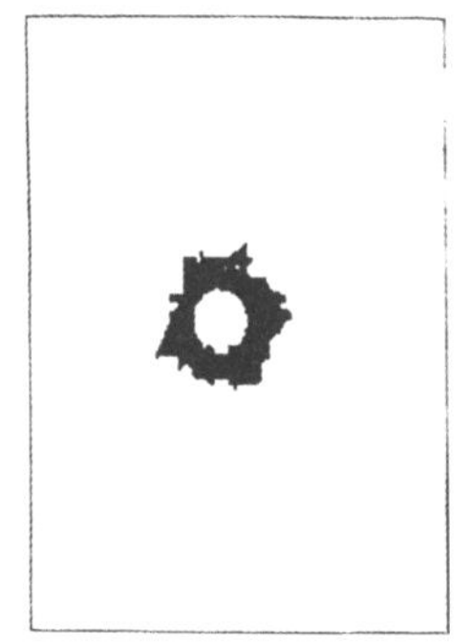
노인(《오례통고》)

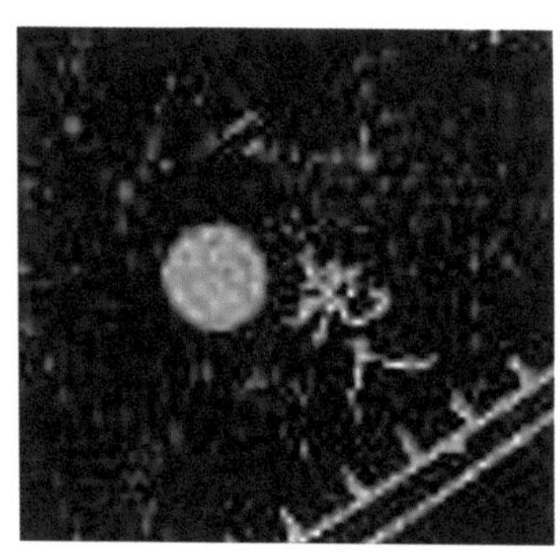

노인(《천상열차분야지도》)

940 노인(老人) : 남방7수 중 정수에 속한 별자리. 호(弧)수 남쪽에 있으며 별 1개이다.
941 《步天歌》, 위와 같은 곳.
942 《史記》 卷27 〈天官書〉 第5, 1306쪽.
943 낭(狼) : 남방7수 중 정수에 속한 별자리. 관구(關丘)수 아래에 있으며 별 1개이다.
944 《晉書》 卷11 〈天文〉 上 "星官在二十八宿之外者", 306쪽.
945 호(弧)수 : 남방 7수 중 정수에 속한 별자리. 낭(狼) 동남쪽에 있으며 활모양이고 9개 별로 구성되어 있다.
946 출전 확인 안 됨; 《五禮通考》 卷194 〈嘉禮〉 67 "觀象授時" '南方朱鳥七宿·老人一星'(《文淵閣四庫全書》 139, 709쪽).

도가 정수에서 3도 들어간다】 四十三度, 入井宿三度】

노인은 늘 입하(立夏) 후에 관측된다. 常以立夏之後觀之.

노인이 아주 밝으면 천하가 잘 다스려져서 평안하고, 그해에는 곡식이 아주 잘 익게 된다. 明朗, 則天下治安, 歲大熟;

보이지 않으면 그해에는 재앙이 10월에 있게 된다. 不見, 歲災十月應;

중간 정도로 밝으면 곡식을 적게 거두게 된다. 半明, 小收;

아주 어두우면 곡식을 거두지 못하게 된다. 일설에 "추분에 남쪽 교외에서 관찰된다."라 했다. 《군방보》[947] 大暗, 不收, 一云: "以秋分候于南郊."《群芳譜》

947 출전 확인 안 됨.

11-11) 귀수(鬼宿, 귀신)[948] 4성 鬼宿四星

【보천가】[949] 귀 5성은 너비가 4도이다. 우(牛)수와 마주 보고, 거해궁에 속한다. 미(未) 방향이고, 진(秦)나라의 분야이다.

홍색별 4개 책처럼 네모져 나무상자 같고,
그 중앙의 백색별 1개 적시기(積尸氣)[950]라네.

【步天歌】鬼五星, 四度. 對牛, 巨蟹宮, 未地, 秦之分.

四紅册方似木櫃,
中央一白積尸氣.

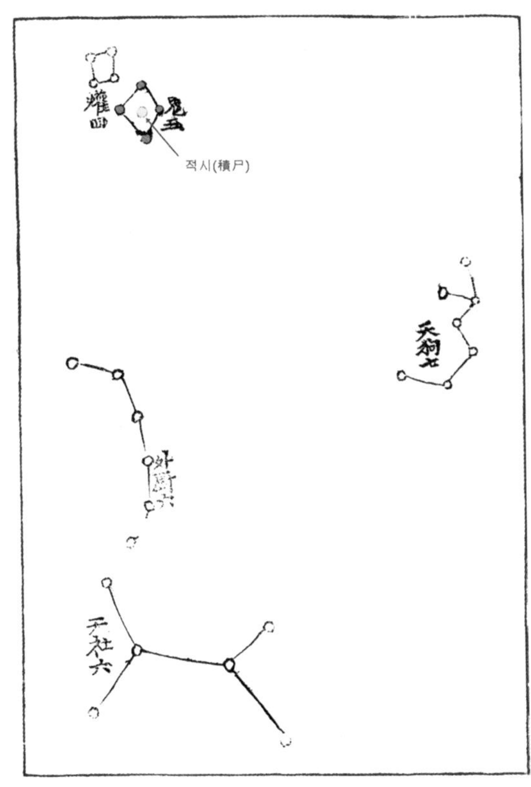

귀수 전체. 귀수 및 적시(《보천가》)

948 귀수(鬼宿, 귀신) : 남방7수에 속한 별자리. 별 4개로 구성되어 있다.
949 《步天歌》〈鬼〉, 28쪽.
950 적시기(積尸氣) : 남방7수 중 귀수에 속한 별자리. 적시라고도 한다. 귀수 한가운데에 있으며 별 1개이다.

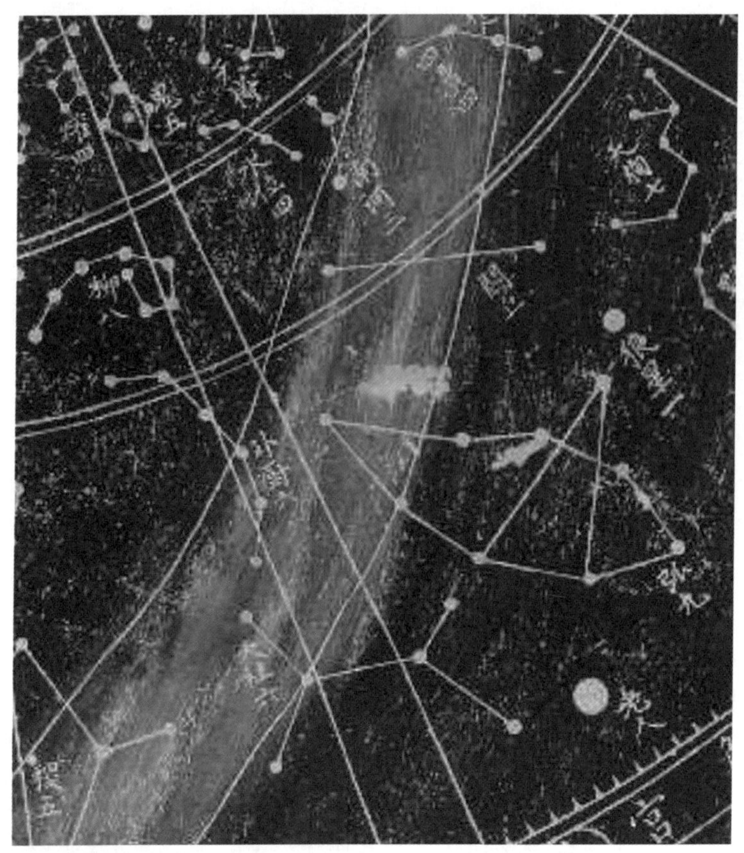

귀수 및 적시(《천상열차분야지도》)

사기 천관서[951] 여귀(輿鬼, 귀수)는 사당[鬼祠]의 일을 한다. 가운데 백색별은 질(質, 적시기)이다.

史記·天官書 輿鬼, 鬼祠事. 中白者, 爲質.

진서 천문지[952] 여귀 5성은 천목(天目, 눈)이다. 관찰하는 일을 주관하며, 흉한 자들을 훤히 살핀다. 그

晉·天文志 輿鬼五星, 天目也, 主視, 明察姦謀. 東

951 《史記》 卷27 〈天官書〉 第5, 1302쪽.
952 《晉書》 卷11 〈天文〉 上 "二十八舍", 303쪽.

중 동북쪽 별은 말 비축하는 일을 주관한다. 동남쪽 별은 무기 비축하는 일을 주관한다. 서남쪽 별은 베나 견직물 비축하는 일을 주관한다. 서북쪽 별은 금이나 옥 비축하는 일을 주관한다.	北星主[117]積馬, 東南星主積兵, 西南星主積布帛, 西北星主積金玉.
중앙의 별은 적시(積尸)이다. 죽음과 제사를 주관한다. '부질(鈇鑕, 도끼)'이라고도 한다. 참살을 주관한다.	中央星爲積尸, 主死喪、祠祀. 一曰"鈇鑕", 主誅斬.
송양조천문지[953] 귀(鬼) 4성의 거성은 서남쪽 별로, 북극거리가 69.5도이다.	宋兩朝天文志 鬼四星距西南星, 去極六十九度半.
송사 천문지[954] 한나라 영원동의로 측정했을 때, 여귀의 너비는 4도이다.	宋·天文志 漢永元銅儀, 輿鬼四度.
옛 성경에는 북극거리가 68도였다.	舊, 去極六十八度.
경우 연간의 측정으로 여귀는 너비가 3도이고, 거성은 서남쪽 별로, 북극거리가 68도이다.	景祐測驗, 輿鬼三度, 距西南星, 去極六十八度.
적시기 1성은 귀수 한가운데에서 반짝반짝한다. 경도는 귀수에서 1.5도 들어가고, 북극거리는 69도이다. 적도 안 22도에 있다.	積尸氣一星在鬼宿中孛孛然. 入鬼一度半, 去極六十九度, 在赤道內二十二度.
금측[955] 귀 제1성은 황경이 7궁 1도 20분이고, 황위가 남으로 1도 48분이다.	今測 鬼一星, 黃經七宮一度二十分, 緯南初度四十

953 출전 확인 안 됨; 《五禮通考》 卷194 〈嘉禮〉 67 "觀象授時" '南方朱鳥七宿·鬼宿四星'(《文淵閣四庫全書》 139, 710쪽).

954 《宋史》 卷51 〈天文志〉 第4 "天文" 4(《文淵閣四庫全書》 281, 72쪽).

955 《五禮通考》, 위와 같은 곳.

[117] 主: 저본에는 "爲". 《晉書·天文·二十八舍》에 근거하여 수정.

八分.

적경이 7궁 3도 24분이고, 적위가 북으로 19도 8분이다.

赤經七宮三度二十四分, 緯北一十九度零八分.

제2성은 황경이 7궁 1도 59분이고, 황위가 북으로 1도 32분이다.

二星, 黃經七宮初度五十九分, 緯北一度三十二分.

제3성은 황경이 7궁 3도 7분이고, 황위가 북으로 3도 8분이다.

三星, 黃經七宮三度零七分, 緯北三度零八分.

제4성은 황경이 7궁 4도 18분이고, 황위가 남으로 1도 4분이다.

四星, 黃經七宮四度一十八分, 緯南初度零四分.

적시기는 황경이 7궁 2도 57분이고, 황위가 북으로 1도 14분이다】

積尸氣, 黃經七宮二度五十七分, 緯北一度一十四分】

귀(鬼)성이 밝으면 많은 곡식이 잘 여물게 된다.

鬼星明, 大穀成;

밝지 않으면 백성이 흩어지게 된다.

不明, 百姓散.

토성이 여귀로 들어오면 가뭄이 들고 전염병이 돌게 된다.

塡星入輿鬼, 旱疫;

화성이 여귀를 침범하면 가뭄이 들게 된다.《진서》〈천문지〉[956]

熒惑犯輿鬼, 旱.《晉·天文志》

분첩처럼 백색인 중앙의 별은 적시기이다. 적시기는 밝지 않아야 좋다. 밝으면 귀신이 사람을 해쳐서 사람들이 대부분 병으로 죽게 된다.

中央色白如粉絮者, 積尸氣, 不欲其明. 明, 則鬼害人, 多病死.

귀 4성은 밝아야 좋다. 밝으면 오곡이 잘 여물게 된다.

四星欲其明. 明, 則五穀成;

움직이면 사람들이 질병에 걸리고, 수재가 나며,

動搖, 則疾病, 水災, 人死

956《晉書》, 위와 같은 곳;《晉書》卷13〈天文〉下 "月五星犯列舍", 386~387쪽.

사람이 삼처럼 뻣뻣하게 죽게 된다. 如麻.

달이 귀수를 침범하면 사람들이 전염병에 걸리게 된다. 月犯鬼, 人疾疫;

달이 귀수로 들어오면 사람들이 대부분 병으로 죽게 된다. 入鬼, 人多病死;

달이 남쪽으로 들어오면 남자가 죽게 된다. 南入, 爲男;

북쪽으로 들어오면 여자가 죽게 된다. 北, 爲女;

서쪽으로 들어오면 노인이 죽게 된다. 西, 爲老人.

목성이 귀수 옆을 차지하면 오곡이 상하고, 백성이 기근을 겪게 된다. 木守鬼, 五穀傷, 民飢;

목성이 귀수를 침범하면 오곡이 비싸져서 금이나 옥이 없어지게 된다. 木犯鬼, 五穀貴, 金玉廢.

수성이 귀수를 침범하면 오곡이 익지 않게 된다. 水犯鬼, 五穀不登;

수성이 귀수 옆을 차지하면 홍수가 나고, 메뚜기떼가 발생하게 된다. 守鬼, 大水, 蝗起.

혜성이나 패성이 귀수에서 나오면 큰 전염병이 돌게 된다. 彗孛出鬼, 大疫;

백색 구름 기운이 귀수로 들어오면 사람들이 대부분 병을 앓게 된다. 白氣入鬼, 人多疾病;

적색 구름 기운이 귀수로 들어오면 큰 가뭄이 들고 화재가 나게 된다. 《군방보》[957] 赤雲氣, 大旱, 有火災. 《群芳譜》

957《二如亭群芳譜》〈元部〉"天譜" 卷2 '星'(《四庫全書存目叢書補編》80, 84쪽).

11-12) 유수(柳宿, 버드나무)[958] 8성 柳宿八星

【보천가】[959] 유(柳) 8성은 너비가 15도이다. 여(女)수와 마주 보고, 사자궁에 속한다. 오(午) 방향이고, 주(周)나라의 분야이다.

【步天歌】 柳八星, 十五度. 對女, 獅子宮, 午地, 周之分.

홍색별 8개 머리 굽었고 늘어진 버드나무 같네.

八紅曲頭似垂柳.

사기 천관서[960] 유는 주작(朱雀)의 부리[注]이다. 초목을 주관한다.

史記·天官書 柳爲鳥注, 主草木.

《사기색은》은 "《한서》 〈천문지〉에는 주(注)자가 주(喙, 부리)로 되어 있다."[961]라 했다.[962]

《索隱》曰: "《漢·天文志》, 注作喙."

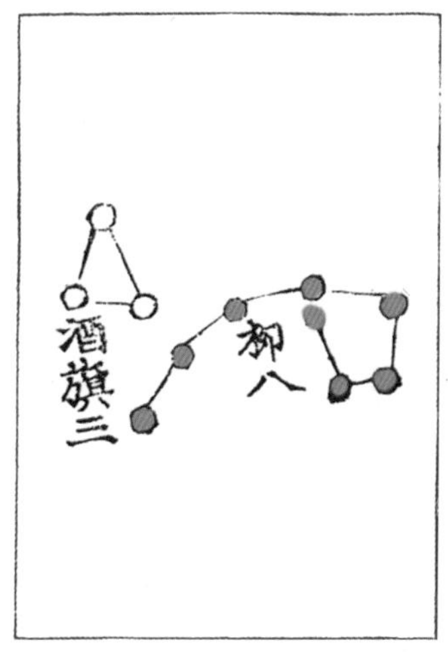

유수(《보천가》)

유 8(《천상열차분야지도》)

958 유수(柳宿, 버드나무): 남방7수에 속한 별자리. 별 8개로 구성되어 있다.
959 《步天歌》 〈柳〉, 28쪽.
960 《史記》 卷27 〈天官書〉 第5, 1303쪽.
961 《한서》……있다: 《漢書》 卷26 〈天文志〉 第6, 1277쪽에 보인다.
962 《史記索隱》 卷9 〈天官書〉 第5(《文淵閣四庫全書》 246, 505쪽); 《史記》, 위와 같은 곳.

진서 천문지[963] 유 8성은 하늘의 주방장이다. 상식(尙食, 음식 주관하는 관리)이 음식의 맛을 조화롭게 하는 일을 주관한다. 또 천둥과 비를 주관한다.

晉·天文志 柳八星, 天之廚宰也, 主尙食和滋味. 又主雷雨.

송사 천문지[964] 당나라 영원동의로 측정했을 때, 유의 너비는 14도이다.

당나라 개원유의로 측정했을 때는 15도이다.

옛 성경에는 북극거리가 77도였다.

경우 연간의 측정으로 유 8성은 너비가 15도이고, 거성은 서쪽 머리의 제3성으로, 북극거리가 83도이다.

宋·天文志 漢永元銅儀, 以柳爲十四度;

唐開元游儀, 十五度.

舊, 去極七十七度.

景祐測驗, 柳八星一十五[118]度, 距西頭第三星, 去極八十三度.

송양조천문지[965] 유수는 거성이 서쪽 제3성으로, 북극거리가 82.5도이다.

宋兩朝天文志 距西第三星, 去極八十二度半.

통지[966] 감덕은 "유수는 음식·창고·술·식초를 주관하는 지위이다."라 했다.

通志 甘氏云: "主飮食、倉庫、酒醋之位."

군방보[967] 유수는 '천상(天相)', '천고(天庫)'라고도 한다. 일설에 "주(注)는 주(味)로도 쓴다."라 했다. '천대장군(天大將軍)', '천주(天廚)'라고도 한다. 술·음식·창

群芳譜 一曰"天相", 一曰"天庫". 一曰: "注, 亦作味". 一曰"天大將軍", 一曰

963 《晉書》 卷11 〈天文〉 上 "二十八舍", 303쪽.

964 《宋史》 卷51 〈天文志〉 第4 "天文" 4(《文淵閣四庫全書》 281, 73쪽).

965 출전 확인 안 됨; 《五禮通考》 卷194 〈嘉禮〉 67 "觀象授時" '南方朱鳥七宿·柳宿八星'(《文淵閣四庫全書》 139, 711~712쪽).

966 《通志》 卷38 〈天文略〉 第1 "南方"(《文淵閣四庫全書》 373, 468쪽).

967 《二如亭群芳譜》, 위와 같은 곳.

[118] 五: 저본에는 "三". 《宋史·天文志·天文》에 근거하여 수정.

고를 주관한다. 또 천둥과 비, 장인·초목을 주관한다. 화성이다. 일설에는 "토성이다."라 했다. 그 북쪽으로 6척 떨어진 부분은 일월오성이 지나가는 궤도이다.

"天廚", 主酒食、倉庫. 又主雷雨、工匠、草木, 火星也. 一曰: "土星." 其北六尺, 爲日月五星中道.

금측[968] 유 제1성은 황경이 7궁 5도 56분이고, 황위가 남으로 12도 17분이다.

今測 柳一星, 黃經七宮五度五十六分, 緯南一十二度一十七分.

적경이 7궁 5도 15분이고, 적위가 북으로 6도 45분이다】

赤經七宮五度一十五分, 緯北六度四十五分】

유수가 빛깔을 잃으면 천하가 기근을 겪게 된다.

失色, 則天下饑饉;

별자리가 벌어지면 사람들이 유랑하게 된다.

開張, 則人流亡.

목성이 유수 옆을 차지하면 천하에 풍년이 들어 곡식이 잘 익게 된다.

木守柳, 天下豐熟;

목성이 오랫동안 옆을 차지하면 수재가 많고, 사람들이 기근을 겪으며, 만물이 제대로 여물지 않게 된다.

久守之, 多水災, 人飢, 萬物不成;

목성이 유수를 침범하면 물난리가 많고, 곡식이 제대로 여물지 않게 된다.

犯之, 多水, 穀不成;

침범하면 그 서쪽 백성이 병에 걸리게 된다.

犯, 其西民疾.

화성이 유수 옆을 차지하면 화재가 많고, 만물이 제대로 여물지 않게 된다.

火守柳, 多火災, 萬物不成;

토성이 유수 옆을 차지하면 군신이 화목하여 천하에 큰 기쁨이 오게 된다.

土守柳, 君臣和, 天下大喜.

968 《五禮通考》 卷194 〈嘉禮〉 67 "觀象授時" '南方朱鳥七宿·柳宿八星'(《文淵閣四庫全書》 139, 711쪽).

화성【안 금성의 오기인 듯하다】이 그 옆을 차지하면 만물이 제대로 여물지 않고, 천하가 큰 기근을 겪게 된다.

火【案 疑金之誤】守, 萬物不成, 天下大饑;

유수를 침범하면 그 분야의 나라에 기근이 들고, 화재가 나게 된다.

犯柳, 其國旱, 有火災.

수성이 유수 옆을 차지하면 그해에는 곡식을 거두지 못하게 된다.

辰守柳, 歲不收;

수성이 유수로 들어오면 먼저 물난리가 나고 나중에는 가뭄이 들게 된다.

入, 則先澇後旱.

객성이 유수를 침범하면 주(周)나라 지역에 재앙이 있게 된다.

客星犯柳, 周地災;

객성이 유수에서 나오면 홍수가 나게 된다.

出柳, 大水;

객성이 유수로 들어오면 주로 천하에 기근이 들고, 사람들이 유랑하게 된다.

入, 主天下饑, 人流亡.

혜성이나 패성이 유수에서 나오면 큰 가뭄이 들고, 곡식이 비싸진다.

彗孛出柳, 大旱, 穀貴.

적색 구름 기운이 유수로 들어오면 화재가 있게 된다.

雲氣赤入柳, 有火災;

적색 구름 기운이 유수에서 나오면 큰 가뭄이 들게 된다. 《군방보》[969]

出柳, 大旱. 《群芳譜》

969 《二如亭群芳譜》, 위와 같은 곳.

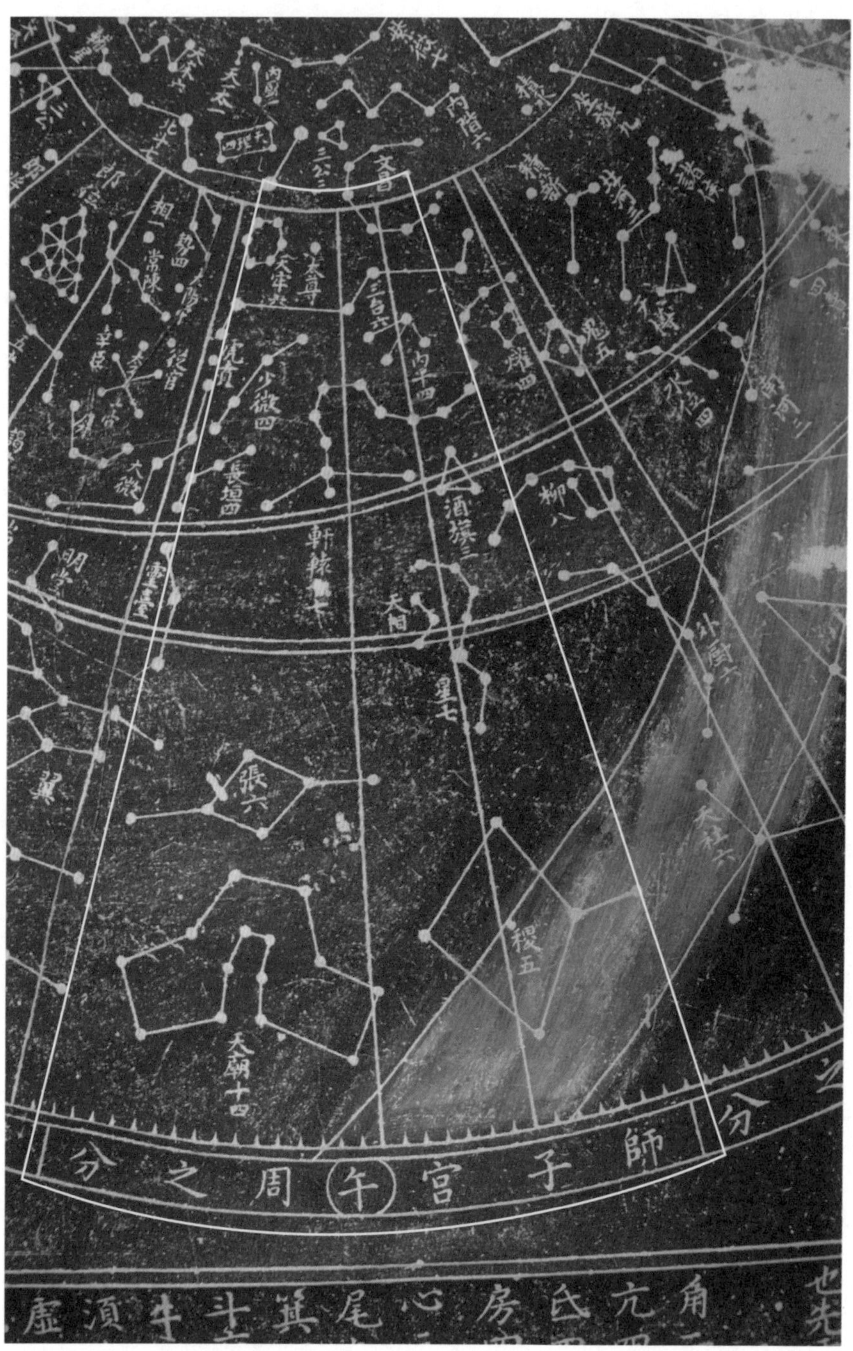

5궁 사자궁 주(周)(《천상열차분야지도》)

12) 남쪽 성(星)·장(張)·익(翼)·진(軫) 4수 南方星、張、翼、軫四宿

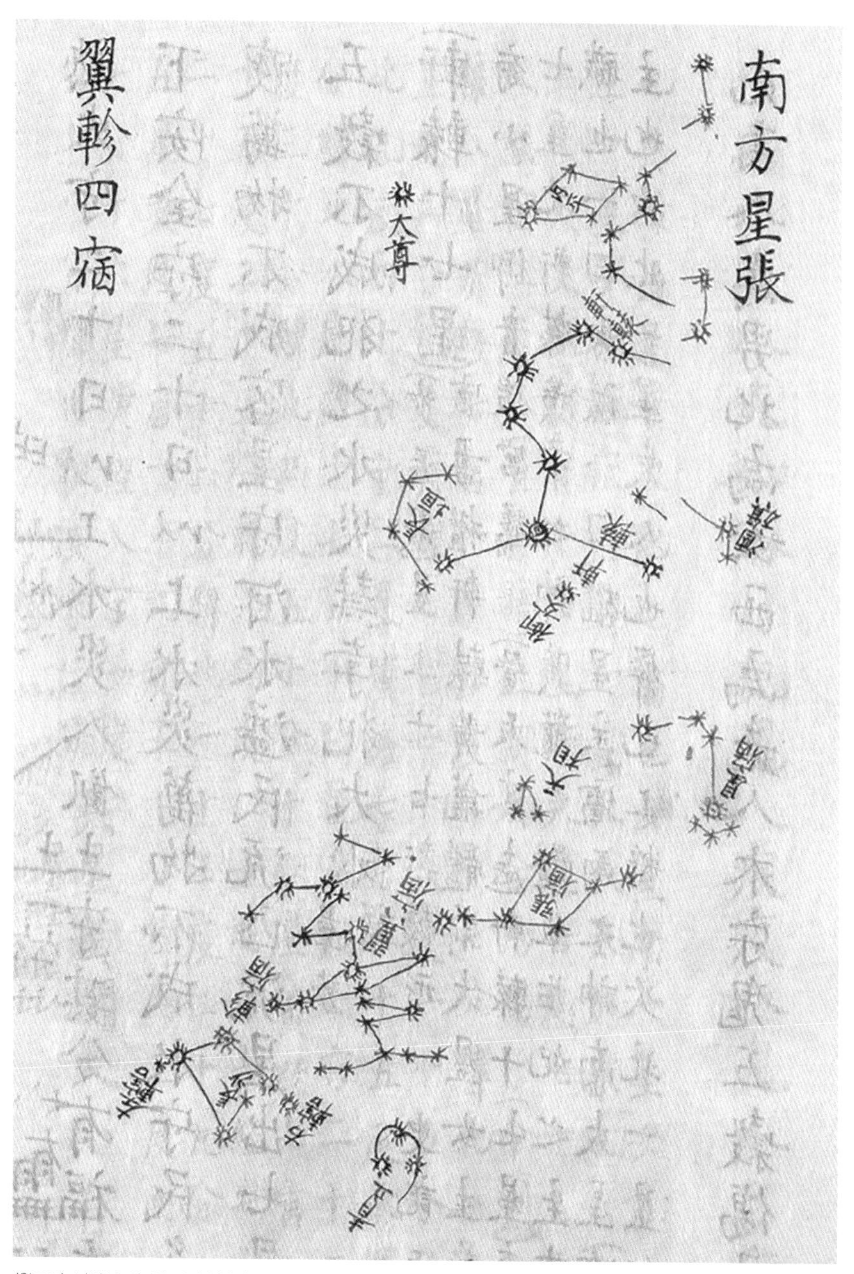

〈원도11〉 남방성·장·익·진사수(南方星、張、翼、軫四宿). 대존(大尊)·내평(內平)·헌원(軒轅)·어녀(御女)·장탄(長坦)·헌원(軒轅)·주기(酒旗)·천상(天相)·성수(星宿)·장수(張宿)·익수(翼宿)·진수(軫宿)·좌할(左轄)·장사(長沙)·우할(右轄)·청립(靑立)

12-1) 성수(星宿)[970] 7성

星宿七星

【보천가】[971] 성 7성은 너비가 7도이다. 허(虛)수와 마주 보고, 사자궁에 속한다. 오(午) 방향이고, 주(周)나라의 분야이다.

【步天歌】星七星, 七度. 對虛, 獅子宮, 午地, 周之分.

홍색별 7개 갈고리모양으로 유(柳)수 아래에 있네.

七紅如鉤柳下生.

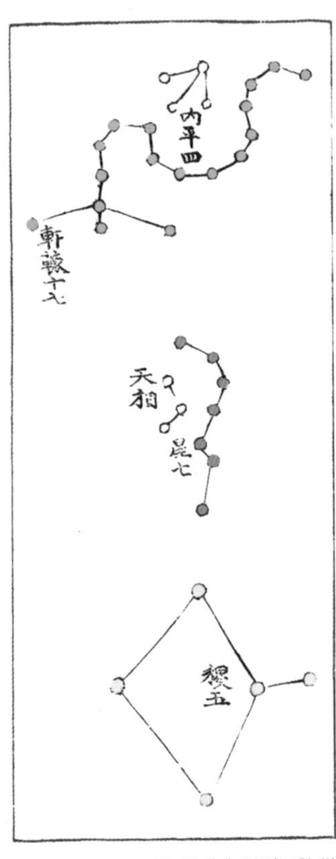

성수 전체. 성수 및 헌원·천직(직)·천상(《보천가》)

성수 및 헌원·천직·천상·유수(유)(《천상열차분야지도》)

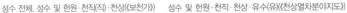

970 성수(星宿) : 남방7수에 속한 별자리. 유수 아래에 있으며 별 7개로 구성되어 있다.
971 《步天歌》〈星〉, 29쪽.

사기 천관서[972] 칠성(七星, 성수)은 남방 주작의 목[頸]으로, 목구멍[員官]이다. 위급한 일을 주관한다. 《사기색은》에서 다음과 같이 말했다. "송균은 '경(頸)은 주작의 목이다. 원관(員官)은 목구멍[喉嚨]이다. 사물이 목구멍에 걸려 있으면 끝내 오래 버틸 수가 없다. 그러므로 위급한 일이라고 한 것이다.'라 했다."[973]	史記·天官書 七星, 頸, 爲員官, 主急事. 《索隱》曰: "宋均云: '頸, 朱鳥頸也. 員官, 喉嚨[119]也. 物在嚨喉[120], 終不久留, 故爲急事.'"
진서 천문지[974] 성수는 일명 '천도(天都)'이다. 의상과 자수를 주관한다. 또 위급한 군대와 도적의 일을 주관한다.	晉·天文志 一名"天都", 主衣裳、文繡. 又主急兵、盜賊.
송사 천문지[975] 경우 연간의 측정으로 칠성은 너비가 7도이고, 거성은 가장 큰 별로, 북극거리가 97도이다.	宋·天文志 景祐測驗, 七星七度, 距大星, 去極九十七度.
송양조천문지[976] 성수는 북극거리가 96도이다.	宋兩朝天文志 去極九十六度.
군방보[977] 수성이다. 일설에는 "화성이다."라 했다. 오른쪽 별의 북쪽 위로 3척 떨어진 부분은 일월오성이 지나가는 궤도이다.	群芳譜 水星也. 一曰: "火星." 右星北上三尺, 爲日月五星中道.

972《史記》卷27〈天官書〉第5, 1303쪽.

973 송균은……했다:《史記索隱》卷9〈天官書〉第5(《文淵閣四庫全書》246, 505쪽);《史記》, 위와 같은 곳.

974《晉書》卷11〈天文〉上 "二十八舍", 303쪽.

975《宋史》卷51〈天文志〉第4 "天文" 4(《文淵閣四庫全書》281, 74쪽).

976 출전 확인 안 됨;《五禮通考》卷194〈嘉禮〉67 "觀象授時" '南方朱鳥七宿·星宿七星'(《文淵閣四庫全書》139, 712쪽).

977《二如亭群芳譜》〈元部〉"天譜" 卷2 '星'(《四庫全書存目叢書補編》80, 85쪽).

[119] 嚨:《史記索隱·天官書》에는 없음.

[120] 嚨喉:《史記索隱·天官書》에는 "喉嚨".

금측[978] 성 제1성은 황경이 7궁 22도 56분이고, 황위가 남으로 22도 24분이다.

今測 星一星, 黃經七宮二十二度五十六分, 緯南二十二度二十四分.

적경이 7궁 18도 3분이고, 적위가 남으로 7도 19분이다】

赤經七宮一十八度零三分, 緯南七度一十九分】

목성이 성수 옆을 차지하면 천하가 평안하고, 오곡이 잘 익게 된다.

木守, 天下安, 五穀熟;

화성이 성수 옆을 20일 이상 차지하면 수재가 나서 사람들이 기근을 겪게 된다.

火守二十日以上, 水災, 人飢;

토성이 옆을 차지하면 그 분야에 해당하는 나라는 복이 있고, 천하가 평안하게 된다.

土守, 其分有福, 天下安;

금성이 그 옆을 20일 이상 차지하면 수재가 나고, 만물이 제대로 여물지 않게 된다.

金守二十日以上, 水災, 萬物不成;

수성이 그 옆을 차지하면 백성이 대부분 전염병에 걸리고, 만물이 제대로 여물지 않게 된다.

水守, 民多疫, 萬物不成;

객성이 그 옆을 차지하면 강물이 넘치고, 백성이 유랑하게 된다.

客星守, 河水溢, 民流亡.

유성이 칠성에서 나오면 오곡이 제대로 여물지 않게 된다.

流星出七星, 五穀不成;

유성이 침범하면 수재가 나게 된다.

犯之, 水災.

혜성이나 패성이 침범하면 홍수가 나게 된다. 《군방보》[979]

彗孛犯, 大水.《群芳譜》

978 《五禮通考》, 위와 같은 곳.

979 《二如亭群芳譜》, 위와 같은 곳.

12-2) 헌원(軒轅, 수레끌채)[980] 17성

軒轅十七星

【보천가[981] 성수 위쪽 17성 수레끌채모양이라네.

【步天歌 星上十七軒轅形.

사기 천관서[982] 권(權)[983]은 헌원이다. 황룡(黃龍)의 몸체이다. 앞쪽 큰 별은 황후의 상징이고, 옆의 작은 별은 후궁들 부류이다.

史記·天官書 權, 軒轅, 黃龍體. 前大星, 女主象; 旁小星, 御者後宮屬.

진서 천문지[984] 헌원 17성은 칠성의 북쪽에 있다.

晉·天文志 軒轅十七星在

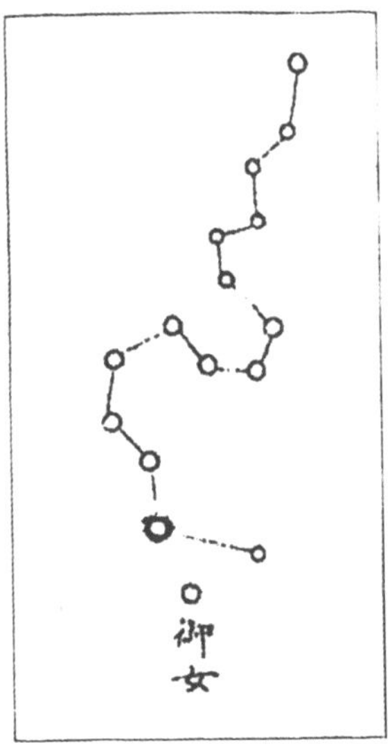

헌원(《오례통고》)

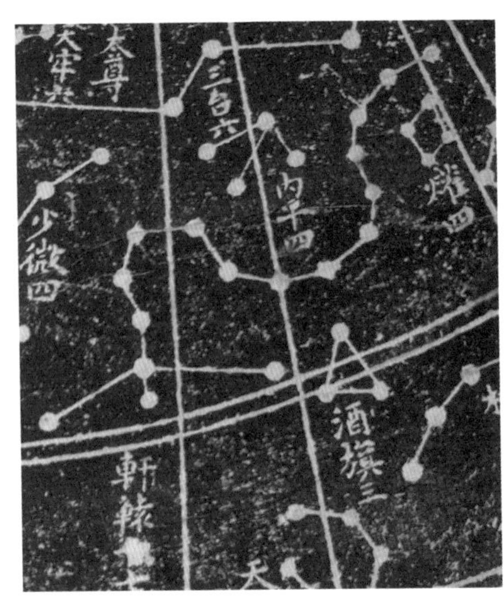

헌원 17(《천상열차분야지도》)

980 헌원(軒轅, 수레끌채) : 남방7수 중 성수에 속한 별자리. 성 위에 있으며 별 17개로 구성되어 있다.

981 《步天歌》, 위와 같은 곳.

982 《史記》 卷27 〈天官書〉 第5, 1299쪽.

983 권(權) : 헌원의 이칭.

984 《晉書》 卷11 〈天文〉 上 "中宮", 298~299쪽.

헌원(軒轅)[985]은 황제(黃帝)라는 신(神)이며 황룡의 몸체이다. 황후와 후궁들의 주인이다. 사(士)의 직분이다. '동릉(東陵)', '권성(權星)'이라고도 한다. 천둥과 비의 신(神)을 주관한다.

七星北. 軒轅, 黃帝之神, 黃龍之體也, 后妃之主, 士職也. 一曰"東陵", 一曰"權星", 主雷雨之神.

남쪽 큰 별은 황후이다. 그 다음 북쪽 1성은 부인이요, 병풍이요, 상장(上將, 상장군)이다. 그 다음 북쪽 1성은 후궁이다. 그 나머지 여러 별은 모두 다음 등급의 후궁들이다.

南大星, 女主也. 次北一星, 夫人也, 屛也, 上將也. 次北一星, 妃也. 其餘諸星, 皆次妃之屬也.

황후 남쪽 1성은 시녀이다. 왼쪽 1성은 어린 사람으로, 황후의 친척이다. 오른쪽 1성은 늙은 사람으로, 황태후의 친척이다.

女主南一[121]星, 女御也. 左一星少民, 后宗也. 右一星大民, 太后宗也.

송양조천문지[986] 헌원 17성은 거성이 제일 큰 별로, 북극거리가 75도이고, 경도가 장(張)수에서 2도 들어간다.

宋兩朝天文志 軒轅十七星距大星, 去極七十五度, 入張宿二度.

군방보[987] 헌원은 천둥과 비를 주관하고, 음양을 화합한다.

群芳譜 主雷雨, 合陰陽.

금측[988] 헌원 제8성은 황경이 7궁 13도 27분이고, 황위가 북으로 7도 52분이다.

今測 軒轅八星, 黃經七宮一十三度二十七分, 緯北七

985 헌원(軒轅) : 전설 속 제왕인 황제(黃帝)의 이름. 성은 공손(公孫). 헌원(軒轅)의 언덕에 살았으므로 이런 이름이 붙게 되었다.

986 출전 확인 안 됨;《五禮通考》卷194〈嘉禮〉67 "觀象授時" '南方朱鳥七宿·軒轅十七星'(《文淵閣四庫全書》139, 713쪽).

987《二如亭群芳譜》〈元部〉"天譜" 卷2 '星'(《四庫全書存目叢書補編》80, 88쪽).

988《五禮通考》 卷194〈嘉禮〉67 "觀象授時" '南方朱鳥七宿·軒轅十七星'(《文淵閣四庫全書》139, 712~713쪽).

[121] 一:《晉書·天文·中宮》에는 "小".

度五十二分.

제9성은 황경이 7궁 16도 15분이고, 황위가 북으로 9도 40분이다.

九星, 黃經七宮一十六度一十五分, 緯北九度四十分.

제12성은 황경이 7궁 25도 9분이고, 황위가 북으로 8도 47분이다.

十二星, 黃經七宮二十五度零九分, 緯北八度四十七分.

제13성은 황경이 7궁 23도 30분이고, 황위가 북으로 4도 50분이다.

十三星, 黃經七宮二十三度三十分, 緯北四度五十分.

제14성은 황경이 7궁 25도 25분이고, 황위가 북으로 1도 27분이다.

十四星, 黃經七宮二十五度二十五分, 緯北初度二十七分.

적경이 7궁 27도 53분이고, 적위가 북으로 13도 29분이다.

赤經七宮二十七度五十三分, 緯北一十三度二十九分.

제15성은 황경이 7궁 19도 50분이고, 황위가 남으로 3도 47분이다.

十五星, 黃經七宮一十九度五十分, 緯南三度四十七分.

제16성은 황경이 8궁 1도 58분이고, 황위가 북으로 1도 8분이다】

十六星, 黃經八宮一度五十八分, 緯北初度零八分】

헌원성이 황색이면서 윤택하고, 크고 작은 별들이 질서가 있으면 절기가 조화로워 그해에는 풍년이 들게 된다.

其星黃潤, 大小有序, 則時和歲豐.

달이 헌원을 침범하면 큰 기근이 들게 된다.《군방보》

月犯, 大飢.《群芳譜》

12-3) 천직(天稷, 하늘의 조)[989] 5성

天稷五星

【지금은 없다.

【今無.

보천가[990] 천상(天相)[991] 아래 직(稷) 가로로 5성이 신령하네.

步天歌 相下稷星橫五靈.

진서 천문지[992] 직 5성은 칠성 남쪽에 있다. 직은 농정(農正)[993]이다. 모든 곡식의 우두머리인 조를 취하여 그 이름으로 삼았다.

晉·天文志 稷五星在七星南. 稷, 農正也, 取乎百穀之長[122]以爲號也.

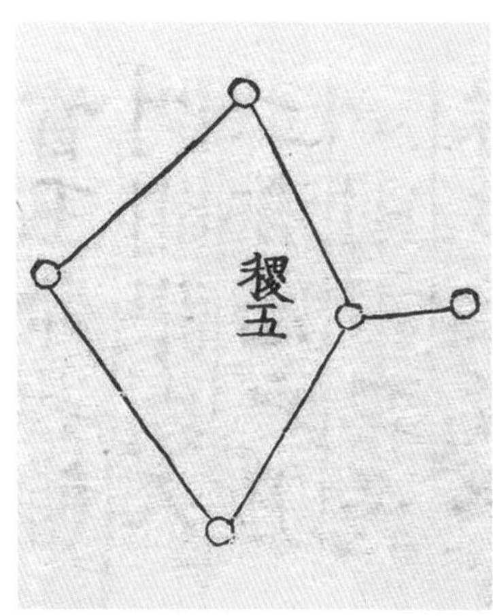

직(《천문류초》)

직 5(《천상열차분야지도》)

989 천직(天稷, 하늘의 조): 남방7수 중 성수에 속한 별자리. 성수 남쪽에 있으며 별 5개로 구성되어 있다.

990《步天歌》, 위와 같은 곳.

991 천상(天相): 남방 7수 중 성수에 속한 별자리. 성수 왼쪽에 있으며 별 3개로 구성되어 있다.

992《晉書》卷11〈天文〉上 "星官在二十八宿之外者", 307쪽.

993 농정(農正): 농사를 담당한 관리.

[122] 長: 저본에는 "正".《晉書·天文·星官在二十八宿之外者》에 근거하여 수정.

송양조천문지[994] 천직의 거성은 가장 큰 별로, 북극거리가 137도이고, 경도가 유수에서 13도 들어간다】

宋兩朝天文志 距大星, 去極一百三十七度, 入柳宿十三度】

천직이 밝으면 그해에는 풍년이 들게 된다.
어둡거나 모두 밝지 않으면 기근이 들게 된다.
다른 곳으로 움직이면 천하에 흉년이 들게 된다. 《송사》 〈천문지〉[995]

明, 則歲豐; 暗, 或不具, 爲饑; 移徙, 天下荒歉. 《宋·天文志》

천직이 밝고 크면 그해에는 큰 풍년이 들게 된다.
밝지 않으면 흉년이 들게 된다.
보이지 않으면 사람들이 서로 잡아먹게 된다. 《화한삼재도회》[996]

明大, 則歲大豐; 不明, 則儉; 不見, 則人相食. 《和漢三才圖會》

천직이 윤택하고 밝으면 모든 곡식이 제대로 여물게 된다.
그렇지 않으면 곡식이 제대로 여물지 않게 된다.
보이지 않으면 주로 큰 기근이 들고, 사람들이 서로 잡아먹게 된다.
오성이 그 옆을 차지하고 침범하면 큰 가뭄이 들어 곡식이 제대로 여물지 않고, 백성이 큰 기근을 겪게 된다.
유성이 들어오고, 혜성이나 패성이 나오면 오곡

潤而明, 則百穀成; 不, 則不成; 不見, 主大飢, 人相食. 五星守犯, 大旱, 穀不成, 民大飢. 流星入, 若彗孛出, 五穀

994 출전 확인 안 됨; 《五禮通考》 卷194 〈嘉禮〉 67 "觀象授時" '南方朱鳥七宿·天稷五星'(《文淵閣四庫全書》 139, 713쪽).
995 《宋史》 卷51 〈天文志〉 第4 "天文" 4(《文淵閣四庫全書》 281, 75쪽).
996 《和漢三才圖會》 卷2 〈二十八宿〉 "星"(《倭漢三才圖會》 1, 147쪽).

이 제대로 여물지 않고, 천하가 기근을 겪으며, 사람들이 유랑하게 된다. 《군방보》[997]

不成, 天下饑, 人流亡. 《群芳譜》

997 《二如亭群芳譜》, 위와 같은 곳.

12-4) 장수(張宿, 위장)[998] 6성

張宿六星

【보천가】[999] 장(張) 6성은 너비가 18도이다. 위(危)수와 마주 보고, 사자궁에 속한다. 오(午) 방향이고, 주(周)나라의 분야이다.

【步天歌】張六星, 十八度. 對危, 獅子宮, 午地, 周之分.

홍색별 6개 수레뒤턱[軫] 같고 성수 옆에 있네.

六紅似軫在星旁.

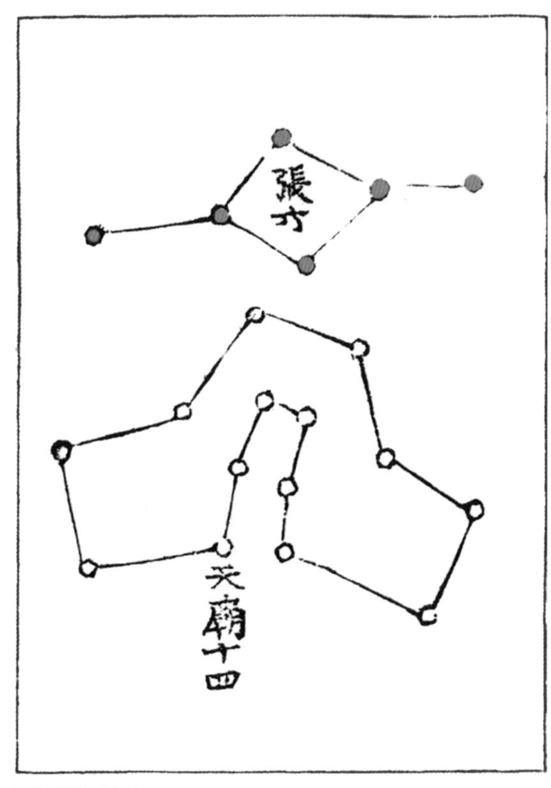

장수 전체(《보천가》)

998 장수(張宿, 위장) : 남방7수에 속한 별자리. 성수 옆에 있으며 별 6개로 구성되어 있다.

999 《步天歌》〈張〉, 30쪽.

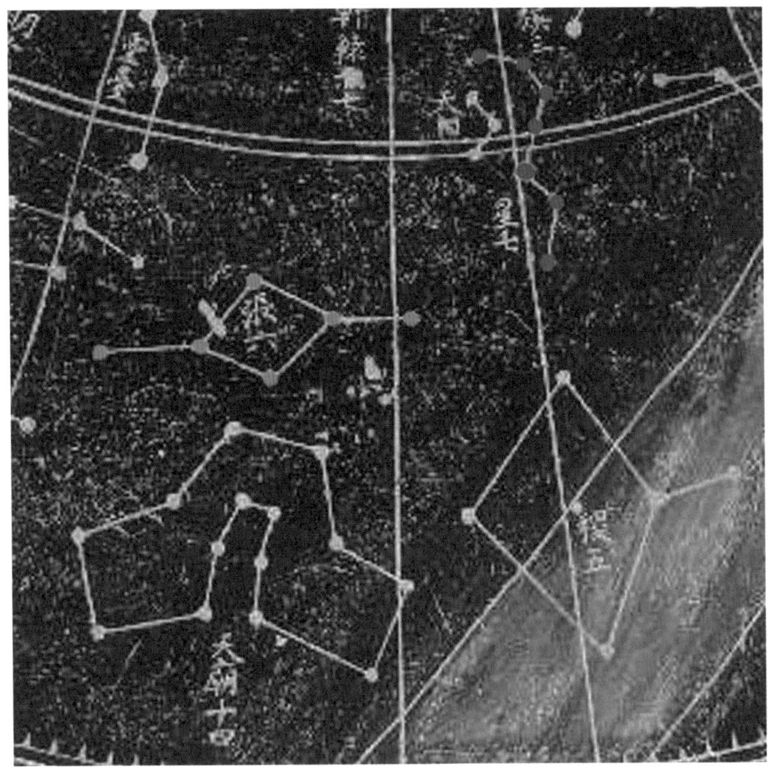

장 6과 성 7(《천상열차분야지도》)

사기·천관서[1000] 장수는 남방 주작의 멀떠구니[1001][素]로, 주방이다. 손님 대접을 주관한다.

《사기색은》은 "소(素)는 멀떠구니[嗉]이다."[1002]라 했다.

史記·天官書 張, 素, 爲廚, 主觴客.

《索隱》曰: "素, 嗉也."

1000 《史記》 卷27 〈天官書〉 第5, 1303쪽.

1001 멀떠구니 : 조류의 위창자관. 주머니모양으로, 모이를 불린 다음 모래주머니로 보낸다.

1002 소(素)는 멀떠구니[嗉]이다 : 《史記索隱》 卷9 〈天官書〉 第5(《文淵閣四庫全書》 246, 505쪽); 《史記》, 위와 같은 곳.

진서 천문지[1003] 장 6성은 보화, 종묘에 필요한 물건, 그리고 의복을 주관한다. 또 하늘 주방의 음식과 상품(賞品) 주는 일을 주관한다.	晉·天文志 張六星主珍寶、宗廟所用及衣服. 又主天廚飮食、賞賚之事.
송사 천문지[1004] 한나라 영원동의로 측정했을 때, 장수는 너비가 17도이다.	宋·天文志 漢永元銅儀, 張宿十七度;
당나라 개원유의로 측정했을 때는 18도이다.	唐開元游儀, 十八度.
옛 성경에는 북극거리가 97도였다.	舊, 去極九十七度.
경우 연간의 측정으로 장수는 너비가 18도이고, 거성은 서쪽 제2성으로, 북극거리가 103도이다.	景祐測驗, 張十八度, 距西第二星, 去極一百三度.
송양조천문지[1005] 장수는 북극거리가 102.5도이다.	宋兩朝天文志 去極一百二度半.
통지[1006] 감덕은 "장수는 종묘·조정·어사(御史)[1007]의 지위를 주관한다. 그 위쪽은 일월오성이 지나가는 궤도이다."라 했다.	通志 甘氏云: "主天廟、明堂、御史之位. 上爲天之中道."
군방보[1008] 장수는 너비가 16도로 계량된다. 하늘의 창고이다. '어부(御府)', '천창(天昌)'이라고도 한다. 남방 주작의 멀떠구니이다. 화성이다.	群芳譜 計十六度, 爲天府. 一日"御府", 一日"天昌", 爲朱雀之嗉, 火星也.

1003《晉書》卷11〈天文〉上 "二十八舍", 303쪽.

1004《宋史》卷51〈天文志〉第4 "天文" 4(《文淵閣四庫全書》281, 76쪽).

1005 출전 확인 안 됨;《五禮通考》卷194〈嘉禮〉67 "觀象授時" '南方朱鳥七宿·張宿六星'(《文淵閣四庫全書》139, 714쪽).

1006《通志》卷38〈天文略〉第1 "南方"(《文淵閣四庫全書》373, 469쪽).

1007 어사(御史): 왕을 보좌하고 문서와 기록을 담당하는 관직.

1008《二如亭群芳譜》〈元部〉"天譜" 卷2 '星'(《四庫全書存目叢書補編》80, 85쪽).

금이나 옥과 같은 보화, 종묘에 사용되는 기물을 주관하고, 하늘 주방의 음식과 상품 주는 일을 주관한다. 또 만물을 기르는 일을 주관한다. 그 북쪽으로 13척 떨어진 부분은 일월오성이 지나가는 궤도이다.

主金玉珍寶、宗廟所用之器物, 主天廚飮食賞賚之事. 又主長養萬物. 其北十三尺, 爲日月五星中道.

금측[1009] 장 제1성은 황경이 8궁 1도 19분이고, 황위가 남으로 26도 12분이다.

今測 張一星, 黃經八宮一度一十九分, 緯南二十六度一十二分.

적경이 7궁 24도 3분이고, 적위가 남으로 13도 29분이다】

赤經七宮二十四度零三分, 緯南一十三度二十九分】

장(張)성이 밝고 크면 천하가 잘 다스려져서 백성이 번성하게 된다.

목성이 장수 옆을 차지하면 그해에는 큰 풍년이 들어 천하가 태평하게 된다.

화성이 침범하면 오곡이 제대로 여물지 않게 된다.

토성이 그 옆을 차지하면 천하가 화평하게 된다.

금성이 그 옆을 차지하면 수재가 많고, 오곡이 제대로 여물지 않게 된다.

수성이 그 옆을 차지하면 천하에 홍수가 나게 된다.

수성이 침범하면 사람들이 병에 걸리고 기근을 겪게 된다.

객성이 그 옆을 차지하면 천하가 기근을 겪게 된다. 《군방보》[1010]

星明大, 則天下治, 民阜蕃. 歲星守張, 歲大豐, 天下太平; 火星犯, 五穀不成; 土守, 天下和平; 太白守, 多水災, 五穀不成. 辰星守, 天下大水; 犯之, 人有疾病且飢. 客星守, 天下饑. 《群芳譜》

1009 《五禮通考》, 위와 같은 곳.

1010 《二如亭群芳譜》, 위와 같은 곳.

12-5) 익수(翼宿, 날개)[1011] 22성

【보천가[1012] 익 22성은 너비가 18도이다. 실(室)수와 마주 보고, 쌍녀궁에 속한다. 사(巳) 방향이고, 초(楚)나라의 분야이다.

22개 홍색별 알아보기 매우 어렵지.
위 5개 아래 5개 가로로 늘어서 있는데,
중간 6점 장(張)수와 흡사하네.
또 다른 6성은 어디 쯤에 있는지,
3개씩 3개씩 연이어 장(張)수 근처에 붙어 있네.

翼宿二十二星

【步天歌 翼二十二星，十八度. 對室，雙女宮，巳地，楚之分.

二十二紅大難識,
上五下五橫著行,
中間六點恰如張,
更有六星在何許,
三三相連張畔附.

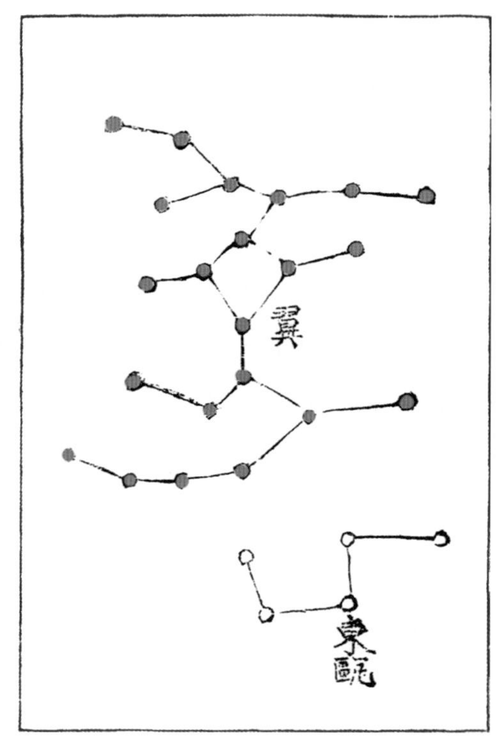

익수(《보천가》)

1011 익수(翼宿, 날개) : 남방7수에 속한 별자리. 별 22개로 구성되어 있다.
1012 《步天歌》〈翼〉, 31쪽.

익수와 장수(《천상열차분야지도》)(붉은색으로 표시된 익수의 부분이 오른쪽 파란색으로 표시된 장수와 흡사하다)

사기 천관서[1013] 익은 날개[羽翮, 우핵]이다. 먼 곳에서 온 손님 대접하는 일을 주관한다.

史記·天官書 翼爲羽翮, 主遠客.

진서 천문지[1014] 익 22성은 하늘의 악부(樂府, 음악 관서)이다. 배우[俳倡, 배창, 남녀 광대]를 주관한다. 또 이민족, 먼 곳에서 온 손님, 해외에서 온 손님을 주관한다.

晉·天文志 翼二十二星, 天之樂府, 主[123]俳倡. 又主夷狄、遠客、負海之賓.

1013 《史記》 卷27 〈天官書〉 第5, 1303쪽.

1014 《晉書》 卷11 〈天文〉 上 "二十八舍", 303쪽.

[123] 主: 저본에는 없음. 《晉書·天文·二十八舍》에 근거하여 보충.

송사 천문지[1015] 한나라 영원동의로 측정했을 때, 익수는 너비가 19도이다.

당나라 개원유의로 측정했을 때는 18도이다.

옛 성경에는 북극거리가 97도였다.

경우 연간의 측정으로 익수는 너비가 18도이고, 거성은 중앙의 서쪽 제2성으로, 북극거리가 104도이다.

宋·天文志 漢永元銅儀, 翼宿十九度;
唐開元游儀, 十八度.
舊, 去極九十七度.
景祐測驗, 翼宿十八度, 距中央[124]西第二星, 去極百四度.

통지[1016] 감덕은 "익수는 태미원(太微垣)에 있는 삼공(三公)의 백성 교화와 서적을 주관한다."라 했다.

通志 甘氏云: "主太微三公化道、文籍."

군방보[1017] 익수는 '천도시(天都市)', '천서(天徐)', '천기(天旗)'라고도 한다. 토성이다. 그 북쪽으로 3척 떨어진 부분은 일월오성이 지나가는 궤도이다.

群芳譜 一日"天都市", 一日"天徐",[125] 一日"天旗", 土星也. 其北三尺, 爲日月五星中道.

금측[1018] 익 제1성은 황경이 8궁 19도 23분이고, 황위가 남으로 22도 41분이다.

적경이 8궁 11도 9분이고, 적위가 남으로 16도 37분이다】

今測 翼一星, 黃經八宮一十九度二十三分, 緯南二十二度四十一分.
赤經八宮一十一度零九分, 緯南一十六度三十七分】

1015 《宋史》卷51〈天文志〉第4 "天文" 4(《文淵閣四庫全書》281, 77쪽).
1016 《通志》卷38〈天文略〉第1 "南方"(《文淵閣四庫全書》373, 470쪽).
1017 《二如亭群芳譜》, 위와 같은 곳.
1018 《五禮通考》卷194〈嘉禮〉67 "觀象授時" '南方朱鳥七宿·翼宿二十二星'(《文淵閣四庫全書》139, 715쪽).
[124] 央:《宋史·天文志·天文》에는 "行".
[125] 徐: 저본에는 "余". 《二如亭群芳譜·元部·天譜》에 근거하여 수정.

익수의 별빛이 밝고 순서대로 가지런하면 천하가 평안하게 된다. 光明有敍, 天下平.

화성이 익수의 옆을 차지하면 오곡이 익지 않게 된다. 火守, 五穀不熟;

화성이 침범하고 그 옆을 차지하면 천하는 큰 기근을 겪고 전염병에 걸리게 된다. 犯而守, 天下大饑疫.

토성이 1년 동안 그 옆을 차지하면 풍년이 10년 동안 들게 된다. 土守一年, 歲豐十年.

금성이 그 옆을 차지하면 만물이 제대로 여물지 않게 된다. 金守, 物不成;

금성이 침범하면 큰바람이 불고, 곡식이 잘 여물지 않게 된다. 犯之, 大風, 穀不成.

수성이 그 옆을 차지하면 물고기나 소금이 비싸진다. 辰守, 魚鹽貴;

수성이 침범하면 그 땅이 황폐하게 된다. 犯之, 其地荒.

혜성이나 패성이 익수에서 나오면 사람들이 기근을 겪게 된다. 彗孛出, 人飢;

흑색 구름이 익수로 들어오면 홍수가 나게 된다. 《군방보》[1019] 黑雲入, 大水. 《群芳譜》

1019 《二如亭群芳譜》, 위와 같은 곳.

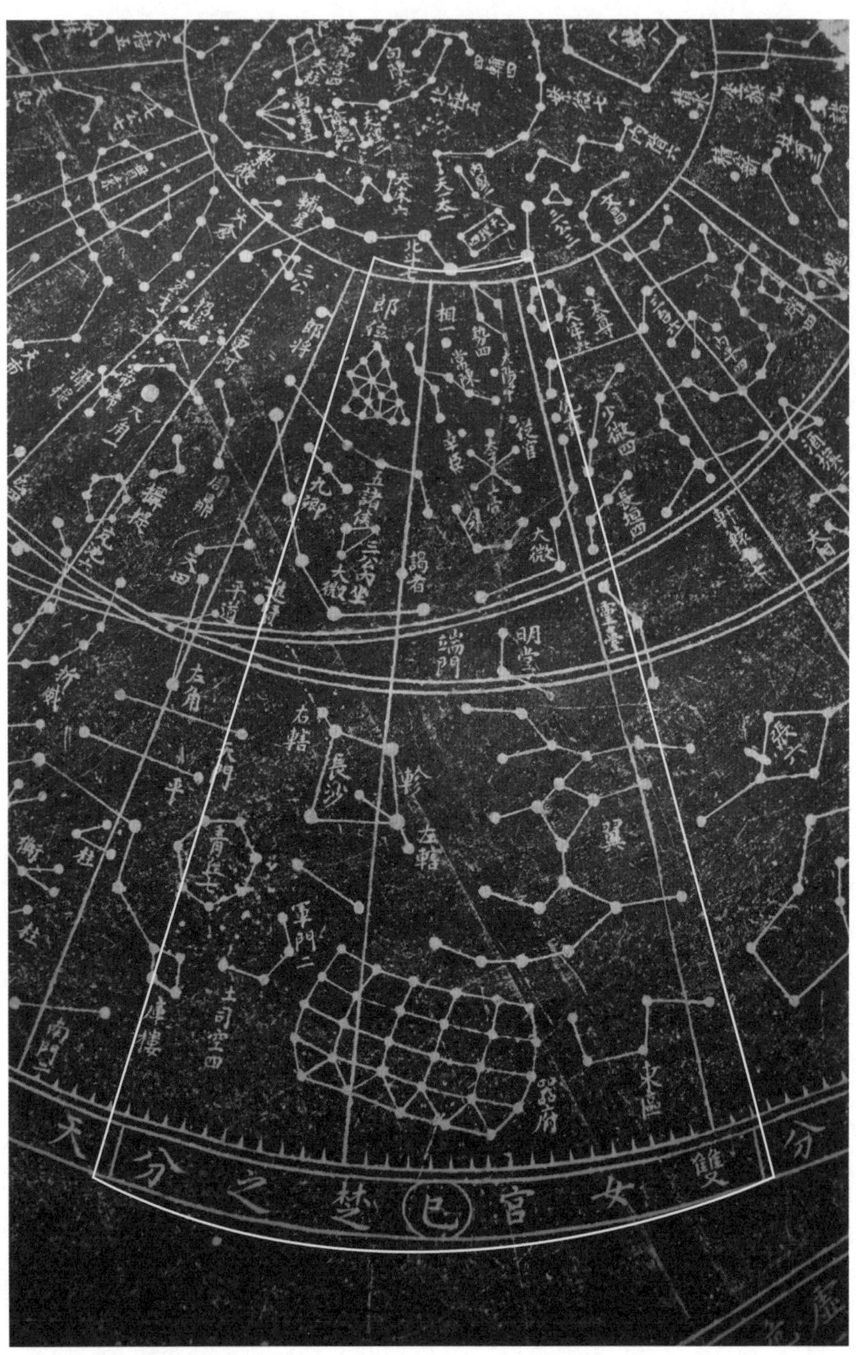

6궁 쌍녀궁 초(楚)(《천상열차분야지도》)

12-6) 진수(軫宿, 수레뒤턱)[1020] 4성

軫四星

【보천가】[1021] 진 4성은 너비가 17도이다. 벽(壁)수와 마주 보고, 쌍녀궁에 속한다. 사(巳) 방향이고, 초(楚)나라의 분야이다.

【步天歌】軫四星, 十七度. 對壁, 雙女宮, 巳地, 楚之分.

홍색별 4개 장(張)수·익(翼)수와 가깝다네.

四紅與張、翼相近.

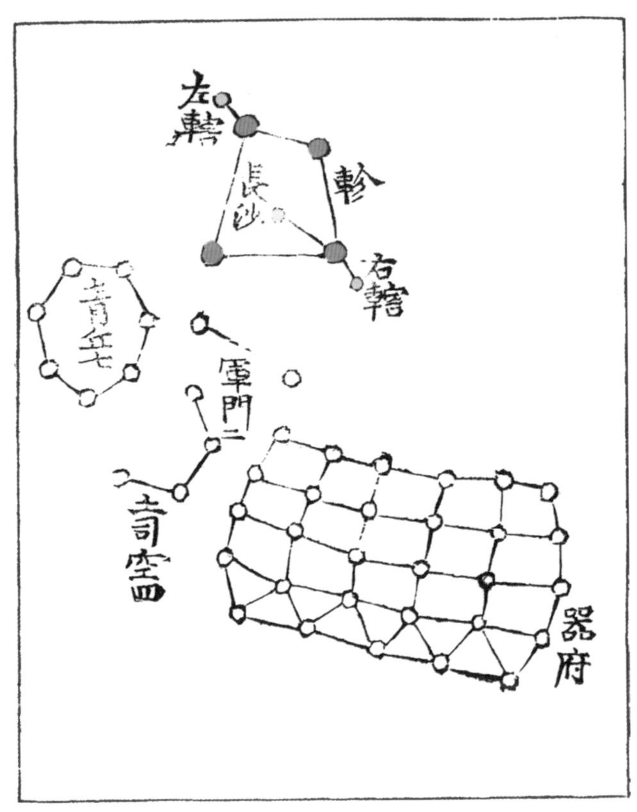

진수 전체. 진수 및 좌할·우할·장사(《보천가》)

1020 진수(軫宿, 수레뒤턱) : 남방7수에 속한 별자리. 별 4개로 구성되어 있다.

1021《步天歌》〈軫〉, 32쪽.

진수 및 좌할·우할·장사(《천상열차분야지도》)

사기 천관서[1022] 진은 수레이다. 바람을 주관한다. 史記·天官書 軫爲車, 主風.

진서 천문지[1023] 진 4성은 총재(冢宰) 직분을 주관한 晉·天文志 軫四星, 主冢

1022《史記》卷27〈天官書〉第5, 1304쪽.
1023《晉書》卷11〈天文〉上 "二十八舍", 303쪽.

다. 천자를 보좌하는 신하이다. 수레나 말을 주관하고, 운송을 주관한다. 또 바람을 주관하고, 상례(喪禮)를 주관한다.

宰, 輔臣也, 主車騎, 主載任. 又主風, 主死喪.

송사 천문지[1024] 한나라 영원동의로 측정했을 때, 진수는 너비가 18도이다.

宋·天文志 漢永元銅儀, 以軫宿爲十八度.

옛 성경에는 북극거리가 98도였다.

舊, 去極九十八度.

경우 연간의 측정으로 진수는 너비가 역시 18도이고, 북극거리가 100도이다.

景祐測驗, 亦十八度, 去極一百度.

송양조천문지[1025] 진 4성의 거성은 서북쪽 별로, 북극거리가 103.5도이다.

宋兩朝天文志 軫四星距西北星, 去極一百三度半.

통지[1026] 감덕은 "진 7성은 장군의 직분과 악부(樂府)에서 노래 공연하는 일을 주관한다."라 했다.

通志 甘氏云: "軫七星, 主將軍、樂府歌讙之事."

군방보[1027] 진은 너비가 17도로 계량된다. '천차(天車)'라고도 한다. 마차와 말, 운송, 도적, 전쟁과 정벌에 관한 일을 주관한다. 한편으로는 '상차(喪車)'라고도 한다. 상례를 주관한다.

群芳譜 計十七度. 一曰"天車", 主車騎、任載、盜賊、戰伐之事. 一爲"喪車", 主死喪.

진 4성은 하늘의 사보(四輔, 천자를 보좌하는 4개의 관직)이고, 총재의 관직이다. 재앙이나 흉사를 살핀다.

四星爲天之四輔, 冢宰之官, 察殃咎、凶災, 水星也.

1024 《宋史》 卷51 〈天文志〉 第4 "天文" 4(《文淵閣四庫全書》 281, 78쪽).

1025 출전 확인 안 됨; 《五禮通考》 卷194 〈嘉禮〉 67 "觀象授時" '南方朱鳥七宿·軫四星'(《文淵閣四庫全書》 139, 715쪽).

1026 《通志》, 위와 같은 곳.

1027 《二如亭群芳譜》, 위와 같은 곳.

수성이다. 또 비바람을 주관한다. 북쪽 위 3척 떨어진 부분은 일월오성이 지나가는 궤도이다.	又主風雨. 北上三尺, 爲日月五星中道.
진혜전왈[1028] 감덕은 "위의 진 7성은 대개 좌할(左轄)[1029]·우할(右轄),[1030] 그리고 장사(長沙)[1031]를 겸하여 한 말이다."라 했다.	秦蕙田曰 甘氏云: "軫七星, 蓋兼左、右轄及長沙言之."
금측[1032] 진 제1성은 황경이 9궁 6도 23분이고, 황위가 남으로 14도 25분이다.	今測 軫一星, 黃經九宮六度二十三分, 緯南一十四度二十五分.
적경이 8궁 29도 58분이고, 적위가 남으로 15도 44분이다】	赤經八宮二十九度五十八分, 緯南一十五度四十四分】
진수가 밝으면 크게 길하게 된다.	明, 則大吉.
달이 진수로 들어오면 큰바람이 불고 큰비가 내리게 된다.	月入軫, 大風雨;
수성이 진수 옆을 차지하면 물난리로 오곡이 상하고, 천하에 큰 전염병이 돌게 된다.	水守軫, 水傷五穀, 天下大疫;
객성이 진수를 침범하면 수레나 말이 비싸진다. 《군방보》[1033]	客星犯, 車馬貴.《群芳譜》

1028《五禮通考》, 위와 같은 곳.
1029 좌할(左轄): 남방7수 중 진수에 속한 별자리. 진수 위에 있으며 별 1개이다.
1030 우할(右轄): 남방7수 중 진수에 속한 별자리. 진수 아래에 있으며 별 1개이다.
1031 장사(長沙): 남방7수 중 진수에 속한 별자리. 진수 가운데에 있으며 별 1개이다.
1032《五禮通考》, 위와 같은 곳.
1033《二如亭群芳譜》, 위와 같은 곳.

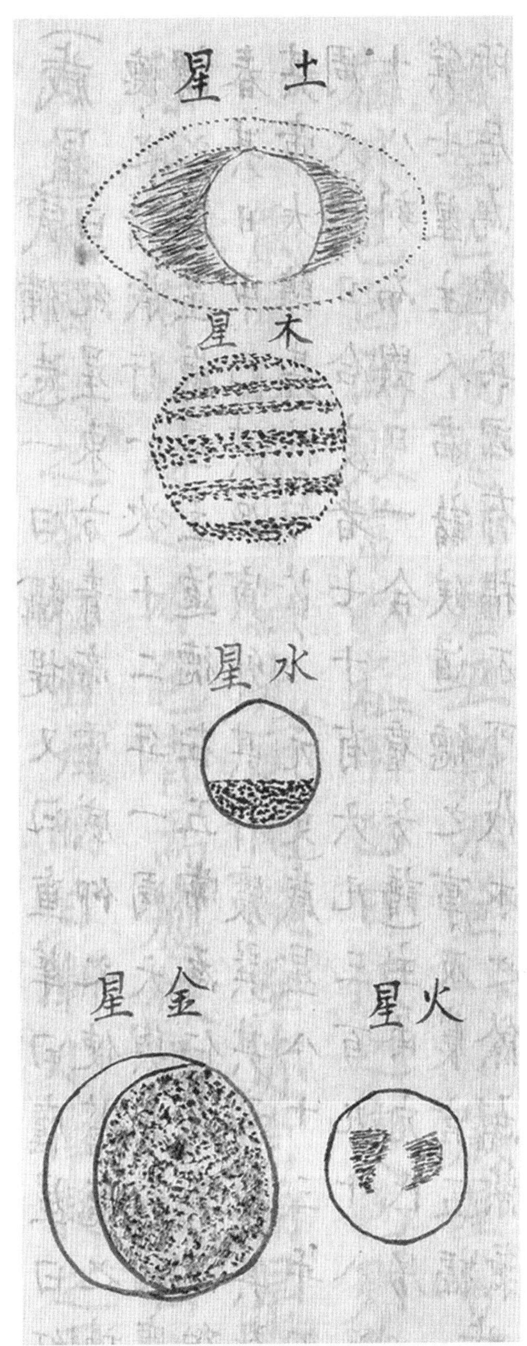

〈원도12〉 토성(土星), 목성(木星), 수성(水星), 화성(火星), 금성(金星).

태양계의 별들

태양계 행성의 궤도(이상 픽사베이)

13) 목성[歲星, 세성]　　歲星

【무비지】[1034] '섭제(攝提)', '중화(重華)', '응성(應星)', '경성(經星)', '기성(紀星)'이라고도 한다. 동방청제(東方青帝)[1035]인 영위앙(靈威仰)[1036]의 사신으로, 창룡(蒼龍)의 신이며, 목덕(木德, 만물을 자라게 하는 덕)의 정화이다.

【武備志】一日"攝提", 又日"重華", 日"應星", 日"經星", 日"紀星". 東方青帝靈威仰之使, 蒼龍之神, 木德之精.

목성은 1년에 1성차(星次)를 움직여서 12년만에 하늘을 1바퀴 돈다. 이는 태세(太歲)[1037]와 상응한다. 그러므로 '세성(歲星)'이라고 한다.

歲行一次, 十二年一周天, 與太歲相應, 故謂之"歲星".

목성은 도덕(道德)을 주관한다. 오상(五常, 인·의·예·지·신) 중 인(仁)에 해당하고, 오사(五事)[1038] 중 모(貌)에 해당한다. 목성은 봄을 주관한다.

歲星主道德, 在五常爲仁, 五事爲貌, 主春,

목성에 연관된 날[日]은 갑(甲)·을(乙)이다.　　其日甲、乙,

목성에 연관된 지지(地支)는 인(寅)·묘(卯)이다.　　其辰寅、卯,

목성에 연관된 괘(卦)는 진(震)·손(巽)이다.　　其卦震、巽,

목성에 연관된 음(音)은 각(角)이다.　　其音角,

목성에 연관된 수(數)는 8이다.　　其數八,

목성에 연관된 제(帝)는 태호(太皞)[1039]이다.　　其帝太皞,

목성에 연관된 신(神)은 구망(句芒)[1040]이다.　　其神句芒.

1034《武備志》卷158〈占度載〉"占星" 5 '歲星', 6405~6406쪽.

1035 동방청제(東方青帝) : 전설 속의 오천제(五天帝) 중 하나. 동방(東方)의 신이며 봄의 신[春神]이다. 창제(蒼帝)·목제(木帝)라고도 한다.

1036 영위앙(靈威仰) : 청제의 이칭.

1037 태세(太歲) : 중국 고대 천문학과 점성술에서 가상으로 설정한 별. 후에는 도교와 민간신앙의 신이 되었다. 태세는 목성의 운행궤도와 주기는 같지만, 방향은 반대이다. 하늘을 12등분한 구획을 12성차(十二星次)라 하고, 목성은 1년에 한 구획씩 가므로, 목성이 머무는 별자리 이름으로 그 해를 이름짓는데, 이를 세성기년법(歲星紀年法)이라고 한다. 춘추전국 시대에는 이 태세와 목성의 위치를 이용한 '세성기년법'을 채용했다. 위의 표 '황도 12궁과 12성차'를 참고 바람.

1038 오사(五事) : 고대 지도자의 수신 덕목 5가지. 모(貌, 공손한 용모)·언(言, 순종하는 말)·시(視, 밝은 눈)·청(聽, 밝은 귀)·사(思, 깊은 생각)를 말한다.

1039 태호(太皞) : 전설 속의 제왕인 복희씨(伏羲氏)의 이름. 목덕(木德)으로 천하를 다스리고 동방과 봄의 신이다.

1040 구망(句芒) : 전설 속에서 나무를 주관하는 관리나 신(神).

본문에서 제시한 오성의 상관 관계

	목성	화성	토성	금성	수성
오상(五常)	인(仁)	예(禮)	신(信)	의(義)	지(智)
오사(五事)	모(貌)	시(視)	사(思)	언(言)	청(聽)
날[日]	갑(甲)·을(乙)	병(丙)·정(丁)	무(戊)·기(己)	경(庚)·신(辛)	임(壬)·계(癸)
지지(地支)	인(寅)·묘(卯)	사(巳)·오(午)	축(丑)·미(未)	신(申)·유(酉)	해(亥)·자(子)
괘(卦)	진(震)·손(巽)	리(離)	간(艮)·곤(坤)	건(乾)·태(兌)	감(坎)
음(音)	각(角)	치(徵)	궁(宮)	상(商)	우(羽)
수(數)	8	7	5	9	6
제(帝)	태호(太皞)	염제(炎帝)	황제(黃帝)	소호(少昊)	전욱(顓頊)
신(神)	구망(句芒)	축융(祝融)	후토(后土)	욕수(蓐收)	현명(玄冥)

목성[촬영: Hubble Space Telescope (NASA, 2014)]

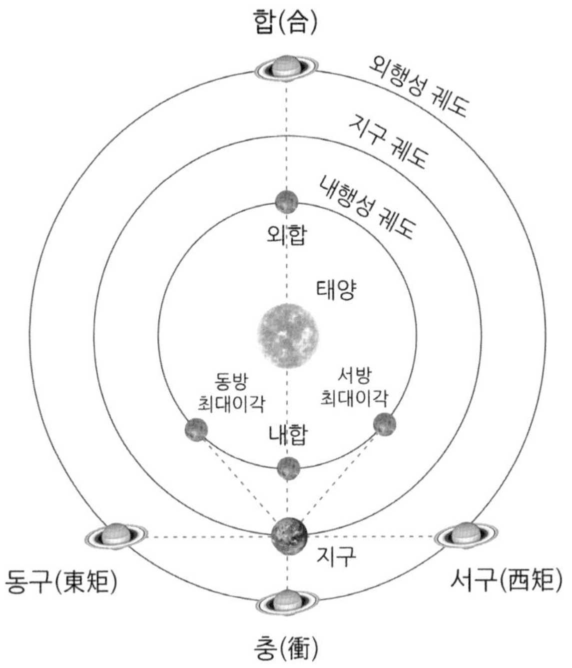

행성이 합(合)·충(衝)·구(矩)일 때 각각의 위치(임원경제연구소)

원사 [1041] 목성은 83년에 7번 하늘을 회전한다.[1042] 이 기간 동안 태양과 회합[合度][1043]하는 횟수는 76번이다. 이를 기준으로 보면 일반적으로 398일 88각(刻)에 태양과 1번 회합한다.[1044]

元史 歲星八十三年而七周天. 與日合度者, 七十有六. 凡三百九十八日八十八刻而與日一合.

1041 출전 확인 안 됨; 《武備志》 卷158 〈占度載〉 "占星" 5 '歲星', 6407~6408쪽.

1042 목성은……회전한다: 목성의 공전주기는 11.86년이다.

1043 회합[合度]: 합(合, conjunction). 지구를 중심으로 행성이 태양과 같은 방향에 있는 위치. 태양과 행성의 황경의 차가 0도일 때는 합, 180도일 때는 충(衝, opposition)이라 한다. 내행성의 경우 충은 없고, 내합과 외합을 반복한다.

1044 이를……회합한다: 1년을 약 365.2425일로 계산하고, 83년 동안 76번 회합한다고 했으므로, 태양과 1번 회합하는 날은, 83년 × 365.2425일 ÷ 76번 ≒ 398.88일/(1번)이 된다. 이하 나머지 4성(星)에서의 계산도 이와 같은 방식이다.

군방보[1045] 목성은 동방 7수인 각(角)·항(亢)·저(氐)·방(房)·심(心)·미(尾)·기(箕) 7성을 주관한다.[1046]

群芳譜 主角、亢、氐、房、心、尾、箕七星.

군주와 제후의 도덕에 관한 일, 그리고 농사 담당 관리와 오복(五福)[1047]을 주관한다. 목성이 머무는 곳에 덕이 깃드니, 그 분야의 나라에 복이 있어서 그 나라를 정벌할 수 없게 된다.

主人君、諸候道德之事及農官、五福. 所居爲德, 其國有福, 不可伐.

목성의 여성(餘星)[1048]은 자기(紫氣)이다】

木之餘爲紫氣】

목성이 있는 곳이면 거기에 해당하는 분야의 나라에 복이 있게 된다. 《무비지》[1049]

歲星所在, 其國有福. 《武備志》

목성은 농사를 담당하는 관리이다. 오곡을 주관한다. 목성이 머무는 특정 별자리와 연관된 분야의 나라에는 오곡이 번창한다. 목성이 머무는 특정 별자리와 마주하는 특정 별자리는 이와 충(衝)[1050]이 되므로 마침내 재앙이 있게 된다. 《무비지》[1051]

歲星爲農官, 主五穀, 所居之宿, 五穀蕃昌, 其對爲衝, 乃有殃. 同上

목성은 속도가 느리고 빠른 변화[贏縮, 영축]로 목

歲星贏縮, 以其舍命國,

1045 《二如亭群芳譜》〈元部〉"天譜" 卷2 '星'(《四庫全書存目叢書補編》 80, 80쪽).

1046 목성은……주관한다 : 오행사상에서 목(木)은 동쪽에 해당하므로 목성이 동방7수를 주관한다고 보는 것이다. 수(水)는 북쪽, 금(金)은 서쪽, 화(火)는 남쪽에 해당한다.

1047 오복(五福) : 수(壽, 장수)·부(富)·강녕(康寧, 건강)·유호덕(攸好德, 덕을 좋아하고 행함)·고종명(考終命, 편안히 죽음)의 5가지 행복.

1048 여성(餘星) : 가상의 별인 자기(紫氣)·월패(月孛)·나후(羅睺)·계도(計都). 실제로 천체의 운행은 아니지만 천구에서 보이는 규칙적인 위치 변화를 설명하기 위해 도입되었다. 사암성(四暗星), 사은성(四隱星) 또는 사은요(四隱曜)라고도 한다. 목성의 여성인 자기(紫氣)와 수성의 여성인 월패(月孛)는 순행하고, 화성의 여성인 나후(羅睺)와 토성의 여성인 계도(計都)는 역행한다. 금성에 해당하는 여성은 없다.

1049 《武備志》 卷158 〈占度載〉 "占星" 5 '歲星', 6406쪽.

1050 충(衝) : 외행성이 지구·태양과 일자를 이루는 위치에 있으면서 태양과 황경의 차가 180도일 때를 말한다.

1051 《武備志》, 위와 같은 곳.

성이 머무는 분야에 해당하는 나라에 조짐을 알린다. 목성이 머문 곳에 오래 있으면 그 나라에는 두터운 덕이 있고, 오곡이 풍성하게 된다. 목성의 커지고 작아지는 데서 순서를 잃으면 그 분야의 나라에는 변고가 생기게 된다. 《무비지》[1052]	其所居久, 其國有德厚, 五穀豐昌. 贏縮失次, 其國有變. 同上
① 목성이 봄에 있으면 왕(王)이다.[1053] 이때 그 색은 좌각(左角)[1054]에 비해서 크고 청색이며 정미하게 빛난다.	歲星在春, 王. 色比左角大而靑精光.
입춘 뒤 만 72일 뒤에 18일 동안은 황색이다.	立春後滿七十二日後十八日, 色黃,
2월[仲春]에는 별빛에 광선이 있다.	仲春之時有芒角.
② 목성이 겨울에 있으면 상(相)이다. 이때 그 색은 정미하게 빛나면서 광선이 없다.	在冬, 相. 其色精光而無芒角;
③ 여름에 있으면 휴(休)이다. 이때 그 색은 청황이면서 정미한 빛이 없다.	在夏, 休. 其色靑黃無精光;
④ 사계(四季, 3·6·9·12월의 마지막 18일)에 있으면 수(囚)이다. 이때 그 색은 청색이면서 약간 흑색이다.	在四季, 囚. 其色靑微黑;
⑤ 가을에 있으면 사(死)이다. 이때 그 색은 가늘고 작아서 밝지 않다.	在秋, 死. 其色細小不明.
이상이 목성의 평소 모습이다. 만약 그 색이 평소와 같다면 천하는 화평하게 된다. 《무비지》[1055]	此其常也. 如其常, 則天下和平. 同上

1052 《武備志》 卷158 〈占度載〉 "占星" 5 '歲星', 6407쪽.

1053 목성이……왕(王)이다 : 명리학에서 춘(春)·하(夏)·추(秋)·동(冬)·사계(四季)와 왕(旺, 왕성)·상(相, 활발함)·휴(休, 휴식)·수(囚, 쇠락)·사(死, 죽음)의 상관관계 중 하나.

1054 좌각(左角) : 동방7수에 속한 별자리인 각(角) 2성 중 아래쪽에 있으면서 더 크고 빛나는 별.

1055 《武備志》 卷158 〈占度載〉 "占星" 5 '歲星', 6409~6410쪽.

본문에서 설명한 사계와 왕·상·휴·수·사의 상관관계

	왕(旺)	상(相)	휴(休)	수(囚)	사(死)
춘(春)	목(木)	화(火)	수(水)	금(金)	토(土)
하(夏)	화(火)	토(土)	목(木)	수(水)	금(金)
추(秋)	금(金)	수(水)	토(土)	화(火)	목(木)
동(冬)	수(水)	목(木)	금(金)	토(土)	화(火)
사계(四季)	토(土)	금(金)	화(火)	목(木)	수(水)

본문에서 설명한 오성과 왕·상·휴·수·사의 상관관계

	왕(旺)	상(相)	휴(休)	수(囚)	사(死)
목(木)	춘(春)	동(冬)	하(夏)	사계(四季)	추(秋)
화(火)	하(夏)	춘(春)	사계(四季)	추(秋)	동(冬)
토(土)	사계(四季)	하(夏)	추(秋)	동(冬)	춘(春)
금(金)	추(秋)	사계(四季)	동(冬)	춘(春)	하(夏)
수(水)	동(冬)	추(秋)	춘(春)	하(夏)	사계(四季)

목성이 적색이면서 광선이 있으면 그 분야의 나라는 창성하게 된다.

歲星赤而角, 其國昌;

적황색으로 지면 그 분야의 나라는 큰 풍년이 들게 된다. 《무비지》[1056]

赤[126]黃而沈, 其野大穰. 同上

목성의 색이 변하고 적색 광선이 있으면 그 분야의 나라는 큰 가뭄이 들어 그해에는 기근을 겪고, 전쟁이 나게 된다. 《무비지》[1057]

歲星變色而赤芒角, 其國大旱, 歲饑有兵. 同上

1056 《武備志》 卷158 〈占度載〉 "占星" 5 '歲星', 6407쪽.

1057 《武備志》 卷158 〈占度載〉 "占星" 5 '歲星', 6411쪽.

[126] 赤: 저본에는 "亦". 고대본·《武備志·占度載·占星》에 근거하여 수정.

목성이 광선이 있고 뾰족하면 목성이 있는 분야의 오곡은 제대로 익지 않게 된다. 《무비지》[1058]

歲星芒角而怒, 所居五穀不登. 同上

목성이 특정 별자리 옆을 차지하여 머물 때, 그 색이 백색이면 일이 실패하게 된다.

歲星舍守列宿, 其色白, 爲敗;

항상 봄의 갑(甲)·을(乙)이 든 날에 징후를 살펴서 색이 변하면 재앙이 오게 된다. 《무비지》[1059]

常以春甲、乙日候之, 變色, 則爲災. 同上

목성이 춘왕(春旺)에 있고, 백색이면서 빛이 없으면 바람과 비가 한꺼번에 오게 된다.

歲星在春, 白無光, 風雨總至;

적색이면서 광선이 있으면 가뭄과 따뜻한 날씨가 일찍 오게 된다.

赤有角, 旱暖早臻;

흑색이면 때에 맞지 않는 한랭한 날씨가 오게 된다.

色黑, 有非時之冷;

청색이면 절기에 맞는 따뜻한 날씨가 된다.

色靑, 爲應候之溫.

처음 나올 때는 작다가 날마다 더 커지면 나라 이익의 근본이 된다.

初出小而日益大, 國利之本;

처음 나올 때는 크다가 날마다 점점 작아지면 나라 쇠퇴의 원인이 된다.

初出大而日漸小, 國耗之因.

목성이 머물 곳을 떠나면 그 떠난 분야에 해당하는 나라는 전쟁이 나고, 기근을 겪으며, 영토를 잃는 피해를 당하게 된다.

去其舍, 而所去之國爲兵, 爲饑, 失地之害.

봄에는 목성으로 점친다. 봄에 추령(秋令)을 시행하면 목성의 색이 변하고 빛이 없다. 그러면 사람들이 큰 질병에 걸리고, 폭풍과 폭우가 한꺼번에 닥친

春占之. 春行秋令, 則歲星變色而無光, 人有大疾, 飈風暴雨總至, 主藜莠蓬蒿

1058 《武備志》 卷158 〈占度載〉 "占星" 5 '歲星', 6412쪽.

1059 《武備志》 卷158 〈占度載〉 "占星" 5 '歲星', 6415쪽.

다. 주로 온갖 잡초와 쑥이 함께 무성히 자라고, 나라는 홍수를 당하며, 찬 바람이 한꺼번에 불게 된다. 하늘의 많은 양기는 가라앉고, 비가 많이 내리게 된다.

幷興, 國當大水, 寒風總至, 天多陽沈, 淫雨大降.

봄에 하령(夏令)을 시행하면 목성이 적색으로 변하고 광선이 생긴다. 그러면 비가 일찍 내리지 않아 초목은 가뭄에 말라 죽고, 나라는 큰 가뭄이 들며, 따뜻한 날씨가 일찍 시작되어서 멸구떼로 해를 입고, 사람들은 대부분 전염병에 걸리며, 절기에 맞는 비가 내리지 않게 된다.

春行夏令, 則歲星變赤而有芒角, 雨水不早, 艸木旱落, 國將大旱, 暖氣早[127]來, 蟲螟爲害, 人多疾疫, 時雨不降.

봄에 동령(冬令)을 시행하면 목성이 그제야 흑색이 되며 물난리의 재앙을 겪고, 서리와 눈이 많이 내리게 된다. 《관규집요》[1060]

春行冬令, 則星乃黑而水澇爲災, 霜雪大降. 《管窺輯要》

1060 《管窺輯要》 卷16(《管窺輯要》 6, 2면).

[127] 早: 저본은 "來". 고대본·《管窺輯要》에 근거하여 수정.

14) 화성[熒惑, 형혹]

熒惑

【무비지】[1061] 화성은 '적성(赤星)'이라고도 한다. 또 '벌성(罰星)'·'집법(執法)'·'천후(天候)'라고도 한다. 남방적제(南方赤帝)[1062]인 적표로(赤熛怒)의 사신으로, 주작(朱雀)의 신이며, 불의 정화이다.

【武備志】一曰"赤星", 又曰"罰星", 曰"執法", 曰"天候", 南方赤帝赤熛怒之使, 朱雀之神, 火之精也.

화성의 운행에는 일정함이 없어서 동쪽에 거처하면 현식(懸息)이고, 서쪽에 거처하면 천리(天理)이며, 남쪽에 거처하면 형혹(熒惑)이다. 혹은 진퇴에 일정함이 없어서 조급하고 빠르다. 그러므로 '형혹'이라 한다.

其行無常, 居東方爲"懸息", 西方爲"天理", 南方爲"熒惑". 或進退無恒, 躁急促疾, 故曰"熒惑".

화성은 오상(五常) 중 예(禮)에 해당하고, 오사(五事) 중 시(視)에 해당한다. 화성은 여름을 주관한다.

其在五常爲禮, 五事爲視. 主夏.

화성이 연관된 날은 병(丙)·정(丁)이다.

其日丙、丁,

화성이 연관된 지지는 사(巳)·오(午)이다.

其辰巳、午,

화성이 연관된 괘는 리(離)이다.

其卦离,

화성이 연관된 음은 치(徵)이다.

其音徵,

화성이 연관된 수는 7이다.

其數七,

화성이 연관된 제는 염제(炎帝)[1063]이다.

其帝炎帝,

화성이 연관된 신은 축융(祝融)[1064]이다.

其神祝融.

상례를 주관하고, 또 그해 농사의 성패를 주관하며, 우환·과실·화복이 생기게 하는 원인을 주관한다.

主死喪, 又主歲成敗, 主憂患、愆尤、禍福之所由生.

1061 《武備志》卷158 〈占度載〉"占星" 5 '熒惑', 6415~6416쪽.

1062 남방적제(南方赤帝): 전설 속의 오천제(五天帝) 중 하나. 남방(南方)의 신이며 여름의 신[夏神]이다. 적제(赤帝)·화제(火帝)라고도 한다.

1063 염제(炎帝): 전설 속 강(姜) 부족의 수장. 염제가 신농씨(神農氏)라는 설도 있다.

1064 축융(祝融): 제곡[帝嚳, 오제의 하나인 고신씨(高辛氏)] 시대에 불을 담당하던 관리. 후에 화신(火神)이 되었다. 남방(南方)·남해(南海)의 신.

화성[촬영: Mars Global Surveyor (NASA, 1999)]

원사[1065] 화성은 79년에 42번 하늘을 회전한다.[1066] 이 기간 동안 태양과 회합하는 횟수는 37번이다. 이를 기준으로 보면 일반적으로 779일 92각(刻) 90/100분에 태양과 1번 회합한다.[1067]

元史 熒惑七十九年而四十二周天，與日合度者三十七. 凡七百七十九日九十二刻又百分刻之九十分而與日一合.

1065《武備志》卷158〈占度載〉"占星" 5 '熒惑', 6417~6418쪽.

1066 화성은……회전한다 : 화성의 공전 주기는 686.97일이다.

1067 이를……회합한다 : 1년을 약 365.2425일로 계산하고, 79년 동안 37번 회합한다고 했으므로, 태양과 1번 회합하는 날은, 79년×365.2425일 ÷ 37번 ≒ 779.84일/(1번)이 된다.

군방보[1068] 화성은 남방 7수인 정(井)·귀(鬼)·유(柳)·성(星)·장(張)·익(翼)·진(軫) 7성을 주관한다.

화성의 여성(餘星)은 나후(羅睺)이다】

群芳譜 主井、鬼、柳、星、張、翼、軫七星.

火之餘爲羅睺】

화성은 전란·도적이고, 질병·죽음이며, 기근·전쟁이다. 화성이 머무는 특정 별자리의 분야에 해당하는 나라는 재앙을 당하게 된다.

熒惑爲亂爲賊, 爲疾爲喪, 爲饑爲兵, 所居之宿國受殃.

재앙을 당한 뒤 재앙이 다시 돌아오면 비록 재앙이 클 것 같았어도 작게 된다. 하지만 화성이 그 특정 별자리에 오래 머무르다가 그제야 재앙이 닥치면 재앙이 작을 것 같았어도 오히려 크게 된다.

殃還至者, 雖大當小; 居之久, 殃乃至者, 當小反大.

화성이 이미 떠나갔다가 다시 특정 별자리에 머물 때, 머물면서 광선이 있거나 움직이면서 특정 별자리를 둘러싸고는 앞으로 갔다가 뒤로 갔다가 하고, 왼쪽에 있다가 오른쪽에 있다가 하면 재앙이 더욱 심하게 된다.《한서》〈천문지〉[1069]

已去復還居之, 若居之而角者, 若動者, 繞環之, 及乍前乍後, 乍左乍右, 殃愈甚.《漢·天文志》

① 화성이 여름에 있으면 '왕(王)'이라 한다. 이때 그 색은 심(心)수의 큰 별에 비해서 크고 적색이며, 정미한 빛이 있다. 5월[仲夏]에는 광선이 있다.

熒惑在夏曰"王". 色比心大星而大赤精光, 仲夏有芒角.

② 봄에 있으면 '상(相)'이라 한다. 이때 그 색은 정미하게 빛나고, 광선이 없다.

在春曰"相". 其色精光, 無芒角.

③ 6월 마지막 18일에 있으면 '휴(休)'라 한다. 이때 그 색은 적황이고, 정미한 빛이 없다.

在季夏曰"休". 其色赤黃, 無精光.

1068《二如亭群芳譜》, 위와 같은 곳.

1069《漢書》卷26〈天文志〉第6, 1281쪽.

④ 가을에 있으면 '수(囚)'라 한다. 이때 그 색은 청백이고, 밝지 않다.

在秋曰"囚". 其色青白, 不明.

⑤ 겨울에 있으면 '사(死)'라 한다. 이때 그 색은 황흑이고, 가늘면서 밝지 않다.

在冬曰"死". 其色黃黑, 細而不明.

이상이 화성의 평소 모습이다. 그 색이 평소와 같으면 천하는 화평하게 된다.

此其常也. 色如其常, 則天下和平也.

① 왕(王)의 때가 되었는데도 상(相)·휴(休)·수(囚)·사(死)의 색이 보일 때, 특정 별자리로 나아가면 그 분야의 나라는 상서롭지 못하게 된다. 반면 특정 별자리에서 물러나면 그 나라는 가뭄이 들게 된다.

當王時而有相、休、囚、死色, 其進舍也, 其國不祥; 其退舍也, 其國有旱.

② 상(相)의 때가 되었는데도 왕(王)·휴(休)·수(囚)·사(死)의 색이 보일 때, 특정 별자리로 나아가면 멸구가 생기게 된다. 반면 특정 별자리에서 물러나면 풀 한 포기 없이 붉은 땅이 천리나 되는 심한 재난이 들게 된다.

當相時而有王、休、囚、死色, 其進舍也, 有蝗; 其退舍也, 赤地千里.

③ 사(死)의 때가 되었는데도 수(囚)의 색이 보일 때, 특정 별자리로 나아가면 바람이 많이 불게 된다. 반면 특정 별자리에서 물러나면 홍수로 강물이 넘실거리게 된다. 《무비지》[1070]

當死時而有囚色, 其進舍也, 多風; 其退舍也, 流水湯湯. 《武備志》

화성의 색이 변해서 흑색이 되면 홍수가 나게 된다. 《무비지》[1071]

熒惑變色而黑, 有大水. 同上

화성이 흑색이면서 광선이 있으면 화성이 머무는

熒惑色黑而芒, 所居之野

1070 《武備志》 卷158 〈占度載〉 "占星" 5 '熒惑', 6418~6420쪽.
1071 《武備志》 卷158 〈占度載〉 "占星" 5 '熒惑', 6420쪽.

분야의 나라에는 재앙이 있게 된다. 《무비지》[1072] 有殃. 同上

화성이 청색이면 가뭄이 들게 된다. 《무비지》[1073] 熒惑色青, 有旱. 同上

화성이 낮에 보이면 화성이 머무는 분야의 나라는 큰 가뭄이 들어 물이 마르게 된다. 《무비지》[1074] 熒惑晝見, 所在分大旱水竭. 同上

화성이 남쪽(불)에서 바른 운행을 하지 못하고 북쪽(물)으로 가면 천하에 가뭄이 들게 된다. 이를 '불을 가지고 물로 들어갔다.'고 한다. 《무비지》[1075] 熒惑從南失行而北, 天下旱, 是謂"以火入水". 同上

화성이 특정 별자리의 남쪽에서 나오면 얼(孼)이다. 熒惑出列宿之南, 爲孼;

특정 별자리의 북쪽에서 나왔다가 다시 들어가면 영(羸)이다. 出列宿之北復入, 爲羸.

이와 반대로 운행하면 축(縮)이다. 화성이 이와 같이 운행하면 그 아래에는 반드시 엎어진 시체와 쌓인 유골이 있게 된다. 《무비지》[1076] 逆爲縮, 如是者, 其下必有伏尸積骨. 同上

화성이 봄과 여름에 궤도를 잃고 남쪽으로 빠르게 운행하면 가뭄이 들게 된다. 《무비지》[1077] 熒惑春夏失道南行疾, 爲旱. 同上

1072 《武備志》 卷158 〈占度載〉 "占星" 5 '熒惑', 6421쪽.
1073 《武備志》, 위와 같은 곳.
1074 《武備志》 卷158 〈占度載〉 "占星" 5 '熒惑', 6422쪽.
1075 《武備志》 卷158 〈占度載〉 "占星" 5 '熒惑', 6423쪽.
1076 《武備志》 卷158 〈占度載〉 "占星" 5 '熒惑', 6423~6424쪽.
1077 《武備志》 卷158 〈占度載〉 "占星" 5 '熒惑', 6424쪽.

화성이 동쪽에서 나와 서쪽으로 천천히 가서 머무르면 그 분야의 나라는 이롭지 못한 일이 생기게 된다. 熒惑出東方, 若西方遲留者, 其國不利;

1개월 이상 머무르면 기근을 겪게 된다. 《무비지》[1078] 留一月以上, 爲饑. 同上

화성이 특정 별자리 옆을 차지하고 머물 때, 그 색이 흑색이면 일이 실패하게 된다. 熒惑舍守列宿, 其色黑, 爲敗;

늘 여름의 병(丙)·정(丁)이 든 날에 화성을 살펴서 화성의 색이 변하면 재앙이 있게 된다. 《무비지》[1079] 常以夏丙、丁日候之, 色變, 則爲災. 同上

화성은 형벌을 주관하고, 계절은 여름에 해당한다. 熒惑主罰, 於時爲夏.

화성이 청색이면서 변하면 폭풍이 곡식싹을 손상시키게 된다. 色青而變者, 暴風損苗;

백색이면서 어두우면 오랜 비가 농사를 망치게 된다. 色白而昧者, 苦[128]雨傷稼;

흑색이면 우박으로 인한 동해(凍害)로 변고가 생기게 된다. 色黑, 則雹凍變生.

낮에 보이면 크게 흉하며, 가뭄으로 기근을 겪게 된다. 晝見, 大凶旱饑;

화성이 특정 별자리에서 나와야 하는데 나오지 않았다면 그 분야의 나라 백성은 유랑하고, 전쟁이 當出不出, 所居國民流, 兵疫.

1078 《武備志》 卷158 〈占度載〉 "占星" 5 '熒惑', 6425쪽.

1079 《武備志》, 위와 같은 곳.

[128] 苦 : 저본에는 "若". 고대본·《管窺輯要》에 근거하여 수정.

나며, 전염병에 걸리게 된다.

화성은 불에 속하므로 여름에는 화성으로 점친다. 여름에 춘령을 시행하면 화성의 빛이 청색에서 황색으로 변한다. 그러면 벌레떼로 재해를 입고, 폭풍이 불어와 꽃을 피운 풀들이 열매를 맺지 못한다. 오곡이 늦게 익고, 온갖 벌레떼가 때때로 발생하게 된다.

熒惑屬火, 夏占之. 夏行春令, 則其星色青而變黃, 蟲爲災, 暴風來格, 秀草[129]不實, 五穀晩熟, 百蟲時起.

여름에 추령을 시행하면 화성의 빛이 백색이면서 어둡다. 그러면 오랜 비가 자주 발생하여 오곡이 영글지 않게 된다. 초목이 마르고, 과실은 제대로 여물지 않으며, 백성은 전염병의 재앙을 겪게 된다.

夏行秋令, 則其星色白而昧, 苦雨數來, 五穀不榮, 草木零落, 果實不成, 民殃於疫.

여름에 동령을 시행하면 화성의 빛이 흑색이면서 광선이 있다. 그러면 초목은 가뭄에 마르고, 물난리로 성곽이 파괴되며, 우박으로 인한 동해(凍害)가 오곡을 상하게 한다. 《관규집요》[1080]

夏行冬令, 則其星色黑而芒, 草木旱枯, 水敗城郭, 雹凍傷五穀. 《管窺輯要》

화성이 가을·겨울에 크면서 밝게 빛나면 주로 큰 가뭄이 들게 된다.

熒惑秋冬大而光明, 主大旱;

적색이면 주로 가뭄이 들게 된다.

色赤, 主旱;

색이 어두우면 불행한 일이 생기게 된다. 《관규집요》[1081]

色昏, 爲妖. 同上

1080 《管窺輯要》 卷16 (《管窺輯要》6, 3~4면).

1081 출전 확인 안 됨.

[129] 草 : 저본에는 "革". 《管窺輯要》에 근거하여 수정.

15) 토성[塡星, 전성]

塡星

【무비지】[1082] 토성은 '지후(地侯)'라고도 한다. 중앙황제(中央黃帝)[1083]인 함추축(含樞紐)[1084]의 사신으로, 구진(句陳)[1085]의 신이며, 토의 정화이다.

【武備志】 一日"地侯", 中央含樞紐之使, 句陳之神, 土之精也.

항상 새벽에 동쪽에서 떴다가 저녁에 서쪽으로 진다. 토성이 28수를 운행하여 1번 하늘은 회전할 때는[1086], 1년에 1수씩 차지한다[塡]. 그러므로 '전성(塡星)'이라 한다.

常晨出東方, 夕伏西方. 其行二十[130]八宿而一周天, 歲塡一宿. 故曰"塡星".

토성은 오상 중 신(信)에 해당하고, 오사 중 사(思)에 해당한다. 인(仁)·의(義)·예(禮)·지(智)는 신(信)을 근본으로 하고, 모(貌)·언(言)·시(視)·청(聽)은 사(思)를 중심으로 한다. 그러므로 목·화·금·수 4성이 모두 빛을 잃어도 토성은 마침내 움직여서 사계절을 주관한다.[1087]

在五常爲信, 五事爲思. 仁、義、禮、智以信爲本, 貌、言、視、聽以思爲主. 故四星皆失, 塡星乃爲之動, 主四季.

토성이 연관된 날[日]은 무(戊)·기(己)이다.

其日戊、己,

토성이 연관된 지지는 축(丑)·미(未)·진(辰)·술(戌)이다.

其辰丑、未、辰、戌,

토성이 연관된 괘는 간(艮)·곤(坤)이다.

其卦艮、坤,

토성이 연관된 음은 궁(宮)이다.

其音宮,

토성이 연관된 수는 5이다.

其數五,

1082 《武備志》 卷158 〈占度載〉 "占星" 5 '塡星', 6426쪽.

1083 중앙황제(中央黃帝) : 전설 속의 오천제(五天帝) 중 하나. 중앙(中央)의 신이다.

1084 함추축(含樞紐) : 오제의 하나인 중앙황제(中央黃帝)의 이칭.

1085 구진(句陳) : 육임점의 12천장 중 5번째 신.

1086 28수를……때는 : 토성의 공전주기는 29.45년이다.

1087 목·화·금·수……주관한다 : 오행설에서는 봄을 목에, 여름을 화에, 가을을 금에, 겨울을 수에 배당했다. 그리고 각 계절에서 18일씩 떼어 72일을 토에 배당했다. 그래서 토는 각 계절을 모두 잘 조절하는 역할을 한다. 이를 토왕용사(土王用事)라 한다.

[130] 十 : 규장각본은 "二".

토성이 연관된 제는 황제(黃帝)이다. 其帝黃帝,

토성이 연관된 신은 후토(后土)[1088]이다. 其神后土.

원사[1089] 토성은 59년에 2번 하늘을 회전한다. 이 기간 동안 태양과 회합하는 횟수는 57번이다. 이를 기준으로 보면 일반적으로 378일 9각(刻) 16/100분에 태양과 1번 회합한다.[1090]

元史 塡星五十九年而二周天, 與日合度者五十七. 凡三百七十八日九刻又百分刻之一十六分而與日一合.

군방보[1091] 토성은 사계절을 맡아서 왕성하게 해주고, 남방7수 중 동정(東井)을 주관한다.

群芳譜 寄旺四季, 主東井.

토성의 여성(餘星)은 계도(計都)이다】 土之餘爲計都】

토성[촬영: Cassini–Huygens (NASA, 2008)]

1088 후토(后土) : 대지의 존칭. 토신(土神)·지신(地神).

1089 《武備志》 卷158 〈占度載〉 "占星" 5 '塡星', 6428쪽.

1090 이를……회합한다 : 1년을 약 365.2425일로 계산하고, 59년 동안 57번 회합한다고 했으므로, 태양과 1번 회합하는 날은, 59년 × 365.2425일 ÷ 57번 ≒ 378.06일/(1번)이 된다.

1091 《二如亭群芳譜》, 위와 같은 곳.

① 토성이 사계(3·6·9·12월의 마지막 18일)에 있으면 '왕(王)'이라 한다. 이때 그 색은 순황색이고, 북극의 중앙에 있는 큰 별에 비해 정미하게 밝으면서 광선이 있다.

② 여름에 있으면 '상(相)'이라 한다. 그 색은 황색이고 크며, 정미하게 밝지만 광선이 없다.

③ 가을에 있으면 '휴(休)'라 한다. 그 색은 황백색이고, 정미한 밝음이 없다.

④ 겨울에 있으면 '수(囚)'라 한다. 그 색은 황흑색이고, 밝지 않다.

⑤ 봄에 있으면 '사(死)'라 한다. 그 색은 청백색으로, 가늘고 작아서 밝지 않다.

이상이 토성의 평소 모습이다. 그 색이 평소 모습과 같으면 천하는 화평하게 된다.

① 휴(休)의 때가 되었는데도 왕(王)·상(相)·수(囚)·사(死)의 색이 보일 때, 토성이 머무는 특정 별자리 분야에 해당하는 나라의 사람들은 유랑하게 된다. 이때 특정 별자리로 나가거나 물러나면 모두 재앙이 생기게 된다.

② 사(死)의 때가 되었는데도 왕(王)·상(相)·휴(休)·수(囚)의 색이 보일 때, 토성이 머무는 별들의 분야에 해당하는 나라에는 흉한 재앙이 있게 된다. 토성이 특정 별자리로 나아가면 뱀의 기이한 행동이 있을 때처럼 지진이 나게 된다. 토성이 특정 별자리에서 물러나면 사람들이 대부분 유랑하게 된다. 《무비지》[1092]

塡星在四季之時日"王". 其色正黃, 比北極中央大星而精明有芒角.

在夏日"相". 其色黃大而精明, 無芒角.

在秋日"休". 其色黃白, 無精明.

在冬日"囚". 其色黃黑, 不明.

在春日"死". 其色靑白, 細小而不明.

此其常也. 如其常, 則天下和平.

當休時而有王、相、囚、死色, 其留守之舍國人流亡; 進舍、退舍, 皆有殃.

當死時而有王、相、休、囚色, 其留守之舍國有凶殃; 其進舍也, 地動若有蛇怪; 其退舍也, 人多流亡. 《武備志》

1092 《武備志》 卷158 〈占度載〉 "占星" 5 '塡星', 6428~6430쪽.

토성을 살펴보면 입하에서 하지까지 그 색은 적색이면서 작고, 정미하게 밝지만 광선이 없어야 한다.

塡星之相也, 從立夏至夏至, 其色當赤而小, 精明, 無芒角.

여름 마지막 18일 동안이 되면 북극 중앙의 큰 별에 비해 적황색이면서 밝게 빛나고, 광선이 있어야 한다.

及季夏之時, 比北極中央大星赤黃而光明, 有芒角.

가을 마지막 18일 동안에는 색이 규(奎)수의 큰 별에 비해 황백색이면서 밝게 빛나고, 광선이 있어야 한다.

季秋之時, 色當比奎大星黃白而光明, 有芒.

겨울 마지막 18일 동안에는 색이 각(角)수의 큰 별인 좌각(左角)에 비해 청황색이면서 밝게 빛나고, 광선이 있어야 한다.

季冬之時, 色當比左角青黃而光明, 有芒.

봄 마지막 18일 동안에는 색이 삼(參)수의 좌견(左肩, 좌장군)에 비해 황백색이면서 밝게 빛나고, 광선이 있어야 한다. 《무비지》[1093]

季春之時, 色當比參左肩, 黃白而光明, 有芒. 同上

토성이 사방의 특정 별자리에 있을 때 그 방향에 해당하는 색과 같으면 길하게 된다. 《무비지》[1094]

塡星在四方宿中, 如其方色, 吉. 同上

일반적으로 토성이 적색이면 제일 나쁜 징조이다. 《무비지》[1095]

凡塡星色赤, 爲最惡. 同上

토성 빛의 광선이 사방으로 쏘면[九芒] 홍수가 나

塡星九芒, 大水;

1093 《武備志》 卷158 〈占度載〉 "占星" 5 '塡星', 6430~6431쪽.
1094 《武備志》 卷158 〈占度載〉 "占星" 5 '塡星', 6431쪽.
1095 《武備志》 卷158 〈占度載〉 "占星" 5 '塡星', 6430쪽.

게 된다.

그렇지 않으면 하늘이 갈라져서 지진이 나게 된다. 《무비지》[1096]

不, 則天裂爲地動. 同上

토성이 운행하는 순서를 잃어서 1~3사(舍, 특정 별자리)를 미리 올라가면 그 아래의 분야에는 홍수가 나게 된다.

填星失次, 而上一舍、三舍, 下[131]乃大水;

그렇지 않으면 하늘이 갈라져서 지진이 나게 된다. 《무비지》[1097]

不, 乃天裂爲[132]地動. 同上

토성이 특정 별자리 옆을 차지하고 머물 때, 청색이면 일이 실패하게 된다.

填星舍守列宿, 色青, 爲敗;

항상 3·6·9·12월의 마지막 18일 동안 술(戌)·사(巳)가 든 날에 토성의 징후를 살펴서 색이 변하면 재앙이 오게 된다. 《무비지》[1098]

常以四季月戌、巳日候之, 變色, 則爲災. 同上

토성이 백색으로 변하면 물난리가 나서 곡식이 익지 않게 된다.

變白, 水澇不熟;

청색으로 변하면 나라에 비바람이 많고, 주고 곡식이 비싸지며, 사람들이 생활 터전을 옮기고, 폭풍이 많이 불게 된다.

變青, 國多風雨, 主穀貴, 人遷徙, 多颶風;

흑색이면 바람과 추위가 때에 맞지 않게 된다.

色黑, 爲風寒不時;

1096 《武備志》, 위와 같은 곳.

1097 《武備志》 卷158 〈占度載〉 "占星" 5 '填星', 6427쪽.

1098 《武備志》 卷158 〈占度載〉 "占星" 5 '填星', 6433쪽.

[131] 下: 《武備志·占度載·占星》에는 "不".

[132] 爲: 《武備志·占度載·占星》에는 "若".

황색이면 더위가 정도에 맞아서 길하게 된다.《군방보》[1099]

色黃, 爲溽暑當位, 吉.《群芳譜》

토성으로 사계(四季, 3·6·9·12월의 마지막 18일)에 점친다. 여름에 추령을 시행하면 금성이 간섭하여 백색으로 변하게 된다.

填星占於四季. 夏行秋令, 則太白干之, 乃變白;

여름에 춘령을 시행하면 그 별이 청색으로 변하고, 광선이 없게 된다.

夏行春令, 則其星變色青, 無芒角;

여름에 동령을 시행하면 그 별이 흑색으로 변하게 된다.《관규집요》[1100]

夏行冬令, 則其星變色黑.《管窺輯要》

토성이 황색이면서 윤택하면 주로 그해에는 곡식을 많이 수확하고, 나라는 복을 누리게 된다.

填星其色黃潤, 主歲收, 國享⑬③福.

토성이 특정 별자리를 싫어하여 피하면, 하늘이 그 분야의 나라와 함께 하지 않아 그 나라는 국토를 잃고, 대신(大臣)은 근심이 생기며, 그해에는 결코 곡식을 수확하지 못하게 된다.《관규집요》[1101]

填星厭而避之, 天不與也, 其國失地, 大臣有憂, 歲必不收. 同上

1099《二如亭群芳譜》, 위와 같은 곳.

1100《管窺輯要》卷16(《管窺輯要》6, 5~6면).

1101《管窺輯要》卷6〈土星占變〉(《管窺輯要》3, 14~15면).

133 享: 저본에는 "亨".《管窺輯要·土星占變》에 근거하여 수정.

16) 금성[太白, 태백]

太白

【무비지】[1102] 금성은 '은성(殷星)'이라고도 한다. 또 '태정(太正)', '영성(營星)', '명성(明星)', '관성(觀星)', '태위(太威)', '태호(太皞)', '중성(衆星)', '상성(相星)', '대효(大囂)', '대상(大爽)', '서성(序星)'이라고도 한다.

【武備志】一曰"殷星", 又曰"太正", 曰"營星", 曰"明星", 曰"觀星", 曰"太威", 曰"太皞", 曰"衆星", 曰"相星", 曰"大囂", 曰"大爽", 曰"序星".

금성이 새벽에 동쪽에서 보이면 '계명(啓明, 밝음을 열다)'이라 하고, 저녁에 서쪽에서 보이면 '장경(長庚)'이라 한다. 서방백제(西方白帝)[1103]인 백초구(白招矩)의 사신으로, 백호(白虎)의 신이며, 금(金)의 정화이다.

晨見東方曰"啓明", 夕見西方曰"長庚". 西方白帝白招矩之使, 白虎之神, 金之精也.

금성은 크면서 백색이다. 그러므로 '태백(太白)'이라 한다. 오상 중 의(義)에 해당하고, 오사 중 언(言)에 해당한다.

大而色白, 故曰"太白". 在五常爲義, 五事爲言.

금성이 연관된 날은 경(庚)·신(辛)이다.

其日庚、辛,

금성이 연관된 지지는 신(申)·유(酉)이다.

其辰申、酉,

금성이 연관된 괘는 건(乾)·태(兌)이다.

其卦乾、兌,

금성이 연관된 음은 상(商)이다.

其音商,

금성이 연관된 수는 9이다.

其數九,

금성이 연관된 제는 소호(少昊)[1104]이다.

其帝少昊,

금성이 연관된 신은 욕수(蓐收)[1105]이다.

其神蓐收.

금성은 진(辰, 남동쪽)·술(戌, 북서쪽)에서 나왔다가, 축(丑, 북동쪽)·미(未, 남서쪽)로 들어간다. 금성이 출입할 때는 반드시 바람과 비를 동반한다. 위엄을 주관

出以辰、戌, 入以丑、未. 其出入也, 必以風雨, 主威, 主斷割、殺伐也.

1102 《武備志》 卷158 〈占度載〉 "占星" 5 '太白', 6434~6435쪽.

1103 서방백제(西方白帝): 전설 속의 오천제(五天帝) 중 하나. 서방(西方)의 신이다.

1104 소호(少昊): 전설 속 동쪽 이민족[東夷]의 수장. 금천씨(金天氏)라고도 한다.

1105 욕수(蓐收): 전설 속 서방(西方) 신의 이름. 가을을 주관한다.

하고, 판결 및 살육과 징벌을 주관한다.

원사[1106] 금성은 항상 태양과 가까워서 1년에 1번 하늘을 회전한다.[1107] 8년에 5번 태양과 회합한다. 퇴합(退合)[1108]의 경우 또한 583일 90각(刻) 26/100분 만에 순행과 역행의 겉보기 운동을 하면서 태양과

元史 太白常與日相近, 一年而一周天, 八年而五合於日. 退合者, 亦五百八十三日九十刻又百分刻之二十六

금성[촬영: Mariner 10 (NASA, 1974)]

1106 출전 확인 안 됨; 《武備志》 卷158 〈占度載〉 "占星" 5 '太白', 6435쪽.

1107 1년에……회전한다 : 금성의 공전주기는 224.7일이다.

1108 퇴합(退合) : 행성의 겉보기 운동의 단계인 단목(段目) 중 합퇴복(合退伏)을 말한다. 내행성이 내합에 들어가기 전 저녁에[夕] 역행하면서[退] 잠시 초승달처럼 가늘게 보이다가 사라지게[伏] 되는 경우를 '석퇴복'이라 하고, 내합[合]을 지난 뒤 역행하면서[退] 새벽에만 잠시 가늘게 보이다가 사라지는[伏] 경우를 '합퇴복'이라 한다. 이순지(李純之)·김담(金淡) 편저, 한영호·이은희·강민정 역주, 《칠정산내편》2, 한국고전번역원, 2016, 187쪽 참조.

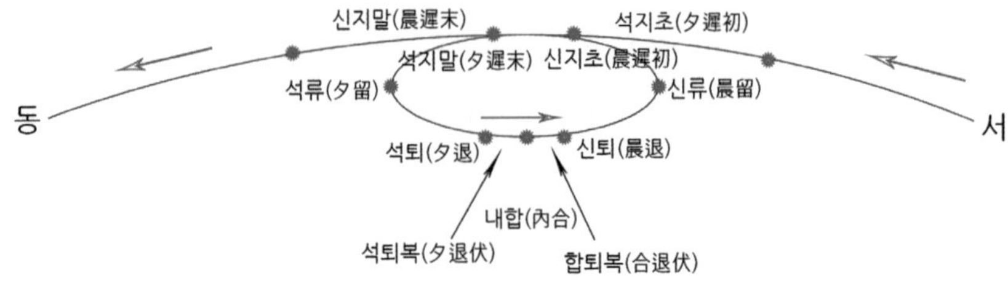

금성이 내합할 때의 겉보기 운동. 《칠정산내편》 참조.(임원경제연구소)

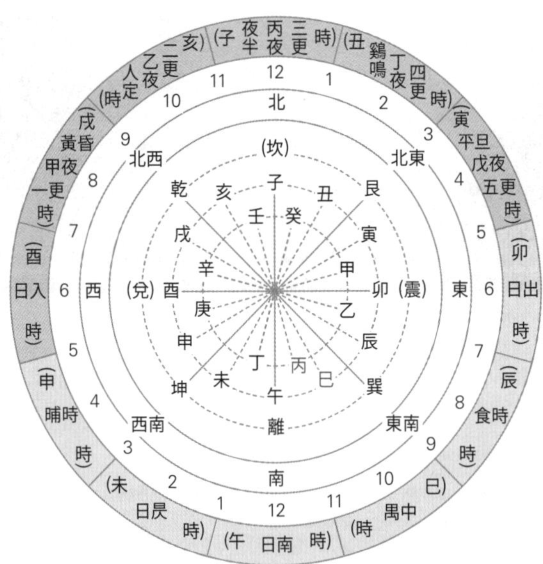

24방위표. 빨간색으로 표시된 '사(巳)'와 '병(丙)'(임원경제연구소, 《동양연표》 참조)

내합·외합을 한다.[1109] [1110]

分而與日順逆兩合.

군방보[1111] 금성은 서방7수인 규(奎)·누(婁)·위(胃)·묘(昴)·필(畢)·자(觜)·삼(參) 7성을 주관한다. 해질 무렵에 나타나는 것이 평소 모습이지만 태양과 맞먹을 정도로 빛나면 낮에 보인다.[1112] 금성이 사(巳)의 위치를 지나 병(丙)의 위치에 닿으면 태양 앞을 금성이 지나간다.[1113]

群芳譜 主奎、婁、胃、昴、畢、觜、參七星. 晩見者其常也, 與日抗, 則爲晝見. 過巳當丙[134]位, 則爲經天.

금성의 변화의 경우 조정에서는 관직을 상징하고, 사람에게는 사건을 상징하고, 분야에서는 만물을 상징한다】

其變也, 在朝, 象官; 在人, 象事; 在野, 象物】

① 금성이 가을에 있으면 '왕(王)'이라 한다. 이때 그 색은 천랑(天狼)성에 비해 정미하게 밝고, 빛이 있다.

太白在秋曰"王". 其色比狼精明而有光.

8월에는 광선이 있다.

於仲秋之時, 有芒角.

② 사계(四季)에 있으면 '상(相)'이라 한다. 그 색은 정미하게 밝지만 광선이 없다.

在四季曰"相". 其色精明而無芒角.

③ 겨울에 있으면 '휴(休)'라 한다. 그 색은 정미하게 밝지만 빛이 없다.

在冬曰"休". 其色精明而無光.

1109 퇴합(退合)의……한다 : 1년을 약 365.2425일로 계산하고, 8년 동안 5번 회합한다고 했으므로, 태양과 1번 회합하는 날은, 8년 × 365.2425일 ÷ 5번 ≒ 584.39일/(1번)이 된다.

1110 태양과……한다 : 금성은 외합을 지난 뒤 내합까지는 해를 앞서서 동쪽으로 운행하고, 내합을 지난 뒤 외합까지는 해를 뒤따르며 동쪽으로 운행한다. 이순지(李純之)·김담(金淡) 편저, 한영호·이은희·강민정 역주, 위와 같은 곳 참조.

1111 《二如亭群芳譜》, 위와 같은 곳.

1112 해질……보인다 : 아침 일찍이나 저녁 무렵에 태양이 떠 있지만 완전히 밝지 않은 상태에서 금성이 보이는 현상[太白晝見, 태백주견]이다.

1113 금성이……지나간다 : 금성이 태양 주위를 회전하기 때문에 태양이 떠 있는 상태에서 태양 앞으로 금성이 지나가는 현상[太白經天, 태백경천]이다. 이때 금성은 마치 흑점처럼 보인다.

[134] 丙 : 저본에는 "內". 고대본·《二如亭群芳譜·元部·天譜》에 근거하여 수정.

④ 봄에 있으면 '수(囚)'라 한다. 그 색은 청황이면서 밝지 않다.

在春曰"囚". 其色靑黃而不明.

⑤ 여름에 있으면 '사(死)'라 한다. 그 색은 적흑으로, 가늘고 작아서 밝지 않다.

在夏曰"死". 其色赤黑, 細小而不明.

이상이 금성의 평소 모습이다. 그 색이 평소 모습과 같으면 천하는 화평하게 된다.

此其常也, 如其常, 則天下和平.

① 수(囚)의 때가 되었는데도 사(死)의 색이 보일 때, 금성이 특정 별자리로 나아가면 그해에는 서리와 우박이 많이 내리게 된다.

當囚時而有死色, 其進舍也, 歲多霜雹;

금성이 특정 별자리에서 나가면 겨울에 따뜻해서 겨울잠을 자야 할 생물이 잠들지 못하게 된다.

其退舍也, 冬暖不藏.

② 사(死)의 때가 되었는데도 왕(王)의 색이 보이면 홍수로 강물이 넘실거리게 된다.

當死時而有王色, 流水湯湯;

상(相)의 색이 보이면 들불이 활활 타게 된다.

有相色, 野火煌煌;

휴(休)의 색이 보이면 화폐가 유통되지 않게 된다.

有休色, 錢幣不行;

수(囚)의 색이 보이면 나라에 호랑이나 이리가 많게 된다. 《무비지》[1114]

有囚色, 國多虎狼. 《武備志》

금성이 흑색이면서 크고 청색 광선이 있으면 바람으로 인한 재해가 자주 일어나고, 나라에 도적이 많게 된다. 《무비지》[1115]

太白色黑而大, 靑芒角, 風災數起, 國多盜賊. 同上

금성이 적색이면서 뾰족하면 전쟁이 일어나고, 나라에 화재가 많게 된다. 《무비지》[1116]

太白色赤而怒, 兵起, 國多火災. 同上

1114 《武備志》 卷158 〈占度載〉 "占星" 5 '太白', 6439 · 6441쪽.

1115 《武備志》 卷158 〈占度載〉 "占星" 5 '太白', 6443쪽.

1116 《武備志》, 위와 같은 곳.

금성의 광선이 움직이면 도적이 무리로 발호하고, 전쟁과 가뭄이 함께 일어나게 된다.《무비지》[1117]

太白芒角動搖, 盜賊群起, 兵、旱并作. 同上

금성이 아직 나올 때가 아닌데 동쪽에서 나오는 현상을 '중화(重華)'라 한다. 그러면 관리가 백성을 학대해서 백성이 동요하고, 농사와 길쌈을 할 수 없게 된다.《무비지》[1118]

太白未當出而出東方, 名日"重華", 吏虐民擾, 不得耕織. 同上

금성이 아직 질 때가 아닌데 동쪽으로 지는 현상을 '소세(少歲)'라 한다. 그러면 그해에는 기근을 겪어 귀신에게 제사를 지낼 수 없게 된다.《무비지》[1119]

太白未當下而下東方, 名日"少歲", 其歲饑, 鬼神不享. 同上

금성이 나왔다가 바로 땅으로 떨어지면 그 분야의 아래에 있는 산이 무너지고 돌이 갈라지며, 홍수와 가뭄이 들게 된다. 《무비지》[1120]

太白出而墜地, 其下山摧石裂, 大水枯竭. 同上

금성이 나왔을 때 풍성한 기운이 30척이나 되면 홍수가 나고, 전쟁이 일어나게 된다.《무비지》[1121]

太白出, 攘氣三丈, 大水兵起. 同上

금성이 나왔을 때 풍성한 기운이 밝으면 큰바람이 불어 길 위에 재나 먼지가 없게 된다.

太白出, 攘氣明, 大風, 道上無灰塵.

금성이 3개월간 나오지 않으면 시장의 쌀값이

不出三月, 糴貴五倍;

1117《武備志》卷158〈占度載〉"占星" 5 '太白', 6445쪽.
1118《武備志》卷158〈占度載〉"占星" 5 '太白', 6446쪽.
1119《武備志》, 위와 같은 곳.
1120《武備志》卷158〈占度載〉"占星" 5 '太白', 6458쪽.
1121《武備志》, 위와 같은 곳.

5배 비싸진다.

1년 동안 나오지 않으면 전쟁이 나게 된다. 《무비지》[1122]

不出年中, 有兵. 同上

금성이 나왔을 때 기운의 길이가 30~50·60척이면 큰바람이 불고 큰비가 내리며, 전쟁이 일어나게 된다. 《무비지》[1123]

太白出, 氣長三丈若五、六丈, 大風雨, 兵起. 同上

금성이 특정 별자리 옆을 차지하고 머물면서 적색이면 일이 실패하게 된다.

太白舍守列宿, 色赤, 爲敗;

항상 가을 3개월의 경(庚)·신(辛)이 든 날에 징후를 살펴서 색이 변하면 재앙이 생기게 된다. 《무비지》[1124]

常以秋三月庚、辛日候之, 變色, 則爲災. 同上

금성이 낮에 나타나 밝게 드러나면 반드시 주로 큰바람이 불게 된다. 《관규집요》[1125]

太白晝見漏明, 必主大風. 《管窺輯要》

금성이 흑색이면서 광선이 있으면 천둥이 쳐야 곡식을 먼저 수확하게 된다.

太白黑而角者, 雷乃先收;

적색이면 그 분야의 나라에는 가뭄이 들게 된다.

色赤, 則其國旱暵;

백색이면 그 시령(時令)이 드물어지게 된다. 《관규집요》[1126]

色白, 則其令蕭飂. 同上

1122 《武備志》, 위와 같은 곳.

1123 《武備志》 卷158 〈占度載〉 "占星" 5 '太白', 6459쪽.

1124 《武備志》, 위와 같은 곳.

1125 《管窺輯要》 卷6 〈金星占變〉(《管窺輯要》 3, 17면).

1126 《管窺輯要》 卷16(《管窺輯要》 6, 6면).

금성으로 가을에 점친다. 가을에 춘령을 시행하면 그 별(금성)이 청색이면서 어둡고, 양기가 다시 돌아온다. 그러면 오곡에 결실이 없고, 가을비가 내리지 않으며, 초목이 꽃피지 않고, 따뜻한 기운이 오지 않게 된다.

太白以秋占. 秋行春令, 則其星色靑而昧, 陽[135]復還, 五穀無實, 秋雨不降, 草木不榮, 暖氣未至.

가을에 동령을 시행하면 그 별이 흑색이고 크면서 광선이 있으며, 음기가 크게 성한다. 그러면 껍데기가 단단한 벌레류가 곡식을 망치게 된다.

秋行冬令, 則其星色黑大而芒角, 陰氣太盛, 介蟲敗穀.

가을에 하령을 시행하면 그 별이 적색이면서 뾰족하다. 그러면 나라에 화재가 많고, 추위와 열기가 절도에 맞지 않아서 그 분야의 나라는 결국 가뭄이 들고, 겨울잠을 자야 할 생물이 잠들지 않으며, 오곡이 다시 자라고, 그 분야의 나라는 홍수가 들며, 겨울에 갈무리 할 곡식이 망치게 된다.《관규집요》[1127]

秋行夏令, 則其星色赤而怒, 國多火災, 寒熱不節, 其國乃旱, 蟄蟲不藏, 五穀復[136]生, 其國大水, 冬藏殃敗矣. 同上

1127《管窺輯要》卷16(《管窺輯要》6, 7면).

[135] 陽:《管窺輯要》에는 "陽氣".

[136] 復:《管窺輯要》에는 "後".

17) 수성[辰星, 진성]

【무비지 1128 수성은 '안조(安調)'라고도 한다. 또 '세극(細極)', '능성(能星)', '구성(鉤星)', '사농(司農)', '면성(免星)', '소무(小武)', '동농(同農)', '정성(鼎星)', '소상(小爽)'이라고도 한다.

북방흑제(北方黑帝)[1129]인 협광기(協光紀)[1130]의 사신으로, 현무(玄武)의 신이고, 물의 정화이다.

수성이 나올 때는 항상 사중(四仲, 2·5·8·11월)에 있을 시기이다. 진(辰)·술(戌)에서 나왔다가, 축(丑)·미(未)로 진다. 나왔다가 20일 만에 다시 들어간다.

새벽에는 동쪽에서 관측되고, 저녁에는 서쪽에서 관측되므로 태양과 붙어서 운행한다. 그 출입이 시간을 어기지 않는다. 그러므로 '진성(辰星)'이라 한다. 형법·살육과 정벌·전투를 주관한다.

수성은 오상 중 지(智)에 해당하고, 오사 중 청(聽)에 해당한다. 겨울을 주관한다.

수성이 연관된 날은 임(壬)·계(癸)이다.

수성이 연관된 지지는 해(亥)·자(子)이다.

수성이 연관된 제는 전욱(顓頊)[1131]이다.

수성이 연관된 신은 현명(玄冥)[1132]이다.

수성이 연관된 음은 우(羽)이다.

辰星

【武備志 一曰"安調", 又曰"細極", 曰"能星", 曰"鉤星", 曰"司農", 曰"免星", 曰"小武", 曰"同農", 曰"鼎星", 曰"小爽".

北方黑帝協光紀之使, 玄武之神, 水之精也.

辰星之出, 常在四仲, 出以辰、戌, 入以丑、未, 二旬而入.

晨候之東方, 夕候之西方, 附日而行. 其出入也, 不違其時, 故曰"辰星". 主刑法、殺伐、戰鬪.

在五常爲智, 五事爲聽, 主冬.

其日壬、癸,

其辰亥、子,

其帝顓頊,

其神玄冥,

其音羽,

1128 《武備志》 卷158 〈占度載〉 "占星" 5 '辰星', 6459~6460쪽.

1129 북방흑제(北方黑帝): 전설 속의 오천제(五天帝) 중 하나.

1130 협광기(協光紀): 오천제(五天帝) 중 북방흑제의 이름.

1131 전욱(顓頊): 상고 시대의 제왕. 황제(黃帝)의 손자이고, 창의(昌意)의 아들이다.

1132 현명(玄冥): 물·겨울·북방의 신.

수성[촬영: MESSENGER (NASA/JPL, 2008)]

수성이 연관된 수는 6이다.	其數六,
수성이 연관된 괘는 감(坎)이다.	其卦坎也.137

원사[1133] 수성은 운행할 때 항상 태양과 가까워서 1년에 1번 하늘을 회전한다.[1134] 46년에 태양과 회합하는 횟수는 145번이다.[1135] 퇴합(退合)도 그렇다. 일반

元史 辰星其行, 常與日相近, 一年一周天. 四十六年合於日者, 一百四十五. 退

1133 출전 확인 안 됨; 《武備志》 卷158 〈占度載〉 "占星" 5 '辰星', 6461~6462쪽.

1134 1년에……회전한다 : 수성의 공전주기는 0.24년이다.

1135 46년에……145번이다 : 수성의 회합주기는 116일이다.

137 也 : 저본에는 없음. 고대본·《武備志·占度載·占星》에 근거하여 보충.

적으로 115일 87각(刻) 60/100분에 순행과 역행의 겉보기 운동을 하면서 태양과 내합·외합을 한다.[1136]	合亦然. 凡行一百一十五日八十七刻又百分刻之六十分而與日順逆兩合.
군방보[1137] 수성은 북방7수인 두(斗)·우(牛)·여(女)·허(虛)·위(危)·실(室)·벽(壁) 7성을 주관한다.	群芳譜 主斗、牛、女、虛、危、室、壁七星.
수성의 여성(餘星)은 월패(月孛)이다.	水之餘爲月孛.
관규집요[1138] 수성은 항상 2월 춘분에 규(奎)·누(婁)수에서 보이고, 8월 추분에 각(角)·항(亢)수에서 보인다. 5월 하지에 동정(東井)수에서 보이고, 11월 동지에 견우(牽牛)수에서 보인다. 그 나머지 달에는 항상 태양 아래에 잠복해 있다】	管窺輯要 水星常於二月春分見於奎、婁, 八月秋分見於角、亢, 五月夏至見於東井,[138] 十一月冬至見於牽牛. 其餘之月常[139]伏日下】
수성이 1계절 동안 나오지 않으면 그 계절에는 화평하지 않게 된다.	一時不出, 其時不和;
4계절 동안 나오지 않으면 천하는 큰 기근을 겪게 된다.	四時不出, 天下大饑;
수성이 때에 맞지 않게 나오면 추워야 하지만 오히려 덥고, 더워야 하지만 오히려 춥게 된다.	失其時而出, 爲當寒反溫, 當溫反寒;
수성이 방(房)·심(心)수 사이에서 나오면 지진이 나	出於房、心間, 地動.《漢·

1136 일반적으로……회합한다 : 1년을 약 365.2425일로 계산하고, 46년 동안 145번 회합한다고 했으므로, 태양과 1번 회합하는 날은, 46년 × 365.2425일 ÷ 145번 ≒ 115.87일/(1번)이 된다.

1137《二如亭群芳譜》〈元部〉"天譜" 卷2 '星'(《四庫全書存目叢書補編》80, 80~81쪽).

1138《管窺輯要》卷6〈水星占變〉(《管窺輯要》3, 19~20면).

[138] 井 : 저본에는 없음.《管窺輯要·水星占變》에 근거하여 보충.

[139] 常 : 저본에는 "當".《管窺輯要·水星占變》에 근거하여 수정.

게 된다. 《한서》〈천문지〉[1139]

天文志》

① 수성이 겨울에 있으면 '왕(王)'이라 한다. 이때 그 색은 규(奎)수의 큰 별에 비해 청백색이고, 정미하게 밝으면서 빛이 있다.

辰星在冬日"王", 色比奎大星青白, 精明而有光.

11월에는 광선이 있다.

仲冬之時有芒角.

② 가을에 있으면 '상(相)'이라 한다. 그 색은 정미하게 밝고 광선이 없으며, 흔들리지 않는다.

在秋日"相". 其色精明, 無芒角, 不搖.

③ 봄에 있으면 '휴(休)'라 한다. 그 색은 청황색이고, 아주 작으면서, 정미한 빛은 없다.

在春日"休". 其色青黃, 微小, 無精光.

④ 여름에 있으면 '수(囚)'라 한다. 그 색은 청흑색이면서, 작고 밝지 않다.

在夏日"囚". 其色青黑, 小而不明.

⑤ 겨울에 있으면 '사(死)'라 한다. 그 색은 청적색이면서, 작고 밝지 않다.

在四季日"死". 其色青赤, 小而不明.

이상이 수성의 평소 모습이다. 그 색이 평소 모습과 같으면 천하는 화평하게 된다.

此其常也, 如其常, 則天下和平.

① 휴(休)의 때가 되었는데도 왕(王)·상(相)·수(囚)·사(死)의 색이 보일 때, 수성이 옆을 차지하고 머무르는 특정 별자리에 해당하는 나라는 어린아이가 많이 죽게 된다.

當休時而有王、相、囚、死色, 其留守之舍, 其國多死小兒;

수성이 특정 별자리로 나갈 때 오성과 회합하면 천하에 홍수가 나게 된다.

其進舍也, 與五星合, 天下有水.

② 수(囚)의 때가 되었는데도 왕(王)의 색이 보이면 여름에 비·서리·우박이 내리게 된다.

當囚時而有王色, 夏雨霜雹;[140]

1139 《漢書》卷26〈天文志〉第6, 1284~1285쪽.

[140] 雹:《武備志·占度載·占星》에는 "雪".

휴(休)의 색이 보이면 홍수로 강물이 넘실거리게 된다.

有休色, 流水湯湯;

사(死)의 색이 보이면 수성이 옆을 차지하고 머무는 특정 별자리에 해당하는 분야는 오곡이 자라지 않게 된다.

有死色, 其留守之舍, 五穀不生.

③ 사(死)의 때가 되었는데도 왕(王)·상(相)·휴(休)·수(囚)의 색이 보이면 수성이 옆을 차지하고 머무는 특정 별자리의 분야에는 전염병이 돌게 된다.

當死時而有王、相、休、囚色, 其留守之舍, 有疫;

수성이 특정 별자리로 나아갈 때 오성과 회합하면 그해에는 곡식이 익지 않게 된다. 《무비지》[1140]

其進舍也, 與五星合, 其年穀不登. 《武備志》

수성의 운행이 그 때를 잃으면 추위와 더위가 절도를 잃어 나라는 큰 기근을 만나게 된다. 《무비지》[1141]

辰星失其時, 則寒暑失節, 國當大饑. 同上

수성이 출입할 때는 반드시 비와 함께 하고, 바람과 함께 하지는 않는다. 《무비지》[1142]

辰星出入必以陰雨, 不以[141] 陰風. 同上

수성이 흑색이면서 광선이 있으면 물난리를 걱정하게 된다. 《무비지》[1143]

辰星黑角, 憂水. 同上

수성이 흑색이면서 광선이 3개 있으면 수재가 있

辰星色黑三芒, 有水災.

1140 《武備志》 卷158 〈占度載〉 "占星" 5 '辰星', 6462~6464쪽.

1141 《武備志》 卷158 〈占度載〉 "占星" 5 '辰星', 6460쪽.

1142 《武備志》 卷158 〈占度載〉 "占星" 5 '辰星', 6460~6461쪽.

1143 《武備志》 卷158 〈占度載〉 "占星" 5 '辰星'(《武備志》 67, 118쪽. ctext.org 북경대도서관본 이미지).

[141] 以: 《武備志·占度載·占星》에는 "則".

게 된다. 《무비지》[1144] 同上

수성이 제때에 나왔을 때 좋은 점대로 되어야 하지만 그렇지 못하면 일이 실패하게 된다. 辰星其時, 宜效不效, 爲失;

좋은 점대로 되어야 할 때에 수성이 나왔으나 백색이면 가뭄이 들게 된다. 其當效而出也, 色白, 爲旱;

황색이면 그해에는 곡식이 잘 익게 된다. 黃, 爲歲熟;

적색이면 전쟁이 나게 된다. 赤, 爲兵;

청색이면 전염병이 돌게 된다. 靑, 爲疫;

흑색이면 물난리가 나게 된다. 《무비지》[1145] 黑, 爲水. 同上

수성은 색이 직녀(織女)수의 큰 별에 비해 순청색이고, 각수의 큰 별인 좌각(左角)에 비해 청색이며, 항(亢)수에 비할 만하다. 이상이 수성의 평소 색이다. 辰星色比織女大星爲正靑, 比左角黑, 比亢, 此常色也.

또 "수성의 정색(正色, 알맞은 색)은 봄에는 청흑색이어야 하고, 여름에는 적흑색이어야 하고, 사계(四季)에는 황흑색이어야 하고, 가을에는 백색이어야 하고, 겨울에는 흑색이어야 한다. 그러면 길하게 된다."라 했다. 《무비지》[1146] 又曰: "辰星正色, 春當靑黑, 夏當赤黑, 四季當黃黑, 秋白, 冬黑, 則吉." 同上

수성의 색이 봄에 청황색이거나, 여름에 적백색이거나, 가을에 청백색이면 그해에는 곡식이 잘 익게 된다. 辰星之色, 春靑黃, 夏赤白, 秋靑白, 而歲熟;

겨울에 황색이면서 밝지 않고 바로 그 색이 변하 冬黃而不明, 卽變其色, 其

1144 《武備志》, 위와 같은 곳.
1145 《武備志》, 위와 같은 곳.
1146 《武備志》 卷158 〈占度載〉 "占星" 5 '辰星', 6464쪽.

면 그 계절이 창성하지 않게 된다. 時不昌.

봄에 수성이 보이지 않으면 큰바람이 불게 된다. 春不見, 大風;

가을에 수성이 보이지 않으면 곡식이 열매를 맺지 않게 된다. 秋, 則不實;

수성이 여름에 보이지 않으면 60일 동안의 가뭄이 있고, 월식이 있게 된다. 夏不見, 有六十日之旱, 月食;

가을에 수성이 보이지 않으면 전쟁이 나게 된다. 秋不見, 有兵;

봄에 보이지 않으면 만물이 자라지 않게 된다. 春, 則不生;

겨울에 보이지 않으면 60일 동안 비가 내려서 읍성이 물에 떠내려 가게 된다. 冬不見, 陰雨六十日, 有流邑;

여름에 보이지 않으면 만물이 자라지 않게 된다. 《무비지》[1147] 夏, 則不長. 同上

수성이 특정 별자리 옆을 차지하고 머물면서 황색이면 일이 실패하게 된다. 辰星守舍列宿, 色黃, 爲敗.

항상 임(壬)·계(癸)가 든 날[1148]에 수성을 살펴서 색이 변하면 재앙이 오게 된다. 《무비지》[1149] 常以壬、癸日候之, 變色, 則爲災. 同上

항상 12월 22일 밤에 수성이 달을 떠나서 어느 방향으로 가는지로 점친다. 만약 수성이 달의 남쪽에 아주 가까이 있으면서 이동하지 않으면 주로 여름에 가뭄이 들어 만생종을 심은 농지는 수확을 할 수 없게 된다. 常以十二月二十二日夜, 占辰星去月及何方. 如辰在月之南至近不移, 主夏旱, 晩田不收;

수성이 달의 서쪽에 있으면 오곡이 잘 익게 된다. 在月西, 五穀熟;

1147 《武備志》 卷158 〈占度載〉 "占星" 5 '辰星'(《武備志》 67, 119쪽. ctext.org 북경대도서관본 이미지).

1148 임(壬)·계(癸)가 ……날: 십간 중 오행의 수(水)에 해당하는 날이다.

1149 《武備志》 卷158 〈占度載〉 "占星" 5 '辰星'(《武備志》 67, 119쪽. ctext.org 북경대도서관본 이미지).

달의 동북쪽에 있으면 벼를 적게 수확하여 사람들이 평안하지 않게 된다.

在月東北，禾少收，人不安；

달의 동남쪽에 있으면 주로 비바람에다 천둥이 쳐서 벼를 상하게 하므로 역시 적게 수확하게 된다.

在月東南，主風雨雷，傷禾，亦少收；

달의 서남쪽에 있으면 벌레떼와 가뭄의 재해가 있게 된다.

在月西南，有蟲旱災；

달의 서북쪽에 있으면 농지의 모종이 상하게 된다. 《군방보》[1150]

在月西北，田苗傷．《群芳譜》

수성이 청색이면 백성이 대부분 유랑하게 된다.

辰星色青，則民多流亡；色

적색이면 나라에 바람이 많이 불고, 가뭄이 들게 된다.

赤，則國多風旱；

백색이면 얼음과 눈이 섞여서 내리게 된다.

色白，則冰雪雜下；

흑색이면 겨울에 갈무리가 제대로 되어야 하지만 그렇지 못한 분야의 나라에서는 물난리가 나고, 가뭄이 들게 된다. 《관규집요》[1151]

色黑，凝藏得宜不效之國，爲水旱．《管窺輯要》

수성으로 겨울에 점친다. 겨울에 춘령을 시행하면 수성의 색이 청색이면서 찬 기운이 땅을 얼게 할 정도로 심하지 않아 지기(地氣)가 위로 샌다. 그러면 백성이 대부분 유랑하고, 메뚜기떼로 인해 농사를 망치며, 물과 샘이 모두 고갈되고, 사람들이 대부분 옴에 걸리며, 태아가 죽거나 대부분 다치게 된다.

辰星冬占之．冬行春令，則其色青，凍氣不密，地氣上泄，民多流亡，蟲蝗爲敗，水泉咸竭，人多疥癘，胎夭多傷；

1150 《二如亭群芳譜》〈元部〉"天譜" 卷2 '星'(《四庫全書存目叢書補編》80, 81쪽).

1151 출전 확인 안 됨.

142 色:《管窺輯要》에는 "星色".

겨울에 하령을 시행하면 그 색이 적색이면서 어둡다. 그러면 나라에 폭풍이 많이 불고, 겨울이 다가왔는데도 춥지 않으며, 겨울잠 자는 생물이 다시 밖으로 나오고, 그 분야의 나라는 결국 가뭄이 들어 천둥이 치지만 서리나 눈은 내리지 않게 된다.

冬行夏令, 則其色142赤而昧, 國多暴風, 方冬不寒, 蟄蟲復出, 其國乃旱, 雷乃發聲, 霜雪不降;

겨울에 추령을 시행하면 그 별의 색은 백색이면서 밝지 않다. 그러면 서리와 눈이 때에 맞지 않게 내리고, 오이나 박 같은 풀열매류가 제대로 여물지 않으며, 흰이슬이 일찍 내리고, 껍데기 단단한 곤충이 죽게 된다. 《관규집요》[1152]

冬行秋令, 則其星色白143而不明, 霜雪不時, 瓜瓠不成, 白露早降, 介蟲爲妖. 同上

1152 《管窺輯要》 卷16(《管窺輯要》6, 9~10면).

143 白 : 《管窺輯要》에는 "白大".

18) 오성의 빛깔

星色

오성이 같은 색이면 천하에 전쟁이 멈추고, 백성이 안녕하여 노래하고 춤추며 즐겁게 생활한다. 또 재앙과 질병을 겪지 않고, 오곡이 번성하게 된다. 《한서》〈천문지〉[1153]

五星同色，天下偃兵，百姓安寧，歌舞以行，不見災疾，五穀蕃昌.《漢·天文志》

오성에 백색 테두리가 생기면 사람이 죽고 가뭄이 들게 된다.

五星色白圜，爲喪旱;

적색 테두리가 생기면 조정이 평화롭지 못하여 전쟁이 일어나게 된다.

赤圜，則中不平，爲兵;

청색 테두리가 생기면 물난리를 걱정하게 된다.

青圜，憂水;

흑색 테두리가 생기면 질병이 생겨서 많은 사람이 죽게 된다.

黑圜，爲疾多死;

황색 테두리가 생기면 길하게 된다.

黃圜，吉;

흑색 광선이 생기면 수재가 나게 된다. 《사기》〈천관서〉[1154]

黑角，水患.[144]《史記·天官書》

1153《漢書》卷26〈天文志〉第6，1287쪽.

1154《史記》卷27〈天官書〉第5，1322쪽.

[144] 患:《史記·天官書》에는 없음.

19) 오성의 운행

星行

일반적으로 오성이 동쪽으로 운행하면 순행이고, 서쪽으로 운행하면 역행이다. 《군방보》[1155]

凡五星東行, 爲順; 西行, 爲逆.《群芳譜》

오성이 양도(陽道, 중도의 남쪽)로 나오면 가뭄이 들게 된다.

五星出陽道, 則旱;

음도(陰道, 중도의 북쪽)로 나오면 물난리가 나게 된다.

出陰道, 則水;

중도(中道)로 나오면 천하가 태평하게 된다【중도란 각(角)수의 두 별 사이, 방(房)수의 4성으로 둘러싸인 한가운데, 필(畢)수에 속한 천가(天街) 2성의 사이, 남하수(南河戍, 남하)와 북하수(北河戍, 북하) 사이 등과 같은 위치가 모두 이것이다】. 《관규집요》[1156]

出中道, 天下太平【中道者, 西⑭⑤角之間, 房之中間, 畢之天街, 南、北河戍之間, 皆是也】.《管窺輯要》

오성이 올바른 운행을 잃지 않으면 그해에는 곡식농사가 풍년이 들게 된다. 《한서》〈천문지〉[1157]

五星不失行, 則年穀豐昌.《漢·天文志》

1155 《二如亭群芳譜》〈元部〉"天譜" 卷2 '星'(《四庫全書存目叢書補編》80, 81쪽).

1156 출전 확인 안 됨.

1157 《漢書》卷26〈天文志〉第6, 1287쪽.

⑭⑤ 西 : 의미상 "兩"으로 판단됨.

20) 오성의 회합[合]

星合

【관규집요 1158 일반적으로 오성의 경도가 같은 경우를 '회합[合]'이라 한다. 석신(石申)은 "빛의 광선이 서로 반대인 경우를 '회합'이라 한다."라 했다. 무함(巫咸)은 "서로 겹치는 경우를 '회합'이라 한다."라 했다. 《형주점(荊州占)》에 "두 별의 거리가 1척 이내인 경우를 '회합'이라 한다."라 했다.

【管窺輯要 凡五星同度日"合". 石氏日: "光芒相反日'合'". 巫咸日: "相沓日'合'". 《荊州占》日: "相去一尺內日'合'".

군방보 1159 머물고 있는 특정 별자리[舍]가 같은 경우를 '회합'이라 하고, 머물고 있는 특정 28수[宿]가 같은 경우를 '취(聚)'라 한다】

群芳譜 同舍日"合", 同宿日"聚"】

일반적으로 오성 중에서 목성과 화성이 회합하면 기근을 겪고, 가뭄이 들게 된다.

凡五星歲與熒惑合, 則爲饑, 爲旱;

목성과 금성이 회합하면 물난리가 나게 된다.

與太白合, 則爲水;

금성이 남쪽에 있고 목성이 북쪽에 있으면 이를 '빈모(牝牡, 암수 한 쌍)'라 한다. 그러면 그해에는 곡식이 아주 잘 익게 된다.

太白在南, 歲在北, 名日"牝牡", 年穀大熟;

금성이 북쪽에 있고 목성이 남쪽에 있으면 그해 농사는 잘 될 수도 있고 망칠 수도 있다. 《한서》 〈천문지〉1160

太白在北, 歲在南, 年或有或亡. 《漢·天文志》

일반적으로 오성 중에서 2성이 서로 회합하거나

凡五星至二星相合、聚間,

1158 《管窺輯要》 卷14 〈五星占〉(《管窺輯要》 6, 8면).

1159 《二如亭群芳譜》, 위와 같은 곳.

1160 《漢書》 卷26 〈天文志〉 第6, 1285~1286쪽.

취(聚)인 위치에 온 경우, 화성이 빛을 잃으면 전쟁으로 사람이 죽고, 가뭄이 들게 된다.

火失光, 爲兵喪, 爲旱;

수성이 빛을 잃으면 홍수가 나게 된다. 이럴 때는 매일 점을 친다. 《무비지》[1161]

水失光, 爲大水. 以日占之.《武備志》

수성·화성·토성이 같은 별자리에서 회합하면 가뭄으로 기근을 겪게 된다.

水[146]、火、土合在一舍, 爲旱饑;

거리가 3척 이내에서 회합하면서 7일 이상 서로의 옆을 차지하고 있으면 천하에 전쟁이 일어나고, 오곡이 크게 상하여 사람들이 서로 잡아먹게 된다. 《무비지》[1162]

相去三尺以內, 守七日以上, 天下兵起, 五穀大傷, 人相食. 同上

수성과 화성이 회합하면 기근을 겪고, 가뭄이 들게 된다. 《무비지》[1163]

水與火合, 爲饑, 爲旱. 同上

화성과 목성이 같은 별자리에 있고, 거리가 3척 이내이면서 7일 이상 서로의 옆을 차지하고 있으면 오곡이 상하고, 백성의 불안한 상태가 1년간 지속하게 된다. 《무비지》[1164]

火、木同舍, 相去三尺以內, 相守七日以上, 五穀傷, 民不安期其年. 同上

목성과 화성이 회합하면서 서로 옆을 차지하여 10일 이상 있으면 곡식이 비싸진다. 《무비지》[1165]

木、火合而相守, 守十日以上, 穀貴. 同上

1161 《武備志》 卷157 〈占度載〉 "占星" 4 '星變', 6372쪽.
1162 《武備志》 卷157 〈占度載〉 "占星" 4 '星變', 6374~6375쪽.
1163 《武備志》 卷157 〈占度載〉 "占星" 4 '星變', 6376쪽.
1164 《武備志》 卷157 〈占度載〉 "占星" 4 '星變', 6376~6377쪽.
1165 《武備志》 卷157 〈占度載〉 "占星" 4 '星變', 6377쪽.
[146] 水: 《武備志·占度載·占星》에는 "木".

목성과 화성이 회합할 때 색이 모두 청색이면 질병에 걸리게 된다.

木、火合，色俱青，爲疾；

모두 적색이면 전쟁이 나게 된다.

赤，爲兵；

황색이면 가뭄이 들게 된다.

黃，旱；

백색이면 사람들이 죽게 된다.

白，喪；

흑색이면 기근을 겪게 된다.

黑，饑；

목성과 화성의 광선이 서로 접하면 사람들이 거의 다 죽게 된다. 《무비지》[1166]

芒角接，人死殆盡. 同上

목성과 토성이 회합하면 기근을 겪게 된다. 《무비지》[1167]

木、土合，爲饑. 同上

목성과 토성이 회합하면 우물과 샘이 높아지고 평야에 구름이 낮게 떠서 그해에는 곡식이 제대로 익지 않고, 홍수가 나게 된다.

木、土合，井泉高而平原出雲，歲不登，有大水.

또 "백성이 천리나 유랑하고, 물고기나 자라가 육지에서 죽으며, 백성이 도적으로 괴로움을 겪게 된다."라 했다. 《무비지》[1168]

又曰："民流千里，魚鼈陸死，民苦盜賊." 同上

목성과 금성이 회합하면 물난리가 나고, 기근을 겪으며, 전염병이 돌게 된다.

木、金合，爲水，爲饑，爲疫；

금성이 목성 남쪽에 있으면 전쟁으로 기근을 겪게 된다.

金在木南，以兵饑；

1166 《武備志》卷157 〈占度載〉"占星" 4 '星變', 6378쪽.

1167 《武備志》卷157 〈占度載〉"占星" 4 '星變', 6379쪽.

1168 《武備志》, 위와 같은 곳.

금성이 목성 북쪽에 있으면 물난리로 기근을 겪게 된다. 《무비지》[1169]

金在木北, 以水饑. 同上

목성과 금성이 회합하면서 3척 이내에 있을 때 목성이 금성 왼쪽에서 0.7척 이상 나오면 큰 다툼이 있게 된다.

木、金合, 三尺內, 七寸以外木出金左, 有爭;

목성이 금성 오른쪽에서 0.7척 이상 나오면 그해에는 기근을 겪게 된다. 《무비지》[1170]

出金右, 年饑. 同上

금성과 목성이 같은 별자리에 있으면 그해에는 메뚜기떼가 생기게 된다. 《무비지》[1171]

金、木同在一舍, 其年有蝗蟲生. 同上

목성과 금성이 동방7수 쪽에서 회합할 때, 목성은 북쪽에 있고, 금성은 남쪽에 있으면 이는 음과 양이 합한 경우이니, 그해에는 풍년이 들게 된다.

木、金合於東方, 木在北, 金在南, 陰陽合, 爲年豐;

목성과 금성이 서방7수 쪽에서 회합할 때, 목성이 금성의 위치에 있으면 이를 '벌(伐)'이라 한다. 그러면 그 분야의 나라는 흉하게 된다. 《무비지》[1172]

木、金合於西方, 木在金位, 名曰"伐", 其國凶. 同上

목성과 수성이 회합하면 그 분야의 나라에는 물난리가 많고, 백성이 기근을 겪게 된다. 《무비지》[1173]

木、水合, 其國多水, 民飢. 同上

1169 《武備志》 卷157 〈占度載〉 "占星" 4 '星變', 6380~6381쪽.
1170 《武備志》 卷157 〈占度載〉 "占星" 4 '星變', 6382쪽.
1171 《武備志》 卷157 〈占度載〉 "占星" 4 '星變', 6381쪽.
1172 《武備志》 卷157 〈占度載〉 "占星" 4 '星變', 6382쪽.
1173 《武備志》 卷157 〈占度載〉 "占星" 4 '星變', 6383쪽.

목성과 수성이 회합하면서 광선이 서로 접하면 천하의 물과 샘이 솟아 나오게 된다. 《무비지》[1174]

木、水合, 光芒相接, 天下水泉涌出. 同上

화성과 토성이 회합하면 큰 가뭄이 들게 된다.

火、土合, 大旱.

또 "화성과 토성이 특정 28수에서 회합하면 그 분야의 나라는 기근을 겪게 된다."라 했다. 《무비지》[1175]

又曰: "火、土所合宿, 國饑." 同上

화성과 금성이 회합할 때 화성이 금성의 광선 안으로 들어갔고, 화성이 남쪽에 있으면 큰 가뭄이 들게 된다.

火、金合, 火入金光芒中, 火在南, 大旱;

화성이 북쪽에 있으면 물난리가 나게 된다. 《무비지》[1176]

火在北, 爲水. 同上

화성이 금성의 운행을 따라 7일 이상 좇아 가서 금성과의 거리가 1척 이하이면 그 분야의 지역은 가뭄이 들게 된다【일설에 "금성과 화성이 서로 따라가면서 운행하면 사람들이 기근을 겪어서 유랑하게 된다."라 했다】. 《무비지》[1177]

火隨金行, 七日以上追及, 金相去尺以下, 其分旱【一曰: "金、火相隨而行, 人飢流亡"】. 同上

화성과 수성이 회합하면 큰 가뭄이 들어 풀 한 포기 없이 붉은 땅이 천리나 되는 심한 재난이 들게 된다. 《무비지》[1178]

火、水合, 大旱, 赤地千里. 同上

1174 《武備志》, 위와 같은 곳.
1175 《武備志》 卷157 〈占度載〉 "占星" 4 '星變', 6383~6384쪽.
1176 《武備志》 卷157 〈占度載〉 "占星" 4 '星變', 6385쪽.
1177 《武備志》 卷157 〈占度載〉 "占星" 4 '星變', 6386쪽.
1178 《武備志》, 위와 같은 곳.

수성과 화성이 함께 운행할 때 만약 전쟁이 없으면 전염병이 유행하게 된다. 《무비지》[1179]

水、火同行, 若不有兵, 疾疫流行. 同上

금성과 토성이 회합할 때 금성이 토성 남쪽에 있으면 그해에는 곡식이 아주 잘 익게 된다.

金、土合, 金在土南, 年穀大熟;

금성이 토성 북쪽에 있으면 그해에는 흉년이 들게 된다. 《무비지》[1180]

金在土北, 歲荒蕪. 同上

토성과 금성이 회합하면 물난리가 나게 된다.

土、金合, 爲水;

토성이 금성 북쪽에 있으면서 거리가 0.7척이고, 엄마인 토성과 아들인 금성이 함께 빛나면[1181] 그해에는 큰 풍년이 들게 된다. 《무비지》[1182]

土在金北, 去之七寸, 母子同光, 其歲大豐. 同上

금성과 토성이 회합할 때 토성이 청색이면 죽는 사람이 많게 된다.

金、土合, 土色青, 多死喪;

적색이면 전쟁이 나게 된다.

赤, 爲兵;

황색이면 가뭄이 들게 된다. 《무비지》[1183]

黃, 爲旱. 同上

토성과 수성이 회합하면 가뭄이 들게 된다. 《무비지》[1184]

土、水合, 爲旱. 同上

1179 《武備志》 卷157 〈占度載〉 "占星" 4 '星變', 6387쪽.

1180 《武備志》 卷157 〈占度載〉 "占星" 4 '星變', 6388쪽.

1181 엄마인……빛나면 : 오행설에서는 토가 금을 생(生)한다[土生金].

1182 《武備志》, 위와 같은 곳.

1183 《武備志》, 위와 같은 곳.

1184 《武備志》, 위와 같은 곳.

21) 어떤 오성이 다른 오성의 옆을 차지함[星守, 성수]

星守

【관규집요[1185] 석신은 "옆에 거처하면서 떠나지 않는 경우를 '수(守)'라 한다."라 했다. 치맹(郗萌)은 "그 옆으로 와서 거처하는 경우를 '수'라 한다."라 했다】

【管窺輯要 石氏曰: "居之不去曰'守'". 郗[147]萌曰: "來其旁而居曰'守'."】

목성이 금성 옆을 차지하면 4계절의 순서가 순조롭지 않아 음양이 조화를 잃게 된다.《무비지》[1186]

歲星守太白, 四序不順, 陰陽爽和.《武備志》

화성이 토성 옆을 차지하면 가뭄이 들게 된다.《무비지》[1187]

熒惑守塡星, 旱. 同上

토성이 목성 옆을 차지하면 전쟁이 나게 된다.

塡星守歲星, 有兵;

토성이 목성 옆을 차지한 다음 목성이 물러나면 그해에는 흉년이 들게 된다.

守後木退, 歲歉;

토성이 물러나면 그해에는 풍년이 들고, 도적이 생기게 된다.《무비지》[1188]

土退, 年豐, 有賊. 同上

수성이 토성 옆을 차지하면 여름에 서리와 우박이 내리고, 봄에 많은 비가 내리게 된다.《무비지》[1189]

辰星守塡星, 夏霜雹, 春多雨. 同上

1185《管窺輯要》卷14〈五星占〉(《管窺輯要》6, 9면).
1186《武備志》卷157〈占度載〉"占星" 4 '星變', 6394쪽.
1187《武備志》卷157〈占度載〉"占星" 4 '星變', 6396쪽.
1188《武備志》卷157〈占度載〉"占星" 4 '星變', 6399쪽.
1189《武備志》卷157〈占度載〉"占星" 4 '星變', 6403쪽.
[147] 郗: 저본에는 "郄".《管窺輯要·五星占》에 근거하여 수정.

수성이 화성 옆을 차지하면 천하에 죽는 사람이 많고, 전염병이 돌게 된다. 《무비지》[1190]

辰星守熒惑, 天下多死喪, 疾疫. 同上

수성이 목성 옆을 차지하면 계절이 맞는 때가 아닌데도 서리가 내리게 된다. 《무비지》[1191]

辰星守歲星, 天非時降霜. 同上

세성(歲星)이 목성 옆을 차지하거나, 형혹(熒惑)이 화성 옆을 차지하거나, 전성(塡星)이 토성 옆을 차지하거나, 태백(太白)이 금성 옆을 차지하거나, 진성(辰星)이 수성 옆을 차지하면 이를 '오성이 겹치도록 옆을 차지하여 기운을 함께 하는 모양[五重守幷氣之象, 오중수병기지상]'이라 한다. 그러면 백성이 대부분 질병에 걸리고, 오곡이 제대로 여물지 않으며, 재앙과 피해가 함께 생기게 된다.

歲守木星, 熒惑守火星, 塡星守土星, 太白守金星, 辰星守水星, 是謂"五重守幷氣之象"也, 民多疾, 五穀不成, 災害幷生.

일설에는 "천하에 가뭄이 들고, 만물이 제대로 여물지 않게 된다."라 했다.

一曰: "天下旱, 萬物不成."

세성이 토성 옆을 차지하거나, 형혹이 금성 옆을 차지하거나, 전성이 수성 옆을 차지하거나, 태백이 목성 옆을 차지하거나, 진성이 화성 옆을 차지하면[1192] 이를 '우월한 윗사람이 아랫사람을 이기는 모양[所勝上克下之象, 소승상극하지상]'이라 한다. 그러면 세금이 무겁고, 요역(徭役, 나라에서 시키는 노동)이 잦아서 힘없는 백성이 착취당하는 일을 이루 다 감당할 수 없

歲守土星, 熒惑守金星, 塡星守水星, 太白守木星, 辰星守火星, 是謂"所勝上克下之象"也. 賦斂重, 徭役煩, 下民屈竭, 莫之能供.

1190 《武備志》, 위와 같은 곳.

1191 《武備志》, 위와 같은 곳.

1192 진성이……차지하면: 오행설의 상극 관계인 목극토(木克土)·토극수(土克水)·수극화(水克火)·화극금(火克金)·금극목(金克木)의 특성을 반영한 듯하다.

게 된다.

세성이 화성 옆을 차지하거나, 형혹이 토성 옆을 차지하거나, 전성이 금성 옆을 차지하거나, 태백이 수성 옆을 차지하거나, 진성이 목성 옆을 차지하면[1193] 이를 '엄마가 아들 옆을 차지하여 양기가 발휘되지 않는 모양[母守其子陽氣不施之象, 모수기자양기불시지상]'이라 한다. 그러면 양기가 부족하기 때문에 수재가 많아 오곡이 제대로 여물지 않게 된다.

歲守火星, 熒惑守土星, 塡星守金星, 太白守水星, 辰星守木星, 是謂"母守其子, 陽氣不施之象", 陽氣不足, 故多水災, 五穀不成.

세성이 수성 옆을 차지하거나, 형혹이 목성 옆을 차지하거나, 전성이 화성 옆을 차지하거나, 태백이 토성 옆을 차지하거나, 진성이 금성 옆을 차지하면 이를 '아들이 엄마 옆을 차지하여 음기가 이루어지지 않는 모양[子守其母陰氣不成之象, 자수기모음기불성지상]'이라 한다. 그러면 가뭄이 많아서 화재가 나고, 만물이 제대로 여물지 않게 된다. 《관규집요》[1194]

歲守水星, 熒惑守木[148]星, 塡星守火星, 太白守土星, 辰星守金星, 是謂"子守其母, 陰氣不成之象", 旱多火災, 萬物不成. 《管窺輯要》

1193 세성이……차지하면: 오행설의 상생 관계인 목생화(木生火)·화생토(火生土)·토생금(土生金)·금생수(金生水)·수생목(水生木)의 특성을 반영한 듯하다.

1194 출전 확인 안 됨.

[148] 木: 저본에는 "水". 전후 문맥에 근거하여 수정.

22) 오성의 침범[星犯, 성범]

星犯

【관규집요 [1195] 어떤 오성이 특정 오성을 지나면서 빛이 침범하는 현상을 '범(犯)'이라 한다】

【管窺輯要 經過其星而光耀侵之曰"犯"】

목성이 화성을 침범하면 가뭄이 들고, 기근을 겪게 된다. 《무비지》[1196]

歲星犯熒惑, 爲旱, 爲饑. 《武備志》

목성이 금성을 침범하면 그 분야 지역의 풀이 다시 돋아나게 된다. 《무비지》[1197]

歲星犯太白, 其分草再生. 同上

목성이 수성을 침범하면 백성이 설사병을 많이 앓게 된다. 《무비지》[1198]

歲星犯辰星, 民多病洩. 同上

화성이 목성을 침범하면 겨울잠을 자는 생물이 겨울에 밖으로 나오고, 천둥이 일찍 쳐서 벼가 제대로 여물지 않게 된다. 《무비지》[1199]

熒惑犯歲星, 蟄蟲冬出, 雷早行, 禾不成. 同上

화성이 토성을 침범하면 가뭄이 들게 된다. 《무비지》[1200]

火犯土, 爲旱. 同上

토성이 화성을 침범할 때 두 별이 모두 적색이거나, 모두 빛이 없거나, 토성이 화성의 광선 안에 있

塡星犯熒惑, 二星皆色赤, 或俱無光, 或土在火芒內,

1195 《管窺輯要》, 위와 같은 곳.
1196 《武備志》 卷157 〈占度載〉 "占星" 4 '星變', 6393쪽.
1197 《武備志》 卷157 〈占度載〉 "占星" 4 '星變', 6394쪽.
1198 《武備志》 卷157 〈占度載〉 "占星" 4 '星變', 6395쪽.
1199 《武備志》, 위와 같은 곳.
1200 《武備志》 卷157 〈占度載〉 "占星" 4 '星變', 6396쪽.

거나, 화성이 토성의 광선 안에 있으면 가뭄이 들거나 물난리가 나고, 만물이 제대로 여물지 않게 된다. 《무비지》[1201]	火在土芒內, 旱潦災,[149] 物不成. 同上
토성이 수성을 침범하면 가뭄이 들게 된다【일설에 "토성이 수성을 침범하면 겨울에 천둥이 치고, 무지개가 나오며, 이듬해 여름에 춥고, 서리가 내리고, 우박이 떨어진다."라 했다】. 《무비지》[1202]	塡星犯辰星, 爲旱【一曰: "土犯水, 冬雷, 虹出, 來年夏寒, 隕霜雨雹"】. 同上
토성이 금성을 침범하면 홍수가 나고, 초목이 죽게 된다. 《무비지》[1203]	塡星犯太白, 大水, 草木死. 同上
금성이 목성을 침범하면 기근을 3년 동안 겪게 된다【일설에 "전쟁이 일어나고, 가뭄이 들게 된다."라 했다. 또 일설에 "초목이 거듭 죽게 된다."라 했다】. 《무비지》[1204]	太白犯歲星, 爲饑期三年【一曰: "兵起, 爲旱." 一曰: "草木再死"】. 同上
금성이 토성을 침범하면 오곡이 익지 않아 사람들이 유랑하게 된다. 《무비지》[1205]	太白犯塡星, 五穀不熟, 人流. 同上
수성이 목성을 침범하면 그 나라 밖의 분야는 불	辰星犯歲星, 其國外野不

1201 《武備志》 卷157 〈占度載〉 "占星" 4 '星變', 6399쪽.
1202 《武備志》 卷157 〈占度載〉 "占星" 4 '星變', 6400쪽.
1203 《武備志》, 위와 같은 곳.
1204 《武備志》, 위와 같은 곳.
1205 《武備志》 卷157 〈占度載〉 "占星" 4 '星變', 6401~6402쪽.
[149] 災: 저본에는 "炎". 《武備志·占度載·占星》에 근거하여 수정.

안하게 된다. 《무비지》[1206]

安. 同上

수성이 토성을 침범하면 여름에 추워 여공(女工, 길쌈)을 방해하게 된다【일설에 "봄에 비가 많이 내리게 된다."라 했다】. 《무비지》[1207]

辰星犯塡星, 夏寒, 妨女工[150]【一曰: "春雨多"】. 同上

1206 《武備志》 卷157 〈占度載〉 "占星" 4 '星變', 6403쪽.

1207 《武備志》, 위와 같은 곳.

[150] 工: 《武備志·占度載·占星》에는 "主".

23) 오성의 다툼[星鬪, 성투]

星鬪

【관규집요】[1208] 오성 중 두 별이 바로 앞까지 움직여서 서로 가까이 닿은 현상을 '접촉[觸]'이라 하고, 서로 압박하는 현상을 '다툼[鬪]'이라 한다】

【管窺輯要】兩動直前相抵曰"觸", 相淩曰"鬪"】

수성이 화성과 접촉하여 떨어졌다가 다시 회합하면 홍수가 나서 물이 넘치게 된다. 《관규집요》[1209]

辰星觸熒惑, 離而復合, 大水漂出. 《管窺輯要》

목성과 토성이 다툴 때 청색이면 사람이 죽게 된다.

적색이면 가뭄이 들게 된다.

백색이면 전쟁이 나게 된다.

흑색이면 물난리가 나게 된다.

황색이면 대규모 토목공사를 하게 된다. 《무비지》[1210]

木與土鬪, 色靑, 爲喪;

赤, 爲旱;

白, 爲兵;

黑, 爲水;

黃, 爲土功. 《武備志》

목성과 금성이 다투면 그 분야의 나라는 가뭄이 들어 기근을 겪게 된다. 《무비지》[1211]

木與金鬪, 其國旱饑. 同上

목성과 금성이 다투면 그해에는 큰 기근을 겪게 된다. 《무비지》[1212]

木與金鬪, 歲大饑. 同上

1208 《管窺輯要》 卷14 〈五星占〉(《管窺輯要》6, 9면).

1209 출전 확인 안 됨.

1210 《武備志》 卷157 〈占度載〉 "占星" 4 '星變', 6390쪽.

1211 《武備志》 卷157 〈占度載〉 "占星" 4 '星變', 6389쪽.

1212 《武備志》 卷157 〈占度載〉 "占星" 4 '星變', 6391쪽.

금성과 화성이 봄에 다투면 그해에는 가뭄이 들게 된다. 《무비지》[1213]

金、火春鬪, 其歲旱. 同上

화성과 수성이 다투면 그 분야에는 홍수가 나게 된다. 《무비지》[1214]

火、水鬪, 其野有大水. 同上

금성과 수성이 다투면 그 분야의 나라에는 큰 가뭄이 들게 된다. 《무비지》[1215]

金、水鬪, 其分國大旱. 同上

수성과 토성이 다투면 관문과 교량이 통하지 않게 된다. 《무비지》[1216]

水、土鬪, 關梁不通. 同上

1213 《武備志》, 위와 같은 곳.

1214 《武備志》, 위와 같은 곳.

1215 《武備志》 卷157 〈占度載〉 "占星" 4 '星變', 6393쪽.

1216 《武備志》, 위와 같은 곳.

24) 요성(妖星)

妖星

【무비지[1217] 요성은 오행의 기운이 오성의 변화를 일으켜 생긴 현상이다. 요성이 나오면 각각 해당하는 방향에 재앙이 있게 된다. 각각 해당하는 날에 오성이 오색 중 어떤 색인지를 점쳐서 특정 지역의 길흉을 알게 된다】

【武備志 妖星者, 五行之氣, 五星之變. 各以其方以爲殃災, 各以其日五色占, 知何地吉凶】

요성이 나오면 전쟁이 나고, 기근을 겪으며, 물난리나 가뭄, 죽음의 징조가 된다.《무비지》[1218]

妖星出, 爲兵, 爲饑, 水旱、死亡之徵.《武備志》

일반적으로 요성이 나올 때의 형상은 같지 않지만, 동반되는 불행은 한결같다. 요성이 나오고 1년이 지나지 않은 때부터 3년 안에 천하는 크게 어지러워져서 시체가 여기저기 쌓이고, 다른 재앙들도 끊이지 않아서 물난리나 가뭄이 들고, 전쟁·기근·전염병의 재앙이 있게 된다.《무비지》[1219]

凡妖星所出形狀不同, 爲妖如一. 其出不過一年, 若三年, 天下大亂, 積尸縱橫, 餘殃不盡, 爲水旱, 兵、饑、疾疫之殃. 同上

일반적으로 요성이 출현했을 때 길고 크면 재앙도 심하고 기간도 길게 된다.

凡妖星出見長大, 災深期遠;

요성이 짧고 작으면 재앙도 덜하고 기간도 짧게 된다.

短小、災淺期近.

요성이 3~5척이면 재앙의 기간은 100일이 된다.

三尺至五尺, 期百日;

5~10척이면 재앙의 기간은 1년이 된다.

五尺至一丈, 期一年;

1217《武備志》卷159〈占度載〉"占星" 6 '星妖', 6465쪽.

1218《武備志》卷159〈占度載〉"占星" 6 '妖星', 6465쪽.

1219《武備志》卷159〈占度載〉"占星" 6 '妖星', 6465~6466쪽.

10~30척이면 재앙의 기간은 3년이 된다.	一丈至三丈, 期三[151]年;
30~50척이면 재앙의 기간은 5년이 된다.	三丈至五丈, 期五年;
50~100척이면 재앙의 기간은 7년이 된다.	五丈至十丈, 期七年;
100척 이상이면 재앙의 기간은 9년이 된다.	十丈以上, 期九年.
자세하게 요성을 살피면 그 재앙이 반드시 들어맞게 된다. 《무비지》[1220]	審以察之, 其災必應. 同上

요성이 나올 때 그 모양이 길면 전쟁이 나게 된다.	妖星之出, 長, 則爲兵;
짧으면 기근을 겪게 된다. 《관규집요》[1221]	短, 則爲饑. 《管窺輯要》[152]

1220 《武備志》 卷159 〈占度載〉 "占星" 6 '妖星', 6466쪽.

1221 《管窺輯要》 卷15 〈五星彙占〉(《管窺輯要》6, 6면).

[151] 三 : 저본에는 "二". 《武備志·占度載·占星》에 근거하여 수정.

[152] 管窺輯要 : 저본·고대본 모두 인용서명 없음. 《管窺輯要·五星彙占》에 근거하여 보충.

25) 객성(客星)[1222]　　客星

【무비지】[1223] 객성은 항상 있지 않고, 우연히 하늘에 나타나는 별이다. 이는 황천대제(皇天大帝)의 사신으로, 길흉을 알려준다. 객성이 나타나는 곳은 일정하지 않다. 서쪽에서 나오거나, 동쪽에 있는 별의 옆을 차지하기도 한다.

【武備志】客星者, 非其常有, 偶見於天. 此皇天大帝之使, 以告休咎也. 客星見無常所, 或出西, 或守東.

객성이 보이는 날이 많으면 사건이 크고 거기에 미치는 화가 심하다. 날이 적으면 사건이 작고 화가 약하다.

日多者, 事大而禍深; 日少者, 事微而禍淺.

객성은 주백(周伯)[1224]·노자(老子)[1225]·왕봉서(王蓬絮)[1226]·국황(國皇)[1227]·온성(溫星)[1228] 등과 같은 별들로 이들 모두 객성이다. 이들은 28수·12나라 분야를 운행하며, 각 객성이 갈 나라와 옆을 차지할 특정 28수에 있을 때 길흉을 점친다】

客星者周伯、老子、王蓬絮、國皇、溫星, 皆客星也. 行諸列舍、十二國分野, 各在其所臨之邦、所守之宿, 以占吉凶】

객성이 적색이면 가뭄이 들게 된다.
흑색이면 물난리가 나게 된다. 《관규집요》[1229]

客星色赤, 爲旱;
黑, 爲水. 《管窺輯要》

주백(周伯)성은 크고 밝게 빛나는 모습이다. 주백이

周伯星, 大而色煌煌然.

1222 객성(客星): 하늘에 새롭게 나타난 별의 총칭.

1223 《武備志》 卷159 〈占度載〉 "占星" 6 '星妖', 6466~6468쪽.

1224 주백(周伯): 재앙을 상징하는 객성. 크고 밝게 빛난다. 서성(瑞星, 상서로운 별) 중에도 이름과 모양이 같으면서 태평성대를 상징하는 주백이 있다. 이때는 점의 내용이 달라진다. 이순지 편저, 김수길·윤상철 공역, 《천문류초》, 대유학당, 1998, 388쪽 참조.

1225 노자(老子): 재앙을 상징하는 객성. 밝고 크며 백색이다.

1226 왕봉서(王蓬絮): 재앙을 상징하는 객성. 솜털이 날리는 모양이다.

1227 국황(國皇): 재앙을 상징하는 객성. 크고 황백색이며 광선이 있다.

1228 온성(溫星): 재앙을 상징하는 객성. 크고 백색이며 바람이 동요하는 모양이다.

1229 《管窺輯要》 卷52 〈客星〉(《管窺輯要》17, 9면).

나타나면 그 나라에 전쟁이 일어나고, 천하가 기근을 겪으며, 서민들이 유랑하여 그들의 고향을 떠나게 된다. 《무비지》[1230]

見, 其國兵起, 天下饑, 衆庶流亡去其鄕.《武備志》

노자(老子)성은 밝고 크며, 백색으로 순수하게 빛난다. 노자가 나오는 분야의 나라는 기근을 겪고, 흉하게 된다. 《무비지》[1231]

老子星, 明大, 色白淳淳然. 所出之國, 爲饑, 爲凶. 同上

왕봉서(王蓬絮)는 솜털이 날리는 모양이다. 왕봉서가 나타나면 그 분야의 나라는 기근을 겪어 망하게 된다. 《무비지》[1232]

王蓬絮, 狀如粉絮拂拂然. 見, 則其邦饑亡. 同上

왕봉서(王蓬絮)성은 청색이면서 반짝반짝 빛난다. 왕봉서가 나타나는 분야의 나라는 비바람이 절도에 맞지 않고, 타는 듯한 가뭄이 들며, 만물이 생장하지 못하고, 오곡이 제대로 여물지 않으며, 메뚜기떼가 많이 발생하게 된다. 《무비지》[1233]

王蓬絮星, 色靑而熒熒然. 所見之國風雨不節, 焦旱, 物不生, 五穀不成, 蝗蟲多. 同上

국황(國皇)은 나올 때 크고, 황백색이며, 바라보면 광선이 있다. 국황이 나타나면 나라에 많은 변고가 생기게 된다. 만약 물난리가 나서 기근을 겪으면 서민들이 대부분 병에 걸리게 된다. 《무비지》[1234]

國皇星, 出而大, 其色黃白, 望之有芒角. 見, 則國多變. 若有水饑, 衆庶多疾. 同上

1230 《武備志》 卷159 〈占度載〉 "占星" 6 '星妖', 6468쪽.
1231 《武備志》, 위와 같은 곳.
1232 《武備志》 卷159 〈占度載〉 "占星" 6 '星妖', 6469쪽.
1233 《武備志》, 위와 같은 곳.
1234 《武備志》, 위와 같은 곳.

온성(溫星)은 백색이면서 크고, 바람에 흔들리는 모양이다. 항상 하늘의 사방 귀퉁이에서 나온다. 온성이 동남쪽에서 나오면 천하에 전쟁이 나게 된다.

溫星, 色白而大, 狀如風動搖, 常出四隅. 出東南, 天下有兵;

동북쪽에서 나오면 천리에 걸쳐 난폭한 전쟁을 당하게 된다.

出東北, 當有千里暴兵;

서북쪽에서 나오면 역시 위와 같다.

出西北, 亦如之;

서남쪽에서 나오면 그 분야의 나라는 전쟁과 죽음이 동시에 일어나게 된다. 만약 홍수가 나면 사람들이 기근을 겪게 된다. 《무비지》[1235]

出西南, 其國兵喪并起, 若有大水, 人飢. 同上

지유장광(地維藏光)[1236]【지유장광은 오행의 기가 사계(四季) 시기에 나온다. 토(土)의 기이다. 또 다음과 같이 말했다. "하늘의 4모퉁이에 별이 있다. 이를 관측했을 때 땅과 40척 떨어져 있고, 적황색이면서 요동치면 이는 토성의 종류이다. 이를 '중앙의 분야'라 한다. 별이 네 모퉁이에서 나오면 이를 '지유장광'이라 한다"】이 하늘의 동북쪽 모퉁이에서 나오면 천하에 홍수가 나게 된다.

地維藏光【地維藏光者, 五行之氣出於四季, 土之氣也. 又曰: "四隅有星, 望之可去地四丈, 而赤黃搖動, 其類塡星, 是謂'中央之野', 星出於四隅, 名曰'地維藏光'"】, 出東北隅, 天下大水;

동남쪽 모퉁이에서 나오면 천하에 큰 가뭄이 들게 된다. 《무비지》[1237]

出東南隅, 天下大旱. 同上

1235 《武備志》, 위와 같은 곳.

1236 지유장광(地維藏光): 요성(妖星)의 하나. 고대인은 9개 기둥으로 둥근 하늘[天圓]을 받치고, 4개 끈[地維, 지유]으로 네모난 땅을 묶어 천지가 유지된다고 보았다. 《진서(晉書)》 卷12 〈천문지(天文志)〉第2에 기록된 요성 21가지는 다음과 같다. 혜성(彗星)·패성(孛星)·천부(天棓)·천창(天槍)·천참(天欃)·치우기(蚩尤旗)·천충(天衝)·국황(國皇)·소명(昭明)·사위(司危)·천참혜(天欃彗)·오잔(五殘)·육적(六賊)·옥한(獄漢)·순시(旬始)·천봉혜(天鋒彗)·촉성(燭星)·봉성(蓬星)·장경(長庚)·사전성(四塡星)·지유장광(地維藏光). 한국고전종합DB 참조.

1237 《武備志》 卷160 〈占度載〉 "占星" 7 '星妖' 2, 6509~6510쪽.

격택(格澤)[1238]【격택은 타오르는 불꽃모양과 같다. 황백색이면서 땅에서 일어나 위로 올라간 아랫부분은 크고 윗부분은 뾰족하다】은 그 별이 보였을 때 곡식을 심지 않아도 수확할 수 있게 된다.《한서》〈천문지〉[1239]

格澤【格澤者, 如炎火之狀, 黃白, 起地而上, 下大上銳】, 其見也, 不種而穫.《漢·天文志》

객성은 하늘의 동남쪽에 별 3개가 있다. 나올 때 백색이다. 이를 '도성(盜星)'[1240]이라 한다. 도성이 나타나면 천하에 도적이 많게 된다.

하늘의 서남쪽에 큰 별 3개가 있다. 기운이 뻗어 나오면 각각의 길이가 30척이 된다. 이를 '적릉(積陵)'[1241]이라 한다【《무비지》에서는 "적릉은 오성의 기운이 합하여 변한 별이다. 서북쪽에서 나오며 금성과 수성의 기운이 합해진 것이다."[1242]라 했다.】. 적릉이 나타나면 천하에 전쟁이 일어나고, 서리가 제철이 아닌 때에 내리며, 곡식이 10배 비싸진다.

하늘의 동북쪽에 큰 별 3개가 있다. 기운이 뻗어 나오면 각각의 길이가 30척이 된다. 이를 '여백(女帛)'[1243]이라 한다. 여백이 나타나면 천하에 죽음이 있게 된다.

客星, 東南方有三星, 出而色白者, 名曰"盜星", 見之, 天下多盜賊;

西南方有三星大星, 出氣各長三丈, 名曰"積陵"【《武備志》"積陵乃五星氣合[153]之變, 出西北, 金、水[154]氣合也"】, 見, 則天下兵起, 隕霜不時, 穀貴十倍;

東北方有三大星, 出氣各長三丈, 名曰"女帛", 見, 則天下有喪;

1238 격택(格澤): 서성(瑞星)의 하나.
1239 《漢書》 卷26 〈天文志〉 第6, 1293쪽.
1240 도성(盜星): 《관규집요》에 객성으로 소개된 별. 《古微書》 卷31에는 요성으로 기록되어 있다.
1241 적릉(積陵): 《관규집요》에 객성으로 소개된 별. 《古微書》 卷31에는 요성으로 기록되어 있다.
1242 적릉은……것이다: 《武備志》 卷160 〈占度載〉 "占星" 7 '星妖' 2, 6511쪽에 나온다.
1243 여백(女帛): 《관규집요》에 객성으로 소개된 별. 《古微書》 卷31에는 요성으로 기록되어 있다.
[153] 合: 저본에는 "各". 《武備志·占度載·占星》에 근거하여 수정.
[154] 水: 저본에는 "木". 《武備志·占度載·占星》에 근거하여 수정.

하늘의 서북쪽에 큰 별 3개가 있다. 이를 '천구(天狗)'[1244]라 한다. 천구가 나타나면 천하의 사람들이 서로 잡아먹게 된다. 《관규집요》[1245]

西北方有三大星, 名曰"天狗", 見, 則天下人相食. 《管窺輯要》[155]

1244 천구(天狗) : 《관규집요》에 객성으로 소개된 별. 《史記·天官書》에서는 "천구는 모습이 큰 유성과 같고 소리가 있다. 천구의 아래 부분이 땅에서 그치면 개모양과 비슷하다(天狗, 狀如大奔星, 有聲, 其下止地, 類狗)."라 했다. 《史記》 卷27 〈天官書〉 第5, 1335쪽.

1245 《管窺輯要》 卷52 〈客星名狀〉(《管窺輯要》17, 10면).

[155] 管窺輯要 : 저본·고대본 모두 인용서명 없음. 《管窺輯要·客星名狀》에 근거하여 보충.

26) 유성(流星)

【무비지】[1246] 유성은 하늘의 사신이다. 위에서 내려오는 별을 '유(流)'라 하고, 밑에서 올라가는 별을 '비(飛)'라 하며, 이중 큰 별을 '분(奔)'이라 한다. 분 역시 유성이다】

流星

【武備志】流星, 天使也. 自上而降曰"流", 自下而升曰"飛", 大者曰"奔", 奔亦流星也】

유성이 자미궁에서 출현하면 천자의 사신이다.
유성이 적색이면 전쟁을 알려주는 징조이다.
백색이면 죽음을 알려주는 징조이다.
황색이면 길함을 알려주는 징조이다.

流星出紫宮, 天子使也. 色赤, 言兵;
色白, 言喪;
色黃, 言吉;

사자자리의 유성[Leonid, 위키피디아]

1246 《武備志》 卷159 〈占度載〉 "占星" 6 '星妖', 6470쪽.

청색이면 근심거리가 있음을 알려주는 징조이다.
色青, 言憂;

흑색이면 물난리를 알려주는 징조이다.
色黑, 言水;

이 모두는 유성이 출현하는 분야를 통해 여기에 해당하는 나라에 알려주는 것이다. 《무비지》[1247]
皆以所出[156]之分野命其國. 《武備志》

유성에 광선이 있거나, 혹 소리가 나면 분노의 기운이 있게 된다.
流星有芒, 或有聲, 爲怒氣;

청색이면 근심거리가 있고, 기근을 겪게 된다.
色青, 爲憂, 爲饑;

적색이면 전쟁이 나고, 가뭄이 들게 된다.
赤, 爲兵, 爲旱;

황색이면 즐거운 일이 있고, 대규모 토목공사를 하게 된다.
黃, 爲喜, 爲土功;

백색이면 전쟁이 나고, 엄혹한 형벌을 시행하게 된다.
白, 爲兵, 爲刑罰;

흑색이면 전염병이 돌고, 사람들이 죽으며, 수재가 나게 된다.
黑, 爲疾疫, 爲死, 爲水災.

휴(休)나 왕(王)의 상태를 보면 각각 일진과 특정 별자리가 속한 분야로 점친다. 《무비지》[1248]
看休、王, 各以日辰、宿分所屬分野論之. 同上

바람과 구름이 없으면서 유성이 나타나 꽤 오랫동안 있다가 다시 들어가면 큰바람이 불어 집을 날리고 나무를 부러뜨리게 된다.
無風雲, 有流星見良久間乃入, 爲大風發屋折木;

작은 유성 100여 개가 사면으로 운행하면 서민
小[157]流星百數, 四面行者,

1247 《武備志》 卷159 〈占度載〉 "占星" 6 '星妖', 6472쪽.

1248 《武備志》 卷159 〈占度載〉 "占星" 6 '星妖', 6472~6473쪽.

[156] 皆以所出 : 《武備志·占度載·占星》에는 "出皆以所".

[157] 小 : 저본에는 없음. 고대본·《武備志·占度載·占星》에 근거하여 보충.

들이 유랑하게 되는 형상이다. 《무비지》[1249]

衆庶流移之[158]象. 同上

유성이 매우 커서, 그 빛이 땅을 비추고, 청적색이면서 사방 주변으로 흘러 가면 오곡이 제대로 익지 않게 된다. 《무비지》[1250]

流星甚大, 其光照地, 色青赤流四旁者, 五穀不登. 同上

비성(飛星)[1251]은 크기가 술항아리[缶]나 옹기만 하고 뒤는 환하게 백색이며, 앞은 낮고 뒤는 높으며, 머리를 흔들면서 갑자기 멈추었다가 갑자기 아래로 내려왔다가 한다. 이를 '강석(降石)'이라 한다. 강석이 떨어지는 곳의 백성은 먹을거리가 부족하게 된다. 《무비지》[1252]

飛星大[159]如缶, 若甕, 後皎然白, 前卑後高, 搖頭乍止乍下, 此謂"降石", 所下民食不足. 同上

유성이 토성을 침범하면서 흑색이면 물난리가 나게 된다. 《무비지》[1253]

流星犯填星而色黑, 有水. 同上

유성이 목성으로 들어가면서 흑색이고, 서로 침범하면 그 분야의 나라는 농사가 흉년이 들게 된다.

流星入歲星, 黑色相犯, 其國農荒;

적색이면 큰 전염병이 돌고, 천하가 기근을 겪게 된다.

色赤, 大疫, 天下饑;

황·백색이면 먹을거리가 충분하게 된다. 《관규집

色黃白, 足食. 《管窺輯要》

1249 《武備志》 卷159 〈占度載〉 "占星" 6 '星妖', 6474쪽.
1250 《武備志》 卷159 〈占度載〉 "占星" 6 '星妖', 6475쪽.
1251 비성(飛星) : 유성의 하나.
1252 《武備志》 卷159 〈占度載〉 "占星" 6 '星妖', 6477쪽.
1253 《武備志》 卷159 〈占度載〉 "占星" 6 '星妖', 6479쪽.
158 之 : 저본에는 "之於". 고대본·《武備志·占度載·占星》에 근거하여 수정.
159 大 : 저본에는 "丈". 《武備志·占度載·占星》에 근거하여 수정.

요》[1254]

유성이 화성 가까이 가면 그 분야의 나라는 가뭄이 들어 기근을 겪게 된다. 《관규집요》[1255]

流星抵熒惑, 其國旱饑. 同上

유성이 흑색이면 물난리가 나게 된다.

청색이면 벌레떼가 생기고, 기근을 겪게 된다.

황색이면서 윤택하면 그해에는 곡식이 잘 익게 된다. 《관규집요》[1256]

流星黑, 爲水;

靑, 爲蟲, 爲饑;

黃潤, 爲歲熟. 同上

1254 《管窺輯要》 卷60 〈流星干犯日月五星占〉(《管窺輯要》19, 18면).

1255 《管窺輯要》 卷60 〈流星干犯日月五星占〉(《管窺輯要》19, 19면).

1256 《管窺輯要》 卷60 〈流星雜占〉(《管窺輯要》19, 22면).

27) 혜성(彗星)

彗星

【무비지】[1257] 혜성은 세상에서 말하는 '소성(掃星, 빗자루별)'이다. 앞은 별과 비슷하고 끝부분은 빗자루[彗]와 비슷하다. 작으면 0.2~0.3척이고, 길면 하늘 끝에 이르기도 한다. 청소를 주관하여 옛것을 제거하고 새것을 펼친다. 5가지 색이 있어서 각각 오행 본래의 정화에 따라 사물을 주관한다.

【武備志】彗星, 世所謂"掃星", 本類星, 末類彗. 小者數寸, 長或竟天. 主掃除, 除舊布新, 有五色, 各依五行本精所主.

혜성의 몸체는 빛이 없고, 태양빛을 빌어서 빛을 낸다. 그러므로 저녁에 나타나면 동쪽을 가리키고, 새벽에 나타나면 서쪽을 가리킨다. 태양의 남쪽이나 북쪽에 있으면 모두 태양빛을 따라서 위아래를 가리킨다.

彗體無光, 假日而爲光. 故夕見, 則東指; 晨見, 則西指. 在日南、北, 皆隨日光而指頓挫.

그 광선은 길기도 하고 짧기도 하다. 광선이 미치면 재앙이 오게 된다. 광선의 모양은 대빗자루나 나무줄기 같고, 길이는 일정하지 않다. 혜성이 길고 크면서 오래 나타나면 재앙이 광범위하게 생긴다. 반면 짧고 작으면서 길지 않게 나타나면 재앙이 협소하게 생긴다.

其芒或長或短, 光芒所及, 則爲災. 其象, 若竹彗、樹木條, 長短無常. 其長大見久, 災深; 短小見不久, 災狹.

《하도(河圖)》[1258]에서 다음과 같이 말했다. "목성의 정화가 흘러 창(蒼)색 혜성이 된다.

화성의 정화가 흩어져 적색 혜성이 된다.

토성의 정화가 흩어져 황색 혜성이 된다.

금성의 정화가 흩어져 백색 혜성이 된다.

수성의 정화가 흩어져 흑색 혜성이 된다.

《河圖》云:

"歲星之精流爲蒼彗.

熒惑散爲赤彗,

填星散爲黃彗,

太白散爲白彗,

辰星散爲黑彗.

1257 《武備志》 卷159 〈占度載〉 "占星" 6 '星妖' 1, 6480~6481쪽.

1258 하도(河圖) : 중국 한대(漢代)의 위서(緯書)인 《하도괄지상(河圖括地象)》 등의 하도 관련 위서로 추정된다.

5가지 색의 혜성에는 각각 길이가 달라서 그 곡절에 따라 현상이 일어난다."[1259]

五色之彗, 各有長短, 曲折應象."

한(漢) 경방(京房) 풍각서(風角書)[1260] [1261] 《풍각서》의 〈집성장(集星章)〉에 기록된 내용에 의하면 요성(妖星)은 모두 5인일(五寅日)[1262]에 달 옆에서 나타나고, 이를 각각 오성이 주관한다고 한다.

漢京房風角書 《集星章》所載妖星皆以五寅日見於月旁, 各以五星所主云.

① 천창(天槍)은 기(箕)수에서 생긴다.

② 천근(天根)은 미(尾)수에서 생긴다.

③ 천형(天荆)은 심(心)수에서 생긴다.[1263]

天槍生箕宿中,

天根生尾宿中,

天荆生心宿中,

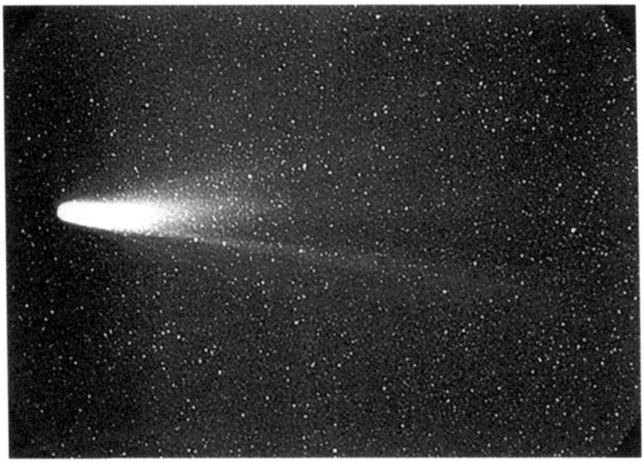

핼리혜성(위키피디아)

1259 목성의……일어난다 : 출전 확인 안 됨; 《晉書》 卷12 〈天文〉 中 "雜星氣", 326쪽.

1260 풍각서(風角書) : 중국 한나라의 학자 경방이 지은, 풍각점(風角占)과 관련된 점술서로 추정된다.

1261 출전 확인 안 됨; 《隋書》 卷20 〈天文〉 中 "雜妖"(《文淵閣四庫全書》264, 380쪽); 《武備志》 卷159 〈占度載〉 "占星" 6 '星妖', 6486~6488쪽; 《晉書》 卷12 〈天文〉 中 "雜星氣", 326~327쪽.

1262 5인일(五寅日) : 인(寅)이 든 날 5일. 갑인(甲寅)·병인(丙寅)·무인(戊寅)·경인(庚寅)·임인(壬寅)을 말한다.

1263 천형(天荆)은……생긴다 : 《수서》 〈천문지〉에는 이 다음에 "진약(眞若)은 방(房)수에서 생긴다(眞若星生房宿中)."는 구절이 더 있다. 뒤의 표 '오성이 만든 요성 35개' 참조.

④ 천원(天檍)은 저(氐)수에서 생긴다.	天檍[160]生氐宿中,
⑤ 천루(天樓)는 항(亢)수에서 생긴다.	天樓生亢宿中,
⑥ 천원(天垣)은 좌각(左角)수에서 생긴다.	天垣[161]在左角宿中,
이들은 모두 목성이 만든 별이다.	皆歲星之所生也.
갑인(甲寅)일에 나타나고,[1264] 그 별들은 모두 청색 기운을 양쪽에 가지고서 달 옆에 있다.	見以甲寅日, 其星咸有兩靑方, 在其旁.

⑦ 천음(天陰)은 진(軫)수에서 생긴다.	天[162]陰生軫宿中,
⑧ 진약(晉若)은 익(翼)수에서 생긴다.	晉若在翼宿中,
⑨ 관장(官張)은 장(張)수에서 생긴다.	官張生張宿中,
⑩ 천혹(天惑)은 칠성(七星)수에서 생긴다.[1265]	天惑生七星宿中,
이들은 모두 화성이 만든 별이다.	皆熒惑之所生也.
병인(丙寅)일에 출현하고,[1266] 적색 기운을 양쪽에 가지고서 달 옆에 있다.	出在丙寅日, 有兩赤方, 在其旁.

⑪ 천상(天上)·⑫ 천벌(天伐)·⑬ 종성(從星)·⑭ 천추(天樞)·⑮ 천적(天翟)·⑯ 천비(天沸)·⑰ 형혜(荆彗)는 모두 토성이 만든 별이다.	天上、天伐[163]、從星、天樞、天翟、天沸、荆彗, 皆塡星之所生也.
무인(戊寅)일에 출현하고,[1267] 황색 기운을 양쪽에 가지고서 달 옆에 있다.	出在戊寅日, 有兩黃方, 在其旁.

1264 갑인(甲寅)일에 나타나고 : 오행설에서 갑(甲)·을(乙)은 목(木)에 해당한다.
1265 천혹(天惑)은……생긴다 : 《수서》〈천문지〉에는 이 뒤에 천작(天雀)·적약(赤若)·치우(蚩尤) 등 본문에 없는 요성이 3개가 더 기록되어 있다. 뒤의 표 '오성이 만든 요성 35개' 참조.
1266 병인(丙寅)일에 출현하고 : 오행설에서 병(丙)·정(丁)은 화(火)에 해당한다.
1267 무인(戊寅)일에 출현하고 : 오행설에서 무(戊)·기(己)는 토(土)에 해당한다.
[160] 檍 : 저본에는 "轅". 《晉書·天文·雜星氣》·《武備志·占度載·占星》에 근거하여 수정.
[161] 垣 : 저본에는 "桓". 《隋書·天文·雜妖》·《晉書·天文·雜星氣》에 근거하여 수정.
[162] 天 : 저본에는 "太". 《隋書·天文·雜妖》·《武備志·占度載·占星》에 근거하여 수정.
[163] 伐 : 무비지에는 "代".

⑱ 약성(若星)은 삼(參)수에서 생긴다. 若星生參宿中,

⑲ 추성(帚星)은 자(觜)수에서 생긴다. 帚星生觜[164]宿中,

⑳ 약혜(若彗)는 필(畢)수에서 생긴다. 若彗生畢宿中,

㉑ 죽혜(竹彗)는 묘(昴)수에서 생긴다. 竹彗生昴宿中,

㉒ 장성(牆星)은 위(胃)수에서 생긴다. 牆星生胃宿中,

㉓ 원성(榬星)은 누(婁)수에서 생긴다. 榬[165]星生婁宿中,

㉔ 백관(白雚)은 규(奎)수에서 생긴다. 白雚生奎宿中,

이들은 모두 금성이 만든 별이다. 皆太白之所生也.

경인(庚寅)일에 출현하고,[1268] 백색 기운을 양쪽에 가지고서 달 옆에 있다. 出在庚寅日, 有兩白方, 在其旁.

㉕ 천미(天美)는 벽(壁)수에서 생긴다. 天美生壁宿中,

㉖ 천참(天毚)은 실(室)수에서 생긴다. 天毚生室宿中,

㉗ 천두(天杜)는 위(危)수에서 생긴다. 天杜生危宿中,

㉘ 천마(天麻)는 허(虛)수에서 생긴다. 天麻生虛宿中,

㉙ 천림(天林)은 여(女)수에서 생긴다. 天林生女宿中,

㉚ 천고(天高)는 우(牛)수에서 생긴다. 天高生牛宿中,

㉛ 단하(端下)는 두(斗)수에서 생긴다. 端下生斗宿中,

이들은 모두 수성이 만든 별이다. 皆辰星之所生也.

임인(壬寅)일에 출현하고,[1269] 흑색 기운을 양쪽에 가지고서 달 옆에 있다. 出以壬寅日, 有兩黑方, 在其旁.

1268 경인(庚寅)일에 출현하고 : 오행설에서 경(庚)·신(辛)은 금(金)에 해당한다.

1269 임인(壬寅)일에 출현하고 : 오행설에서 임(壬)·계(癸)는 수(水)에 해당한다.

[164] 觜 : 저본에는 "黃". 《隋書·天文·雜妖》에 근거하여 수정.

[165] 榬 : 저본에는 "轅". 《隋書·天文·雜妖》·《武備志·占度載·占星》에 근거하여 수정.

이상 35성[1270]은 오행의 기운이 만든 별로, 모두 달 왼쪽과 오른쪽의 기운 안에서 출현한다. 이 별들을 각각 낳은 오성이 출현하고 출현하지 않는 날짜와 기간을 살펴 점친다. 오성이 아직 출현하지 않았는데도 이 오성이 만든 요성이 보이면 물난리나 가뭄이 들고, 전쟁과 죽음과 기근으로 어지럽게 된다.

已上三十五星, 卽五行氣所生, 皆出於月左右方氣之中. 各以其所生星將出不出日數期候之, 當其未出之前而見, 則有水旱, 兵喪饑亂.

오성이 만든 요성 35개(《수서》 〈천문지〉 참조)

	목성	화성	토성	금성	수성
요성–생긴 28수	천창(天槍)–箕	천음(天陰)–軫	천상(天上)	약성(若星)–參	천미(天美)–壁
	천근(天根)–尾	진약(晉若)–翼	천벌(天伐)	추성(帚星)–觜	천참(天毚)–室
	천형(天荊)–心	관장(官張)–張	종성(從星)	약혜(若彗)–畢	천두(天杜)–危
	진약(眞若)–房	천혹(天惑)–星	천추(天樞)	죽혜(竹彗)–昴	천마(天麻)–虛
	천원(天欂)–氐	천작(天雀)–柳	천적(天翟)	장성(墻星)–胃	천림(天林)–女
	천루(天樓)–亢	적약(赤若)–鬼	천비(天沸)	원성(欂星)–婁	천호(天蒿)–牛
	천원(天垣)–角	치우(蚩尤)–井	형혜(荊彗)	백관(白藋)–奎	단하(端下)–斗
방위	청방(靑方)	적방(赤方)	황방(黃方)	백방(白方)	흑방(黑方)
날짜	갑인(甲寅)	병인(丙寅)	무인(戊寅)	경인(庚寅)	임인(壬寅)

관규집요 [1271] 항상 5인일(五寅日)에 항아리에 담은 물을 살펴서 특정 색의 기운이 태양 옆에 보이면 혜성이 출현하게 된다.

管窺輯要 常以五寅之日視甕水中, 見兩方氣, 在日旁, 則彗星將出;

① 갑인일에 청색 기운이 태양 옆에 있으면 이는

甲寅日有[166]靑方氣, 在日

1270 이상 35성 : 본문에는 31성만 실려 있다. 나머지 4성은 목성이 만든 진약(眞若)과 화성이 만든 천작(天雀)·적약(赤若)·치우(蚩尤)이다.

1271 《管窺輯要》 卷52 〈候彗星法〉(《管窺輯要》17, 33면).

[166] 有 : 저본에는 없음. 《管窺輯要·候彗星法》에 근거하여 보충.

목성의 정기가 혜성이 되려는 징조이다.

旁, 此歲星之精將爲彗;

② 병인일에 적색 기운이 태양 옆에 있으면 이는 화성의 정기가 혜성이 되려는 징조이다.

丙寅日有赤方氣, 在日旁, 此熒惑之精將爲彗;

③ 무인일에 황색 기운이 태양 옆에 있으면 이는 토성의 정기가 혜성이 되려는 징조이다.

戊寅日有黃方氣, 在日旁, 此塡星之⑯⑦精將爲彗;

④ 경인일에 백색 기운이 태양 옆에 있으면 이는 금성의 정기가 혜성이 되려는 징조이다.

庚寅日有白方氣, 在日旁, 此太白之精將爲彗;

⑤ 임인일에 흑색 기운이 태양 옆에 있으면 이는 수성의 정기가 혜성이 되려는 징조이다.

壬寅日有黑方氣, 在日旁, 此辰星⑯⑧之精將爲彗也.

혜성이 출현하면 그 분야의 지역에 재앙이 들게 된다】

出, 則災在其分】

혜성이 출현하면 1년이 지나지 않아 천하에 홍수가 난다. 그 분야의 나라는 홍수가 더욱 심하게 된다. 《무비지》[1272]

彗星出, 不出一歲, 天下大水, 其邦尤甚. 《武備志》

혜성이 건(乾)방을 침범하여 옮겨가지 않으면 나라에 재앙이 들고, 큰 가뭄이 들며, 인민에게 고난이 있게 된다. 이 감응은 1년 안에 생긴다.

彗星犯乾不移, 國災, 亢旱, 人民有難, 一年內應;

혜성이 간(艮)방을 침범하여 옮겨가지 않으면 오곡을 수확하지 못하고, 인민이 불안하게 된다.

犯艮不移, 五穀不收, 人民不安;

혜성이 진(震)방을 침범하여 옮겨가지 않으면 백성이 어지러워지고, 오곡의 수확이 없어 흉하게 된다.

犯震不移, 民亂, 五穀無收, 凶;

1272 《武備志》 卷159 〈占度載〉 "占星" 6 '星妖', 6481쪽.

⑯⑦ 之 : 저본에는 없음. 《管窺輯要·候彗星法》에 근거하여 보충.

⑯⑧ 星 : 저본에는 없음. 《管窺輯要·候彗星法》에 근거하여 보충.

혜성이 이(離)방을 침범하여 옮겨가지 않으면 전쟁이 나고, 가뭄의 재앙이 있게 된다. 이 감응은 1년 안에 생긴다. 《무비지》[1273]	犯離不移, 兵亂, 旱災, 一年內應. 同上
혜성이 각(角)·항(亢)수를 아주 가까이까지 침범하여 옮겨가지 않으면 주로 큰바람이 불고, 통곡 소리가 나고, 인민이 기근을 겪게 된다. 이 감응은 1년 안에 생긴다.	彗犯角、亢至近不移, 主大風, 有哭痛聲, 人民飢, 一年內應;
혜성이 저(氐)·방(房)·심(心)수를 침범하여 옮겨가지 않으면 수재가 나게 된다. 이 감응은 300일 안에 생긴다.	犯氐、房、心不移, 水災, 三百日內應;
혜성이 미(尾)·기(箕)수를 침범하여 옮겨가지 않으면 인민이 흉년으로 기근을 겪게 된다. 이 감응은 300일 안에 생긴다.	犯尾、箕不移, 人民飢荒, 三百日內應;
혜성이 두(斗)·우(牛)·여(女)수를 침범하여 옮겨가지 않으면 인민이 흉년으로 어지러워지고, 수재가 나게 된다. 이 감응은 1년 안에 생긴다.	犯斗、牛、女不移, 人民荒亂, 水災, 一年內應;
혜성이 허(虛)·위(危)수를 침범하여 옮겨가지 않으면 메뚜기떼로 인한 재앙이 곡식을 상하게 하고, 인민이 크게 어지러워지게 된다. 이 감응은 1년 안에 생긴다.	犯虛、危不移, 蝗蟲災傷, 人民大亂, 一年內應;
혜성이 실(室)·벽(壁)수를 침범하여 옮겨가지 않으면 수재가 나서 물이 넘치고, 인민이 흩어져 어지럽게 된다.	犯室、壁不移, 水災漂流, 人民散亂,

1273 《武備志》 卷159 〈占度載〉 "占星" 6 '星妖', 6482~6483쪽.

혜성이 규(奎)·누(婁)수를 가까이까지 침범하여 옮겨가지 않으면 인민이 서로 헤어져 유랑하고, 전염병이 돌게 된다. 이 감응은 1년 안에 생긴다.	犯奎、婁近[169]不移, 人民離亡, 疾疫, 一年內應;
혜성이 위(胃)·묘(昴)·필(畢)수를 가까이까지 침범하여 옮겨가지 않으면 흉년으로 기근을 겪게 된다. 이 감응은 1년 안에 생긴다.	犯胃、昴、畢近不移, 饑荒, 一年內應;
혜성이 자(觜)·삼(參)·정(井)수를 가까이까지 침범하여 옮겨가지 않으면 큰 가뭄이 들어 기근을 겪게 된다. 이 감응은 1년 안에 생긴다.	犯觜、參、井近不移, 亢旱饑饉, 一年內應;
혜성이 귀(鬼)·유(柳)수를 가까이까지 침범하여 옮겨가지 않으면 인민이 재앙을 겪게 된다. 이 감응은 300일 안에 생긴다.	犯鬼、柳近不移, 人民災, 三百日內應;
혜성이 성(星)·장(張)수를 가까이까지 침범하여 옮겨가지 않으면 인민이 전염병에 걸리게 된다. 이 감응은 1년 안에 생긴다.	犯星、張近不移, 人民疾疫, 一年內應;
혜성이 익(翼)·진(軫)수를 가까이까지 침범하여 옮겨가지 않으면 도적이 생겨서 크게 어지러워지게 된다. 이 감응은 3년 안에 생긴다. 《무비지》[1274]	犯翼、軫近不移, 有賊大亂, 三年內應. 同上
혜성이 흑색이면 물난리가 나서 강둑이 터지고, 곳곳에서 도적이 날뛰게 된다. 《무비지》[1275]	彗黑, 則水江河決, 賊處處起. 同上
천참(天攙)【화성의 정화가 흘러가서 천참이 된다.	天攙【熒惑之精流爲天攙,

1274 《武備志》 卷159 〈占度載〉 "占星" 6 '星妖', 6483~6485쪽.

1275 《武備志》 卷159 〈占度載〉 "占星" 6 '星妖', 6480쪽.

[169] 近 : 저본에는 "不". 《武備志·占度載·占星》에 근거하여 수정.

그 모양은 백색이면서 작고 자주 움직인다. 사형과 처벌을 주관한다. 일명 '참성(斬星)'이다. 어떤 이는 "천참(天攙)이라는 혜성이 서북쪽에 출현하면 그 모습이 칼과 같고, 길이는 40~50척이다."라 했다. 또 어떤 이는 "갈고리와 같고, 길이는 40척이다."라 했다.

其狀白小數動, 主殺罰. 一名"斬星", 或曰: "天攙彗出西北, 狀如劍, 長四五丈." 或曰: "如鉤, 長四丈."[168]

관규집요[1276] 천참(天攙)성은 우(牛)수의 모양과 같다. 목성이 서북쪽에서 작아졌다가 3개월이 지나지 않아 생긴다. 앞은 별과 유사하고, 끝부분은 뾰족하다. 길이는 20~30척이다.

무함(巫咸)은 "혜성이 서쪽에서 출현하면 길이가 20척가량 된다."라 했다. 또 "천참은 체포나 단속을 주관한다."라 했다】이 출현하면 그 아래 분야의 사람들은 서로 찌르고[攙], 기근을 겪으며, 전쟁이 나고, 풀 한 포기 없이 붉은 땅이 천리나 되는 심한 재난이 들며, 마른 뼈가 층층이 쌓이게 된다. 《무비지》[1277]

管窺輯要 天攙星, 如牛狀, 歲星縮西北, 不出三月乃生. 本類星, 末銳, 長數丈.

巫咸曰: "彗出西方, 長可二丈." 曰: "天攙主捕制"】出, 其下相攙, 爲饑, 爲兵, 赤地千里, 枯骨藉藉. 同上

천창(天槍)【무비지[1278] 목성의 정화가 흘러가서 천창이 된다. 왼쪽과 오른쪽은 뾰족하고 길이는 20~30척이다. 천참(天攙, 천창)은 앞은 별과 유사하고, 끝부분은 뾰족하다. 길이는 10척이다】. 혜성인 천창(天槍)·천봉(天棓)·천참(天攙)은 모양은 달라도 불러오는 재앙은 같다. 재앙이 끊이지 않아서 물난리나 가뭄,

天槍【武備志 歲星之精流爲天槍, 左右銳, 長數丈. 天攙, 本類星, 末銳, 長丈】. 槍、棓、攙異狀而同殃, 殃之不盡, 當爲水旱饑疾. 石氏《星經》

1276 《管窺輯要》 卷1 〈天文志〉(《管窺輯要》 2, 6면); 《管窺輯要》 卷52 〈妖星名狀〉(《管窺輯要》 17, 15면).

1277 《武備志》 卷159 〈占度載〉 "占星" 6 '星妖', 6491·6495쪽.

1278 《武備志》 卷159 〈占度載〉 "占星" 6 '星妖', 6489쪽.

168 熒惑……四丈: 규장각본·고대본에는 소주로 되어 있으나 《武備志》에는 본문으로 되어 있다.

기근이나 질병이 생기게 된다. 석신(石申) 《성경》[1279]

혜성이 출현하면 3개월이 지나지 않아서 반드시 재앙이 오게 된다. 《관규집요》[1280]

其出, 不過三月, 必有災. 《管窺輯要》

봉성(蓬星)【무비지[1281] 봉성은 기타의 요성(妖星)이다. 객성인 왕봉서(王蓬絮)와는 점괘가 다르다. 봉성은 크기가 2두(斗)들이 그릇과 같고, 백색이다. 일명 '왕성(王星)'이다. 모양은 횃불의 빛과 같다. 많으면 4~5개가 되고, 적으면 1~2개이다. 또 "봉성은 서남쪽에 있고, 길이는 20~30척이다. 왼쪽과 오른쪽은 뾰족하며, 출현하여 처소를 바꾼다."라 했다】이 나타나면 3년이 되지 않아서 큰 가뭄이 들고, 오곡을 수확하지 못하며, 사람들이 서로 잡아먹게 된다【안 《무비지》에서는 "물난리가 나고 큰 가뭄이 들며, 오곡을 수확하지 못하고, 사람들이 서로 잡아먹게 된다."[1282]라 했다】. 《관규집요》[1283]

蓬星【武備志 蓬星, 雜妖星也, 與客星王[169]蓬絮占異. 蓬星, 大如二斗器, 色白, 一名"王星", 狀如夜火之光, 多至四五, 少卽一二. 又曰: "蓬星在西南, 長數丈, 左右銳[170], 出而易處"】見, 則不出三年, 大旱, 五穀不收, 人相食【案《武備志》云:[171] "大水大旱, 五穀不收,[172] 人相食"】. 同上

혜성이 북쪽으로 운행하면서 꼬리가 남쪽을 가리키면 천하에 홍수가 나게 된다.

彗星北行而南指, 天下大水;

1279 출전 확인 안 됨; 《漢書》 卷26 〈天文志〉 第6, 1280쪽.

1280 출전 확인 안 됨.

1281 《武備志》 卷160 〈占度載〉 "占星" 7 '星妖' 2, 6508~6509쪽.

1282 물난리가……된다 : 《武備志》, 위와 같은 곳.

1283 《管窺輯要》 卷52 〈妖星名狀〉(《管窺輯要》 17, 19면).

[169] 王 : 저본에는 "主". 일반적인 용례에 근거하여 수정.

[170] 銳 : 《武備志·占度載·占星》에는 "兌".

[171] 云 : 저본에는 없음. 고대본에 근거하여 보충.

[172] 收 : 《武備志·占度載·占星》에는 "成".

남쪽으로 운행하면서 꼬리가 북쪽을 가리키면 병을 얻은 나라가 그해에는 큰 풍년이 들게 된다.

南行而北指，得病之國歲大豐;

동남쪽으로 운행하면서 꼬리가 서북쪽을 가리키면 그 분야의 나라는 매우 뜨겁게 된다.

東南行指西北，其國大熱;[173]

서남쪽으로 운행하면서 꼬리가 동북쪽을 가리키면 가리킨 분야의 나라는 병에 많이 걸리고, 육축이 죽게 된다.

西南行指東北，所指國多病，六畜死;

감(坎)방(북쪽)에서 출현하여 꼬리가 남쪽을 가리키면 홍수가 나고 큰 가뭄이 들게 된다.

出坎指南，大水大旱;

건(乾)방(서북쪽)에서 출현하여 꼬리가 동쪽을 가리키면 사람들이 대부분 병에 걸려 죽고, 큰 가뭄이 들게 된다.《관규집요》[1284]

出乾指東，人多病死，大旱. 同上

① 혜성이 각(角)수에서 출현하면 곡식이 매우 비싸지고, 수재가 나게 된다.

彗出角，穀大貴，有水災;

② 항(亢)수에서 출현하면 큰 기근이 들고, 물난리가 나며, 사람들이 서로 잡아먹게 된다.

出亢，大饑，有水，人相食;

③ 저(氐)수에서 출현하면 쌀이 매우 비싸진다.

出氐，米大貴;

④ 방(房)수에서 출현하면 사람들이 기근을 겪게 된다.

出房，人飢;

⑤ 심(心)수에서 출현하면 시장의 곡식이 비싸지고, 사람들이 유랑하게 된다.

出心，糴貴，人流;

⑥ 미(尾)수에서 출현하면 천하가 기근을 겪게 된다.

出尾，天下饑;

⑦ 기(箕)수에서 출현하면 천하에 큰 가뭄이 들어

出箕，天下大旱，米貴人

1284《管窺輯要》卷52〈妖星名狀〉(《管窺輯要》17, 13~14면).

[173] 熱 : 저본에는 "熟".《管窺輯要·妖星名狀》에 근거하여 수정.

쌀이 비싸지고, 사람들이 기근을 겪게 된다.	飢;
⑧ 두(斗)수에서 출현하면 물고기나 소금이 매우 비싸진다.	出斗, 魚鹽大貴;
⑨ 우(牛)수에서 출현하면 소가 전염병에 걸려서 죽고, 쌀이 비싸지며, 물고기나 소금도 비싸진다.	出牛, 牛疫死, 米貴, 魚鹽亦貴;
⑩ 위(危)수에서 출현하면 해를 이어서 쌀이 비싸지고, 홍수가 나게 된다.	出危, 連年米貴, 大水;
⑪ 실(室)수에서 출현하면 홍수가 나게 된다.	出室, 大水;
⑫ 벽(壁)수에서 출현하면 홍수가 나서 백성이 유랑하게 된다.	出壁, 大水民流;
⑬ 규(奎)수에서 출현하면 먼저 가뭄이 들고 뒤에는 물난리가 나서 쌀이 비싸지고, 가축이 전염병에 걸리게 된다.	出奎, 先旱後水, 米貴, 畜疫;
⑭ 위(胃)수에서 출현하면 쌀이 비싸진다.	出胃, 米貴;
⑮ 귀(鬼)수에서 출현하면 인민이 대부분 병에 걸리고, 쌀이 비싸진다.	出鬼, 人民多病, 米貴;
⑯ 유(柳)수에서 출현하면 큰 가뭄이 들어서 쌀이 비싸진다.	出柳, 大旱米貴;
⑰ 성(星)수에서 출현하면 인민이 기근을 겪고 흉년이 들게 된다.	出星, 人民飢荒;
⑱ 장(張)수에서 출현하면 큰 가뭄이 들어서 곡식이 비싸진다.	出張, 大旱穀貴;
⑲ 익(翼)수에서 출현하면 물고기나 소금이 비싸진다.	出翼, 魚鹽貴;
⑳ 진(軫)수에서 출현하면 쌀이 비싸진다.《관규집요》1285	出軫, 米貴. 同上

1285《管窺輯要》卷60〈彗出犯列宿〉(《管窺輯要》19, 27~30면).

2. 운기로 점치다

占運氣

1) 총론

總論

하늘의 운행이 쉬지 않으면서 기관(機關)[1]을 운전(運轉)하는 일을 '운(運)'[2]이라 한다. 운은 기(氣)[3]와 하늘과 땅 사이에서 섞이며, 따르거나 거스르고, 침범하거나 이기면서, 인간세의 재앙과 행운의 징조를 보여준다. 또 한 기운이 너무 왕성하여 해가 되면 다른 기운이 나와서 이를 제어하고,[4] 사특함이 횡행함을 용납하지 않으며, 길흉의 징후를 보여주어 온갖 사물이 이지러지거나 자라나는 모습을 손바닥처럼 훤히 볼 수 있다. 그러니 어찌 산가지나 거북점을 기다리겠는가?

天行不息, 迺斡機關曰"運", 與氣錯乎兩間, 從逆淫勝, 兆厥災祥, 亢害承制, 邪不逞橫, 庶徵休咎, 百物耗育, 指掌可覿. 奚俟籌卜?

나는 운기의 정교한 술법이 의료 기술의 핵심을 위해서만이 아니라 점성가를 위해서 더욱 무시해서는 안 된다고 생각한다. 지금 《소문입식운기론오(素問入式運氣論奥)》[5] 등 여러 책을 고찰하여 그 대강을

余竊謂運氣之爲術, 不獨爲醫技之要領, 而占候之家尤不可闕也. 今攷《素問入式》諸書, 摭其梗概, 分

1 기관(機關): 여러 부품으로 구성되어 움직이는 기계. 여기서는 우주를 큰 기계로 비유했다.

2 운(運): 금·목·수·화·토 오행의 운행[五運].

3 기(氣): 궐음(厥陰)·소음(少陰)·태음(太陰)·소양(少陽)·양명(陽明)·태양(太陽)의 육기(六氣)

4 한……제어하고: 《황제내경소문(黃帝內經素問)》 卷19 〈육미지대론(六微旨大論)〉第69에 보인다. 郭靄春 主編, 《黃帝內經素問語譯》, 人民衛生出版社, 2013, 378쪽.

5 소문입식운기론오(素問入式運氣論奥): 중국 송나라의 의학자 유온서(劉溫舒, ?~?)가 1099년에 지은 의서(醫書). 《황제내경소문(黃帝內經素問)》의 오운육기론(五運六氣論)을 중심으로 운기(運氣)가 질병에 미치는 영향을 정리했다. 29종의 도식과 설명으로 구성되어 있다.

정리하고 해의 절기를 나누어 별점 항목의 아래에 별도로 붙여 놓았다.

年候, 別系之星占之下.

아! 천지만물의 항상 그러한 모습은 쉽게 미루어 알 수 있지만 그 변화는 일정하지 않다. 사람들은 간혹 고정된 기준인 저울추에만 집착하여 운기 술법이 사물의 변화를 제대로 살피지 못한다고 생각한다. 그러나 운기의 미세한 이치에 나아갈 수 있다면 그 운용에 비판이 가해지지는 않으리라. 《행포지》[6]

噫! 其常易推, 其變不齊, 人或黏錘, 謂術無稽消息. 惟宜可造其微理, 則非誣在乎發揮云. 《杏蒲志》

6 출전 확인 안 됨. 현행본 《행포지》에는 위 내용이 없다.

주운도(主運圖)

主運圖

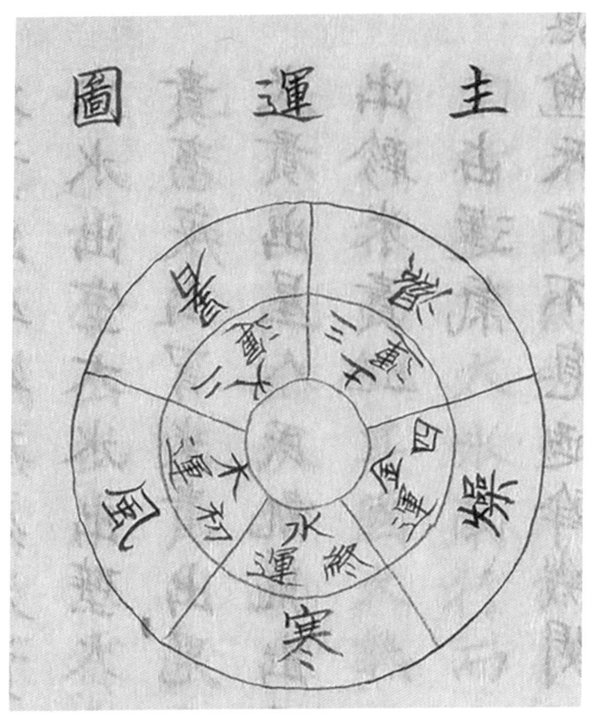

〈원도13〉 주운도(主運圖, 오행의 기본적인 성격과 순서)

원도13을 다시 정리한 주운도

오운	목(木)	화(火)	토(土)	금(金)	수(水)
순서	초운 (初運)	2운 (二運)	3운 (三運)	4운 (四運)	종운 (終運)
성격	풍(風)	서(暑)	습(濕)	조(燥)	한(寒)

주기도(主氣圖) 主氣圖

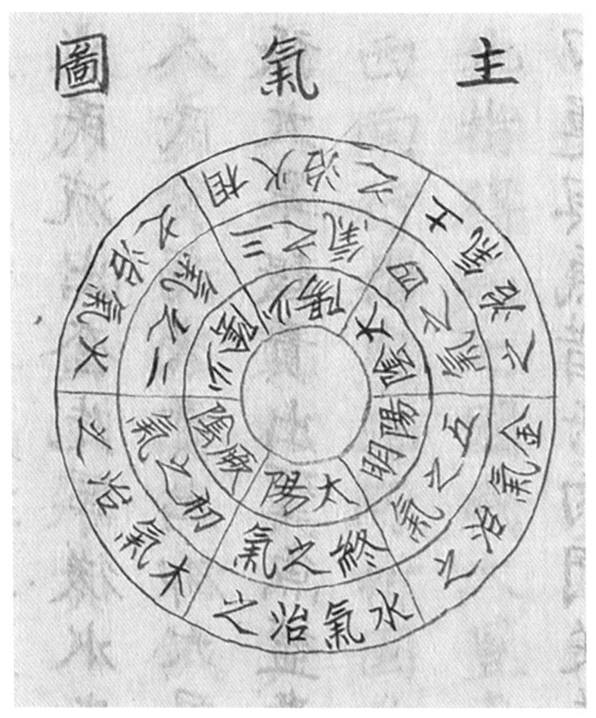

〈원도14〉 주기도(主氣圖, 6개로 분화된 음과 양의 기본적인 성격과 순서. 이렇게 고정된 순서로 1년을 2개월씩 담당하게 된다)

원도14를 다시 정리한 주기도

6기	궐음(厥陰)	소음(少陰)	소양(少陽)	태음(太陰)	양명(陽明)	태양(太陽)
순서	초지기 (初之氣)	2지기 (二之氣)	3지기 (三之氣)	4지기 (四之氣)	5지기 (五之氣)	종지기 (終之氣)
성격	목기가 다스림 [木氣治之]	화기가 다스림 [火氣治之]	상화가 다스림 [相火治之]	토기가 다스림 [土氣治之]	금기가 다스림 [金氣治之]	수기가 다스림 [水氣治之]

객운도(客運圖)

客運圖

〈원도15〉 객운도(客運圖, 천간에 따라 변화되는 오운과 순서)

원도15를 다시 정리한 객운도

	천간	객운	순서
금황(今黃)	갑(甲)	양토운(陽土運)	토초운(土初運)
소(素)	을(乙)	음금운(陰金運)	금초운(金初運)
현(玄)	병(丙)	양수운(陽水運)	수초운(水初運)
창(蒼)	정(丁)	음목운(陰木運)	목초운(木初運)
단(丹)	무(戊)	양화운(陽火運)	화초운(火初運)
천(天)	기(己)	음토운(陰土運)	토초운(土初運)
천(天)	경(庚)	양금운(陽金運)	금초운(金初運)
천(天)	신(辛)	음수운(陰水運)	수초운(水初運)
천(天)	임(壬)	양목운(陽木運)	목초운(木初運)
천(天)	계(癸)	음화운(陰火運)	화초운(火初運)

객기사천재천간기도(客氣司天在泉間氣圖)

客氣司天在泉間氣圖

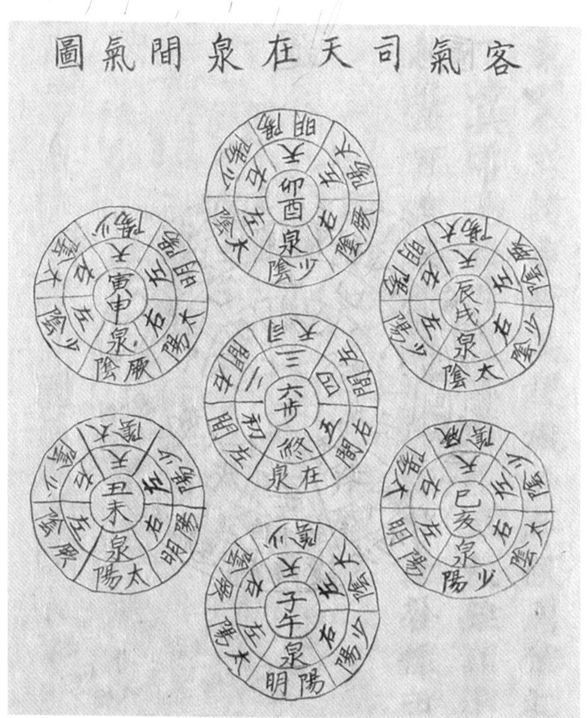

〈원도16〉 객기사천재천간기도(客氣司天在泉間氣圖, 지지에 배당된 육기와 순서 및 한해의 전반기를 지배하는 사천, 후반기를 지배하는 재천)

원도16을 다시 정리한 객기사천재천간기도

지지(地支)	좌간(左間)	우간(右間)	사천(司天)	좌간(左間)	우간(右間)	재천(在泉)
육보(六步)	초(初)	2(二)	3(三)	4(四)	5(五)	종(終)
자(子)·오(午)	태양(太陽)	궐음(厥陰)	소음(少陰)	태음(太陰)	소양(少陽)	양명(陽明)
축(丑)·미(未)	궐음(厥陰)	소음(少陰)	태음(太陰)	소양(少陽)	양명(陽明)	태양(太陽)
인(寅)·신(申)	소음(少陰)	태음(太陰)	소양(少陽)	양명(陽明)	태양(太陽)	궐음(厥陰)
묘(卯)·유(酉)	태음(太陰)	소양(少陽)	양명(陽明)	태양(太陽)	궐음(厥陰)	소음(少陰)
진(辰)·술(戌)	소양(少陽)	양명(陽明)	태양(太陽)	궐음(厥陰)	소음(少陰)	태음(太陰)
사(巳)·해(亥)	양명(陽明)	태양(太陽)	궐음(厥陰)	소음(少陰)	태음(太陰)	소양(少陽)

오운절령도(五運節令圖)

五運節令圖

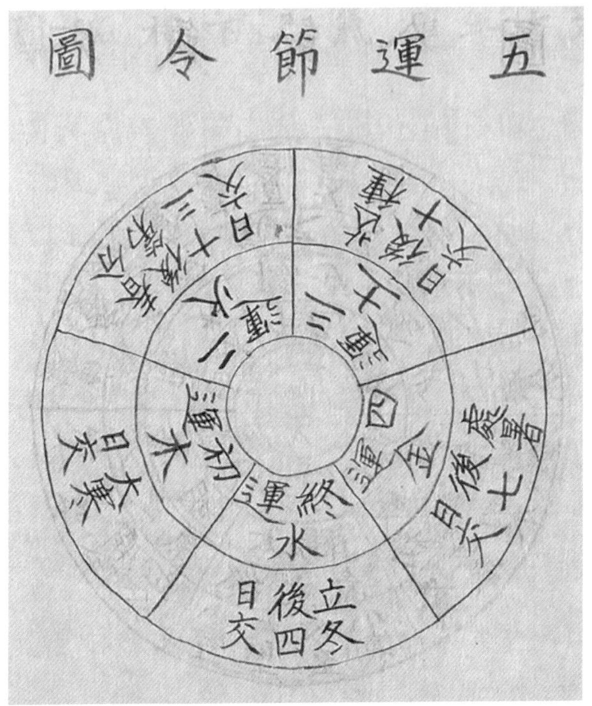

〈원도17〉 오운절령도(五運節令圖, 1년을 5단계로 나누어 정해진 기후의 진행)

원도17을 다시 정리한 오운절령도

오운	목(木)	화(火)	토(土)	금(金)	수(水)
순서	초운(初運)	2운(二運)	3운(三運)	4운(四運)	종운(終運)
절령	대한일교 (大寒日交)	춘분후제13일교 (春分後第十三日交)	망종후10일교 (芒種後十日交)	처서후7일교 (處暑後七日交)	입동후4일교 (立冬後四日交)

육기절령도(六氣節令圖)

六氣節令圖

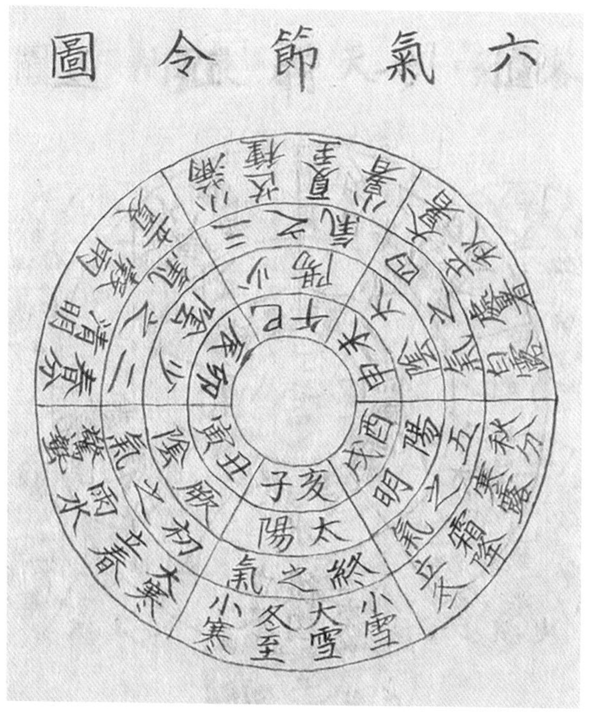

〈원도18〉 육기절령도(六氣節令圖, 1년을 6단계로 나누어 육기에 배당된 절기)

원도18을 다시 정리한 6기절령도

지지	축(丑)·인(寅)	묘(卯)·진(辰)	사(巳)·오(午)	미(未)·신(申)	유(酉)·술(戌)	해(亥)·자(子)
육기	궐음(厥陰)	소음(少陰)	소양(少陽)	태음(太陰)	양명(陽明)	태양(太陽)
순서	초지기 (初之氣)	2지기 (二之氣)	3지기 (三之氣)	4지기 (四之氣)	5지기 (五之氣)	종지기 (終之氣)
절기	대한(大寒) 입춘(立春) 우수(雨水) 경칩(驚蟄)	춘분(春分) 청명(淸明) 곡우(穀雨) 입하(立夏)	소만(小滿) 망종(芒種) 하지(夏至) 소서(小暑)	대서(大暑) 입추(立秋) 처서(處暑) 백로(白露)	추분(秋分) 한로(寒露) 상강(霜降) 입동(立冬)	소설(小雪) 대설(大雪) 동지(冬至) 소한(小寒)

육십년운기상하상임도(六十年運氣上下相臨圖) 六十年運氣上下相臨圖

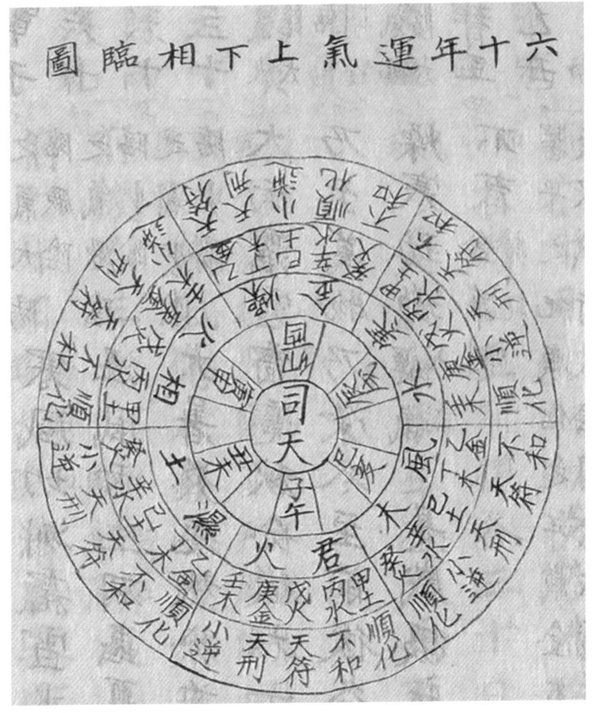

〈원도19〉 육십년운기상하상임도(六十年運氣上下相臨圖, 운과 기의 상생상극 관계에 따라 정해지는 그해의 성격)

원도19를 다시 정리한 60년운기상하상임도

지지	육기	천간오운	연
자(子)·오(午)	군화(君火)	갑토(甲土)	순화(順化)
		병수(丙水)	불화(不和)
		무화(戊火)	천부(天符)
		경금(庚金)	천형(天刑)
		임목(壬木)	소역(小逆)

지지	육기	천간오운	연
축(丑)·미(未)	습토(濕土)	을금(乙金)	순화(順化)
		정목(丁木)	불화(不和)
		기토(己土)	천부(天符)
		신수(辛水)	천형(天刑)
		계화(癸火)	소역(小逆)
인(寅)·신(申)	상화(相火)	갑토(甲土)	순화(順化)
		병수(丙水)	불화(不和)
		무화(戊火)	천부(天符)
		경금(庚金)	천형(天刑)
		임목(壬木)	소역(小逆)
묘(卯)·유(酉)	조금(燥金)	을금(乙金)	천부(天符)
		정목(丁木)	천형(天刑)
		기토(己土)	소역(小逆)
		신수(辛水)	순화(順化)
		계화(癸火)	불화(不和)
진(辰)·술(戌)	한수(寒水)	갑토(甲土)	불화(不和)
		병수(丙水)	천부(天符)
		무화(戊火)	천형(天刑)
		경금(庚金)	소역(小逆)
		임목(壬木)	순화(順化)
사(巳)·해(亥)	풍목(風木)	을금(乙金)	불화(不和)
		정목(丁木)	천부(天符)
		기토(己土)	천형(天刑)
		신수(辛水)	소역(小逆)
		계화(癸火)	순화(順化)

六十年客氣旁通圖

			厥陰 初氣居之			少陰 二氣居之			少陽 司天三氣			大陰 四氣居之			陽明 五氣居之			大陽 在泉終氣	
少陰	子午	大陽	寒氣切冽	霜雪水冰	厥陰	爲風濕雨	雨生羽蟲	少陰	大暑炎光		大陰	大雨霪霔	雺雨雷電	少陽	溫風乃至	萬物乃榮	陽明	燥寒勁切	
大陰	丑未	厥陰	大風發榮	雨生毛蟲	少陰	天下疵疫	以正得位	大陰	雷雨電雹		少陽	炎熱沸騰		陽明	大涼燥疾		大陽	大寒凝冽	
少陽	寅申	少陰	熱風傷人	時氣流行	大陰	時雨		少陽	其熱暴至 草萎河乾	大暑炎光 濕化晩布	陽明	清風霧露		大陽	早寒		厥陰	寒風飄揚	雨生鱗蟲
陽明	卯酉	大陰	風雨凝陰	不散	少陽僭逆	大熱早行	疫癘乃行	陽明	涼風間發		大陽	寒雨害物		厥陰	涼風大作	雨生介蟲	少陰	蟄蟲出見	流水不冰
大陽	辰戌	少陽	爲瘟疫至		陽明	溫涼不時		大陽	寒氣間至	熱爭冰雹	厥陰	風雨摧拉	雨生倮蟲	少陰	秋氣濕熱	熱病時行	大陰	凝陰寒雪	地氣濕
厥陰	巳亥	陽明	清風	霧露蒙昧	大陽	寒雨間熱		厥陰	熱風大作	雨生羽蟲	少陰	熱氣反用	山澤浮雲 暴雨溽濕	大陰	時雨沉陰		少陽	冬溫蟄出	流水不冰

60년객기방통도(주기와 객기의 관계로 예측하는 그해의 기후《소문입식운기론오(素問入式運氣論奧)》)

위의 표를 다시 정리한 60년객기방통도

주기(主氣)	궐음(厥陰)	소음(少陰)	소양(少陽)	태음(太陰)	양명(陽明)	태양(太陽)
순서	초기거지(初氣居之)	2기거지(二氣居之)	사천3기(司天三氣)	4기거지(四氣居之)	5기거지(五氣居之)	재천종기(在泉終氣)
자(子)·오(午)	태양(太陽)	궐음(厥陰)	소음(少陰)	태음(太陰)	소양(少陽)	양명(陽明)
	寒風切冽, 霜雪水冰	爲風漏雨, 雨生羽蟲	大暑炎光	大雨霪霔, 零雨雷電	溫風乃至, 萬物乃榮	燥寒勁切
축(丑)·미(未)	궐음(厥陰)	소음(少陰)	태음(太陰)	소양(少陽)	양명(陽明)	태양(太陽)
	大風發榮, 雨生毛蟲	天下疵疫, 以正得位	雷雨電雹	炎熱沸騰	大涼燥疾	大寒凝冽
인(寅)·신(申)	소음(少陰)	태음(太陰)	소양(少陽)	양명(陽明)	태양(太陽)	궐음(厥陰)
	熱風傷人, 時氣流行	時雨	其熱暴至, 草萎河乾, 大暑炎光, 濕化晩布	淸風霧露	早寒	寒風飄揚, 雨生鱗蟲

주기(主氣)	궐음(厥陰)	소음(少陰)	소양(少陽)	태음(太陰)	양명(陽明)	태양(太陽)
묘(卯)·유(酉)	태음(太陰)	소양참역(少陽僭逆)	양명(陽明)	태양(太陽)	궐음(厥陰)	소음(少陰)
	風雨凝陰, 不散	大熱早行, 疫癘乃行	涼風間發	寒雨害物	涼風大作, 雨生介蟲	蟄蟲出見, 流水不冰
진(辰)·술(戌)	소양(少陽)	양명(陽明)	태양(太陽)	궐음(厥陰)	소음(少陰)	태음(太陰)
	爲瘟疫至	溫涼不時	寒氣間至, 熱爭冰雹	風雨摧拉, 雨生倮蟲	秋氣濕熱, 熱病時行	凝陰寒雪, 地氣濕
사(巳)·해(亥)	양명(陽明)	태양(太陽)	궐음(厥陰)	소음(少陰)	태음(太陰)	소양(少陽)
	淸風, 霧露蒙昧	寒雨間熱	熱風大作, 雨生羽蟲	熱氣反用, 山澤浮雲, 暴雨溽濕	時雨沈陰	冬溫蟄出, 流水不冰

기운지도(紀運之圖. 천간에 배당된 오행과 상생상극에 따라서 정해지는 그해의 운. 《소문입식운기론오》)

위 표를 다시 정리한 기운지도(紀運之圖)

천간(天干)	5운(五運)	3기(三紀)
갑(甲)	토(土)	돈부(敦阜)
을(乙)	금(金)	음종혁(陰從革), 평심평(平審平)
병(丙)	수(水)	유연(流衍)
정(丁)	목(木)	음위화(陰委和), 평부화(平敷和)
무(戊)	화(火)	혁희(赫曦)
기(己)	토(土)	음비감(陰卑監), 평비화(平備化)
경(庚)	금(金)	견성(堅成)
신(辛)	수(水)	음학류(陰涸流), 평정순(平靜順)
임(壬)	목(木)	발생(發生)
계(癸)	화(火)	음복명(陰伏明), 평승명(平升明)

위 표를 불급(不及)·평(平)·태과(太過)의 순서로 다시 정리한 오운의 명칭

	불급지기(不及之氣)	평기(平氣)	태과지기(太過之氣)
목(木)	위화(委和)	부화(敷和)	발생(發生)
화(火)	복명(伏明)	승명(升明)	혁희(赫曦)
토(土)	비감(卑監)	비화(備化)	돈부(敦阜)
금(金)	종혁(從革)	심평(審平)	견성(堅成)
수(水)	학류(涸流)	정순(靜順)	유연(流衍)

2) 갑자(甲子)와 갑오(甲午)[7]

甲子、甲午

【돈부(敦阜)[8]의 기(紀)[9]이고, 순화(順化)[10]의 연(年)이다. 이해는 토 기운이 너무 지나치고, 우습(雨濕, 비나 습기)이 유행한다. 소음(少陰)이 사천(司天)[11]하고, 양명(陽明)이 재천(在泉)[12]한다】

【敦阜之紀, 順化之年. 歲土太過, 雨濕流行. 少陰司天, 陽明在泉】

① 춘분 전 60일【첫 번째 기(氣)이다. 객기(客氣)[13]인 태양(太陽)이 주기(主氣)[14]인 궐음(厥陰)에 더해진다[15]】에는 찬바람이 냉기를 더하고, 서리가 내리거나 눈이 오며 물이 얼게 된다.

春分前六十日【初之氣, 太陽加臨厥陰】, 寒風切冽, 霜雪水冰.

② 춘분 후 60일【두 번째 기이다. 객기인 궐음이 주기인 소음에 더해진다】에는 따뜻한 바람이 불고, 비가 내려 날개 달린 곤충이 생기게 된다.

春分後六十日【二之氣, 厥陰加臨少陰】, 溫風, 雨生羽蟲.

③ 하지 전후 각 30일【세 번째 기이다. 객기인 소

夏至前後各三十日【三之

7 갑자(甲子)와 갑오(甲午): 이 둘은 각각 갑자년·갑오년을 뜻한다. 이후 29항목의 표제어도 이와 같다.

8 돈부(敦阜): 오운 중 토기(土氣)가 지나친 상태. 오운은 기운이 부족한 불급(不及), 보통인 평(平), 지나친 태과(太過)의 상태로 분화하며, 각각 천간에 배당되어 목·화·토·금·수의 순서대로 순환한다. 이때 기의 평·과·불급을 결정하는 법은 몇 가지가 있다. 천간이 양이면 태과, 음이면 불급의 해로 판단한다. 또 천간과 지지의 상생상극 관계를 살펴서 과·불급을 결정하고, 같은 오행에 속하면 평기로 본다. 또 전 해의 대한(大寒)일의 일 간지와 시 간지의 천간이 올해의 연 간지와 부합하는지를 살펴 결정한다. 예를 들어, 갑·기, 을·경, 병·신, 정·임, 무·계는 부합하며, 이때는 평기의 해로 보는 식이다. '기운지도' 참조.

9 기(紀): 해. 연(年)이나 세(歲)와 같다.

10 순화(順化): 운과 기의 상생상극 관계에 따라 정해지는 그해의 성격 5가지 중 하나로, 기가 운을 생성하는 [氣生運] 해이다. 운생기(運生氣)는 소역(小逆), 운극기(運克氣)는 불화(不和), 기생운(氣生運)은 순화(順化), 기극운(氣克運)은 천형(天刑), 대운(大運)과 사천지기(司天之氣)의 오행 속성이 부합하면 천부(天符)라고 한다. '60년운기상하상임도' 참조.

11 사천(司天): 운기설의 용어로, 한해의 상반기 동안 기후 변화를 주관한다는 뜻이다.

12 재천(在泉): 운기설에서 사천(司天)과 상대되는 용어로, 한해의 하반기 동안 기후 변화를 주관한다는 뜻이다.

13 객기(客氣): 그해의 지지에 따라 초기(初氣)와 순서가 바뀌어 적용되는 기. 이때는 궐음·소음·태음·소양·양명·태양처럼 주기(主氣)의 소양·태음의 순서가 바뀌어 순환된다. '객기사천재천간기도' 참조.

14 주기(主氣): 한해의 각 기간을 주관하는 기. 궐음·소음·소양·태음·양명·태양으로 초기(初氣)와 순서가 고정되어 있다. '주기도' 참조.

15 객기(客氣)인……더해진다: 고정된 주기(主氣)와 변화된 객기(客氣)의 조합으로 한해의 기후변화를 예측하게 된다. '60년객기방통도' 참조.

음이 주기인 소양(少陽)에 더해진다】에는 무더위가 타는 듯이 작렬하게 된다.

氣, 少陰加臨少陽】, 大暑炎光.

④ 추분 전 60일【네 번째 기이다. 객기인 태음(太陰)이 주기인 태음에 더해진다】에는 큰비로 장마가 되고, 번개와 천둥이 치게 된다.

秋分前六十日【四之氣, 太陰加臨太陰】, 大雨霪霔, 雷電.

⑤ 추분 후 60일【다섯 번째 기이다. 객기인 소양이 주기인 양명에 더해진다】에는 따뜻한 바람이 불어오고, 만물이 번성하게 된다.

秋分後六十日【五之氣, 少陽加臨陽明】, 溫風乃至, 萬物乃榮.

⑥ 동지 전후 각 30일【마지막 기이다. 객기인 양명이 주기인 태양에 더해진다】에는 건조하고 찬 기운이 극심하게 된다. 《운기입식(運氣入式)》[16]

冬至前後各三十日【終之氣, 陽明加臨太陽】燥寒勁切. 《運氣入式》

이해에는 조[稷]·삼·대추·자두·소·개가 잘 자라고, 메주콩·밤·돼지가 잘 자라지 않게 된다. 《금화경독기(金華耕讀記)》[17] [18]

是歲稷、麻、棗、李、牛、犬育, 豆、栗、彘不育. 《金華耕讀記》

16 출전 확인 안 됨; 《素問入式運氣論奥》(《文淵閣四庫全書》738, 451~498쪽). 이 글은 《素問入式運氣論奥》 卷下 〈論六十年客氣〉 第27(《文淵閣四庫全書》738, 489~490쪽)의 〈60년객기방통도(六十年客氣旁通圖)〉를 중심으로, 卷上의 〈오운육기추요지도(五運六氣樞要之圖)〉·〈60년기운도(六十年氣運圖)〉 등 오운육기(五運六氣)의 여러 도식과 《의종금감(醫宗金鑑)》 卷35 〈편집운기요결(編輯雲氣要訣)〉의 도식들을 적용하여 서유구가 글로 풀어낸 것이다. 위에 나오는 원도는 《의종금감(醫宗金鑑)》 卷35 〈편집운기요결(編輯雲氣要訣)〉의 도식과 그 순서와 내용이 일치한다. 吳謙 等編, 鄭金生 整理, 《醫宗金鑑》, 人民衛生出版社, 2006, 752~761쪽 참조.

17 금화경독기(金華耕讀記):서유구가 저술한 유서(類書). 풍속·지리·산업 등 다양한 방면을 다루었으며 에도 다수 수록되어 있다.

18 출전 확인 안 됨.

五行生死順逆之圖

오행생사순역지도(《소문입식운기론오》)

오행의 상생상극

상생	㉠목 생 ㉠화 생 ㉠토 생 ㉠금 생 ㉠수 생 ㉠목
방향	→ →
상극	㉠목 극 ㉠토 극 ㉠수 극 ㉠화 극 ㉠금 극 ㉠목

운기의 상생상극과 연운(年運)

상생상극	연운(年運)
운생기(運生氣)	소역(小逆)
운극기(運克氣)	불화(不和)
기생운(氣生運)	순화(順化)
기극운(氣克運)	천형(天刑)
대운(大運) 사천(司天) 부합	천부(天符)

《위선지》에 기록된 60갑자의 기(紀)와 연(年)과 기(氣). 서유구가 60갑자를 선택하고 앞의 기운지도(氣運之圖)의 도식을 대입하여 만들었다. 그러나 기(氣) 항목에서는 기운지도와 맞지 않은 항목이 30항목 중 13항목이나 되었다. 왜 이런 차이가 생겼는지 잘 모르겠다.

순서	干支	紀	年	氣(기운지도)	氣(서유구의 《운기입식》)
1	갑자(甲子)·갑오(甲午)	돈부(敦阜)	순화(順化)	토태과	토태과
2	을축(乙丑)·을미(乙未)	심평(審平)	순화(順化)	금평	금불급
3	병인(丙寅)·병신(丙申)	만연(漫衍)	불화(不和)	수태과	수태과
4	정묘(丁卯)·정유(丁酉)	위화(委和)	천형(天刑)	목불급	목불급
5	무진(戊辰)·무술(戊戌)	승명(升明)	천형(天刑)	화평	화태과
6	기사(己巳)·기해(己亥)	비감(卑監)	천형(天刑)	토불급	토불급
7	경오(庚午)·경자(庚子)	심평(審平)	천형(天刑)	금평	금태과
8	신미(辛未)·신축(辛丑)	학류(涸流)	천형(天刑)	수불급	수불급
9	임신(壬申)·임인(壬寅)	발생(發生)	소역(小逆)	목태과	목태과
10	계유(癸酉)·계묘(癸卯)	복명(伏明)	불화(不和)	화불급	화불급
11	갑술(甲戌)·갑진(甲辰)	돈부(敦阜)	불화(不和)	토태과	토태과
12	을해(乙亥)·을사(乙巳)	비감(卑監)	천형(天刑)	금불급	토불급
13	병자(丙子)·병오(丙午)	만연(漫衍)	불화(不和)	수태과	수태과
14	정축(丁丑)·정미(丁未)	위화(委和)	불화(不和)	목불급	목불급
15	무인(戊寅)·무신(戊申)	혁희(赫曦)	천부(天符)	화태과	화불급
16	기묘(己卯)·기유(己酉)	비감(卑監)	소역(小逆)	토불급	토불급
17	경진(庚辰)·경술(庚戌)	견성(堅成)	소역(小逆)	금태과	금태과
18	신사(辛巳)·신해(辛亥)	학류(涸流)	소역(小逆)	수불급	수불급
19	임오(壬午)·임자(壬子)	발생(發生)	소역(小逆)	목태과	목태과
20	계미(癸未)·계축(癸丑)	복명(伏明)	소역(小逆)	화불급	화불급
21	갑신(甲申)·갑인(甲寅)	돈부(敦阜)	불화(不和)	토태과	토태과
22	을유(乙酉)·을묘(乙卯)	심평(審平)	천부(天符)	금평	금불급
23	병술(丙戌)·병진(丙辰)	정순(靜順)	천부(天符)	수평	수태과
24	정해(丁亥)·정사(丁巳)	부화(敷和)	천부(天符)	목평	목불급
25	무자(戊子)·무오(戊午)	승명(升明)	천부(天符)	화평	화태과
26	기축(己丑)·기미(己未)	비화(備化)	천부(天符)	토평	토불급
27	경인(庚寅)·경신(庚申)	심평(審平)	천형(天刑)	금평	금태과
28	신묘(辛卯)·신유(辛酉)	정순(靜順)	순화(順化)	수평	수불급
29	임진(壬辰)·임술(壬戌)	발생(發生)	순화(順化)	목태과	목태과
30	계사(癸巳)·계해(癸亥)	승명(升明)	순화(順化)	화평	화불급

3) 을축(乙丑)과 을미(乙未)

乙丑、乙未

【심평(審平)[19]의 기이고, 순화의 연이다. 이해는 금기운이 미치지 못하고, 타는 듯한 불기운이 성행한다. 태음이 사천하고, 태양이 재천한다】

【審平之紀, 順化之年. 歲金不及, 炎火盛行. 太陰司天, 太陽在泉】

① 춘분 전 60일【객기인 궐음이 주기인 궐음에 더해진다】에는 큰바람이 불고 만물이 번성하며, 비가 내려 털 달린 곤충이 생기게 된다.

春分前六十日【厥陰加臨厥陰】, 大風發榮, 雨生毛蟲.

② 춘분 후 60일【객기인 소음이 주기인 소음에 더해진다】에는 일찍 뜨거워지게 된다.

春分後六十日【少陰加臨少陰】, 早熱.

③ 하지 전후 각 30일【객기인 태음이 주기인 소양에 더해진다】에는 천둥·번개가 치고 비와 우박이 내리게 된다.

夏至前後各三十日【太陰加臨少陽】, 雷雨電雹.

④ 추분 전 60일【객기인 소양이 주기인 태음에 더해진다】에는 타는 듯한 열기가 끓어오르게 된다.

秋分前六十日【少陽加臨太陰】, 炎熱沸騰.

⑤ 추분 후 60일【객기인 양명이 주기인 양명에 더해진다】에는 아주 서늘하게 된다.

秋分後六十日【陽明加臨陽明】, 大涼.

⑥ 동지 전후 각 30일【객기인 태양이 주기인 태양에 더해진다】에는 혹한이 맹위를 떨치게 된다. 《운기입식》[20]

冬至前後各三十日【太陽加臨太陽】, 大寒凝冽.《運氣入式》

이해에는 삼·맥류·자두·살구·개·말이 잘 자라고, 벼·복숭아·닭이 잘 자라지 않게 된다. 《금화경독기》[21]

是歲麻、麥、李、杏、犬、馬育, 稻、桃、鷄不育.《金華耕讀記》

---

19 심평(審平) : 금기(金氣)가 보통인 상태.

20 출전 확인 안 됨;《素問入式運氣論奧》, 위와 같은 곳.

21 출전 확인 안 됨.

4) 병인(丙寅)과 병신(丙申)

丙寅、丙申

【만연(漫衍)[22]의 기이고, 불화(不和)[23]의 연이다. 이해는 수 기운이 너무 지나치고, 한기(寒氣)가 유행하게 된다. 소양이 사천하고, 궐음이 재천한다】

【漫衍之紀，不和之年．歲水太過，寒氣流行．少陽司天，厥陰在泉】

① 춘분 전 60일【객기인 소음이 주기인 궐음에 더해진다】에는 뜨거운 바람이 사람을 상하게 한다.

春分前六十日【少陰加臨厥陰】，熱風傷人.

② 춘분 후 60일【객기인 태음이 주기인 소음에 더해진다】에는 때에 맞는 비가 내리게 된다.

春分後六十日【太陰加臨少陰】，時雨.

③ 하지 전후 각 30일【객기인 소양이 주기인 소양에 더해진다】에는 무더위가 타는 듯이 작렬하며, 풀이 시들고 강이 마르게 된다.

夏至前後各三十日【少陽加臨少陽】，大暑炎光，草萎河乾.

④ 추분 전 60일【객기인 양명이 주기인 태음에 더해진다】에는 맑은 바람이 불고, 안개가 끼고 이슬이 내리게 된다.

秋分前六十日【陽明加臨太陰】，清風霧露.

⑤ 추분 후 60일【객기인 태양이 주기인 양명에 더해진다】에는 일찍 추워지게 된다.

秋分後六十日【太陽加臨陽明】，早寒.

⑥ 동지 전후 각 30일【객기인 궐음이 주기인 태양에 더해진다】에는 찬바람이 몹시 불고, 비가 내려 비늘 있는 벌레가 생기게 된다. 《운기입식》[24]

冬至前後各三十日【厥陰加臨太陽】，寒風飄蕩，雨生鱗蟲.《運氣入式》

이해에는 조[稷]·메주콩·대추·밤·소·돼지가 잘

是歲稷、豆、棗、栗、牛、彘

22 만연(漫衍) : 수기(水氣)가 지나친 상태. 《황제내경소문》이나 《소문입식운기론오》에서는 '유연(流衍)'이라는 용어를 사용했다.

23 불화(不和) : 운과 기의 상생상극 관계에 따라 정해지는 그해의 성격 5가지 중 하나로, 운이 기를 극하는[運克氣] 해이다. '60년운기상하상임도' 참조.

24 출전 확인 안 됨;《素問入式運氣論奧》, 위와 같은 곳.

자라고, 맥류·살구·말이 잘 자라지 않게 된다.《금화경독기》[25]

育, 麥、杏、馬不育.《金華耕讀記》

25 출전 확인 안 됨.

5) 정묘(丁卯)와 정유(丁酉)

丁卯、丁酉

【위화(委和)[26]의 기이고, 천형(天刑)[27]의 연이다. 이 해는 목 기운이 부족하고, 조기(燥氣, 묘·유년에 해당하는 금의 기운)가 성행한다. 양명이 사천하고, 소음이 재천한다】

【委和之紀, 天刑之年. 歲木不及, 燥氣盛行. 陽明司天, 少陰在泉】

① 춘분 전 60일【객기인 태음이 주기인 궐음에 더해진다】에는 바람 불고 비 내리며, 얼음이 얼게 된다.

春分前六十日【太陰加臨厥陰】, 風雨凝陰.

② 춘분 후 60일【객기인 소양이 주기인 소음에 더해진다】에는 아주 뜨거운 열기가 일찍 오게 된다.

春分後六十日【少陽加臨少陰】, 大熱早行.

③ 하지 전후 각 30일【객기인 양명이 주기인 소양에 더해진다】에는 서늘한 바람이 가끔씩 불게 된다.

夏至前後各三十日【陽明加臨少陽】, 涼風間發.

④ 추분 전 60일【객기인 태양이 주기인 태음에 더해진다】에는 찬비가 내려 만물을 해치게 된다.

秋分前六十日【太陽加臨太陰】, 寒雨害物.

⑤ 추분 후 60일【객기인 궐음이 주기인 양명에 더해진다】에는 서늘한 바람이 크게 불고, 비가 내려 껍데기가 있는 벌레가 생기게 된다.

秋分後六十日【厥陰加臨陽明】, 涼風大作, 雨生介蟲.

⑥ 동지 전후 각 30일【객기인 소음이 주기인 태양에 더해진다】에는 겨울잠 자는 벌레가 다시 밖으로 나오고, 흐르는 물이 얼지 않게 된다. 《운기입식》[28]

冬至前後各三十日【少陰[1]加臨太陽】, 蟄蟲出見, 流水不冰. 《運氣入式》

26 위화(委和): 오운 중 목기(木氣)가 부족한 상태.

27 천형(天刑): 운과 기의 상생상극 관계에 따라 정해지는 그해의 성격 5가지 중 하나로, 기가 운을 극하는[氣克運] 해이다.

28 출전 확인 안 됨; 《素問入式運氣論奧》, 위와 같은 곳.

[1] 陰: 저본에는 "陽". 《素問入式運氣論奧·論六十年客氣》에 근거하여 수정.

이해에는 벼·조[稷]·대추·복숭아·소·닭이 잘 자라고, 삼·자두·개가 잘 자라지 않게 된다. 《금화경독기》[29]

是歲稻、稷、棗、桃、牛、鷄育, 麻、李、犬不育. 《金華耕讀記》

29 출전 확인 안 됨.

6) 무진(戊辰)과 무술(戊戌)

戊辰、戊戌

【승명(升明)[30]의 기이고, 천형(天刑)의 연이다. 이해는 화 기운이 너무 지나치고, 불같은 더위가 유행한다. 태양이 사천하고, 태음이 재천한다】

【升明之紀, 天刑之年. 歲火太過, 火暑流行. 太陽司天, 太陰在泉】

① 춘분 전 60일【객기인 소양이 주기인 궐음에 더해진다】에는 따뜻한 바람이 불게 된다.

春分前六十日【少陽加臨厥陰】, 溫風.

② 춘분 후 60일【객기인 양명이 주기인 소음에 더해진다】에는 따뜻한 날씨와 서늘한 날씨가 때에 맞지 않게 된다.

春分後六十日【陽明加臨少陰】, 溫涼不時.

③ 하지 전후 각 30일【객기인 태양이 주기인 소양에 더해진다】에는 한기가 가끔씩 와서 열기가 얼음·우박과 다투게 된다.

夏至前後各三十日【太陽加臨少陽】, 寒氣間至, 熱爭冰雹.

④ 추분 전 60일【객기인 궐음이 주기인 태음에 더해진다】에는 비바람이 곡식 줄기를 꺾고, 비가 내려 털 없는 곤충이 생기게 된다.

秋分前六十日【厥陰加臨太陰】, 風雨摧拉, 雨生倮蟲.

⑤ 추분 후 60일【객기인 소음이 주기인 양명에 더해진다】에는 가을 기운이 따뜻하게 된다.

秋分後六十日【少陰加臨陽明】, 秋氣溫熱.

⑥ 동지 전후 각 30일【객기인 태음이 주기인 태양에 더해진다】에는 얼음이 얼고 차가운 눈이 내리게 된다.《운기입식》[31]

冬至前後各三十日【太陰加臨太陽】, 凝陰寒雪.《運氣入式》

이해에는 맥류·메주콩·살구·밤·말·돼지가 잘 자라고, 벼·복숭아·닭이 잘 자라지 않게 된다.《금화경독기》[32]

是歲麥、豆、杏、栗、馬、彘育, 稻、桃、鷄不育.《金華耕讀記》

---

30 승명(升明): 오운 중 화기(火氣)가 보통인 상태.

31 출전 확인 안 됨;《素問入式運氣論奧》, 위와 같은 곳.

32 출전 확인 안 됨.

7) 기사(己巳)와 기해(己亥)

己巳、己亥

【비감(卑監)[33]의 기이고, 천형(天刑)의 연이다. 이해는 토 기운이 미치지 못하고, 풍기(風氣)가 성행한다. 궐음이 사천하고, 소양이 재천한다】

【卑監之紀, 天刑之年. 歲土不及, 風氣盛行. 厥陰司天, 少陽在泉】

① 춘분 전 60일【객기인 양명이 주기인 궐음에 더해진다】에는 맑은 바람이 불고, 안개가 끼거나 이슬이 내려 어둡게 된다.

春分前六十日【陽明加臨厥陰】, 淸風, 霧露蒙昧.

② 춘분 후 60일【객기인 태양이 주기인 소음에 더해진다】에는 찬비가 내리고 가끔씩 열기가 찾아오게 된다.

春分後六十日【太陽加臨少陰】, 寒雨間熱.

③ 하지 전후 각 30일【객기인 궐음이 주기인 소양에 더해진다】에는 뜨거운 바람이 크게 불고, 비가 내려 날개 달린 벌레가 생기게 된다.

夏至前後各三十日【厥陰加臨少陽】, 熱風大作, 雨生羽蟲.

④ 추분 전 60일【객기인 소음이 주기인 태음에 더해진다】에는 산과 들에 구름이 끼고, 폭우가 내려 덥고 습하게 된다.

秋分前六十日【少陰加臨太陰】, 山澤浮雲, 暴雨溽濕.

⑤ 추분 후 60일【객기인 태음이 주기인 양명에 더해진다】에는 때에 맞게 비가 내리고 짙은 구름이 끼게 된다.

秋分後六十日【太陰加臨陽明】, 時雨沈陰.

⑥ 동지 전후 각 30일【객기인 소양이 주기인 태양에 더해진다】에는 겨울치고는 따뜻해서 겨울잠 자는 생물이 다시 나오고, 흐르는 물이 얼지 않게 된다. 《운기입식》[34]

冬至前後各三十日【少陽加臨太陽】, 冬溫蟄出, 流水不冰. 《運氣入式》

33 비감(卑監) : 오운 중 토기(土氣)가 부족한 상태.

34 출전 확인 안 됨; 《素問入式運氣論奧》, 위와 같은 곳.

이해에는 삼·메주콩·자두·밤·개·돼지가 잘 자라고, 조[稷]·대추·소가 잘 자라지 않게 된다.《금화경독기》[35]

是歲麻、豆、李、栗、犬、彘育, 稷、棗、牛不育.《金華耕讀記》

35 출전 확인 안 됨.

8) 경오(庚午)와 경자(庚子)

庚午、庚子

【심평(審平)의 기이고, 천형(天刑)의 연이다. 이해는 금 기운이 너무 지나치고, 조기(燥氣)가 유행한다. 소음이 사천하고, 양명이 재천한다】

【審平之紀, 天刑之年. 歲金太過, 燥氣流行. 少陰司天, 陽明在泉】

① 춘분 전 60일【객기인 태양이 주기인 궐음에 더해진다】에는 찬바람이 냉기를 더하고, 서리가 내리거나 눈이 와서 물이 얼게 된다.

春分前六十日【太陽加臨厥陰】, 寒風切冽, 霜雪水冰.

② 춘분 후 60일【객기인 궐음이 주기인 소음에 더해진다】에는 따뜻한 바람이 불고, 비가 내려 날개 달린 곤충이 생기게 된다.

春分後六十日【厥陰加臨少陰】, 溫風, 雨生羽蟲.

③ 하지 전후 각 30일【객기인 소음이 주기인 소양에 더해진다】에는 무더위가 타는 듯이 작렬하게 된다.

夏至前後各三十日【少陰加臨少陽】, 大暑炎光.

④ 추분 전 60일【객기인 태음이 주기인 태음에 더해진다】에는 큰비로 장마가 되고, 번개와 천둥이 치게 된다.

秋分前六十日【太陰加臨太陰】, 大雨霪霔, 雷電.

⑤ 추분 후 60일【객기인 소양이 주기인 양명에 더해진다】에는 따뜻한 바람이 불어오고, 만물이 번성하게 된다.

秋分後六十日【少陽加臨陽明】, 溫風乃至, 萬物乃榮.

⑥ 동지 전후 각 30일【객기인 양명이 주기인 태양에 더해진다】에는 건조하고 찬 기운이 극심하게 된다. 《운기입식》[36]

冬至前後各三十日【陽明加臨太陽】, 燥寒勁切. 《運氣入式》

이해에는 벼·맥류·복숭아·살구·닭·말이 잘 자라고, 삼·자두·개가 잘 자라지 않게 된다. 《금화경독기》[37]

是歲稻、麥、桃、杏、鷄、馬育, 麻、李、犬不育. 《金華耕讀記》

---

36 출전 확인 안 됨; 《素問入式運氣論奧》, 위와 같은 곳.

37 출전 확인 안 됨.

9) 신미(辛未)와 신축(辛丑)

【학류(涸流)[38]의 기이고, 천형(天刑)의 연이다. 이해는 수 기운이 미치지 못하고, 습기(濕氣)가 성행한다. 태음이 사천하고, 태양이 재천한다】

① 춘분 전 60일【객기인 궐음이 주기인 궐음에 더해진다】에는 큰바람이 불고 만물이 번성하며, 비가 내려 털 달린 곤충이 생기게 된다.

② 춘분 후 60일【객기인 소음이 주기인 소음에 더해진다】에는 일찍 뜨거워지게 된다.

③ 하지 전후 각 30일【객기인 태음이 주기인 소양에 더해진다】에는 천둥·번개가 치고, 비와 우박이 내리게 된다.

④ 추분 전 60일【객기인 소양이 주기인 태음에 더해진다】에는 타는 듯한 열기가 끓어오르게 된다.

⑤ 추분 후 60일【객기인 양명이 주기인 양명에 더해진다】에는 아주 서늘하게 된다.

⑥ 동지 전후 각 30일【객기인 태양이 주기인 태양에 더해진다】에는 혹한이 맹위를 떨치게 된다. 《운기입식》[39]

辛未、辛丑

【涸流之紀，天刑之年. 歲水不及，濕氣盛行. 太陰司天，太陽在泉】

春分前六十日【厥陰加臨厥陰】，大風發榮，雨生毛蟲.

春分後六十日【少陰加臨少陰[2]】，早熱.

夏至前後各三十日【太陰加臨少陽】，雷雨電雹.

秋分前六十日【少陽加臨太陰】，炎熱沸騰.

秋分後六十日【陽明加臨陽明】，大涼.

冬至前後各三十日【太陽加臨太陽】，大寒凝冽.《運氣入式》

이해에는 조[稷]·맥류·대추·살구·소·말이 잘 자라고, 메주콩·밤·돼지가 잘 자라지 않게 된다.《금화경독기》[40]

是歲稷、麥、棗、杏、牛、馬育，豆、栗、彘不育.《金華耕讀記》

---

38 학류(涸流) : 오운 중 수기(水氣)가 부족한 상태.

39 출전 확인 안 됨;《素問入式運氣論奧》, 위와 같은 곳.

40 출전 확인 안 됨.

[2] 陰 : 저본에는 "臨". 고대본·《素問入式運氣論奧》에 근거하여 수정.

10) 임신(壬申)과 임인(壬寅)

壬申、壬寅

【발생(發生)[41]의 기이고, 소역(小逆)[42]의 연이다. 이 해는 목 기운이 너무 지나치고, 풍기(風氣)가 유행한다. 소양이 사천하고, 궐음이 재천한다】

【發生之紀, 小逆之年. 歲木太過, 風氣流行. 少陽司天, 厥陰在泉】

① 춘분 전 60일【객기인 소음이 주기인 궐음에 더해진다】에는 뜨거운 바람이 사람을 상하게 한다.

春分前六十日【少陰加臨厥陰】, 熱風傷人.

② 춘분 후 60일【객기인 태음이 주기인 소음에 더해진다】에는 때에 맞는 비가 내리게 된다.

春分後六十日【太陰加臨少陰】, 時雨.

③ 하지 전후 각 30일【객기인 소양이 주기인 소양에 더해진다】에는 무더위가 타는 듯이 작렬하며, 풀이 시들고 강이 마르게 된다.

夏至前後各三十日【少陽加臨少陽】, 大暑炎光, 草萎河乾.

④ 추분 전 60일【객기인 양명이 주기인 태음에 더해진다】에는 맑은 바람이 불고, 안개가 끼고 이슬이 내리게 된다.

秋分前六十日【陽明加臨太陰】, 淸風霧露.

⑤ 추분 후 60일【객기인 태양이 주기인 양명에 더해진다】에는 일찍 추워지게 된다.

秋分後六十日【太陽加臨陽明】, 早寒.

⑥ 동지 전후 각 30일【객기인 궐음이 주기인 태양에 더해진다】에는 찬바람이 몹시 불고, 비가 내려 비늘 있는 벌레가 생기게 된다. 《운기입식》[43]

冬至前後各三十日【厥陰加臨太陽】, 寒風飄蕩, 雨生鱗蟲. 《運氣入式》

이해에는 벼·삼·복숭아·자두·닭·개가 잘 자라고, 조[稷]·대추·소가 잘 자라지 않게 된다. 《금화경독기》[44]

是歲稻、麻、桃、李、鷄、犬育, 稷、棗、牛不育. 《金華耕讀記》

---

41 발생(發生): 오운 중 목기(土氣)가 지나친 상태.

42 소역(小逆): 운과 기의 상생상극 관계에 따라 정해지는 그해의 성격 5가지 중 하나로, 운이 기를 생성하는[運生氣] 해이다.

43 출전 확인 안 됨; 《素問入式運氣論奧》, 위와 같은 곳.

44 출전 확인 안 됨.

11) 계유(癸酉)와 계묘(癸卯)

癸酉、癸卯

【복명(伏明)[45]의 기이고, 불화(不和)의 연이다. 이해는 화 기운이 미치지 못하고, 한기(寒氣)가 성행한다. 양명이 사천하고, 소음이 재천한다】

【伏明之紀, 不和之年. 歲火不及, 寒氣盛行. 陽明司天, 少陰在泉】

① 춘분 전 60일【객기인 태음이 주기인 궐음에 더해진다】에는 바람 불고 비 내리며, 얼음이 얼게 된다.

春分前六十日【太陰加臨厥陰】, 風雨凝陰.

② 춘분 후 60일【객기인 소양이 주기인 소음에 더해진다】에는 아주 뜨거운 열기가 일찍 오게 된다.

春分後六十日【少陽加臨少陰】, 大熱早行.

③ 하지 전후 각 30일【객기인 양명이 주기인 소양에 더해진다】에는 서늘한 바람이 가끔씩 불게 된다.

夏至前後各三十日【陽明加臨少陽】, 涼風間發.

④ 추분 전 60일【객기인 태양이 주기인 태음에 더해진다】에는 찬비가 내려 만물을 해치게 된다.

秋分前六十日【太陽加臨太陰】, 寒雨害物.

⑤ 추분 후 60일【객기인 궐음이 주기인 양명에 더해진다】에는 서늘한 바람이 크게 불고, 비가 내려 껍데기 있는 벌레가 생기게 된다.

秋分後六十日【厥陰加臨陽明】, 涼風大作, 雨生介蟲.

⑥ 동지 전후 각 30일【객기인 소음이 주기인 태양에 더해진다】에는 겨울잠 자는 벌레들이 다시 밖으로 나오고, 흐르는 물이 얼지 않게 된다. 《운기입식》[46]

冬至前後各三十日【少陰加臨太陽】, 蟄蟲出見, 流水不冰. 《運氣入式》

이해에는 벼·메주콩·복숭아·밤·닭·돼지가 잘 자라고, 맥류·살구·말이 잘 자라지 않게 된다. 《금화경독기》[47]

是歲稻、豆、桃、栗、鷄、彘育, 麥、杏、馬不育. 《金華耕讀記》

---

45 복명(伏明): 오운 중 화기(火氣)가 부족한 상태.

46 출전 확인 안 됨; 《素問入式運氣論奧》, 위와 같은 곳.

47 출전 확인 안 됨.

12) 갑술(甲戌)과 갑진(甲辰)

甲戌、甲辰

【돈부(敦阜)의 기이고, 불화(不和)의 연이다. 이해는 토 기운이 너무 지나치고, 우습(雨濕)이 유행한다. 태양이 사천하고, 태음이 재천한다】

【敦阜之紀, 不和之年. 歲土太過, 雨濕流行. 太陽司天, 太陰在泉】

① 춘분 전 60일【객기인 소양이 주기인 궐음에 더해진다】에는 따뜻한 바람이 불게 된다.

春分前六十日【少陽加臨厥陰】, 溫風.

② 춘분 후 60일【객기인 양명이 주기인 소음에 더해진다】에는 따뜻한 날씨와 서늘한 날씨가 때에 맞지 않게 된다.

春分後六十日【陽明加臨少陰】, 溫涼不時.

③ 하지 전후 각 30일【객기인 태양이 주기인 소양에 더해진다】에는 한기가 가끔씩 오고, 열기가 얼음·우박과 다투게 된다.

夏至前後各三十日【太陽加臨少陽】, 寒氣間至, 熱爭氷雹.

④ 추분 전 60일【객기인 궐음이 주기인 태음에 더해진다】에는 비바람이 곡식 줄기를 꺾고, 비가 내려 털 없는 곤충이 생기게 된다.

秋分前六十日【厥陰加臨太陰】, 風雨摧拉, 雨生倮蟲.

⑤ 추분 후 60일【객기인 소음이 주기인 양명에 더해진다】에는 가을 기운이 따뜻하게 된다.

秋分後六十日【少陰加臨陽明】, 秋氣溫熱.

⑥ 동지 전후 각 30일【객기인 태음이 주기인 태양에 더해진다】에는 얼음이 얼고, 찬 눈이 내리게 된다.《운기입식》[48]

冬至前後各三十日【太陰加臨太陽】, 凝陰寒雪.《運氣入式》

이해에는 조[稷]·삼·대추·자두·소·개가 잘 자라고, 메주콩·밤·돼지가 잘 자라지 않게 된다.《금화경독기》[49]

是歲稷、麻、棗、李、牛、犬育, 豆、栗、彘不育.《金華耕讀記》

---

48 출전 확인 안 됨;《素問入式運氣論奧》, 위와 같은 곳.

49 출전 확인 안 됨.

13) 을해(乙亥)와 을사(乙巳)

【비감(卑監)의 기이고, 천형(天刑)의 연이다. 이해는 토 기운이 미치지 못하고, 풍기(風氣)가 성행한다. 궐음이 사천하고, 소양이 재천한다】

① 춘분 전 60일【객기인 양명이 주기인 궐음에 더해진다】에는 맑은 바람이 불고, 안개가 끼거나 이슬이 내려 어둡게 된다.

② 춘분 후 60일【객기인 태양이 주기인 소음에 더해진다】에는 찬비가 내리고 가끔씩 열기가 찾아오게 된다.

③ 하지 전후 각 30일【객기인 궐음이 주기인 소양에 더해진다】에는 뜨거운 바람이 크게 불고, 비가 내려 날개 달린 벌레가 생기게 된다.

④ 추분 전 60일【객기인 소음이 주기인 태음에 더해진다】에는 산과 들에 구름이 끼고, 폭우가 내려 덥고 습하게 된다.

⑤ 추분 후 60일【객기인 태음이 주기인 양명에 더해진다】에는 때에 맞게 비가 내리고, 짙은 구름이 끼게 된다.

⑥ 동지 전후 각 30일【객기인 소양이 주기인 태양에 더해진다】에는 겨울치고는 따뜻해서 겨울잠 자는 생물이 다시 나오고, 흐르는 물이 얼지 않게 된다. 《운기입식》[50]

乙亥、乙巳

【卑監之紀, 天刑之年. 歲土不及, 風氣盛行. 厥陰司天, 少陽在泉】

春分前六十日【陽明加臨厥陰】, 淸風, 霧露蒙昧.

春分後六十日【太陽加臨少陰】, 寒雨間熱.

夏至前後各三十日【厥陰加臨少陽】, 熱風大作, 雨生羽蟲.

秋分前六十日【少陰加臨太陰】, 山澤浮雲, 暴雨溽濕.

秋分後六十日【太陰加臨陽明】, 時雨沈陰.

冬至前後各三十日【少陽加臨太陽】, 冬溫蟄出, 流水不冰. 《運氣入式》

50 출전 확인 안 됨; 《素問入式運氣論奧》, 위와 같은 곳.

이해에는 삼·맥류·자두·살구·개·말이 잘 자라고, 벼·복숭아·닭이 잘 자라지 않게 된다.《금화경독기》[51]

是歲麻、麥、李、杏、犬、馬育, 稻、桃、鷄不育.《金華耕讀記》

51 출전 확인 안 됨.

14) 병자(丙子)와 병오(丙午)

丙子、丙午

【만연(漫衍)의 기이고, 불화(不和)의 연이다. 이해는 수 기운이 너무 지나치고, 한기(寒氣)가 유행한다. 소음이 사천하고, 양명이 재천한다】

【漫衍之紀, 不和之年. 歲水太過, 寒氣流行. 少陰司天, 陽明在泉】

① 춘분 전 60일【객기인 태양이 주기인 궐음에 더해진다】에는 찬바람이 냉기를 더하고, 서리가 내리거나 눈이 와서 물이 얼게 된다.

春分前六十日【太陽加臨厥陰】, 寒風切冽, 霜雪水冰.

② 춘분 후 60일【객기인 궐음이 주기인 소음에 더해진다】에는 따뜻한 바람이 불고, 비가 내려 날개 달린 곤충이 생기게 된다.

春分後六十日【厥陰加臨少陰】, 溫風, 雨生羽蟲.

③ 하지 전후 각 30일【객기인 소음이 주기인 소양에 더해진다】에는 무더위가 타는 듯이 작렬하게 된다.

夏至前後各三十日【少陰加臨少陽】, 大暑炎光.

④ 추분 전 60일【객기인 태음이 주기인 태음에 더해진다】에는 큰비가 내려 장마가 되고, 번개와 천둥이 치게 된다.

秋分前六十日【太陰加臨太陰】, 大雨霪霔, 雷電.

⑤ 추분 후 60일【객기인 소양이 주기인 양명에 더해진다】에는 따뜻한 바람이 불어오고, 만물이 번성하게 된다.

秋分後六十日【少陽加臨陽明】, 溫風乃至, 萬物乃榮.

⑥ 동지 전후 각 30일【객기인 양명이 주기인 태양에 더해진다】에는 건조하고 찬 기운이 극심하게 된다. 《운기입식》[52]

冬至前後各三十日【陽明加臨太陽】, 燥寒勁切. 《運氣入式》

이해에는 조[稷]·메주콩·대추·밤·소·돼지가 잘 자라고, 맥류·살구·말이 잘 자라지 않게 된다. 《금화경독기》[53]

是歲稷、豆、棗、栗、牛、彘育, 麥、杏、馬不育. 《金華耕讀記》

---

52 출전 확인 안 됨; 《素問入式運氣論奧》, 위와 같은 곳.

53 출전 확인 안 됨.

15) 정축(丁丑)과 정미(丁未)

丁丑、丁未

【위화(委和)의 기이고, 불화(不和)의 연이다. 이해는 목 기운이 미치지 못하고, 조기(燥氣)가 성행한다. 태음이 사천하고, 태양이 재천한다】

【委和之紀，不和之年. 歲木不及，燥乃盛行. 太陰[3]司天，太陽在泉】

① 춘분 전 60일【객기인 궐음이 주기인 궐음에 더해진다】에는 큰바람이 불고 만물이 번성하며, 비가 내려 털 달린 곤충이 생기게 된다.

春分前六十日【厥陰加臨厥陰】，大風發榮，雨生毛蟲.

② 춘분 후 60일【객기인 소음이 주기인 소음에 더해진다】에는 일찍 뜨거워지게 된다.

春分後六十日【少陰加臨少陰】，早熱.

③ 하지 전후 각 30일【객기인 태음이 주기인 소양에 더해진다】에는 천둥·번개가 치고 비와 우박이 내리게 된다.

夏至前後各三十日【太陰加臨少陽】，雷雨電雹.[4]

④ 추분 전 60일【객기인 소양이 주기인 태음에 더해진다】에는 타는 듯한 열기가 끓어오르게 된다.

秋分前六十日【少陽加臨太陰】，炎熱沸騰.

⑤ 추분 후 60일【객기인 양명이 주기인 양명에 더해진다】에는 아주 서늘하게 된다.

秋分後六十日【陽明加臨陽明】，大涼.

⑥ 동지 전후 각 30일【객기인 태양이 주기인 태양에 더해진다】에는 혹한이 맹위를 떨치게 된다. 《운기입식》[54]

冬至前後各三十日【太陽加臨太陽】，大寒凝冽.《運氣入式》

이해에는 벼·조[稷]·대추·복숭아·소·닭이 잘 자라고, 삼·자두·개가 잘 자라지 않게 된다. 《금화경독기》[55]

是歲稻、稷、棗、桃、牛、鷄育，麻、李、犬不育.《金華耕讀記》

---

54 출전 확인 안 됨;《素問入式運氣論奧》, 위와 같은 곳.

55 출전 확인 안 됨.

[3] 陰: 저본에는 "温". 고대본·《素問入式運氣論奧》에 근거하여 수정.

[4] 電雹: 저본에는 "雹電". 《素問入式運氣論奧》에 근거하여 수정.

16) 무인(戊寅)과 무신(戊申)

戊寅、戊申

【혁희(赫曦)[56]의 기이고, 천부(天符)[57]의 연이다. 이 해는 화 기운이 미치지 못하고, 불같은 더위가 유행한다. 소양이 사천하고, 궐음이 재천한다】

【赫曦之紀, 天符之年. 歲火不及, 火暑流行. 少陽司天, 厥陰在泉】

① 춘분 전 60일【객기인 소음이 주기인 궐음에 더해진다】에는 뜨거운 바람이 사람을 상하게 한다.

春分前六十日【少陰加臨厥陰】, 熱風傷人.

② 춘분 후 60일【객기인 태음이 주기인 소음에 더해진다】에는 때에 맞는 비가 내리게 된다.

春分後六十日【太陰加臨少陰】, 時雨.

③ 하지 전후 각 30일【객기인 소양이 주기인 소양에 더해진다】에는 무더위가 타는 듯이 작렬하며, 풀이 시들고 강이 마르게 된다.

夏至前後各三十日【少陽加臨少陽】, 大暑炎光, 草萎河乾.

④ 추분 전 60일【객기인 양명이 주기인 태음에 더해진다】에는 맑은 바람이 불고, 안개가 끼고 이슬이 내리게 된다.

秋分前六十日【陽明加臨太陰】, 淸風霧露.

⑤ 추분 후 60일【객기인 태양이 주기인 양명에 더해진다】에는 일찍 추워지게 된다.

秋分後六十日【太陽加臨陽明】, 早寒.

⑥ 동지 전후 각 30일【객기인 궐음이 주기인 태양에 더해진다】에는 찬바람이 몹시 불고, 비가 내려 비늘 있는 벌레가 생기게 된다.《운기입식》[58]

冬至前後各三十日【厥陰加臨太陽】, 寒風飄蕩, 雨生鱗蟲.《運氣入式》

이해에는 맥류·메주콩·살구·밤·말·돼지가 잘 자라고, 벼·복숭아·닭이 잘 자라지 않게 된다.《금화경독기》[59]

是歲麥、豆、杏、栗、馬、彘育, 稻、桃、鷄不育.《金華耕讀記》

---

56 혁희(赫曦): 오운 중 화기(火氣)가 지나친 상태.

57 천부(天符): 운과 기의 상생상극 관계에 따라 정해지는 그해의 성격 5가지 중 하나로, 대운(大運)과 사천지기(司天之氣)의 오행 속성이 부합하는 해이다.

58 출전 확인 안 됨;《素問入式運氣論奧》, 위와 같은 곳.

59 출전 확인 안 됨.

17) 기묘(己卯)와 기유(己酉)

己卯、己酉

【비감(卑監)의 기이고, 소역(小逆)의 연이다. 이해는 토 기운이 미치지 못하고, 풍기(風氣)가 성행한다. 양명이 사천하고, 소음이 재천한다】

【卑監之紀，小逆之年. 歲土不及，風氣盛行. 陽明司天，少陰在泉】

① 춘분 전 60일【객기인 태음이 주기인 궐음에 더해진다】에는 바람 불고 비 내리며, 얼음이 얼게 된다.

春分前六十日【太陰加臨厥陰】，風雨凝陰.

② 춘분 후 60일【객기인 소양이 주기인 소음에 더해진다】에는 아주 뜨거운 열기가 일찍 오게 된다.

春分後六十日【少陽加臨少陰】，大熱早行.

③ 하지 전후 각 30일【객기인 양명이 주기인 소양에 더해진다】에는 서늘한 바람이 가끔씩 불게 된다.

夏至前後各三十日【陽明加臨少陽】，涼風間發.

④ 추분 전 60일【객기인 태양이 주기인 태음에 더해진다】에는 찬비가 내려 만물을 해치게 된다.

秋分前六十日【太陽加臨太陰】，寒雨害物.

⑤ 추분 후 60일【객기인 궐음이 주기인 양명에 더해진다】에는 서늘한 바람이 크게 불고, 비가 내려 껍데기 있는 벌레가 생기게 된다.

秋分後六十日【厥陰加臨陽明】，涼風大作，雨生介蟲.

⑥ 동지 전후 각 30일【객기인 소음이 주기인 태양에 더해진다】에는 겨울잠 자는 벌레가 다시 밖으로 나오고, 흐르는 물이 얼지 않게 된다. 《운기입식》[60]

冬至前後各三十日【少陰加臨太陽】，蟄蟲出見，流水不氷.《運氣入式》

이해에는 삼·메주콩·자두·밤·개·돼지가 잘 자라고, 조[稷]·대추·소가 잘 자라지 않게 된다. 《금화경독기》[61]

是歲麻、豆、李、栗、犬、彘育，稷、棗、牛不育.《金華耕讀記》

60 출전 확인 안 됨;《素問入式運氣論奧》, 위와 같은 곳.

61 출전 확인 안 됨.

18) 경진(庚辰)과 경술(庚戌)

庚辰、庚戌

【견성(堅成)[62]의 기이고, 소역(小逆)의 연이다. 이해는 금 기운이 너무 지나치고, 조기(燥氣)가 유행한다. 태양이 사천하고, 태음이 재천한다】

【堅成之紀, 小逆之年. 歲金太過, 燥氣流行. 太陽司天, 太陰在泉】

① 춘분 전 60일【객기인 소양이 주기인 궐음에 더해진다】에는 따뜻한 바람이 불게 된다.

春分前六十日【少陽加臨厥陰】, 溫風.

② 춘분 후 60일【객기인 양명이 주기인 소음에 더해진다】에는 따뜻한 날씨와 서늘한 날씨가 때에 맞지 않게 된다.

春分後六十日【陽明加臨少陰】, 溫涼不時.

③ 하지 전후 각 30일【객기인 태양이 주기인 소양에 더해진다】에는 한기가 가끔씩 오고, 열기가 얼음·우박과 다투게 된다.

夏至前後各三十日【太陽加臨少陽】, 寒氣間至, 熱爭氷雹.

④ 추분 전 60일【객기인 궐음이 주기인 태음에 더해진다】에는 비바람이 곡식 줄기를 꺾고, 비가 내려 털 없는 곤충이 생기게 된다.

秋分前六十日【厥陰加臨太陰】, 風雨摧拉, 雨生倮蟲.

⑤ 추분 후 60일【객기인 소음이 주기인 양명에 더해진다】에는 가을 기운이 따뜻하게 된다.

秋分後六十日【少陰加臨陽明】, 秋氣溫熱.

⑥ 동지 전후 각 30일【객기인 태양이 주기인 태양에 더해진다】에는 얼음이 얼고, 찬 눈이 내리게 된다. 《운기입식》[63]

冬至前後各三十日【太陽加臨太陽】, 凝陰寒雪. 《運氣入式》

이해에는 벼·맥류·복숭아·살구·닭·말이 잘 자라고, 삼·자두·개가 잘 자라지 않게 된다. 《금화경독기》[64]

是歲稻、麥、桃、杏、鷄、馬育, 麻、李、犬不育. 《金華耕讀記》

---

62 견성(堅成):오운 중 금기(金氣)가 지나친 상태.

63 출전 확인 안 됨;《素問入式運氣論奧》, 위와 같은 곳.

64 출전 확인 안 됨.

19) 신사(辛巳)와 신해(辛亥)

辛巳、辛亥

【학류(涸流)의 기이고, 소역(小逆)의 연이다. 이해는 수 기운이 미치지 못하고, 습기(濕氣)가 성행한다. 궐음이 사천하고, 소양이 재천한다】

【涸流之紀，小逆之年. 歲水不及，濕氣盛行. 厥陰司天，少陽在泉】

① 춘분 전 60일【객기인 양명이 주기인 궐음에 더해진다】에는 맑은 바람이 불고, 안개가 끼고 이슬이 내려 어둡게 된다.

春分前六十日【陽明加臨厥陰】，淸風，霧露蒙昧.

② 춘분 후 60일【객기인 태양이 주기인 소음에 더해진다】에는 찬비가 내리고 가끔씩 열기가 찾아오게 된다.

春分後六十日【太陽加臨少陰】，寒雨間熱.

③ 하지 전후 각 30일【객기인 궐음이 주기인 소양에 더해진다】에는 뜨거운 바람이 크게 불고, 비가 내려 날개 달린 벌레가 생기게 된다.

夏至前後各三十日【厥陰加臨少陽】，熱風大作，雨生羽蟲.

④ 추분 전 60일【객기인 소음이 주기인 태음에 더해진다】에는 산과 들에 구름이 끼고, 폭우가 내려 덥고 습하게 된다.

秋分前六十日【少陰加臨太陰】，山澤浮雲，暴雨溽[5]濕.

⑤ 추분 후 60일【객기인 태음이 주기인 양명에 더해진다】에는 때에 맞게 비가 내리고, 짙은 구름이 끼게 된다.

秋分後六十日【太陰加臨陽明】，時雨沈陰.

⑥ 동지 전후 각 30일【객기인 소양이 주기인 태양에 더해진다】에는 겨울치고는 따뜻해서 겨울잠 자는 생물이 다시 나오고, 흐르는 물이 얼지 않게 된다. 《운기입식》[65]

冬至前後各三十日【少陽加臨太陽】，冬溫蟄出，流水不冰. 《運氣入式》

65 출전 확인 안 됨; 《素問入式運氣論奧》, 위와 같은 곳.

[5] 溽 : 저본에는 "溽". 고대본·《素問入式運氣論奧》에 근거하여 수정.

이해에는 조[稷]·맥류·대추·살구·소·말이 잘 자라고, 메주콩·밤·돼지가 잘 자라지 않게 된다. 《금화경독기》[66]

是歲稷、麥、棗、杏、牛、馬育, 豆、栗、彘不育. 《金華耕讀記》

66 출전 확인 안 됨.

20) 임오(壬午)와 임자(壬子)

壬午、壬子

【발생(發生)의 기이고, 소역(小逆)의 연이다. 이해는 목 기운이 너무 지나치고, 풍기(風氣)가 유행한다. 소음이 사천하고, 양명이 재천한다】

【發生之紀, 小逆之年. 歲木太過, 風氣流行. 少陰司天, 陽明在泉】

① 춘분 전 60일【객기인 태양이 주기인 궐음에 더해진다】에는 찬바람이 냉기를 더하고, 서리가 내리고 눈이 와서 물이 얼게 된다.

春分前六十日【太陽加臨厥陰】, 寒風切冽, 霜雪水冰.

② 춘분 후 60일【객기인 궐음이 주기인 소음에 더해진다】에는 따뜻한 바람이 불고, 비가 내려 날개 달린 곤충이 생기게 된다.

春分後六十日【厥陰加臨少陰】, 溫風, 雨生羽蟲.

③ 하지 전후 각 30일【객기인 소음이 주기인 소양에 더해진다】에는 무더위가 타는 듯이 작렬하게 된다.

夏至前後各三十日【少陰加臨少陽】, 大暑炎光.

④ 추분 전 60일【객기인 태음이 주기인 태음에 더해진다】에는 큰비가 내려 장마가 되고, 번개와 천둥이 치게 된다.

秋分前六十日【太陰加臨太陰】, 大雨霪霔, 雷電.

⑤ 추분 후 60일【객기인 소양이 주기인 양명에 더해진다】에는 따뜻한 바람이 불어오고, 만물이 번성하게 된다.

秋分後六十日【少陽加臨陽明】, 溫風乃至, 萬物乃榮.

⑥ 동지 전후 각 30일【객기인 양명이 주기인 태양에 더해진다】에는 건조하고 찬 기운이 극심하게 된다. 《운기입식》[67]

冬至前後各三十日【陽明加臨太陽】, 燥寒勁切. 《運氣入式》

이해에는 벼·삼·복숭아·자두·닭·개가 잘 자라고, 조[稷]·대추·소가 잘 자라지 않게 된다. 《금화경독기》[68]

是歲稻、麻、桃、李、鷄、犬育, 稷、棗、牛不育. 《金華耕讀記》

---

67 출전 확인 안 됨; 《素問入式運氣論奧》, 위와 같은 곳.

68 출전 확인 안 됨.

21) 계미(癸未)와 계축(癸丑)

癸未、癸丑

【복명(伏明)의 기이고, 소역(小逆)의 연이다. 이해는 화 기운이 미치지 못하고, 한기(寒氣)가 성행한다. 태음이 사천하고, 태양이 재천한다】

【伏明之紀, 小逆之年. 歲火不及, 寒氣盛行. 太陰司天, 太陽在泉】

① 춘분 전 60일【객기인 궐음이 주기인 궐음에 더해진다】에는 큰바람이 불고 만물이 번성하며, 비가 내려 털 달린 곤충이 생기게 된다.

春分前六十日【厥陰加臨厥陰】, 大風發榮, 雨生毛蟲.

② 춘분 후 60일【객기인 소음이 주기인 소음에 더해진다】에는 일찍 뜨거워지게 된다.

春分後六十日【少陰加臨少陰】, 早熱.

③ 하지 전후 각 30일【객기인 태음이 주기인 소양에 더해진다】에는 천둥·번개가 치고 비와 우박이 내리게 된다.

夏至前後各三十日【太陰加臨少陽】, 雷雨電雹.

④ 추분 전 60일【객기인 소양이 주기인 태음에 더해진다】에는 타는 듯한 열기가 끓어오르게 된다.

秋分前六十日【少陽加臨太陰】, 炎熱沸騰.

⑤ 추분 후 60일【객기인 양명이 주기인 양명에 더해진다】에는 아주 서늘하게 된다.

秋分後六十日【陽明加臨陽明】, 大涼.

⑥ 동지 전후 각 30일【객기인 태양이 주기인 태양에 더해진다】에는 혹한이 맹위를 떨치게 된다. 《운기입식》[69]

冬至前後各三十日【太陽加臨太陽】, 大寒凝冽. 《運氣入式》

이해에는 벼·메주콩·복숭아·밤·닭·돼지가 잘 자라고, 맥류·살구·말이 잘 자라지 않게 된다. 《금화경독기》[70]

是歲稻、豆、桃、栗、鷄、彘育, 麥、杏、馬不育. 《金華耕讀記》

69 출전 확인 안 됨; 《素問入式運氣論奧》, 위와 같은 곳.
70 출전 확인 안 됨.

22) 갑신(甲申)과 갑인(甲寅)

甲申、甲寅

【돈부(敦阜)의 기이고, 불화(不和)의 연이다. 이해는 토 기운이 너무 지나치고, 우습(雨濕, 비나 습기)이 유행한다. 소양이 사천하고, 궐음이 재천한다】

【敦阜之紀, 不和之年. 歲土太過, 雨濕流行. 少陽司天, 厥陰在泉】

① 춘분 전 60일【객기인 소음이 주기인 궐음에 더해진다】에는 뜨거운 바람이 사람을 상하게 한다.

春分前六十日【少陰加臨厥陰】, 熱風傷人.

② 춘분 후 60일【객기인 태음이 주기인 소음에 더해진다】에는 때에 맞는 비가 내리게 된다.

春分後六十日【太陰加臨少陰】, 時雨.

③ 하지 전후 각 30일【객기인 소양이 주기인 소양에 더해진다】에는 무더위가 타는 듯이 작렬하며, 풀이 시들고 강이 마르게 된다.

夏至前後各三十日【少陽加臨少陽】, 大暑炎光, 草萎河乾.

④ 추분 전 60일【객기인 양명이 주기인 태음에 더해진다】에는 맑은 바람이 불고, 안개가 끼고 이슬이 내리게 된다.

秋分前六十日【陽明加臨太陰】, 淸風霧露.

⑤ 추분 후 60일【객기인 태양이 주기인 양명에 더해진다】에는 일찍 추워지게 된다.

秋分⑥後六十日【太陽加臨陽明】, 早寒.

⑥ 동지 전후 각 30일【객기인 궐음이 주기인 태양에 더해진다】에는 찬바람이 몹시 불고, 비가 내려 비늘 있는 벌레가 생기게 된다.《운기입식》[71]

冬至前後各三十日【厥陰加臨太陽】, 寒風飄蕩, 雨生鱗蟲.《運氣入式》

이해에는 조[稷]·삼·대추·자두·소·개가 잘 자라고, 메주콩·밤·돼지가 잘 자라지 않게 된다.《금화경독기》[72]

是歲稷、麻、棗、李、牛、犬育, 豆、栗、彘不育.《金華耕讀記》

---

71 출전 확인 안 됨;《素問入式運氣論奧》, 위와 같은 곳.

72 출전 확인 안 됨.

⑥ 分: 저본에는 "火". 문맥에 근거하여 수정.

23) 을유(乙酉)와 을묘(乙卯)

乙酉、乙卯

【심평(審平)의 기이고, 천부(天符)의 연이다. 이해는 금 기운이 미치지 못하고, 타는 듯한 불기운이 성행한다. 양명이 사천하고, 소음이 재천한다】

【審平之紀，天符之年. 歲金不及，炎火盛行. 陽明司天，少陰在泉】

① 춘분 전 60일【객기인 태음이 주기인 궐음에 더해진다】에는 바람 불고 비 내리며, 얼음이 얼게 된다.

春分前六十日【太陰加臨厥陰】，風雨凝陰.

② 춘분 후 60일【객기인 소양이 주기인 소음에 더해진다】에는 아주 뜨거운 열기가 일찍 오게 된다.

春分後六十日【少陽加臨少陰】，大熱早行.

③ 하지 전후 각 30일【객기인 양명이 주기인 소양에 더해진다】에는 서늘한 바람이 가끔씩 불게 된다.

夏至前後各三十日【陽明加臨少陽】，涼風間發.

④ 추분 전 60일【객기인 태양이 주기인 태음에 더해진다】에는 찬비가 내려 만물을 해치게 된다.

秋分前六十日【太陽加臨太陰】，寒雨害物.

⑤ 추분 후 60일【객기인 궐음이 주기인 양명에 더해진다】에는 서늘한 바람이 크게 불고, 비가 내려 껍데기 있는 벌레가 생기게 된다.

秋分後六十日【厥陰加臨陽明】，涼風大作，雨生介蟲.

⑥ 동지 전후 각 30일【객기인 소음이 주기인 태양에 더해진다】에는 겨울잠 자는 생물이 다시 나오고, 흐르는 물이 얼지 않게 된다.《운기입식》[73]

冬至前後各三十日【少陰加臨太陽】，蟄蟲出見，流水不冰.《運氣入式》

이해에는 삼·맥류·자두·살구·개·말이 잘 자라고, 벼·복숭아·닭이 잘 자라지 않게 된다.《금화경독기》[74]

是歲麻、麥、李、杏、犬、馬育，稻、桃、鷄不育.《金華耕讀記》

73 출전 확인 안 됨;《素問入式運氣論奧》, 위와 같은 곳.

74 출전 확인 안 됨.

24) 병술(丙戌)과 병진(丙辰)

丙戌、丙辰

【정순(靜順)[75]의 기이고, 천부(天符)의 연이다. 이해는 수 기운이 너무 지나치고, 한기(寒氣)가 유행한다. 태양이 사천하고, 태음이 재천한다】

【靜順之紀, 天符之年. 歲水太過, 寒氣流行. 太陽司天, 太陰在泉】

① 춘분 전 60일【객기인 소양이 주기인 궐음에 더해진다】에는 따뜻한 바람이 불게 된다.

春分前六十日【少陽加臨厥陰】, 溫風.

② 춘분 후 60일【객기인 양명이 주기인 소음에 더해진다】에는 따뜻한 날씨와 서늘한 날씨가 때에 맞지 않게 된다.

春分後六十日【陽明加臨少陰】, 溫涼不時.

③ 하지 전후 각 30일【객기인 태양이 주기인 소양에 더해진다】에는 한기가 가끔씩 오고, 열기가 얼음·우박과 다투게 된다.

夏至前後各三十日【太陽加臨少陽】, 寒氣間至, 熱爭冰雹.

④ 추분 전 60일【객기인 궐음이 주기인 태음에 더해진다】에는 비바람이 곡식 줄기를 꺾고, 비가 내려 털 없는 곤충이 생기게 된다.

秋分前六十日【厥陰加臨太陰】, 風雨摧拉, 雨生倮蟲.

⑤ 추분 후 60일【객기인 소음이 주기인 양명에 더해진다】에는 가을 기운이 따뜻하게 된다.

秋分後六十日【少陰加臨陽明】, 秋氣溫熱.

⑥ 동지 전후 각 30일【객기인 태음이 주기인 태양에 더해진다】에는 얼음이 얼고, 찬 눈이 내리게 된다.《운기입식》[76]

冬至前後各三十日【太陰加臨太陽】, 凝陰寒雪.《運氣入式》

이해에는 조[稷]·메주콩·대추·밤·소·돼지가 잘 자라고, 맥류·살구·말이 잘 자라지 않게 된다.《금화경독기》[77]

是歲稷、豆、棗、栗、牛、彘育, 麥、杏、馬不育.《金華耕讀記》

---

75 정순(靜順) : 오운 중 수기(水氣)가 보통인 상태.

76 출전 확인 안 됨;《素問入式運氣論奧》, 위와 같은 곳.

77 출전 확인 안 됨.

25) 정해(丁亥)와 정사(丁巳)

丁亥、丁巳

【부화(敷和)[78]의 기이고, 천부(天符)의 연이다. 이해는 목 기운이 미치지 못하고, 조기(燥氣)가 성행한다. 궐음이 사천하고, 소양이 재천한다】

【敷和⑦之紀，天符之年. 歲木不及，燥氣盛行. 厥陰司天，少陽在泉】

① 춘분 전 60일【객기인 양명이 주기인 궐음에 더해진다】에는 맑은 바람이 불고, 안개가 끼거나 이슬이 내려 어둡게 된다.

春分前六十日【陽明加臨厥陰】，淸風，霧露蒙昧.

② 춘분 후 60일【객기인 태양이 주기인 소음에 더해진다】에는 찬비가 내리고 가끔씩 열기가 찾아오게 된다.

春分後六十日【太陽加臨少陰】，寒雨間熱.

③ 하지 전후 각 30일【객기인 궐음이 주기인 소양에 더해진다】에는 뜨거운 바람이 크게 불고, 비가 내려 날개 달린 벌레가 생기게 된다.

夏至前後各三十日【厥陰加臨少陽】，熱風大作，雨生羽蟲.

④ 추분 전 60일【객기인 소음이 주기인 태음에 더해진다】에는 산과 들에 구름이 끼고, 폭우가 내려 덥고 습하게 된다.

秋分前六十日【少陰⑧加臨太陰】，山澤浮雲，暴雨溽濕.

⑤ 추분 후 60일【객기인 태음이 주기인 양명에 더해진다】에는 때에 맞게 비가 내리고, 짙은 구름이 끼게 된다.

秋分後六十日【太陰⑨加臨陽明】，時雨沈陰.

⑥ 동지 전후 각 30일【객기인 소양이 주기인 태양에 더해진다】에는 겨울치고는 따뜻해서 겨울잠 자는 생물이 다시 나오고, 흐르는 물이 얼지 않게

冬至前後各三十日【少陽加臨太陽】，冬溫蟄出，流水不冰.《運氣入式》

---

78 부화(敷和): 오운 중 목기(木氣)가 보통인 상태.

⑦ 和: 저본에는 "化". 일반적인 용법에 근거하여 수정.

⑧ 陰: 저본에는 "陽". 고대본·《素問入式運氣論奧·論六十年客氣》에 근거하여 수정.

⑨ 陰: 저본에는 "陽". 《素問入式運氣論奧·論六十年客氣》에 근거하여 수정.

된다. 《운기입식》[79]

이해에는 벼·조[稷]·대추·복숭아·소·닭이 잘 잘라고, 삼·자두·개가 잘 자라지 않게 된다. 《금화경독기》[80]

是歲稻、稷、棗、桃、牛、鷄育, 麻、李、犬不育. 《金華耕讀記》

79 출전 확인 안 됨; 《素問入式運氣論奧》, 위와 같은 곳.

80 출전 확인 안 됨.

26) 무자(戊子)와 무오(戊午)

戊子、戊午

【승명(升明)의 기이고, 천부(天符)의 연이다. 이해는 화 기운이 너무 지나치고, 타는 듯한 더위가 유행한다. 소음이 사천하고, 양명이 재천한다】

【升明之紀, 天符之年. 歲火太過, 火暑流行. 少陰司天, 陽明在泉】

① 춘분 전 60일【객기인 태양이 주기인 궐음에 더해진다】에는 찬바람이 냉기를 더하고, 서리가 내리거나 눈이 와서 물이 얼게 된다.

春分前六十日【太陽加臨厥陰】, 寒風切冽, 霜雪水冰.

② 춘분 후 60일【객기인 궐음이 주기인 소음에 더해진다】에는 따뜻한 바람이 불고, 비가 내려 날개 달린 곤충이 생기게 된다.

春分後六十日【厥陰加臨少陰】, 溫風, 雨生羽蟲.

③ 하지 전후 각 30일【객기인 소음이 주기인 소양에 더해진다】에는 무더위가 타는 듯이 작렬하게 된다.

夏至前後各三十日【少陰加臨少陽】, 大暑炎光.

④ 추분 전 60일【객기인 태음이 주기인 태음에 더해진다】에는 큰비가 내려 장마가 되고, 번개와 천둥이 치게 된다.

秋分前六十日【太陰加臨太陰】, 大雨霪霪, 雷電.

⑤ 추분 후 60일【객기인 소양이 주기인 양명에 더해진다】에는 따뜻한 바람이 불어오고, 만물이 번성하게 된다.

秋分後六十日【少陽加臨陽明】, 溫風乃至, 萬物乃榮.

⑥ 동지 전후 각 30일【객기인 양명이 주기인 태양에 더해진다】에는 건조하고 찬 기운이 극심하게 된다. 《운기입식》81

冬至前後各三十日【陽明加臨太陽】, 燥寒勁切. 《運氣入式》

이해에는 맥류·메주콩·살구·밤·말·돼지가 잘 자라고, 벼·복숭아·닭이 잘 자라지 않게 된다. 《금화경독기》82

是歲麥、豆、杏、栗、馬、彘育, 稻、桃、鷄不育. 《金華耕讀記》

81 출전 확인 안 됨; 《素問入式運氣論奧》, 위와 같은 곳.

82 출전 확인 안 됨.

27) 기축(己丑)과 기미(己未)

己丑、己未

【비화(備化)[83]의 기이고, 천부(天符)의 연이다. 이해는 토 기운이 미치지 못하고, 풍기(風氣)가 성행한다. 태음이 사천하고, 태양이 재천한다】

【備化之紀，天符之年. 歲土不及，風氣盛行. 太陰司天，太陽在泉】

① 춘분 전 60일【객기인 궐음이 주기인 궐음에 더해진다】에는 큰바람이 불고 생물이 번성하며, 비가 내려 털 달린 곤충이 생기게 된다.

春分前六十日【厥陰加臨厥陰】，大風發榮，雨生毛蟲.

② 춘분 후 60일【객기인 소음이 주기인 소음에 더해진다】에는 일찍 뜨거워지게 된다.

春分後六十日【少陰加臨少陰】，早熱.

③ 하지 전후 각 30일【객기인 태음이 주기인 소양에 더해진다】에는 천둥·번개가 치고 비와 우박이 내리게 된다.

夏至前後各三十日【太陰加臨少陽】，雷雨電雹.

④ 추분 전 60일【객기인 소양이 주기인 태음에 더해진다】에는 타는 듯한 열기가 끓어오르게 된다.

秋分前六十日【少陽加臨太陰】，炎熱沸騰.

⑤ 추분 후 60일【객기인 양명이 주기인 양명에 더해진다】에는 아주 서늘하게 된다.

秋分後六十日【陽明加臨陽明】，大涼.

⑥ 동지 전후 각 30일【객기인 태양이 주기인 태양에 더해진다】에는 혹한이 맹위를 떨치게 된다. 《운기입식》[84]

冬至前後各三十日【太陽加臨太陽】，大寒凝冽.《運氣入式》

이해에는 삼·메주콩·자두·밤·개·돼지가 잘 자라고, 조[稷]·대추·소가 잘 자라지 않게 된다.《금화경독기》[85]

是歲麻、豆、李、栗、犬、彘育，稷、棗、牛不育.《金華耕讀記》

83 비화(備化) : 오운 중 토기(土氣)가 보통인 상태.

84 출전 확인 안 됨;《素問入式運氣論奧》, 위와 같은 곳.

85 출전 확인 안 됨.

28) 경인(庚寅)과 경신(庚申)

庚寅、庚申

【심평(審平)의 기이고, 천형(天刑)의 연이다. 이해는 금 기운이 너무 지나치고, 조기(燥氣)가 유행한다. 소양이 사천하고, 궐음이 재천한다】

【審平之紀, 天刑之年. 歲金太過, 燥氣流行. 少陽司天, 厥陰在泉】

① 춘분 전 60일【객기인 소음이 주기인 궐음에 더해진다】에는 뜨거운 바람이 사람을 상하게 한다.

春分前六十日【少陰加臨厥陰】, 熱風傷人.

② 춘분 후 60일【객기인 태음이 주기인 소음에 더해진다】에는 때에 맞는 비가 내리게 된다.

春分後六十日【太陰加臨少陰】, 時雨.

③ 하지 전후 각 30일【객기인 소양이 주기인 소양에 더해진다】에는 무더위가 타는 듯이 작렬하며, 풀이 시들고 강이 마르게 된다.

夏至前後各三十日【少陽加臨少陽】, 大暑炎光, 草萎河乾.

④ 추분 전 60일【객기인 양명이 주기인 태음에 더해진다】에는 맑은 바람이 불고, 안개가 끼고 이슬이 내리게 된다.

秋分前六十日【陽明加臨太陰】, 淸風霧露.

⑤ 추분 후 60일【객기인 태양이 주기인 양명에 더해진다】에는 일찍 추워지게 된다.

秋分後六十日【太陽加臨陽明】, 早寒.

⑥ 동지 전후 각 30일【객기인 궐음이 주기인 태양에 더해진다】에는 찬바람이 몹시 불고, 비가 내려 비늘 있는 벌레가 생기게 된다. 《운기입식》[86]

冬至前後各三十日【厥陰加臨太陽】, 寒風飄蕩, 雨生鱗蟲. 《運氣入式》

이해에는 벼·맥류·복숭아·살구·닭·말이 잘 자라고, 삼·자두·개가 잘 자라지 않게 된다. 《금화경독기》[87]

是歲稻、麥、桃、杏、鷄、馬育, 麻、李、犬不育. 《金華耕讀記》

---

86 출전 확인 안 됨;《素問入式運氣論奧》, 위와 같은 곳.

87 출전 확인 안 됨.

29) 신묘(辛卯)와 신유(辛酉)

辛卯、辛酉

【정순(靜順)의 기이고, 순화(順化)의 연이다. 이해는 수 기운이 미치지 못하고, 습기가 성행한다. 양명이 사천하고, 소음이 재천한다】

【靜順之紀, 順化之年. 歲水不及, 濕乃盛行. 陽明司天, 少陰在泉】

① 춘분 전 60일【객기인 태음이 주기인 궐음에 더해진다】에는 바람 불고 비 내리며, 얼음이 얼게 된다.

春分前六十日【太陰加臨厥陰】, 風雨凝陰.

② 춘분 후 60일【객기인 소양이 주기인 소음에 더해진다】에는 아주 뜨거운 열기가 일찍 오게 된다.

春分後六十日【少陽加臨少陰】, 大熱早行.

③ 하지 전후 각 30일【객기인 양명이 주기인 소양에 더해진다】에는 서늘한 바람이 가끔씩 불게 된다.

夏至前後各三十日【陽明加臨少陽】, 涼風間發.

④ 추분 전 60일【객기인 태양이 주기인 태음에 더해진다】에는 찬비가 내려 만물을 해치게 된다.

秋分前六十日【太陽加臨太陰】, 寒雨害物.

⑤ 추분 후 60일【객기인 궐음이 주기인 양명에 더해진다】에는 서늘한 바람이 크게 불고, 비가 내려 껍데기 있는 벌레가 생기게 된다.

秋分後六十日【厥陰加臨陽明】, 涼風大作, 雨生介蟲.

⑥ 동지 전후 각 30일【객기인 소음이 주기인 태양에 더해진다】에는 겨울잠 자는 벌레들이 다시 밖으로 나오고, 흐르는 물이 얼지 않게 된다. 《운기입식》[88]

冬至前後各三十日【少陰加臨太陽】, 蟄蟲出見, 流水不冰. 《運氣入式》

이해에는 조[稷]·맥류·대추·살구·소·말이 잘 자라고, 메주콩·밤·돼지가 잘 자라지 않게 된다. 《금화경독기》[89]

是歲稷、麥、棗、杏、牛、馬育, 豆、栗、彘不育. 《金華耕讀記》

---

88 출전 확인 안 됨; 《素問入式運氣論奧》, 위와 같은 곳.

89 출전 확인 안 됨.

30) 임진(壬辰)과 임술(壬戌)

壬辰、壬戌

【발생(發生)의 기이고, 순화(順化)의 연이다. 이해는 목 기운이 너무 지나치고, 풍기(風氣)가 유행한다. 태양이 사천하고, 태음이 재천한다】

【發生之紀, 順化之年. 歲木太過, 風氣流行. 太陽司天, 太陰在泉】

① 춘분 전 60일【객기인 소양이 주기인 궐음에 더해진다】에는 따뜻한 바람이 불게 된다.

春分前六十日【少陽加臨厥陰】, 溫風.

② 춘분 후 60일【객기인 양명이 주기인 소음에 더해진다】에는 따뜻한 날씨와 서늘한 날씨가 때에 맞지 않게 된다.

春分後六十日【陽明加臨少陰】, 溫涼不時.

③ 하지 전후 각 30일【객기인 태양이 주기인 소양에 더해진다】에는 한기가 가끔씩 오고, 열기가 얼음·우박과 다투게 된다.

夏至前後各三十日【太陽加臨少陽】, 寒氣間至, 熱爭氷雹.

④ 추분 전 60일【객기인 궐음이 주기인 태음에 더해진다】에는 비바람이 곡식 줄기를 꺾고, 비가 내려 털 없는 곤충이 생기게 된다.

秋分前六十日【厥陰加臨太陰】, 風雨摧拉, 雨生倮蟲.

⑤ 추분 후 60일【객기인 소음이 주기인 양명에 더해진다】에는 가을 기운이 따뜻하게 된다.

秋分後六十日【少陰加臨陽明】, 秋氣溫熱.

⑥ 동지 전후 각 30일【객기인 태음이 주기인 태양에 더해진다】에는 얼음이 얼고, 찬 눈이 내리게 된다.《운기입식》[90]

冬至前後各三十日【太陰加臨太陽】, 凝陰寒雪.《運氣入式》

이해에는 벼·삼·복숭아·자두·닭·개가 잘 자라고, 조[稷]·대추·소가 잘 자라지 않게 된다.《금화경독기》[91]

是歲稻、麻、桃、李、鷄、犬育, 稷、棗、牛不育.《金華耕讀記》

---

90 출전 확인 안 됨;《素問入式運氣論奧》, 위와 같은 곳.

91 출전 확인 안 됨.

31) 계사(癸巳)와 계해(癸亥)

癸巳、癸亥

【승명(升明)의 기이고, 순화(順化)의 연이다. 이해는 화 기운이 미치지 못하고, 한기(寒氣)가 성행한다. 궐음이 사천하고, 소양이 재천한다】

【升明之紀, 順化之年. 歲火不及, 寒乃盛行. 厥陰司天, 少陽在泉】

① 춘분 전 60일【객기인 양명이 주기인 궐음에 더해진다】에는 맑은 바람이 불고, 안개가 끼거나 이슬이 내려 어둡게 된다.

春分前六十日【陽明加臨厥陰】, 淸風, 霧露蒙昧.

② 춘분 후 60일【객기인 태양이 주기인 소음에 더해진다】에는 찬비가 내리고 가끔씩 열기가 찾아오게 된다.

春分後六十日【太陽加臨少陰】, 寒雨間熱.

③ 하지 전후 각 30일【객기인 궐음이 주기인 소양에 더해진다】에는 뜨거운 바람이 크게 불고, 비가 내려 날개 달린 벌레가 생기게 된다.

夏至前後各三十日【厥陰加臨少陽】, 熱風大作, 雨生羽蟲.

④ 추분 전 60일【객기인 소음이 주기인 태음에 더해진다】에는 산과 들에 구름이 끼고, 폭우가 내려 덥고 습하게 된다.

秋分前六十日【少陰加臨太陰】, 山澤浮雲, 暴雨溽濕.

⑤ 추분 후 60일【객기인 태음이 주기인 양명에 더해진다】에는 때에 맞게 비가 내리고, 짙은 구름이 끼게 된다.

秋分後六十日【太陰加臨陽明】, 時雨沈陰.

⑥ 동지 전후 각 30일【객기인 소양이 주기인 태양에 더해진다】에는 겨울치고는 따뜻해서 겨울잠 자는 생물이 다시 나오고, 흐르는 물이 얼지 않게 된다. 《운기입식》[92]

冬至前後各三十日【少陽加臨太陽】, 冬溫蟄出, 流水不冰.《運氣入式》

이해에는 벼·메주콩·복숭아·밤·닭·돼지가 잘

是歲稻、豆、桃、栗、鷄、彘

92 출전 확인 안 됨;《素問入式運氣論奧》, 위와 같은 곳.

자라고, 맥류·살구·말이 잘 자라지 않게 된다. 《금화경독기》[93]

育, 麥、杏、馬不育. 《金華耕讀記》

93 출전 확인 안 됨.

32) 태세(太歲)[94] 총점 太歲總占

① 섭제격(攝提格)의 해[인(寅)이 든 해]에는 그해 초에 물난리가 나고, 그해 말에는 가뭄이 들게 된다. 벼가 병에 걸리고, 누에가 제대로 익지 않으며, 콩과 맥류가 창성한다. 백성은 4승의 식량을 먹게 된다.

攝提格之歲, 歲早水晚旱, 稻疾, 蠶不登, 菽、麥昌, 民食四升.

② 단알(單閼)의 해[묘(卯)가 든 해]에는 그해 날씨가 화평하다. 벼·콩·맥류·누에가 창성한다. 백성은 5승의 식량을 먹게 된다.

單閼之歲, 歲和, 稻、菽、麥、蠶昌, 民食五升.

③ 집서(執徐)의 해[진(辰)이 든 해]에는 그해 초에 가뭄이 들고, 그해 말에는 물난리가 나게 된다. 사람들은 기근을 조금 겪게 되고, 양잠을 그만두며, 맥류가 잘 익는다. 백성은 3승의 식량을 먹게 된다.

執徐之歲, 歲早旱晚水, 小饑, 蠶閉, 麥熟, 民食三升.

④ 대황락(大荒落)의 해[사(巳)가 든 해]에는 누에가 조금 익고, 맥류가 창성하며, 콩이 병에 걸린다. 백성은 2승의 식량을 먹게 된다.

大荒落之歲, 蠶小登, 麥昌, 菽疾, 民食二升.

⑤ 돈장(敦牂)의 해[오(午)가 든 해]에는 그해에 큰 가뭄이 든다. 누에가 제대로 익으며, 벼[稻]가 병에 걸리고, 콩과 맥류가 창성하며, 조[禾]가 제대로 자라지 않는다. 백성은 2승의 식량을 먹게 된다.

敦牂之歲, 歲大旱, 蠶登, 稻疾, 菽、麥昌, 禾不爲, 民食二升.

⑥ 협흡(協洽)의 해[미(未)가 든 해]에는 누에가 제대로 익고, 벼가 창성하며, 콩과 맥류가 제대로 자라지 않는다. 백성은 3승의 식량을 먹게 된다.

協洽之歲, 蠶登, 稻昌, 菽、麥不爲, 民食三升.

⑦ 군탄(涒灘)의 해[신(申)이 든 해]에는 그해 날씨가 화평하다. 적은 비가 오고, 누에가 제대로 익으며, 콩과 맥류가 창성한다. 백성은 3승의 식량을 먹

涒灘之歲, 歲和, 小雨行, 蠶登, 菽、麥昌, 民食三升.

94 태세(太歲) : 위 '13) 목성[歲星, 세성]'의 각주를 참고 바람.

게 된다.

⑧ 작악(作鄂)의 해[유(酉)가 든 해]에는 누에가 제대로 익지 않고, 콩과 맥류가 제대로 자라지 않으며, 조가 벌레떼로 인한 해를 입는다. 백성은 5승의 식량을 먹게 된다.

作鄂之歲, 蠶不登, 菽、麥不爲, 禾蟲, 民食五升.

⑨ 엄무(閹茂)의 해[술(戌)이 든 해]에는 그해에 작은 기근을 겪게 된다. 누에가 제대로 익지 않으며, 맥류가 제대로 자라지 않고, 콩이 창성한다. 백성은 7승의 식량을 먹게 된다.

閹茂之歲, 歲小饑, 蠶不登, 麥不爲, 菽昌, 民食七升.

⑩ 대연헌(大淵獻)의 해[해(亥)가 든 해]에는 그해에 큰 기근을 겪게 된다. 양잠이 잘 되며, 콩과 맥류가 제대로 자라지 않고, 조가 벌레떼로 인한 해를 입는다. 백성은 3승의 식량을 먹게 된다.

大淵獻之歲, 歲大饑, 蠶開, 菽、麥不爲, 禾蟲, 民食三升.

⑪ 곤돈(困敦)의 해[자(子)가 든 해]에는 그해에 안개가 짙게 끼게 된다. 홍수가 나며, 누에·벼·맥류가 창성한다. 백성은 3승의 식량을 먹게 된다.

困敦之歲, 歲大霧起, 大水出, 蠶、稻、麥昌, 民食三升.

⑫ 적분약(赤奮若)의 해[축(丑)이 든 해]에는 그해 초에 물난리가 나게 된다. 누에가 나오지 않으며, 벼가 병에 걸리고, 콩이 제대로 자라지 않으며, 맥류가 창성한다. 백성은 1승의 식량을 먹게 된다. 《회남자》[95]

赤奮若之歲, 早水, 蠶不出, 稻疾, 菽不爲, 麥昌, 民食一升. 《淮南子》

기년의 명칭과 태세의 위치

순서	기년의 명칭	태세의 위치
1	섭제격(攝提格)	인(寅)
2	단알(單閼)	묘(卯)
3	집서(執徐)	진(辰)

95 《淮南鴻烈集解》 卷6 〈天文訓〉 下(《中華道藏》 24, 547~548쪽); 《淮南子》 卷3 〈天文訓〉(《淮南子集釋》, 287~289쪽).

순서	기년의 명칭	태세의 위치
4	대황락(大荒落)	사(巳)
5	돈장(敦牂)	오(午)
6	협흡(協洽)	미(未)
7	군탄(涒灘)	신(申)
8	작악(作鄂)	유(酉)
9	엄무(閹茂)	술(戌)
10	대연헌(大淵獻)	해(亥)
11	곤돈(困敦)	자(子)
12	적분약(赤奮若)	축(丑)

태세가 오(午)에 있으면 사람과 말이 흙을 먹게 된다.

太歲在午, 人馬食土;

태세가 진(辰)·사(巳)에 있으면 아내와 자식을 팔게 된다.

歲在辰、巳, 貨妻賣子;

태세가 신(申)·유(酉)에 있으면 장수(漿水)[96]와 술을 구걸하게 된다. 《오색선(五色線)[97]》[98]

歲在申、酉, 乞漿得酒. 《五色線》

태세가 축(丑)에 있으면 장수(漿水)와 술을 구걸하게 된다.

太歲在丑, 乞漿得酒;

태세가 사(巳)에 있으면 아내를 팔아서 쌀을 사게 된다. 《속박물지(續博物志)[99]》[100]

太歲在巳, 販妻糴米. 《續博物志》

96 장수(漿水): 곡물·열매·약재 등으로 만든 음료의 총칭. 일반적으로 '장수'라 하면 '좁쌀죽 웃물'을 말한다. 풍석 서유구 지음, 정정기·최시남 외 옮김, 《임원경제지 정조지(林園經濟志 鼎俎志)》2, 풍석문화재단, 2020, 33~38쪽에 7가지 장수의 제조법이 보인다.

97 오색선(五色線): 중국 송나라 때 지어진 작자 미상의 필기류 저술. 당나라 때의 전기소설을 많이 인용했다.

98 출전 확인 안 됨; 《說郛》 卷23上 〈五色線〉 "乞漿得酒"(《文淵閣四庫全書》877, 314쪽).

99 속박물지(續博物志): 중국 송나라의 학자 이석(李石, 1108~1181)이 지은 필기류 저술.

100 《續博物志》 卷1(《文淵閣四庫全書》1047, 936쪽).

33) 5가지 침범[五干][101]

五干

갑자일의 기는 건조하고 탁하다.

甲子氣燥濁,

병자일의 기는 건조하고 따뜻하다.

丙子氣燥陽,

무자일의 기는 습하고 탁하다.

戊子氣濕濁,

경자일의 기는 건조하고 춥다.

庚子氣燥寒,

임자일의 기는 맑고 춥다.

壬子氣清寒.

① 병자의 기가 갑자의 기를 침범하면 겨울잠을 자던 벌레가 일찍 나온다. 그러므로 천둥이 일찍 치게 된다.

丙子干甲子, 蟄蟲早出, 故雷早行;

무자의 기가 갑자의 기를 침범하면 동물의 태아는 일찍 죽고 새의 알은 곯게 되며, 새와 벌레가 많이 상하게 된다.

戊子干甲子, 胎夭卵毈, 鳥蟲多傷;

경자의 기가 갑자의 기를 침범하면 전쟁이 나게 된다.

庚子干甲子, 有兵;

임자의 기가 갑자의 기를 침범하면 봄에 서리가 내리게 된다.

壬子干甲子, 春有霜.

② 무자의 기가 병자의 기를 침범하면 천둥이 치게 된다.

戊子干丙子, 霆;

경자의 기가 병자의 기를 침범하면 번개가 치게 된다.

庚子干丙子, 夷;

임자의 기가 병자의 기를 침범하면 우박이 떨어지게 된다.

壬子干丙子, 雹;

갑자의 기가 병자의 기를 침범하면 지진이 나게 된다.

甲子干丙子, 地動.

---

101 5가지 침범[五干] : 자(子)가 든 5일(갑자 · 병자 · 무자 · 경자 · 임자)의 기가 서로 침범할 때의 점.

③ 경자의 기가 무자의 기를 침범하면 오곡에 재앙을 겪게 된다.

庚子干戊子, 五穀有殃;

임자의 기가 무자의 기를 침범하면 여름에 찬비나 서리가 내리게 된다.

壬子干戊子, 夏寒雨霜;

갑자의 기가 무자의 기를 침범하면 껍데기 있는 벌레가 제대로 자라지 않게 된다.

甲子干戊子, 介蟲不爲;

병자의 기가 무자의 기를 침범하면 큰 가뭄이 들어 줄풀[苽封, 고봉] 같은 잡초가 말라 죽게 된다.

丙子干戊子, 大旱, 苽封熯.

④ 임자의 기가 경자의 기를 침범하면 물고기가 제대로 자라지 않게 된다.[102]

壬子干庚子, 大剛魚不爲;

갑자의 기가 경자의 기를 침범하면 초목이 다시 살아나게 된다.[103]

甲子干庚子, 草木再死再生;

병자의 기가 경자의 기를 침범하면 초목이 다시 번성하게 된다.

丙子干庚子, 草木復榮;

무자의 기가 경자의 기를 침범하면 그해 곡식농사가 잘 될 수도 있고 안 될 수도 있다.

戊子干庚子, 歲或存或亡.

⑤ 갑자의 기가 임자의 기를 침범하면 겨울에 갈무리를 할 수 없게 된다.

甲子干壬子, 冬乃不藏;

병자의 기가 임자의 기를 침범하면 별이 떨어지게 된다.

丙子干壬子, 星墜;⑩

무자의 기가 임자의 기를 침범하면 겨울잠을 자던 벌레가 겨울에 동면하던 곳에서 나오게 된다.

戊子干壬子, 蟄蟲冬出其鄉;

---

102 물고기가……된다: 원문의 "大剛魚不爲"를 옮긴 것이다. "大剛"은 《회남자》의 연문(衍文)이라 풀이하지 않았다.

103 초목이……된다: 원문의 "草木再死再生"를 옮긴 것이다. "再死"는 《회남자》의 연문(衍文)이라 풀이하지 않았다.

⑩ 墜: 《淮南子·天文訓》에는 "隊". "'隊'는 '隕'이다(隊, 隕)."라는 주가 있다.

경자의 기가 임자의 기를 침범하면 겨울에 천둥이 치게 된다. 《회남자》[104]

庚子干壬子, 冬雷其鄕.[11] 《淮南子》

104 《淮南鴻烈集解》 卷6 〈天文訓〉 下(《中華道藏》 24, 543쪽); 《淮南子》 卷3 〈天文訓〉(《淮南子集釋》, 228~231쪽).

[11] 其鄕 : 위의 "蟄蟲冬出其鄕"과 관련된 연문이다. 《淮南子集釋》, 231쪽 각주 참조.

34) 3가지 표징[三表, 삼표]

三表

8가지 곡식이 비싸질지 싸질지를 알려면 반드시 하늘의 3가지 표징을 살펴야 한다. 3가지 표징이란 다음과 같다. 수(水)기의 세력이 금(金)기를 이기면 음기의 축적이 너무 왕성해서 오히려 수기가 금기 때문에 죽게 된다. 그러므로 금기 안에 있는 수기가 이와 같으면 그해 농사가 크게 실패해서 8곡이 모두 비싸진다.

八穀貴賤, 必察天之三表. 三表者, 水之勢勝金, 陰氣蓄積太盛,⑫ 水據金而死. 故金中有水如此者, 歲大敗, 八穀皆貴.

금기의 세력이 목(木)기를 이기면 양기의 축적이 너무 왕성해서 오히려 금기가 목기 때문에 죽게 된다. 그러므로 목기 안에 있는 화(火)기가 이와 같으면 그해 농사가 매우 잘 되어서 8곡이 모두 싸진다.

金勢勝木, 陽氣蓄積太盛, 金據木而死. 故木中有火如此者, 歲大美, 八穀皆賤.

금기·목기·수기·화기가 서로의 세력을 이겨서 음기나 양기가 강해지는 경우, 이것이 하늘의 3가지 표징이다. 《월절서(越絕書)[105]》[106]

金、木、水、火更相勝, 此天之三表也. 《越絕書》

105 월절서(越絶書) : 중국 한나라의 원강(袁康)과 오평(吳平)이 오월(吳越) 지역의 역사를 기록한 책.

106 《越絶書》 卷13 〈外傳枕中〉(《文淵閣四庫全書》 463, 119~120쪽).

⑫ 盛 : 저본에는 "歲". 고대본·《越絶書·外傳枕中》에 근거하여 수정.

35) 운기의 일정함과 변화

論運氣常變

대체로 만물의 이치에는 일정함이 있고 변화가 있다. 운기가 주관하는 이치는 일정함이고, 다른 요소가 주관하는 이치는 모두 변화이다. 일정함이 유지되면 본래의 기와 같다. 반면 변화가 진행되면 되지 않는 경우가 없으면서도 각각에는 그에 해당하는 점괘가 있다.

大凡物理有常有變, 運氣所主者, 常也; 異夫所主者, 皆變也. 常, 則如本氣; 變, 則無所不至, 而各有所占.

그러므로 그 징후에는 종(從)과 역(逆), 음(淫)과 울(鬱), 승(勝)과 복(復), 태과(太過)와 부족(不足)이라는 변화가 있으므로 변화가 드러나는 양상은 모두 다르다.

故其候有從逆、淫鬱、勝復、太過不足[13]之變, 其發[14]皆不同.

① 만약 6기 중 궐음(厥陰)이 일을 주관할 때, 바람이 많이 불고 초목이 무성하게 되면 이를 '종(從)'이라 한다.

若厥陰用事, 風[15]而草木榮茂, 是之謂"從";

② 날씨가 맑고, 건조하면서 바람이 불지 않으면 이를 '역(逆)'이라 한다.

天氣明潔, 燥而無風, 此之謂"逆";

③ 하늘이 먼지로 뿌옇고, 흐르는 물이 얼지 않으면 이를 '음(淫)'이라 한다.

太虛埃昏, 流水不冰, 謂之"淫";

④ 강한 바람이 나무를 부러뜨리고, 구름과 같은 류가 어둡게 드리워지면 이를 '울(鬱)'이라 한다.

大風折木, 雲物濁擾, 此之謂"鬱";

⑤ 산과 들이 바싹 마르고, 초목이 말라 잎이 떨어지면 이를 '승(勝)'이라 한다.

山澤焦枯, 草木零[16]落, 此之謂"勝";

---

[13] 足 : 저본에는 "令". 고대본·《夢溪筆談·象數》에 근거하여 수정.
[14] 發 : 《夢溪筆談·象數》에는 "法".
[15] 風 : 《夢溪筆談·象數》에는 "多風".
[16] 零 : 《夢溪筆談·象數》에는 "凋".

⑥ 무더위가 작렬하고, 멸구와 메뚜기떼로 재해를 입으면 이를 '복(復)'이라 한다.

大暑燔燎, 螟蝗爲災, 此之謂"復";

⑦ 산이 무너지고 지진이 나며, 가끔씩 먼지로 뿌옇게 되면 이를 '태과(太過)'라 한다.

山崩地震, 埃昏時作, 此之謂"太過";

⑧ 무성한 숲이 어두운 듯한 날씨가 수시로 생기고, 구름이 겹쳐서 낮에도 어두우면 이를 '부족(不足)'이라 한다.

陰森無時, 重雲晝昏, 此之謂"不足".

그 변화하는 바를 따라서 전염병이 감응한다.

隨其所變, 疾癘應之.

희녕(熙寧)[107] 연간에 수도에 오랫동안 가뭄이 들었다. 사람들이 지극정성으로 기도를 하자 두꺼운 구름이 여러 날 끼게 되었다. 이에 사람들은 반드시 비가 온다고 말했다. 그렇지만 하루만에 빨리 맑아져서 뜨거운 해가 타는 듯했다.

熙寧中京師久旱, 祈禱備至, 連日重陰, 人謂必雨. 一日驟晴, 炎日赫然.

나는 이때 이 일로 조정에 들어가 임금을 뵈었다. 임금께서는 비가 언제 올지를 물으셨다. 나는 "비가 올 징후는 이미 보였습니다. 그 날은 내일입니다."라고 대답했다.

予時因事入對. 上問雨期, 予對曰: "雨候已見, 期在明日."

그렇지만 많은 사람들은 이전에 음습한 날이 계속되었어도 오히려 비가 내리지 않았는데, 지금처럼 뜨겁고 건조할 때 어찌 비가 오기를 기대할 수 있겠느냐고 생각했다. 그런데 다음날 과연 큰비가 내렸다.

衆以爲頻日晦溽, 尙且不雨, 如此暘燥, 豈復有望? 次日果大雨.

이때는 6기 중 태음(太陰)인 습토(濕土)가 일을 주관하여, 여러 날 날씨가 흐린 경우로, 6기를 따라서 이미 비가 내릴 결과는 분명했다. 그러나 궐음(厥陰)

是時濕土用事, 連日陰者, 從氣已效. 但爲厥陰所勝, 未能成雨.

107 희녕(熙寧): 1068~1077. 중국 송나라 신종(神宗) 때의 연호.

인 풍목(風木)이 태음(太陰)을 이겨서 비가 내릴 수는 없었던 것이다.

며칠 뒤에 빨리 맑게 된 이유는 양명(陽明)인 조금(燥金)이 다음 기후의 세력으로 들어옴에 따라 궐음(厥陰)의 기운이 꺾이자 태음이 기운을 발휘할 수 있게 되면서, 다음날 운기가 모두 순하게 되었기 때문이다. 이런 원리를 가지고 나는 반드시 비가 오게 된다는 사실을 알았다. 이 또한 내가 머물던 곳에서 점을 친 결과였다.

後日驟晴者, 燥金入候, 厥陰當折, 則太陰得伸, 明日運氣皆順, 以是知其必雨. 此亦當處所占也.

만약 다른 곳에서 날씨가 다르다면 점도 달라질 것이다. 그 미세한 변화를 예측하는 빼어남은 터럭만큼도 오차가 용납되지 않는다. 이를 미루어 날씨를 예측한다면 절로 지극한 이치에 도달하게 될 것이다. 《몽계필담》[108]

若他處候別, 所占亦異. 其造微之妙, 間不容髮. 推此而求, 自臻至理. 《夢溪筆談》

위선지 권제3 끝

魏鮮志卷第三

108 《夢溪筆談》 卷7 〈象數〉 1, 28~30쪽.

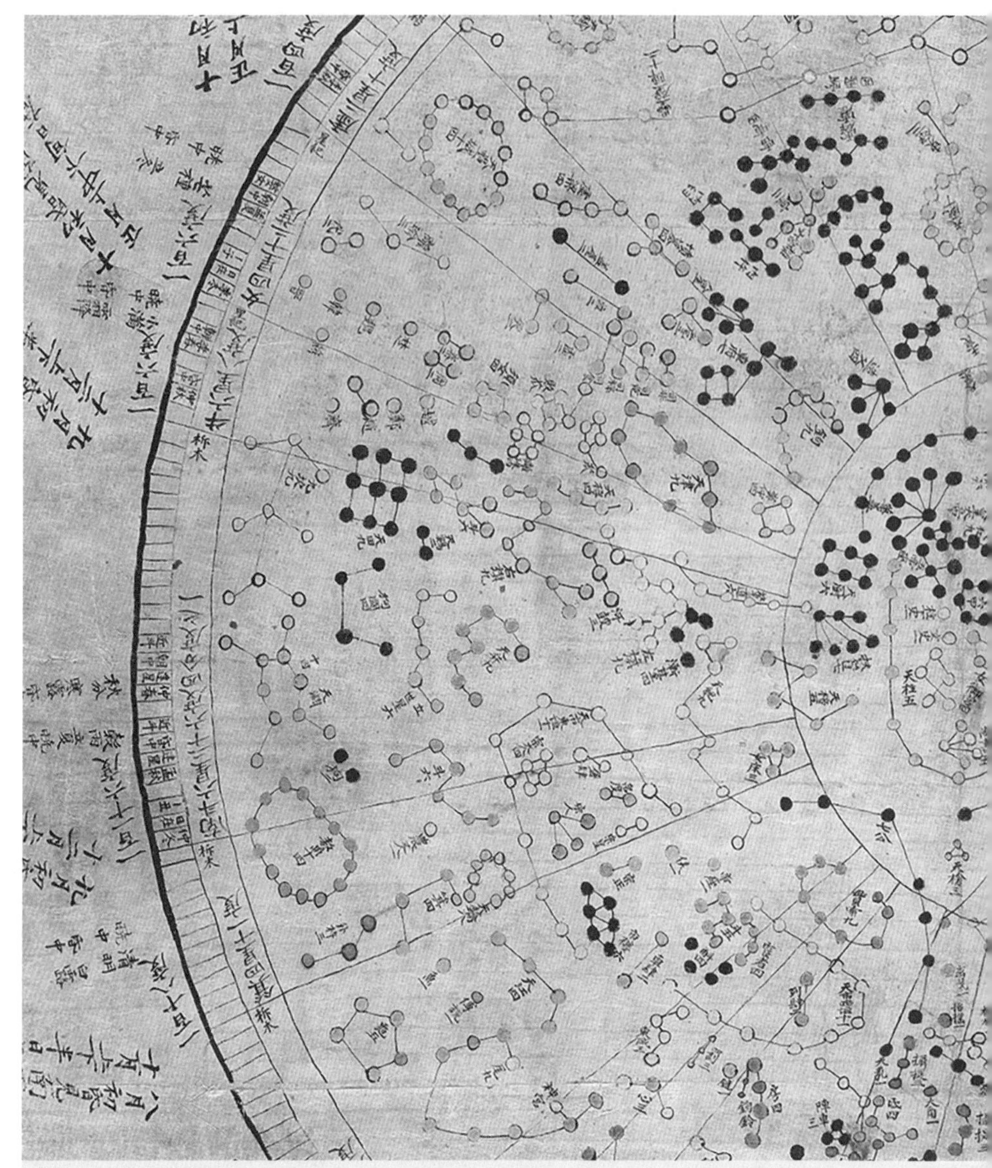

4

위선지 권제 4
魏鮮志卷第四

임원십육지 36
林園十六志三十六

1. 바람과 비의 예측

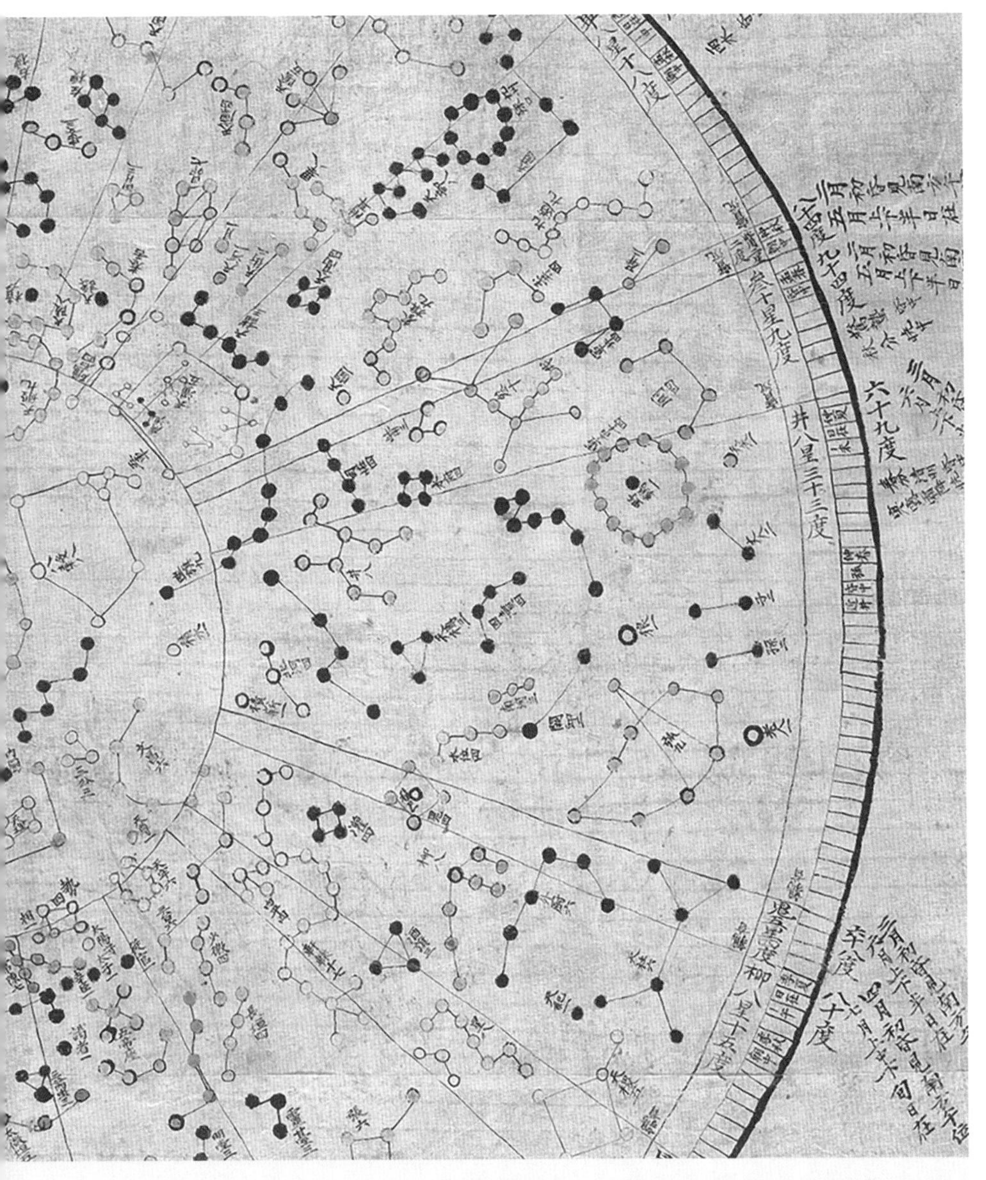

북두칠성의 자루에 백색 구름 기운[白氣]이 있으면 크게 바람과 비를 크게 만나게 되고[遭],
【주 백기(白氣)는 곧 백색 구름 기운이다. 조(遭)는 만남이다.
만약 이 기운이 북두칠성을 가리면서 해나 달에도 넓고 조밀하게 있으면 주로 큰바람이 불고 거센 비가 내리게 된다.……】

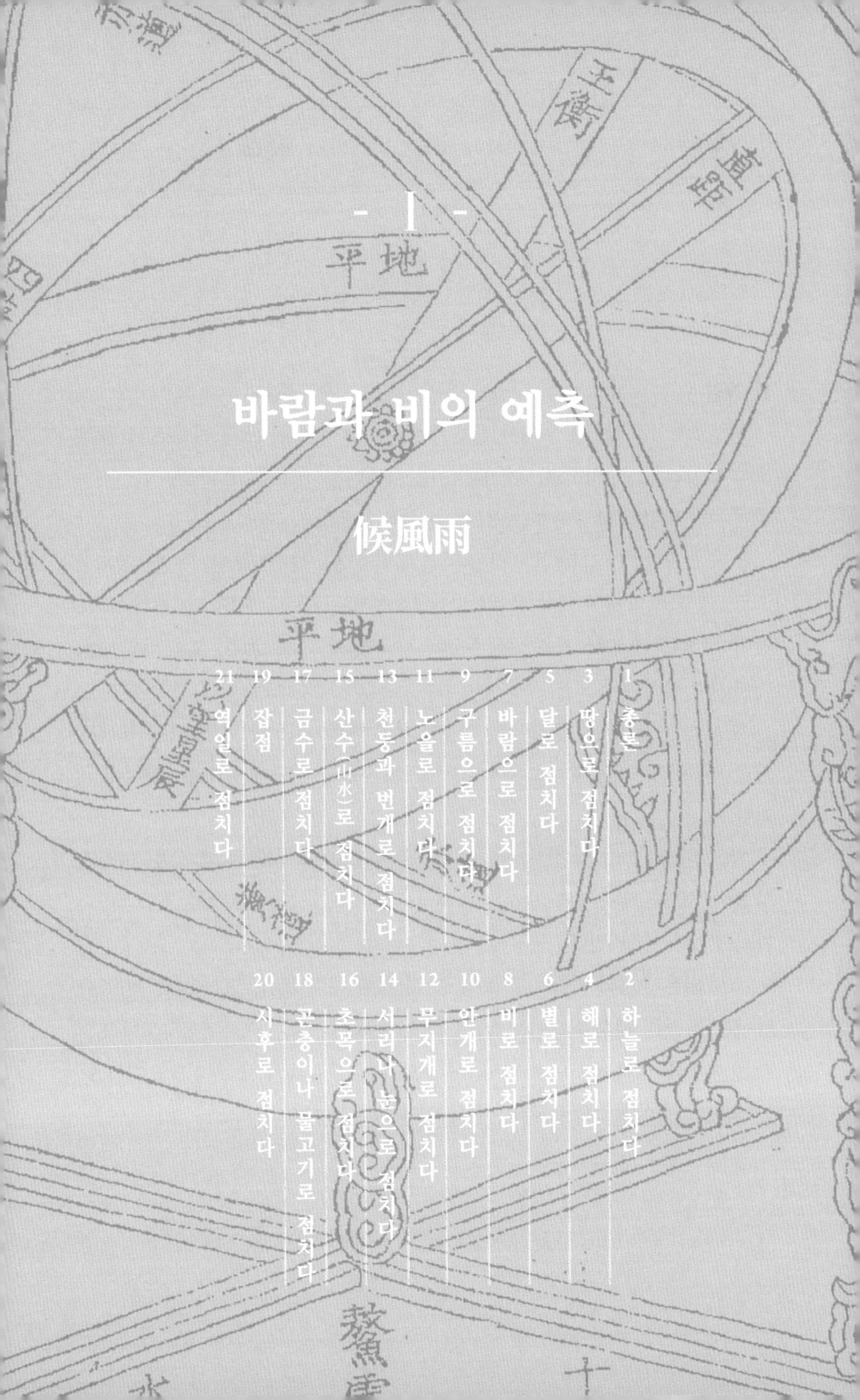

- Ⅰ -

바람과 비의 예측

候風雨

1. 총론

總論

1) 가결

歌訣

하늘[高明, 높고 밝음]은 위에서 덮어 주어, 해·달·오성·별자리 있고, 땅[沈潛, 낮게 가라앉음]은 아래에서 받쳐주어, 바람과 비 주관하는 용(龍)과 신(神) 있네.

高明上覆, 日月星辰; 沈潛下載, 風雨龍神.

【주 고명(高明)은 하늘이다. 하늘은 본래 한 기운으로, 가볍고 맑게 위에서 운행한다. 침잠(沈潛)은 땅이다. 땅은 본래 한 기운으로, 무겁고 탁하게 아래에 자리 잡았다.

【注 高明, 天也. 天本一氣, 輕清而運旋於上; 沈潛, 地也. 地本一氣, 重濁而定位乎下.

해[日]는 태양(太陽)의 정기이다. 이것이 쌓여 해모양을 이루었다. 해는 밝음을 발산하며 몸체를 내포한다.

日者, 太陽之精, 積而成象, 光明外發, 體魄內含.

달[月]은 태음(太陰)의 정기이다. 이것이 쌓여 달모양을 이루었다. 달은 빛을 반사하여 세상을 비추며 가득 찼다가 이지러진다.

月者, 太陰之精, 積而成象, 光以映照, 盈極而缺.

오성[星]은 오행의 정기이다. 오행 중 목(木)에 해당하는 목성을 '세성(歲星)'이라 하고, 화(火)에 해당하는 화성을 '형혹(熒惑)'이라 하며, 토(土)에 해당하는 토성을 '진성(鎭星)'이라 하고, 금(金)에 해당하는

星者, 五行之精. 木曰"歲星", 火曰"熒惑", 土曰"塡[1]星", 金曰"太白", 水曰"辰星"也.

---

[1] 塡: 저본에는 "堪". 고대본·《武備志·占度載·占風雨》에 근거하여 수정.

금성을 '태백(太白)'이라 하며, 수(水)에 해당하는 수성을 '진성(辰星)'이라 한다.

경성[經]은 양기(陽氣)의 나머지로, 삼원(三垣) 28수(宿)이다.

經者, 陽氣之餘, 三垣二十八宿也.

진(辰)[1]은 12개의 별자리[辰次] 구역이다. 추자(娵訾, 亥, 1월)[2]·강루(降婁, 戌, 2월)[3]·대량(大梁, 酉, 3월)[4]·실침(實沈, 申, 4월)[5]·순미(鶉尾, 巳, 7월)[6]·순화(鶉火, 午, 6월)[7]·순수(鶉首, 未, 5월)[8]·수성(壽星, 辰, 8월)[9]·대화(大火, 卯, 9월)[10]·석목(析木, 寅, 10월)[11]·성기(星紀, 丑, 11월)[12]·현효(玄枵, 子, 12월)[13]가 이것이다.

辰者, 十二辰次也. 娵訾、降婁、大梁、實沈、鶉尾、鶉火、鶉首、壽星、大火、析木、星紀、玄枵是也.

각(角)수·항(亢)수·저(氐)수·방(房)수·심(心)수·미(尾)수·기(箕)수는 동방7수로, 창룡(蒼龍)의 체(體, 몸체)이다.

角、亢、氐、房、心、尾、箕, 東方七宿, 爲蒼龍之體;

두(斗)수·우(牛)수·여(女)수·허(虛)수·위(危)수·실(室)수·벽(壁)수는 북방7수로, 영귀(靈龜)의 체이다.

斗、牛、女、虛、危、室、壁, 北方七宿, 爲靈龜之體;

규(奎)수·누(婁)수·위(胃)수·묘(昴)수·필(畢)수·자(觜)수·삼(參)수는 서방7수로, 백호(白虎)의 체이다.

奎、婁、胃、昴、畢、觜、參, 西方七宿, 爲白虎之體;

---

1 진(辰): 여기서는 해와 달이 만나는 지점을 말한다. 성(星)을 뜻하거나 12지지(地支)의 통칭이기도 하다.

2 추자(娵訾, 亥, 1월): 12진차(辰次)의 하나로, 실(室)수와 벽(壁)수 부근의 구역.

3 강루(降婁, 戌, 2월): 12진차의 하나로, 규성(奎星)·누성(婁星) 부근의 구역.

4 대량(大梁, 酉, 3월): 12진차의 하나로, 위(胃)수·묘(昴)수·필(畢)수 부근의 구역.

5 실침(實沈, 申, 4월): 12진차의 하나로, 삼(參)수 부근의 구역.

6 순미(鶉尾, 巳, 7월): 12진차의 하나로, 익(翼)수·진(軫)수 부근의 구역.

7 순화(鶉火, 午, 6월): 12진차의 하나로, 주조(朱鳥) 7수(宿)에 속하는 유(柳)수·성(星)수·장(張)수 부근의 구역.

8 순수(鶉首, 未, 5월): 12진차의 하나로, 주작7수 중에 정수(井宿)·귀수(鬼宿) 부근의 구역.

9 수성(壽星, 辰, 8월): 12진차의 하나로, 남극성(南極星) 부근의 구역. 노인성(老人星)이라고도 한다.

10 대화(大火, 卯, 9월): 12진차의 하나로, 심성(心星)의 이칭이자 그 부근의 구역.

11 석목(析木, 寅, 10월): 12진차의 하나로, 미수(尾宿)·기수(箕宿) 부근의 구역.

12 성기(星紀, 丑, 11월): 12진차의 하나로, 북두칠성(北斗星)과 견우성(牽牛星) 부근의 구역.

13 현효(玄枵, 子, 12월): 12진차의 하나로, 허성(虛星)과 위성(危星) 부근의 구역.

정(井)수·귀(鬼)수·유(柳)수·성(星)수·장(張)수·익(翼)수·진(軫)수는 남방7수로, 주작(朱雀)의 체이다.

井、鬼、柳、星、張、翼、軫, 南方七星, 爲朱雀之體.

이 별들이 둥글게 사방에 배열되어 하늘을 따라 서쪽으로 돈다.

環列於四方, 隨天而西轉.

무릇 하늘이란 만물의 근원이다. 형상들을 하늘에 매달고 밝게 드러내면서 운행하여 해와 달이 되고, 분산하여 오성(五星)이 되며, 벌려서 28수가 되고, 모여서 두극(斗極, 북극성과 북두칠성)이 되었다. 하늘에는 사시(四時)가 있고, 음양(陰陽)과 한서(寒暑)가 연계되어 있다.

夫天者, 群物之祖, 懸象著明, 運而爲二曜, 分而爲五星, 列而爲二十八宿, 會而爲斗極. 天有四時, 陰陽、寒暑係爲.

양기가 그 안에서 나올 수 없으면 치고 박으면서 천둥이 되고, 양기가 밖에서 그 안으로 들어가지 못하면 쉬지 않고 빙빙 돌면서 바람이 된다. 천지가 서로 감응하면서 음양이 서로 부닥치면 기가 쌓여 구름이 되고, 음양이 순하고 조화롭게 섞이면 천지의 기가 서로 교류하면서 비가 된다.

陽氣在內不得出, 則激搏而爲雷, 陽氣在外不得入, 則周旋不舍而爲風, 天地相感, 陰陽相搏, 氣積而成雲, 陰陽和泰, 天地氣交而爲雨.

만약 태평한 시대라면 10일에 1번 비가 내리고, 이 비는 농지의 흙덩이를 손상시키지 않을 정도로 순하게 내려[14] 한 해에 36번 비가 내린다. 이를 '길한 징조에 사시가 화순한 응험[休徵時若之應]'이라 한다.[15]

若夫太清之世, 十日一雨, 雨不破塊, 一歲三十六雨, 是謂"休徵時若之應".

용(龍)은 곧 교룡(蛟龍)이고, 신(神)은 곧 뇌신(雷神, 천둥신)이다. 용은 건(乾)괘에 속하고, 천둥은 진(震)

龍卽蛟龍, 神卽雷神. 龍屬乾, 雷屬震, 二者感陰陽

14 10일에……내려:《논형(論衡)》에 "바람이 나뭇가지 소리가 나지 않을 정도로 부드럽게 불고, 비가 농지의 흙덩이를 손상시키지 않을 정도로 순하게 내리며, 5일에 한 번 바람이 불고, 10일에 한 번 비가 내린다(風不鳴條, 雨不破塊, 五日一風, 十日一雨)."라 했다(王充,《論衡》〈是應〉).

15 한 해에……한다:《경방역후(京房易候)》에 "10일에 한 번 비가 내리면 한 해에 총 36번 비가 내린다. 이를 '사시가 화순한 응험'이라 한다(十日一雨, 歲凡三十六雨, 以爲時若之應)."라 했다.

괘에 속한다. 2가지는 음양의 기에 감응하고 움직여 날아오르면 이 때문에 비가 내리게 된다. 바람과 비는 특히 이 두 기가 움직인 결과이다. 그렇다면 용(龍)과 신(神)이 두 기에 붙어 주재한 것이다.

之氣, 動而飛翔, 所以降雨也. 風雨特二氣之所致, 則龍神附而主宰之也.

안 어떤 본에는 용신(龍神)이 뇌신(雷神)으로 되어 있다】16

按 一本龍神作雷神】

북두칠성 빛[斗光]의 명암(明暗)을 점치고, 처음 뜬[初新] 달의 색[月色]을 판별하네.

占斗光之明暗, 辨月色之初新.

【주 두광(斗光)은 북두칠성의 빛이다. 명(明)은 빛이 나면서 윤택함이다. 암(暗)은 어둡게 가려짐이다. 초신(初新)은 처음 뜬 달의 밝기가 상현달의 빛깔처럼 밝음을 말한다.

【注 斗光, 北斗七星之光也. 明, 光潤澤也. 暗, 昏翳也. 初新, 謂初生明上弦之月色也.

일반적으로 황혼 무렵에 북두칠성 안쪽과 바깥쪽, 왼쪽과 오른쪽을 살폈을 때 구름 기운이 없고, 새로 뜬 달의 위와 아래, 왼쪽과 오른쪽을 보았을 때 구름 기운이 없은 뒤에야 날이 흐릴지 맑을지, 바람이 불지 비가 내릴지를 알 수 있다.

凡黃昏時,候視北斗中外、左右, 有無雲氣, 又視新月上下、左右, 有無雲氣, 然後知陰晴風雨也.

안 어떤 본에는 '월색(月色)'이 '일색(日色)'으로 되어 있다. 일색으로 쓴 이유는 대개 저녁에는 별과 달을 살피고 아침에는 해 옆의 구름 기운을 관찰했기 때

按 一本月色作日色, 蓋夕察星月而朝觀日傍雲氣也】

16 이 부분과 이어지는 다음 내용은 원문에서 띄어 쓰지 않고 이어져 있다. 하지만 원문의 구조가 병문(竝文)으로 되어 있기 때문에 그 특성을 보여주기 위해 한 줄 띄어쓰기를 했다. '가결' 부분의 이하 내용도 마찬가지이다.

문이다】

괴성(魁星) 주변[畔]의 먹구름으로는 당일 저녁에 비가 내리게 됨을 보이고,

魁畔黑雲, 見霑滋於當夜;

【주 괴성(魁星)은 북두칠성 앞쪽의 4개의 별이다. 반(畔)은 변방이다.

만약 이 별의 옆을 먹구름이 가리거나, 북두칠성 입구를 다 가리면 주로 당일 밤에 비가 내리게 된다】

【注 魁星, 北斗前四星也. 畔, 邊傍也.

若此星之傍有黑雲遮蔽, 并掩斗口者, 主當夜有雨】

천강[罡]성 앞 황색 구름 기운[黃氣]으로는 다음날 새벽에 비가 내리는지[潤澤]를 알 수 있지.

罡前黃氣, 知潤澤於來晨.

【주 강(罡)은 천강(天罡)이다. 북두칠성의 7번째 별의 이름이다. 북두칠성 뒤쪽의 세 별은 구기의 자루모양[杓]이다. 황기(黃氣)는 구름 기운이 황색임을 말한다. 윤(潤)은 습(濕)과 같다. 택(澤)은 비의 은택[雨澤, 우택]이다.

만약 천강성 앞쪽에 갑자기 황색 구름 기운이 윤택하게 있다가 천강성이 옮겨 갈 때도 흩어지지 않으면 주로 다음날 비가 내리게 된다】

【注 罡, 天罡也, 北斗第七星之名也. 北斗後三星爲杓. 黃氣, 謂雲氣黃色.潤, 猶濕也. 澤, 雨澤也.

若罡星前忽有黃色雲氣潤, 移時不散釋者, 主來日有雨】

구름이 북두칠성을 두루[遍] 얇게 가리고 있으면[掩映] 3일 안에 비가 내리게 되고,

遍掩映, 而三日,

【주 편(遍)은 보편(普遍, 두루)이다. 엄앙(掩映)은 구름이 별을 가렸으되 두께가 얇아 반투명한 깁으로 만든 창문과 같은 점이 있음을 말한다.

일반적으로 북두칠성이 먹구름으로 두루 가려 있으면 주로 3일 안에 비가 내리게 된다】

【注 遍, 普遍也. 掩映, 謂雲遮而薄, 有如紗牕之透明也.

凡北斗遍被黑雲遮掩, 主三日內有雨】

북두칠성 주변만이[獨] 어두우면[溟濛] 5일 안에[半

獨溟濛, 而半旬.

旬] 비가 내리게 된다.

【주 독(獨)은 고독(孤獨, 홀로)이다. 명몽(溟濛)은 하늘색이 어둡고 밝지 않음이다. 반순(半旬)은 5일이다.

【注 獨, 孤獨也. 溟濛, 天色昏濛而不明也. 半旬, 五日也.

일반적으로 북두칠성 사이의 1~2개나 5~6개의 별을 먹구름 기운이 어둡게 가리고 있으면 주로 5일 안에 비가 내리게 된다.

凡北斗間, 或一二星或五六星, 有黑雲氣溟濛遮蔽, 主五日有雨.

일설에 "사방을 바라보아 구름이 없고 오직 북두칠성 안쪽과 바깥쪽, 위쪽과 아래쪽에만 구름 기운이 윤택하면 역시 주로 5일 안에 비가 내리게 된다."라 했다.

一曰: "四望無雲, 惟北斗中外、上下有雲氣潤者, 亦主五日有雨."

일설에 "일반적으로 먹구름이 북두칠성 아래쪽에 낮게 넓게 깔려 있으면서 두꺼우면 주로 당일에 비가 내리게 된다[雨]."라 했다.

一曰: "凡黑雲低下廣而厚者, 主當日雨."

안 어떤 본에는 앞 일설의 '우(雨)'자 아래에 "어떤 이는 '흑색·백색·황색의 윤택한 구름이 20척 남짓으로 북두칠성을 두루 가리면서 흩어지지 않으면 3일 안에 반드시 비가 내리게 된다. 만약 비가 내리지 않으면 사람들이 조금 평안하게 된다[有黑白黃潤色之雲二丈餘遍遮北斗而不散者三日內必雨如無雨人少安].'라 했다."라는 32자가 있다】

按 一本有雨下有"或云: '有黑、白、黃潤色之雲二丈餘, 遍遮北斗而不散者, 三日內必雨. 如無雨, 人少安.'"三十二字】

무(戊)·기(己)가 든 날은 육룡(六龍)으로, 이날 구름 기운이 물고기가 헤엄쳐 가는 모양이면 큰비가 내리게 되네.

戊己六龍, 若魚行, 而大灑.

【주 무진(戊辰)·기사(己巳)를 '육룡(六龍)'이라 한다. 아침에는 해를 보아 점치고, 해가 들어갈 때인 저녁에는 북두칠성을 보아 점친다.

【注 戊辰、己巳, 名曰: "六龍". 平朝時占看日, 下入夜時占看北斗.

만약 구름 기운이 푸르고 윤택하여 물고기나 용의 비늘모양과 같고, 정지해 있거나 흘러다니면서 북두칠성 입구를 가리면 주로 당일 비가 내리게 된다.

若有雲氣蒼潤, 如魚龍鱗狀, 或停止, 或飛行, 遮掩斗口者, 主當日雨.

그렇지 않으면 역시 주로 당일 밤에 비가 내리게 된다.

不然, 亦主當夜雨;

구름 기운이 해를 가리고 있어도 그렇다[亦然].

遮日亦然.

안 어떤 본에는 '역연(亦然)' 아래에 "어떤 이는 '일반적으로 무자(戊子)일을 육룡이라 한다. 점은 위와 같다. 만약 비가 내리지 않으면 다른 날에 급작스런 비가 내리게 된다.'라 했다[或云凡戊子日名爲六龍占與上同而若無雨則別日有急速之雨]."라는 26자가 있다】

按 一本"亦然"下有"或云: '凡戊子日, 名爲六龍. 占與上同, 而若無雨, 則別日有急速之雨.'"二十六字】

북두칠성 사이에 거북이와 같은 오색구름 기운이 움직이면 큰비가 내리게 되지.

斗間五色如龜, 動, 以長津.

【주 북두칠성 사이에 오색구름 기운이 이동할 때, 거북이나 용과 같은 창(蒼)색이면서, 움직일 때도 한 방향이 아니면 큰비가 갑자기 내리게 된다】

【注 北斗間有五色雲氣移動, 蒼色如龜如龍之形狀, 動且不一, 大雨驟至】

남천(南天)과 같으면[類] 날이 뜨겁고, 중악(中嶽)과 같으면 거센 바람에 먼지가 날리게 되네.

類南天, 而炎火; 同中嶽, 以飄塵.

【주 류(類)는 비류(比類, ~와 같다)이다. 남천(南天)은 적색 기운이다. 대체로 북두칠성 중앙에 남천의 적색 구름의 기색이 있으면 주로 가뭄이 들게 된다.

【注 類, 比類也. 南天, 赤氣也. 大凡斗中有南天赤雲氣色者, 主旱.

일설에 "만약 적색 구름이 해를 가리거나, 북두칠성을 가리면 주로 다음날 날이 뜨겁게 된다."라 했다.

一曰: "若赤雲蔽日, 或蔽斗, 主明日天熱."

중악(中嶽)은 황색 구름 기운이다. 만약 황색 구름 기운이 북두칠성을 어둡게 가리거나, 해나 달의 위나 아래에 있되, 대체로 넓게 퍼져서 조밀하지 않으면 또한 주로 바람이 많이 불고, 먼지가 날리게 될 조짐이다[象].

中嶽, 黃雲氣也. 若黃雲氣昏暗蔽斗, 或在日月上下, 略不廣密者, 又主多風, 披拂塵埃之象.

안 어떤 본에는 상(象)자 아래에 "어떤 점에는 '청룡(靑龍)에 해당하는 해(亥)·자(子)나 임(壬)·계(癸)가 든 날에 이런 현상이 발동하면 또한 주로 큰비가 내리게 된다.'라 했다[一占但靑龍亥子壬癸發動又主大兩也]."라는 16자가 있다】

按 一本之象下有"一占但靑龍亥·子、壬·癸發動又主大兩也"十六字】

북두칠성의 자루에 백색 구름 기운[白氣]이 있으면 크게 바람과 비를 크게 만나게 되고[遭],

杓白氣, 而大遭風雨;

【주 백기(白氣)는 곧 백색 구름 기운이다. 조(遭)는 만남이다.

【注 白氣, 卽白雲氣也. 遭, 逢也.

만약 이 기운이 북두칠성을 가리면서 해나 달에도 넓고 조밀하게 있으면 주로 큰바람이 불고 거센 비가 내리게 된다.

若有此氣掩北斗, 竝日月廣而密者, 主有大風惡雨.

어떤 점에 "매월 초하루 밤에 북두칠성 안쪽을 보아서 만약 백색 구름 기운이 윤택하게 있으면 주로 그달 안에 바람이 불고, 비가 많이 내리게 된다."라 했다】

一占: "每月初一夜視北斗中, 若有白雲氣而潤澤者, 主月內風雨多"】

절기가 바뀔 때[節] 동쪽에[震] 홍색 노을이 끼면

節丹震, 而甚益農人.

[丹] 농부들을 매우[甚] 이롭게 하네[益].

【주 절(節)은 사시의 절기이다. 단(丹)은 홍색이다. 진(震)은 동쪽이다. 심(甚)은 매우[過]이다. 익(益)은 이롭게 한다[利]이다.

【注 節, 時節也. 丹, 紅色也. 震, 東方也. 甚, 過也. 益, 利也.

이는 매월 절기가 서로 교차하는 날에 만약 이른 새벽에 홍색 노을의 기운이 동쪽에 나타나면 주로 그 절기 안에 바람이나 비가 순하게 지나가서 농부들에게 매우 이익이 된다는 말이다】

言每月節氣相交之日, 若早辰有丹霞之氣見於東方者, 主節內風雨順行, 過乎利益莊農之人】

육갑(六甲)일에 하늘이 청명하면[晴空] 10일간[一旬] 전혀[竭] 비가 내리지 않게 되고[澱],

六甲晴空, 一旬竭澱,

【주 육갑(六甲)은 갑자(甲子)·갑술(甲戌)·갑신(甲申)·갑오(甲午)·갑진(甲辰)·갑인(甲寅)을 말한다. 청공(晴空)은 이 육갑일에 하늘이 청명함을 말한다. 일순(一旬)은 10일이다. 갈(竭)은 다 없어짐[盡]이다. 전(澱)은 오래 비가 내리는 현상이다.

【注 六甲, 謂甲子、甲戌、甲申、甲午、甲辰、甲寅也. 晴空, 言此六甲日長空晴明. 一旬, 十日也. 竭, 盡也. 澱, 霖澱也.

일반적으로 1갑(甲)은 그날을 포함한 이후 10일간인 1순(旬)의 흐리거나 맑은 날씨를 주관한다. 만약 육갑일에 일기가 청명하고 구름이 해를 가리는 현상이 없으며, 그날 밤에도 구름이 북두칠성을 가리는 현상이 없으면 주로 그 10일간은 맑게 된다.

凡一甲管十日一旬之陰晴, 若六甲日天色晴明, 無雲掩日, 其夜又無雲掩斗, 主十日晴;

만약 육갑일에 구름 기운이 하늘에 여기저기 퍼져 있고, 그러다가 비가 내리면 주로 그 10일간 비가 내리게 된다】

若六甲日有雲氣漫天而復下雨, 主十日有雨也】

구름 기운이 나오면 비는 오행의 원리 상 구름 색깔의 방위를 따르네[逐面].

雲氣如出, 五行逐面.

【주 축면(逐面)은 구름이 나온 방위를 따른다는 말이다. 구름이 나올 때 어느 방향에 있는가를 본다. 예컨대 동쪽에 구름이 있는 게 보이면 응당 동쪽에 연관된 갑(甲)·을(乙)이 든 날에 비가 내리게 된다. 나머지 방위에서 나오는 구름도 이와 같다.

【注 逐面, 逐方面也. 雲出時看在何方上, 見如東方有雲, 應甲乙日有雨. 餘倣此.

일설에 "청색 구름이면 갑(甲)·을(乙)이 든 날에 비가 내리게 된다.

一曰: "靑雲, 在甲乙日雨;

홍색 구름이면 병(丙)·정(丁)이 든 날에 비가 내리게 된다.

紅雲, 在丙丁日雨;

백색 구름이면 주로 신(申)·유(酉)가 든 날에 비가 내리게 된다.

白雲, 主申酉日雨;

황색 구름이면 주로 무(戊)·기(己)가 든 날에 비가 내리게 된다.

黃雲, 主戊己日雨;

먹구름이면 주로 임(壬)·계(癸)가 든 날에 비가 내리게 된다.

黑雲, 主壬癸日雨.

그러므로 5가지 색의 구름 기운을 보고 오행에서 그 색이 해당하는 방면에 따라 비가 내리게 된다."라 했다】

故看五色雲氣, 逐方面而致雨也"】

묘(卯)일의 점은 육갑(六甲)일의 점과 같아서 사방의 기상현상을 점치는 근거로 삼고,

卯日同甲, 四方之氣象爲因;

【주 5묘일(五卯日)과 육갑일의 점을 말한다】

【注 謂五卯日與六甲日占也】

아침 하늘은 청색[蒼]에서 시작하여 십간[諸干]의 변동[期程]이 일정하네[定變].

朝有從蒼, 諸干之期程定變.

【주 창(蒼)은 청색이다. 제간(諸干)은 십간(十干)을 말한다. 기정(期程)은 십간이 변동하는 조짐이다. 정

【注 蒼, 靑色也. 諸干, 謂十干也. 期程, 十干變動

변(定變)은 이날 일기가 일정하게 변동한다는 말이다. 새벽에 먹구름이 어느 방향에서 나오는지를 본다. 예컨대 동쪽에 구름이 있으면 점은 응당 갑(甲)·을(乙)이 든 날의 류에 해당한다. 점사는 위와 같다.	之候也. 定變, 謂此日天色一定變動也. 平旦[2]時看黑雲出在何方, 如東方有雲, 應在甲乙日之類, 斷與上同
안 어떤 본에는 "'아침 하늘은 청색에서 시작하여[朝有從蒼]'가 '아침이나 저녁에 청색이 짙어져[朝夕滋蒼]'로 되어 있다."라 했다】	按 一本"朝有從蒼"作"朝夕滋蒼"】
자색인 해[烏]와 백색인 달[兔]에다가, 천기(天氣)가 내려오고 지기(地氣)가 올라가지 않으면 비의 은택을 입게 되고[沾],	紫烏白兔, 降未升, 而雨沾;
【주 오(烏)는 해이고, 토(兔)는 달이다. 점(沾)은 입음[被]과 같다.	【注 烏, 日; 兔, 月也. 沾, 猶被也.
일반적으로 천기가 내려오면 음이 양을 구한다. 이때 지기는 올라가지 않는다. 곤(坤)은 땅이고 음이어서 주로 움직이지 않고 있다. 그러나 양인 천기가 이를 구할 때는 응하지 않는 경우가 없다. 그러므로 낮에 해의 빛깔이 자색이고, 밤에 달의 빛깔이 백색이면 이와 같은 경우에는 주로 비가 내리게 된다】	凡天氣下降, 陰求陽也. 地氣未升, 坤爲地爲陰, 主乎靜, 陽索之無有不應. 故晝之日色紫, 夜之月色白, 若此者, 主有雨也】.
백색인[素] 해와 홍색인 달[丹蟾]에다가, 천기가 올라가고 지기가 내려오지 않으면 가뭄의 재해를 입게 되지.	素日丹蟾, 升未降, 而災旱.

[2] 旦 : 저본에는 "期". 《武備志·占度載·占風雨》에 근거하여 수정.

【주 소(素)는 해의 빛깔이 백색인 경우이다. 단섬(丹蟾)은 달의 빛깔이 홍색인 경우이다.

이는 천기가 내려오지 않아서 양이 음을 등지고 있다는 말이다. 지기(地氣)가 먼저 올라가, 곤(坤)의 음으로서 움직이지 않고 고요하게 있다. 이는 아마도 움직임이 거의 있지 않은 상태이다. 음이 먼저 올라가면 양이 내려오지 않아 음과 양이 등지기 때문에 합쳐지지 못한다. 그러므로 낮의 백색 해와 밤의 적색 달이면 모두 주로 가뭄의 재해를 입게 되고, 청명하게 된다】

【注 素, 日色白也. 丹蟾, 月色紅也.

言天氣未降, 陽背陰也. 地氣先升, 以坤陰爲靜, 是殆未必有動. 先陰者, 是陰陽反配而不合, 故晝之日色白、夜之月色赤, 皆主災旱晴明】

양의 청색[碧]과 음의 녹색이 만나지 않으면[未交] 계절이[景色] 겨울이 되려 하고[將寒],

陽碧陰綠未交, 而景色將寒,

【주 벽(碧)은 청색이다. 미교(未交)는 일찍이 만나지 않음이다. 장한(將寒)은 하늘과 땅이 만나지 않아 서로 기의 교류를 차단하고 겨울이 되려 한다는 말이다. 경색(景色)은 계절이다.

이는 천기가 내려왔지만 지기가 오르지 않아서 낮에는 해의 빛깔이 청색이고, 밤에는 달의 빛깔이 녹색이 되었고, 이 두 기가 서로 만나지 않아서 추워질 조짐이라서, 가을·겨울의 시기가 되려 한다는 뜻이다. 거의 엄동설한처럼 추운 날씨가 그때에 발흥하려 한다】

【注 碧, 靑色也. 未交, 不曾合也. 將寒, 言天地不交, 欲閉塞成冬故也. 景色, 時景也.

此天氣下降, 地氣未升, 晝則日色靑, 夜則月色綠, 是二氣不曾相交, 將寒之象, 此秋冬之景, 殆欲隆寒凜冽而興於時也】

해[奇]의 흑색 기운과 달[耦]의 청색 기운의 만남이 안정되지 않으면[未密] 무지개가 나타나게 되네.

奇黑耦靑未密, 而虹霓欲見.

【주 기(奇)는 양(陽)인 해이고, 우(耦)는 음(陰)인 달이다. 미밀(未密)은 서로 만남이 안정되지 않아서 기

【注 奇者, 陽日也; 耦者陰月也. 未密, 猶相交未定而

가 새어나가는 현상과 같다.

泄氣也.

이는 천기가 이미 내려왔고 지기가 이미 올라가서 이 두 기가 만났지만 그 만남이 충분하지 않다는 말이다. 그러므로 해는 흑색이고, 달은 청색이어서 비가 올 듯하지만 오지 않는다. 이때는 반드시 주로 무지개가 나타나게 된다】

言天氣既降, 地氣已升, 二氣交而不足. 故日黑月青, 似雨不雨, 必主虹霓之見也】

거듭 점을 쳐보아서[重占] 5묘(卯)일에 구름 기운이 다시 모여 있으면 중앙에[中夾] 찬바람이 불어 흙 표면을 터뜨리고[洌土] 나무를 꺾으며, 사방에 비가 급작스레 쏟아지게 되네[雨瀉].

若乃重占, 卯日再聚, 中夾寒風, 洌土折樹, 四方雨瀉.

비가 내리지 않으면 별도로 재이(災異)가 생겨나고, 도적이 간악한 짓을 하러[兵] 모여 일어나게 되네.

無之, 則別生災異, 兵甲攢興;

비가 내리면 흉한 재앙이[凶殃] 크게 발생하게 되네[大起].

有之, 則大起凶殃.

【주】 중점(重占)은 다시 점치는 일이다. 중협(中夾)은 중앙이다. 열토(洌土)는 바람이 차서 땅의표면을 터뜨리고 아울러 나무를 꺾는다는 말이다. 우사(雨瀉)는 비가 급작스럽게 들이 붓듯이 내린다는 말이다. 재이(災異)는 상서롭지 못한 일이다.

【注】 重占, 再占也. 中夾, 中央也. 洌土, 言風寒能洌地膚而并折樹也. 雨瀉, 言雨急如注也. 災異, 不祥也.

일반적으로 육갑일과 5묘일을 점칠 때 만약 구름 기운이 와서 모여 있으면 추워질 조짐이다. 이때는 주로 큰바람이 불어 나무를 꺾고, 사방이 어두워지면서 구름 기운이 수시로 변하여 반드시 큰비가 내리게 된다. 이것이 천지의 변화이다. 만약 비가 내리

凡占六甲五卯日, 若有雲氣來聚者, 將寒之象, 主大風折木, 四方昏翳, 如雲氣隨變, 必有大雨, 此天地之變動也. 若或無[3]雨, 主別生

[3] 或無 : 저본에는 "無或". 고대본·《武備志·占度載·占風雨》에 근거하여 수정.

지 않으면 주로 별도로 재이가 생기게 된다.

병(兵)은 도적이 다리를 건너가 간악한 짓을 함이다. 찬흥(攢興)은 서로 모여 흥기함이다. 대기(大起)는 특별히 일어남이다. 흉앙(凶殃)은 흉악한 재앙이다.

6갑일과 5묘일에 앞과 같은 일기일 때 만약 비가 내리지 않으면 주로 큰 재앙이 생겨난다. 그러나 반드시 도적이 일어나면 그 사변은 주로 5일 안에 응하게 된다】

災異.

兵, 賊跳梁奸宄也. 攢興, 互相攢掇興聚也. 大起, 特然起也. 凶殃, 凶惡禍殃也.

言甲卯日如前天色, 若無雨, 則大主災殃, 然必有賊兵起, 事變主在五日內應】

오행의 상관관계(《오행대의(五行大義)》 참고)

오행(五行)	오성(五星)	오시(五時)	오방(五方)	오색(五色)	오성(五聲)	천간(天干)	지지(地支)
목(木)	목성(木星)	춘(春)	동(東)	청(青)	각(角)	갑(甲)·을(乙)	인(寅)·묘(卯)
화(火)	화성(火星)	하(夏)	남(南)	적(赤)	치(徵)	병(丙)·정(丁)	사(巳)·오(午)
토(土)	토성(土星)	계하(季夏)	중앙(中央)	황(黃)	궁(宮)	무(戊)·기(己)	축(丑)·진(辰)·미(未)·술(戌)
금(金)	금성(金星)	추(秋)	서(西)	백(白)	상(商)	경(庚)·경(辛)	신(申)·유(酉)
수(水)	수성(水星)	동(冬)	북(北)	흑(黑)	우(羽)	임(壬)·계(癸)	해(亥)·자(子)

5음(音)의 궁(宮)·우(羽) 등으로 점사를 결정하고[斷],

【주 단(斷)은 결(決, 결정한다)과 같다. 궁(宮)·우(羽)는 5음에 속한다. 자(子)·오(午)시가 궁(宮)이고, 묘(卯)·유(酉)시가 우(羽)이고, 진(辰)·술(戌)시가 상(商)이고, 사(巳)·해(亥)시가 각(角)이고, 축(丑)·미(未)·인(寅)·신(申)시가 치(徵)이다.

일설에 다음과 같이 말했다.

斷五音之宮羽,

【注 斷, 猶決也. 宮羽, 五音之屬. 子、午時爲宮, 卯、酉時爲羽, 辰、戌時爲商, 巳、亥時爲角, 丑、未、寅、申時爲徵.

一曰: "宮屬土, 商屬金, 角

"궁은 토(土)에 속하고, 상은 금(金)에 속하고, 각은 목(木)에 속하고, 치는 화(火)에 속하고, 우는 수(水)에 속한다.

屬木, 徵屬火, 羽屬水.

만약 궁일(宮日)에 궁풍(宮風)이 불고, 시(時)에 사(巳)·해(亥)시가 더해지면 큰 상사가 나게 된다.[17]

如宮日[4]宮風, 時加巳、亥, 有大喪;

상일(商日)에 상풍(商風)이 불고, 시에 진(辰)·술(戌)시가 더해지면 전쟁이 일어나게 된다.

商日商風, 時加辰、戌, 有兵起;

각일(角日)에 각풍(角風)이 불고, 시에 사(巳)·해(亥)시가 더해지면 전쟁이 일어나서 많은 사람들이 죽게 된다.

角日角風, 時加巳、亥, 有兵起, 多死亡;

치일(徵日)에 치풍(徵風)이 불고, 시에 사(巳)·해(亥)시가 더해지면 재앙이 되는 질병의 재해를 입게 된다.

徵日徵風, 時加巳、亥, 有災疾;

우일(羽日)에 우풍(羽風)이 불고, 시에 묘(卯)·유(酉)시가 더해지면 큰비가 내리게 된다."

羽日羽風, 時加卯、酉, 有大雨."

안 어떤 본에는 다음과 같이 되어 있다.

按 一本作"宮日宮風, 時加亥、巳、酉, 土功;

"궁일에 궁풍이 불고, 시에 해(亥)·사(巳)·유(酉)시가 더해지면 대규모 토목공사가 있게 된다.

상일에 상풍이 불고, 시에 진(辰)·술(戌)시가 더해지면 전쟁이 나서 상을 당하게 된다.

商日商風, 時加辰、戌, 有兵喪;

각일에 각풍이 불고, 시에 사(巳)·해(亥)시가 더해지면 전염병에 거리게 된다.

角日角風, 時加巳、亥, 有疾疫;

치일에 치풍이 불고, 시에 사(巳)·해(亥)시가 더해

徵日徵風, 時加巳、亥, 有

---

17 만약……된다: 여기부터 이하의 5음에 속하는 각 날과 각 바람의 방위는 위에 붙인 '오행의 상관 관계' 표 참조.

[4] 日: 저본에는 "一". 고대본·《武備志·占度載·占風雨》에 근거하여 수정.

지면 화재가 나게 된다.

火災;

우일에 우풍이 불고, 시에 묘(卯)·유(酉)시가 더해지면 큰비가 내리게 된다"】

羽日羽風, 時加卯、酉, 有大雨"】

육의(六義)의 부드러움과 강함으로 점사를 판별하지.

裁六義之柔剛.

【주 육의(六義)는 곧 육정(六情)[18]이다. 인(寅)·오(午)일은 염정(廉貞, 청렴하고 곧음)이다. 이날 바람이 남쪽에서 불어오면 주로 경사스런 상(賞)이 내려져 즐거워하는 일이 생기게 된다.

【注 六義, 卽六情也. 如寅、午日爲廉貞, 風從南來, 主慶賞歡樂事;

사(巳)·유(酉)일은 관대(寬大)이다. 이날 바람이 서쪽에서 불어오면 주로 술과 음식을 마련하여 잔치를 여는 일이 생기게 된다.

巳、酉日爲寬大, 風從西方來, 主酒[5]食筵會事;

축(丑)·술(戌)일은 공정(公正)이다. 이날 바람이 서남쪽에서 불어오면 주로 원수를 잡아 없애 모두 선한 사람만 남아 서로 소통하고 화목하여 기쁜 일이 생기게 된다.

丑、戌日爲公正, 風從西南方來, 主執讎俱善, 相通和悅事;

신(申)·자(子)일은 탐랑(貪狼, 탐욕스럽고 사나움)이다. 이날 바람이 북쪽에서 불어오면 주로 재산을 침탈하고 도적이 일어나는 일이 생기게 된다.

申、子日爲貪狼, 風從北方來, 主侵奪財貨, 盜賊興起事;

계(癸)·묘(卯)일은 음적(陰賊, 몰래 해침)이다. 이날 바람이 동쪽에서 불어오면 주로 7일 안에 음모(陰謀)가 생겨 적이 경내에 들어와 군대시설물을 훔치고 울짱을 빼앗는 일이 생기게 된다.

癸、卯日爲陰賊, 風從東方來, 主七日內有陰謀, 賊人入界, 偷營劫寨事;

---

18 육정(六情) : 인간의 6가지 정, 즉 희(喜)·노(怒)·애(哀)·낙(樂)·애(愛)·오(惡)의 감정이다. 주석의 염정(廉貞)·관대(寬大)·공정(公正)은 6정을 잘 다스린 결과이고, 탐랑(貪狼)·음적(陰賊)·간사(奸邪)는 그렇지 못한 결과이다.

[5] 酒 : 《武備志·占度載·占風雨》에는 "酒".

진(辰)·미(未)일은 간사(奸邪)이다. 이날 바람이 북쪽에서 불어오면 주로 적수(賊囚, 죄수가 된 도적)가 공연히 놀래키는 일을 벌이거나 간사하고 잘못된 일이 생기게 된다.

辰、未日爲奸邪, 風從北方來, 主有賊囚虛驚或姦非事.

만약 이상에서 말한 바람의 성질이 차지 않으면 일이 순조롭게 잘 풀린다. 반면 만약 바람이 혼탁하고 기세가 세서 집을 부수고 나무를 꺾게 되면 일이 주로 크게 흉하게 된다[凶也].

如風性不寒, 事善; 如昏濁勢大, 能破屋折木者, 則主大凶也.

안 어떤 본에는 '흉야(凶也)' 아래에 "일반적으로 양일(陽日)은 밖에 있고, 음일(陰日)은 안에 있다[凡陽日在外陰日在內]."라는 9자가 있다】

按 一本"凶也"下有"凡陽日在外, 陰日在內"九字】

임자(壬子)일에서 정사(丁巳)일까지의 6일은 각각 담당하는 3일간의 날씨를 주관하므로 이날 하늘이 높고 건조하면 구름이 이 3일 동안 숨어 있게 되고,

壬子至丁, 各轄三朝, 高燥, 則雲藏數日;

【주 임자(壬子)·계축(癸丑)·갑인(甲寅)·을묘(乙卯)·병진(丙辰)·정사(丁巳) 총 6일은 매 1일이 각각 담당하는 3일간의 청명함과 비를 주관한다.

【注 壬子、癸丑、甲寅、乙卯、丙辰、丁巳共六日, 每一日管三日晴冷.

가령 임자(壬子)일에 해가 뜰 때 구름 기운이 낮고 짙거나 먹구름 기운이 북두칠성의 위나 아래, 왼쪽이나 오른쪽에 있는 현상이 보이면 임자일이 주관하는 무오(戊午)·기미(己未)·경신(庚申) 이 3일 안에 비가 내리게 된다.

假如壬子日日出時, 見有雲氣低濃, 或黑雲、黑氣在此斗上下左右, 則所管戊午、己未、庚申三日內有雨也;

만약 구름 기운이 없이 높고 건조하여 청명하면 이 3일 안에 모두 청명하게 된다.

若無雲氣高燥晴明, 則此三日內皆晴.

계축(癸丑)일은 신유(辛酉)·임술(壬戌)·계해(癸亥) 이

癸丑管辛酉、壬戌、癸亥三

3일을 주관한다. 앞과 같이 판단한다. | 日, 斷如前;

갑인(甲寅)일은 갑자(甲子)·을축(乙丑)·병인(丙寅) 이 3일을 주관한다. 앞과 같이 판단한다.

甲寅管甲子、乙丑、丙寅三日, 斷如前;

을묘(乙卯)일은 정묘(丁卯)·무진(戊辰)·기사(己巳) 이 3일을 주관한다. 앞과 같이 판단한다.

乙卯管丁卯、戊辰、己巳三日, 斷如前;

병진(丙辰)일은 경오(庚午)·신미(辛未)·임신(壬申) 이 3일을 주관한다. 앞과 같이 판단한다.

丙辰管庚午、辛未、壬申三日, 斷如前;

정사(丁巳)일은 계유(癸酉)·갑술(甲戌)·을해(乙亥) 이 3일을 주관한다. 앞과 같이 판단한다.

丁巳管癸酉、甲戌、乙亥三日, 斷如前.

합산하면 60일 중 24일이다. 주관하는 날을 상세히 살펴 일자에 따라 점쳐 보면 산이 울리면 계곡이 메아리로 응하는 현상[19]과 같이 어김이 없다】

繼總, 二十四日, 推詳所管, 逐日占之, 有如山鳴谷應之不違】

병자(丙子)일에서 신사(辛巳)일까지의 6일은 각각 담당하는 5일을 주관하므로 이날 구름이 낮고 짙게 끼면 비가 여러 지역에 두루 내리게 되지.

丙子終辛, 每管五日, 低濃, 則雨遍諸鄉.

【주 병자(丙子)·정축(丁丑)·무인(戊寅)·기묘(己卯)·경진(庚辰)·신사(辛巳) 총 6일은 매 1일이 각각 담당하는 5일을 주관한다.

【注 丙子、丁丑、戊寅、己卯、庚辰、辛巳共六日, 每一日管五日.

가령 그날 먹구름이 해를 가리거나 북두칠성을 가리면 그날이 주관하는 5일 안에 앞과 같이 맑거나 비가 내리게 된다.

假如其日有黑雲蔽日, 或掩北斗, 則所管五日內如前晴雨.

병자(丙子)일은 임오(壬午)·계미(癸未)·갑신(甲申)·을유(乙酉)·병술(丙戌) 이 5일을 주관한다.

丙子管壬午、癸未、甲申、乙酉、丙戌五日,

정축(丁丑)일은 정해(丁亥)·무자(戊子)·기축(己丑)·경

丁丑管丁亥、戊子、己丑、庚

19 산이……현상: 소식의 〈후적벽부〉에 "갑자기 긴 휘파람 소리에 초목 진동하네. 산 울리자 골짜기 응하며, 바람 일고, 물 용솟음쳤지(劃然長嘯, 草木震動, 山鳴谷應, 風起水涌)."라고 한 데서 나온 말이다.

인(庚寅)·신묘(辛卯) 이 5일을 주관한다.

무인(戊寅)일은 임진(壬辰)·계사(癸巳)·갑오(甲午)·을미(乙未)·병신(丙申) 이 5일을 주관한다.

기묘(己卯)일은 정유(丁酉)·무술(戊戌)·기해(己亥)·경자(庚子)·신축(辛丑) 이 5일을 주관한다.

경진(庚辰)일은 임인(壬寅)·계묘(癸卯)·갑진(甲辰)·을사(乙巳)·병오(丙午) 이 5일을 주관한다.

신사(辛巳)일은 정미(丁未)·무신(戊申)·기유(己酉)·경술(庚戌)·신해(辛亥) 이 5일을 주관한다.

이상의 36일에다 앞의 날을 합하면 총 60일이다. 그렇다면 일자에 따라 북두칠성의 빛깔과 해의 빛깔을 점쳐 예측할 때 만이면 만 가지가 다 들어맞아 변동이 없다】

寅、辛卯五日,

戊寅管壬辰、癸巳、甲午、乙未、丙申五日,

己卯管丁酉、戊戌、己亥、庚子、辛丑五日,

庚辰管壬寅、癸卯、甲辰、乙巳、丙午五日,

辛巳管丁未、戊申、己酉、庚戌、辛亥五日.

併前, 共六十日, 則逐日占斗光日色定之, 萬驗無移也】

은하수[天漢]를 여러 밤 관찰해 보아서[連窺] 구름 모양이 뱀이 지나가듯 하면[蛇經] 안개나 구름이 짙게 끼게 되고, 은하수[銀河]를 자주 살펴 돼지가 은하수를 지나가는 모양이면[豬越] 바람이 고르고 비가 순하게 내리게 되네.

連窺天漢, 蛇經, 而霧集雲屯; 累顧銀河, 豬越, 而風調雨順.

【주 연규(連窺)는 여러 밤을 이어 관찰한다는 뜻이다. 천한(天漢)·은하(銀河)는 모두 은하수이다. 사경(蛇經)은 은하수 안에 구름이 뱀처럼 지나간다는 뜻이다. 그러면 주로 구름이나 안개가 어둡게 가려서 비가 내리게 된다. 저월(豬越)은 구름 기운이 돼지 모양으로 은하수를 지나간다는 뜻이다.

일반적으로 은하수 중앙에 구름 기운이 흑색이고 윤택하면서 그 모양이 돼지나 뱀이 오고 가는 형

【注 連窺, 謂連夜窺也. 天漢、銀河, 皆天河也. 蛇經, 謂天漢河中有雲如蛇經過, 則主雲霧昏蔽有雨. 豬越, 謂雲氣如豬形過河也.

凡天河中有雲氣黑潤, 形如豬蛇往來, 主當夜有雨】

태와 같으면 주로 당일 밤에 비가 내리게 된다】

은하수에 옅게 낀 구름[掩映]조차도 없으면 해당 10일 간에는 비가 오지 않아 초목이 젖지 않지만, 구름 기운이 은하수를 침해하면 비가 내려 농지를 따라 땅이 더욱 촉촉하게 되지.

無雲掩映, 當旬之草木不沾; 有氣侵淩, 逐限之田園益潤.

【주 엄앙(掩映)은 구름의 가림이 두텁지 않아 남은 빛이 아직 구름 사이로 비추는 상태를 뜻한다.

이는 은하수 중앙을 5묘(五卯)일과 육갑(六甲)일에 살펴보면 구름 기운이 가리는 현상이 없고, 또 은하수에 왕래하는 구름 기운이 없으면 주관하는 일자 안에 주로 반드시 청명하게 된다는 말이다. 만약 구름 기운이 은하수 중앙에서 왕래하면 주관하는 일자 안에 틀림없이 바람이 불고 비가 내리게 된다】

【注 掩映, 謂遮蔽未厚, 餘光尚照映也.

言天河中遇五卯、六甲日觀之, 旣無雲氣遮掩, 又無雲氣往來, 則所管日內主必晴明. 若有雲氣在天河中來往者, 則所管日內決有風雨】

계축일[黑牛] 자시[夜半, 오후 11시~오전 1시]에 구름이 용모양과 같으면서 동쪽[震]에 있으면 꼭 비가 내리게 되고[辰期],

黑牛夜半, 如龍在震, 以辰期;

【주 흑(黑)은 계(癸)이고 오행으로는 수(水)의 조짐이다. 우(牛)는 축(丑)에 속한다. 야반(夜半)은 자(子)시이다. 진(震)은 동쪽이다. 진기(辰期)는 마치 일진(日辰)[20]과 서로 약속한 듯이 어긋나지 않는다는 말이다.

계축일 자시에 먹구름 기운의 형상이 보이면서 용모양 구름이 동쪽인 진(震)방에 있으면 주로 진(辰)이 든 날에 반드시 비가 내리게 된다】

【注 黑, 癸, 水象也. 牛, 丑屬也. 夜半, 子時也. 震, 東方也. 辰期, 如與日辰相期不失也.

遇癸丑日夜半見黑雲氣狀, 如龍形在東方震上者, 主辰日必有雨】

20 일진(日辰): 해당 날짜의 간지.

갑진일[青龍] 이른 새벽에[辰前] 구름 기운이 말과 같으면서 남쪽[離]에 있으면[當] 오(午)일이나 오(午)시에 반드시 비가 내리게 되네.

青龍辰前, 似馬當離, 而午信.

【주 청룡(青龍)은 갑(甲)이고, 오행으로는 목(木)이다. 용(龍)은 진(辰)을 뜻한다. 이는 진을 용에 소속시켰다는 말이다. 진전(辰前)은 진이 든 날의 이른 새벽이다. 당(當)은 '있다'와 같다.

【注 青龍, 甲, 木也. 龍, 謂辰也, 以辰屬龍之謂. 辰前, 早辰之前. 當猶在也.

이는 갑진(甲辰)일 이른 새벽에 구름 기운의 모양이 말과 같으면서 남쪽인 리(離)방에 있으면 주로 오(午)일이나 오(午)시에 반드시 비가 내리게 된다는 말이다】

言甲辰日早辰有雲氣形狀, 如馬在離上者, 主午日或午時必有雨至】

월초(月初)에 해와 달[兩曜] 중 해가 청색이나 흑색이면서[青黑] 구름 기운이 윤택하고 밝으면[潤明] 각각 하루가 담당하는 10일 안에 응당 수차례 비가 내리고, 황색이나 적색이면 건조하고 맑게 되지.

月初兩曜青黑潤明, 旬當數雨; 黃赤, 乾晴.

【주 월초(月初)는 바로 매달의 1~3일이다. 양요(兩曜)는 해와 달이다. 청흑(青黑)은 햇빛이 청색이나 흑색인 경우이다. 윤명(潤明)은 구름 기운이 윤기나면서 밝은 상태이다.

【注 月初, 乃初一、初二三也. 兩曜, 日月也. 青黑, 以日色或青或黑. 潤明, 雲氣潤濕而明也.

일반적으로 월초에 점칠 때 만약 해나 달이 청색이나 흑색이면서 구름 기운이 밝고 윤택하면 주로 그 달 안에 비가 많이 내리게 된다.

凡月初占, 若日月青黑明潤者, 主月內多雨;

만약 황색이나 적색일 때 구름 기운이 이와 같으면 날씨가 건조하게 되는 조짐으로, 주로 그 달 안에 가뭄이 많이 들게 된다.

如黃赤, 氣若此者, 則枯乾之象, 主月內多旱.

매월 1일의 청명함은 주로 상순 10일 동안의 날

每月初一日晴明, 主上旬十

씨를 주관한다.

매월 2일은 중순 10일 동안의 날씨를 주관한다.

매월 3일은 하순 10일 동안의 날씨를 주관한다.

북두칠성의 빛에 대한 점은 해나 달의 점과 같다】

日;

初二日, 管中旬十日;

初三日, 管下旬十日.

斗光, 日月同占】

아침에 뜨는 해[孤光]를 살펴 구름띠[雲帶]가 해의 중앙(中央)에 있으면서 움직이지 않았을 때 해의 높이가 30척이면 비가 사방에 연일[頻行] 내리게 되네.

【주 고광(孤光)은 해이다. 아침에 해가 뜨는 때를 살피는 것이다. 운대(雲帶)는 구름 기운이 누(縷, 가늘고 긴 실올)의 띠처럼 긴 모양이라는 말이다. 중앙(中央)은 해의 중앙이다. 빈행(頻行)은 연일이다.

일반적으로 해가 뜰 때 구름 기운이 누의 띠 같으면서 해 가운데 가로지르고, 오래도록 옮겨 가지 않거나 흩어지지 않거나, 또 해를 가려 해가 보이지 않으면 주로 해 높이가 30척일 때에 비가 내리게 된다.

만약 해 높이가 10~20척일 때 이와 같은 구름 기운이 나타나면 주로 알맞을 때에 비가 내리게 된다】

朝候孤光, 雲帶中央而不動, 日高三丈, 雨施四面以頻行.

【注 孤光, 日也. 朝候日出時也. 雲帶, 言雲氣如縷帶之長也. 中央, 日輪中也. 頻行, 連日.

凡日出時有雲氣如縷帶, 橫於日中, 久而不移不散, 又或蔽日而不見者, 主日高三丈雨至.

若日高一丈、二丈時見, 則主中時降雨】

이른 아침에[朝起] 동쪽을 보아서[視] 흙이 쌓여 있는 구름모양이면 곧 비가 쏟아지게 되고,

【주 조(朝)는 이른 아침이다. 민간에서는 '조신(早晨)'이라 한다. 시(視)는 간(看, 보다)과 같다.

일반적으로 아침 일찍 일어나서 반드시 먼저 동쪽에 먹구름이 일어나는가를 보아야 한다. 만약 구름이 위로 쌓인 형상이면서 오래도록 흩어지지 않으

朝起視東方, 積土之雲形, 便瀉;

【注 朝, 早朝也. 俗謂"早晨". 視, 猶看也.

凡早且起居, 必當先看東方有黑雲起, 如堆上之形狀而久不散者, 必主有雨】

면 반드시 주로 비가 내리게 된다】

늦은 저녁[暮] 귀가할 무렵에 유(酉)방(서쪽)을 보아서[窺] 구름이 그릇 포개진[累盂] 모양이면 비가 아주 다급히 쏟아지게 되지[傾].

暮歸窺西上, 累盂之氣象, 尋傾.

【주 모(暮)는 늦은 저녁이다. 민간에서는 '해질 무렵[日落時, 일락시]'이라 한다. 규(窺)는 '보다[視]'와 같다. 누우(累盂)는 구름 기운이 사발을 포개 놓거나 그릇을 포개서 쌓아 놓은 모양과 같다는 말이다. 경(傾)은 '급히 쏟아짐'과 같다.

【注 暮, 晩夕也. 俗謂"日落時". 窺, 猶視也. 累盂, 言雲氣如累盂, 器皿重疊堆積也. 傾, 猶急瀉也.

일반적으로 해가 질 무렵에 서쪽에 구름 기운이 사발 포개 놓은 형상으로 층층이 일어났는가를 본다. 그러면 주로 비가 내리게 된다】

凡日落之時見西方, 有雲氣如累盂形狀層層而起者, 主有雨】

이른 새벽에[晨] 북쪽을 살펴[候] 구름에 황색이나 흑색이 많았다가 저물 무렵 살폈을 때에 이 구름이 남쪽으로 가면 천둥과 비를 바로 보게 되지.

晨候北方, 雲多黃黑, 晩望南行, 雷雨立見.

【주 신후(晨候)는 이른 새벽 무렵을 점치는 것이다. 북쪽에 황색이나 흑색의 윤택한 구름 기운이 2리(里) 정도 길이로 있고, 본 구름덩이에서 크고 작은 조각이 나뉘어져서 모두 남쪽으로 날아가는 모습이 보이면 주로 임(壬)이나 계(癸)가 든 날에 반드시 비가 내리게 된다. 그 나머지 사례는 이 사례를 미루어 안다】

【注 晨候, 占早辰時. 見北方有黃黑雲氣濕潤, 長二里許, 毋分大小片朶, 皆向南飛者, 主壬癸日時必有雨. 餘則以例推之】

날아오르는[躍躍] 돼지모양 구름 기운이 동북쪽으로[山] 내달리는 모습이면 7일[七子] 안에 비가 내릴 징후이고,

躍躍猪氣山奔, 如七子之期,

【주 약(躍)은 날아오름이다. 저기(猪氣)는 구름에 돼지의 모양과 기운이 있다는 말이다. 산은 간(艮)방(동북쪽)에 속한다.

【注 躍, 飛跳也. 猪氣, 言雲有如猪之形氣也. 山, 艮屬也.

이는 구름 기운이 간(艮)·인(寅)방의 동북쪽으로 날아 달리는 현상이 돼지가 달려 산을 오르는 모양과 같은 점이 있다는 말이다.

言雲氣飛奔艮、寅東北方上, 有若猪走上山之狀也.

칠자(七子)는 7일을 말한다. 기(期)는 징후이다.

七子, 謂七日也. 期, 候也.

일반적으로 이른 새벽 무렵에 서북쪽을 보았을 때 구름 기운의 모양이 돼지가 달려서 산을 오르는 모양과 같으면서 동북쪽으로 날아가면 반드시 주로 병자(丙子)일에 비가 내리게 된다. 칠자(七子)는 7일 안에 점이 들어맞는다는 말이다】

凡早辰間見西北方, 有雲氣狀, 如猪走上山飛行, 望東北者, 必主丙子有雨. 七子, 言應七日內也】

답답하게 맺혔던[鬱鬱] 남풍[離風]이 서북쪽[乾]으로 날아가면 8일[八辰] 안에 비가 응하게 되지.

鬱鬱離風乾飛, 去八辰之索.

【주 울(鬱)은 억누르고 맺혀 펴지 못함이다. 리풍(離風)은 남풍이다. 건(乾)은 서북쪽이다. 8진(八辰)은 8일이라는 뜻이다. 삭(索)은 응함이다.

【注 鬱, 抑鬱不伸也. 離風, 南風也. 乾, 西北也. 八辰, 謂八日. 索, 應也.

일반적으로 이른 새벽 무렵 북쪽에 먹구름 기운이 느리게 날아가는 창(蒼)색·청색 구름을 억누르고, 남풍이 갑자기 북풍으로 바뀌어 불어오면 주로 을묘(乙卯)일에 비가 내리거나 이에 응하여 8일 안에 비가 내리게 된다. 동북풍으로 바뀌어도 그렇다】

凡早辰間見北方, 有黑雲氣, 抑屈蒼青飛行之緩, 南風忽轉北風, 吹送如飛者, 主乙卯日雨, 或應八日內有雨. 東北風亦然】

구름띠가 인(寅)·묘(卯) 방위에 가로로 벌여 있으면 갑(甲)·을(乙)이 든 날에 비가 내린다는 뜻이고,

雲帶橫列寅、卯, 爲甲、乙之名,

【주 띠와 같은 구름 가닥이 인(寅)·묘(卯) 방위에 가로로 벌여 있으면서 오래도록 흩어지지 않으면 주로 갑(甲)·을(乙)이 든 날에 비가 내리게 된다.

【注 有雲縷如帶, 橫列寅、卯方上, 久而不散者, 主甲、乙日有雨.

일설에 "인·묘일에 구름띠가 나타나면 주로 갑·을이 든 날에 비가 내리게 된다."라 했다.	一說: "寅、卯日見, 主甲、乙日雨."
일설에 "먹구름 기운이나 밝은 구름 기운이 띠처럼 길고 윤택하면 역시 당일에 비가 내리게 된다."라 했다.	一曰: "陰陽雲氣若帶潤色者, 亦當日有雨."
먹구름이면서 혼탁하거나 밝은 구름이면서 가볍게 흘러가면 역시 모두 주로 비가 내리게 된다】	陰雲而昏濁, 陽雲而輕霁, 亦皆主雨】
해가 진(辰)·사(巳) 방위를 지날 때 구름띠가 벌여 있으면 병(丙)·정(丁)이 든 날에 비가 내린다는 의미이지.	日輪之次當辰、巳, 作丙、丁之說.
【주 일륜(日輪)은 해 바퀴[日轂]이다.	【注 日輪, 日轂也.
일반적으로 해의 운행이 진(辰)·사(巳) 방위에 이를 때, 구름띠가 가로로 벌여 있으면 주로 병(丙)·정(丁)이 든 날에 비가 내리게 된다】	凡日行至辰、巳上, 有雲帶橫列, 則主丙、丁日下雨】
오(午)·미(未) 방위 사이에 어두운 구름 기운이 보이면 무(戊)·기(己)가 든 날에 어김없이 비가 내리게 되고,	午、未之間見陰, 戊、己日以無差,
【주 이는 오(午)·미(未) 방위에 가닥이나 띠와 같은 어두운 구름 기운이 보이고, 이것이 해를 가려 해가 보이지 않으면 주로 무(戊)·기(己)가 든 날에 비가 내리게 된다는 말이다】	【注 言午未方上, 見陰雲如縷帶, 蔽日不見者, 主戊、己日有雨】
서남쪽[坤申]에 구름이 가면 경(庚)·신(辛)이 든 날에 변함없이 비가 내리게 되네.	坤申之上雲行, 庚、辛日而不易.
【주 곤신(坤申)은 서남쪽이다.	【注 坤申, 西南方也.
서남쪽에 구름 기운이 높이 날아 해를 가리면 주로 경(庚)·신(辛)이 든 날에 비가 내리게 된다】	西南方上有雲氣飛緲掩日, 主庚、辛日有雨】

만약 폭염으로 가뭄이[炎旱] 닥치면 화성[熒惑]이 은하수[河津]에서 조금 물러나게 되고,

若當炎旱, 熒惑少退於河津,

【주 염한(炎旱)은 해가 붉게 작렬하고 오래 맑은 현상이다. 형혹(熒惑)은 남쪽의 화성(火星)이다. 하진(河津)은 은하수이다.

【注 炎旱, 日酷而久晴也. 熒惑, 南方火星也. 河津, 天河也.

일반적으로 기후가 가물어지려 하면 햇빛이 붉게 작렬하고 화성이 은하수를 지킨다. 이런 현상이 보이면 주로 반드시 가뭄이 들게 된다.

凡天時欲旱, 則日色酷烈而火星守天河, 必主旱.

일설에 "은하수 가운데의 별들이 적어지면 모두 주로 가뭄이 들게 된다."라 했다】

一曰: "天河中星辰稀少, 皆主旱"】

혹시 장맛비[霖淫]를 만나면 수성[辰]의 모양[象]이 은하수[漢汨]보다 찬란하게 빛나게 되지.

或遇霖淫, 辰象曜繁於漢汨.

【주 임음(霖淫)은 비가 오래 많이 내리면서 그치지 않는 현상이다. 진(辰)은 수성이다. 상(象)은 별의 모양이다. 한골(漢汨) 역시 은하수이다. 천한(天漢)이란 본래 은하수인데, 다만 금(金)의 남은 기운이라서 금(金)에 연관된 가을의 밤에 은하수가 가장 밝기 때문에 또 '명하(明河)'라 한다.

【注 霖淫, 雨久多而不止也. 辰, 水星也. 象, 星象也. 漢汨, 亦天河也. 言天漢本天河, 特金之餘氣, 秋夜最明, 又曰"明河".

일반적으로 기후가 홍수를 내려 하면 수성이 은하수를 지킨다. 또 은하수 가운데에 별들이 많고 빽빽해진다. 만약 이와 같다면 반드시 주로 큰비가 내리게 된다[大雨].

凡天時作大水, 則水星守天河, 更天河中多星辰而密厚, 若此者, 必主大雨.

안 어떤 본에는 '대우(大雨)' 아래에 "또 '오성이 실(室)수 자리에 있되, 실수는 28수 중 한 이름으로, 서남쪽에서 이 별 즉 수성이 빛나면서 흔들리면 반드시 주로 많은 비가 내리게 된다[又曰五星在室室乃宿名若西南

按 一本"大雨"下有"又曰: '五星在室, 室乃宿名, 若西南方此星明動, 必主多雨.'"二十二字】

方此星明動必主多雨].'라 했다."라는 22자가 있다】

오색 구름이 어지러이 섞여 있고[交錯] 적색·흑색 구름이 어지럽게 왕래하면서 고르지 않으면[相兼] 하늘신이 엄하게[天威] 우박을 내려 만물을 얼게 하고, 천둥신이 노하여[神怒] 구름을 찌처럼 잘게잘게 찢어 놓지.

五色交錯, 赤、黑相兼, 天威雹凍, 神怒雲簽.

【주 오색(五色)은 적·홍·청·백·흑색이다. 교착(交錯)은 종횡으로 어지럽게 뒤섞임이다. 상겸(相兼)은 색이 어지럽게 왕래하면서 고르지 않음이다. 천위(天威)는 엄한 하늘신에게 기쁘지 않은 마음이 있기 때문에 한 때에 만물을 죽이는 기(氣)로 천둥과 우박을 내린다는 말이다. 신노(神怒)는 천둥신이 진노하여 두려워하게 할 만한 채찍을 휘둘러 천둥이 여기저기서 친다는 말이다.

【注 五色, 赤、紅、青、白、黑也. 交錯, 縱横擾雜也. 相兼, 色溷而不齊也. 天威, 言皇天之威有不忻悅, 故肅殺一時而降雷雹也. 神怒, 言雷神震怒, 揚威鞭而交飛也.

일반적으로 새벽에 하늘에 오색 구름 기운이 이리저리 어지럽게 뒤섞여 있고, 이에 겸하여 또 적색과 흑색이 많으면서 이리저리 왕래하며 어지러운 기상을 보면 반드시 주로 큰 천둥이 치고 우박이 내리며, 바람이 불고 비가 내리게 된다.

凡平朝時見天上有五色雲氣交錯, 兼亦赤黑多而往來擾亂者, 必主大雷雹、風雨也.

일설에 "황색이 찌를 붙여 놓은 듯 조금씩 섞여 있으면 반드시 비가 적게 내리게 된다."라 했다】

一云: "黃色簽少, 必雨少"】

한바탕 비가 내리고[漫灑] 먼 데와 가까운 데에 따뜻한 바람이 불면[輕吹] 군주의 은혜가 흠뻑[重] 미치게 되고,

漫灑輕吹遠邇, 而人君惠重;

【주 만쇄(漫灑)는 진우(陣雨, 한바탕 흠뻑 내리는 비)가 갑자기 내리는 현상이다. 경취(輕吹)는 따뜻한 바람

【注 漫灑, 陣雨忽降也. 輕吹, 煖風披拂也.

이 부는 현상이다.

이와 같이 군주의 큰 덕이 먼 데까지 미치면 멀거나 가까운 곳의 백성이 은혜로운 정치에 감화하여 와서 왕의 백성이 된다.

若此者, 人君何德以致之, 則遐邇蒼生感惠政而來王之民也.

일반적으로 시기에 맞게 바람이 비와 세세하게 조화를 이루면 농사를 해치지 않는다. 이는 인정이 순리에 맞게 변화하여 윗사람과 아랫사람의 마음이 같아서 그러한 것이다】

凡時月風和雨細, 不損禾稼, 此人情順化, 上下同心然也】

빠르게 부는 바람과 갑작스런 비가 고지대나 저지대에 쏟아지면 시기하고 꺼리는 일을 만나게 되네.

迅飄頓瀉高低, 而逢生猜嫌.

【주 신(迅)은 속(速, 빠름)과 같다. 표(飄)는 가기를 급히 함이다. 돈사(頓瀉)는 갑자기 기울어 쏟아짐이다.

【注 迅, 猶速也. 飄, 去而急也. 頓瀉, 陡然傾注也.

이는 빠른 바람과 거센 비가 내려 지진과 산사태가 나고, 만물이 물살의 기세에 떠내려가는 현상을 말한다. 이와 같은 경우는 크게 상서롭지 못하다. 이는 바로 군주가 정치를 잘못하여 불러들인 결과이다. 그러므로 재해가 백성과 만물에 미치고, 반드시 간악한 일이 생기게 된다】

言急風惡雨, 震地崩山, 水勢飄薄. 若此者, 大不祥也. 乃人君失政致之, 故災害及民物, 必有奸宄事】

군주가 바르고 신하가 충직하면[君正臣忠] 먼저는 바람이 분 뒤에 비가 내리니 상서로운 조짐이고, 윗사람이 교만하고 아랫사람이 아첨하면[上驕下諂] 처음엔 비가 내린 뒤에 바람이 부니 화(禍)가 생기게 될 점이지.

君正臣忠, 先風後雨以祥審; 上驕下諂, 始雨後風而禍占.

【주 군정신충(君正臣忠)은 바람이 조화롭고 비가 순하게 내림이다. 상교하첨(上驕下諂)은 가뭄이 들거

【注 君正臣忠, 風調雨順. 上驕下諂, 旱魃、霖淫.

나 장마가 짐이다.

일반적으로 먼저 바람이 분 뒤에 비가 내리는 현상은 음기가 순응하기 때문이다. 반면 먼저 비가 내린 뒤에 바람이 부는 현상은 음기가 거스르기 때문이다.

凡先風後雨, 陰氣順也; 先雨後風, 陰氣逆也.

일설에 "처음에 비가 내리다가 곧 맑아지는 현상은 덕의 교화가 순하게 행해지는 모습이다. 그러면 주로 군주와 신하가 화목하게 될 상(象)이다.

一曰: "初雨便晴, 德化順行, 主君臣和睦之象;

비가 내린 뒤에도 여전히 구름이 하늘에 가득하여 흐리다면 주로 군주와 신하가 화목하지 않게 된다."라 했다.

若雨後雲尚滿天而陰者, 主君臣不和."

또 밤에 비가 내리고 낮에 맑다면 군주가 신하의 죄를 꾸짖는 일이 생기게 된다.

又曰: "夜雨日晴, 君責臣罪;

낮에 흐리고 밤에 맑다면 신하가 군주를 해치는 일이 생기게 된다.

日陰夜晴, 臣謀主上;

만약 낮과 밤 모두 흐리다면 주로 큰 변란이 생기게 된다】

如晝夜俱陰, 主大凶變"】

토성[塡]이 거꾸로 운행하여 은하수로 들어가면 법령의 시행이 가혹해지고, 큰물이 지게 되며,

塡[6]逆入河, 法令急而淋潦;

【주 진(塡)은 바로 별이름이다. 진성(塡星)은 중앙 방면을 상징하는 토성이다.

【注 塡, 乃星名. 塡星, 中央土星也.

이 별이 역행하여 은하수로 들어가면 주로 법령의 시행이 가혹해지며, 큰물이 져서 백성과 만물에 재해가 된다】

若此星逆行入天河, 主法令急酷, 淋潦爲民物之災戾也】

---

[6] 塡:《武備志·占度載·占風雨》에는 "鎭".

화성[熒惑]이 도리어 다른 별을 침범하면 다스림이 이치가 어긋나고, 가뭄과 폭염이 발생하게 되네.

熒惑反求, 致理乖而旱炎.

【주 형혹(熒惑)은 남쪽을 상징하는 화성이다. 만약 화성이 진성(辰星, 수성)과 서로 침범하거나 은하수로 들어가면 반드시 주로 큰 가뭄이 들게 된다. 이는 바로 다스리는 이치가 어지러워진 소치이다】

【注 熒惑, 南方火星也. 若與辰星相犯, 或入天河, 必主大旱, 乃政理錯亂以致之】

음기와 양기의 기운이 닫히거나[闔] 열리는 절기를 확인하면

驗陰陽開闔之節,

【주 합(闔)은 폐(閉, 닫음)와 같다. 이는 천지가 기운의 움직임을 막아 겨울이 되면 비괘[否卦, ䷋]의 상으로 확인해도 알 수 있고, 천기가 내려오고 지기가 올라가면 태괘(泰卦, ䷊)의 상으로 확인해도 알 수 있다는 말이다. 그러니 또한 살피는 자는 어느 날 어느 때인가를 잘 살펴야 한다.

일설에 "양기가 열리고, 음기가 닫히는 데에는 각각에 절기의 차례가 있다."라 했다】

【注 闔, 猶閉也. 言天地閉塞成冬, 則否體驗之亦達; 天氣下降, 地氣上升, 則泰體驗之亦達. 又須審看何日時也.

一曰: "陽開陰闔, 各有節序"】

선기(璿璣)를 통해 하늘이 운행하는 도수를 통달하게 되네.

達璿璣運行之數.

【주 선기(璿璣)는 하늘의 상을 구현한 기구이다. 《상서》〈순전(舜典)〉에 "선기옥형(璿璣玉衡)[21]으로 칠정(七政, 일월과 오성)을 가지런히 한다."[22]라 했다. 이 기

【注 璿璣, 天象器物也. 《舜典》"璿璣玉衡以齊七政." 其圓而運轉者爲"璣",

21 선기옥형(璿璣玉衡): 옛날 일월성신의 운행을 세밀히 관찰하던 천문관측기구. 지금의 혼천의(渾天儀)와 유사하다.

22 선기옥형(璿璣玉衡)으로……한다: 《尙書正義》 卷3 〈舜典〉 第2(《十三經注疏整理本》 2, 64쪽).

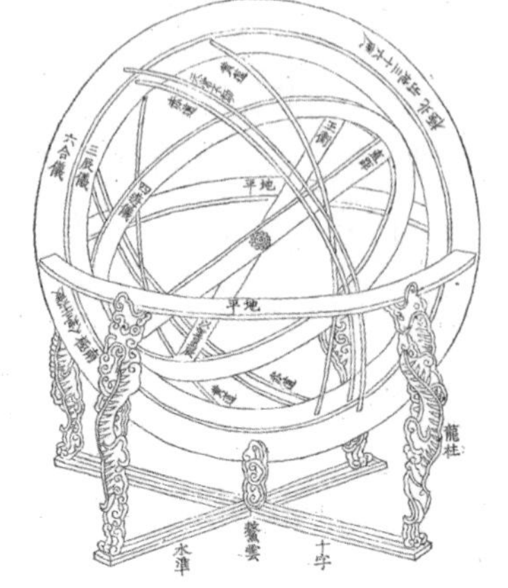

선기옥형도(《서전대전(書傳大全)》)

혼천의(세종대왕릉)

구 중 둥글게 회전하는 부분이 '기(璣)'이다. 이 '기'를 바르게 잡아 주는 부분이 '형(衡)'이다. 둥근 부분은 지름이 8척이고, 선주(璿珠, 좋은 옥)로 만들었다. 이를 매달아 회전하게 해서 하늘의 형태를 본뜨게 했다.

其持正者爲"衡". 圓者, 徑八尺, 以璿珠爲之. 懸而運之, 以象天之形.

기(璣)를 바르게 잡아 주는 곧은 부분은 길이가 8척이고, 아름다운 옥으로 만들었다. 구멍은 지름이 0.1척이고, 아래에서 둥글게 회전하는 기(璣) 쪽을 바라보도록 설계하여, 이를 통해 별들이 운행하는 도수를 보고서 하늘의 형상을 관측한다. 해·달·오성의 경우 모두 이 선기옥형을 통해 이들이 차고 기울거나, 나아가고 물러남을 알 수 있다.

直者長八尺, 以美玉爲之. 孔徑一寸, 從下望璣, 以視星辰之行度, 以觀天象也. 日月五星, 皆以此度, 知其盈縮進退焉.

마융(馬融)[23]은 "혼천의(渾天儀)는 회전할 수 있다.

馬融曰: "渾天儀可旋轉,

23 마융(馬融) : 79~166. 중국(中國) 후한(後漢)의 학자. 많은 고전에 주석을 가하여 훈고학(訓詁學)의 시조로 알려져 있다. 그의 문하(門下)에서 정현(鄭玄)·노식(盧植) 등의 유명한 학자가 나왔다.

그러므로 '기(璣)'라 했다. 이른바 형(衡)이란 이 기를 가로로 가로지르게 만든 통[簫]이다. 선(璿)으로 기(璣)를 만들고 옥으로 형(衡)을 만든 까닭은 하늘의 상을 중히 여겼기 때문이다."[24]라 했다.

故曰'璣'. 所謂衡者, 其橫簫也. 璿爲璣, 玉爲衡者重天象也."

무릇 하늘이 서북쪽으로 기울어 그 극점이 하늘 가운데에 있으면 28수의 별자리가 반은 보이지 않고 반은 보이게 된다.

夫天傾西北, 極居天之中, 二十八宿, 半隱半見.

중춘(仲春, 2월)에는 대화성[星火][25]이 동쪽에 있고, 조수[星鳥][26]가 남쪽에 있으며, 묘수[星昴]가 서쪽에 있고, 허수[星虛][27]가 북쪽에 있다.

仲春之月, 星火在東, 星鳥在南, 星昴在西, 星虛在北;

중하(仲夏, 5월)에는 조수가 이동하여 서쪽에 있고, 대화성이 이동하여 남쪽에 있으며, 허수가 이동하여 동쪽에 있고, 묘수가 이동하여 북쪽에 있다.

至仲夏, 則鳥轉而西, 火轉而南, 虛轉而東, 昴轉而北;

중추(仲秋, 8월)에는 대화성이 이동하여 서쪽에 있고, 허수가 이동하여 남쪽에 있으며, 묘수가 이동하여 동쪽에 있고, 조수가 이동하여 북쪽에 있다.

仲秋則火轉而西, 虛轉而南, 昴轉而東, 鳥轉而北;

중동(仲冬, 11월)에는 허수가 이동하여 서쪽에 있고, 묘수가 이동하여 남쪽에 있으며, 조수가 이동하여 동쪽에 있고, 대화성이 이동하여 북쪽에 있다.

仲冬則虛轉而西, 昴轉而南, 鳥轉而東, 火轉而北;

이듬해 중춘에 조수가 다시 이동하여 남쪽에 있게 된다. 끝없이 순환한다는 말이 이것이다】

來歲仲春, 鳥復轉而南矣. 循環無窮是也】

24 혼천의(渾天儀)는……때문이다:《尙書正義》卷3〈舜典〉第2(《十三經注疏整理本》2, 66쪽).

25 대화성[星火]:28수(宿) 중 동방7수의 심수(心宿). 중하(仲夏) 즉 음력 5월을 상징하는 별이다. 대화(大火)라고도 하는데, 하짓날 해가 질 무렵의 중성(中星)이다.

26 조수[星鳥]:28수(宿) 중 남방7수. 주작(朱雀). 주조(朱鳥)라고 한다.

27 허수[星虛]:28수(宿) 중 북방7수의 하나.

사중(四仲)에 변화가 더해지면 오시(午時, 오전 11시~오후 1시)[朝中]나 자시[夕半]에 구름이 일어나게 되고,

四仲加變，朝中、夕半以興雲.

【주 사중(四仲)은 자(子)·오(午)·묘(卯)·유(酉)이다. 조중(朝中)은 오(午)시이다. 석반(夕半)은 자시(子時, 오후 11시~오전 1시)이다.

【注 四仲，子、午、卯、酉也. 朝中，午時也. 夕半，子時也.

일반적으로 사중의 연·월·일·시에 만약 태을성이 처음 자리를 옮길 때 구름이 해를 가리고, 청색이나 흑색으로 윤택하면서 밝으면 반드시 주로 비가 내리게 된다. 이는 이른 새벽 및 해질 무렵에 구름의 변화가 더해졌기 때문이라는 말이다】

凡四仲年月日時，若太乙初移宮，有雲掩日而青、黑潤明者，必主有雨. 言早辰及日落，加之雲變故也】

육임점(六壬占)[28]을 쳐서 적용해보면 용(龍)·수(水)에

六壬發轉，龍、水支干而致

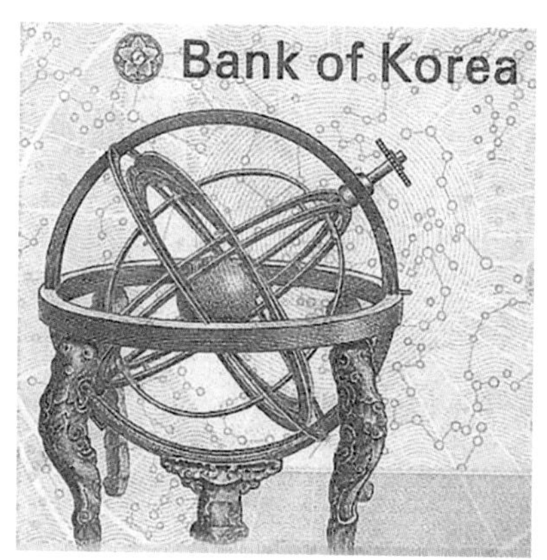

만원권 지폐의 혼천의

28 육임점(六壬占): 중국 한나라 때의 점술. 수(水)를 만물의 근원으로 보고, 만물의 근원에 해당하는 수(水)의 숫자인 1에 만물 생육의 본원인 토(土)의 숫자 5를 더해 나오는 성수(成數, 완성을 뜻하는 숫자) 6과 물에 해당하는 천간 임(壬)을 붙여 점술 이름을 삼았다.
동양의 점학(占學)의 경우 그 기준점을 24절기의 초기(初氣, 어떤 절기의 초반)를 정하는 경우가 많다. 그러나 육임점의 경우 그 기준점을 서양 점성학과 같은 중기(中氣, 어떤 절의 중반 이후)의 시점으로 정하고 있다. 질문의 "시점(時點)"를 중시한다. "시점(時點)"이라는 것은 각기 특정의 기운을 가지고 있고, 그 기운을 해석하여 미래를 예측한다. 육임과 점성학은 출생 시점에 따른 십이궁(十二宮)을 가지고 있다. 12궁도를 그려 자신의 본궁(자신의 sign)을 기준으로, 나머지 11궁(나머지 11sign)과의 관계를 보고, 인생을 예측한다. 강은순·임동호, 〈동양 六壬學과 서양 점성학의 비교연구〉, 동방대학교 대학원, 2014, 438~439쪽.

해당되는 지지나 천간의 날에[29] 비가 내리게 되네.

雨.

【주】 육임점(六壬占)은 항상 해당 월의 월장(月將)[30]을 월건(月建)[31]에 더해서 살핀다. 해당월 초하루에 점쳐서 신후(神后)[32]가 나오면 크게 비가 내리게 된다. 대충(大沖, 태충)[33]이 나오면 비가 조금 내리게 된다.

【注】 六壬占, 常以月將加月建, 及月朔占, 神后爲大雨, 大沖爲小雨.

육임점의 월별 월장

월	월장의 지지	월장의 호칭
1	해(亥)	등명(登明, 水神)
2	술(戌)	하괴(河魁, 土神)
3	유(酉)	종괴(從魁, 金神)
4	신(申)	전송(傳送, 金神)
5	미(未)	소길(小吉, 土神)
6	오(午)	승광(勝光, 火神)
7	사(巳)	태을(太乙, 火神)
8	진(辰)	천강(天罡, 土神)
9	묘(卯)	태충(太沖, 木神)
10	인(寅)	공조(工曹, 木神)
11	축(丑)	대길(大吉, 土神)
12	자(子)	신후(神后, 水神)

29 용(龍)·수(水)에……날에 : 용(龍)은 오행으로 목(木)에 해당하므로, 천간의 갑(甲)·을(乙)과 지지의 인(寅)·묘(卯)이고, 수(水)는 천간의 임(壬)·계(癸)와 지지의 해(亥)·자(子)이다.

30 월장(月將) : 각 달을 주관하는 장수. 월장은 태양이 매 절기 중간 시기인 중기(中氣)에 어디에 있는지에 따라 결정된다. 예컨대 우수 이후 춘분까지의 달은 해(亥)로, 등명장(登明將)이라 하고, 춘분 이후 곡우까지의 달은 술(戌)로, 하괴장(河魁將)이라 한다. 해당 월의 중기부터 다음달의 중기 이전까지의 기간을 주관한다.

31 월건(月建) : 매 달에 배당하는 60갑자. 해마다 1개씩 배당한 60갑자는 세차(歲次)라 한다.

32 신후(神后) : 12월의 월장. 수신(水神).

33 대충(大沖, 태충) : 9월의 월장. 목신(木神).

만약 귀곡자(鬼谷子)[34]의 신과(神課, 점술법)를 따라 점치려면 해당 월장을 점을 치는 시(時)에 더해서 살핀다. 그러면 점치는 절차에 따라서 네모난 천지반도(天地盤圖)[35] 위에 구름이 일 듯 온갖 천지만물이 불현 듯 나타나게 된다. 이를 바탕으로 사과(四課)[36]를 작성하여 길흉화복을 논한다.[37]

若依鬼谷神課, 則以月將加時, 順籌⑦至雲起方上, 傳成四課而論之也;

만약 대육임점을 따라 점치려면 월장을 점을 치는 때인 정시(正時)에 더 추가하여 천지반도를 완성하고, 여기의 지지와 천간을 살펴 3전(三傳)[38]을 도출한다. 그러면 물이 위로 올라가고, 불이 아래에 숨는 점사를 얻거나 청룡이 위로 올라가 앉고, 현무는 구멍으로 들어가는 이 점사를 얻으면 반드시 주로 바람이 불고 비가 내리게 된다. 이 점사는 만 번 확인하더

若依大六壬占, 以月將加正時, 視支干三傳, 而得水騰於上, 火伏於下, 青龍升坐, 玄武入穴, 必主有風雨. 萬驗無差, 但節前三日不占】

34 귀곡자(鬼谷子): 중국 전국 시대의 제(齊)나라의 사상가. 종횡가(縱橫家)였던 소진(蘇秦)·장의(張儀)의 스승으로, 성명과 행적은 모두 미상이다. 양성(陽城)의 귀곡에 살았기 때문에 귀곡자 또는 귀곡 선생이라 불렸다. 저서에 《귀곡자》 1권이 전해지는데, 소진이 가탁했다는 설과 후대 육조 시대에 나온 위서라는 설이 있다.

35 천지반도(天地盤圖): 점치는 시간과 해당 월장을 기준으로 각 기준점에서 12지 순서대로 돌려 배치한 표. 낙서의 팔괘도에 그 근거를 두고 있다.

36 사과(四課): 포괄적인 천지반도에서 구체적이고 개인적인 점괘 4개를 뽑는 것. 제1~제4과 둔간(遁干), 제1과 천반(天盤)~제4과 천반, 일간(日干)·기궁(己宮)·제2과 지반~제4과 지반(12지 순서로 배열)을 통틀어 가리키는 용어. 둔간은 정단(正斷)일의 어느 순(順)중에 있나를 살핀 후에 순중에 있는 천간을 각 지지와 배합하면 된다. 천반은 만약 점을 친 시간이 사시(巳時)이고, 월장이 축(丑)이라면, 점시(점치는 시각) 상에 월장을 올려서 12지 순으로 기입하면 천지반도가 완성된다. 김순나(金純那), 〈六壬 正斷에 있어 天將類神 活用에 관한 硏究〉, 공주대학교 동양학 석사학위논문, 2018, 6~11쪽 참조 바람.

37 이를……논한다. 육임점을 칠 때 우선 시간과 월건을 이용하여 12궁도를 작성한다. 그리고 해당 일의 천간과 지지를 대입하여 4과(四課)를 작성한다. 그리고 4과를 파악하여 3전(三傳)이라는 도식을 올려, 총 4과(課) 3전(傳)을 중심으로, 12궁도를 해석하여 일의 길흉과 가부 등을 판단한다. 육임학도 특정한 사안에 대한 질문이 행해진 시간을 기준으로 4과3전을 작성하여 미래를 예측한다. 이 둘이 중시하는 것은 시간(정확한 때)의 중요성이다. 제갈공명이나 한명회 같은 책략가들은 국사나 경제, 자연을 살피기 위하여 육임을 활용하였다. 강은순·임동호, 위의 논문, 457~458쪽. 어떤 이의 생·년·월·일로 사주를 풀어 예측하는 사주명리학과의 차이점이라고 하겠다. 김순나(金純那), 위의 논문을 참조 바람.

38 3전(三傳): 과전도(3전 4과도)에서 어떤 일의 시작을 보는 초전 천반, 어떤 일의 중간 과정을 보는 중전 천반, 어떤 일의 결과를 보는 말전 천반을 가리키는 육임점의 용어.

⑦ 籌: 《武備志·占度載·占風雨》에는 "數".

라도 어긋남이 없다. 다만 각 절기의 시작 3일 전에는 점치지 않는다】

지지와 천간 각각에 연관된 분야의 지역이 아니면 비가 많이 내리지 않고,

支干[8]兩位，非其所，以無多；

【주 지(支)는 곧 12지(支)로, 지지(地支)인 자·축·인·묘·진·사·오·미·신·유·술·해이다.

【注 支，乃十二支也，卽地支子、丑、寅、卯、辰、巳、午、未、申、酉、戌、亥；

간(干)은 곧 10간(干)으로, 바로 천간(天干)인 갑·을·병·정·무·기·경·신·임·계이다.

干，乃十干也，卽天干甲、乙、丙、丁、戊、己、庚、辛、壬、癸.

이는 천간·지지가 천지를 담당할 때는 이것으로 분야를 삼아 각각 해당되는 곳이 있다는 뜻이다. 만약 그 오묘하고 구체적인 미래를 미루어 다 알고자 하면 반드시 해당하는 분야를 확정하여 예측해야 한다.

謂干支之任天地，以之分野，各有所屬也. 若欲推極其妙，必當以分野定之.

일반적으로 북두칠성의 빛과 해의 기운에는 비가 내릴지 내리지 않을 지의 징후가 갖추어져 있다. 그러므로 해당하는 각 방위의 분야에 비가 내리는가를 예측할 수 있다. 간지와 분야의 관계는 다음과 같다. 갑(甲)은 제(齊)[39], 을(乙)은 동이(東夷)[40], 병(丙)은 초(楚)[41],

凡斗光日氣該雨不雨，各有方位分野而降雨也. 甲齊，乙東夷[9]，丙楚，丁南蠻，戊韓、魏，己中州，庚秦，辛西戎，壬燕，癸北狄[10].

---

39 제(齊) : 중국 산동성(山東省)·하북성(河北省) 남부 일대.

40 동이(東夷) : 중국을 기준으로 동쪽 이민족의 명칭이자, 그들이 사는 산동성(山東省)·하북성(河北省)·강소성(江蘇省)성 일대.

41 초(楚) : 중국 호남성(湖南省)·호북성(湖北省) 일대.

[8] 干 : 《武備志·占度載·占風雨》에는 "于".

[9] 東夷 : 저본에는 결자. 《武備志·占度載·占風雨》에 근거하여 보충.

[10] 北狄 : 저본에는 결자. 《武備志·占度載·占風雨》에 근거사여 보충.

정(丁)은 남만(南蠻)[42], 무(戊)는 한(韓)[43]·위(魏)[44], 기(己)는 중주(中州)[45], 경(庚)은 진(秦)[46], 신(辛)은 서융(西戎)[47], 임(壬)은 연(燕)[48], 계(癸)는 북적(北狄)[49]이다. 12진(辰)은 다음과 같다. 자(子)는 제(齊), 축(丑)은 오(吳)·월(越)[50], 인(寅)은 연(燕), 묘(卯)는 송(宋)[51], 진(辰)은 정(鄭)[52]·한단(邯鄲)[53], 사(巳)는 초(楚), 오(午)는 주(周)[54], 미(未)는 진(秦), 신(申)은 진(晉)[55], 유(酉)는 조(趙)[56], 술(戌)은 노(魯)[57], 해(亥)는 위(衛)[58] 지역이다】

如十二辰, 則子爲齊, 丑吳、越, 寅燕, 卯宋, 辰鄭、邯鄲, 巳楚, 午周, 未秦, 申晉, 酉趙, 戌魯, 亥衛】

월수십정(月宿十精)[59]은 그 방위에 해당하면 이 분야에 두루 비가 내리게 되지.

月宿十精, 當其方, 而遍溥.

【주 봄 3개월의 병(丙)·정(丁)이 든 날, 여름 3개월 의 무(戊)·기(己)가 든 날, 가을 3개월의 임(壬)·계(癸)가 든 날, 겨울 3개월의 갑(甲)·을(乙)이 든 날, 즉

【注 春三月丙、丁日, 夏三月戊、己日, 秋三月壬、癸日, 冬三月甲、乙日, 己土四

42 남만(南蠻): 중국의 남쪽 이민족의 총칭이자, 그들이 살던 초(楚)·오(吳)·월(越) 등 지역 일대.

43 한(韓): 중국 산서성(山西省) 남부와 동부, 하북성(河北省) 북부 일대.

44 위(魏): 중국 산서성(山西省) 북부와 내몽고(內蒙古) 중부 일대.

45 중주(中州): 중국 하남성(河南省)일대.

46 진(秦): 중국 감숙성(甘肅省)·섬서성(陝西省) 일대.

47 서융(西戎): 중국 감숙성(甘肅省) 일대(소수민족 거주지).

48 연(燕): 중국 하북성(河北省) 북부 일대.

49 북적(北狄): 중국 산서성(山西省) 변방이나 태행산(太行山) 인근 일대(춘추시대 기준).

50 오(吳)·월(越): 중국 강소성(江蘇省)·절강성(浙江省) 일대.

51 송(宋): 지금의 중국 하남성(河南省) 상구시(商丘市) 일대.

52 정(鄭): 중국 하남성(河南省) 신정현(新鄭縣) 일대.

53 한단(邯鄲): 중국 하북성(河北省) 남부 일대.

54 주(周): 중국 섬서성(陝西省) 서안(西安) 일대.

55 노(魯): 중국 산동성(山東省) 일대.

56 조(趙): 중국 산서성(山西省) 중부, 하북성(河北省) 서부와 남부 일대.

57 노(魯): 중국 산동성(山東省) 일대.

58 위(衛): 중국 하남성(河南省) 기현(淇縣)·활현(滑縣)·복양현(濮阳縣)·심양(沁陽)일대.

59 월수십정(月宿十精): 월수(月宿)는 달이 운행하며 머무는 28수의 자리이고, 십정(十精)은 옛날 점술(占術)의 한 가지로, 10정태을점(十精太乙占)이다. 십정은 천황(天皇)·제부(帝符)·천시(天時)·태존(太尊)·비조(飛鳥)·오행(五行)·팔풍(八風)·오풍(五風)·삼풍(三風)·태을수(太乙數)의 10가지 성사(星使)를 일으켜 태을의 여러 신들과 서로 화합하여 풍우나 재변을 주관하는 태을점의 원리이다.

기(己)에 해당하는 토(土)일인 4계절의 앞 8일은 모두 토기가 왕성하여 용사(用事, 일을 벌이다)를 할 수 있다.

季八日, 皆土王用事.

지금 날짜에 경(庚)·신(辛)이 들면 이를 '월수10정일(月宿十精日)'이라 한다. 그날은 구름 기운의 유무를 따질 필요 없이 이날을 만나기만 하면 반드시 주로 큰바람이 불고 비가 내리게 된다.

今以日値庚、辛, 名"月宿十精日". 其日不問有無雲氣, 但逢此日, 必主大風雨.

만약 짙은 구름이 안정되지 않고 많은 비가 응하지 않으면 이는 토기가 왕성하여 용사할 때이다. 경(庚)·신(辛) 방위에서는 응하여 비가 내리고, 앞과 같은 봄·여름·가을·겨울 8일이 응하여 비가 내리게 된다】

若陰雲不定, 陰雨不應, 是土王用事時, 庚、辛方則應, 春夏秋冬如前八日則應】

금성(金星)·수성(水星)이 나오고 들어가는 날이면 바람과 안개가 일어나 하늘에 이어져 있고,

金、水出入, 起風霧以連天;

【주 금성(金星)·수성(水星)은 성정(性情)이 안정되지 않아서 주로 비가 내리거나, 주로 바람이 불게 된다. 일반적으로 금성과 수성 두 별이 처음 나오거나 들어가는 날에는 반드시 주로 바람이 불거나, 비가 내리게 된다】

【注 金星、水星, 情性不定, 或主雨, 或主風. 凡金、水二星初出入之日, 必主風雨】

필수(畢宿)와 달이 서로 만나면 그 아래 지역에 구름과 천둥이 퍼지게 되네.

畢、月相逢, 布雲雷於下土.

【주 달이 필수를 범하면 반드시 주로 비가 내리게 된다.

【注 月犯畢宿, 必主有雨.

일설에 "해나 달이 기수(箕宿)에 걸려 있으면 바람이 많이 불게 된다. 해나 달이 필수(畢宿)에 걸려 있으면 비가 많이 내리게 된다."라 했다. 이른바 별에는 바람을 좋아하는 별이 있고, 비를 좋아하는 별이

一曰: "日月離箕宿, 則多風; 離畢宿, 則多雨." 所謂"星有好風者, 有好雨者"是也】.

있다는 것이 이것이다】

동작(銅雀)이 소리를 죽여 울지 않으면[屛氣] 못이 고갈되고[池枯], 구름 기운[黴烏]이 날개를 활짝 펴게 되고,

銅雀屛氣, 池枯而黴烏翅張;

【주 동작(銅雀)은 까마귀의 이름이다. 병기(屛氣)는 소리를 죽여 울지 않음이다. 지고(池枯)는 못이 말라 고갈되었다는 말이다. 징오(黴烏)는 구름 기운이다. 이와 같은 때 반드시 징오가 날개를 펴서 몸을 드러낸다.

【注 銅雀, 烏名也. 屛氣, 韜音不鳴也. 池枯, 言池塘乾涸也. 黴烏, 雲氣也. 如此之時, 必黴烏展翅而現身也.

일반적으로 징오가 나타나는 곳이라면 주로 큰 가뭄이 들게 된다. 동작이라는 까마귀는 장안(長安)이나 서역(西域)[60]에 있다. 이 새가 울면 오곡에 풍년이 들게 된다. 지금 동작병기(銅雀屛氣)라 한 것은 동작이 소리를 죽여 울지 않는다는 말이다. 또 부주사(蚨蛛蛇)[61]는 4개의 날개가 있으니, 부주사의 일명도 '징오(黴烏)'이다. 일반적으로 부주사가 보이는 곳은 주로 3년간 큰 가뭄이 들게 된다】

凡出處, 主大旱. 銅雀之烏[11], 長安、西域有之, 鳴則五穀豐熟, 今言銅雀屛氣, 是韜音不鳴也. 又蚨蛛蛇有四翼, 一名黴烏. 凡見處, 主三年大旱】

석연(石燕)[62]이 날아오르는 듯 높이 자라면 하천이 넘치고, 상양(商羊)이 덩달아 뛸 듯 춤추네.

石燕翺翔, 川溢而商羊鼓舞.

60 서역(西域) : 좁은 의미로는 중앙아시아의 타림분지 주변의 국가들을 가리키고, 넓은 의미로는 페르시아와 아라비아까지를 포함하는 지역을 가리킨다.

61 부주사(蚨蛛蛇) : 뱀의 일종이나 미상이다. 실재했는지 여부도 알 수 없다. 부(蚨)는 원래 전설속의 벌레 이름이다. 날개 넷 달린 뱀의 형상을 한 구름을 설명하기 위해 언급하고 있다.

62 석연(石燕) : 모양은 제비와 비슷하며 무늬가 있는, 동굴 속에서 나는 광석. 둥글고 큰 것은 암컷이며, 길고 작은 것은 수컷으로 분류한다. 돌처럼 단단하고 무겁다. 맛은 달고, 성질은 차며, 독은 없다. 토연(土燕)이라고도 한다.

[11] 烏 : 《武備志·占度載·占風雨》에는 "鳥".

【주 석연(石燕)은 약의 이름이다. 중악(中岳)[63]인 소실산(少室山)[64]에 있다. 석연의 모양이 나는 듯 높이 자라면 주로 비가 내리게 됨을 말한다. 그러므로 당나라 시에 "석연이 구름에 스칠 듯이 높이 날아오르면 맑다가도 비 내리게 된다네[石燕拂雲晴亦雨]."[65]라 한 시구도 이 때문이다. 상양(商羊)도 새 이름이다. 퍼덕이며 뛸 듯이 춤을 춘다.

【注 石燕, 藥名也. 中岳少室山有之. 謂石燕若飛, 則主有雨, 故唐詩云: "石燕拂雲晴亦雨"故耳. 商羊, 亦鳥名, 鼓舞跳舞也.

제(齊)나라 때 다리가 1개인 새가 있었다. 이 새는 매번 날개를 펴고 뛸 듯이 춤을 추었다. 제나라 군주가 괴이하게 여겨 공자(孔子)에게 묻자, 공자가 "이는 상양이란 새입니다. 이 새가 날개를 펴고 뛸 듯이 춤을 추면 주로 큰비가 내려 근심이 됩니다."[66]라 했다. 이 말을 듣고 나가서 당시 제나라에 전역에서 확인해 보니, 과연 오랜 비가 백성과 만물에게 심한 재해가 되었다】

齊國時有一足鳥, 每舒翅跳舞. 齊侯怪之, 問於孔子, 孔子曰: "此商羊鳥也. 若此鳥舒翅跳舞, 則主大雨爲患." 出處驗之, 于時齊國, 果然久雨爲民物重災】

백성이 군주의 덕에 감동하면[戴] 5가지 징조[五徵]가 어지럽지 않아서 천명이 오히려 새롭게 되고[維新][67],

戴君之德, 五徵不亂以維新;

【주 대(戴)는 감동하다[感]와 같다. 머리에 이는 동작을 '대(戴)'라 한다. 이는 백성이 군왕의 덕에 감

【注 戴, 猶感也. 任於首曰"戴", 言民感戴君王之德,

---

63 중악(中嶽): 중국의 숭산(嵩山). 하남성(河南省) 중부인 등봉시(登封市) 서북면(西北面)에 있다.

64 소실산(少室山): 중국 숭산의 서쪽 36개의 봉우리 이름. 산세가 험준하고 경치가 빼어난 곳이다.

65 석연이……된다네: 《唐詩品彙》 卷88 〈七言律詩〉 "李商隱" '金陵懷古'(《文淵閣四庫全書》 1371, 899쪽).

66 이는……됩니다: 《孔子家語》 卷3 〈辯政〉 第14(《文淵閣四庫全書》 695, 34쪽)에, 본문과 일치하지는 않지만 여기와 비슷한 내용이 보인다.

67 천명이……되고[維新]: 《시경》 〈대아(大雅) 문왕(文王)〉의 "주나라가 비록 오래된 나라이나 천명(天命)은 오히려 새롭도다(周雖舊邦, 其命維新)."에서 온 말이다.

동하면 5가지 징조에 차례가 있어 어지럽지 않다는 말이다. 5가지 징조란 비·맑음·추위·더위·바람으로, 모두 제때에 제대로 응한다. 징(徵)은 확인함[驗]과 같다.

則五徵有序而不亂. 五徵者, 雨、晴、寒、暑、風, 皆及時而應之. 徵, 猶驗也.

작은 일에 확인된 바가 있으면, 큰일에도 그러하다. 일반적으로 이 5가지 일이 어지럽지 않으면 천하가 태평해진다】

小事有徵, 大事亦然. 凡此五事不亂, 至天下太平】

군주가 현명한 재상을 얻어 그를 임용하면 10가지 의(義)에 모자람이 없어[無虧] 다스림이 옛 요순 시대와 같아진다.

任相之賢, 十義無虧而治舊.

【주 이는 군주가 어진 재상을 얻어 임용하면 천하가 아주 잘 다스려진다는 말이다. 이는 10가지 의(義)에 모자람이 없기 때문이다. 10가지 의(義)란 ① 부모는 자식에게 자애롭고, ② 자식은 부모에게 효도하며, ③ 형과 언니는 동생을 친구처럼 아껴주고, ④ 동생은 형과 언니를 공경하며, ⑤ 남편은 부인에게 의롭게 대하고, ⑥부인은 남편을 따르며, ⑦ 연장자는 연하의 사람에게 덕을 베풀고, ⑧ 연하의 사람은 연장자의 뜻에 순응하며, ⑨ 군주는 신하에게 어질게 대하고, ⑩ 신하는 군주에게 충성하는 것이다.

【注 言人君得賢宰相任用之, 則天下大治, 以其十義無虧故耳. 十義者, 父慈子孝, 兄友弟恭, 夫義婦隨, 長德幼順, 君仁臣忠也.

무휴(無虧)란 10가지 의(義) 중에 거의 1가지도 결함이 없다는 말이다. 반드시 현명한 신하가 군주를 보필하면 천하의 백성이 군주에게 자식처럼 복종하고, 바람이 고르게 불고 비는 순하게 내려서 절기가 어긋나지 않으며, 다스림의 교화가 다시 당우(唐虞)[68]

無虧, 言十義略無一缺. 必是賢輔, 則天下蒼生子服, 風調雨順而時序不失, 治化復如唐虞也.

68 당우(唐虞): 태평성세. 당(唐)은 요 임금이 다스리던 나라이고 우(虞)는 순 임금이 다스리던 나라이다.

와 같아지게 된다.

일반적으로 먼저 바람이 분 뒤에 비가 내리는 날씨는 이치에 순하고, 먼저 비가 내린 뒤에 바람이 부는 날씨는 이치에 거스른다. 만약 군신간이 서로 뜻을 얻으면 국가는 반드시 아주 잘 다스려지고, 음양의 순함이나 거스름에도 각각 그 순서가 있어 잘못되지 않게 된다】

凡先風後雨爲順, 先雨後風爲逆. 若君臣相得, 國家必大治, 陰陽順逆, 各有其序而不失也】

하늘을 존경하고 땅을 귀하게 대하면 정성스런 뜻을 펼쳐 의도하는 일을 이루는 비법을 얻고, 귀(鬼, 음기의 신령)를 공경하고 신(神, 양기의 신령)을 중시하면 깊고 묘한 이치를 장악하여 미래 예측 지식의 계보[譜]를 정립하게 되지.

尊天貴地, 徵秘法以推誠; 敬鬼重神, 握玄機而定譜.

【주 나를 덮어 주는 존재는 하늘이고, 나를 받쳐 주는 존재는 땅이다. 그러므로 본문의 첫째 구절은 하늘과 땅을 존경하고 중시하지 않으면 안 된다는 말이다. 본문의 둘째 구절은 어떤 일을 이루는 해결책을 얻기를 바란다면 정성스런 뜻을 다 펼쳐야 된다는 말이다.

【注 覆我者天也, 載我者地也. 言天地不可不尊重也. 言欲求事之有徵, 必竭誠意而可也.

귀(鬼)는 음기의 신령이고, 신(神)은 양기의 신령이다. 그러므로 귀와 신의 덕을 또한 공경하고 중시하지 않을 수가 없다. 이런 원리에 통달한다면 깊고 묘한 이치가 손바닥 안에 있게 된다. 그러니 미래 예측 지식의 계보를 서술하면서 어찌 하늘과 땅, 귀(鬼)와 신(神)을 군더더기로 여길 수 있겠는가】《측천부》[69]

鬼者陰之靈也, 神者陽之靈也, 以鬼神之爲德, 又不可不敬重之. 達此, 則玄機歸于掌握, 豈特譜敍而贅之也!】《測天賦》

69 출전 확인 안 됨; 《武備志》 卷163 〈占度載〉 "占風雨" 1 '測天賦', 6618~6659쪽.

봄비가 그늘지고 서늘한 기운 만나면	春雨[12]遇陰涼,
비 내리되 바람은 불지 않네.	雨下把風防.
가을 지나 그늘지고 뜨거운 기운 만나면	秋後逢陰熱,
구름·천둥·바람·비 줄줄이 닥치지.	雲雷風雨烈.
서북쪽에 먹구름 생기면	西北黑雲生,
천둥 치는 비에 반드시 쓸데없이 굉음 내네.	雷雨必聲訇.
동·남·북쪽 바다에 울리면	東南北海响,
바람 불고 비 내리는 날 점점 길어지지.	風雨漸漸長.
아침에 하늘꼭대기만 뚫려 있으면	朝看天頂穿,
밤에 사방 귀퉁이에만 구름 걸려 있네.	夜看四脚懸.
아침과 저녁 바다에 구름 기운 일어나면	朝暮海雲起,
이튿날 새벽에 동풍 불고 비 내리지.	當晨東風雨.[13]
해 뜰 때 묘성이 구름 만나면	日出卯遇雲,
비는 없고 하늘은 반드시 흐려진다네.	無雨天必陰.
해 뜰 때 홍색 구름 어두우면	日出紅雲暗,
동풍 불고 즉시 비를 보지.	東風雨卽見.
해 질 때 어두운 홍색 구름이면	日暮若暗紅,
비는 없고 바람만 부네.	無雨定是風.
해 질 때 먹구름 만나면	日暮黑雲接,
바람과 비 말할 필요 없이 불고 내리지.	風雨不須說.
구름 끼고 맑다가 동풍 만나면	雲晴遇東風,
비로 쏟아져 내려 구름 없어진다네.	滂沱雨下沖[14].
구름이 동풍 따라 일어나면	雲隨東風起,
바람 진정되고 비 바로 내리지.	風定雨立至.

[12] 雨:《圖書編·占風雨》에는 "夏".

[13] 當晨東風雨:《圖書編·占風雨》에는 "東風與當晨".

[14] 沖:《圖書編·占風雨》에는 "傾".

구름이 산 밑에 가득 퍼지면	雲布滿山⑮低,
동풍 불고 비 어지럽게 날리네.	東風雨亂飛.
비 지나간 뒤 동풍 불어오면	雨過東風至⑯,
저녁에 바람 기세 거세지지.	晩來越添勢⑰.
오후에 구름 만나 가려지면	午後遇雲遮,
동풍 불고 밤비 쏟아지네.	東風夜雨瀉.
구름이 용문(龍門)[70]에서 일어나면	雲隨龍門起,
구풍(颶風, 세찬 바람) 불고 이어서 소나기 내리지.	颶風連急雨.
동풍 만나기만 하면	但遇⑱起東風,
빗물이 반드시 따라 내리네.	雨水必相從.
먹구름 저물 무렵 남쪽에 생기면	黑雲暮生南⑲,
자시[半夜]에 비와 바람 들이치지.	半夜雨風催.
무지개 동쪽에서 뜨면	蝃蝀出自東,
비 없고 반드시 바람 불게 된다네.	無雨必生風.
짧은 무지개 저물녘에 나타나면	斷虹當晩見,
날 밝지 않고 일기 반드시 변하지.	不明天必變.
천둥의 빛 어지럽게 번쩍이면	雷光若亂明,
큰비가 바람 따라 쏟아지네.	大雨隨風傾.
빠른 바람 길게 불지 않으면	汛頭風不長,
그 뒤에 비바람 맹렬히 몰아치지.	汛後風雨狂.
바다 가득 거친 파도 일면	滿海起荒浪,
조수가 바람과 비 따라 불어나네.	潮隨風雨漲.

70 용문(龍門) : 중국 하남성(河南省) 낙양시(洛陽市) 남쪽에 있는 산 이름.

⑮ 山 : 《圖書編 · 占風雨》에는 "三".

⑯ 至 : 저본에는 결자. 《圖書編 · 占風雨》에 근거하여 보충.

⑰ 勢 : 《圖書編 · 占風雨》에는 "巨".

⑱ 遇 : 《圖書編 · 占風雨》에는 "犯".

⑲ 南 : 《圖書編 · 占風雨》에는 "西".

새나 어류 갑자기 파도 위에서 놀면 鳥鱗忽弄波,
바람과 비는 베틀의 북이 오가듯 급속하게 닥치지. 風雨急如梭.

【일반적으로 먼저 바람이 분 뒤에 비가 내리는 날씨는 이치에 순하고, 먼저 비가 내린 뒤에 바람이 부는 날씨는 이치에 거스른다. 비는 그쳤지만 바람과 천둥이 그치지 않으며, 구름과 안개가 흩어지지 않으면 주로 재해로 만물이 상하게 된다.

【凡先風後雨爲順, 先雨後風爲逆. 雨止而風雷不止, 雲霧不散者, 主有災傷.

먼저 천둥이 친 뒤에 비가 내리면 그 비는 반드시 조금 내린다. 반면 먼저 비가 내린 뒤에 천둥이 치면 그 비는 반드시 많이 내리게 된다】《풍우점시(風雨占詩)71》72

先雷後雨, 其雨必小; 先雨後雷, 其雨必大】《風雨占詩》

71 풍우점시(風雨占詩) : 예로부터 전해 내려오던, 비와 바람을 점치는 가결로 추정된다. 중국 명(明)나라 학자 장황(章潢, 1527~1608)이 127종의 서적을 편집한 책인 《도서편(圖書編)》에 실려 있다.

72 출전 확인 안 됨; 《圖書編》 卷56 〈占風雨〉(《文淵閣四庫全書》970, 464쪽).

2. 하늘로 점치다

占天

1) 하늘의 빛깔

天色

하늘의 빛깔이 진한 황색이면 바람이 불게 된다. 《무비지》[1]

天色慘黃, 爲風. 《武備志》

2) 하늘의 기운

天氣

하늘의 기운이 낮고 어두우면 3일간 비가 올 조짐이다. 《무비지》[2]

天氣低昏, 三日雨兆. 《武備志》

하늘의 기운이 습하고 뜨거워 막히고 훈증되면 주로 큰 바람이 불게 된다. 옛말에 "열이 극에 달하면 바람이 생기게 된다."라 했다. 《농정전서》[3]

天氣濕熱鬱蒸, 主有風. 古語云: "熱極, 則生風." 《農政全書》

1 《武備志》卷148 〈占度載〉"天之色", 5964쪽

2 《武備志》卷148 〈占度載〉"天之色", 5965쪽

3 《農政全書》 卷11 〈農事〉"占候" '論風'(《農政全書校注》, 266쪽).

3. 땅으로 점치다

占地

1) 땅의 습기

지면의 습도가 심하여 그 물방울이 흐르는 땀과 같이 나오면 주로 폭우가 내리게 된다. 만약 서북풍이 간간이 불다 흩어지면 비가 내리지 않게 된다. 바람에 돌멩이가 물처럼 흘러도 역시 그렇다. 또 사방 들판에 습기가 막혀 훈증되어도 역시 그렇다. 《전가오행》[1]

地濕

地面濕潤甚者, 水珠出如流汗, 主暴雨. 若得西北風鮮散, 無雨. 石礫水流, 亦然; 四野鬱蒸, 亦然. 《田家五行》

1 《田家五行》 卷中 〈天文類〉 "論地"(《續修四庫全書》 975, 340쪽).

4. 해로 점치다　占日

1) 햇무리　日暈

평안하게 지내고 있지만 햇무리가 지면 대부분 바람이 불고 비가 내리게 된다. 《상이부(祥異賦)[1]》[2]

安居而日暈, 多成風雨. 《祥異賦》

반쪽은 햇무리가 지고 반쪽은 비가 내리면서 서로 향하고 있으면 천하에 큰바람이 불게 된다. 《송사》〈천문지〉[3]

日暈雨半相向, 天下大風. 《宋·天文志》

햇무리가 지면 비가 내린다. 속담에 "달무리가 지면 주로 바람이 불고, 햇무리가 지면 주로 비가 내리게 된다."라 했다. 《전가오행》[4]

日暈, 則雨. 諺云: "月暈, 主風; 日暈, 主雨." 《田家五行》

햇무리가 청적(青赤)색이면 주로 1~2일 안에 큰바람이 불게 된다. 《무비지》[5]

日暈青赤, 主一二日大風. 《武備志》

해에 적색 햇무리가 지면 그날 큰바람이 불고,

日有赤暈, 其日有大風雨.

1 상이부(祥異賦): 《천원옥력상이부(天元玉曆祥異賦)》. 작자 미상의 중국 고대 점성학 서적.
2 출전 확인 안 됨; 《二如亭群芳譜》〈元部〉"天譜" 卷2 '日'(《四庫全書存目叢書補編》80, 63쪽).
3 출전 확인 안 됨; 《二如亭群芳譜》, 위와 같은 곳.
4 《田家五行》卷中〈天文類〉"論日"(《續修四庫全書》975, 336쪽).
5 《武備志》卷150〈占度載〉"占日" 2 '日之暈', 6013쪽.

큰비가 내리게 된다. 《무비지》[6]

同上

해에 백색 햇무리가 1겹으로 지면 당일 바람이 불고 비가 내리게 된다.

日白暈一重, 當日風雨;

2겹이면 그달에 바람과 비가 많게 된다. 《무비지》[7]

二重, 其月多風雨. 同上

햇무리가 2겹이면 주로 7일 안에 큰바람이 불고 큰비가 내리게 된다. 《무비지》[8]

日暈二重, 主七日大風雨. 同上

햇무리가 교차하여 서로 맞이하는 모양이면 3일 안에 큰비가 내리게 된다. 《무비지》[9]

日暈交相迎, 三日大雨. 同上

해에 청색 햇무리가 지면 10일을 넘지기 않아서 큰바람이 불게 된다.

日有青暈, 不出旬日, 有大風;

적색 햇무리가 지면 덥고 비가 내리며, 벽력(霹靂, 천둥과 번개)이 치게 된다. 《개원점경(開元占經)[10]》[11]

赤, 則暑雨霹靂. 《開元占》

일반적으로 햇무리가 흑색이면 3일 안에 큰비가 내리고, 천둥과 번개가 내리쳐서 소나 말 등의 육축을 죽이게 된다.

凡日黑暈, 三日內有大雨, 雷電霹靂殺牛馬六畜.

---

6 《武備志》卷150 〈占度載〉 "占日" 2 '日之暈', 6014쪽.

7 《武備志》卷150 〈占度載〉 "占日" 2 '日之暈', 6015쪽.

8 《武備志》卷150 〈占度載〉 "占日" 2 '日之暈', 6018쪽.

9 《武備志》卷150 〈占度載〉 "占日" 2 '日之暈', 6020쪽.

10 개원점경(開元占經): 중국 당(唐)나라 때 《주역》에 조예가 깊어 태사감(太史監)을 지낸 천축(天竺) 사람 구담실달(瞿曇悉達)이 지은 천문학 저서. 총 110권.

11 《唐開元占經》卷8 〈一占〉 "日暈"(《文淵閣四庫全書》807, 237쪽).

미(未)·해(亥)·신(申)일에 햇무리가 지면 먼저는 바람이 불고 추운 뒤에 비가 내리게 된다.

未、亥、申日暈，先有風寒後雨；

유(酉)·사(巳)·술(戌)일에 햇무리가 지면 바람은 불지만 비는 내리지 않게 된다.

酉、巳、戌日暈，有風不雨；

축(丑)·오(午)·진(辰)일에 햇무리가 지면 먼저는 따뜻한 뒤에 춥게 된다. 《관규집요》[12]

丑、午、辰日暈，先溫後寒.《管窺輯要》

12 《管窺輯要》卷8 〈日部占〉(《管窺輯要》4, 7쪽).

2) 해귀고리(일이) 日珥

해에 귀고리가 생기면 주로 맑다가 비가 내리게 된다. 속담에 "해의 남쪽에 귀고리가 생기면 맑고, 북쪽에 귀고리가 생기면 비가 내리게 된다."라 했다.

日生耳, 主晴雨. 諺云: "南耳, 晴; 北耳, 雨."

해에 쌍귀고리가 생기면 바람을 그치게 하고, 비를 멎게 한다.

日生雙耳, 斷風截雨.

이 해귀고리가 길면서 아래로 늘어져 땅까지 닿으면 또한 이를 '백일당(白日幢, 하얀 해의 깃발)'이라 한다. 그러면 주로 오래도록 맑게 된다. 《전가오행》[13]

若是長而下垂通[1]地, 則又名"白日幢", 主[2]久晴. 《田家五行》

아침 일찍 생기는 해귀고리로, 광풍이 일어나자마자 뒤이어 해귀고리가 생기면 다음날 비가 내리게 된다. 이때 해귀고리가 1개이면 1일 비가 내리고, 해귀고리가 2개이면 2일 바람이 불게 된다. 《광여도(廣輿圖)[14]》[15]

早間日珥, 狂風卽起申後日珥, 明日有雨. 一珥, 單日; 兩珥, 雙起. 《廣輿圖》

해의 좌우에 해귀고리가 생기면 큰바람이 일어나게 된다. 《무비지》[16]

日左右珥, 大風起. 《武備志》

해귀고리가 많으면 당일에 비가 내리게 된다. 《무비지》[17]

多珥, 臨日有雨. 同上

13 《田家五行》 卷中 〈天文類〉 "論日"(《續修四庫全書》 975, 336쪽).
14 광여도(廣輿圖): 중국 명(明)나라 관리 나홍선(羅洪先, 1504~1564)이 지은 지리서.
15 출전 확인 안 됨; 《御定月令輯要》 卷22 〈晝夜令〉 上 "占驗"(《文淵閣四庫全書》 467, 644쪽).
16 《武備志》 卷149 〈占度載〉 "占日" 1 '日之形', 5982쪽.
17 《武備志》, 위와 같은 곳.
[1] 通: 《田家五行·天文類·論日》에는 "近".
[2] 主: 저본에는 "生". 《田家五行·天文類·論日》에 근거하여 수정.

3) 해의 빛깔

日色

하늘의 기운이 내려가고, 땅의 기운이 올라가지 않는 경우 그 상태가 두터우면 해가 자색이 되고, 얇으면 적색이 되며, 밤에는 달이 백색이 된다. 그러면 모두 비가 내리게 된다.

天氣下降, 地氣③未升, 厚, 則日紫; 薄, 則日赤色; 若於夜, 則月白, 皆將雨也.

하늘의 기운이 내려가지 않고 땅의 기운이 올라가는 경우 그 상태가 두터우면 해가 황색이 되고, 얇으면 해가 백색이 되며, 밤에는 달이 적색이 된다. 그러면 모두 가뭄이 드는 데다 바람이 많이 불게 된다. 이 현상에 더해 햇무리나 달무리의 징후가 있으면 비는 적고 많이 흐리게 된다.

天氣未降, 地氣上升, 厚, 則日黃; 薄, 則日白; 若於夜, 則月赤, 將旱且風. 亦爲日月暈之候, 雨少而多陰.

하늘의 기운이 내려갔고 땅의 기운이 또 올라갔지만 상하가 아직 만나지 않았으면 해가 청색이 되고, 밤에는 달이 녹색이 된다. 그러면 모두 추워질 징후이다.

天氣已降, 地氣又升, 上下未交, 則日青; 若於夜, 則月綠色, 將寒候也.

혹 하늘과 땅의 기운이 비록 만났더라도 진하게 만나지 않으면 해가 흑색이 되며, 밤에는 달이 청색이 된다. 그러면 비가 내릴 듯하다 내리지 않고서 날씨가 변하여 안개가 끼거나, 햇무리가 해를 등지고 나오거나[背]【안 청적색 기운이 달이 처음 나올 때 해를 등지고 나오는 모양이 배(背)이다】, 무지개가 뜨게 된다. 《무비지》[18]

或天地氣雖交而未密, 則日黑; 若於夜, 則月青, 將雨不雨, 變爲雺霧、暈背【按 青赤氣如月初生背日者爲背】、虹霓. 《武備志》

떠도는 기운이 하늘을 가려 해나 달이 빛을 잃

游氣蔽天, 日月失色, 風雨

18 《武備志》 卷151 〈占度載〉 "占日" 3 '日之色', 6061~6062쪽.

③ 氣 : 저본에는 없음. 고대본·《田家五行·天文類·論日》에 근거하여 수정.

으면 바람이 불고 비가 내리게 될 징후이다. 《무비지》[19]

之候. 同上

해의 빛깔이 흔들리면 큰바람이 불게 될 징후이다. 《무비지》[20]

日光搖, 大風之候. 同上

해의 빛깔이 어둡고 홍색 안개가 짙게 맺혀 그늘이 지면 큰바람이 불고 비가 내리며, 매우 뜨겁게 된다. 《무비지》[21]

日光昏暗, 紅色霧結濃陰, 有大風雨, 大熱. 同上

해가 동쪽에 장대 2개 높이로 떴는데도 빛이 꺼진 듯이 빛나지 않으면 이를 '일병(日病, 해가 병들다)'이라 한다. 해가 서쪽으로 아직 지지 않았는데도 빛이 꺼진 듯이 빛나지 않으면 이를 '일사(日死, 해가 죽다)'라 한다. 일병이나 일사가 보이면 바람이 불고 비가 내리게 된다. 《무비지》[22]

日出東方二竿, 停停無光, 曰"日病". 未入西方, 停停無光, 曰"日死". 日病、日死, 有風雨. 同上

여름에 해의 빛깔이 황색이면 주로 비가 내리게 된다. 《수서점(隋書占)[23]》[24]

夏日色黃, 主雨. 《隋書占》

질문: "아침에 해가 뜰 때 빛깔이 옅게 어두우면서 창백(蒼白)색이면 비가 내릴 징후이다. 이는 어째

問: "朝日出光黯淡色蒼白者雨徵也. 何故?"

---

19 《武備志》卷151 〈占度載〉 "占日" 3 '日之色', 6061~6065쪽.
20 《武備志》卷165 〈占度載〉 "占風" 1, 6697쪽.
21 《武備志》卷151 〈占度載〉 "占日" 3 '日之色', 6067쪽.
22 《武備志》卷151 〈占度載〉 "占日" 3 '日之色', 6068쪽.
23 수서점(隋書占): 미상.
24 출전 확인 안 됨; 《二如亭群芳譜》 〈元部〉 "天譜" 卷2 '日'(《四庫全書存目叢書補編》80, 64쪽).

서인가?"

대답: "청명한 때 기운의 운행은 맑고 깨끗하여 수정[玻瓈]색이 된다. 해가 수정처럼 밝고 잡티가 없으면 비가 내리게 된다. 또 습기가 위로 올라가면 구름 기운이 조금 빽빽하고 탁해져서, 해의 빛깔이 옅게 어두워지기 때문이다. 창백색은 물의 빛이다." 《수법혹문(水法或問)[25]》[26]

曰:"晴明之辰, 氣行淸淨, 作玻瓈色. 日則晶明, 無有障隔, 將雨. 水濕上升, 氣稍稠濁, 光則黯淡也. 蒼白者, 水色也."《水法或問》

---

25 수법혹문(水法或問): 중국 명(明)나라 말기 독일 선교사 웅삼발(熊三拔, 1575~1620)과 농학자인 서광계(徐光啓, 1562~1633)가 서방의 수리(水利)를 소개한 《태서수법(泰西水法)》 중 권5의 편명.

26 《泰西水法》 卷5 〈水法或問〉(《文淵閣四庫全書》 731, 971쪽).

4) 해 뜨는 시각의 빠름과 늦음

日出早、晏

해가 빨리[早] 뜨면 주로 비가 내리게 된다.

日出早, 主雨;

해가 늦게[晏] 뜨면 주로 청명하게 된다.

出晏, 主晴.

노농(老農, 경험 많은 농사꾼)이 이에 대해 다음과 같이 말했다. "이는 다만 오래 흐린 나머지 밤비가 아침까지 이어지다가 바로 하늘이 밝아올 때에 구름이 갑자기 한꺼번에 걷히면 곧 빛이 나게 된다는 말이다.

老農云: "此特言久陰之餘, 夜雨連朝, 正當天明之際, 雲忽一掃而捲, 卽光.

해가 뜨는 데에 조(早)라 말한 까닭은 해가 뜬 뒤 짧은 시간 내에 반드시 비가 내려 바로 확인되기 때문이다.

日出所以言早, 少刻必雨, 立驗.

안(晏)이라 말한 까닭은 해가 뜬 후에 구름이 늦게 걷히면 반드시 맑아지게 되기 때문이다. 이 역시 매우 들어맞았다."

言晏者, 日出之後, 雲晏開也, 必晴, 亦甚準."

대개 해가 뜨고 지는 데에는 본래 일정한 시각이 있기 때문에 실제로는 빠름이나 늦음이 없다. 따라서 나는 다만 "빨리 청명해지면 주로 비가 내리게 되고, 구름이 늦게 걷히면 주로 청명하게 된다."라고 표현해야 한다고 생각한다. 해뜨는 시각의 빠름과 늦음이라고 말해서는 안 된다. 점치는 자는 이러한 이치를 깨달아야 한다. 《전가오행》[27]

蓋日之出入, 自有定刻, 實無早晏也. 愚謂但當云: "晴得早, 主雨; 晏開, 主晴." 不當言日出早晏也. 占者悟此理. 《田家五行》

해 일찍 뜨면 빗줄기 굵고, 해 늦게 뜨면 뙤약볕이 기러기 죽인다. 《고금언(古今諺)[28]》[29]

日出早, 雨淋腦; 日出晏, 曬殺雁. 《古今諺》

---

27 《田家五行》 卷中 〈天文類〉 "論日"(《續修四庫全書》 975, 336쪽).

28 고금언(古今諺): 중국 명(明)나라 관리이자 문학가인 양신(楊愼, 1488~1559)이 고대 제가(諸家)의 전적 및 유명한 사람들이 인용한 옛 속담을 모아 수록한 책.

29 《古今諺》 〈吳諺楚諺蜀諺滇 〉(《叢書集成初編》2889, 29쪽).

5) 해의 운행이 도수를 잃으면

日行失度

해의 운행이 도수를 잃고 양도(陽道)를 벗어나면 대부분 가뭄이 들고 바람이 많이 불게 된다. 음도(陰道)를 벗어나면 대부분 흐리고 비가 많이 내리게 된다. 《군방보》[30]

日行失度出陽道, 多旱風; 出陰道, 多陰雨. 《群芳譜》

6) 석양[返照, 반조]

返照

해가 질 때 석양이 비추면 주로 청명하게 된다. 민간에서는 이를 '일반오(日返塢)'라 한다.

日沒返照, 主晴. 俗名爲"日返塢".

일설에 "해가 질 때 연지(臙脂)홍[31]의 색이면 비는 내리지 않고 바람이 불게 된다."라 했다.

一云: "日沒臙脂紅, 無雨也有風."

어떤 이가 "두 징후는 서로 비슷하지만 주된 날씨가 같지 않으니, 무엇 때문입니까?"라 물었다. 그러자 노농(老農)이 "석양은 해가 지기 전이고, 연지홍은 해가 진 후의 현상이므로 알지 못할 수가 없다."라 대답했다. 《전가오행》[32]

或問: "二候相似, 而所主不同, 何也?" 老農云: "返照在日沒之前, 臙脂紅在日沒之後, 不可不知也." 《田家五行》

30 《二如亭群芳譜》〈元部〉"天譜" 2 '日'(《四庫全書存目叢書補編》80, 63쪽).

31 연지(臙脂): 잇꽃즙이나 산에서 나는 연지꽃 또는 자광(紫鉚)이라는 암석을 원료로 하여 만든 화장용 붉은 염료. 《섬용지》 권3 〈색을 내는 도구〉 "연지"(풍석 서유구 지음, 임원경제연구소 옮김, 《임원경제지 섬용지》 2, 285~287쪽)에 자세히 보인다.

32 《田家五行》 卷中 〈天文類〉 "論日"(《續修四庫全書》 975, 336쪽).

7) 청백로(靑白路, 청백색 광선)

해가 진 뒤에 청백색 광선 여러 줄기가 일어나되, 아래쪽은 좁고 위쪽은 넓은 모양으로 똑바로 하늘로 뻗친다. 이런 현상은 여름과 가을 사이에 특히 발생한다. 민간에서는 이 현상을 '청백로(靑白路)'라 한다. 그러면 주로 이튿날 해가 극렬하게 뜨겁게 된다. 《전가오행》[33]

靑白路

日沒後起靑白光數道, 下狹上濶, 直起亘天, 此特夏秋間有之. 俗呼"靑白路", 主來日酷烈. 《田家五行》

8) 햇발(일각)

햇발로 날이 청명할지 비가 내릴지를 점친다. 속담에 "아침인데도 햇발이 하늘에 있거나 저녁인데도 햇발이 땅에 있으면 주로 맑게 된다. 이와 반대이면 비가 내리게 된다."라 했다. 《전가오행》[34]

日脚

日④脚占晴雨. 諺云: "朝有⑤天, 暮有⑥地, 主晴. 反此, 則雨." 《田家五行》

9) 해 질 무렵 구름

속담에 "오운(烏雲, 검은 구름)이 해에 닿으면 다음 날 아침은 오늘 날씨와 다르게 된다."라 했다.

또 "해가 질 때 구름도 사라지면 비가 내리지 않고, 반드시 춥게 된다."라 했다.

또 "해가 질 때 구름 속으로 내달려 들어가면 자시(오후 11시~오전 1시) 후에 비가 내리게 된다."라 했다. 이상의 경우에는 모두 주로 비가 내리게 된다.

日落雲

諺云: "烏雲接日, 明朝不如今日."

又云: "日落雲沒, 不雨定寒."

又云: "日落雲裏走, 雨在半夜後." 已上皆主雨.

---

33 《田家五行》, 위와 같은 곳.

34 《田家五行》, 위와 같은 곳.

④ 日: 저본에는 "月". 고대본·《田家五行·天文類·論日》에 근거하여 수정.

⑤ 有: 《田家五行·天文類·論日》에는 "又".

⑥ 有: 《田家五行·天文類·論日》에는 "又".

이는 한 개의 검은 구름송이가 점차 일어나고, 해가 그 속으로 똑바르게 떨어진다는 말이다.

此言一朶烏雲漸起，而日正落其中者.

속담에 "해가 검은 구름 속으로 졌으나 자시에 그 구름이 없어지면 다음날 아침 뙈약볕으로 등가죽이 탈 정도가 된다."라 했다.

諺云："日落烏雲半夜枵，明朝曬得背皮焦."

이는 해가 진 하늘 반쪽에 원래 먹구름이 있었는데, 해가 그 구름 바깥쪽으로 진 다음에는 그 구름이 밤에 반드시 흩어져서, 다음날 아침에 반드시 매우 맑게 된다는 말이다.

此言半天元有黑雲，日落雲外，其雲夜必開散，明朝⑦必甚晴也.

또 "오늘 밤 해가 검은 구름덩이 동굴 속으로 떨어지면 다음날 아침에 뙈약볕으로 등가죽이 아플 정도가 된다."라 했다.

又云："今夜日沒烏雲洞，明朝曬得背皮痛."

이는 해가 진 하늘 반쪽 위에 비록 구름이 있었으나 해가 져서 내려간 다음에는 이 구름이 모두 없어지고 해가 보이되, 구름의 모양이 바위동굴과 같다는 말이다. 이상의 경우에는 모두 주로 맑게 된다. 이는 매우 들어맞았다. 《전가오행》[35]

此言半天上雖有雲，及日沒下去，都無雲而見日，狀如岩洞者也. 已上皆主晴，甚驗.《田家五行》

해가 진 서쪽 하늘에 구름이 떠 있으면 다음날 아침에 비가 어지럽게 흩날리게 된다. 《기력촬요》[36]

日落西方雲，明朝雨紛紛.《紀歷撮要》

---

35 《田家五行》卷中〈天文類〉"論日"(《續修四庫全書》975, 336~337쪽).

36 《紀歷撮要》〈雜占〉(《續修四庫全書》975, 361쪽).

⑦ 朝 : 저본에는 없음. 《田家五行·天文類·論日》에 근거하여 보충.

10) 해 주위의 구름 기운 日傍雲氣

항상 무신(戊申)일마다 해가 들어가려 할 때 해 위에 관(冠)모양 구름이 있는 경우에는 그 크기를 따질 것 없이 흑색이면 큰비가 내리게 되고, 청색이면 적은비가 내리게 된다.

常以戊申日，候日欲入時，上有冠[8]雲，不問大小，黑者，大雨；青者，小雨.

해가 처음 나올 때 해 한가운데에서 구름이 해를 덮고, 사방에 구름이 있는 경우에는 구름이 흑색이면 큰비가 내리고, 청색이면 적은비가 내리게 된다. 《상우서》[37]

候日始出，日正中，有雲覆日，而四方有雲，黑者，大雨；青者，小雨.《相雨書》

육갑(六甲)[38]일 아침에 청명하면 동쪽을 바라보고 점친다. 해가 처음 나올 때 만약 해 위에 구름이 있으면서 크든 작든 이 구름이 해 가운데를 관통하는 경우가 있다. 이때 구름이 청색이면 갑·을이 든 날에 비가 내리게 된다.

以六甲之日平朝淸明，東向望. 日始出時，如日上有雲，大小貫日中. 青者，以甲乙日雨；

적색이면 병·정이 든 날에 비가 내리게 된다.

赤者，以丙丁日雨；

백색이면 경·신이 든 날에 비가 내리게 된다.

白者，以庚辛日雨；

흑색이면 임·계가 든 날에 비가 내리게 된다.

黑者，以壬癸日雨；

황색이면 무·기가 든 날에 비가 내리게 된다. 《상우서》[39]

黃者，以戊己日雨. 同上

해가 처음 나올 때 먹구름 속으로 들어가 구름을

日始出，及欲入黑雲貫之，

---

37 《相雨書》〈觀雲〉(《叢書集成初編》714，3쪽).

38 육갑(六甲)：천간에 갑이 들어가는 6일. 갑자(甲子)·갑술(甲戌)·갑신(甲申)·갑오(甲午)·갑진(甲辰)·갑인(甲寅)일이다.

39 《相雨書》, 위와 같은 곳.

[8] 冠：《相雨書·觀雲》에는 "別".

관통하면 3일이 지나지 않아서 폭우가 내리게 된다. 《송사》〈천문지〉[40]	不出三日, 有暴雨.《宋·天文志》
해 아래에 흑색 기운이 배를 뒤집어 놓은 모양과 같으면 바로 비가 내리게 된다.《역비후(易飛候)[41]》[42]	日下黑氣, 如覆船, 立雨.《易飛候》
해의 위쪽과 아래쪽에 흑색 기운이 있되, 교룡과 같은 모양이면 주로 바람이 불고 비가 내리게 된다.《무비지》[43]	日上下有黑氣, 如蛟龍者, 主風雨.《武備志》
흑색 뱀과 같은 기운이 해를 관통하면 주로 비가 내려 물난리가 나게 된다.《무비지》[44]	氣如黑蛇, 貫日, 主雨水. 同上
해에 적색 기운이 빙 둘러 있으면 3일이 지나지 않아 큰비가 내리게 된다.《무비지》[45]	日有赤氣圍繞, 不出三日, 大雨來. 同上
해가 뜰 때 먹구름이 있되, 사방의 주변이 늘어진 덮개와 같으면 3일 후에 바람과 비가 많게 된다.《무비지》[46]	日出時有黑雲, 如蓋四邊垂者, 三日後多風雨. 同上

40 출전 확인 안 됨;《管窺輯要》卷9 (《管窺輯要》4, 11면).

41 역비후(易飛候):중국 서한(西漢)의 역학자 경방(京房, B.C. 77~B.C. 37)이 지은 점서로 추정된다. 이 내용의 출처인《어정연감류함(御定淵鑑類函)》에 그 출처를 "경방역비후(京房易飛候)"라 적었기 때문이다.

42 출전 확인 안 됨;《御定淵鑑類函》卷7〈天部〉"雨" 4(《文淵閣四庫全書》982, 188쪽).

43《武備志》卷151〈占度載〉"占日" 3 '日之氣', 6078쪽.

44《武備志》, 위와 같은 곳.

45《武備志》卷151〈占度載〉"占日" 3 '日之氣', 6081쪽.

46《武備志》卷151〈占度載〉"占日" 3 '日之氣', 6074쪽.

해의 위쪽과 아래쪽에 교룡과 같은 흑색 기운

해가 지려 할 때 구름이 있되, 다리가 생겨 아래로 늘어진 모양이면 3일 안에 바람과 비가 많게 된다. 《무비지》[47]

日將落有雲, 生脚下垂, 三日內有風雨. 同上

해 바깥쪽에 운장(雲障, 커다란 구름덩이)이 일어나면 주로 맑게 된다. 속담에 "해의 위부분과 아래 부분에 모두 운장이 있으면 늙은 화상(和尙)[48]을 뙤약볕으로 죽일 정도가 된다."라 했다. 《전가오행》[49]

日外有雲障中起, 主晴. 諺云: 日頭竝足雲障, 曬殺老和尙. 《田家五行》

47 《武備志》卷151 〈占度載〉"占日" 3 '日之色', 6090쪽.
48 화상(和尙): 수행을 많이 하여 승려들을 가르치는 고승.
49 《田家五行》卷中 〈天文類〉"論日"(《續修四庫全書》975, 336쪽).

5. 달로 점치다

占月

1) 월식

月蝕

월식이 동쪽 하늘에서 있으면 그달에는 거친 바람이 불게 된다. 《무비지》[1]

月蝕東方, 其月惡風. 《武備志》

2) 달무리

月暈

일반적으로 각 계절 첫 달의 7일과 둘째 달의 8일, 마지막 달의 9일 후에는 모두 달무리가 지게 된다. 달무리가 걷히지 않으면 그 아래에 해당하는 지역은 3일 안에 폭풍이 불고 심한 비가 내리게 된다.

【안 《무비지》에는 "첫 달의 7일"이 "11일"로 되어 있고, "달무리가 걷히지 않으면"이 "만약 달무리가 지지 않으면"으로 되어 있다."[2]】《옥력선기(玉歷璇璣)[3]》[4]

凡孟月七日·仲月八日、季月九日之後[1], 皆當月暈. 暈而不已, 其下三日內有暴風, 甚雨.

【按 《武備志》"孟月七日"作"十一日", "暈而不已"作"若不暈"】《玉歷璇璣》

달무리가 지면 주로 바람이 불게 된다. 달무리의 어느 방향이 비어 있는가를 살펴보면 이 방향이 곧

月暈, 主風. 看何方有闕, 卽此方風來. 《田家五行》

1 《武備志》 卷152 〈占度載〉 "占月" '月之蝕', 6106쪽.

2 첫……있다: 《武備志》 卷152 〈占度載〉 "占月" '月之暈', 6113쪽.

3 옥력선기(玉歷璇璣): 중국 고대의 점성학 서적으로 보이나, 원본은 전하지 않고 《흠정수시통고(欽定授時通考)》·《어정월령집요(御定月令輯要)》 등에 그 일부 내용이 확인될 뿐이다.

4 출전 확인 안 됨; 《欽定授時通考》 卷2 〈天時〉 "占驗總"(《文淵閣四庫全書》 732, 31쪽).

[1] 後: 《欽定授時通考·天時·占驗總》에는 "夜".

바람이 불게 될 방향이다. 《전가오행》[5]

달무리가 지면 7일 안에 바람이 불고 비가 내리게 된다. 《송사》 〈천문지〉[6]

月暈, 七日內有風雨. 《宋·天文志》

큰바람이 불어오려 하면 달무리가 겹이면서 둥근 모양으로 지게 된다. 《상이부》[7]

大風將至, 月暈重圓. 《祥異賦》

달무리가 빛나고 둥근 모양으로 오래 져 있다가 비로소 사라지면 주로 큰바람이 불고, 큰비가 내리게 된다. 《무비지》[8]

月暈光爲②圓, 久而方消, 主大風雨. 《武備志》

항상 12월 8일에 하늘을 살펴서 만약 달에 달무리가 2겹으로 지면 큰바람이 불게 된다. 《무비지》[9]

常以十二月八日候, 月若暈再重, 有大風. 同上

달무리가 달이 관을 쓴 모양으로 지면 큰바람이 많이 불게 된다. 《무비지》[10]

月暈而冠, 多大風. 同上

달무리가 높이 솟아 있으면 비가 많이 내리게 된다.

月暈亢, 多雨;

달무리가 키모양이면 바람이 불게 된다.

暈箕, 爲風;

---

5 《田家五行》 卷中 〈天文類〉 "論日"(《續修四庫全書》 975, 3 37쪽).

6 출전 확인 안 됨; 《二如亭群芳譜》 〈元部〉 "天譜" 2 '月'(《四庫全書存目叢書補編》 80, 70쪽).

7 출전 확인 안 됨; 《二如亭群芳譜》, 위와 같은 곳.

8 《武備志》 卷152 〈占度載〉 "占月" '月之暈', 6113쪽.

9 《武備志》 卷152 〈占度載〉"占月" 1 '月之暈', 6114쪽.

10 《武備志》 卷152 〈占度載〉"占月" 1 '月之暈', 6125쪽.

② 爲: 《武備志·占度載·占月》에는 "破".

달무리가 방모양이면 바람이 불고, 비가 내리게 된다. 《무비지》[11]

暈房, 有風雨. 同上

달무리에 패인 곳이 있으면 바람이 불고 비가 내리게 된다. 《주문공점》[12]

月暈受衝有風雨. 《朱文公占》

질문: "초하루에서 상현에 이르기까지의 날에 달의 양쪽 끝을 보아 해에 가까운 한쪽 끝이 점점 풍만해지면 이는 비의 징조이다. 달무리가 백색이면 주로 맑게 되고, 달무리가 적색이면 주로 바람이 불게 된다. 달무리의 색이 납과 같으면 비의 징조라 여김은 어째서인가?"

問: "朔日至于上弦, 視月兩角, 近日一角稍稍豐滿, 雨徵也. 月暈白, 主晴; 赤[3], 主風. 色如鉛者, 雨徵也, 何故?"

답변: "이 시기에는 달의 바퀴가 위에 있어서 본

曰: "月輪在上, 本無有暈,

달무리1

달무리2

11 《武備志》卷152 〈占度載〉"占月" 1 '月之暈', 6129~6130쪽.

12 출전 확인 안 됨; 《管窺輯要》卷11 〈月見日中〉(《管窺輯要》 5, 14면).

[3] 赤 : 저본에는 "亦". 《泰西水法·水法或問》에 근거하여 수정.

래는 달무리가 없다. 그러나 기를 받아 이 기가 갇히면 이것이 달무리가 된다. 만약 기의 운행이 맑고, 별과 달이 밝으면 그제서야 달무리가 없어진다.

受氣籠罩, 是生暈焉. 若氣行清淨, 星月皎然, 乃無暈矣.

기로 인해 달무리가 졌을 때 백색인 경우는 물 기운이 오히려 적어서 이 경우에는 끝내 비가 될 수 없다. 적색인 경우 이는 불 기운이므로 열풍이 된다.

因氣而暈, 若白色者, 水分猶少, 乃得不雨. 赤, 是火分, 故爲烈風.

색이 납과 같다면 이는 기가 물의 습기를 받아 색이 그렇게 된 경우이다. 달의 양 끝각의 두께는 해가 물과 흙에 내리쬐어 그 기가 해 가까이까지 올라가면 두꺼워진다."《수법혹문》[13]

若如鉛者, 氣受水濕, 其色然也. 月角厚薄者, 日曝水土, 其氣上騰近日, 則厚."《水法或問》

13 《泰西水法》卷5 〈水法或問〉(《文淵閣四庫全書》731, 971~972쪽).

3) 달고리

月珥

달 옆에 두 개의 달고리가 생기면 10일 안에 비가 내려 물난리가 나게 된다. 《송사》〈천문지〉[14]

月旁有兩珥, 十日有雨水. 《宋·天文志》

달이 관을 쓴 모양으로 달고리가 생기면 큰바람이 불게 된다. 《무비지》[15]

月冠而珥, 有大風. 《武備志》

14 출전 확인 안 됨; 《二如亭群芳譜》〈元部〉"天譜" 卷2 '月'(《四庫全書存目叢書補編》80, 70쪽).

15 《武備志》 卷152 〈占度載〉"占月" 1 '月之形', 6098쪽.

4) 달의 빛깔 月色

달의 빛깔이 홍색이면 다음날 천둥이 치고 비가 내리게 된다. 月色紅, 明日雷雨;

달의 빛깔이 청색인 경우도 이와 같다. 靑色, 亦同.

달의 둥근 빛이 수레바퀴와 같은 크기로 있으면 이튿날에 큰바람이 불거나 3일 후에 큰바람이 불게 된다. 有圓光, 大如車輪④者, 來日大風, 或三日後應之;

백색 구름이 둥글고 빛나게 맺혔지만 그다지 둥글지는 않으면 다음날 역시 바람이 불게 된다. 《증보도주공서》[16] 有白雲結成圓光, 不甚圓者, 明日亦有風. 《增補陶朱公書》

매월 1일의 달빛깔은 상순의 날씨를 주관한다. 每月朔一日管上旬,

2일의 달빛깔은 중순의 날씨를 주관한다. 二日管中旬,

3일의 달빛깔은 하순의 날씨를 주관한다. 三日管下旬.

달의 빛깔이 청흑색이고 윤기나면서 밝으면 이는 해당하는 10일 간에 비가 내리게 되는 징후이다. 月色靑黑潤明, 是旬有雨;

만약 황적색이고 건조하면 해당하는 10일 간에는 비가 내리지 않게 된다. 《전가잡점》[17] 若黃赤乾枯, 則旬中無雨. 《田家雜占》

달이 두(斗)수를 타고 있으면서 빛깔이 변하면 큰 바람이 불고 비가 내리게 된다. 《무비지》[18] 月乘斗而變色, 大風雨. 《武備志》

달이 30척 높이로 뜨거나, 지지 않고 30척 정도 月出三丈, 或未沒三丈許

16 《重訂增補陶朱公致富奇書》 卷4 〈占太陰〉(《重訂增補陶朱公致富奇書》 中, 38쪽).

17 출전 확인 안 됨; 《欽定授時通考》 卷2 〈天時〉 "占驗總"(《文淵閣四庫全書》 732, 31쪽).

18 《武備志》 卷152 〈占度載〉 "占月" 1 '月之暈', 6130쪽.

④ 輪: 저본에는 "�". 《重訂增補陶朱公致富奇書·占太陰》에 근거하여 수정.

높이에 크게 떠 있으면서 적색이고 빛이 없으면 이를 '달이 병들었다[病].'라 한다. 그러면 주로 바람이 불고 비가 내리게 된다. 《무비지》[19]	大, 赤無光日"病". 主風雨. 同上

19 《武備志》卷152 〈占度載〉"占月" 2 '月之色', 6153쪽.

5) 누운 달[月偃, 월언]

月偃

달이 처음 나올 때 누워 있으면 물난리가 나게 된다. 《옥력선기》[20]

月初生而偃, 有水. 《玉歷璇璣》

새로 뜬 달로 비를 점친다. 속담에 "달이 시위 매겨진 활모양이면 비 조금 내리고, 바람 많이 분다. 달이 암키와[仰瓦, 앙와, 누운 기와]모양이면 비 바라지 않아도 저절로 내린다."라 했다.

新月卜雨. 諺云: "月如掛[5]弓, 少雨多風; 月如仰瓦, 不求自下."

【안 《범석호집(范石湖集)》[21]에 "달이 시위 매겨진 활모양으로 걸려 있으면 비 적게 내리고, 바람 많이 분다네. 암키와모양[仰瓦]과 같으면 비 바라지 않아도 저절로 내린다네."[22]라 했다.

【按 《范石湖集》作: "月懸如弓, 少雨多風. 月如仰瓦, 不求自下."

대개 "달이 시위 매겨진 활모양[懸弓]으로 걸려 있다."라는 말은 달이 적도를 지나 황도 남쪽에 있는 상태라는 뜻이다. 이는 양에 속하기 때문에 비가 적게 내리게 된다.

蓋懸弓者, 月行赤道, 在黃道南, 屬陽, 故少雨;

"암키와모양"이라는 말은 달이 흑도(黑道)를 지나 황도 북쪽에 있는 상태라는 뜻이다. 이는 음에 속하기 때문에 비가 많이 내리게 된다】

仰瓦者, 月行黑道, 在黃道北, 屬陰, 故多雨】

또 "달이 누운 모양이면[偃偃, 암키와모양] 물이 넘실넘실하게 된다. 달이 모로 누운 모양[子側]이면 물은 물방울이 없게 된다."라 했다. 《전가오행》[23]

又云: "月偃偃, 水漾漾; 月子側, 水無滴." 《田家五行》

---

20 출전 확인 안 됨; 《欽定授時通考》 卷2 〈天時〉 "占驗總"(《文淵閣四庫全書》 732, 31쪽).

21 범석호집(范石湖集) : 중국 남송(南宋) 시인 범성대(范成大, 1126~1193)가 지은 시사집(詩詞集). 범성대의 노년의 호가 석호거사(石湖居士)이다.

22 달이……내린다네 : 《升菴集》 卷22 〈五言排律〉 "補范石湖占陰晴諺謠"(《文淵閣四庫全書》 1270, 178쪽).

23 《田家五行》 卷中 〈天文類〉 "論月"(《續修四庫全書》 975, 337쪽).

[5] 掛 : 《田家五行·天文類·論月》에는 "彎".

6) 달이 별자리에 걸리면[月離星, 월리성]

月離星

달이 필성(畢星)에 걸려 있으니,

비가 주룩주룩 세차게 내리겠네.

月離于畢,

俾滂沱矣.

【전(傳)[24] 필(畢)은 달이 걸려 있는 별이다. 달이 음성(陰星, 날 흐리게 하는 별)에 걸리면 비가 내리게 된다.

【傳 畢, 躅也. 月離陰星, 則雨.

소(疏)[25] 필성에 달이 걸려서 비가 내리게 된다.

이 별은 날이 흐리다가 비를 내리게 하는 별이기 때문에 '음성(陰星)'이라 한 것이다.

疏 以畢爲月所離而雨.

是陰雨之星, 故謂之"陰星".

안 달이 별 중 음성에 걸리면 비가 내리게 된다.

달이 별 중 양성(陽星)에 걸리면 비가 내리지 않게 된다.

이 주장은 왕충(王充)[26]의 《논형(論衡)[27]》에 보인다[28]】《시경》〈소아〉[29]

按 月離其陰, 則雨;

月離其陽, 則不雨.

說見王充《論衡》】《詩·小雅》

달이 기(箕)수에 걸리면 바람이 불어 모래가 날리게 된다. 《춘추위(春秋緯)[30]》[31]

月離箕, 則風揚沙. 《春秋緯》

---

24 전(傳): 경(經)과 상대적인 의미로 쓰이는 말. 경문의 주석, 또는 해설을 가리킨다.

25 소(疏): 경(經)이나 전(傳)의 낱말과 문장의 뜻을 알기 쉽게 자세히 풀이한 글.

26 왕충(王充): 27~약 97. 중국 후한(後漢)의 사상가·문학비평가.

27 논형(論衡): 중국 후한의 사상가 왕충의 대표적인 저술. 왕충이 살던 당시 사람들이 가지고 있던 믿음·생각·소문·관습으로부터 정치 철학, 역사 인식을 거쳐 우주의 탄생 원리, 인간의 존재 가치까지의 전 영역에 대해 85편에 걸쳐 질문하고 비판하고 추론한 내용을 적었다.

28 달이……보인다: 《論衡》 卷15 〈明雩篇〉(《文淵閣四庫全書》 862, 185쪽).

29 《毛詩正義》 卷15 〈小雅〉"漸漸之石"(《十三經注疏整理本》 6, 1104쪽).

30 춘추위(春秋緯): 유가(儒家)의 경전인 경서(經書)에 대칭되는 위작(僞作) 중 하나로, 《춘추》의 위서(僞書)이다.

31 출전 확인 안 됨; 《二如亭群芳譜》 〈元部〉 "天譜" 卷3 '風'(《四庫全書存目叢書補編》 80, 102쪽).

달이 기(箕)·필(畢)·진(軫)·익(翼)수 자리에 있으면 불 공격을 개시하기 좋은 날이다【주 위의 네 날에는 주로 바람이 불게 되어 화공(火攻)에 좋다】.《손자(孫子)[32]》[33]

月在箕、畢[6]、軫、翼, 起火之日也【注 四日主有風, 宜火攻】.《孫子》

달이 본 궤도를 벗어나 동북쪽 기(箕)수로 들어가거나, 동남쪽 진(軫)수로 들어가면 바람이 많이 불게 된다.

月去中道, 移而東北入箕, 若東南入軫, 則多風;

달이 본 궤도를 벗어나 서쪽 필(畢)수로 들어가면 비가 많이 내리게 된다.《한서》〈천문지〉[34]

月去中道, 移而西入畢, 則多雨.《漢·天文志》

달이 천정(天井)수[35]로 들어가면 그달에는 비가 적게 내리게 된다.《관규집요》[36]

月入天井中, 其月少雨.《管窺輯要》

32 손자(孫子):중국 주(周)나라 손무(孫武, 약 B.C. 545~B.C. 474)가 지은 병법서.

33《孫子十家註》卷12〈火攻編〉(《諸子集成》6, 219쪽).

34《漢書》卷26〈天文志〉第6, 1296쪽.

35 천정(天井)수:정(井)수의 이칭.

36《管窺輯要》卷10〈月犯中外官〉(《管窺輯要》4, 33면).

[6] 畢:《孫子十家註·火攻編》에는 "壁".

7) 달 주위의 구름(월방운) 月傍雲

달이 처음 생겨날 때 먹구름이 달을 관통하면 이를 '격운(繳雲, 주살구름)'이라 한다. 그러면 3일이 지나지 않아서 폭우가 내리게 된다. 《옥력선기》[37]

月始生, 有黑雲貫月, 名曰"繳雲", 不出三日, 暴雨. 《玉歷璇璣》

사람머리모양 같은 구름이 달 옆에 떠 있으면 백색 바람(뿌연 바람)이 불고 흑색 비가 내리게 된다. 《송사》〈천문지〉[38]

雲如人頭在月傍, 白風黑雨. 《宋·天文志》

새로 뜬 달 아래쪽에 먹구름이 가로질러 껴 있으면 주로 이튿날 비가 내리게 된다. 속담에 "초3일 달 아래에 가로지른 구름이 껴 있으면 초 4일에 비가 동이로 붓듯 거세게 내린다."라 했다. 《전가오행》[39]

新月下有黑雲橫截, 主來日雨. 諺云: "初三月下有橫雲, 初四日裏雨傾盆." 《田家五行》

37 출전 확인 안 됨; 《欽定授時通考》 卷2 〈天時〉 "占驗總"(《文淵閣四庫全書》 732, 31쪽).

38 출전 확인 안 됨; 《二如亭群芳譜》 〈元部〉 "天譜" 2 '月'(《四庫全書存目叢書補編》 80, 70쪽). 《군방보》에는 출전이 《상이부(祥異賦)》로 되어 있다.

39 출전 확인 안 됨; 《農政全書》 卷11 〈農事〉 "占候" '論旬中尅應'(《農政全書校注》, 264쪽).

6. 별로 점치다

占星

1) 별의 흔들림

星動

별이 흔들리면 큰바람이 불게 될 징후이다. 《무비지》[1]

星動搖, 大風之候. 《武備志》

금성이 새벽에 보이거나 삼(參)수의 빛이 흔들리면 모두 큰바람이 불게 될 징후이다. 《무비지》[2]

太白晨見, 參宿動, 皆大風之候. 同上

별빛의 깜빡임이 일정하지 않으면 주로 바람이 불게 된다. 《전가오행》[3]

星光閃爍不定, 主有風. 《田家五行》

1 《武備志》 卷165 〈占度載〉 "占風" 1, 6697쪽.

2 《武備志》, 위와 같은 곳.

3 《田家五行》 卷中 〈天文類〉 "論星"(《續修四庫全書》 975, 337쪽).

2) 별의 흐름	星流
별이 동쪽에서 서쪽으로 흘러가면 이튿날 비가 내리게 된다.	星自東流向西, 來日有雨;
북쪽에서 동쪽으로 흘러가면 연일 비가 끊이지 않게 된다.	北流向東, 連日雨不斷;
북쪽에서 남쪽으로 흘러가면 이튿날 날씨가 흐리지만 비는 내리지 않게 된다.	北流向南, 主來日陰而無雨;
서쪽에서 동쪽으로 흘러가면 주로 2일 안에 바람이 불게 된다.	西流向東, 主二日內有風;
서쪽에서 북쪽으로 흘러가면 이튿날 바람과 비가 크게 일어나게 된다.	西流向北, 來日風雨大作;
남쪽에서 동쪽으로 흘러가면 주로 가뭄이 들게 된다.	南流向東, 主旱;
북쪽에서 서쪽으로 흘러가면 물난리로 밭곡식을 잠기게 한다.	北流向西, 水淹田禾;
남쪽에서 북쪽으로 흘러가면 주로 안개가 끼게 된다.	南流向北, 主霧;
동쪽에서 남쪽으로 흘러가면 주로 이튿날 불벼더위가 찾아오게 된다. 《군방보》[4]	東流向南, 主來日火. 《群芳譜》

4 《二如亭群芳譜》〈元部〉"天譜" 卷2 '星'(《四庫全書存目叢書補編》80, 89쪽).

3) 별의 떨어짐

별이 떨어지면 주로 큰바람이 불게 된다. 《군방보》[5]

星墜

星墜, 主大風. 《群芳譜》

4) 여름의 별

여름밤에 별이 빽빽하게 보이면 주로 날씨가 뜨거워지게 된다. 《전가오행》[6]

夏星

夏夜見星密, 主熱. 《田家五行》

5 《二如亭群芳譜》, 위와 같은 곳.

6 《田家五行》 卷中 〈天文類〉 "論星"(《續修四庫全書》 975, 337쪽).

5) 우기(雨期)에 뜬 별

雨中星

속담에 "명성(明星)[7]이 땅 밝게 비추면 이튿날 아침에 오래 이어지던 비가 다시 내린다."라 했다.

諺云: "明星照爛地, 來朝依舊雨."

이는 오래 비가 내리다가 딱 황혼 무렵에 갑자기 비가 그치고 구름이 개이면서 바로 하늘 가득 별들이 나타나면 어쩌면 다음날에 비가 내릴 뿐 아니라 당일 밤에도 반드시 맑지만은 않으리라는 말이다. 《전가오행》[8]

言久雨, 正當黃昏, 卒然雨住雲開, 便見滿天星斗, 則豈但明日有雨, 當夜亦未必晴.《田家五行》

속담에 "별 하나만 보이면 밤에 꼭 맑게 된다."라 했다.

諺云: "一個星, 保夜晴."

이는 비가 내린 뒤에 하늘이 흐려서 1~2개의 별만 보이면 이날 밤에는 반드시 맑게 된다는 말이다. 《전가오행》[9]

此言雨後天陰, 但見一兩星, 此夜必晴. 同上

별이 물기를 머금어 물 속에 있는 듯이 보이면 오래지 않아 장맛비가 내리게 된다. 《어우야담(於于野談)[10]》[11]

星含水氣, 如在水中, 不久大霖.《於于野談》

---

7 명성(明星): 금성(金星) 또는 태백성(太白星). 새벽에 동쪽에 나타날 때에는 계명성(啓明星)이라 하고, 저녁에 나타날 때에는 태백성(太白星)이라 한다.

8 《田家五行》, 위와 같은 곳.

9 《田家五行》, 위와 같은 곳.

10 어우야담(於于野談): 조선 중기에 유몽인(柳夢寅, 1559~1623)이 편찬한 설화집.

11 《於于野譚 원문》, 212쪽.

6) 북두칠성의 구름 斗罡雲

밤에 북두칠성의 괴(魁)성[12]과 천강[罡]성 사이에 흑색의 윤택한 구름이 껴 있으면 당일 밤에 비가 내리게 된다.

夜觀北斗魁罡之間, 有黑潤雲在畔, 則當夜有雨;

만약 이 북두칠성 앞에 황색 구름 기운이 있으면 다음날 바람이 불게 된다.

如此斗前有黃氣者, 明日當風;

만약 구름 기운이 윤택하면 당일 밤이나 다음날에 반드시 큰비가 내리게 된다. 《전가잡점》[13]

若潤, 則當夜或明日必大雨. 《田家雜占》

청색 구름이 북두칠성을 가리면 5일 안에 비가 내리게 된다.

青雲掩北斗, 五日內有雨;

하늘에 구름이 없고 북두칠성의 위나 아래에만 먹구름이 있으면 5일 안에 큰비가 내리게 된다.

天無雲, 而北斗上下獨有黑雲, 五日內大雨.

해가 들어간 뒤에 기(氣)와 같은 백색 빛이 땅에서 하늘까지 뻗쳐 곧장 북두칠성으로 들어간 이유로 지나는 별들이 모두 빛을 잃으면, 그날 밤에 반드시 큰바람이 불게 된다. 《무비지》[14]

日入後有白光如氣, 自地至天, 直入北斗, 所歷星皆失色, 其夜必有大風. 《武備志》

구름 기운이 창백(蒼白)색이면서 북두칠성으로 들어가면 큰바람이 많이 불게 된다. 《무비지》[15]

雲氣蒼白色, 入北斗, 多大風. 同上

백색 구름 기운이 북두칠성을 덮으면, 3일을 넘기지 않아 비가 내리게 된다.

白雲氣掩北斗, 不過三日, 雨;

12 괴(魁)성 : 북두칠성의 첫 번째 별부터 네 번째까지의 별을 가리키는 말. 북두칠성의 범칭으로도 쓰인다.

13 출전 확인 안 됨; 《欽定授時通考》 卷2 〈天時〉 "占驗總"(《文淵閣四庫全書》 732, 35쪽).

14 《武備志》 卷161 〈占度載〉 "占雲氣" 1 '氣之災瑞', 6547쪽.

15 《武備志》, 위와 같은 곳.

황색 구름 기운이 북두칠성을 가리면 다음날 비가 내리게 된다. 《무비지》[16]

黃雲氣蔽北斗, 明日雨. 同上

북두칠성으로 점치는 법은 다음과 같다. 백색 구름이 북두칠성을 가리면 다음날 하늘이 변하여 미(未, 오후 1시~3시)·신(申, 오후 3시~5시)시에 비가 내리게 된다.

占北斗法: 白雲遮北斗, 明日天變, 應未、申時;

백색 구름이 북두칠성의 2번째나 3번째나 4번째의 별을 덮으면 다음날 크게 천둥이 쳐서 큰비가 내리게 된다.

白雲罩二星、三星、四星, 明日大雷雨;

북두칠성 아래에 백색 구름 기운이 있고 파도와 같이 흰[皓]색이면 다음날 큰바람이 불게 된다.

北斗下有白雲氣, 皓色如水波, 明日大風;

북두칠성 위쪽과 아래쪽에 어지럽게 헤쳐 놓은 솜과 같은 구름이 있으면 주로 큰바람이 불게 된다.

斗中上下有雲如亂絮, 主有大風;

북두칠성에 물고기 비늘과 같은 구름이 있으면 다음날 바람과 구름이 변화하게 된다.

斗中有雲如魚鱗, 明日變風雲;

북두칠성 아래쪽에서 먹구름이 위로 솟아오르면 당일 밤에 바람이 불고 비가 내리게 된다.

斗下有黑雲湧上者, 當夜風雨至;

북두칠성 아래쪽과 북두칠성 머리 쪽에 자색을 띠는 먹구름 기운이 있으면 3일 뒤에 천둥이 치고 비가 내리게 된다.

如斗下斗口有紫色黑氣, 三日後有雷雨.

청색은 오행 상 목(木)일에 응하고, 적색은 화(火)일에 응하고, 황색은 토(土)일에 응하고, 백색은 금(金)일에 응하고, 흑색은 수(水)일에 응한다. 구름 기운과 노을의 색채도 이와 같이 들어맞았다.

青色應木日, 赤色應火日, 黃色應土日, 白色應金日, 黑色應水日. 雲氣與霞彩亦同驗.

---

16 《武備志》卷161〈占度載〉"占雲氣" 1 '氣之災瑞', 6548쪽.

물고기비늘모양 구름

자색을 띠는 먹구름

북두칠성 아래쪽에서 번개가 북두칠성을 지나 그 머리에 미치면 당일 밤에 비가 내리게 된다.	斗下有電閃過斗, 及斗口者, 當夜有雨;
만약 번개가 북두칠성을 지나가지 않으면 다음날에 비가 내리게 된다.	若閃不過斗, 應在明日;
황색 구름이 북두칠성을 관통하면 역시 주로 이튿날 큰비가 내리게 된다.	黃雲貫斗, 亦主來日大雨;
적색 구름 기운이 관통하면 3일 안에 비가 내린다.	赤雲氣, 不過三日內;
백색 구름 기운이 관통해도 그러하다.	白雲氣, 亦然;
먹구름이 관통하면 그날 바람이 불고 비가 내리게 된다. 《증보도주공서》[17]	黑雲, 卽日有風雨. 《增補陶朱公書》

천강성[天罡]【북두칠성 자루 부분의 세 별】으로 점치는 법은 다음과 같다. 천강성이 홍색이고 흔들리면 천둥이 치고 비가 내리게 된다.	占天罡【斗杓三星】法: 紅色搖動, 有雷雨;

17 《重訂增補陶朱公致富奇書》 卷4 〈占候部〉 "占北斗"(《重訂增補陶朱公致富奇書》 中, 38~39쪽).

청색이고 흔들리면 다음날 벽력(霹靂, 천둥과 번개)이 치게 된다.	靑色搖動, 明日有霹靂;
천강성 위에 백색 구름이 일어나면 다음날 크게 천둥이 치게 된다.	星上起白雲, 明日大雷;
천강성 위에 황색 구름이 일어나 문곡성(文曲星)을 관통하면 크게 천둥이 쳐서 큰비가 내리게 된다.	星上黃雲貫文曲星, 大雷雨;
천강성 위에 구름 기운이 바람에 날리는 풍경이 왕성하다가 백색 구름이 북두칠성 가운데로부터 나오면 다음날 신(申)시에 크게 천둥이 쳐서 큰비가 내리게 된다.	罡上雲氣風景盛, 有白雲自斗中出, 明日申時大雷雨;
반면 백색 구름 기운의 빛깔이 편안하고 안정되어 있으면 다음날에 아마도 천둥과 비가 없게 될 것이다. 《증보도주공서》[18]	白光恬靜, 明日或無. 同上

18 《重訂增補陶朱公致富奇書》 卷4 〈占候部〉 "占天罡"(《重訂增補陶朱公致富奇書》 中, 39쪽).

7. 바람으로 점치다 占風

1) 바람 부는 방위 風起方

청룡풍(靑龍風, 동풍)이 급히 불면 큰비가 내리게 된다.

靑龍風急, 大雨將來;

주작풍(朱雀風, 남풍)이 회오리치며 불면 뜨거운 태양빛으로 맑고 건조하게 된다.

朱雀風回, 烈日晴燥;

백호풍(白虎風, 서풍)이 생기면 반드시 비가 내리고 안개가 끼게 된다.

白虎風生, 必有雨霧;

현무풍(玄武風, 북풍)이 급히 불면 비가 내려 물난리가 잇따르게 된다.

玄武風急, 雨水相隨.

동쪽의 방위인 인(寅)·묘(卯)시에는 청룡풍이 좋다.

寅、卯時爲靑龍;

남쪽의 방위인 사(巳)·오(午)시에는 주작풍이 좋다.

巳、午時爲朱雀;

서쪽의 방위인 신(申)·유(酉)시에는 백호풍이 좋다.

申、酉時爲白虎;

북쪽의 방위인 해(亥)·자(子)시에는 현무풍이 좋다.

亥、子時爲玄武.

방위에 따라 그에 해당하는 바람이 일어나면 이 바람에 응하여 적절하게 비가 내리거나 맑은 날씨가 된다. 《도주공서》[1]

隨方起風, 應乎雨晴. 《陶朱公書》

서풍이 비를 일으키면 동쪽 구름 기운에서 내린

西風作雨, 大于東雲. 《田

1 《重訂增補陶朱公致富奇書》卷4 〈占候部〉 "風雨占部"(《重訂增補陶朱公致富奇書》 中, 33쪽).

비보다 크게 내리게 된다.《전가잡점》[2]

家雜占》

속담에 "동북풍이 불면 비가 내리게 된다."라 했다. 태공(太公)[3]은 "간방(艮方, 동북)풍이 불면 비가 내리게 되고, 끝내 맑아지기는 어렵다."[4]라 했다. 민간에서는 이를 '우근풍(牛筋風)'이라 한다. 비가 축(丑)방을 가리키기 때문이다.[5]《전가오행》[6]

諺云: "東北風, 雨." 太公言: "艮方風, 雨, 卒難得晴." 俗名曰"牛筋風", 雨指丑位故也.《田家五行》

속담에 "봄바람 쉬지 않고 소식 전한다."라 했다. 이는 바람이 방향을 바꾸며 부는 현상이 마치 사람이 소식을 전할 때 다리를 쉬지 않고 걷는 모습과 같다는 말이다. 일설에 "1일 동안 남풍 불면 반드시 1일 동안 북풍으로 보답한다."라 했다. 이 두 설은 모두 들어맞았다.《전가오행》[7]

諺云: "春風踏脚報." 言易轉方, 如人傳報, 不停脚也. 一云: "旣吹一日南風, 必還一日北風報答也." 二說俱應. 同上

봄에는 남쪽에서, 여름에는 북쪽에서 바람이 불면 반드시 비가 내리게 된다.《전가오행》[8]

春南夏北有風, 必雨. 同上

속담에 "동남풍이 빠르게 불면 3일 안에 비가 1척

諺云: "東南風跳擲, 三日

---

2 출전 확인 안 됨;《御定月令輯要》卷2〈歲令〉下 "物候"(《文淵閣四庫全書》467, 121쪽).

3 태공(太公): 강상(姜尙). 무왕(武王)을 도와 은(殷)나라를 치고 주(周) 나라 건국에 공을 세웠다. 강태공(姜太公)·태공망(太公望)이라고도 한다.

4 간방(艮方, 동북)풍이……어렵다: 출전 확인 안 됨;《欽定授時通考》卷2〈天時〉"占驗總"(《文淵閣四庫全書》732, 32쪽).

5 민간에서는……때문이다: 우근풍(牛筋風)의 '우근(牛筋)'은 질긴 것을 비유할 때 쓰는 소심줄을 의미한다. 여기서는 비가 줄곧 내리고 그치지 않음을 비유한 말이다. 소에 해당하는 '축(丑)방' 역시 같은 맥락에서 언급한 것이다.

6 《田家五行》卷中〈天文類〉"論風"(《續修四庫全書》975, 337쪽).

7 《田家五行》卷中〈天文類〉"論風"(《續修四庫全書》975, 338쪽).

8 《田家五行》, 위와 같은 곳.

가량 내리게 된다."라 했다. 《농정전서》[9]

退一尺."《農政全書》

서남풍이 대체로 급하게 불면 곧 비가 내리게 된다.

西南風略急, 便作雨;

매일 저녁 바람이 동남풍으로 바뀌면 반드시 맑게 된다. 속담에 "아침에 서풍 불고 저녁에 동풍 불면 날씨 바로 가물어지게 된다."라 했다. 《군방보》[10]

每晩轉東南, 必晴. 諺云: "朝西暮東, 正旱天公."《群芳譜》

비가 내린 뒤에 동북풍이 불면 주로 비가 많이 내리게 된다. 《군방보》[11]

雨後東北風, 主雨多. 同上

상일(商日)[12]에 바람이 묘(卯)방(정동쪽)에서 불어오면 비가 내리게 된다. 《무함점(巫咸占)》[13]

商日風自卯上來, 有雨.《巫咸占》

9 《農政全書》卷11 〈農事〉"占候" '論風'(《農政全書校注》, 266쪽).

10 《二如亭群芳譜》〈元部〉"天譜" 卷3 '風'(《四庫全書存目叢書補編》80, 102쪽).

11 《二如亭群芳譜》, 위와 같은 곳.

12 상일(商日): 간지에 진(辰)·술(戌)이 들어가는 날.

13 출전 확인 안 됨.

2) 바람 잦아들기

風作息

일반적으로 바람이 종일 불면 저녁때에는 반드시 잠깐 멈추게 된다. 속담에 "폭풍은 종일 불지 않는다."라 했다. 《군방보》[14]

凡風終日, 至晩必稍息. 諺云: "暴風不終日." 《群芳譜》

속담에 "서남풍 아침 일찍부터 불어오면 저녁때에는 풀포기 흔들지 않는다."라 했다. 이는 아침 일찍부터 이 바람이 불면 저녁때에는 반드시 잠잠해지게 된다는 말이다. 《전가오행》[15]

諺云: "西南早到, 晏弗動草." 言早有此風, 向晩時必靜. 《田家五行》

일반적으로 바람은 1일 동안 불고, 1일 동안 그치거나, 2일 동안 불고 2일 동안 그친다. 《전가오행》[16]

凡風單日起單日止, 雙日起雙日止. 同上

14 《二如亭群芳譜》〈元部〉"天譜" 3 '風'(《四庫全書存目叢書補編》80, 102쪽).

15 《田家五行》卷中〈天文類〉"論風"(《續修四庫全書》975, 338쪽).

16 《田家五行》卷中〈天文類〉"論風"(《續修四庫全書》975, 337쪽).

3) 바람의 속도

風緩急

속담에 "서풍은 머리이고, 남풍은 다리이다."라 했다. 이는 대개 서풍은 처음 일어날 때 빨리 일어났다가 점점 느려지고, 남풍은 처음 불어올 때는 매우 느렸다가 나중에는 점차 급해지면서 비가 뒤따라 내리게 된다는 뜻이다. 《군방보》[17]

諺云: "西風頭, 南風脚." 蓋西風初起飄發, 以漸而緩, 南風初來甚緩, 後則漸急而雨隨之. 《群芳譜》

속담에 "남풍은 꼬리이고, 북풍은 머리이다."라 했다. 이는 남풍은 불수록 더 급해지고, 북풍은 처음에 일어나면서 바로 세진다는 말이다. 《전가오행》[18]

諺云: "南風尾, 北風頭." 言南風愈吹愈急, 北風初起便大. 《田家五行》

속담에 "바람 급해지면서 비 떨어지면 사람들은 급히 나그네 채비한다."라 했다. 또 "동풍 급해지면 도롱이와 삿갓 준비한다."라 했다. 바람이 급해지고 구름이 더욱 급히 일어나면 반드시 비가 내리게 된다. 《전가오행》[19]

諺云"風急雨落, 人急客作." 又云: "東風急, 備簑笠." 風急雲起愈急, 必雨. 同上

17 《二如亭群芳譜》, 위와 같은 곳.

18 《田家五行》 卷中 〈天文類〉 "論風"(《續修四庫全書》 975, 338쪽).

19 《田家五行》 卷中 〈天文類〉 "論風"(《續修四庫全書》 975, 337쪽).

4) 봄바람

속담에 "길에서 봄바람 만나면 여름비 내리게 된다."라 했다. 이는 여름비가 때맞게 내려 밭에 씨를 심을 수 있다는 말이지, 물난리가 반드시 크게 나게 된다는 뜻이 아니다. 겪어보니 잘 들어맞았다.

【안 《후산총담(後山叢談)》[20]에 "대개 봄바람의 횟수가 여름비의 횟수이다. 그 양과 속도 역시 이와 같다."[21]라 했다】《전가오행》[22]

春風

諺云: "行得春風, 有夏雨." 言有夏雨應時, 可種田也, 非謂水必大也. 經驗.

【按 《後山叢談》云: "蓋春之風數, 爲夏之雨數, 大少、緩急亦如之"】《田家五行》

20 후산총담(後山叢談) : 중국 송(宋)나라 진사도(陳師道, 1053~1101)가 지은 필기 소설.

21 대개……같다 : 《後山叢談》 卷2(《文淵閣四庫全書》1037, 70쪽).

22 《田家五行》 卷中 〈天文類〉 "論風"(《續修四庫全書》 975, 337~338쪽).

5) 겨울바람

冬風

속담에 "서남풍이 서북풍으로 바뀌면 짧고 실 같은 빗줄기가 지붕의 새끼줄 굵기로 바뀌게 된다."라 했다.

諺云: "西南轉西北, 搓繩來絆屋."

또 "자정에서 5경(五更, 오전 3시~5시)까지 서풍이 불면 날이 밝았을 때 나무를 뽑을 듯한 거센 바람이 불게 된다."라 했다.

又云: "半夜五更西, 天明拔樹枝."

또 "해가 저물 때 바람이 부드러워지면 이튿날 아침 다시 바람이 많이 불게 된다."라 했다.

又云: "日晩風和, 明朝再多."

또 "거친 바람이 다 불고 나면 해가 지게 된다."라 했다.

又云: "惡風盡, 日沒."

또 "해가 장대 3개 높이만큼 떴을 때 바람이 급하지 않으면 곧 느슨해지게 된다." 대체로 바람은 해가 뜰 때 반드시 약간 조용하다. 이를 '바람이 해에게 겸손하다[風讓日, 풍양일].'라 한다.

又云: "日出三竿不急, 便寬." 大凡[3]風于日出之時必略靜, 謂之"風讓日".

대체로 바람이 낮부터 일어나면 반드시 부드럽다.

大低風自日內起者, 必善;

밤에 일어나면 반드시 거세다[毒].

夜起者, 必毒;

낮 동안에 그치는 바람은 역시 따뜻하고, 밤중에 그치는 바람은 반드시 차가워서 꽁꽁 얼게 한다.

日內息者, 亦和; 夜半息者, 必大凍.

이상은 모두 한겨울의 바람을 말한 것이다. 《전가오행》[23]

已上竝言隆冬之風. 《田家五行》

---

23 《田家五行》卷中〈天文類〉"論風"(《續修四庫全書》975, 337쪽).

[3] 凡: 저본에는 없음. 고대본·《田家五行·天文類·論風》에 근거하여 보충.

겨울 하늘에 남풍이 2~3일 간 불면 반드시 눈이 내리게 된다. 《전가오행》[24]

冬天南風三兩日, 必有雪. 同上

24 《田家五行》 卷中 〈天文類〉 "論風"(《續修四庫全書》 975, 338쪽).

6) 구풍(颶風)

여름에서 가을로 바뀔 무렵에 큰바람이 불어 파도에 밀려온 바닷모래모양의 구름이 일어나면 민간에서는 이를 '풍조(風潮)'라 한다. 옛사람들은 이를 '구풍(颶風)'이라 했다. 사방의 바람이 갖추어졌다는[具] 뜻이기 때문에 '구풍'이라 이름 붙인 것이다.

이 바람이 불면 반드시 장맛비나 큰비가 함께 내려 심하게는 나무를 뽑고, 벼를 쓰러뜨리고, 집을 무너뜨리고, 제방을 터뜨리게 된다. 이에 앞서 반드시 끊어진 무지개 같은 형상이 나타나므로 이를 '구풍의 어미[颶母, 구모]'라 한다.

뱃사람들이 이 구모를 보고서는 또한 '돛 찢는 바람[破帆風, 파범풍]'이라 이름 붙였다. 《전가오행》[25]

颶風

夏秋之交，大風及有海沙雲起，俗呼謂之"風潮"．古人名之曰"颶風"．言其具四方之風，故名"颶風"．

有此風，必有霖淫、大雨同作，甚則拔木，偃禾，壞房室，決堤堰．其先必有如斷虹之狀者見，名曰"颶母[4]"．

航海之人見此，則又名"破帆風"．《田家五行》

25 《田家五行》卷中〈天文類〉"論風"(《續修四庫全書》975, 337쪽).

[4] 母:《田家五行·天文類·論風》에는 "風".

7) 영해풍(嶺海風)

嶺海風

철령(鐵嶺)[26] 남쪽 지역에서는 구름이 북쪽으로 들어가는 게 비가 내릴 징조이고, 구름이 남쪽으로 가는 게 맑아질 징조이다.

鐵嶺以南, 以雲之北入爲雨徵, 雲之南去爲晴徵;

반면 철령 북쪽 지역에서는 구름이 남쪽으로 가는 게 비가 내릴 징조이고, 북쪽으로 들어가는 게 맑아질 징조이다.

嶺以北, 以雲之南去爲雨徵, 北入爲晴徵.

문량공(文良公) 강희맹(姜希孟)[27]은 "바람이 철령을 지나 불어오면 맑고, 바다를 지나 불어오면 비가 내린다."라 했다.

姜文良公 希孟曰: "風過嶺而至者, 爲晴; 過海而至者, 爲雨."

이를 통해 생각해볼 때, 바닷바람이 구름에 불어 철령 위에 구름을 모아서 이 구름이 철령과 바다에 연이어 끼면 비가 내리게 된다.

因是而思之, 海風吹雲, 湊集於嶺上, 雲連嶺海, 則爲雨.

반면 철령 바람이 구름을 흩트려서 이 구름이 바다로 가고, 또 뒤의 구름이 뒤따라 사라지면 맑아지게 된다. 권득기(權得己)[28] 《북정일기(北程日記)[29]》[30]

嶺風吹雲散而之海, 又從而滅焉, 則爲晴. 權得己《北程日記》

---

26 철령(鐵嶺) : 북한 강원도 회양군과 고산군 사이에 있는 고개.

27 문량공(文良公) 강희맹(姜希孟) : 1424~1483. 조선 전기의 관리. 자는 경순(景醇), 호는 사숙재(私淑齋)·운송거사(雲松居士)·국오(菊塢)·만송강(萬松岡), 시호는 문량(文良)이다. 《신찬국조보감(新撰國朝寶鑑)》·《경국대전(經國大典)》 등의 여러 서적 편찬에 참여했다. 저서로는 성종의 명에 따라 서거정(徐居正)이 편찬한 《사숙재집(私淑齋集)》 이외에 《금양잡록(衿陽雜錄)》·《촌담해이(村談解頤)》 등이 있다.

28 권득기(權得己) : 1570~1622. 조선 중기 문신. 1610년(광해군 2) 식년문과에 장원급제하여 예조좌랑이 되었다. 그 뒤 정세가 혼란해지자 관직을 버리고 야인생활을 하였다. 대전의 도산서원(道山書院)에 제향되었다. 저서로 《만회집(晩悔集)》·《연송잡기(然松雜記)》 등이 있다.

29 북정일기(北程日記): 북정일기(北征日記). 권득기(1570~1622)가 압송관의 자격으로 전양부원군(全陽府院君) 류영경(柳永慶, 1550~1608)을 유배지 경흥(慶興)으로 압송할 때의 일을 기록한 유배압송일기. 유배압송관의 처지와 입장, 심리를 매우 구체적으로 증언하는 흥미로운 자료다. 이와 관련된 심도 있는 연구로는 조수미, 〈유배압송일기 「북정일기(北征日記)」 연구 – 유배인과 압송관의 갈등 전개 과정을 중심으로 –〉, 영남대학교 인문과학연구소, 2020을 참조 바람.

30 《晩悔集》 卷4 〈雜著〉 "北程日記"(《晩悔集》, 106면). 한국고전종합DB 참조.

8. 비로 점치다

占雨

1) 수면에 뜬 거품

비가 내려 수면 위에 뜬 거품이 생기면 주로 끝내 맑지 못하게 된다.

속담에 "한 방울의 비가 한 개의 못[釘]과 같으면 이것이 떨어진 다음날 아침에는 맑지 못하게 된다. 한 방울의 비가 한 방울의 거품과 같으면 이것이 떨어진 다음날 아침에는 맑지 못하게 된다."라 했다. 《전가오행》[1]

水面浮泡

雨著水面上有浮泡，主卒未晴.

諺云："一點雨似一個釘，落到明朝也不晴；一點雨似一個泡，落到明朝未得了."《田家五行》

1 《田家五行》卷中〈天文類〉"論雨"(《續修四庫全書》975, 338쪽).

2) 밝게 갠 하늘을 두려워한다

怕天亮

속담에 "병든 사람은 두창(肚脹)[2]을 두려워하고, 비가 떨어지는 날에는 밝게 갠 하늘을 두려워한다."라 했다. 이는 오랜 비로 어두웠다가 갑자기 하늘이 저절로 밝아지면 도리어 비가 내릴 징후라는 말이다.

諺云: "病人怕肚脹, 雨落怕天亮." 言久雨正當昏黑, 忽自明亮, 反是雨候也.

【농정전서[3] 비가 떨어지는 날에 밝게 갠 하늘을 두려워한다는 말은, 하늘이 밝아졌을 때 갑자기 비가 내리면 이날에는 맑아질 수 없다는 뜻이다. 만약 날이 어둑하다가 갑자기 밝아지는 현상이 도리어 비의 징후라면 도대체 어느 때에나 맑아진다는 말인가?】《전가오행》[4]

【農政全書 雨怕天亮, 是天明時忽雨, 此日不得晴也. 若昏黑忽明亮反是雨候, 則何時晴耶?】《田家五行》

오래 비가 내리고 먹구름이 껴 있다가 하늘이 갑자기 밝아지면 주로 큰비가 내리게 된다. 속담에 "잠깐동안만 밝아지면 쌓이는 비는 10척이나 된다."라 했다. 《군방보》[5]

久雨雲黑, 忽然明亮, 主大雨. 諺云: "亮一亮, 下一丈."《群芳譜》

---

2 두창(肚脹): 배가 창만한 병증.

3 《農政全書》 卷11 〈農事〉 "占候" '論雨'(《農政全書校注》, 266쪽).

4 《田家五行》, 위와 같은 곳.

5 《二如亭群芳譜》 〈元部〉 "天譜" 3 '雨'(《四庫全書存目叢書補編》80, 123쪽).

3) 낮에 그치는 비[遣晝]

遣晝

일반적으로 비가 오래 내리다가 정오에 잠깐 그치면 이를 '낮에 그치는 비[遣晝, 견주]'라 한다. 정오에 그치면 더러 맑아질 수도 있다.

凡久雨至午少止, 謂之"遣晝", 在正午遣, 或可晴;

반면 오전에 그치면 오후에 비가 이루 헤아릴 수 없이 내리게 된다. 《농정전서》[6]

午前遣, 則午後雨不可勝. 《農政全書》

재(齋)[7]에 앞서 바람이 불거나 낮이 지난 후에 비가 내리면 이는 모두 비가 그치기 어렵다는 말이다. 《농정전서》[8]

齋前風, 晝後雨, 竝言難止. 同上

속담에 "낮의 비를 위로 끌어당기고, 재(齋)의 비를 아래로 끌어당긴다."【안 《기력촬요》에는 '잠깐 낮 비를 열어 주고, 재(齋)의 비는 열 수 없게 한다[乍啓晝, 沒啓齋].'[9]라고 되어 있다】라 했다. 이는 오후에 비가 시끄럽게[嘈嘈] 내리게 되는 현상이다. 《전가오행》[10]

諺云: "上牽晝, 下[1]牽齋"【按 《紀歷撮要》作'乍啓晝, 沒啓齋'】. 下晝雨嘈嘈. 《田家五行》

비가 오래 내린 뒤에 정오 이후에 잠깐 그치면 맑아질 수도 있다.

久雨後, 若午後少住, 或可望晴;

오전에 잠깐 그치면 비가 반드시 많이 내리게 된다. 속담에 "비가 정오에 그치면 오후에는 무수히

若午前少住, 雨必多. 諺云: "雨住午, 下無數." 《群

---

6 《農政全書》, 위와 같은 곳.

7 재(齋): 새벽에서 정오까지의 시간으로 추정된다.

8 《農政全書》, 위와 같은 곳.

9 잠깐……한다: 《紀歷撮要》 〈雜占〉(《續修四庫全書》 975, 361쪽).

10 《田家五行》 卷中 〈天文類〉 "論雨"(《續修四庫全書》 975, 338쪽).

[1] 下: 《田家五行·天文類·論雨》에는 "暮".

내리게 된다."라 했다. 《군방보》[11] 芳譜》

11 《二如亭群芳譜》, 위와 같은 곳.

4) 황혼우(黃昏雨)

저녁비는 개기 어렵다. 민간에서는 이를 '황혼우(黃昏雨)'라 한다. 속담에 "문 열 때 바람 불고, 문 닫을 때 비 내린다."라 했다. 《군방보》[12]

黃昏雨

晏雨難晴. 俗謂之"黃昏雨". 諺云: "開門風, 閉門雨."《群芳譜》

5) 5경(五更) 무렵의 비

속담에 "비 5경에 내리치면 해 물구덩이에 쨍쨍 내리쬔다."라 했다. 이는 5경에 갑자기 비가 내리면 정오에는 반드시 맑아지게 된다는 말이다. 이는 매우 들어맞았다. 《전가오행》[13]

五更雨

諺云: "雨打五更, 日曬水坑." 言五更忽然雨, 日中必晴. 甚驗.《田家五行》

6) 소나기

속담에 "소나기[快雨] 내리면 빨리 맑아진다."라 했다. 《도덕경(道德經)》[14]에 "폭풍은 아침나절 넘기지 못하고, 소나기는 하루 넘기지 못한다."[15]라 했다. 《전가오행》[16]

驟雨

諺云: "快雨快晴."《道德經》云: "飄風不終朝, 驟雨不終日."《田家五行》

---

12 《二如亭群芳譜》, 위와 같은 곳.

13 《田家五行》, 위와 같은 곳.

14 도덕경(道德經):《노자도덕경(老子道德經)》. 기원전 4세기경 중국 도가철학의 시조인 노자(老子)가 지었다고 전해지는 도가서.

15 폭풍은……못한다:《老子道德經》上編 第23章 (《諸子集成》3, 13쪽).

16 《田家五行》, 위와 같은 곳.

7) 밭뙈기 하나만 적시고 개는 비

속담에 "여름비는 밭뙈기 하나만 적시고 갠다."라 했다. 또 "여름비는 소의 등뼈에서도 갈린다."라 했다. 또 "용(비)은 익숙한 길로 다닌다."라 했다. 《전가오행》[17]

隔田晴

諺云: "夏雨隔田晴." 又云: "夏雨分牛脊." 又云: "龍行熟路." 《田家五行》

8) 비에 섞인 눈(진눈깨비)

비에 눈이 섞이면 개기 어렵다. 속담에 "비에 눈 섞이면 쉼도, 그침도 없다."라 했다. 《전가오행》[18]

雨夾雪

雨夾雪, 難得晴. 諺云: "夾雨夾雪, 無休無歇." 《田家五行》

17 출전 확인 안 됨; 《農政全書》 卷11 〈農事〉 "占候" '五月'(《農政全書校注》, 258쪽).

18 《田家五行》, 위와 같은 곳.

9. 구름으로 점치다 占雲

1) 구름의 흐름 雲行

구름의 흐름을 보고 맑을지 비올지 점친다.

雲行占晴雨.

속담에 "구름이 동쪽으로 가면 비는 그치고, 수레와 말이 잘 통행하게 된다.

諺云: "雲行東, 雨無踪, 車馬通;

구름이 서쪽으로 가면 말이 진창에 빠지고, 물난리로 쟁기가 잠기게 된다.

雲行西, 馬濺泥, 水沒犂;

구름이 남쪽으로 가면 비가 줄줄 쏟아져 물난리가 나고, 못이 불어나게 된다.

雲行南, 雨潺潺, 水漲潭;

구름이 북쪽으로 가면 비가 충분히 내리고, 곡식에 햇볕이 알맞게 내리쬐게 된다."라 했다.

雲行北, 雨便足, 好曬穀."

【안 공평중(孔平仲)[1]의 《담원(談苑)》[2]에 "구름이 북쪽을 향하여 가면 늙은 학은 강물을 찾으며 울게 된다. 구름이 동쪽으로 가면 먼지와 티끌이 늙은이들을 죽게 한다. 모두 비가 내리지 않는다는 말이다.'라 했다."[3]라 했다】《전가오행》[4]

【按 孔氏《談苑》作"雲向北, 老鶴尋河哭; 雲向東, 塵埃沒老翁. 皆言無雨也"】《田家五行》

---

1 공평중(孔平仲): 1044~1111. 중국 북송의 관리·학자·시인. 공자의 후손. 저서로 《담원(談苑)》·《속세설(續世說)》·《양세사증(良世事證)》·《석패(釋稗)》·《시희(詩戲)》 등이 있다.

2 담원(談苑): 중국 송(宋)나라 문학가인 공평중(孔平仲, 1044~1111)이 지은 필기류 책. 송대의 역사, 일화, 시화(詩話), 물명 고증 등이 실려 있다.

3 구름이……했다: 《談苑》 卷2(《文淵閣四庫全書》 1037, 131쪽).

4 《田家五行》 卷中 〈天文類〉 "論雲"(《續修四庫全書》 975, 338쪽).

위쪽의 바람은 비록 구름은 흩트렸어도 아래쪽의 바람이 구름을 흩트리지 못하면 주로 비가 내리게 된다. 속담에 "위쪽의 바람 넓게 불고, 아래쪽의 바람 좁게 불면 도롱이 없이 외출할 수 없다."라 했다. 《전가오행》[5]

上風雖開, 下風不散, 主雨. 諺云: "上風皇, 下風隘, 無簑衣, 莫出外." 同上

속담에 "서남쪽에 비구름이 한 번 지나가면 비가 0.3척 내리게 된다."라 했다. 이는 비구름이 서남쪽에서 일어나서 오면 비가 반드시 많이 내린다는 말이다.

諺云: "西南陣單過也, 落三寸." 言雲陣起自西南來者, 雨必多.

보통 때의 흐린 하늘이라도 서남쪽의 비구름이면 역시 많은 비가 내리게 된다. 《전가오행》[6]

尋常陰天, 西南陣上, 亦雨. 同上

속담에 "88세 할머니도 동남쪽에서 일어나는 비구름은 보지 못했다."라 했다.

諺云: "太婆年八十八, 弗曾見東南陣頭發."

또 "1000살 노인도 동남쪽에서 일어나는 비구름의 비가 밭을 잠기게 하는 일은 보지 못했다."라 했다. 이는 구름이 동남쪽에서 일어나 오면 전혀 비가 내리지 않게 된다는 말이다. 《전가오행》[7]

又云: "千歲老人不曾見東南陣頭雨沒子田." 言雲起自東南來者, 絕無雨. 同上

일반적으로 비구름이 서북쪽에서 일어나면 반드시 구름이 먹물을 뿌린 듯한 흑색이다. 또 비구름이 일어날 때 반드시 둥그스름한 모양[眉梁][8]으로 솟아

凡雨陣自西北起者, 必雲黑如潑墨. 又必起作眉梁陣, 主先大風而後雨, 終易晴.

---

5 《田家五行》, 위와 같은 곳.

6 《田家五行》, 위와 같은 곳.

7 《田家五行》, 위와 같은 곳.

8 둥그스름한 모양[眉梁]: 눈썹이나 교량처럼 가운데가 둥그렇고 불룩 솟은 모양으로 보았다.

오른다. 그러면 주로 먼저 큰바람이 분 뒤에 비가 내리게 된다. 끝에 가서는 쉽게 맑아진다. 《전가오행》[9]

同上

일반적으로 비구름이 날듯이 빠르거나, 폭우가 잠깐 쏟아졌다가 잠깐 그쳤다 하면 이는 그 속에 반드시 신룡(神龍)이 숨었다가 나타났다가 하는 현상이다. 《주역(周易)》에서 "구름이 용을 따른다[雲從龍]."[10]라 한 말이 이것이다. 《전가오행》[11]

凡雨陣雲疾如飛，或暴雨乍傾乍止，其中必有神龍隱見，《易》曰"雲從龍"是也. 同上

속담에 "가뭄이 드는 해에는 비구름이 양자강 연안을 건너뛸까 두렵고, 장마가 드는 해에는 북강(北江, 태호)[12]의 붉은 구름이 두려울 뿐이다."라 했다.

諺云: "旱年只怕沿江跳[1]，水年只怕北江紅."

일설에 "북강의 붉은 구름" 대신에 "태호(太湖)의 맑음."이라 했다. 이 글은 큰가뭄이 드는 해에는 비 바라기를 은혜를 바라듯이 한다는 말이다. 사방의 먼 곳에서 구름이 겨우 생겼다가 비구름이 동쪽에서 서쪽으로 흘러 가버리거나, 서쪽에서 동쪽으로 흘러 가버리면 민간에서는 이를 '비구름이 양자강 연안을 건너뛴다[沿江跳, 연강도].'라 한다. 이런 현상이 일어나면 이 비는 오늘만 내리지 않을 뿐만 아니라 반드시 매일 이와 같다. 그러니 이는 곧 오래 가물게 될 조짐이다.

一云: "太湖晴." 上文言亢旱之年望雨如望恩，纔是四方遠處雲生陣起，或自東引而西，自西而東，俗所謂'沿江跳'也. 則此雨，非但今日不至，必每日如之，卽是久旱之兆也.

---

9 《田家五行》, 위와 같은 곳.

10 구름이……따른다:《周易》卷1〈乾卦〉(《十三經注疏整理本》1, 20쪽).

11 《田家五行》, 위와 같은 곳.

12 북강(北江, 태호):중국 강소성(江蘇省)과 절강성([浙江省]의 접경 지역에 위치한, 중국에서 세 번째로 큰 담수호.

[1] 跳:《田家五行·天文類·論雲》에는 "挑".

장마가 지는 해에는 저녁때마다 갑자기 비가 내린다. 구름이 북쪽에 조금 떠 있을 때는 노을과 같지만 노을이 아니고, 그 홍색 빛깔이 해만큼 빛난다. 그러면 비가 반드시 뒤따라 내리고, 주로 밤마다 이와 같다. 그러다가 대서(大暑, 양력 7월 22·23일경)가 된 뒤에 그치게 된다. 이 현상을 '북강홍(北江紅)'이라 한다. 오(吳)나라 지역의 말이다. 그러므로 북강은 태호를 가리킨다.

澇年, 每至晚時, 雨忽至. 雲稍浮北, 似霞非霞, 紅光曜日, 雨必隨作, 當主夜夜如此, 直至大暑而後已, 謂之"北江紅", 此吳語也. 故指北江爲太湖.

만약 저녁때에 비가 개이면 반드시 서쪽 하늘이 맑기만 하고 비가 내리지 않게 된다. 속담에 "서북쪽 하늘이 적색이면 맥류에 볕 쬐기 좋다."라 했다. 《전가오행》[13]

若是晚霽, 必兼[2]西天但晴無雨. 諺云: "西北赤, 好曬麥." 同上

구름이 조각조각 피어 서로 따르면서 창백색·암황색으로 일정하지 않게 모였다 흩어졌다 하면 큰바람이 불 징후이다. 《무비지》[14]

雲片片相逐, 慘白慘黃聚散不常, 大風之候. 《武備志》

구름의 아래쪽이 황색이거나 구름이 흐르는 속도가 급하면 모두 큰바람이 불게 될 징후이다. 《무비지》[15]

雲脚黃, 雲行急, 皆大風之候. 同上

구름이 사방에서 모여 비가 내릴 때 햇볕을 이기

雲四合雨, 不勝於日色, 不

---

13 《田家五行》 卷中 〈天文類〉 "論雲"(《續修四庫全書》 975, 338~339쪽); 《農政全書》 卷11 〈農事〉 "占候" '論雲'(《農政全書校注》, 267쪽). 《농정전서》와 더 일치한다.

14 《武備志》 卷165 〈占度載〉 "占風" 1, 66697쪽.

15 《武備志》, 위와 같은 곳.

[2] 兼: 《田家五行·天文類·論雲》에는 "俱".

지 못하면 비가 내리지 않게 된다. 비가 내리더라도 많이 내리지 않게 된다. 《무비지》[16]

雨. 雨亦無多. 同上

백색 구름 기운이 춤을 추듯이 그곳을 왕래할 때, 서늘한 바람이 이리저리 불면 큰눈이 내리게 된다. 《무비지》[17]

白雲氣如舞, 往來其處, 凄風送迎, 大雪將下. 同上

구름이 양떼가 어지럽게 달리는 모습과 같으면 3일 안에 반드시 큰바람이 불고, 흙먼지비와 우박이 내리게 된다. 《무비지》[18]

雲如群羊亂走, 三日必有大風、塵霾、雨雹. 同上

먹구름이 낮게 날면서 남쪽으로 가면 오늘 바람이 불게 될 징후이다.

백색 구름이 높게 날면서 북쪽으로 가면 내일 바람이 불게 될 징후이다. 《어우야담》[19]

黑雲低飛而南者, 今日之風;

白雲高飛而北者, 明日之風. 《於于野談》

16 《武備志》卷161 〈占度載〉 "占雨雹", 6821쪽.

17 《武備志》卷161 〈占度載〉 "占雲氣" 1 '氣之災瑞', 6549쪽.

18 《武備志》卷161 〈占度載〉 "占雲氣" 1 '氣之戰陣', 6560쪽.

19 《於于野譚 원문》, 210쪽.

2) 구름의 모양

雲形

일반적으로 비를 예측할 때 그믐·초하루·상하현·보름에 은하수가 사방에 가득하면 모두 비가 내리게 된다.

凡候雨: 以晦、朔、弦、望雲漢四塞者, 皆當雨;

구름이 소나 돼지모양이면 폭우가 내리게 된다.

如牛、彘, 當暴雨;

기이한 구름이 물소와 같은 모양이면 3일이 지나지 않아 큰비가 내리게 된다.

有異雲, 如水牛, 不三日, 大雨;

먹구름이 양떼가 달아나는 듯하거나 나는 새와 같으면 5일 안에 반드시 비가 내리게 된다.

黑雲如群羊奔, 如飛鳥, 五日必雨;

구름이 물에 떠 있는 배와 같으면 모두 비가 내리게 된다.

雲如浮船, 皆雨;

사방에 청백색 구름이 있으면 이를 '추위를 부르는 구름[天寒之雲, 천한지운]'이라 한다. 이는 비가 내릴 징후이다.

四望青白雲, 名曰"天寒之雲", 雨徵;

돼지모양 구름

양떼구름

창흑색 구름이 베틀의 북[20]과 바디[21]가 실로 직조한 듯한 모양으로 가늘게 해나 달을 가리면 5일 안에 반드시 비가 내리게 된다. 구름이 두 사람이 북 들고 북채 잡고 있는 모습과 같으면 모두 폭우가 내리게 된다. 《역비후》[22]

蒼黑雲細如杼、軸, 蔽日月, 五日必雨; 雲如兩人提鼓持桴者, 皆爲暴雨. 《易飛候》

비 예측하는 법: 먹구름이 해 가운데에 1필의 베 모양으로 껴 있으면 당일에 큰비가 내리게 된다.

候雨法: 有黑雲如一匹布于日中, 卽日大雨;

2필의 베모양으로 껴 있으면 2일 동안 비가 내리게 된다.

二匹, 爲二日雨;

3필의 베모양으로 껴 있으면 3일 동안 비가 내리게 된다. 경방 《풍각요결(風角要訣)[23]》[24]

三匹, 爲三日雨. 京房《風角要訣》

사방에 뛰어오르는 물고기모양의 구름이 빠르게 떠가면 비가 내리게 된다.

四方有躍魚雲, 遊疾者, 雨;

느리게 떠가면 비가 적거나 내리기 어렵게 된다. 《상우서》[25]

遊遲者, 雨少難至. 《相雨書》

사방의 구름이 양모양이나 돼지모양과 같으면 비

四方有雲如羊、猪, 雨立

---

20 북: 씨실을 넣어 날실과 날실의 벌어진 틈을 오가며 직물을 짜는 배모양의 나무통. 옛날에는 북 속에 실꾸리를 넣고 대나무를 쪼개 활처럼 약간 휘게 한 다음 북의 양 끝에 고정시키고 가운데 구멍으로 씨실이 풀려 나오게 만들었다. 《전공지》 권5 〈그림으로 보는 길쌈〉 "북대와 북"(풍석 서유구 지음, 임원경제연구소 옮김, 《임원경제지 전공지》 2, 풍석문화재단, 2022, 336~337쪽)에 자세히 보인다.

21 바디: 살과 살 사이에 날실을 꿰어 북이 지나가는 통로를 만들어 주고 씨실을 앞으로 밀어서 이미 짜여진 씨실들과 촘촘하게 맞닿으며 짜는 역할을 하는 베틀의 부속품 중 하나. 《전공지》 권5 〈그림으로 보는 길쌈〉 "바디와 바디집"(위와 같은 책, 338~341쪽)에 자세히 보인다.

22 《說郛》 卷5 〈易飛候〉(《文淵閣四庫全書》 876, 216쪽).

23 풍각요결(風角要訣): 중국 한나라의 학자 경방이 지은 천문서인 《풍각서(風角書)》에 기록된 요결로 추정된다.

24 출전 확인 안 됨; 《欽定授時通考》 卷2 〈天時〉 "占驗總"(《文淵閣四庫全書》 732, 35쪽).

25 《相雨書》 〈觀雲〉(《叢書集成初編》 714, 3쪽).

북

바디(이상 국립민속박물관)

가 즉시 내리게 된다. 《상우서》[26]

至. 同上

어지럽게 흩어 놓은 흙덩이 같은 구름 기운이면 큰바람이 불게 된다.

雲氣如亂穰, 大風將至;

흘러오는 곳에서의 구름에 견주어 구름이 매우 윤택하면서 두텁고 크면 비가 반드시 갑자기 내리게 된다. 《진서》 〈천문지〉[27]

視所從來, 雲甚潤而厚大, 雨必暴至. 《晉·天文志》

26 《相雨書》, 위와 같은 곳.

27 《晉書》 卷11 〈天文志〉 中 "雲氣", 334쪽.

구름이 일어났다가 아래쪽으로 사방 들판에 흩어져서 연기나 안개와 같이 시야에 가득하면 이를 '풍화(風花, 바람꽃)'라 한다. 그러면 주로 큰바람이 즉시 불게 된다.

雲起下散四野, 滿目如烟如霧, 名"風花", 主大風立至.

속담에 "구름이 포차(砲車, 대포차)모양과 같으면 비는 내리지 않고, 반드시 바람이 불게 된다."라 했다. 《군방보》[28]

諺云: "雲似砲車形, 沒雨, 定有風."《群芳譜》

5월에 포차(砲車)모양의 구름이 일어나면 급히 뱃사람들이 피신한다. 이는 바람의 징후이기 때문이다. 소식(蘇軾)의 시에 "오늘 강 머리에 하늘 빛깔 험악하더니, 포차모양 구름 일어나 폭풍 몰아치려 하네."[29]라 했다. 《군방보》[30]

五月砲車雲起, 急舟人避之此風候也. 東坡詩云: "今日江頭天色惡, 砲車雲起風暴[3]作." 同上

울고 있는 닭과 같은 모양의 먹구름이면 하늘에서 반드시 큰비가 내리고, 강물이 불어나 범람하게 된다. 《무비지》[31]

黑雲如鳴鷄狀, 天必大雨, 河水泛漲.《武備志》

뿔 없는 소머리모양과 같은 적색 구름이면 3일 안에 큰비가 내리게 된다. 《무비지》[32]

赤雲如牛無角, 三日有大雨. 同上

큰 물고기가 하늘 한가운데를 빨리 헤엄치는 모

雲如巨魚疾行中天, 其色蒼

---

28 《二如亭群芳譜》〈元部〉"天譜" 3 '雨'(《四庫全書存目叢書補編》80, 123쪽).

29 오늘……하네:《東坡詩集註》卷1 〈過高郵寄孫君孚〉(《文淵閣四庫全書》, 1109, 12쪽).

30 《二如亭群芳譜》〈元部〉"天譜" 3 '雲'(《四庫全書存目叢書補編》80, 110쪽).

31 《武備志》卷161 〈占度載〉"占雲氣" 1 '氣之戰陣', 6580쪽.

32 《武備志》卷161 〈占度載〉"占雲氣" 1 '氣之災瑞', 6546쪽.

[3] 暴:《東坡詩集註 · 過高郵寄孫君孚》에는 "欲".

양과 같은 구름이면서 그 색이 창흑색이면 큰바람이 불고 홍수가 나게 된다. 《무비지》[33]

黑, 有大風、大水. 同上

소달구지가 서로 이어져 있는 모양과 같은 구름이면 홍수가 나게 된다. 《무비지》[34]

雲如牛車相連, 有大水. 同上

소나 말과 같은 모양의 흑색 구름 기운이면 3일을 지나지 않아서 큰바람이 불고 큰비가 내리게 된다. 《무비지》[35]

黑氣如牛馬, 不出三日, 大風雨. 同上

사계절을 시작하는 날(1·4·7·10월의 첫째날)에 흑색 구름 기운이 비구름모양으로 무겁고 두터우면서 크면 비가 많이 내리게 된다. 《무비지》[36]

四始之日有黑氣, 如陣重厚大者, 多雨. 同上

찢어 놓은 솜이나 삼베 같은 백색 구름이 북쪽으로 가면 다음날 이 시각에 반드시 큰바람이 불게 된다.

산악 나무들의 모습처럼 청색 구름이 흩어져 있으면 10일이 지나지 않아서 큰바람이 불어 지붕을 뽑아 날리게 된다. 《어우야담》[37]

白雲如裂絮、麻而北, 明日此[4]時必大風;
青雲散布如山嶽樹木之狀, 不出旬日, 大風拔屋. 《於于野談》

33 《武備志》卷161 〈占度載〉 "占雲氣" 1 '氣之風雨', 6547쪽.
34 《武備志》, 위와 같은 곳.
35 《武備志》卷161 〈占度載〉 "占雲氣" 1 '氣之風雨', 6548쪽.
36 《武備志》, 위와 같은 곳.
37 《於于野譚 원문》, 210쪽. 출입 있음.
[4] 此 : 저본에는 "周". 《於于野譚 원문》에 근거하여 수정.

찢어 놓은 솜모양 구름

3) 구름의 빛깔

雲色

하늘에서 막 비가 내리기 시작할 때 구름을 보아 5색과 흑적색이 함께 보이면 즉시 우박이 내리게 된다.

以天方雨時視雲, 有五色、黑赤并見者, 卽雹⑤;

황색과 백색이 섞여 있으면 바람은 많이 불지만 비는 적게 내리게 된다.

黃白雜者, 風多雨少;

청색과 흑색이 섞여 있으면 비가 뒤따라 내리되, 반드시 듬뿍 내려서 흘러넘치게 된다.《상우서》[38]

靑黑雜者, 雨隨之, 必滂沛流潦.《相雨書》

하늘이 흐릴 때 구름이 윤택한 빛깔을 띠면 비가 곧 내리게 된다.《어우야담》[39]

天陰, 雲帶潤色, 則雨便至.《於于野談》

38《相雨書》〈觀雲〉(《叢書集成初編》714, 3쪽).

39《於于野譚 원문》212쪽.

⑤ 雹:《相雨書·觀雲》에는 "止".

4) 구름이 이는 방위

雲起方

구름이 서북쪽 건방에서 오면 그 뒤 3일 동안 애초에 온 방위(서북쪽)에 큰바람이 불게 된다.

有雲西北乾上來者, 後三日本位有大風;

감(坎)방(북쪽)에 먹구름 위에 백색 구름이 있으면 오래지 않아 한꺼번에 비로 내리게 된다.

坎上有黑雲上有白雲, 不久合雨;

리(離)방(남쪽)에 적색 구름이 뜬 뒤 5시진[辰] 만에 동풍이 한 때 일어났다가 멎으면 60일 동안 비 내리는 일이 없게 된다.

離上有赤雲, 後五辰有東風起一時而住, 六十日無陰雨;

동쪽에 청색 구름이 떠서 서쪽으로 가면 그 뒤 2시진 만에 남풍이 불게 된다. 《무비지》[40]

東有青雲往西行, 後二辰有南風. 《武備志》

매일 동틀 무렵 5방(五方, 동서남북 및 중앙)에 구름이 있으면 주로 비가 내리게 된다.

每日平明看五方有雲, 主下雨.

동쪽에 청색 구름이 있으면 주로 갑(甲)·을(乙)이 든 날에 비가 내리게 된다.

若東方有青雲, 主甲、乙日下雨;

남쪽에 적색 구름이 있으면 주로 병(丙)·정(丁)이 든 날에 비가 내리게 된다.

南方有赤雲, 主丙、丁日下雨;

서쪽에 백색 구름이 있으면 주로 경(庚)·신(辛)이 든 날에 비가 내리게 된다.

西方有白雲, 主庚、辛日下雨;

북쪽에 먹구름이 있으면 주로 임(壬)·계(癸)가 든 날에 비가 내리게 된다.

北方有黑雲, 主壬、癸日下雨;

중앙에 황색 구름이 있으면 주로 무(戊)·기(己)가 든 날에 비가 내리게 된다. 《무비지》[41]

中央有黃雲, 主戊、己日下雨. 同上

---

40 《武備志》 卷162 〈占度載〉 "占雲氣" 2 '氣之攻守', 6604~6605쪽.

41 《武備志》 卷161 〈占度載〉 "占雲氣" 1 '氣之災瑞', 6549쪽.

5) 아침과 저녁의 구름 朝暮雲

흐린 하늘로 맑은 날씨를 점친다. 속담에 "날씨가 맑으려면 아침에는 하늘 꼭대기가 뚫려 있어야 하고, 저녁에는 네 다리처럼 구름이 걸려 있어야 한다."《전가오행》[42]

陰天卜晴. 諺云: "朝要天頂穿, 暮要四脚懸."《田家五行》

아침에는 동남쪽을 보고, 저녁에는 서북쪽을 보아 하늘이 비어 있으면 비가 내리지 않게 된다. 비록 구름이 껴 있더라도 조각구름이고 빛깔이 선명하면 역시 맑게 된다.《전가잡점》[43]

早看東南, 暮看西北, 空, 則無雨. 雖有雲而片色分明, 亦晴.《田家雜占》

동틀 무렵 동쪽을 보아 오색구름 기운이 비단처럼 고우면서 서쪽을 지나가면 당일에 바람이 불고, 비가 내리게 된다.

拂曉看東方, 五色氣如錦過西者, 當日風雨;

만약 구름이 일어나고 안개가 끼는 현상이 한낮이 되어서 그치면 3일 안에 비가 내리게 된다.

如雲興霧起, 至中天而止者, 應三日雨;

해가 지는 시각에 오색구름 기운이 서쪽에서 동쪽으로 가는 모습이 보이면 역시 2~3일 안에 비가 내리게 된다.《도주공서》[44]

日沒時看五色氣自西過東者, 亦應二三日雨.《陶朱公書》

동틀 무렵 남쪽을 보아 먹구름이 아주 높이 있으면 이를 '뇌신(雷信, 천둥이 칠 약속)'이라 한다. 그러면 다음날 사(巳)시·오(午)시에 천둥과 비가 응했다가 한낮

拂曉看南方, 黑雲最高, 謂之"雷信", 應[6]明日巳、午時, 至中天而止, 應未、申

---

42 《田家五行》卷中〈天文類〉"論雲"(《續修四庫全書》975, 339쪽).

43 《欽定授時通考》卷2〈天時〉"占驗總"(《文淵閣四庫全書》732, 35쪽).

44 《重訂增補陶朱公致富奇書》卷4〈占候部〉"龍氣"(《重訂增補陶朱公致富奇書》中, 40쪽).

[6] 應: 저본에는 없음.《重訂增補陶朱公致富奇書·占候部·雷牌》에 근거하여 보충.

이 되어서야 그치거나 미(未)·신(申)시에 응하게 된다. 《도주공서》[45]

時. 同上

먹구름이 덩이져서 그 모양이 돼지가 물을 건너는 모습과 같거나, 어지럽게 헤쳐 놓은 솜이나 고사한 나무와 같거나, 천둥이 치고 비 내리는 모습과 같거나, 태음(太陰, 달)을 가리거나, 태음 위쪽이나 아래쪽에 있으면 모두 이튿날 천둥이 치고, 비가 내리게 된다.

黑雲成塊, 其形若猪渡河, 或如亂綿、枯木, 或如雷[7]雨, 或遮太陰, 或在太陰上下, 竝應來日雷雨;

솜모양과 같거나 작은 물고기의 비늘모양과 같은 백색 구름이 머리는 남쪽을 향하고 다리는 북쪽을 향하면 다음날 남풍이 불어오게 된다. 이 모두는 해가 진 뒤에 들어맞는다. 《도주공서》[46]

白雲如綿, 如小魚鱗, 而頭南脚北者, 明日南風至. 俱日落後驗之. 同上

해가 질 때 하늘의 구름이 모두 적색이면 큰 가뭄이 들게 된다.

日入時天雲盡赤, 大旱;

오래 가물고 적색 구름이 하늘에 두루 퍼져 있으면서 산과 계곡을 밝게 비추면 이튿날 비가 내리게 된다. 《무비지》[47]

久旱而有赤雲, 遍天照映山谷, 則來日有雨. 《武備志》

황혼 무렵에 구름이 끼면 자시[半夜]에는 걷히게 된다.

黃昏上雲, 半夜消;

반면 황혼 무렵에 구름이 걷히면 자시에는 비가

黃昏消雲, 半夜澆.

45 《重訂增補陶朱公致富奇書》 卷4 〈占候部〉 "雷牌"(《重訂增補陶朱公致富奇書》中, 40쪽).
46 《重訂增補陶朱公致富奇書》 卷4 〈占候部〉 "河漢"(《重訂增補陶朱公致富奇書》中, 39쪽).
47 《武備志》 卷151 〈占度載〉 "占日" 2 '日之色', 6071쪽.
[7] 雷 : 《重訂增補陶朱公致富奇書·占候部·河漢》에는 "霧".

내리게 된다.

만약 자시 이후에 비가 그치고 구름이 걷히며, 별과 달이 밝으면 의심할 필요 없이 반드시 맑게 된다. 《농정전서》[48]

若半夜後雨止雲開, 星月朗然, 則必晴無疑. 《農政全書》

질문: "해가 나올 때 구름이 많아서 구름을 뚫고 새어 나오는 햇빛이 화살을 쏜 듯한 모양이면 비가 내릴 징조라고 한다. 이는 어째서인가?"

問: "日出時雲多破漏日光散射者, 雨徵也, 何故?"

대답: "기가 올라가서 구름이 되는데, 비가 되기 전에는 구름의 덩이가 엉겨 빽빽해진다. 그러다가 비가 되고서야 구름의 덩이가 녹는다. 그러므로 이렇게 가볍고 얇아진 구름을 햇빛이 뚫고 새어 나오는 것이다." 《수법혹문》[49]

曰: "氣升作雲, 未成爲雨, 體凝質密, 及至成雨, 體質消化, 故輕薄透漏也." 《水法或問》

48 《農政全書》 卷11 〈農事〉 "占候" '論星'(《農政全書校注》, 264쪽).

49 《泰西水法》 卷5 〈水法或問〉(《文淵閣四庫全書》 731, 971쪽).

6) 여름과 가을의 구름

夏秋雲

6월에 백색 구름이 두성(斗星) 아래에 가로로 껴 있거나, 동쪽에 구름이 생기면 모두 주로 비가 내리게 된다. 《군방보》[50]

六月白雲橫斗下, 東方生雲, 皆主雨. 《群芳譜》

가을에 구름이 하늘에 껴서 흐리지만 바람이 없으면 비가 내리지 않게 된다. 《전가오행》[51]

秋天雲陰, 若無風, 則無雨. 《田家五行》

---

50 《二如亭群芳譜》〈元部〉"天譜" 3 '雲'(《四庫全書存目叢書補編》80, 110쪽).

51 《田家五行》卷中〈天文類〉"論雲"(《續修四庫全書》975, 339쪽).

7) 은하수의 구름

天河雲

은하수 가운데에 먹구름이 생기면 이를 '하작언(河作堰, 은하수에 제방 만들다)'이라 하고, 또 '흑저도하(黑猪渡河, 흑돼지가 은하수 건너다)'라 한다. 은하수에 먹구름이 마주보며 일어나고, 길 하나가 하늘에 잇닿아 있으면 이를 '직녀작교(織女作橋, 직녀가 다리 만들다)'라 한다. 양쪽 아래가 넓으면 이를 '합라진(合羅陣)'이라 한다. 이런 현상이 보이면 모두 주로 큰비가 즉시 내리게 된다.

天河中有黑雲生，謂之"河作堰"，又謂之"黑猪渡河"．黑雲對起，一路相接亘天，謂之"織女作橋"．兩下濶，則謂之"合羅陣"，皆主大雨立至．

조금 지나면 반드시 하늘에 가득 비구름이 끼게 된다. 이를 '통계우(通界雨, 온 세상의 비)'라 한다. 이는 비 내리는 지역이 광활하게 널리 퍼졌다는 말이다. 만약 하늘이 흐릴 때 이 구름이 일거나 그치면서, 갑자기 비가 내리고 구름다리가 만들어지면 반드시 '괘범우(掛帆雨, 돛을 펼쳐 놓은 듯한 비구름)'가 내리게 된다. 반면 또 빗줄기가 집중적으로 쏟아지면 비가 멎게 될 조짐이다. 그러니 한 예만 취하여 예측해서는 안 된다.《전가오행》[52]

少頃必作滿天陣，名"通界雨"，言廣濶普徧也．若是天陰之際，或作或止，忽有雨作橋，則必有"掛帆雨"．却[8]又是雨脚，將斷之兆也．不可一例而取．《田家五行》

사방에 구름이 없고, 은하수 가운데에만 구름이 있으면서 목욕하는 돼지모양과 같이 서로 이어진 모습이면 3일 뒤에 반드시 큰비가 내리게 된다.《상우서》[53]

四方無雲，惟天河中有雲，相連如浴豖，三日必大雨．《相雨書》

52 《田家五行》卷中〈天文類〉"論雲"(《續修四庫全書》975, 338쪽).

53 《相雨書》〈觀雲〉(《叢書集成初編》714, 3쪽).

[8] 却 : 저본에는 "脚".《田家五行·天文類·論雲》에 근거하여 수정.

은하수 가운데에 큰 조각구름이 있으면 바람만 불게 된다. 《도주공서》[54]

天河中有大片雲者, 止有風. 《陶朱公書》

54 《重訂增補陶朱公致富奇書》 卷4 〈占候部〉 "河漢"(《重訂增補陶朱公致富奇書》中, 39쪽).

8) 해에 근접한 구름 接日雲

매일 동이 틀 무렵에 오색의 구름이 해에 접하는 모양을 보고 천둥과 비를 점친다.

每日平明, 看五雲接日, 占雷雨.

일반적으로 백색 구름이 해에 접하면 주로 비가 내리게 된다.

凡白雲接, 主下雨;

먹구름이 접하면 즉시 비가 내리게 된다.

黑雲接, 立便雨;

오색의 악운(惡雲, 먹장구름)이 해에 접하면 주로 천둥이 치고 우박이 내리게 된다.

五色惡雲接日, 主雷雹;

여름에 적색 구름이 해에 접하여 아침노을이 지면 비가 곧장 내리게 된다.

夏間赤雲接日, 爲朝霞, 雨便至;

겨울에 적색 구름이 해에 접하여 불기운 색이 되면 주로 비나 눈이 내리게 된다. 《무비지》[55]

冬間赤雲接日, 爲火氣, 主雨雪. 《武備志》

아침에 동남쪽을 보아 구름 기운이 태양을 따라 멀지 않은 곳에서 오르내리면 이 구름은 해가 처음 뜰 때부터 있던 구름이다. 그러면 사(巳)·오(午)시에 천둥과 비가 응한다.

朝看東南, 有雲氣隨太陽上下不遠者, 此雲在日初出, 應巳、午時[9];

만약 사·오시에 태양을 따라 오르내리면 미·신시에 천둥과 비가 응한다.

巳、午時隨太陽, 則應未、申時;

만약 미·신시에 태양을 따라 오르내리면 유(酉)·술(戌)시에 응하여 천둥이 치고 비가 내리게 된다. 《도주공서》[56]

未、申時隨太陽, 則應酉、戌時, 有雷雨. 《陶朱公書》

---

55 《武備志》卷161 〈占度載〉 "占雲氣" 1 '氣之災瑞', 6549쪽

56 《重訂增補陶朱公致富奇書》 卷4 〈占天罡〉 "白虎"(《重訂增補陶朱公致富奇書》 中, 39쪽).

[9] 午時: 《重訂增補陶朱公致富奇書·占天罡·白虎》 에는 "午時有雷雨".

태양이 뜨기 전이나, 새벽이 되기 전에 동쪽을 본다. 이때 먹구름이 닭대가리와 같거나, 펄럭이는 깃발과 같거나, 산봉우리와 같거나, 새떼와 같거나, 별의 고리와 같거나, 용머리와 같거나, 물고기모양과 같거나, 뱀과 같거나, 영지(靈芝)와 같거나, 모란과 같으면 당일 미(未)·신(申)시에 비가 내리게 된다.

太陽未出, 將晨之先, 看東方, 黑雲, 如雞頭, 如旗幟, 如山峰, 如陣鳥, 如星罳, 如龍頭, 如魚, 如蛇, 如靈芝, 如牡丹, 當日未、申時有雨.

혹은 자흑색 구름이 해를 관통하거나, 해의 위나 아래에 있으면 모두 당일에 응하여 비가 내리게 된다.《도주공서》[57]

或紫黑雲貫穿, 或在日上下者, 竝應當日雨. 同上

구름이 해를 대그릇으로 덮은 듯하면 비가 멎지 않게 된다.《후한서(後漢書)[58]》[59]

雲籠日, 雨不止.《後漢書》

57《重訂增補陶朱公致富奇書》卷4〈占太陽〉"白虎"(《重訂增補陶朱公致富奇書》中, 38쪽).

58 후한서(後漢書): 중국 남조 송나라 범엽(范曄)이 지은 한나라 역사서.

59 출전 확인 안 됨;《二如亭群芳譜》〈元部〉"天譜" 3 '雨'(《四庫全書存目叢書補編》80, 123쪽).

9) 늙은 잉어 구름(노리운)

老鯉雲

속담에 "구름이 물고기비늘모양으로 하늘에 껴 있으면 비 내리지 않고 바람 세차게 분다."라 했다. 이는 구름이 자잘하게 물고기 비늘모양으로 껴 있다는 말이다.

諺云: "魚鱗天, 不雨也, 風顚." 此言細細如魚鱗斑者.

일설에 "늙은 잉어의 비늘무늬 운장(雲障)은 늙은 화상(和尙, 고승)을 볕 쬐어 죽인다."라 했다. 이는 하늘 가득 비늘과 같은 큰 구름조각이 껴 있다는 말이다. 그러므로 '늙은 잉어[老鯉]'를 언급한 것이다. 종종 시험 삼아 확인해보면 각각 들어맞는 기준이 있다. 《전가오행》[60]

一云: "老鯉斑雲障, 曬殺老和尙." 此言滿天雲大片如鱗, 故云"老鯉". 往往試驗各有準. 《田家五行》

겨울 하늘이 저녁이 되어갈 무렵에 갑자기 늙은 잉어의 비늘무늬 구름이 일어났다가 점차 합해져 짙은 그늘이 지면 결코 비가 내리지 않게 된다. 이를 '호상천(護霜天, 구름이 두껍게 껴 있기만 하여 서리가 내리지 않는 하늘)'이라 한다. 속담에 "매번 구름이 두껍게 껴 있어 서리 내리지 못하게 할 줄만 알고, 맺힌 물기마다 서리로 내려 땅에서 하룻밤 쉬게 할 줄은 모른다."라 했다. 《전가오행》[61]

冬天近晚, 忽有老鯉斑雲起, 漸合成濃陰者, 必無雨, 名曰"護霜天". 諺云: "識每護霜天, 不識每著子一夜眠." 同上

60 《田家五行》 卷中 〈天文類〉 "論雲"(《續修四庫全書》 975, 338쪽).

61 《田家五行》, 위와 같은 곳.

10) 육순(六旬)의 구름 六旬雲

① 갑자순(甲子旬)[62]의 묘(卯)시(오전 5~7시) 초에 먹구름을 보아 먹구름이 많지 않으면 오(午)시에 서풍이 불게 된다. 甲子旬卯初, 觀黑雲不多, 午時有西風;

적색 구름이 많지 않으면 신(申)시에 남풍이 불게 된다. 赤雲不多, 申時有南風.

먹구름이 왕래하며 해를 가리면 사(巳)시에 비가 북쪽에서 오며 내리게 된다. 黑雲往來蔽日, 巳時雨從北方來;

청색 구름 한 가닥이 길게 껴 있으면 미(未)시에 비가 동쪽에서 오며 내리게 된다. 青雲一條長, 則未時雨從東方來;

백색 구름이 해를 가리면 진(辰)시에 비가 서쪽에서 오며 내리게 된다. 白雲遮日, 辰時雨從西方來.

② 갑인순(甲寅旬)의 묘시에 먹구름이 해를 가리면 사(巳)시에 남풍이 불게 된다. 甲寅旬黑雲蔽日, 巳時有南風;

먹구름이 얇게 껴서 해를 가리지 못하면 오(午)시에 서풍이 불게 된다. 黑雲薄不遮日, 午時有西風;

적색 구름이 덩이져 있으면 미(未)시에 동풍이 불게 된다. 赤雲成塊, 未時有東風;

황색 구름이 조각조각 껴 있으면 유(酉)시에 북풍이 불게 된다. 黃雲片片, 酉時有北風.

황색 구름이 사방에서 일어나면 오(午)시에 비가 서쪽에서 오며 내리게 된다. 黃雲四起, 午時雨從西方來;

얇은 먹구름이 해 주변에서 살짝 일어나면 진(辰) 薄黑雲日邊微起, 辰時雨

62 갑자순(甲子旬): 천간의 갑(甲)과 지지의 자(子)가 만나는 날로 시작하는 열흘. 갑자순은 갑자(甲子)·을축(乙丑)·정묘(丁卯)·무진(戊辰)·기사(己巳)·경오(庚午)·신미(辛未)·임신(壬申)·계유(癸酉)일까지를 가리킨다. 갑자순을 포함하여 아래의 갑인순, 갑진순, 갑오순, 갑신순, 갑술순을 육순(六旬)이라 하는데, 갑자순 뒤의 나머지 5순에 해당하는 열흘도 이 방식과 같다.

시에 비가 남쪽에서 오며 내리게 된다.

從南方來;

청색 구름이 가닥져 있으면 미(未)시에 비가 동쪽에서 오며 내리게 된다.

青雲成條，未時雨從東方來;

③ 갑진순(甲辰旬)의 묘시에 얇은 구름이 층층이 진 채로 붙어 있지 않으면 사(巳)시에 북풍이 불게 된다.

甲辰旬薄雲段段不連，巳時有北風;

청색 구름이 조각져 있으면 오(午)시에 서풍이 불게 된다.

青雲成[10]片，午時有西[11]風;

황색 구름이 하늘에 가득하면 신(申)시에 동풍이 크게 불게 된다.

黃雲滿天，申時東風大至;

적색 구름이 사방에서 일어나면 진(辰)시에 남풍이 불게 된다.

赤雲四起，辰時有南風.

양떼와 같은 먹구름이 껴 있으면 진(辰)시에 큰비가 북쪽에서 오며 내리게 된다.

黑雲如羊，辰時大雨從北方來;

백색 구름이 가닥져 있으면 유(酉)시에 비가 동쪽에서 오며 내리게 된다.

白雲成條，酉時雨從東方來.

④ 갑오순(甲午旬)의 묘시에 청색 구름이 사방에서 일어나면 미(未)시에 남풍이 불게 된다.

甲午旬青雲四起，未時有南風;

백색 구름이 조각져 있으면 오(午)시에 북풍이 불게 된다.

白雲成片，午時有北風;

황색 구름이 덩이져 있으면 신(申)시에 서풍이 불게 된다.

黃雲成塊，申時有西風.

적색 구름이 해를 가리면 오(午)시에 비가 북쪽에서 오며 내리게 된다.

赤雲蔽日，午時雨從北方來;

---

[10] 成 :《於于野譚》에는 "片".

[11] 西 :《於于野譚》에는 "南".

청색 구름이 층층이 진 채로 붙어 있지 않으면 신(申)시에 비가 동쪽에서 오며 내리게 된다.

青雲段段不連，申時雨從東方來;

황색 구름이 가닥져 있으면 유(酉)시에 비가 남쪽에서 오며 내리게 된다.

黃雲成條，酉時雨從南方來.

⑤ 갑신순(甲申旬)의 묘시에 얇은 먹구름이 하늘에 가득하면 진(辰)시에 북풍이 불게 된다.

甲申旬薄黑雲滿天, 辰時有北風;

홍색 구름이 크게 덩이져 있으면 오(午)시에 남풍이 불게 된다.

紅雲成團, 午時有南風;

찢어 놓은 솜과 같은 백색 구름이 껴 있으면 유(酉)시에 서풍이 불게 된다.

白雲如破絮, 酉時有西風;

황색 구름이 덩이져 있으면 신(申)시에 동풍이 불게 된다.

黃雲成塊, 申時有東風.

먹구름이 해를 가리면 진(辰)시에 가랑비가 서쪽에서 오며 내리게 된다.

黑雲蔽日, 辰時細雨從西方來;

백색 구름이 산이 뾰족하게 솟은 모양으로 해 가까운 곳에 껴 있으면 오(午)시에 비가 남쪽에서 오며 내리게 된다.

白雲似山尖起近日，午時雨[12]從南方來.

⑥ 갑술순(甲戌旬)의 묘시에 청색 구름이 해를 관통하면 진(辰)시에 서풍이 불게 된다.

甲戌旬青雲貫日, 辰時有西風;

찢어 놓은 솜과 같은 먹구름이 껴 있으면 오(午)시에 큰바람이 북쪽에서 불게 된다.

黑雲如破絮，午時大風從北方來;

황색 구름이 가닥져 있으면서 끊어지지 않으면 신(申)시에 동풍이 불게 된다.

黃雲成條而不斷，申時有東風;

백색 구름이 조각조각 껴 해를 둘러싸면 미(未)시에 서풍이 불게 된다.

白雲片片圍日，未時有西風.

---

[12] 雨 : 저본에는 "風". 《於于野譚 원문》에 근거하여 수정.

먹구름이 짙지만 자잘하여 서로 붙어 있지 않으면 사(巳)시에 비바람이 북쪽에서 오게 된다.

黑雲濃而碎碎不相連，巳時有風雨從北方來；

적색 구름이 크게 덩이졌으나 움직이지 않으면 신(申)시에 비가 서쪽에서 오며 내리게 된다.

赤雲塊塊不動，申時雨從西方來.

【일반적으로 육갑일로 점칠 때는 모두 묘(卯)시 초에 해의 위나 아래의 구름 기운을 보아 바람이나 비를 예측한다. 만약 묘시를 조금이라도 지나면 예측이 맞지 않는다】《육갑점(六甲占)[63]》[64]

【凡占六甲日，皆於卯初觀日上下雲氣，定其風雨. 若差過卯時，則不應矣】《六甲占》

육갑일(六甲日)[65]에 구름이 사방에서 모이면 모두 당일 비가 내리게 된다. 이때 구름이 많으면 비가 많고, 구름이 적으면 비가 적게 내리게 된다. 또 육갑일에 구름이 없으면 그로부터 10일 간 작은 비가 내리게 된다.《경방점(京房占)[66]》[67]

六甲日雲四合，皆當日雨. 雲多雨多，雲少雨少. 又六甲無雲，一旬小雨.《京房占》

항상 5묘일(五卯日)[68]에 서북쪽에 구름이 있는가를 살펴 양떼와 같은 모양이면 즉시 비가 내리게 된다.《사광점》[69]

常以五卯日候西北有雲，如群羊者，卽有雨至.《師曠占》

63 육갑점(六甲占)：육갑일에 하늘을 관측하여 날씨나 길흉을 점치는 내용의 서적으로 추정되나 미상이다. 다만 위의 내용이《어우야담(於于野譚)》에 출전 언급 없이 실려 있다. 조선 후기 관리였던 유대정(兪大禎, 1552~1616)이 일찍이 눈으로 보아 징험한 내용이라는 설명이 붙어 있다.《어우야담》에 실린 내용도 유대정이《육갑점》을 베껴 놓은 부분을 옮긴 듯하다.

64 출전 확인 안 됨;《於于野譚 원문》, 212쪽.

65 육갑일(六甲日)：갑자(甲子)·갑인(甲寅)·갑진(甲辰)·갑오(甲午)·갑신(甲申)·갑술(甲戌)일.

66 경방점(京房占)：중국 서한(西漢)의 역학자 경방(京房, B.C. 77~B.C. 37)이 지은 점서. 경방은 역경(易經)의 대가인 초연수(焦延壽)의 제자로, 재난을 예견하는 능력이 뛰어났다. 한나라 원제(元帝, 재위 B.C. 48~33)에게 음양의 재이에 관한 상소를 올렸고, 원제 4년에 관리 인사고과법을 건의했다. 저서로《경씨역전(京氏易傳)》이 있다.《경씨역전》에는 이 본문의 내용이 보이지 않는다.

67 출전 확인 안 됨;《欽定授時通考》卷2 〈天時〉 "占驗總"(《文淵閣四庫全書》 732, 35쪽).

68 5묘일(五卯日)：정묘(丁卯)·기묘(己卯)·신묘(辛卯)·계묘(癸卯)·을묘(乙卯)일.

69 출전 확인 안 됨;《欽定授時通考》, 위와 같은 곳.

10. 안개로 점치다 占霧

1) 짙은 안개 重霧

《장자(莊子)》에 "물이 증발하며 올라가 포화상태가 되면 안개가 된다."[1]라 했다. 《이아(爾雅)》에 "땅 기운이 올라갔으나 하늘이 응하지 않으면 이를 '안개[霧]'라 한다."[2]라 했다.

《莊子》云:"騰水上溢爲霧." 《爾雅》云: "地氣上天不應曰'霧'."

일반적으로 짙은 안개가 3일간 끼면 주로 바람이 불게 된다. 속담에 "3일간의 안개와 이슬은 서풍을 일으킨다."라 했다. 이때 만약 바람이 없으면 반드시 주로 비가 내리게 된다. 또 "안개와 이슬이 걷히지 않으면 곧 비가 된다."라 했다. 《농정전서》[3]

凡重霧三日, 主有風. 諺云: "三朝霧露起西風." 若無風, 必主雨. 又云: "霧露不收, 卽是雨."《農政全書》

짙은 안개가 3일간 껴 있으면 반드시 큰비가 내리게 된다. 《제왕세기(帝王世紀)[4]》[5]

重霧三日, 必大雨. 《帝王世紀》

1 물이……된다 : 출전 확인 안 됨. 《태평어람》(권15 〈천부(天部)〉 "안개")에 이 구절이 인용되어 있기는 하나 금본(今本) 《莊子》에는 없다는 기록이 있다.

2 《爾雅》 卷6 〈釋天〉(《十三經注疏整理本》 24, 190쪽).

3 《農政全書》 卷11 〈農事〉 "占候" '論霧'(《農政全書校注》, 268쪽).

4 제왕세기(帝王世紀) : 중국 진(晉)나라 황보밀(皇甫謐, 214~282)이 지은 역사서.

5 《帝王世紀》(《叢書集成初編》 3701, 6쪽).

짙은 안개는 맑은 날씨 예고하지. 경위(耿湋)[6] 시(詩)[7]

重霧報晴天. 耿湋詩

2) 아침안개

朝霧

오래 흐렸다가 아침안개가 끼면 오후에 비가 내리게 된다. 《관규집요》[8]

久陰有朝霧, 午後有雨. 《管窺輯要》

3) 안개의 빛깔

霧色

6월에 흑색 안개가 계속 끼면 주로 비가 내리게 된다. 《군방보》[9]

六月黑霧相連, 主雨. 《群芳譜》

안개가 종일 껴 있고 황색이면 비가 적게 내리거나 큰바람이 불게 된다. 《관규집요》[10]

霧終日色黃, 小雨, 或大風. 《管窺輯要》

---

6 경위(耿湋) : 734~?. 중국 당(唐)나라 시인. 대력십재자(大曆十才子)의 한 사람으로, 시집은 전하지 않고, 명나라 때 모은 《경위집》이 전한다. 주로 나그네의 시름이나 늙음을 한탄하였고, 안사(安史)의 난 이후 민중들의 참상을 노래했다.

7 《御定全唐詩》 卷268 〈東郊別業〉(《文淵閣四庫全書》 268, 517쪽).

8 출전 확인 안 됨.

9 《二如亭群芳譜》 〈天部〉 "天譜" 3 '霧'(《四庫全書存目叢書補編》 80, 136쪽).

10 《管窺輯要》 卷58 〈霧蒙霾部雜占〉(《管窺輯要》 19, 6면).

11. 노을로 점치다

占霞

1) 아침노을과 저녁노을

朝霞、暮霞

속담에 "아침에 노을 지고, 저녁에도 노을 지면 차 끓일 물 없게 된다."라 했다. 이는 오래 맑은 하늘에 노을이 지는 경우를 말한다.

諺云: "朝霞暮霞, 無水煎茶." 此言久晴之霞也.

속담에 "아침노을이면 비가 오므로 시장에 나가지 않고, 저녁노을이면 오래 맑으므로 천리를 달려 나간다."라 했다. 이는 비가 내린 뒤에 잠깐 맑은 하늘에 지는 노을의 경우를 말한다.

諺云: "朝霞不出市, 暮霞走千里." 此言雨後乍晴之霞也.

저녁노을이 불꽃모양이면서 진한 홍색이면 주로 맑을 뿐만 아니라 반드시 주로 오래 가뭄이 들게 될 조짐이다. 아침에 노을이 지고 비가 내린 뒤에도 노을이 잠깐 남아 있으면 반드시 비가 내리게 됨을 의심할 필요가 없다.

暮霞若有火焰形而乾紅者, 非但主晴, 必主久旱之兆. 朝霞雨後乍有, 定雨無疑.

맑은 하늘에 밤사이에는 비록 노을이 없었으나 금일 아침 갑자기 지면 노을의 색을 보고 판단해야 한다. 노을이 진한 홍색이면 주로 맑게 된다. 사이사이에 갈색이 있으면 주로 비가 내리게 된다.

或是晴天隔夜雖無, 今朝忽有, 則要看顏色斷之. 乾紅, 主晴; 間有褐色, 主雨.

하늘에 노을이 가득한 현상을 '하득과(霞得過, 노을이 지나치게 많이 졌다)'라 한다. 그러면 주로 맑게 된다. 노을이 많이 지지 않으면 주로 비가 내리게 된다. 만약 서쪽에 뜬구름이 조금 두터우면 비가 당장 내리게

滿天謂之"霞得過", 主晴; 霞不過, 主雨. 若西方有浮雲稍厚, 雨當立至. 《田家五行》

된다. 《전가오행》[1]

대리소경(大理少卿)[2] 두순(杜純)[3]이 "경동(京東, 북송의 수도 개봉의 동쪽 지역) 사람들 말에 '아침노을이면 문 나가지 않고, 저녁노을이면 천리 간다.'라 했다. 이는 비가 내린 뒤 아침에 맑더라도 아직 비가 남아 있는 상태이고, 저녁때 맑아져야 비로소 참으로 맑아진다는 말이다."라 했다. 공평중(孔平仲) 《담원(談苑)》[4]

大理少卿杜純[1]云: "京東人言'朝霞不出門, 暮霞行千里.' 言雨後朝晴, 尚有雨, 須得晩晴, 乃眞晴." 孔氏《談苑》

이른 아침의 노을 홍색이다가 아주 사라지면 정오 무렵에 비 주룩주룩 오게 된다.

早霞紅丟丟, 向午雨瀏瀏;

저물녘 노을 홍색이다가 아주 사라지면 이른 새벽에 커다란 해 뜨게 된다. 《고금언》[5]

晩來紅丟丟, 早辰大日頭. 《古今諺》

아침노을

저녁노을(임원경제연구소)

1 《田家五行》 卷中 〈天文類〉 "論霞"(《續修四庫全書》 975, 339쪽).

2 대리소경(大理少卿) : 중국의 고대 관직 명칭. 대리사(大理寺)라는 관서에서 옥사의 죄안을 심리하는 일을 담당했다.

3 두순(杜純) : ?~?. 중국 북송(北宋)의 관리. 자는 효석(孝錫).

4 《談苑》 卷2(《文淵閣四庫全書》 1037, 131쪽).

5 《古今諺》 〈吳諺·楚諺·蜀諺·滇諺〉(《叢書集成初編》 2889, 29쪽).

[1] 純 : 저본에는 "絶". 고대본·《談苑》에 근거하여 수정.

2) 노을의 모양과 빛깔

霞形色

먹물을 뿌려 놓은 듯한 노을이 지면 이튿날 오(午)시에 큰비가 내리게 된다. 소가 누워 있는 듯한 노을이 지면 이튿날 진(辰)시에 큰비가 내리게 된다. 《군방보》[6]

霞如墨灑, 來日午時大雨; 霞如牛臥, 來日辰時大雨. 《群芳譜》

흑색 노을이 달을 관통하면 큰비가 내리게 된다. 《무비지》[7]

黑霞貫月, 大雨. 《武備志》

노을이 해나 달을 관통하거나, 삼원(三垣)[8]이나 북두칠성이나 28수의 별들을 관통하면서 범할 때의 색이 백색·흑색·청색·홍색이면 모두 주로 바람과 비가 3일 안에 나타나게 된다. 《무비지》[9]

霞貫日月, 貫三垣、北斗、二十八舍列星, 若淩犯白、黑、青、紅, 竝主風雨應於三日之內. 同上

해의 위나 아래, 왼쪽이나 오른쪽에 흑색 노을이 나타나면 주로 큰바람이 불게 된다.

노을의 색이 연하면 역시 비가 내릴 조짐이다. 《무비지》[10]

日之上下、左右黑霞見者, 主大風;

作色慘者, 亦雨之象. 同上

---

6 《二如亭群芳譜》〈元部〉"天譜" 3 '霞'(《四庫全書存目叢書補編》80, 113쪽).

7 《武備志》卷167〈占度載〉"占霞", 6815쪽.

8 삼원(三垣) : 별자리가 모인 세 개의 구역인 자미원(紫微垣)·태미원(太微垣)·천시원(天市垣).

9 《武備志》卷167〈占度載〉"占霞", 6814쪽.

10 《武備志》卷167〈占度載〉"占霞", 6815쪽.

12. 무지개로 점치다

占虹

1) 동쪽 무지개와 서쪽 무지개

민간에서는 무지개를 '후(鱟)'라 한다. 속담에 "동쪽에 무지개가 뜨면 맑고, 서쪽에 무지개가 뜨면 비가 내린다."라 했다. 속담에 "해와 반대편에서 무지개가 뜨면 낮이 되기 전에 주로 비가 내린다."라 했다. 이는 서쪽에 무지개가 떴다는 말이다. 만약 무지개가 아래쪽에 뜨면 바로 비가 내렸다가 다시 주로 맑아지게 된다. 《전가오행》[1]

東西虹

俗呼曰"鱟". 諺云: "東鱟晴, 西鱟雨." 諺云: "對日鱟, 不到晝, 主雨." 言西鱟也. 若鱟下, 便雨, 還主晴. 《田家五行》

무지개(김용숙)

1 《田家五行》卷中〈天文類〉"論虹"(《續修四庫全書》975, 338쪽).

무지개가 동쪽에 걸리면 한동안 비가 없게 된다. 무지개가 서쪽에 걸리면 비가 철철 내리게 된다. 《고문언(古文諺)[2]》[3]

虹掛東, 一場空; 虹掛西, 雨瀰瀰. 《古文諺》

2) 물 무지개(수홍)와 바람 무지개(풍홍) 水虹、風虹

물무지개[4]는 굽은 무지개이다. 이 무지개가 뜨면 주로 비가 내리게 된다.

水虹, 屈霓也, 主雨;

바람 무지개는 달무리이다. 이 달무리가 지면 주로 바람이 불게 된다. 《산당사고(山堂肆考)[5]》[6]

風虹, 月暈也, 主風. 《山堂肆考》

---

2 고문언(古文諺): 옛 속담을 소개한 저술인 듯하나 미상.

3 출전 확인 안 됨.

4 물무지개: 둥그런 무지개의 이칭으로 이 무지개가 뜨면 비가 내리게 되므로, 무지개 이름에 '물'을 붙였다. 아래의 바람 무지개도 이와 같다.

5 《산당사고(山堂肆考)》: 중국 명나라 관리 팽대익(彭大翼, 1552~1643)이 지은 거질의 유서. 총240권.

6 《山堂肆考》 卷6 〈天文〉 "主風主雨"(《文淵閣四庫全書》 974, 103쪽).

3) 무지개와 비가 서로 먹으면

虹雨相食

무지개가 비를 먹으면 주로 맑게 된다. 《맹자(孟子)》에 "큰 가뭄에 구름과 무지개를 고대한다."[7]라 한 말이 이것이다.

虹食雨, 主晴. 《孟子》所謂"大旱之望雲霓"是也.

비가 무지개를 먹으면 주로 비가 내리게 된다. 만력(萬曆)[8] 임인(壬寅)년(1602) 6월 15일에 비가 내린 뒤 우연히 교외에 나갔을 때 갑자기 동남쪽에서 무지개가 떴다가 곧바로 구름에 가려졌다. 급히 집으로 돌아오니 큰비가 들이붓듯이 내린 데다 비가 연속하여 여러 날 내렸다. 《농상요람》[9]

雨食虹, 主雨. 萬曆壬寅六月望日雨後, 偶出郊外, 忽東南[1]䨻出, 旋爲雲蔽. 亟歸來抵舍, 大雨如注, 且連雨數日. 《農桑要覽》

7 큰……고대한다: 《孟子注疏》 〈梁惠王〉 下(《十三經注疏整理本》 25, 70쪽).

8 만력(萬曆): 중국 명나라의 제13대 황제인 신종(만력제) 때의 연호(1573~1620).

9 출전 확인 안 됨; 《二如亭群芳譜》 〈元部〉 "天譜" 3 '虹霓'(《四庫全書存目叢書補編》 80, 115쪽).

[1] 南: 저본에는 東자에서 맨 아래 2획이 빠진 글자로 되어 있음. 고대본·《二如亭群芳譜·天部·天譜》에 근거하여 수정.

13. 천둥과 번개로 점치다 占雷電

1) 비 내리기 전의 천둥 雨前雷

속담에 "비 아직 내리기 전에 먼저 천둥 치면 배로 나갔다가 걸어 돌아온다."라 했다. 비 내리기 전에 천둥 치면 주로 비가 내리지 않게 된다. 《전가오행》[1]

諺云: "未雨先雷, 船去步來." 主無雨. 《田家五行》

속담에 "머리 위에서 천둥 치면 비 내리지 않고, 묘(卯)시(오전 5시~7시) 전 천둥 치면 비 내린다."라 했다. 《전가오행》[2]

諺云: "當①頭雷, 無雨; 卯前雷, 有雨." 《田家五行》②

2) 눈 속의 천둥 雪中雷

눈이 내리는 중에 천둥이 치면 주로 비가 100일간 내리고서야 맑아지게 된다. 《전가오행》[3]

雪中有雷, 主陰雨百日, 方晴. 《田家五行》

---

1 《田家五行》卷中〈天文類〉"論雷"(《續修四庫全書》975, 339쪽).

2 《田家五行》, 위와 같은 곳.

3 《田家五行》, 위와 같은 곳.

① 當: 저본에는 없음. 《田家五行·天文類·論雷》에 근거하여 보충.

② 田家五行: 《임원경제지》 편찬 방식 상 동일한 표제어에 소개된 앞의 기사와 동일한 인용문헌일 때는 "同上"으로 적어야 한다. 여기서는 저본 상태로 두고 수정하지 않는다

3) 밤의 천둥

夜雷

동주(東州)[4] 사람들은 "하룻밤 내내 천둥 치면 3일간 비 내린다."라 했다. 이는 천둥이 밤부터 치면 반드시 연일 흐리게 된다는 말이다. 《전가오행》[5]

東州人云: "一夜起雷, 三日雨." 言雷自夜起, 必連陰. 《田家五行》

4) 천둥 소리

雷聲

일반적으로 천둥소리가 찢어지듯 크게 울리면 비의 기세가 비록 거세나 쉽게 지나게 된다.

凡雷聲響烈者, 雨陣雖大而易過;

천둥소리가 성대하게 울리면 끝내 맑지 않게 된다. 《전가오행》[6]

雷聲殷殷然響者, 卒不晴. 《田家五行》

5) 번개의 빛깔

電色

번개의 빛깔이 황색이면 우박이 내리게 된다.

電色黃, 有雹;

빛깔이 적백색이면 큰바람이 불게 된다. 《관규집요》[7]

色赤白, 有大風. 《管窺輯要》

---

4 동주(東州): 중국 북동부 요동반도의 남쪽 지역 일대.

5 《田家五行》, 위와 같은 곳.

6 《田家五行》, 위와 같은 곳.

7 《管窺輯要》 卷59 〈電〉(《管窺輯要》 19, 6면).

6) 남쪽과 북쪽의 섬광

南北閃

여름과 가을 사이에 밤에 맑은데도 멀리 번개가 보이면 민간에서는 이를 '열섬(熱閃, 뜨거운 섬광)'이라 한다.

夏秋之間, 夜晴而見遠電, 俗謂之"熱閃".

남쪽에 열섬이 있으면 주로 오래 맑게 된다.

在南, 主久晴;

북쪽에 열섬이 있으면 주로 바로 비가 내리게 된다.

在北, 主便雨.

속담에 "남쪽에 섬광 번쩍이면 오래 맑고, 북쪽에 섬광 번쩍이면 바로 비 내린다."라 했다. 《전가오행》[8]

諺云: "南閃, 千年; 北閃, 眼前."《田家五行》

북쪽의 섬광을 민간에서는 '북진섬(北辰閃)'이라 한다. 북진섬이 번쩍이면 주로 비가 즉시 내리게 된다.

北閃, 俗謂之"北辰閃", 主雨立[1]至.

속담에 "북쪽 섬광 3일 밤 번쩍여도 비 내리지 않으면 매우 괴이하다."라 했다. 이는 반드시 큰바람이 불고 큰비가 내리게 된다는 말이다. 《전가오행》[9]

諺云: "北閃[2]三夜無雨, 大怪." 言必有大風雨也. 同上

---

8 《田家五行》卷中〈天文類〉"論電"(《續修四庫全書》975, 339~340쪽).

9 《田家五行》卷中〈天文類〉"論電"(《續修四庫全書》975, 340쪽).

[1] 立: 저본에는 "主".《田家五行·天文類·論電》에 근거하여 수정.

[2] 閃:《田家五行·天文類·論電》에는 "辰".

14. 서리나 눈으로 점치다 占霜雪

1) 봄서리 春霜

2월에는 연이어 내리는 서리가 좋다. 속담에 "하룻밤 봄서리 내리면 3일간 비 내리고, 3일밤 봄서리 내리면 9일간 맑다."라 했다. 《편민도찬》[1]

二月宜連霜. 諺云: "一夜春霜, 三日雨; 三夜春霜, 九日晴." 《便民圖纂》

2) 모두상(毛頭霜, 털모양 서리) 毛頭霜

모두상이 내리면 주로 다음날 비바람이 있다. 《농정전서》[2]

毛頭霜, 主明日[1]風雨. 《農政全書》

---

1 출전 확인 안 됨; 《御定月令輯要》 卷2 〈二月令〉 "占驗"(《文淵閣四庫全書》 467, 277쪽).

2 《農政全書》 卷11 〈農事〉 "占候" '論霜'(《農政全書校注》, 269쪽).

[1] 日 : 《農政全書·農事·占候》에는 "年".

3) 눈 오려는 날은 먼저 따뜻하다

將雪先溫

눈은 내리게 되는 이치가 비와 같기 때문에 눈이 오려는 날에는 반드시 먼저 약간 따뜻하다. 따뜻하지 않으면 기운이 위로 올라가지 않는다.《수법혹문》[3]

雪者與雨同理，故將雪之日必先微溫，不溫，氣不上升也.《水法或問》

4) 안 녹는 눈(등반)

等伴

눈은 개었지만 녹지 않는 현상을 '등반(等伴)'이라 한다. 그러면 주로 다시 눈이 내리게 된다.《전가오행》[4]

雪霽而不消，名曰"等[2]伴"，主再有雪.《田家五行》

3 《泰西水法》卷5〈水法或問〉(《文淵閣四庫全書》731, 968쪽).

4 《田家五行》卷中〈天文類〉"論雪"(《續修四庫全書》975, 340쪽).

[2] 等:《田家五行·天文類·論雪》에는 "待".

15. 산수(山水)로 점치다

占山水

1) 산의 빛깔

山色

먼 산의 빛깔이 청량하며 밝고 상쾌하면 주로 맑게 된다.

遠山之色清朗明爽, 主晴;

산속 아지랑이 기운이 어두우면 주로 비가 내리게 된다. 《전가오행》[1]

嵐氣昏暗, 主作雨. 《田家五行》

2) 구름이 일 때와 걷힐 때

起雲收雲

구름이 일면 주로 비가 내리게 된다.

起雲, 主雨;

구름이 걷히면 주로 맑게 된다.

收雲, 主晴.

평소에 작은 산에 구름이 뜨지 않다가 갑자기 구름이 일어나면 주로 큰비가 내리게 된다. 《전가오행》[2]

尋常不曾出雲小山, 忽然雲起, 主大雨. 《田家五行》

산구름이 자욱하여 주춧돌이 축축해지거나 땅기운이 습하면 모두 비가 내리게 될 징후이다.[3] 《회남자》[4]

山雲蒸, 柱礎潤, 地氣濕, 皆將雨之候. 《淮南子》

---

1 《田家五行》 卷中 〈地理類〉 "論山"(《續修四庫全書》 975, 340쪽).

2 《田家五行》, 위와 같은 곳.

3 땅기운이……징후이다: 이 부분은 《회남자》에 보이지 않는다.

4 《淮南鴻烈集解》 卷24 〈說林訓〉(《中華道藏》 24, 683쪽).

오악(五嶽)[5]의 구름이 낮아 돌에 닿으면서 뜨면 모두 아침이 되기 전에 비가 내리게 된다. 《관규집요》[6]

五嶽之雲觸石而出, 皆不崇朝而雨. 《管窺輯要》

3) 산 중턱의 구름

半山雨

산 중턱에 오랫동안 비가 내려 한 달 동안 산에서 물이 갑자기 쏟아져 내리면 주로 산이 무너져 내리게 된다. 이는 보통의 물난리가 아니다. 《전가오행》[7]

久雨在半山之上, 山水暴發一月, 則主山崩却, 非尋常之水. 《田家五行》

4) 물에 이끼가 끼면

水生苔靛

초여름 물 바닥에 이끼가 끼면 주로 갑작스러운 물난리가 나게 된다. 속담에 "물 바닥에 청태(靑苔, 푸른 이끼) 끼면 갑자기 홍수 만난다."라 했다. 《전가오행》[8]

夏初水底生苔, 主有暴水. 諺云: "水底起青苔, 卒逢大水來." 《田家五行》

물가에 대청[靛靑][9]이 나면 주로 바람이 불고 비가 내리게 된다. 속담에 "수면에 대청 나오면 하늘이 또 변한다."라 했다. 《전가오행》[10]

水際生靛青, 主有風雨. 諺云: "水面生青靛, 天公又作變." 同上

---

5 오악(五嶽): 중국의 동악(東嶽)인 태산(泰山), 남악(南嶽)인 형산(衡山), 서악(西嶽)인 화산(華山), 북악(北嶽)인 항산(恒山), 중악(中嶽)인 숭산(嵩山).

6 《管窺輯要》卷59 〈雨〉(《管窺輯要》20, 19면).

7 《田家五行》, 위와 같은 곳.

8 《田家五行》卷中 〈地理類〉 "論水"(《續修四庫全書》 975, 340쪽).

9 대청[靛靑]: 십자화과의 2년생 초본식물. 한반도의 북부 지방 해안 지역에 분포한다. 염료식물로 많이 이용된다. 《임원경제지 만학지》 권5 〈기타초목류〉 "대청[菘藍, 숭람]"(풍석 서유구 지음, 임원경제연구소 옮김, 《임원경제지 만학지》 2, 풍석문화재단, 2023, 345~352쪽) 참조 바람.

10 《田家五行》, 위와 같은 곳.

5) 물에 향이 있으면

水有香

물가를 지나갈 때 물에서 향기가 나면 주로 비가 내려 물난리가 갑자기 나게 된다. 이는 매우 들어맞았다. 혹은 물비린내가 나도 역시 그렇다.[11] 《전가오행》[12]

水邊經行, 聞得水有香氣, 主雨水驟至, 極驗. 或聞水腥氣, 亦然.《田家五行》

6) 강물에 벼가 뜨면

河浮稻

강물이 농지를 침범하여 벼 모종을 잠기게 했다가 잠겼던 벼 모종이 모두 다시 물에 뜨면 주로 물난리가 나게 된다. 《전가오행》[13]

河內浸成包稻種, 既沒復浮, 主有水.《田家五行》

11 혹은……그렇다 : 이 부분은 《田家五行·地理類·論水》에 보이지 않는다.

12 《田家五行》 卷中 〈地理類〉 "論水"(《續修四庫全書》 975, 341쪽).

13 《田家五行》, 위와 같은 곳.

16. 초목으로 점치다 占草木

1) 지붕 위의 버섯 屋上菌

초가집에 오랫동안 비가 내리면 버섯이 지붕 위에 난다. 이때 버섯이 아침에 나면 날씨가 맑고, 저녁에 나면 비가 내리게 된다.

草屋久雨, 菌生其上. 朝出, 晴; 暮出, 雨.

속담에 "아침에 버섯 나면 해가 쨍쨍 내리쬐어 죽이고, 저녁에 나면 물로 쓸어 죽인다."라 했다. 《전가오행》[1]

諺云: "朝出, 曬殺; 暮出, 濯殺."《田家五行》

2) 참나무류[橡][2]와 떡갈나무[槲] 橡槲

4~5월에 비가 내렸다가 새로 맑아진 다음 참나무류·떡갈나무 가지 끝에 어린싹이 나란히 나오면 주로 다시 비가 내리게 된다. 《행포지》[3]

四五月雨新晴, 橡、槲樹梢嫩芽齊出, 主再有雨.《杏蒲志》

1 《田家五行》卷中 〈草木類〉 "論草"(《續修四庫全書》 975, 341쪽).

2 참나무류[橡]: 졸참나무·갈참나무·상수리나무·신갈나무·굴참나무·떡갈나무 등 6종의 참나뭇과 낙엽 활엽수. 이 나무들이 도토리(또는 상수리)라 불리는 견과를 생산하므로 도토리나무라고도 불린다. 《만학지》 권2 〈과일류〉 "참나무류[橡]"(풍석 서유구 지음, 임원경제연구소 옮김, 《임원경제지 만학지》 1, 풍석문화재단, 2023, 375~379쪽)에 자세히 보인다.

3 《杏蒲志》卷1 〈占候〉(《農書》36, 85쪽).

17. 금수로 점치다

占禽獸

1) 새매[風][1]가 날아오르거나 우(雨)[2]가 춤추듯 날면

風翔雨舞

새매[風]가 날아오르면 바람이 불게 된다【주 풍(風)은 새매[禽鳶]류이다. 월(越) 지역 사람들은 이를 '풍백(風伯)'이라 한다. 새매가 날아오르면 하늘에서 큰바람이 불게 된다】.

風翔, 則風【注 風, 禽鳶類, 越人謂之"風伯". 飛翔, 則天大風】;

우(雨)가 춤을 추듯 날면[舞] 비가 내리게 된다【주 우(雨)는 다리가 하나인 새이다. 일명 '상양(商羊)'이다. 《자통(字統)》[3]에 "상양(商羊)은 일명 '우천(雨天)'이다. 비가 내리려 하면 날며 운다. 공자(孔子)가 제(齊)나라 조정에서 이를 변증하였다.[4]"[5]라 했다】. 《금경(禽經)[6]》[7]

雨舞, 則雨【注 一足鳥, 一名"商羊". 《字統》曰: "商羊, 一名'雨天', 將雨則飛鳴. 孔子辯之於齊庭也】. 《禽經》[1]

1 새매[風]: 수릿과의 새. 이 새를 길들여 작은 새 따위를 잡는 데 쓴다. 수컷을 '난추니', 암컷을 '익더귀'라 한다.

2 우(雨): 다리가 하나인 전설 속의 새.

3 자통(字統): 자서 중의 하나로 보이나 자세한 사항은 미상.

4 공자(孔子)가……변증하였다: "제나라에 다리가 하나인 새들이 公朝로 날아와 모여 날개를 펴고 뛰었다. 제나라 임금이 이를 괴이하게 여겨 사신을 보내 노나라에 가서 공자에게 묻게 하였다. 공자가 '이 새는 상양(商羊)이라는 새로 수재가 일어날 징조입니다'(齊有一足之鳥, 飛集於公朝, 舒翅而跳. 齊侯怪之, 使使聘魯問孔子, 子曰: "此鳥, 名商羊, 水祥也")."라 한 일을 말한다. 《孔子家語》 卷3 〈辯政〉 第14(《文淵閣四庫全書》 695, 34쪽).

5 상양(商羊)은……변증하였다: 출전 확인 안 됨.

6 금경(禽經): 중국 춘추 시대 사광(師曠, ?~?)이 지은 조류서. 전대의 조류에 대한 저술을 기초하여 명칭·형태·종류·생활습관 등을 정리하였다.

7 《禽經》(《文淵閣四庫全書》 847, 685쪽).

[1] 一足鳥……禽經: 저본에 없음. 고대본·《禽經》에 근거하여 보충.

2) 비둘기

鳩

저녁에 비둘기가 울면 곧 작은 비가 내리게 된다. 《금경》[8]

暮鳩鳴, 卽小雨.《禽經》

비둘기가 울어서 그 메아리소리가 울리면 이를 '호부(呼婦, 부인을 부른다)'라 한다. 그러면 주로 맑아지게 된다.

鳩鳴有還聲者, 謂之"呼婦", 主晴;

메아리소리가 울리지 않으면 이를 '축부(逐婦, 부인을 내쫓는다)'라 한다. 그러면 주로 비가 내리게 된다. 《전가오행》[9]

無還聲者, 謂之"逐婦", 主雨.《田家五行》

8 《禽經》〈提要〉(《文淵閣四庫全書》847, 678쪽).

9 《田家五行》卷中〈鳥獸類〉"論飛禽"(《續修四庫全書》975, 342쪽).

3) 까마귀와 까치

鴉鵲

속담에 "까마귀는 바람 불 때 목욕하고, 까치는 비 내릴 때 목욕하며, 구관조[八哥兒][10]는 바람과 비 그칠 때 목욕한다."라 했다. 《전가오행》[11]

諺云: "鴉浴風, 鵲浴雨, 八哥兒洗浴斷風雨." 《田家五行》

적색 늙은 까마귀가 물을 입에 머금고 울 때 비가 내리고 있으면 맑지 않게 된다. 맑더라도 주로 비가 내리게 된다. 늙은 까마귀가 이와 같은 소리를 내도 그렇다. 《전가오행》[12]

赤老鴉含水叫, 雨, 則未晴; 晴, 亦[2]主雨. 老鴉作此聲者, 亦然. 同上

까마귀새끼가 아침 일찍 울면 주로 비가 내려 많은 사람들이 고생할 일이 생기게 된다.

鴉兒叫早, 主雨, 多人辛苦;

저녁에 울면 날씨가 맑아서 많은 사람들이 편안하고 한가로우며, 농사가 차례대로 이루어지게 된다. 《전가오행》[13]

叫晏, 晴, 多人安閒, 農作次第. 同上

까치는 아침 일찍 울어 날씨가 맑음을 알린다. 이를 '건작(乾鵲)'이라 한다. 《전가오행》[14]

鵲噪早報晴, 名曰"乾鵲". 同上

까치가 고개를 숙이고 울면 흐리게 된다.

고개를 쳐들고 울면 맑게 된다. 《금경》[15]

鵲俯鳴, 則陰;

仰鳴, 則晴. 《禽經》

---

10 구관조[八哥兒]: 참새목 찌르레기과의 조류.

11 《田家五行》 卷中 〈鳥獸類〉 "論飛禽"(《續修四庫全書》 975, 342쪽).

12 《田家五行》, 위와 같은 곳.

13 《田家五行》, 위와 같은 곳.

14 《田家五行》, 위와 같은 곳.

15 《禽經》 〈提要〉(《文淵閣四庫全書》 847, 678쪽).

[2] 亦: 저본에는 "則". 고대본·《田家五行·鳥獸類·論飛禽》에 근거하여 수정.

4) 솔개

鳶

아침에 솔개가 울면 곧 큰비가 내리게 된다. 《금경》[16]

朝鳶鳴, 卽大雨3. 《禽經》

오래 비가 내리다가 잠깐 맑을 때 솔개가 울면 또 비가 내리게 된다. 대개 그 소리가 '우래(雨來)'라고 하는 것과 같아 꼭 사람 말소리 같다. 이 때문에 '환우(喚雨, 비를 부르다)'라 한다. 《행포지》[17]

久雨乍晴, 鳶鳴, 則又雨. 蓋其音若云"雨來", 髣髴人言, 故謂之"喚雨". 《杏蒲志》

5) 황새

鸛

황새가 고개를 쳐들고 울면 맑게 된다.

고개를 숙이고 울면 비가 내리게 된다. 《전가오행》[18]

鸛鳥仰鳴, 則晴;

俯鳴, 則雨. 《田家五行》

6) 백로

鷺

여름과 가을 사이에 비구름이 다가올 때 갑자기 백로가 날아 지나가면 비가 끝내 내리지 않게 된다. 이를 '절우(截雨, 비를 끊다)'라 한다. 《전가오행》[19]

夏秋間雨陣將至, 忽有白鷺飛過, 雨竟不至, 名曰"截雨". 《田家五行》

---

16 《禽經》, 위와 같은 곳.

17 《杏蒲志》 卷1 〈占候〉(《農書》 36, 85쪽).

18 《田家五行》, 위와 같은 곳.

19 《田家五行》, 위와 같은 곳.

3 雨: 《禽經·提要》에는 "風".

7) 닭

鷄

어미닭이 등에 병아리를 지고 있으면 이를 '계타아(雞跎兒, 어미닭이 아기를 업다)'라 한다. 그러면 주로 비가 내리게 된다. 《전가오행》[20]

母雞背負雞雛, 謂之"雞跎兒", 主雨. 《田家五行》

집닭이 횃대로 늦게 올라가면 주로 흐리고 비가 내리게 된다. 《전가오행》[21]

家雞上宿遲, 主陰雨. 同上

8) 제비

鷰

바다제비가 갑자기 떼를 이루어 날아오면 주로 바람이 불고 비가 내리게 된다. 속담에 "제비 배가 검은색이면 비가 내리고, 백색이면 바람이 불게 된다."라 했다. 《전가오행》[22]

海燕忽成群而來, 主風雨. 諺云: "烏肚, 雨; 白肚, 風." 《田家五行》

제비가 병아리를 따라 아래에 둥지를 틀면 반드시 장맛비가 내리게 된다. 《행포지》[23]

鷰隨雛巢下, 必有霖雨. 《杏蒲志》

20 《田家五行》, 위와 같은 곳.
21 《田家五行》, 위와 같은 곳.
22 《田家五行》, 위와 같은 곳.
23 《杏蒲志》, 위와 같은 곳.

9) 참새

추운 겨울 날씨에 참새떼가 날며 날개짓하는 소리가 거듭 나면 반드시 비나 눈이 내리게 된다. 《전가오행》[24]

雀

冬寒天，雀群飛翅聲重，必有雨雪.《田家五行》

이 새가 날개짓을 하는 소리가 거듭 나면 비가 내리게 된다. 대개 새는 양물(陽物)인데, 양물이 음기(陰氣)를 받으면 거듭 날갯짓을 한다. 그러므로 민간에서는 이것으로 비를 점쳤다.[25] 《삼재도회》[26]

重，則雨. 蓋鳥④，陽物也，感陰氣而重，故俗以此占雨.《三才圖會》

새들이 지저귀며 허공에서 날개를 퍼덕이면 이는 큰바람이 불 징후이다. 《무비지》[27]

衆鳥噪空翻飛，大風之候.《武備志》

10) 옥(?)(𪃮)[28]

이 새의 울음에 대해 속담에 "이 새가 아침에 울면 맑고, 저녁에 울면 비가 내리게 된다."라 했다. 《전가오행》[29]

𪃮

𪃮叫，諺云: "朝𪃮，晴; 暮𪃮，雨."《田家五行》

---

24 《田家五行》, 위와 같은 곳.

25 이……점쳤다: 이 항목은 《삼재도회》의 "자애로운 까마귀[慈烏]" 항목에 수록되어 있다. 자주 날개짓하는 현상으로 점친다는 유사성 때문에 "참새" 항목에 포함된 듯하다.

26 《三才圖會》〈鳥獸〉卷1 "鳥類" '慈烏', 2165쪽.

27 《武備志》卷165 〈占度載〉"占風" 1, 6696쪽.

28 옥(?)(𪃮): 유니코드 한자 U+2A0EE로, 음은 '옥(?)'이고, 뜻은 미상이다.

29 《田家五行》, 위와 같은 곳.

④ 鳥: 《三才圖會·鳥獸·鳥類》에는 "烏"

11) 뱁새

뱁새가 울면 주로 맑아지게 된다. 민간에서는 이를 '매사의(賣簑衣, 도롱이를 판다)'라 한다. 《전가오행》[30]

12) 귀거조(鬼車鳥)[31]

귀거조는 곧 구두충(九頭蟲)[32]이다. 밤에 이 새가 이동하면서 우는 소리를 듣고 날이 맑을지 비가 내릴지를 점쳤다.

북쪽에서 남쪽으로 이동하면 이를 '출과(出窠, 둥지에서 나오다)'라 한다. 그러면 주로 비가 내리게 된다.

남쪽에서 북쪽으로 이동하면 이를 '귀과(歸窠, 둥지로 돌아가다)'라 한다. 그러면 주로 맑아지게 된다.

고시(古詩)에 "달빛 없이 깜깜하게 밤 깊을 때 귀거조 소리 들리네."[33]라 했다. 《전가오행》[34]

13) 구소요조(九逍遙鳥)[35]

밤에 구소요조가 우는 소리를 듣고서 바람이 불지 비가 내릴지를 점친다. 속담에 "1번 울면 바람 불고, 2번 울면 비 내리며, 3번이나 4번 울면 바람과 비가 멈추게 된다."라 했다. 《전가오행》[36]

喫鶴

喫鶴叫, 主晴. 俗謂之"賣簑衣". 《田家五行》

鬼車鳥

鬼車鳥卽是九頭蟲. 夜聽其聲出入以卜晴雨.

自北而南, 謂之"出窠", 主雨;

自南而北, 謂之"歸窠", 主晴.

古詩云: "月黑夜深聞鬼車." 《田家五行》

九逍遙鳥

夜間聽九逍遙鳥叫, 卜風雨. 諺云: "一聲, 風; 二聲, 雨; 三聲、四聲斷風雨." 《田家五行》

---

30 《田家五行》, 위와 같은 곳.

31 귀거조(鬼車鳥): 봉황의 일종으로, 전설 속의 새.

32 구두충(九頭蟲): 중국 북방 사람들이 부르던 귀거조의 이칭.

33 달빛……들리네: 출전 확인 안 됨.

34 《田家五行》, 위와 같은 곳.

35 구소요조(九逍遙鳥): 붕새. 《장자(莊子)》 〈소요유(逍遙遊)〉에 "붕새가 남쪽 바다로 옮겨 갈 때에는 물결을 치는 것이 3천 리요, 회오리바람을 타고 9만 리를 올라가 여섯 달을 가서야 쉰다(鵬之徙於南冥也, 水擊三千里, 摶扶搖而上者九萬里, 去以六月息者也)."라고 한 데서 나온 명칭이다. 이 역시 상상 속의 새이다.

36 《田家五行》, 위와 같은 곳.

14) 참개구리

田鷄

참개구리가 물을 뿜으면서 울면 주로 비가 내리게 된다. 《농정전서》[37]

田雞噴水叫, 主雨. 《農政全書》

15) 초명(焦明)[38]

焦明

초명이 날아오면 비가 내리게 될 징후이다【주 초명(焦明)은 물새이다】. 《동성의(動聲儀)[39]》[40]

焦明至, 爲雨候【注 焦明, 水鳥】. 《動聲儀》

---

37 《農政全書》 卷11 〈農事〉 "占候" '論雜蟲'(《農政全書校注》, 274쪽).

38 초명(焦明) : 중국 고전에 등장하는 물새 이름. 《사기(史記)》 권117 〈사마상여열전(司馬相如列傳)〉에 한나라 사마상여가 촉의 부로(父老)들을 비난하면서 "초명은 이미 넓은 하늘 날고 있는데, 잡으려는 사람은 오히려 늪 보고 있구나(焦明已翔乎寥廓, 羅者猶視乎藪澤)."라고 한 데에도 나온다.

39 동성의(動聲儀) : 《계요가(稽耀嘉)》·《협도징(叶圖徵)》과 함께 세 악위서[樂緯書, 위작된 악기(樂記)] 중 하나. 지금은 대부분이 전하지 않는다.

40 출전 확인 안 됨; 《山堂肆考》 卷4 〈天文〉 "焦明至"(《文淵閣四庫全書》 974, 61쪽).

16) 개

狗

개가 땅을 후벼 파면 주로 흐리고 비가 내리게 된다.

狗爬地, 主陰雨;

개가 매번 재가 높이 쌓인 곳에서 자면 역시 주로 비가 내리게 된다.

每眠灰堆高處, 亦主雨;

개가 청색 풀을 물고 있다가 먹으면 주로 맑아지게 된다.《전가오행》[41]

狗咬青草吃, 主晴.《田家五行》

개가 하천 가에서 물을 먹으면 주로 물난리가 물러가게 된다.《전가오행》[42]

狗向河邊吃水, 主水退. 同上

사모구(絲毛狗)[43]가 털을 다 갈지 않으면 주로 장맛비가 그치지 않게 된다.《전가오행》[44]

絲毛狗褪毛不盡, 主梅水未止. 同上

개들이 서로 장난치며 내달리면 바람이 불게 된다.《행포지》[45]

犬嬲戲奔勦, 則風.《杏蒲志》

수캐가 아침에 해가 뜰 때 동쪽을 보고 오줌을 누면 비가 내리게 된다.《행포지》[46]

牡狗朝日向東溲尿, 則雨. 同上

---

41 《田家五行》卷中 〈鳥獸類〉 "論走獸"(《續修四庫全書》975, 342쪽).

42 《田家五行》, 위와 같은 곳.

43 사모구(絲毛狗) : 개의 일종으로, 몸이 왜소하고 털이 많은 종.

44 《田家五行》, 위와 같은 곳.

45 《杏蒲志》卷1 〈占候〉(《農書》36, 85쪽).

46 《杏蒲志》, 위와 같은 곳.

17) 고양이

猫

고양이새끼가 청색 풀을 먹으면 주로 비가 내리게 된다. 《전가오행》[47]

貓兒吃靑草, 主雨. 《田家五行》

18) 소나 양

牛、羊

빽빽한 구름이 사방에 퍼져 있고, 소나 양이 평소처럼 풀을 뜯어먹으면 비가 내리지 않게 된다.

密雲四布, 牛、羊齕草如常④, 不雨;

만약 바삐 뜯어먹으면서 빨리 배부르고자 하는 듯하면 비가 내리게 될 징조이다. 《수법혹문》[48]

若啖食悤遽, 似求速飽, 雨徵也. 《水法或問》

19) 돼지

豬

돼지가 짚을 입에 물고 있고, 짚이 우리 안에 쌓여 있으면 주로 흐리고 비가 내리게 된다. 《행포지》[49]

豬銜⑤藁稭, 堆積圈中, 主陰雨. 《杏蒲志》

20) 두더지

鐵鼠

두더지가 그 냄새가 고약하고, 대낮에 꼬리를 물고 흙에서 줄줄이 나오면 주로 비가 내리게 된다. 《전가오행》[50]

鐵鼠其臭可惡, 白日銜尾成行而出, 主雨. 《田家五行》

---

47 《田家五行》, 위와 같은 곳.

48 《泰西水法》 卷5 〈水法或問〉(《文淵閣四庫全書》 731, 971쪽).

49 《杏蒲志》 卷1 〈占候〉(《農書》 36, 85쪽).

50 《田家五行》, 위와 같은 곳.

④ 常 : 고대본·《泰西水法·水法或問》에는 "常者".

⑤ 銜 : 저본에는 "御". 고대본·《杏蒲志·占候》에 근거하여 수정.

18. 곤충이나 물고기로 점치다 占蟲魚

1) 개미 蟻

봄 저녁에 갑자기 따뜻해져서 집안의 나무 속에서 날개미가 나오면 주로 바람이 불고 비가 내리게 된다.

春暮暴煖, 屋木中出飛蟻, 主風雨.

평지의 개미들이 진을 이루어도 그렇다. 《농정전서》[1]

平地蟻陣作亦然. 《農政全書》

개미가 집[穴戶]을 지으면 큰비가 내리게 된다. 《역점(易占)》[2]

蟻封穴戶, 大雨將至. 《易占》

2) 잠자리 蜻蜓

잠자리가 어지럽게 날아다니면 주로 비가 내리게 된다【[안] 속담에 "잠자리 높이 날면 곡식씨 마르고, 잠자리 낮게 날면 온 방죽에 물 찬다."라 했다】. 《군방보》[3]

蜻蜓亂飛, 主雨【[按] 諺云: "蜻蜓高, 穀子焦; 蜻蜓低, 一壩泥"】. 《群芳譜》

1 《農政全書》 卷11 〈農事〉 "占候" '論雜蟲'(《農政全書校注》, 273쪽).

2 출전 확인 안 됨; 《說郛》 卷69 下 〈歲華紀麗〉 "夏" '雨'(《文淵閣四庫全書》 882, 743쪽).

3 《二如亭群芳譜》 〈元部〉 "天譜" 3 '雨'(《四庫全書存目叢書補編》80, 123쪽).

3) 거미

蜘蛛

거미가 거미줄에 실을 더하면 맑게 된다.

거미줄에 물방울이 맺히면 비가 내리게 된다.[4] 《군방보》[5]

蜘蛛添絲，晴；弔水，雨.《群芳譜》

4) 눈에놀이[6]

蠓

눈에놀이[蠓]가 맷돌처럼 빙빙 돌며 날면 비가 내리게 된다. 《군방보》[7]

蠓飛磑，雨.《群芳譜》

5) 하늘소

天牛

하늘소[天牛]【벌레 이름이다】는 여름철에 나온다. 하늘소가 나오면 비가 내리게 된다. 《본초강목(本草綱目)》[8]

天牛【蟲名】夏月有之，出則有雨.《本草綱目》

6) 나비

蛺蝶

나비가 서로 싸우고 치면서 위로 날아오르면 당일에 비가 내리게 된다. 《행포지》[9]

蛺蝶鬪[1]搏而上，當日雨.《杏蒲志》

---

4 거미줄에……된다 : 거미줄은 습기를 머금고 있는 공기 중에서 물방울을 높은 효율로 모을 수 있다. 비가 오기 전에는 공기 중 습도가 높아 이런 현상이 일어난다는 의미이다.

5 《二如亭群芳譜》, 위와 같은 곳.

6 눈에놀이 : 눈에놀잇과에 속한 곤충. 몸길이는 1밀리미터 정도이며, 풀숲에 사는데, 모기와 비슷하고 어지럽게 떼를 지어 난다. 암컷은 동물의 피를 빨아먹는다.

7 《二如亭群芳譜》, 위와 같은 곳.

8 《本草綱目》 卷41 〈蟲部〉 "天牛", 2314쪽.

9 《杏蒲志》 卷1 〈占候〉(《農書》36, 85쪽).

[1] 鬪 : 저본에는 없음. 고대본·《杏蒲志·占候》에 근거하여 보충.

7) 파리·모기·장구벌레·매미

파리·모기·등에가 모두 바삐 음식을 빨면 이는 비가 내릴 징후이다.

장구벌레·매미 등의 곤충이 바삐 날아다니면 비가 내릴 징후이다.

구멍에 사는 벌레떼가 밖에 나와 다니면 비가 내릴 징후이다.

대개 습기가 위로 올라가면 일반적으로 이 벌레들이 모두 먼저 알 수 있기 때문이다. 《수법혹문》[10]

蠅、蚋、蠉、蛸

蠅、蚋蚊、虻悤遽咂食，雨徵也；

蠉、蛸之屬倉[2]皇飛騖，雨徵也；

穴處之蟲群出于外，雨徵也.

蓋濕氣上升，凡是諸物皆能先覺也.《水法或問》

8) 지렁이

지렁이는 민간에서 '곡선(曲蟮)'이라 한다. 곡선이 아침에 나오면 맑고, 저녁에 나오면 비가 내리게 된다. 《농정전서》[11]

蚯蚓

蚯蚓，俗名"曲蟮". 朝出，晴；暮出，雨.《農政全書》

---

10 《泰西水法》卷5 〈水法或問〉(《文淵閣四庫全書》 731, 971쪽).

11 《農政全書》卷11 〈農事〉"占候" '論雜蟲'(《農政全書校注》, 274쪽).

[2] 倉 : 저본에는 "食". 《泰西水法·水法或問》에 근거하여 수정.

9) 하마(蝦蟆, 작은두꺼비)[12]와 석합(石蛤, 큰두꺼비)

蝦蟆、石蛤

황매(黃梅)가 익는 3시(時)[13] 내에 하마의 오줌 나오는 모양이 휘어지면 비가 내리게 된다. 크게 휘면 큰 비가 내리게 되고, 작게 휘면 작은 비가 내리게 된다. 《농정전서》[14]

黃梅三時內, 蝦蟆尿曲, 有雨. 大曲; 大雨, 小曲, 小雨.《農政全書》

석합과 하마 등의 동물이 울 때 소리가 맑으면서 서로 박자가 맞으면 주로 맑게 된다. 속담에 "숫두꺼비 울음소리가 3번 서로 맞으면 집의 어른께 물어볼 것도 없이 맑다."라 했다. 이는 저물녘 맑은 날씨를 예측하는 데에 기준이 된다는 말이다. 《농정전서》[15]

石蛤、蝦蟆之屬叫, 得響亮成通, 主晴. 諺云: "杜蛤叫三通, 不用問家公." 言報晚晴有準也. 同上

10) 청개구리

青蛙

갑작스런 비가 방금 내리고, 청개구리가 어지럽게 울어대면 숲속 나무 사이로 많지 않은 비가 내리게 된다. 《행포지》[16]

驟雨方至, 青蛙亂叫, 林木間雨不多.《杏蒲志》

11) 우렁이

螺螄

우렁이[田角小螺]새끼를 '귀사(鬼螄)'라 한다. 이것이 수면에 뜨면 주로 바람이 불고, 비가 내리게 된다. 《농정전서》[17]

田角小螺兒名曰"鬼螄", 浮于水面, 主有風雨.《農政全書》

---

12 하마(蝦蟆, 작은두꺼비): 개구리와 두꺼비의 총칭이나 여기서는 작은 두꺼비로 보았다.

13 3시(時): 황매실이 익기 시작해서 무르익었다가 떨어지기까지의 시기인 듯하다. 황매실은 망종·하지·소서(小暑)에 해당하는 시기에 익으므로 3시(時)는 이 세 절기를 가리키는 것으로 추정된다.

14 《農政全書》, 위와 같은 곳.

15 《農政全書》, 위와 같은 곳.

16 《杏蒲志》卷1〈占候〉(《農書》36, 86쪽).

17 《農政全書》卷11〈農事〉"占候" '論雜蟲'(《農政全書校注》, 274쪽).

12) 자라[鱉][18]

자라로는 머리 방향을 보아서 맑음과 비를 점친다. 속담에 "자라가 남쪽 바라보면 맑고, 북쪽 바라보면 비 내린다."라 했다. 《농정전서》[19]

鱉

鱉探頭, 占晴雨. 諺云: "南望, 晴; 北望, 雨." 《農政全書》

주별(朱鱉, 배 붉은 자라)【안 《본초습유(本草拾遺)》[20]에 "주별은 남해(南海)[21]에서 난다. 크기가 동전만 하고, 배의 적색이 또한 피와 같다."[22]라 했다】이 물결 위에 뜨면 반드시 큰비가 내리게 된다. 《회남자》[23]

朱鱉【按 《本草拾遺》云: "朱鱉生南海, 大如錢, 腹赤如血"】浮於波上, 必有大雨. 《淮南子》

13) 뱀

여름 해가 무덥고 뜨거워서 뱀떼가 소굴을 떠나면 주로 흐리고 비가 내리게 된다. 《행포지》[24]

蛇

夏日蒸熱, 群蛇離穴, 主陰雨. 《杏蒲志》

---

18 자라[鱉]: 파충류 거북목 자라과에 속하는 동물. 한자어 이칭으로는 '단어(團魚)'·'신수(神守)'·'하백사자(河伯使者)'·'각어(脚魚)' 등이 있다. 우리말 방언으로는 '쟈라' 또는 '쟈리' 등이 있다. 《임원경제지 전어지》 권4 〈민물고기〉 "비늘 없는 종류" '별(鱉)'(풍석 서유구 지음, 임원경제연구소 옮김, 《임원경제지 전어지》 2, 340~342쪽)에 자세히 보인다.

19 《農政全書》 卷11 〈農事〉 "占候" '論雜蟲'(《農政全書校注》, 273쪽).

20 본초습유(本草拾遺): 중국 당(唐)나라 때 약학자 진장기(陳藏器, 약 687~757)가 지은 본초서.

21 남해(南海): 중국 광둥성(廣東省) 불산[佛山]에 있는 구(區).

22 주별(朱鱉)은……같다: 출전 확인 안 됨; 《本草綱目》 卷45 〈介部〉 "龜鱉類" '朱鱉', 2508쪽.

23 《淮南鴻烈集解》 卷16 〈繆稱訓〉(《中華道藏》 24, 612쪽).

24 《杏蒲志》 卷1 〈占候〉(《農書》 36, 86쪽).

14) 물뱀

水蛇

물뱀이 갈대가 푸른 고지대에 똬리를 틀고 있으면 주로 물난리가 나게 된다. 약간 높은 곳에 있으면 물이 약간 불어난다.

水蛇蟠在蘆青高處，主水；高若干，漲若干.

물뱀이 고개를 돌려 아래를 바라보면 물난리가 즉시 나고, 위를 바라보면 조금 늦게 나게 된다. 《농정전서》[25]

回頭望下，水卽至；望上，稍慢.《農政全書》

물뱀 및 뱀장어[白鰻][26]가 새우통발에 들어가면 모두 주로 큰바람이 불고 물난리가 나게 된다. 《농정전서》[27]

水蛇及白鰻入蝦籠中，皆主大風水作. 同上

흑려(黑蜧)[28]【주 여(蜧)는 신령스러운 뱀이다】는 샘에 잠겨 살다가 비가 내리려 하면 밖으로 튀어 나온다. 《회남자》[29]

黑蜧【注 蜧，神蛇也】潛泉[3]而居，將雨，則躍.《淮南子》

---

25 《農政全書》 卷11 〈農事〉 "占候" '論雜蟲'(《農政全書校注》, 273쪽).

26 뱀장어[白鰻]:만리어(鰻鱺魚). 뱀장어과에 속하는 민물고기. 5~12년간 민물에서 자라다 약 60㎝ 길이로 성장하면 산란을 하기 위해 바다로 간 뒤, 심해로 들어가 산란을 한 다음에 죽는다. 부화된 치어는 다시 담수로 올라온다. 《임원경제지 전어지》 권4 〈민물고기〉 "비늘 없는 종류" '만리어(鰻鱺魚)'(풍석 서유구 지음, 임원경제연구소 옮김, 《임원경제지 전어지》 2, 268~272쪽)에 자세히 보인다.

27 《農政全書》, 위와 같은 곳.

28 흑려(黑蜧):전설 속의 뱀.

29 《淮南鴻烈集解》 卷17 〈齊俗訓〉(《中華道藏》 24, 615쪽).

[3] 泉:《淮南鴻烈集解·齊俗訓》에는 "神淵".

15) 물고기

魚

물고기가 수면 위로 뛰어오르면 이를 '물을 잰다[稱水, 칭수]'라 한다. 그러면 주로 물이 불어나게 된다. 물고기는 뛰어오르면서 물높이와 불어난 물의 양을 잰다. 《전가오행》[30]

魚躍離水面, 謂之"稱水", 主水漲. 高多少, 增水[4]多少. 《田家五行》

일반적으로 잉어[31]나 붕어[32]는 4~5월 사이에 갑자기 물이 불어나면 반드시 산란한다. 산란이 끝나지 않으면 물의 불어남이 그치지 않은 것이다. 산란을 한창 하고서야 물 불어나는 기세가 반드시 안정되어간다.

凡鯉、鯽魚在四五月間, 得暴漲, 必散子. 散不盡[5], 水未止. 盛散, 水勢必定.

하지 전후에 황상어[33]를 잡는다. 산란 때가 지나면 비가 반드시 그치게 된다. 비록 산란을 하더라도 산란이 끝나지 않으면 물은 끝내 안정되지 않는다는 점이 가장 중요하다. 《전가오행》[34]

夏至前後得黃鱨魚, 甚散子時, 雨必止. 雖散不甚, 水終未定, 最緊. 同上

수레바퀴자국으로 생긴 웅덩이 안에 물고기가 들어와 물을 치면서 거슬러 오르려 하는 경우가 있

車溝內魚來攻水逆上, 得鮎, 主晴; 得鯉, 主水. 諺

30 《田家五行》卷中〈鳥獸類〉"論走獸" '論魚'(《續修四庫全書》975, 342~343쪽).

31 잉어 : 잉어과에 속하는 민물고기. 《임원경제지 전어지》 권4 〈민물고기〉 "비늘 있는 종류" '이(鯉)'(풍석 서유구 지음, 임원경제연구소 옮김, 《임원경제지 전어지》 2, 268~272쪽)에 자세히 보인다.

32 붕어 : 잉어과에 속하는 민물고기. 한자명으로는 부어(鮒魚) 또는 즉어(鯽魚)라 한다. 풍석 서유구 지음, 임원경제연구소 옮김, 위와 같은 책, 276~278쪽에 자세히 보인다.

33 황상어(黃顙魚) : 한글명 자가사리. 동자개과에 속하는 민물고기. 《임원경제지 전어지》 권4 〈민물고기〉 "비늘 없는 종류" '황상어(黃顙魚)'(풍석 서유구 지음, 임원경제연구소 옮김, 위와 같은 책, 327~328쪽)에 자세히 보인다.

34 《田家五行》卷中〈鳥獸類〉"論走獸" '論魚'(《續修四庫全書》975, 343쪽).

[4] 增水 : 《田家五行·鳥獸類·論走獸》에는 "水增".

[5] 盡 : 《田家五行·鳥獸類·論走獸》에는 "甚".

다. 이 물고기를 잡았을 때 물고기가 메기[鮎][35]이면 주로 맑아진다. 잉어이면 주로 물난리가 나게 된다. 속담에 "잡은 물고기가 메기이면 날씨가 건조하고, 잉어이면 습하다."라 했다.

云: "鮎, 乾; 鯉, 濕".

또 붕어이면 주로 물난리가 나고, 황상어[鱨魚]이면 주로 맑게 된다. 《전가오행》[36]

又鯽魚, 主水; 鱨魚, 主晴. 同上

어부가 그물로 죽은 쏘가리[鱖, 궐][37]를 건지면 이를 '수악(水惡)'이라 한다. 그러므로 물고기가 그물에 걸리면 즉시 죽는다. 쏘가리가 입을 벌리고 있으면 주로 물난리가 즉시 생겼다가 쉽게 지나가게 된다. 입을 다물고 있으면 물난리가 천천히 생기지만 끝내 진정되지 않게 된다. 《전가오행》[38]

漁者網得死鱖, 謂之"水惡", 故魚着網卽死也. 口開, 主水立至, 易過; 口閉, 來遲, 水卒[6]不定. 同上

새우[鰕, 하][39] 통발을 펼쳤을 때 황상어를 잡으면 주로 바람이 불고, 물난리가 나게 된다. 《전가오행》[40]

鰕籠中張得鱨魚, 主風水. 同上

---

35 메기[鮎]: 메기과에 속하는 민물고기. 메기의 이칭은 매우 많다. 한자어로는 '이어(鮧魚)'·'언(鰋)'·'제잠(鯷岑)'·'염어(鯰魚)' 등이 있고, 우리나라 말로는 '메유기' 또는 '미유기'라는 이칭이 있다. 《임원경제지 전어지》 권4 〈바닷물고기〉 "비늘 없는 종류" '점(鮎)'(풍석 서유구 지음, 임원경제연구소 옮김, 위와 같은 책, 313~317쪽)에 자세히 보인다.

36 《田家五行》, 위와 같은 곳.

37 쏘가리[鱖, 궐]: 농어과에 속하는 민물고기. 금린어(錦鱗魚)·금문어(錦文魚)·궐돈(鱖豚)·자어(滋魚) 등의 이칭이 있다. 우리나라에는 압록강을 비롯하여 서해와 남부 연해로 흘러 들어가는 여러 하천의 중류와 상류에 서식하고 있다. 《임원경제지 전어지》 권4 〈민물고기〉 "비늘 있는 종류" '점(鮎)'(풍석 서유구 지음, 임원경제연구소 옮김, 위와 같은 책, 313~317쪽)에 자세히 보인다.

38 《田家五行》, 위와 같은 곳.

39 하(鰕, 새우): 한글명 새우. 십각목 장미아목에 속하는 절지동물의 총칭. 《임원경제지 전어지》 권4 〈바닷물고기〉 "비늘 없는 종류" '하(鰕)'(풍석 서유구 지음, 임원경제연구소 옮김, 《임원경제지 전어지》 2, 461~464쪽)에 자세히 보인다.

40 《田家五行》, 위와 같은 곳.

[6] 卒: 저본에는 "旱". 《田家五行·鳥獸類·論走獸》에 근거하여 수정.

물고기가 수면 위로 떠서 다니면 주로 비가 내리게 된다. 《군방보》[41]

魚浮水面, 主雨. 《群芳譜》

하늘에서 비가 내리려 할 때에는 음산한 구름 기운이 모이기도 전에 물고기는 벌써 입을 뻐끔거린다. 《군방보》[42]

天將雨也, 陰曀未集, 而魚已噞矣. 同上

물고기떼가 물에서 나와 뛰어오르면 큰바람이 불 징후이다. 《무비지》[43]

群魚出水跳躍, 大風之候. 《武備志》

하지 전 논에 햇볕에 쪼여 죽은 작은 물고기가 있으면 주로 물난리가 나게 된다.

입을 벌린 상태이면 물난리가 쉽게 지나가게 된다.

입을 다물고 있으면 이와 반대가 된다. 《노농리어(老農俚語)[44]》[45]

夏至前田內曬死小魚, 主水;
口開, 卽至易過;
閉, 反是. 《老農俚語》

41 《二如亭群芳譜》〈鶴魚部〉"金魚"(《四庫全書存目叢書補編》80, 850쪽).

42 출전 확인 안 됨; 《淮南鴻烈集解》卷27 〈泰族訓〉(《中華道藏》24, 707쪽).

43 《武備志》卷165 〈占度載〉"占風" 1, 6697쪽.

44 노농리어(老農俚語): 미상. 노농들 사이에 떠도는 말들을 적어둔 책자였을 것이나 확인되지 않는다. 《흠정수시통고(欽定授時通考)》에 그 일부가 적혀 있다.

45 출전 확인 안 됨; 《欽定授時通考》卷4 〈天時〉"五月" '占驗'(《文淵閣四庫全書》732, 57쪽).

16) 용 龍

용이 내려오고 바로 비가 내리면 주로 맑게 된다. 龍下便雨, 主晴.

일반적으로 흑룡이 내려오는 것을 보면 주로 비가 내리지 않게 된다. 비록 비가 내리더라도 많지 않다. 凡見黑龍下, 主無雨, 縱有亦不多;

백룡이 내려오면 비가 반드시 내려 물난리가 나게 된다. 白龍下, 雨必到水鄉.

속담에 "흑룡은 세상을 보호하고, 백룡은 세상을 파괴한다."라 했다. 《전가오행》[46] 諺云: "黑龍護世界, 白龍壞世界."《田家五行》

용이 소나기[陣雨]를 몰고 올 때는 어느 한 길에서 시작하면, 대부분 이 길로만 다니고, 다른 곳으로는 전혀 다니지 않는다. 그래서 속담에 "용은 익숙한 길로 다닌다."라 했다. 《전가오행》[47] 龍陣雨, 始自何一路, 只多行此路, 無處絕無. 諺云: "龍行熟路." 同上

46 《田家五行》, 위와 같은 곳.
47 《田家五行》, 위와 같은 곳.

19. 잡점

雜占

1) 아궁이 연기

竈烟

질문: "부엌 굴뚝에서 연기가 평온하게 나면서 멀리서 보았을 때, 높이 똑바르게 피어오르면 이는 가뭄의 징조이다.

問: "竈突發烟平, 遠望之亭亭直上, 旱徵也.

반면 벌레가 꿈틀거리는 모양으로 연기가 피어나 위로 올라가려 하지만 올라가지 못하면 이는 비의 징조이다. 이는 어째서인가?"

蜿蜒而起, 如欲上不得者, 雨徵也. 何故?"

답변: "수토(水土)의 기운이 위로 올라가 구름이 되어 구름이 엉겨 위에 있을 때는 아직 비가 되지 않는다. 공중에서 기가 움직일 때 모두 건조하기 때문에 연기가 방해 없이 곧장 위로 올라가게 한다.

曰: "水土之氣上騰爲雲, 雲凝在上, 未成爲雨, 空中氣行, 悉皆燥乾, 故令火烟直上無礙.

하지만 구름이 비가 되려 할 때는 이와 다르다. 공중에서 기가 움직일 때 모두 습한 연기가 되어 습기에 방해를 받는다. 그러므로 위로 올라갈 수가 없어서 연기를 구불구불 한 모양이 되게 한다.

雲將成雨, 空中氣行, 皆成濕烟, 爲濕礙, 不得上升, 令其宛曲也.

비가 내리려 할 때 흙과 돌이 먼저 축축해지는 현상이 이 때문이고, 비가 내리려 할 때 주춧돌이 축축해지는 현상이 이 때문이고, 비가 내리려 할 때 등잔에 등화[燈爆][1]가 맺히는 현상도 이 때문이다."

將雨, 土石先潤, 以此; 將雨, 礎潤, 以此; 將雨, 燈爆, 以此."《水法或問》

1 등화[燈爆]: 등잔불 심지 끝이 타서 맺히는 꽃모양의 불똥을 말한다. 등화(燈花)라고도 한다.

《수법혹문》[2]

2) 아궁이재

竈灰

아궁이재가 온기를 띤 채 덩어리가 되면 날씨가 변하려는 현상이므로 비의 징조가 된다. 《농정전서》[3]

竈灰帶溫作塊, 天將變, 作雨兆. 《農政全書》

3) 등불

燈火[1]

오래 흐린 날씨에 숯불처럼 붉은 등불의 그을음이 한참 지나도 그 붉은 기가 가시지 않으면 다음날 곧잘 맑게 된다. 속담에 "등불의 불꽃이 별과 같이 밝게 보이면 반드시 맑게 된다."라 했다.

久陰天, 燈煤如炭紅良久不過, 明日喜晴. 諺云: "火留星, 必定晴."

날이 오래 맑은 뒤에 등불을 켰을 때 그을음이 바로 없어지면 주로 곧잘 비가 내리게 된다. 《전가오행》[4]

久晴後火煤便滅, 主喜雨. 《田家五行》

등불의 불꽃이 소리를 내면 큰바람이 불게 될 징후이다.

燈火焰作聲, 大風之候.[2]

---

2 《泰西水法》卷5〈水法或問〉(《文淵閣四庫全書》731, 971쪽).

3 《農政全書》卷11〈農事〉"占候" '論雨'(《農政全書校注》, 266쪽).

4 출전 확인 안 됨; 《御定月令輯要》卷22〈晝夜令〉上 "占驗"(《文淵閣四庫全書》467, 643 쪽).

[1] 燈火: 저본에는 표제어 표기가 없으나 고대본에 근거하여 수정.

[2] 저본과 고대본에 모두 출전이 누락되어 있다. 중국 원(元) 이충(李翀)의 《일문록(日聞錄)》에 이와 유사한 내용인 "燈火焰明作聲, 皆有大風之兆."가 보인다.

4) 금(琴)[5]과 비파, 기둥과 벽

琴瑟、柱壁

금이나 비파의 현을 조율할 때 지극히 조화로운 소리가 나면 천도(天道)가 반드시 이러하기 때문이다. 한 번 조율한 현을 보았을 때 털끝만큼의 어긋남이 없어야 비로소 이와 같을 수 있다. 만약 이 조화로움이 끝내 일정하지 않으면 반드시 날이 흐리고 비가 내리게 되는 변화가 생기게 된다. 이는 대개 기후가 역시 그렇게 하게 하기 때문이다.

琴瑟絃索，調得極和，則天道必是，一望略無纖毫，方能如是．若是調卒不齊，則必陰雨之變，蓋亦氣候所以然也．

만약 높고 깔끔한 소리를 내는 현에서 갑자기 저절로 늘어지는 소리가 나면 이는 금상(琴床)[6]이 축축해졌기 때문이다. 그러면 주로 흐리고 비가 내릴 조짐이다.

若高潔之絃忽自寬，則因琴床潤濕故也，主陰雨之象．

봄 초에서 여름 말기까지는 천기가 갑자기 따뜻해져서 모든 정원의 기둥과 판자벽 따위가 땀을 흘리듯이 축축하다. 이때는 주로 천둥번개를 동반한 소나기가 내리게 된다. 《전원필고(田園必考)[7]》[8]

春初夏末，天氣暴暄．凡庭柱與板壁之類，濕潤如流汗，主有陣頭雨至．《田園必考》

5) 사람소리

人聲

어린아이가 입에 거품을 뿜으며 소리를 내면 주로 비가 내리게 된다. 《행포지》[9]

孩兒噴沫作聲，主雨．《杏蒲志》

---

5 금(琴): 중국의 대표적인 현악기로, 일반적으로 '금(琴)'이라 쓰며, 일곱 줄의 현악기라는 의미에서 '칠현금(七絃琴)'이라고도 한다.

6 금상(琴床): 금을 올려 놓고 연주하는 탁자. 《임원경제지 이운지》 권2 〈임원에서 즐기는 청아한 즐길거리〉 "금·검" '금안'(풍석 서유구 지음, 임원경제연구소 옮김, 《임원경제지 이운지》 1, 풍석문화재단, 2019, 441~444쪽)에 자세히 보인다.

7 전원필고(田園必考): 중국 농서로 추정되나 미상.

8 출전 확인 안 됨; 《農政全書》 卷11 〈農事〉 "占候" '論風'(《農政全書校注》, 265~266쪽).

9 《杏蒲志》 卷1 〈占候〉(《農書》 36, 86쪽).

20. 시후로 점치다. 占時候

1) 봄추위 春寒

일반적으로 봄에 온화해야 하지만 오히려 추워지면, 반드시 많은 비가 내리게 된다. 속담에 "봄이 추우면 많은 비가 내려 물난리가 나게 된다."라 했다. 《전가오행》[1]

凡春宜和[1]而反寒, 必多雨. 諺云: "春寒, 多雨水." 《田家五行》

2) 화신풍(花信風, 꽃소식 전하는 바람)[2] 花信風

일반적으로 봄에 24번 바람이 불면 이것이 화신풍이다. 매화풍(梅花風, 매화가 필 무렵의 바람)이 처음에 불고, 연화풍(楝花風, 멀구슬나무꽃이 필 무렵의 바람)이 끝에 분다. 《전가오행》[3]

凡春有二十四番風[2], 花信風. 梅花風打頭, 楝花風打末. 《田家五行》

봄에 부는 24번의 바람(한국고전종합DB)

봄의 절기	1후	2후	3후
소한(小寒)	매화풍(梅花風)	산다풍(山茶風)	수선풍(水仙風)
대한(大寒)	서향풍(瑞香風)	난화풍(蘭花風)	산반풍(山礬風),

1 《田家五行》 卷下 〈氣候類〉(《續修四庫全書》 975, 345쪽).

2 화신풍(花信風, 꽃 소식을 전하는 바람): 꽃 필 시기에 맞춰서 불어오는 바람. 소한(小寒)부터 곡우(穀雨)까지의 4개월 120일 동안 5일에 한 번씩, 그 시기에 피어날 꽃에 적합한 바람이 분다. 총 24회이다. 24번의 바람은 위의 표 참조.

3 《田家五行》, 위와 같은 곳.

[1] 宜和: 《田家五行·氣候類》에는 "雷仁".

[2] 風: 《전가오행》에는 없음.

봄의 절기	1후	2후	3후
입춘(立春)	영춘풍(迎春風)	앵도풍(櫻桃風)	망춘풍(望春風)
우수(雨水)	채화풍(菜花風)	행화풍(杏花風)	이화풍(李花風)
경칩(驚蟄)	도화풍(桃花風)	당화풍(棠花風)	장미풍(薔薇風)
춘분(春分)	해당풍(海棠風)	이화풍(梨花風)	목란풍(木蘭風)
청명(淸明)	동화풍(桐花風)	맥화풍(麥花風)	유화풍(柳花風)
곡우(穀雨)	모란풍(牡丹風)	도미풍(酴醾風)	연화풍(楝花風)

3) 요초풍(料峭風, 한랭하고 날카로운 바람)

원소(元宵, 1월 15일) 전후에 반드시 요초풍이 분다. 이를 '원소풍(元宵風)'이라 한다. 《전가오행》[4]

料峭風

元宵前後必有料峭之風，謂之"元宵風"．《田家五行》

4) 맹풍(猛風)

1월에 맹풍이 불게 된다【주 맹풍은 나무를 흔들면서 소리를 내는 바람이다】. 《역통괘험(易通卦驗)[5]》[6]

猛風

正月中猛風至【注 猛風，動搖樹木有聲者】．《易通卦驗》

5) 춘수(春水, 봄물)

2월 초에 물난리가 나면 이를 '춘수(春水)'라 한다. 《전가오행》[7]

春水

二月初有水，謂之"春水"．《田家五行》

4 《田家五行》, 위와 같은 곳.

5 역통괘험(易通卦驗): 역위(易緯)서 중 하나. 역위(易緯)의 각 편들이 전한 시대에 이미 산재해 있었고, 이를 모아 전한 초기에 쓰였을 것으로 추정된다. 주로 4정괘(四正卦)와 팔풍(八風)·팔괘괘기설(八卦卦氣說) 등이 나온다. 한(漢)나라 정강성(鄭康成)이 주석한 책이 전해진다. 방인, 석미현, 〈역위(易緯) 「통괘험(通卦驗)」의 성립시기와 괘기설(卦氣說)〉, 《유학연구》37, 충남대 유학연구소 논문집, 2016 참조.

6 《易緯通卦驗》 卷下(《文淵閣四庫全書》 53, 894쪽); 《御定月令輯要》 卷5 〈正月令〉 "天道"(《文淵閣四庫全書》 467, 197쪽).

7 《田家五行》, 위와 같은 곳.

6) 손님 청하는 바람[請客風, 청객풍]과 손님 보내는 비[送客雨, 송객우]

請客風、送客雨

2월 8일인 장대제(張大帝)[8]의 생일 전후에 반드시 바람이 불고 비가 내린다. 이는 매우 들어맞는 기준이다.

二月八日張大帝生日前後必有風雨, 極準.

민간에서는 이를 '손님 청하는 바람·손님 청하는 비'라 한다. 장대제 생일의 비는 '거리 씻는 비[洗街雨, 세가우]'라 하고, 2월 10일의 비는 '부엌 씻는 비[洗廚雨, 세주우]'라 한다.《전가오행》[9]

俗號爲"請客風、送客雨". 正日謂之"洗街雨", 初十謂之"洗廚雨".《田家五行》

7) 한 번 쟁기질하게 하는 비(일리우)

一犁雨

2월 2일은 상공(上工, 농사의 시작)일이다. 그러므로 속담에 "하수(河水, 황하) 동쪽과 서쪽은 쟁기질하기에 좋다."라 했다. 이때의 비가 바로 '한 번 쟁기질하게 하는 봄비[一犁春雨]'이다.

二月二, 上工, 故諺云: "河東西, 好使犁." 此時之雨, 正是一犁春雨.

속담에 "물은 밭농사를 완성하고, 옷은 사람을 완성한다."라 했다. 옷이 없으면 사람이 완성되지 않고, 물이 없으면 밭농사가 완성되지 않는다. 씨 뿌린 밭을 수전(水田, 논)이라 하지 않는 이유는 이런 밭은 물이 없으면 겨우 콩을 심을 수 있기 때문이다.《전가오행》[10]

諺云: "水成田, 衣成人." 無衣, 不成人; 無水, 不成田. 種田不稱水田, 僅可種豆.《田家五行》

---

8 장대제(張大帝): 선가(禪家)에서 모시는, 토지와 불당을 보호하는 신.

9 《田家五行》卷下〈氣候類〉(《續修四庫全書》975, 345~346쪽).

10 《田家五行》卷下〈氣候類〉(《續修四庫全書》975, 346쪽).

8) 사공우(社公雨)

입춘(立春) 후 5번째 무(戊)일은 토지신에게 제사 드리는 춘사일(春社日)이다. 이날 비록 맑아도 대부분 약한 비가 몇 방울이라도 내린다. 이를 '사공(社公)은 이날 미숫가루를 먹지 않는다.'라 한다. 이 점이 과연 들어맞았다. 《전가오행》[11]

社公雨

立春後五戊爲社，其日雖晴[3]，亦多有微雨數點，謂"社公不喫乾糧"，果驗.《田家五行》

9) 서리 그칠 때와 눈 그칠 때

속담에 "청명에 눈 그치고, 곡우에 서리 그친다." 라 했다. 이는 날씨의 일반 현상을 말한 것이다. 《전가오행》[12]

斷霜雪

諺云："清明斷雪，穀雨斷霜." 言天氣之常.《田家五行》

10) 맥류이삭 팰 때의 추위(맥수한)

4월에는 반드시 며칠간 추워진다. 이를 '맥류이삭 팰 때의 추위'라 한다. 《전가잡점》[13]

麥秀寒

四月必作寒數日，謂之"麥秀寒".《田家雜占》

---

11 《田家五行》卷下〈氣候類〉(《續修四庫全書》975, 346쪽).

12 《田家五行》, 위와 같은 곳.

13 출전 확인 안 됨;《御定月令輯要》卷9〈四月令〉"物候"(《文淵閣四庫全書》467, 351쪽).

[3] 晴: 저본에는 "亦".《田家五行·氣候類》에 근거하여 수정.

11) 장맛비(황매우)

黃梅雨

4~5월 황색 매실이 익어 떨어지려 하면 기둥과 주춧돌에 물이 번들거리고, 흙이 질퍽거린다. 이때는 수증기가 모두 땀방울처럼 빽빽하게 맺혀 비가 된다. 이를 '매우(梅雨)'라 한다. 《비아(埤雅)[14]》[15]

四五月間梅欲落, 則水潤土溽柱、礎, 皆汗蒸鬱成雨, 謂之"梅雨".《埤雅》

망종(芒種) 후 내리는 비는 '황매우(黃梅雨)'이다. 하지 후 때맞춰 내리는 비는 '시우(時雨)'이다. 이때 하늘이 흐렸다 맑아졌다 하면서 날씨가 쉽게 변한다.

芒種後雨, 爲"黃梅雨"; 夏至後, 爲"時雨". 此時天公陰晴, 易變.

속담에 "황매우 날씨에는 많은 날 거의 빈둥거리게 된다."라 했다. 《전가오행》[16]

諺云: "黃梅天, 日多幾番顚."《田家五行》

속담에 "황매우 날씨에는 도롱이와 약모(箬帽)[17]를 할머니 머리에 쓰느니, 메고 가는 게 낫다."[18]라 했다. 《전가오행》[19]

諺云: "黃梅天氣, 踸向老婆頭邊, 也要擔了簑衣、箬帽去." 同上

14 비아(埤雅): 중국 송나라의 문인 육전(陸佃, 1042~1102)이 저술한 훈고서. 총 20권. 서명은 《이아(爾雅)》를 보충했다는 의미에서 《비아(埤雅)》라고 이름 붙였다.

15 《埤雅》卷13 〈釋木〉"梅"(《文淵閣四庫全書》222, 168쪽).

16 《田家五行》, 위와 같은 곳.

17 약모(箬帽): 대껍질로 만들어 머리에 쓰는 우구(雨具).

18 황매우……낫다: 이 문장의 풀이에 대한 확신은 없다.

19 《田家五行》, 위와 같은 곳.

12) 곡우풍(哭雨風, 비 내리게 하는 바람)

하지 전 망종 후에 서남풍이 급하게 불면 이를 '곡우풍'이라 한다. 그러면 주로 비가 즉시 내렸다가 쉽게 지나가게 된다. 만약 바람이 매우 살살 불면 비가 이 시기(하지 전 망종 후)에 계속 내리게 된다. 《군방보》[20]

哭雨風

夏至前芒種後西南風急, 名曰"哭雨風", 主雨立至, 易過. 若風微最毒, 應在時裏. 《群芳譜》

망종 후 보름 안에는 서남풍이 불게 된다. 속담에 "매실 떨어지는 동안 서남풍 불면 이때 비가 많이 내린다."라 했다. 다만 이 바람이 2일 계속 불면 비가 바로 내리게 된다. 《농정전서》[21]

芒後半月內西南風, 諺云: "梅裏西南, 時裏潭潭." 但此風連吹兩[4]日, 雨立至. 《農政全書》

13) 입추가 드는 아침과 저녁

입추에 드는 시각이 아침이면 저녁에 바람이 우수수 불고, 입추 드는 시각이 저녁이면 더운 열기가 머리 꼭대기까지 이르게 된다. 《기력촬요》[22]

立秋朝暮

朝立秋, 暮颼颼; 夜立秋, 熱到頭. 《紀歷撮要》

14) 횡항수(橫港水, 뱃길 낼 정도의 많은 물)

8월 18일인 조수[潮]의 생일 전후로 물난리가 나면 이를 '횡항수'라 한다. 《전가오행》[23]

橫港水

八月十八日潮生日前後有水, 謂之"橫港水". 《田家五行》

---

20 《二如亭群芳譜》〈元部〉"天譜" 3 '風'(《四庫全書存目叢書補編》80, 103쪽).

21 《農政全書》卷11 〈農事〉"占候" '五月'(《農政全書校注》, 257쪽).

22 《紀歷撮要》〈七月〉(《續修四庫全書》975, 360쪽).

23 《田家五行》卷下 〈氣候類〉(《續修四庫全書》975, 346쪽).

[4] 兩: 저본에는 "雨". 고대본·《農政全書·農事·占候》에 근거하여 수정.

15) 상강신(霜降信)

霜降信

9월 중기(中氣)[24] 전후로 서북풍이 일면 이를 '상강신(霜降信)'이라 한다.

中氣前後起西北風, 謂之"霜降信";

비가 내리면 이를 '습신(濕信)'이라 한다.

有雨, 謂之"濕信";

바람 불기 전에 비가 내리면 이를 '요신우(料信雨)'라 한다.

未風先雨, 謂之"料信雨".

상강 이전에 오는 비나 바람은 상강에 앞서 왔기에 쉽게 지나가서 괜찮다, 하지만 상강 이후에 오는 비나 바람은 상강이 지나서 왔기에 반드시 엄혹하게 추워진다. 상강 전의 비나 바람의 습도에 따라 상강 뒤의 비도 반드시 이와 같다.

霜降前來信, 前信, 易過, 善; 後來信, 了信, 必嚴毒. 此信乾濕, 後信必如之.

속담에 "상강 절기 끝나면 두터운 옷 입는다."라 했다. 이는 이미 갑작스럽게 추워질 기미가 있어서 강의 수위도 이때에 이르러 반드시 줄어든다는 말이다. 옛말에 "상강 지나면 강의 수위 줄어든다."[25]라 했다. 《전가오행》[26]

諺云: "霜降了, 布衲著得[5]." 言已有暴寒之色, 水到此必退. 古語云: "霜降水痕收."《田家五行》

16) 추수(秋水, 가을물)

秋水

9월초에 비가 많이 내리면 이를 '추수'라 한다. 《전가오행》[27]

九月初有雨多, 謂之"秋水". 《田家五行》

---

24 9월 중기(中氣): 상강 절기를 가리킨다. "9월"은 원문에는 없으나 9월점에 수록된 《農政全書·農事·占候》 등을 반영해서 추가했다.

25 상강……줄어든다: 소식(蘇軾, 1036~1101)의 〈남향자(南鄕子)〉에 나오는 첫 구절이다.

26 《田家五行》卷下〈氣候類〉(《續修四庫全書》975, 346쪽).

27 《田家五行》, 위와 같은 곳.

[5] 得: 저본에는 없음. 《田家五行·氣候類》에 근거하여 보충.

17) 입동신(立冬信)

立冬信

입동 전후로 서북풍이 일면 이를 '입동신(立冬信)'이라 한다.

입동이 든 달 안에 바람이 자주 일면 이를 '10월 5풍신(風信)'이라 한다. 《전가오행》[28]

立冬前後起西北風, 謂之"立冬信";

月內風頻作, 謂之"十月五風信".《田家五行》

10월 15·18·19·27일에 태산부군(太山府君)[29]이 천계(天界)로 올라가면 묘(卯)시 이후에 악풍(惡風, 광풍)이 불게 된다.

만약 바람이 불지 않으면 즉시 비가 내리게 된다.

또 8·15·22일에 동악부군(東岳府君, 태산부군과 같음)이 옥황상제[玉帝]를 배알하면 주로 큰바람이 불게 된다.

【안 10월 20일 전후로 바람이 많이 불고 추워진다. 민간에서 "손돌풍(孫突風)[30]의 손돌(孫突)[31]은 바로 옛날 뱃사공 이름이다. 그가 이날에 바다에 빠져 죽었다. 그러므로 이때의 바람이 대대로 악풍이 되었다."라 했다.

이는 우리나라 사람의 괴이한[齊諧] 이야기[32]이다.

十月十五、十八、十九、二十七日, 太山府君上天界, 卯時後有惡風;

如無風, 卽雨;

又初八、十五、二十二日, 東岳府君朝玉帝, 主有大風.

【按 十月二十日前後多風寒. 俗云: "孫突風孫突, 卽古舟子也. 以是日溺死海中, 故歲作惡風."

此東人齊諧之說也. 蓋此

---

28 《田家五行》卷下〈氣候類〉(《續修四庫全書》975, 347쪽).

29 태산부군(太山府君): 중국의 동악(東嶽)인 태산(泰山)을 담당하는 신.

30 손돌풍(孫突風: 고려 시대 몽진 가던 임금을 배에 태운 손돌이라는 뱃사공이 억울하게 죽음을 당했는데, 그가 죽은 날에 부는 바람. 손절풍·손석풍이라고도 한다.

31 손돌(孫突): 고려 시대에 몽고군이 침략하여 임금이 배를 타고 몽진할 때 통진(通津)과 강화(江華) 사이를 지나는데, 갑자기 풍랑이 일어 배가 심하게 흔들렸다. 임금은 사공이 고의로 배를 흔들어 그런 것이라고 여겨 사공의 목을 베었다. 이 사공의 이름이 손돌이었다. 그래서 해마다 그날이면 큰바람이 불고 날씨가 찬 현상이 있어서 이를 억울하게 죽은 손돌 때문이라고 여겼다. 강화에서는 이날 뱃일을 나가지 않는다.

32 괴이한[齊諧] 이야기: 제해(齊諧)는 《장자(莊子)》〈소요유(逍遙遊)〉에 나오는 인물로, 괴이한 일을 잘 알았다. 후대에 기괴한 이야기들의 대명사로 쓰이게 되었다.

대개 이 달에는 원래 바람이 많이 불므로, 10월 20일에 가까운 때에만 그렇지는 않다】《주후신추(肘後神樞)[33]》[34]

月多風，非特近時爲然】《肘後神樞》

18) 각 하늘의 회합

各天會合

11월 1·3, 19·20일은 바로 각 하늘이 회합하는 날이다. 이 날에는 주로 악풍이 불게 된다.《군방보》[35]

十一月一日、三日、十九、二十日乃各天會合日，主有惡風.《群芳譜》

33 주후신추(肘後神樞):《육임신추경비결(六壬神樞經秘訣)》을 가리키는 듯하나 자세하지 않다.

34 출전 확인 안 됨;《御定月令輯要》卷18〈十月令〉"占驗"(《文淵閣四庫全書》467, 539쪽).

35《二如亭群芳譜》〈元部〉"天譜" 3 '風'(《四庫全書存目叢書補編》80, 104쪽).

21. 역일로 점치다 占曆日

1) 월건(月建)과 월삭(月朔) 月建、月朔

육임점(六壬占)은 항상 해당 월장[月符]을 월건에 더해서 살핀다. 해당월 초하루에 모두 점쳐 신후(神后)가 나오면 크게 비가 내리게 된다. 태충(太沖)이 나오면 비가 조금 내리게 된다. 《주후신추》[1]

六壬占，常以月符加月建，及月朔皆占，神后下，爲大雨；太沖下，爲小雨.《肘後神樞》

1일에 맑으면 주로 그달 안에 맑게 된다.

1일에 비가 내리면 이를 '교월우(交月雨, 달이 교차하는 시기의 비)'라 한다. 그러면 주로 오래 흐리고 비가 내리게 된다. 《전가오행》[2]

朔日晴，主月內晴；雨，謂之"交月雨"，主久陰雨.《田家五行》

2) 10일 내의 상응현상 旬中克應

1개월이 다가도록 비가 내리지 않으면 다음달 초에 반드시 바람이 불거나 비가 내리게 된다. 속담에 "25~26일 동안 비 내리지 않으면 다음달 3·4일에 배 운행해서는 안 된다."라 했다. 《전가오행》[3]

月盡無雨，則來月初必有風雨. 諺云："廿五、廿六若無雨，初三、初四莫行船."《田家五行》

---

1 출전 확인 안 됨;《御定月令輯要》卷3〈每月令〉"占驗"(《文淵閣四庫全書》467, 161쪽).

2 《田家五行》卷下〈三旬類〉(《續修四庫全書》975, 344쪽).

3 《田家五行》, 위와 같은 곳.

25일을 '월교일(月交日, 달이 교차하는 날)'이라 한다. 이날 비가 내리면 주로 오래 흐리게 된다.《전가오행》[4]

廿五日謂之"月交日", 有雨, 主久陰. 同上

27일은 맑기에 가장 좋다. 속담에 "달이 교차하는 시기에 과오가 없으면 27일은 맑다."라 했다.《전가오행》[5]

廿七日最宜晴. 諺云: "交月無過, 廿七晴." 同上

강(江)수(양자강)·회(淮)수 지역 민간의 경험사례에서는 매월 2일이나 16일에 비가 내리면 그달에는 비가 많이 내리게 된다고 했다.《전가잡점》[6]

江、淮俗驗, 每月初二、十六日雨, 則月內多雨.《田家雜占》

구강(九江)[7] 사람들은 하순에 내리는 비를 두려워한다. "비가 잘 그치지 않기 때문이다."라 한다.《담원》[8]

九江人畏下旬雨. 云: "雨不肯止."《談苑》

그달 3일에 구풍(颶風, 세찬 바람)이 불면 4일에는 더욱 거세진다.《객상규략(客商規略)[9]》[10]

初三有颶, 初四尤加.《客商規略》

---

4 《田家五行》, 위와 같은 곳.

5 《田家五行》, 위와 같은 곳.

6 출전 확인 안 됨;《欽定授時通考》卷2〈天時〉"占驗總"(《文淵閣四庫全書》732, 33쪽).

7 구강(九江):중국 강서성(江西省) 북부의 도시. 양자강 중류에 위치하여 쌀·차 시장으로 유명하다.

8 《談苑》卷2(《文淵閣四庫全書》1037, 131쪽).

9 객상규략(客商規略):중국 송나라 말기 관리이자 저술가인 고사손(高似孫, 1158~1231)이 지은 책. 총 33권이라는 기록이 명말 청초 시기의 학자이자 관리이며 장서가(藏書家)인 황우직(黃虞稷, 1629~1691)이 지은《천경당서목(千頃堂書目)》에 보인다.

10 출전 확인 안 됨;《御定月令輯要》卷3〈每月令〉"占驗"(《文淵閣四庫全書》467, 161쪽).

3) 날의 간지

日干支

속담에 "오래 비가 올지 오래 맑을지는 대부분 갑(甲)이 든 날로 바뀔 때의 날씨를 보아서 안다."라 했다.

諺云: "久雨久晴, 多看換甲."

또 "갑오(甲午)일 이후 10일 동안에는 조토(燥土, 건조한 날씨)가 없다."라 했다.

又云: "甲午旬中, 無燥土."

또 "갑이 든 날에 비가 내리면 을이 든 날에 그치게 된다."라 했다.

又云: "甲雨, 乙拗[1]."

또 "갑이 든 날에 비가 내리면 을이 든 날에 맑고, 을이 든 날에 비가 내리면 바로 경(庚)이 든 날까지 쭉 내리게 된다."라 했다.

又云: "甲日雨, 乙日晴; 乙日雨, 直到庚."

또 "오래 맑을 때 술(戌)이 든 날을 만나면【안 어떤 본에는 '무(戊)'로 되어 있다. 아래도 이와 같다】 비가 내리게 된다. 오래 비가 내릴 때 경(庚)이 든 날을 만나면 맑게 된다."라 했다.

又云: "久晴逢戌【按 一作戊. 下同】, 雨; 久雨, 望庚, 晴."

또 "경이 든 날을 만나면 날씨가 반드시 변하고, 술이 든 날을 만나면 반드시 맑아지게 된다."라 했다.

又云: "逢庚, 須變; 逢戌[2], 須晴."

또 "오래 비가 내리고 맑지 않으면 일단 병(丙)·정(丁)이 든 날을 보라."라 했다.

又云: "久雨不晴, 且看丙、丁."

또 "위쪽 불의 날(병이 든 날)에 비가 떨어지지 않으면, 아래쪽 불의 날(정이 든 날)에 비 후두둑 내린다."라 했다. 이는 병(丙)·정(丁)이 든 날의 날씨가 그러하다는 말이다. 《전가오행》[11]

又云: "上火不落, 下火滴沰[3]." 言丙、丁日也. 《田家五行》

11 《田家五行》卷中 〈三旬類〉 "論甲戌庚必變"(《續修四庫全書》 975, 345쪽).

[1] 拗: 《田家五行·三旬類·論甲戌庚必變》에는 "霧".

[2] 戌: 《田家五行·三旬類·論甲戌庚必變》에는 "戊".

[3] 沰: 《田家五行·三旬類·論甲戌庚必變》에는 "劅".

기해(己亥)·경자(庚子)·기사(己巳)·경오(庚午)일을 '수(水)가 토(土)를 주관함이 많다[水主土多, 수주토다].'라 한다. 이는 비가 내리게 된다는 뜻이다. 《전가오행》[12]

己亥、庚子、己巳、庚午, 謂之"水主土多", 是値雨. 同上

경신(庚申)일에 맑으면 갑자(甲子)일에는 반드시 맑게 된다. 《전가오행》[13]

庚申日晴, 甲子必晴. 同上

속담에 "경(庚)이 든 날을 만나면 쌍일(雙日)[14]에 변하고, 갑(甲)이 든 날을 만나면 즉시 맑아진다."라 했다. 대개 쌍일에 경이 든 날을 만나면 날씨가 변하고, 쌍일에 갑이 든 날을 만나면 맑아지게 된다. 이는 많이 들어맞았다. 《호연재초(浩然齋抄)[15]》[16]

俗諺云: "逢庚, 雙變, 遇甲, 卽晴." 蓋遇庚於雙日, 則變; 遇甲於雙日, 則晴. 多驗. 《浩然齋抄》

봄에 병(丙)이 든 날이 맑고 더우면 모내기할 물이 없다.

春丙暘暘, 無水浸秧;

여름 병이 든 날이 맑고 더우면 건조하여 벼나 강아지풀이 말라 죽게 된다.

夏丙暘暘, 乾死禾、稂.

가을에 병이 든 날이 맑고 더우면 곡식을 햇볕에 잘 말려 창고에 들이게 된다.

秋丙暘暘, 乾曬入倉;

겨울에 병이 든 날이 맑고 더우면 눈도 없고 서리도 없게 된다. 《전가잡점》[17]

冬丙暘暘, 無雪無霜. 《田家雜占》

12 《田家五行》 卷中 〈三旬類〉 "論鶴神"(《續修四庫全書》 975, 345쪽).

13 《田家五行》, 위와 같은 곳.

14 쌍일(雙日) : 우수일(偶數日)인 짝수일.

15 호연재초(浩然齋抄) : 중국 송나라 주밀(周密)의 《호연재일초(浩然齋日鈔)》로 추정된다.

16 출전 확인 안 됨; 《欽定授時通考》 卷2 〈天時〉 "占驗總"(《文淵閣四庫全書》 732, 31쪽).

17 출전 확인 안 됨; 《御定月令輯要》 卷2 〈歲令〉 下 "物候"(《文淵閣四庫全書》 467, 121쪽).

임자(壬子)일에 필성(畢星) 가운데에 수(水)기가 가득 있을 때, 이 수기가 묘(卯)·진(辰)방에서 발동하면 이는 반드시 비가 응하게 된다.《관공명점(管公明占)[18]》[19]

壬子日値滿畢星中已有水氣, 水氣之發動于卯、辰, 此必雨之應.《管公明占》

임자(壬子)일에 비가 내리면 주로 오래 흐리게 된다.《오하전가지(吳下田家志)[20]》[21]

壬子日雨, 主久陰.《吳下田家志》

조운주(趙雲洲)[22]는 "일반적으로 무오(戊午)·기미(己未)일을 만나면 하늘이 반드시 변하여 비가 내리게 된다. 이때 혹 항(亢)수·벽(壁)수 두 별자리를 만나면 당일에는 비를 면할 수 있다. 나머지 별을 만나면 면할 수 없다."라 했다.《양초적유(兩鈔摘腴)[23]》[24]

趙④雲洲云: "凡遇戊午、己未日, 天必變雨. 或遇亢、壁⑤二宿, 直日則可免. 餘宿不能免."《兩鈔摘腴》

눈은 무(戊)·기(己)가 든 날에 많이 내린다. 일찍이 정해(丁亥)년(1167) 겨울의 눈을 상고해보니, 그때도 대체로 눈이 많이 내렸다. 근래에는 무자(戊子)년(1168) 12월 8일인 기미(己未)일에 눈이 내렸고, 18일인 기사(己巳)일 밤에 눈이 내렸으며, 27일인 무인(戊寅)일 밤에 눈이 내렸다.

雪多作於戊、己日, 嘗攷丁亥冬雪, 率多餘. 近戊子十二月八日己未雪, 十八日己巳夜雪, 二十七日戊寅夜雪.

---

18 관공명점(管公明占): 중국 삼국 시대 위(魏)나라 관로(管輅)가 지은 점술서. 관로의 자는 공명(公明)으로, 주역(周易)과 풍각점상(風角占相)에 밝았다.

19 출전 확인 안 됨;《御定月令輯要》卷22〈晝夜令〉上 "占驗"(《文淵閣四庫全書》467, 641쪽).

20 오하전가지(吳下田家志): 중국 송(宋)나라 육영(陸泳)이 지은, 농사와 날씨 점에 대해 기술한 책.

21《說郛》卷75 上〈吳下田家志〉"三旬"(《文淵閣四庫全書》880, 213쪽).

22 조운주(趙雲洲): 미상.

23 양초적유(兩鈔摘腴): 중국 남송(南宋)의 정치가 사호(史浩, 1106~1194)의 저술.

24 출전 확인 안 됨;《說郛》卷19 下〈兩鈔摘腴〉(《文淵閣四庫全書》877, 154쪽).

④ 趙: 저본에는 "越".《說郛·兩鈔摘腴》에 근거하여 수정.

⑤ 壁: 저본에는 "璧". 고대본·《說郛·兩鈔摘腴》에 근거하여 수정.

대체로 병자(丙子)일이나 무(戊)·기(己)가 든 날이 모두 눈이 내리는 날이다. 《양초적유》[25]

大率丙子、戊、己皆雪日也. 同上

무진(戊辰, 오행상 토토)·기사(己巳, 토화)·무술(戊戌, 토토)·기해(己亥, 토수)일은 목(木)에 토(土)의 천간이 붙어 있으므로[26] 반드시 흐리고 비가 내리게 된다. 《취검록(吹劍錄)[27]》[28]

戊辰、己巳、戊戌、己亥日爲木頭點土, 須陰雨. 《吹劍錄》

오행과 천간·지지의 상관 관계

오행(五行)	오성(五星)	오시(五時)	오방(五方)	오색(五色)	오성(五聲)	천간(天干)	지지(地支)
목(木)	목성(木星)	춘(春)	동(東)	청(靑)	각(角)	갑(甲)·을(乙)	인(寅)·묘(卯)
화(火)	화성(火星)	하(夏)	남(南)	적(赤)	치(徵)	병(丙)·정(丁)	사(巳)·오(午)
토(土)	토성(土星)	계하(季夏)	중앙(中央)	황(黃)	궁(宮)	무(戊)·기(己)	축(丑)·진(辰)·미(未)·술(戌)
금(金)	금성(金星)	추(秋)	서(西)	백(白)	상(商)	경(庚)·경(辛)	신(申)·유(酉)
수(水)	수성(水星)	동(冬)	북(北)	흑(黑)	우(羽)	임(壬)·계(癸)	해(亥)·자(子)

25 《說郛》 卷19 下 〈兩鈔摘腴〉(《文淵閣四庫全書》 877, 154쪽).

26 무진(戊辰, 오행상 토토)……있으므로: 천간이 모두 토에 해당하므로 원문의 "점토(點土)"를 말한 것으로 보이나, 정확한 의미를 알지 못하겠다. 납음오행(納音五行)과 관련이 있는 듯하다. 납음오행법은 각각의 간지(干支)에 오음(五音)을 결합시켜 속성을 부여한 것이다. 60간지를 12율(律)로 구분하고, 각각을 오음(五音, 궁·상·각·치·우)에 배열하여 만나서 소리를 내는 천간과 지지에 각각 해당하는 수를 더하여 납음오행의 수를 도출해내고 이것으로 점을 친다. 본문에 열거된 간지들은 모두 천간이 무(戊)·기(己)이다. 무·기에 해당하는 수는 4이고, 본문의 지지인 진(辰)·사(巳)·술(戌)·해(亥)에 해당하는 수도 모두 4이다. 따라서 천간의 수 4에 지지의 4를 더하면 8이 나오고, 5가 넘는 수는 −5를 하므로 3이 남는다. 이것이 납음오행의 수이다. 이 3은 목(木, 角音)에 해당한다. 여기서는 납음오행법의 여러 계산법 중 하나를 써서 설명해본 것이다.

27 취검록(吹劍錄): 중국 남송의 저술가 유문표(俞文豹, ?~?)가 지은 책. 남송 말기의 궁중의 비화, 민간의 잡설 등을 기록했다.

28 출전 확인 안 됨; 《御定月令輯要》 卷2 〈歲令〉 下 "物候"(《文淵閣四庫全書》 467, 120쪽).

① 갑자일에 비가 내리면 병인일에 그치게 된다. 甲子日雨, 丙寅日止;

② 을축일에 비가 내리면 정묘일에 그치게 된다. 乙丑日雨, 丁卯日止;

③ 병인일에 비가 내리면 당일 저녁에 그치게 된다. 丙寅日雨, 夕止;

④ 정묘일에 비가 내리면 당일 저녁에 그치게 된다. 丁卯日雨, 夕止;

⑤ 무진일에 비가 내리면 밤에 한밤중에 그치게 된다. 戊辰日雨, 夜半止;

⑥ 기사일에 비가 내리면 바로 그치게 된다. 己巳日雨, 立止;

⑦ 경오일에 비가 내리면 신미일에 그치게 된다. 庚午日雨, 辛未日止;

⑧ 신미일에 비가 내리면 무인일에 그치게 된다. 辛未日雨, 戊寅日止;

⑨ 임신일에 비가 내리면 당일에 그치게 된다. 壬申日雨, 卽日止;

⑩ 계유일에 비가 내리면 갑술일에 그치게 된다. 癸酉日雨, 甲戌日止;

⑪ 갑술일에 비가 내리면 즉시 그치게 된다. 甲戌日雨, 卽時止;

⑫ 을해일에 비가 내리면 당일에 그치게 된다. 乙亥日雨, 卽日止;

⑬ 병자일에 비가 내리면 신사일에 그치게 된다. 丙子日雨, 辛巳日止;

⑭ 정축일에 비가 내리면 당일 저녁에 그치게 된다. 丁丑日雨, 夕止;

⑮ 무인일에 비가 내리면 즉시 그치게 된다. 戊寅日雨, 卽時止;

⑯ 기묘일에 비가 내리면 바로 그치게 된다. 己卯日雨, 立止;

⑰ 경진일에 비가 내리면 즉시 그치게 된다. 庚辰日雨, 卽止;

⑱ 신사일에 비가 내리면 계미일에 그치게 된다.[29] 辛巳日雨, 癸未日止;

⑲ 계미일에 비가 내리면 갑신일에 그치게 된다. 癸未日雨, 甲申日止;

⑳ 갑신일에 비가 내리면 즉시 그치게 된다. 甲申日雨, 卽止;

---

29 이 뒤에 임오(壬午)일이 빠져 있다.

㉑ 을유일에 비가 내리면 병술일에 그치게 된다. 乙酉日雨, 丙戌日止;

㉒ 병술일에 비가 내리면 당일 저녁에 그치게 된다. 丙戌日雨, 夕止;

㉓ 정해일에 비가 내리면 즉시 그치게 된다. 丁亥日雨, 卽止;

㉔ 무자일에 비가 내리면 경인일에 그치게 된다. 戊子日雨, 庚寅日止;

㉕ 기축일에 비가 내리면 임진일에 그치게 된다. 己丑日雨, 壬辰日止;

㉖ 경인일에 비가 내리면 즉시 그치게 된다. 庚寅日雨, 卽止;

㉗ 신묘일에 비가 내리면 당일에 그치게 된다. 辛卯日雨, 卽日止;

㉘ 임진일에 비가 내리면 신축일에 그치게 된다. 壬辰日雨, 辛丑日止;

㉙ 계사일에 비가 내리면 당일 저녁에 그치게 된다. 癸巳日雨, 夕止;

㉚ 갑오일에 비가 내리면 당일에 그치게 된다. 甲午日雨, 卽日止;

㉛ 을미일에 비가 내리면 정유일에 그치게 된다. 乙未日雨, 丁酉日止;

㉜ 병신일에 비가 내리면 기해일에 그치게 된다.[30] 丙申日雨, 己亥日止;

㉝ 무술일에 비가 내리면 신축일에 그치게 된다. 戊戌日雨, 辛丑日止;

㉞ 기해일에 비가 내리면 즉시 그치게 된다. 己亥日雨, 卽時止;

㉟ 경자일에 비가 내리면 갑진일에 그치게 된다. 庚子日雨, 甲辰日止;

㊱ 신축일에 비가 내리면 임인일에 그치게 된다. 辛丑日雨, 壬寅日止;

㊲ 임인일에 비가 내리면 즉시 그치게 된다.[31] 壬寅日雨, 卽止;

㊳ 갑진일에 비가 내리면 즉시 그치게 된다. 甲辰日雨, 卽時止;

㊴ 을사일에 비가 내리면 병오일에 그치게 된다. 乙巳日雨, 丙午日止;

㊵ 병오일에 비가 내리면 즉시 그치게 된다. 丙午日雨, 卽時止;

㊶ 정미일에 비가 내리면 즉시 그치게 된다. 丁未日雨, 卽止;

㊷ 무신일에 비가 내리면 경술일에 그치게 된다. 戊申日雨, 庚戌日止;

30 이 뒤에 정유(丁酉)일이 빠져 있다.

31 이 뒤에 계묘(癸卯)일이 빠져 있다.

㊸ 기유일에 비가 내리면 신해일에 그치게 된다.	己酉日雨, 辛亥日止;
㊹ 경술일에 비가 내리면 즉시 그치게 된다.	庚戌日雨, 卽時止;
㊺ 신해일에 비가 내리며 계축일에 그치게 된다.	辛亥日雨, 癸丑日止;
㊻ 임자일에 비가 내리면 계축일에 그치게 된다.	壬子日雨, 癸丑日止;
㊼ 계축일에 비가 내리면 즉시 그치게 된다.	癸丑日雨, 卽時止;
㊽ 갑인일에 비가 내리면 즉시 그치게 된다.	甲寅日雨, 卽時止;
㊾ 을묘일에 비가 내리면 병진일에 그치게 된다.	乙卯日雨, 丙辰日止;
㊿ 병진일에 비가 내리면 정사일에 그치게 된다.	丙辰日雨, 丁巳日止;
51 정사일에 비가 내리면 즉시 그치게 된다.	丁巳日雨, 卽時止;
52 무오일에 비가 내리면 즉시 그치게 된다.	戊午日雨, 卽時止;
53 기미일에 비가 내리면 즉시 그치게 된다.	己未日雨, 卽時止;
54 경신일에 비가 내리면 갑자일에 그치게 된다.	庚申日雨, 甲子日止;
55 신유일에 비가 내리면 즉시 그치게 된다.	辛酉日雨, 卽時止;
56 임술일에 비가 내리면 즉시 그치게 된다.	壬戌日雨, 卽時止;
57 계해일에 비가 내리면 즉시 그치게 된다. 《무비지》[32]	癸亥日雨, 卽時止. 《武備志》

① 간지에 자(子)가 든 날에 비가 내리면 바로 그친다. 그치지 않으면 인(寅)이 든 날에 그치게 된다.	子日雨, 立止; 不止, 寅日止;
② 축(丑)이 든 날에 비가 내리면 인(寅)이 든 날에 그친다. 그치지 않으면 묘(卯)가 든 날에 그치게 된다.	丑日雨, 寅日止; 不止, 卯日止;
③ 인(寅)이 든 날에 비가 내리면 바로 그친다.그치지 않으면 묘(卯)가 든 날에 그치게 된다.	寅日雨, 立止; 不止, 卯日止;
④ 묘(卯)가 든 날에 비가 내리면 비는 바로 그친	卯日雨, 立止; 不止, 巳日

32 《武備志》 卷167 〈占度載〉 "占雨霽", 6822~6824쪽.

다. 그치지 않으면 사(巳)가 든 날에 그치게 된다.	止;
⑤ 진(辰)이 든 날에 비가 내리면 바로 그친다. 그치지 않으면 술(戌)이 든 날에 그치게 된다.	辰日雨, 立止; 不止, 戌日止;
⑥ 사(巳)가 든 날에 비가 내리면 미(未)가 든 날에 그친다. 그치지 않으면 신(申)이 든 날에 그치게 된다.	巳日雨, 未日止; 不止, 申日止;
⑦ 오(午)가 든 날에 비가 내리면 바로 그친다. 그치지 않으면 10일간 흐리게 된다.	午日雨, 立止; 不止, 則十日陰.
⑧ 미(未)가 든 날에 비가 내리면 신(申)이 든 날에 그친다. 그치지 않으면 술(戌)이 든 날에 그치게 된다.	未日雨, 申日止; 不止, 戌日止;
⑨ 신(申)이 든 날에 비가 내리면 저녁에 그치고, 해가 뜬다. 그치지 않으면 오래 흐리게 된다.	申日雨, 夕止, 見日; 不止, 久陰.
⑩ 유(酉)가 든 날에 비가 내리면 바로 그친다. 그치지 않으면 오래 흐리게 된다.	酉日雨, 立止; 不止, 久陰;
⑪ 술(戌)이 든 날에 비가 내리면 바로 그친다. 그치지 않으면 오래 비가 오게 된다.	戌日雨, 立止; 不止, 久雨;
⑫ 해(亥)가 든 날에 비가 내리면 바로 그친다. 그치지 않으면 오래 흐리게 된다.	亥日雨, 立止; 不止, 久陰.
이상이 그 대략이다. 《무비지》[33]	此其大槩也. 同上

① 자가 든 날에 동풍이 불면 묘가 든 날에 비가 내리게 된다.	子日東風, 卯日雨;
② 축이 든 날에 동풍이 불면 진이 든 날일에 비가 내리게 된다.	丑日東風, 辰日雨;

33 《武備志》卷167〈占度載〉"占雨雹", 6824~6825쪽.

③ 인이 든 날에 동풍이 불면 사가 든 날에 비가 내리게 된다.

寅日東風, 巳日雨;

④ 묘가 든 날에 동풍이 불면 오가 든 날에 비가 내리게 된다.

卯日東風, 午日雨;

⑤ 진이 든 날에 동풍이 불면 미가 든 날에 비가 내리게 된다.

辰日東風, 未日雨;

⑥ 사가 든 날에 동풍이 불면 신이 든 날에 비가 내리게 된다.

巳日東風, 申日雨;

⑦ 오가 든 날에 동풍이 불면 당일에 비가 내리게 된다.

午日東風, 卽日雨;

⑧ 미가 든 날에 동풍이 불면 신이 든 날에 비가 내리게 된다.

未日東風, 申日雨;

⑨ 신이 든 날에 동풍이 불면 자가 든 날에 비가 내리게 된다.

申日東風, 子日雨;

⑩ 유가 든 날에 동풍이 불면 축이 든 날에 비가 내리게 된다.

酉日東風, 丑日雨;

⑪ 술이 든 날에 동풍이 불면 인이 든 날에 비가 내리게 된다.

戌日東風, 寅日雨;

⑫ 해가 든 날에 동풍이 불면 진이 든 날에 비가 내리게 된다. 《무비지》[34]

亥日東風, 辰日雨. 同上

갑(甲)이 든 날에 큰바람이 불면 병(丙)·정(丁)이 든 날에 반드시 비가 내리게 된다. 《무비지》[35]

甲日大風, 丙、丁必雨. 同上

34 《武備志》 卷167 〈占度載〉 "占雨雹", 6821~6822쪽.

35 《武備志》 卷165 〈占度載〉 "占風" 1, 6714쪽.

4) 28수가 배당된 날짜의 날씨 列宿直日

천지의 오묘한 운용 알기 어려우나,	天地妙用不難知,
비·바람·흐림·맑음은 한 기미만으로 아네.	風雨、陰晴只一機.
28수[四七] 해당하는 하늘의 별들은 해 따라 움직이니,	四七天禽隨日動,
밝은 빛깔 미루어 보면 오묘한 이치 깨닫기 쉽네.	推明容易達玄微.
각(角)수라는 목(木)에 속하는 교룡이 항(亢)수라는 금(金, 금성)에 속하는 용과 겨루면,	角木蛟兮亢金龍,
질풍 불고 폭우 창공에 쏟아지네.	疾風暴雨落長空.
맑아지려 할 때 수(水)일[36]에 들면[遇水] 많은 바람 불고【우수(遇水)는 바로 수일을 만난다는 뜻이다】,	將晴遇水多風勢【便値水日】,
진(辰)이 든 날[入廟]이 봄날이면 큰바람 불고 비가 내리네【입묘(入廟)는 진(辰)이 든 날을 가리킨다】.	入廟逢春, 大風雨【入廟指辰日[6]】.
저(氐)수와 방(房)수가 해(亥)·자(子)가 든 날[入廟]에 들면 여름에는 맑은 날 많고【입묘(入廟)는 해·자가 든 날을 가리킨다】,	氐、房入廟夏多晴【入廟指亥、子日】,
만약 봄철에 들면 반드시 비 쏟아지네.	若遇春時定雨傾.
끝내 사방 각지에 천둥 치면서 비 내리고,	終到江湖雷送雨,
그렇지 않거든 구름과 안개가 천정(天庭)수를 가리네.	不然雲霧塞天庭.
기(箕)·심(心)수가 여름이나 봄의 날짜에 들면 맑은 날 없고,	箕、心夏春無晴色,
미수(尾宿) 인(寅)이 든 날에 들면 비바람 많네.	尾宿逢寅風雨多.

36 수(水)일 : 오행상 수(水)에 배당된 날의 지지가 진(辰)인 경우. 예컨대 역서 상에서 그 날의 간지가 병진(丙辰)이고 이날의 오행 배당이 수(水)인 경우를 말한다.

[6] 《重訂增補陶朱公致富奇書·占候部·風雨歌》에는 "月".

기(箕)수가 묘궁(廟宮)에 들 때 초하루나 보름 만나면, 箕到廟宮逢朔望,

반드시 장맛비 내려 기세가 물 범람케 하네【또한 반드시 축(丑)·(寅)이 든 날이어도 그러하다】.[37] 須敎霖雨勢滂沱【亦須丑、寅日則然】.

두(斗)수[38]와 우(牛)수 두 별자리 맑은 날 많이 주관하므로, 斗、牛二宿多主[7]晴,

구하(九夏, 여름철)에는 빗소리 적어짐을 알겠네. 九夏須知少雨聲.

해가 묘궁으로 들어가고 축(丑) 든 날 만나면, 日入廟宮逢丑日,

진(辰)·신(申)·해(亥)·자(子) 든 날에는 물 넘실넘실 가득하네. 辰、申、亥、子水盈盈.

여(女)수 물 불어남 좋아해서 성취함 많으니, 女星好滋多成就,

저녁비 아침구름 변화무쌍 자세히 보겠네. 暮雨朝雲仔細看.

해(亥)·자(子) 든 날에 해당하는 궁은 물에 속하는 북쪽이라, 亥、子日宮逢屬水,

여름과 봄 대부분 흐리고 춥게 되네. 夏春多是作陰寒.

위(危)성이 해(亥)·자(子) 든 날에 들면 광풍 이르고, 危星亥子狂風至,

진(辰) 든 날에 들어도 광풍 부네. 辰日相逢亦有之.

갑신(甲申)·무자(戊子)일 및 기유(己酉)일과 함께, 甲申、戊子幷己酉,

묘(卯)·진(辰) 든 날에 들면 천둥 치고 비 내려 천시에 응하네. 卯、辰雷雨應天時.

날짜에 실(室)·벽(壁)수가 배당되면 많이 흐리고 비가 내리고,[39] 日逢室、壁多陰雨,

가을의 날짜에 규(奎)수가, 여름의 날짜에 성(星) 秋夏奎、星偏喜晴.

---

37 이상이 동방7수에 관한 내용이다.

38 두(斗)수 : 이 때의 두(斗)는 남두(南斗), 즉 북방7수 가운데 첫 번째 별자리인 두수(斗宿)이다.

39 동방7수를 다룬 부분 이후부터 여기까지가 북방7수에 관한 내용이다.

[7] 主 : 저본에는 "生". 고대본·《重訂增補陶朱公致富奇書·占候部·風雨歌》에 근거하여 수정.

수가 들면 맑은 날 지나치게 많네.

먼저 큰바람 만나고 세찬 비 동반할 때, 先遇大風兼疾雨,

2~3일간 지속되며 또 구름 끼고 후끈하게 되네. 三朝兩日又雲蒸.

누(婁)성이 들면 홍수 나지만 구름장은 없고, 婁星大水無雲翳,

규(奎)수가 목(木)일[40]과 서로 만나면 주로 흐리기만 하네. 奎木相逢只主陰.

수(水)일이 진(辰) 든 날에 들면 비 약간 내리고, 水入于辰微有雨,

끝내 반드시 맑고 쾌청해지니 천금 값어치의 날씨라네. 終須晴快値千金.

위(胃)·묘(昴)수가 28수의 궤도에서, 胃、昴之星二八輪,

바로 본명(本命)일[41]【미(未)가 든 날이다】과 만나 直衝[8]本命【未日也】天作

《사기》〈천관서〉를 따라서 동·남·서·북의 순서로 배열한 분야와 28수

방위	10천간	12지지	분야	28수
동(東)	갑(甲)·을(乙)	인(寅)	연(燕)	미(尾)·기(箕)
		묘(卯)	송(宋)	방(房)·심(心)
		진(辰)	정(鄭)	각(角)·항(亢)·저(氐)
남(南)	병(丙)·정(丁)	사(巳)	초(楚)	익(翼)·진(軫)
		오(午)	주(周)	성(星)·장(張)·정(井)
		미(未)	진(秦)	귀(鬼)·유(柳)
서(西)	경(庚)·신(辛)	신(申)	진(晉)	자(觜)·삼(參)
		유(酉)	조(趙)	묘(昴)·필(畢)
		술(戌)	노(魯)	규(奎)·누(婁)·위(胃)
북(北)	임(壬)·계(癸)	해(亥)	위(衛)	실(室)·벽(壁)
		자(子)	제(齊)	허(虛)·위(危)·두(斗)
		축(丑)	오(吳)	우(牛)·여(女)

40 목(木)일: 역서(달력) 위쪽 날짜 난에 배당된 오행이 목인 날. 즉 60간지를 분류하여 오행에 배당하고, 역서 위에다 이틀씩 같은 오행을 배당하였다.

41 본명(本命)일: 어떤 사람의 생일과 간지가 서로 같은 날. 어떤 사물의 날로 지정된 경우에도 '본명'이라는 표현을 썼다. 이 별들이 지평선 아래에서 막 뜨는 날을 가리키는 것으로 보인다. 이 날이 미일인 경우이다.

[8] 衝: 저본에는 "衡". 고대본·《重訂增補陶朱公致富奇書·占候部·風雨歌》에 근거하여 수정.

면, 하늘에 구름 일어나네.	雲.
감(坎, 북방, 물)에 해당하는 진(辰)이 든 날을 만나지 않으면 바람과 비 적고,	不遇坎辰風雨少,
사(巳)·오(午)·미(未)·병(丙)·정(丁)일[南方]이 서로 만나면 날씨 역시 타오르는 듯하네【남방(南方)은 사·오·미·병·정이 든 날이다】.	南方相遇亦如焚【南方, 指巳、午、未、丙、丁日】.
필(畢)·자(觜)수는 범상하지 않아서	畢、觜之宿不尋常,
미(未)일에 들면[入廟]에 큰비 세차게 내리네.	入廟之時大雨雱.
여름날 해(亥)일[江河]에 들면 큰 바다 이루고,	夏日江河成巨海,
삼(參)성과 만나면 비 다시 오래 내리네【입묘(入廟)일은 미(未)일을 가리킨다. 강하(江河)는 해(亥)일을 가리킨다】.[42]	接到參星雨更長【入廟, 指未日. 江河, 指亥日】.
정(井)·귀(鬼)수는 주로 해를 좋아하고,	井、鬼之宿喜日頭,
미(未)일[入廟]의 때에 들어도 걱정되지 않네【입묘(入廟)는 미(未)일을 가리킨다】.	入廟之時亦不憂【入廟, 指未日】.
날씨 맑은 날 많고 바람 역시 적으니,	天色多晴風亦少,
비록 흐리고 비온들 무얼 근심하리오.	總然陰雨也何愁.
유(柳)·성(星)수 뜨면 농사일 할 때 절대 조심해야 하니,	柳、星當事切須忌,
광풍 종일 불게 됨을 알기 때문이네.	知有狂風終日吹.
연일 흐리면서 그날 비 내리고,	連日天陰其日雨,
조각구름 천리 가득하여 해 뜨기 더디네.	片雲千里日遲遲.
장(張)수가 매우 밝으면 하늘 개지 않고,	張宿陽明天不開,
음기와 해 서로 만나 비 바로 내리네.	陰日相逢雨便來.
신(申)·자(子)·진(辰)궁은 똑같이 수(水)일이라,	申、子、辰宮同水日,

42 북방7수를 다룬 부분 이후부터 여기까지가 서방7수에 관한 내용이다.

비 쏟아져 반드시 온 대지 두루 적시네.	滂沱定是偏埏垓.
진(軫)·익(翼)수 서로 만나면 온통 밝아야 하지만	軫、翼相逢切要明,
다음날 많이 맑다가도 급변하여 소나기 쏟아지네.	翼日多晴軫雨傾.
별자리 앞쪽에 만약 구름과 비 지나갔으면	宿前若已經雲雨,
비 종일 흠뻑 내리고 밤에도 멈추지 않네.[43]	雨日淋漓夜不停.《二十八
〈28수풍우가(二十八宿風雨歌)[44]〉[45]	宿風雨歌》⑨

날짜에 각(角)수가 배당되면 광풍 일고,	日逢角宿狂風生,
항(亢)·저(氐)수가 드는 쪽에만 용신(龍神)이 폭우 내리다가 맑아지네.	亢、氐⑩偏龍暴雨晴.
방(房)·심(心)·미(尾)수가 들면 어둡게 안개 끼고,	房、心、尾宿冥冥霧,
기(箕)·두(斗)수가 들면 바람 불고 물결 일다가 어두워지면 잠잠해지네.	箕、斗風波昏宿沈.
우(牛)·여(女)수가 들면 먼저 맑고 그 뒤 풍랑 일고,	牛、女先晴後風浪,
허(虛)·위(危)수가 들면 해 어둡고 별이 빛 발하네.	虛、危日暗見光明.
실(室)·벽(壁)수 만나자마자 바람과 비 많다가,	纔逢室、壁⑪多風雨,
규(奎)·성(星)수로 교체하면 일기가 맑아지네.	交得奎、星天氣晴.
누(婁)·위(胃)수가 들면 바람과 비 일찍 일고,	婁、胃有風雨早起,
묘(昴)·필(畢)수가 들면 밝은 별빛 점점 분명해지네.	昴、畢陽光漸漸分.
자(觜)·삼(參)수가 들면 날씨 희미하게 흐리다가	觜、參颯颯揚揚下,

43 서방7를 다룬 부분 이후부터 여기까지가 남방7수에 관한 내용이다. 이후는 방위별로 기록되어 있지는 않다.

44 28수풍우가(二十八宿風雨歌): 28수의 별자리에 따라 바람 불고 비 내리는 현상을 노래한 가결. 《중정증보도주공치부기서(重訂增補陶朱公致富奇書)》 권4 〈점후주(占候部)〉의 표제어 중 하나이다.

45 《重訂增補陶朱公致富奇書》 卷4 〈占候部〉 "風雨歌"(《重訂增補陶朱公致富奇書》 中, 40~42쪽).

⑨ 《重訂增補陶朱公致富奇書》 卷4 〈占候部〉 "風雨歌"(《重訂增補陶朱公致富奇書》 中, 40~42쪽).

⑩ 氐: 저본에는 "低". 《重訂增補陶朱公致富奇書·占候部·續占二十八宿風雨歌》에 근거하여 수정.

⑪ 壁: 저본에는 "璧". 《重訂增補陶朱公致富奇書·占候部·續占二十八宿風雨歌》에 근거하여 수정.

환해지고,

정(井)·귀(鬼)수가 들면 흐릿흐릿하여 하늘색 어두워지네. 井、鬼陰陰天色昏.

유(柳)·성(星)수가 들면 저녁에 남은 노을 걷히고, 柳、星暮捲殘霞日,

장(張)·익(翼)수가 들면 구름 날아가고 땅에 바람 부네. 張、翼揚雲接地風.

진(軫)수가 들면 물난리와 센 바람에 막는 곳 많지만, 軫水飄風多阻隔,

민간인들은 선옹(仙翁, 신선) 볼 수 있다네. 〈속점28수풍우가(續占二十八宿風雨歌)[46]〉[47] 俗人看得是仙翁. 《續占二十八宿風雨歌》

4계절 28수 해당 분야의 점치는 법은 다음과 같다. 四季二十八宿分占法:

① 봄점: 春:

봄의 날짜에 각(角)수가 들면 낮에 맑다가 밤에 비가 내리게 된다. 角, 日晴夜雨來;

항(亢)수가 들면 바람이 일어나게 된다. 亢, 風起;

기(箕)·두(斗)·우(牛)·여(女)수가 들면 가랑비가 내리게 된다. 箕、斗、牛、女, 微雨;

허(虛)·위(危)수가 들면 바람이 일어났다가 밤에 맑게 된다. 虛、危, 風起夜晴;

실(室)·벽(壁)수가 들면 비가 많게 된다. 室、壁⑫, 多雨;

46 속점28수풍우가(續占二十八宿風雨歌): 28수풍우가(二十八宿風雨歌)에 이어 보충한 가결. 《중정증보도주공치부기서(重訂增補陶朱公致富奇書)》 권4 〈점후주(占候部)〉의 표제어 중 하나.

47 《重訂增補陶朱公致富奇書》 卷4 〈占候部〉 "續占二十八宿風雨歌"(《重訂增補陶朱公致富奇書》 中, 42~43쪽).

⑫ 壁: 저본에는 "璧". 고대본·《重訂增補陶朱公致富奇書·占候部·續占二十八宿風雨歌》에 근거하여 수정. 이하 3곳도 이와 같으나 교감주는 생략.

규(奎)·누(婁)가 들면 날이 맑게 된다.	奎、婁, 晴;
위(胃)수가 들면 비가 내리게 된다.	胃, 雨;
묘(昴)·필(畢)수가 들면 날이 맑게 된다.	昴、畢, 晴;
자(觜)·삼(參)수가 들면 바람이 불게 된다.	觜、參, 風;
정(井)수가 들면 바람이 불게 된다.	井, 風;
귀(鬼)수가 들면 날이 흐리게 된다.	鬼, 陰;
유(柳)·성(星)수가 들면 구름이 일게 된다.	柳、星, 雲起;
장(張)·익(翼)수가 들면 날이 뜨거워지게 된다.	張、翼, 熱;
진(軫)수가 들면 날이 흐리다가 밤에 비가 내리게 된다.	軫, 日陰夜雨.
② 여름점:	夏:
여름의 날짜에 각(角)·항(亢)수가 들면 날이 맑게 된다.	角、亢, 晴;
저(氐) 방(房)·심(心)·미(尾)수가 들면 비가 내리게 된다.	氐、房、心、尾, 雨;
기(箕)·두(斗)·우(牛)·여(女)수가 들면 날이 맑게 된다.	箕、斗、牛、女, 晴;
허(虛)·위(危)·실(室)·벽(壁)수가 들면 반쯤 맑게 된다.	虛、危、室、壁, 半晴;
규(奎)·누(婁)·위(胃)가 들면 비가 내리게 된다.	奎、婁、胃, 雨;
묘(昴)·필(畢)수가 들면 맑게 된다.	昴、畢, 晴;
자(觜)·삼(參)·정(井)수가 들면 가랑비가 내리게 된다.	觜、參、井, 微雨;
귀(鬼)·유(柳)수가 들면 큰비가 내리게 된다.	鬼[13]、柳, 大雨;

[13] 鬼 : 저본에는 "危". 《重訂增補陶朱公致富奇書·占候部·四季二十八宿分占》에 근거하여 수정.

그 나머지 경우는 모두 맑게 된다. 餘皆晴.

③ 가을점: 秋:

가을의 날짜에 각(角)·항(亢)수가 들면 큰비가 내리게 된다. 角, 亢, 大雨;

저(氐) 방(房)·심(心)·미(尾)·기(箕)·두(斗)·우(牛)·여(女)수가 들면 가랑비가 내리게 된다. 氐、房、心、尾、箕、斗、牛、女, 微雨;

허(虛)·위(危)·실(室)·벽(壁)수가 들면 날이 맑게 된다. 虛、危、室、壁, 晴;

규(奎)·누(婁)·위(胃)·묘(昴)수가 들면 비가 내리게 된다. 奎、婁、胃、昴, 雨;

필(畢)·자(觜)·삼(參)·정(井)수가 들면 반은 흐리다가 반은 비가 내리게 된다. 畢、觜、參、井, 半陰半雨;

귀(鬼)·유(柳)수가 들면 구름이 끼게 된다. 鬼、柳, 陰雲;

성(星)·장(張)·익(翼)·진(軫)수가 들면 날이 맑게 된다. 星、張、翼、軫, 晴.

④ 겨울점: 冬:

겨울의 날씨에 각(角)·항(亢)수가 들면 맑게 된다. 角、亢, 晴;

저(氐) 방(房)·심(心)·미(尾)수가 들면 비가 내리게 된다. 氐、房、心、尾, 雨;

기(箕)·두(斗)·우(牛)·여(女)수가 들면 따뜻하게 된다. 箕、斗、牛、女, 暖;

허(虛)·위(危)·실(室)·벽(壁)수가 들면 흐리게 된다. 虛、危、室、壁, 陰;

규(奎)수가 들면 큰비가 내리게 된다. 奎, 大雨;

누(婁)·위(胃)·묘(昴)·필(畢)·자(觜)수가 들면 모두 반쯤 맑게 된다. 婁、胃、昴、畢、觜, 俱半晴;

자(觜)·삼(參)·정(井)수가 들면 비가 내리거나 흐리게 된다.

觜、參、井, 有雨, 或陰;

귀(鬼)·유(柳)·성(星)·장(張)수가 들면 맑게 된다.

鬼、柳、星、張, 晴;

익(翼)·진(軫)수가 들면 흐리고 대지가 꽁꽁 얼게 된다. 《증보도주공서》[48]

翼、軫, 陰凍. 《增補陶朱公書》

48 《重訂增補陶朱公致富奇書》 卷4 〈占候部〉 "四季二十八宿分占" '四季二十八宿分占'(《重訂增補陶朱公致富奇書》 中, 42쪽).

5) 학신(鶴神)[49]

鶴神

학신은 기유(己酉)일에 동북쪽 지역에 내려온다. 을묘(乙卯)일에 정동쪽으로 옮겨 간다.

己酉日下地東北方, 乙卯轉正東,

경신(庚申)일에 동남쪽으로 옮겨 간다.

庚申轉東南,

병인(丙寅)일에 정남쪽으로 옮겨 간다.

丙寅轉正南,

신미(辛未)일에 서남쪽으로 옮겨 간다.

辛未轉西南,

정축(丁丑)일에 정서쪽으로 옮겨 간다.

丁丑轉正西,

임오(壬午)일에 서북쪽으로 옮겨 간다.

壬午轉西北,

무자(戊子)일에 정북쪽으로 옮겨 간다.

戊子轉正北.

계사(癸巳)일에 하늘로 올라가서 천상의 북쪽에 있다.

癸巳上天, 在天上之北.

무술(戊戌)일에 천상의 남쪽으로 옮겨 간다.

戊戌日轉天上之南,

갑진(甲辰)일에 천상의 동쪽으로 옮겨 간다.

甲辰轉天上之東,

기유(己酉)일에 다시 땅으로 내려가서 주유하고 시작했던 곳으로 돌아온다.

己酉復下, 周而復始.

이를 요약하면 "계사일이 되자마자 하늘로 올라갔다가 기유일에 돌아와 동북쪽에 머문다."라는 말이다.

括云: "纔逢癸巳, 上天堂, 己[14]酉還, 居東北方."

학신이 하늘로 올라가거나 땅으로 내려오는 날 맑으면 주로 오래 맑게 된다.

上天下地之日晴, 主久晴;

비가 내리면 주로 오래 비가 내리게 된다.

雨, 主久雨.

옮겨 가는 방향에 따라 맑거나 비 내리는 날씨의 정도가 조금씩 가벼워진다. 하지만 큰 가뭄이 든 해

轉方稍輕, 若大旱年, 雖轉方天, 竝不作變.

---

49 학신(鶴神) : 태세(太歲, 태음)의 사자로, 흉살을 맡은 흉신(凶神). 학신은 시간을 따라 사방을 순유(巡遊)하는데, 학신이 천궁(天宮)에 있으면 무슨 일을 해도 무방하지만, 학신이 가는 지역에는 반드시 재앙이 따른다고 한다.

[14] 己 : 《田家五行·三旬類·論鶴神》에는 "乙".

라면 비록 학신이 하늘이나 땅으로 크게 옮겨 가더라도 모두 변고를 일으키지는 않는다.

속담에 "흉년에 육친(六親)[50] 없어지고, 가뭄 든 해에 학신 없어진다."라 했다. 《전가오행》[51]

諺云: "荒年無六親, 旱年無鶴神."《田家五行》

위선지 권제4 끝

魏鮮志卷第四

50 육친(六親): 점괘(占卦) 용어로, 부모(父母)·형제(兄弟)·처재(妻財)·자손(子孫)·관귀(官鬼)·세응(世應)의 6가지이거나, 부모·형제·처자를 말한다.

51 《田家五行》卷下〈三旬類〉"論鶴神"(《續修四庫全書》975, 345쪽).

《위선지》 참고문헌 서목

위선지 원전

《林園經濟志 魏鮮志》, 徐有榘 著(오사카 나카노시마부립도서관 韓9-64)

《林園經濟志 魏鮮志》, 徐有榘 著(서울대 규장각한국학연구원 奎6565- v.14)

《林園經濟志 魏鮮志》, 徐有榘 著(고려대학교 도서관 한적실 E1 A34 16~17)

경서류

《孔子家語》, 魏 王肅 註(《文淵閣四庫全書》 695, 臺灣商務印書館, 1983)

《大戴禮記》, 北周 盧辯 注(《文淵閣四庫全書》 128, 臺灣商務印書館, 1983)

《毛詩正義》, 毛享 傳, 鄭玄 箋, 孔穎達 疏(《十三經注疏整理本》 4~6, 北京大學出版社, 2000)

《尙書正義》, 孔安國 傳, 孔穎達 疏(《十三經注疏整理本》 2~3, 北京大學出版社, 2000)

《易緯通卦驗》, 저자 미상(《文淵閣四庫全書》 53, 臺灣商務印書館, 1983)

《禮記正義》, 鄭玄 注, 孔穎達 疏(《十三經注疏整理本》 12-15, 北京大學出版社, 2000)

《爾雅注疏》, 郭璞 注, 邢昺 疏(《 十三經注疏整理本》 24, 北京大學出版社, 2000)

《周易正義》, 王弼 注, 孔穎達 疏(《十三經注疏整理本》 1, 北京大學出版社, 2000)

《春秋左傳正義》, 左丘明 傳, 杜預 注, 孔穎達 正義(《十三經注疏整理本》 16·19, 北京大學出版社, 2000)

사서류

《史記》, 司馬遷 撰(中華書局, 1959)

《史記索隱》, 司馬貞 撰(《文淵閣四庫全書》 246, 臺灣商務印書館, 1983)

《史記正義》, 張守節 撰(《文淵閣四庫全書》 247, 臺灣商務印書館, 1983)

《史記集解》, 裴駰 撰(《文淵閣四庫全書》 245, 臺灣商務印書館, 1983)

《宋史》, 脫脫 等 撰(《文淵閣四庫全書》 281, 臺灣商務印書館, 1983)

《隋書》, 長孫無忌·魏徵 等 撰(《文淵閣四庫全書》 264, 臺灣商務印書館, 1983)

《晉書》, 房玄齡等 撰(中華書局, 1997)

《漢書》, 班固 撰(中華書局, 1962)

《後漢書》, 范曄 撰(中華書局, 1962)

제자류

《管子》, 管仲 撰(《管子校釋》, 嶽麓書社, 1996)

《管子》, 管仲 撰(《管子校注》, 中華書局, 2004)

《孫子十家註》, 孫武 著, 曹操 等注(《諸子集成》 6, 上海書店, 1986).

《呂氏春秋》, 呂不韋 編(《呂氏春秋新校釋》, 上海古籍出版社, 2002)

《淮南子》, 劉安 撰(《淮南子集釋》, 中華書局, 1998)

《淮南鴻烈解》, 劉安 撰(《中華道藏》 24, 華夏出版社, 2004)

자전과 운서류

《廣雅》, 張揖 撰(《叢書集成初編》 1160, 商務印書館, 1936)

《博雅》, 張揖 撰(《叢書集成初編》 1160, 商務印書館, 1936)

《說文解字注》, 許愼 撰, 段玉裁 注(上海古籍出版社, 1988)

《玉篇》, 梁 顧野王 撰, 宋 陳彭年 等奉敕重修(《文淵閣四庫全書》 224, 臺灣商務印書館, 1983)

문집류

《唐詩品彙》, 明 高棅 撰(《文淵閣四庫全書》 1371, 臺灣商務印書館, 1983)

《東坡詩集註》, 宋 王十朋 撰(《文淵閣四庫全書》, 1109, 臺灣商務印書館, 1983)

《東坡全集》, 蘇軾 撰(《文淵閣四庫全書》 1107, 臺灣商務印書館, 1983)

《晩悔集》, 權得己 著(한국고전종합DB)

《三體唐詩》, 宋 周弼 輯, 淸 高士奇 注(《文淵閣四庫全書》 1358, 臺灣商務印書館, 1983)

《升菴集》, 後漢 王充 撰(《文淵閣四庫全書》 1270, 臺灣商務印書館, 1983)

《鐵圍山叢談》, 蔡絛 撰(《文淵閣四庫全書》 1037, 臺灣商務印書館, 1983)

유서류

《居家必用事類全集》, 저자 미상(《續修四庫全書》 1184, 上海古籍出版社, 1995)

《文獻通考》, 馬端臨 撰(《文淵閣四庫全書》 615, 臺灣商務印書館, 1983)

《三才圖會》, 王圻 著, 王思義 編集(上海古籍出版社, 1988)

《說郛》, 明 陶宗儀 輯(《文淵閣四庫全書》 877·879·882, 臺灣商務印書館, 1983)

《御定佩文廣羣芳譜》, 汪灝 等(《文淵閣四庫全書》 845, 臺灣商務印書館, 1983)

《五禮通考》, 秦蕙田 撰(《文淵閣四庫全書》 139, 臺灣商務印書館, 1983)

《酉陽雜俎》, 段成式 撰(《叢書集成初編》 276, 臺灣商務印書館, 1936)

《遵生八牋校注》, 高濂 撰, 趙立勛 等 校注(人民衛生出版社, 1994)

《通志》, 鄭樵 撰(《文淵閣四庫全書》 373, 臺灣商務印書館, 1983)

《和漢三才圖會》, 寺島良安 撰(《倭漢三才圖會》, 국학자료원, 2002)

《欽定授時通考》, 鄂爾泰·張廷玉 等 撰(《文淵閣四庫全書》 732, 臺灣商務印書館, 1983)

《欽定協紀辨方書》, 淸乾隆四年 敕撰(《文淵閣四庫全書》 811, 臺灣商務印書館, 1983)

그 외 원전

《嘉定縣志》(하버드대 옌칭도서관)

《祛疑說》, 宋 儲泳 撰(《文淵閣四庫全書》 865, 臺灣商務印書館, 1983)

《癸辛雜志》, 周密 撰(《文淵閣四庫全書》 1040, 臺灣商務印書館, 1983)

《古今諺》, 明 楊愼 撰(《叢書集成初編》 2889, 商務印書館, 1936)

《古微書》, 孫瑴 編(《文淵閣四庫全書》 194, 臺灣商務印書館, 1983)

《管窺輯要》, 黃鼎 編, 范文程 鑑訂(일본국립공문서관)

《禽經》, 晉 張華 注(《文淵閣四庫全書》 847, 臺灣商務印書館, 1983)

《金華耕讀記》, 徐有榘 著(東京都立日比谷圖書館본)

《紀歷撮要》, 鹿門老人 撰(《續修四庫全書》 975, 上海古籍出版社, 2002)

《論衡》, 漢 王充 撰(《文淵閣四庫全書》 862, 臺灣商務印書館, 1983)

《農事直說》, 鄭招·卞孝文 외(《農書》 1, 아세아문화사, 1981)

《農政全書》, 徐光啓 著(《農政全書校注》, 上海古籍出版社, 1979)

《談苑》, 孔平仲 撰(《文淵閣四庫全書》 1037, 臺灣商務印書館, 1983)

《唐開元占經》, 瞿曇悉達 編(《文淵閣四庫全書》 807, 臺灣商務印書館, 1983)

《唐會要》(《文淵閣四庫全書》 606, 臺灣商務印書館, 1983)

《圖書編》, 明 章潢 撰(《文淵閣四庫全書》 970, 臺灣商務印書館, 1983)

《東國歲時記·列陽歲時記·京都雜志·東京雜記》, 홍석모·김매순·유득공·민주면(대양서적, 1975)

《東方朔探春歷記》(《續修四庫全書》 975, 上海古籍出版社, 2002)

《夢溪筆談》, 沈括 著(《新校正夢溪筆談》, 中華書局, 1987)

《武備志》, 茅元儀 輯(華世出版社, 1984)

《步天歌》, 관상감 편(국립중앙도서관, 한古朝66-81)

《山堂肆考》, 明 彭大翼 撰(《文淵閣四庫全書》 974, 臺灣商務印書館, 1983)

《山林經濟》, 洪萬選(《農書》 2, 아세아문화사, 1981)

《相雨書》, 唐 黃子發 撰(《叢書集成初編》 714, 商務印書館, 1939)

《星經》, 石申 著(국립중앙도서관, UCI G701:B-00047978309)

《素問入式運氣論奧》, 劉溫舒 撰(《文淵閣四庫全書》 738, 臺灣商務印書館, 1983)
《續博物志》, 李石 撰(《文淵閣四庫全書》 1047, 臺灣商務印書館, 1983)
《岳陽風土記》(《文淵閣四庫全書》 589, 臺灣商務印書館, 1983)
《於于野談》, 柳夢寅 著(돌베게, 2006)
《御定淵鑑類函》, 淸 聖祖玄燁 定(《文淵閣四庫全書》 982, 臺灣商務印書館, 1983)
《御定月令輯要》(《文淵閣四庫全書》 467, 臺灣商務印書館, 1983)
《御定佩文齋廣群芳譜》, 汪灝 等撰(《文淵閣四庫全書》 845, 商務印書館, 1983)
《硏北雜志》, 陸友 撰(《文淵閣四庫全書》 866, 臺灣商務印書館, 1983)
《鹽鐵論》, 漢 桓寬 撰, 明 張之象 注(《文淵閣四庫全書》 695, 臺灣商務印書館, 1983)
《靈臺秘苑》, 王安禮 撰(《文淵閣四庫全書》 807, 臺灣商務印書館, 1983)
《玉芝堂談薈》, 徐應秋 撰(《文淵閣四庫全書》 883, 臺灣商務印書館, 1983)
《王禎農書》, 王禎(農業出版社, 1981)
《雨航雜録》, 明 馮時可 撰(《文淵閣四庫全書》 867, 臺灣商務印書館, 1983)
《越絕書》, 袁康·吳平 撰(《文淵閣四庫全書》 463, 臺灣商務印書館, 1983)
《乙巳占》, 唐 李淳風 撰(《叢書集成初編》 711, 商務印書館, 1936)
《二如亭群芳譜》, 王象晉 撰(《四庫全書存目叢書補編》 80, 齊魯書社出版, 1995)
《赤雅》, 鄺露 撰(《文淵閣四庫全書》 594, 臺灣商務印書館, 1983)
《田家五行》, 婁元禮 撰(《續修四庫全書》 975, 上海古籍出版社, 2002)
《田家五行拾遺》, 婁元禮 撰(《續修四庫全書》 975, 上海古籍出版社, 2002)
《鄭開陽雜著》, 鄭若曾 撰(《文淵閣四庫全書》 584, 商務印書館, 1983)
《帝王世紀》, 晉 皇甫謐 撰(《叢書集成初編》 3701, 商務印書館, 1936)
《齊民要術校釋》, 賈思勰 原著, 繆啓愉 校釋(中國農業出版社, 1998)
《朝野僉載》, 唐 張鷟 撰(《文淵閣四庫全書》 1035, 臺灣商務印書館, 1983)
《種樹書》, 郭橐駝 撰(《叢書集成初編》 1469, 商務印書館, 1936)
《增補陶朱公書》)(《重訂增補陶朱公致富奇書》, 일본국립국회도서관)
《天中記》, 陳耀文 撰(《文淵閣四庫全書》 965, 臺灣商務印書館, 1983)

《天文類抄》, 李純之 著(국립중앙도서관, UCI G701:B-00047978317)
《清異錄》, 陶穀 撰(《文淵閣四庫全書》 1047, 臺灣商務印書館, 1983)
《探春歷記》(《叢書集成初編》 711, 商務印書館, 1936)
《泰西水法》, 明 熊三拔 撰(《文淵閣四庫全書》 731, 臺灣商務印書館, 1983)
《便民圖纂》, 鄺璠 著, 石聲漢 康成懿 校注(農業出版社, 1982)
《避暑錄話》, 葉夢得 撰(《文淵閣四庫全書》 863, 臺灣商務印書館, 1983)
《杏蒲志》, 徐有榘 著(《農書》 36, 亞細亞文化社, 1986)
《後山叢談》, 宋 陳師道(《文淵閣四庫全書》 1037, 臺灣商務印書館, 1983)
《欽定協紀辨方書》, 允祿·梅穀成·何國棟 等 編(《文淵閣四庫全書》 811, 臺灣商務印書館, 1983)

의서류

《本草綱目》, 李時珍 著, 劉衡如 校(人民衛生出版社, 1982)
《林園經濟志 仁濟志》, 徐有榘 著(고대본·규장각본)
《醫宗金鑑》, 吳謙 等編, 鄭金生 整理(人民衛生出版社, 2006)
《黃帝內經素問語譯》, 郭靄春 主編(人民衛生出版社, 2013)

사전과 도감류

《관상감이 기록한 17세기 밤하늘》(기상청, 2013)
《東洋年表》, 李鉉淙 編著(탐구당, 1971)
《삼국사기·삼국유사로 본 기상·천문·지진기록》(기상청, 2011)
《天文: 하늘의 이치·땅의 이상》(국립민속박물관, 2004)
《천상열차분야지도(天象列次分野之圖)》(국립중앙도서관)
《한국민족문화대백과사전》, 한국정신문화연구원편찬부(한국정신문화연구원)
《漢語大詞典》, 羅竹風 主編, 漢語大詞典編輯委員會, 漢語大詞典編纂處 編纂(上海, 漢語大詞典出版社, 1990-93)

번역서

《관자》, 김필수·고대혁·장승구·신창호 옮김(소나무, 2006)

《금화경독기》, 서유구 저, 진재교 외 역(자연경실, 2019)

《몽계필담》 상·하, 심괄 지음, 최병규 옮김(범우사, 2002)

《시경》, 李家源·허경진 공찬(청아출판사, 1990)

《어우야담(於于野譚)》, 유몽인 지음, 신익철·이형대·조융희·노영미 옮김(돌베개, 2006)

《여씨춘추》, 呂不韋 編, 김근 역주(민음사, 1993)

《오행대의》 상·하, 蕭吉 지음, 김수길·윤상철 공역(대유학당, 1998)

《임원경제지 만학지(林園經濟志 晚學志)》 2, 풍석 서유구 지음, 임원경제연구소 옮김(풍석문화재단, 2023)

《임원경제지 본리지(林園經濟志 本利志)》 2, 서유구 지음, 정명현·김정기(소와당, 2008)

《임원경제지 이운지(林園經濟志 怡雲志)》 4, 풍석 서유구 지음, 임원경제연구소 옮김(풍석문화재단, 2019)

《임원경제지 전공지(林園經濟志 展功志)》 1, 2, 풍석 서유구 지음, 임원경제연구소 옮김(풍석문화재단, 2022)

《임원경제지 전어지(林園經濟志 佃漁志)》 2, 풍석 서유구 지음, 임원경제연구소 옮김(풍석문화재단, 2021)

《임원경제지 정조지(林園經濟志 鼎俎志)》 2, 풍석 서유구 지음, 임원경제연구소 옮김(풍석문화재단, 2020)

《천문류초》, 이순지 편, 김수길·윤상철 공역(대유학당, 1998)

《칠정산내편》 1·2, 한영호·이은희·강민정 역주(한국고전번역원, 2016)

《史記2 表序·書》, 사마천 지음, 丁範鎭 외 옮김(까치, 1996)

《禮記》 上·中·下, 이상옥 역저(명문당, 1985)

《中國の天文曆法》, 藪內清 著(平凡社, 1969)

《淮南子》, 李錫浩 옮김(세계사, 1992)

연구논저

《디지털 천상열차분야지도》, 양홍진 지음(경북대학교출판부, 2014)

《우리가 정말 알아야 할 우리 별자리》, 안상현 지음(현암사, 2000)

《임원경제지: 조선 최대의 실용 백과사전》, 서유구 지음, 정명현·민철기·정정기·전종욱 외 옮기고 씀(씨앗을 뿌리는 사람, 2012)

《주희의 자연철학》, 김영식 지음(예문서원, 2005)

《한국천문학사》, 전용훈 지음(들녘, 2017)

《宇宙變化의 原理》, 韓東錫 저(대원출판, 1966)

논문류

〈동양 六壬學과 서양 점성학의 비교연구〉, 강은순·임동호(동방대학교 대학원, 2014)

〈유배압송일기 「북정일기(北征日記)」 연구 – 유배인과 압송관의 갈등 전개 과정을 중심으로–〉, 조수미(영남대학교 인문과학연구소, 2020)

〈六壬 正斷에 있어 天將類神 活用에 관한 硏究〉, 김순나(金純那)(공주대학교 동양학 석사학위논문, 2018)

검색사이트

고려대학교 중앙도서관 http://library.korea.ac.kr/

Google(구글)https://www.google.com/

국립민속박물관 http://www.nfm.go.kr

국립중앙도서관 http://www.nl.go.kr/

국립중앙박물관 http://www.museum.go.kr/

NASA(나사) http://www.nasa.gov

NAVER(네이버) http://www.nave.com

百度(바이두) http://www.baidu.com

서울대학교 규장각 한국학연구원 http://kyujanggak.snu.ac.kr/

유튜브 http://www.youtube.com

異體字字典(中華民國教育部) http://dict.variants.moe.edu.tw/

픽사베이 https://pixabay.com/illustrations/

한국고전번역원 http://www.itkc.or.kr

한국민족문화대백과사전 https://encykorea.aks.ac.kr/

한국천문연구원 http://www.kasi.re.kr

한국한의학고전DB https://www.mediclassics.kr/

색인

주요용어

ㅂ

ㅊ

ㅍ

인명

지명

ㅈ

ㅊ

ㅌ

ㅍ

ㅎ

서명

번호

ㄱ

ㅂ

ㅅ

ㅇ

ㅈ

물명

ㅁ

ㅂ

ㅈ

ㅊ

ㅋ

저자 및 교정자 소개

저자

풍석(楓石) 서유구(徐有榘, 1764~1845)

본관은 달성(대구), 경기도 파주 장단이 고향이다. 조선 성리학의 대가로서 규장각 제학, 전라 관찰사, 수원 유수, 이조 판서, 호조 판서 등 고위 관직을 두루 역임했다. 그럼에도 서명응(조부)·서호수(부)·서형수(숙부)의 가학에 깊은 영향을 받아, 경학이나 경세학보다는 천문·수학·농학 등 실용학문에 심취했다. 그 결과 조선시대 최고의 실용백과사전이자 전통문화콘텐츠의 보고인 《임원경제지》 113권을 저술했다.

벼슬에서 물러나 있는 동안에는 고향인 임진강변 장단에서 술 빚고 부엌을 드나들며, 손수 농사짓고 물고기를 잡으면서 임원(林園)에서 사는 선비로서 가족을 건사하고 덕을 함양하는 데 필요한 전반적인 실용 지식을 집대성했다. 이를 위해 조선과 중국, 일본의 온갖 서적을 두루 섭렵하여 실생활에 필요한 각종 지식을 체계적으로 수집하는 한편, 몸소 체험하고 듣고 관찰한 내용을 16분야로 분류하여 엄밀하게 편찬 저술하기 시작했다.

서유구는 실현 가능한 개혁을 추구하는 조정의 최고위 관료였고, 농부이자 어부, 집 짓는 목수이자 원예가, 술의 장인이자 요리사, 악보를 채록하고 거문고를 타는 풍류 선비이자 전적과 골동품의 대가, 전국 시장과 물목을 꿰고 있는 가문 경영자이자 한의학과 농학의 대가였다.

전라 관찰사 재직 때에 호남 지방에 기근이 들자 굶주린 백성들을 위해 《종저보》를 지어 고구마 보급에 힘쓰기도 했던 서유구는, 당시 재야나 한직에 머물렀던 여느 학자들과는 달랐다. 그의 학문은 풍석학(楓石學), 임원경제학(林園經濟學)이라 규정할 만한 독창적인 세계를 제시했던 것이다.

늙어 벼슬에서 물러나 그동안 모으고 다듬고 덧붙인 엄청난 분량의 《임원경제지》를 완결한 그는 경기도 남양주 조안면에서 82세의 일기를 다했다. 시봉하던 시사(侍史)가 연주하는 거문고 소리를 들으며 운명했다고 한다

교정자

추담(秋潭) 서우보(徐宇輔, 1795~1827)

서유구의 아들로, 모친은 여산 송씨(宋氏, 1769~1799)이다. 자는 노경(魯卿), 호는 추담(秋潭)·옥란관(玉蘭觀)이다. 서유구가 벼슬에서 물러난 1806년부터 1823년에 회양부사로 관직에 복귀하기 전까지, 약 18년 동안 부친과 임원에서 함께 생활하며 농사짓고 물고기를 잡는 한편, 《임원경제지》의 원고 정리 및 교정을 맡았다. 요절했기 때문에 《임원경제지》 전 권을 교정할 수 없었지만, 서유구는 《임원경제지》 113권의 권두마다 "남(男) 우보(宇輔) 교(校)"라고 적어두어 그의 기여를 공식화했다. 시문집으로 《추담소고(秋潭小藁)》가 있다.

임원경제연구소

임원경제연구소는 고전 연구와 번역, 출판을 주요 목적으로 하는 사단법인이다. 문사철수(文史哲數)와 의농공상(醫農工商) 등 다양한 전공 분야의 소장학자 40여 명이 회원 및 번역자로 참여하여, 풍석 서유구의 《임원경제지》를 완역하고 있다. 또한 번역 사업을 진행하면서 축적한 노하우와 번역 결과물을 대중과 공유하기 위해 관련 전문가 및 단체들과 교류하고 있다. 연구소에서는 번역 과정과 결과를 통하여 '임원경제학'을 정립하고 우리 문명의 수준을 제고하여 우리 학문과 우리의 삶을 소통시키고자 노력한다. 임원경제학은 시골 살림의 규모와 운영에 관한 모든 것의 학문이며, 경국제세(經國濟世)의 실천적 방책이다.

번역, 서문, 교열, 교감, 표점, 감수자 소개

번역

최시남(崔時南)

강원도 횡성 출신. 성균관대학교 유학과(儒學科) 학사 및 석사를 마쳤으며 동대학원 박사과정을 수료했다. 성균관(成均館) 한림원(翰林院)과 도올서원(檮杌書院)에서 한학을 공부했고 호서대학교에서 강의를 했다. IT회사에서 조선시대 왕실 자료와 문집·지리지 등의 고문헌 디지털화 작업을 했다. 현재 임원경제연구소 팀장으로 근무하며 《섬용지》·《유예지》·《상택지》·《예규지》·《이운지》·《정조지》·《향례지》·《전공지》·《관휴지》·《만학지》를 공역했고, 《보양지》·《전어지》·《예원지》를 교감·교열했다.

김용미(金容美)

전라북도 순창 출신. 동국대 철학과를 졸업하고, 고전번역원 국역연수원과 일반연구과정에서 한문 번역을 공부했다. 고전번역원에서 추진하는 고전전산화 사업에 교정교열위원으로 참여했고, 《정원고사(政院故事)》 공동번역에 참여했다. 전통문화연구회에서 추진하고 있는 《모시정의(毛詩正義)》 공동번역에 참여했다. 현재 임원경제연구소 연구원으로 근무하며,《유예지》·《이운지》·《정조지》·《예원지》·《관휴지》·《만학지》를 공역했고, 《보양지》·《향례지》·《전어지》·《전공지》를 교감·교열했다.

정명현(鄭明炫)

광주광역시 출신. 고려대 유전공학과를 졸업하고, 도올서원과 한림대 태동고전연구소에서 한학을 공부했다. 서울대 대학원 '과학사 및 과학철학 협동과정'에서 전통 과학기술사를 전공하여 석사와 박사를 마쳤다. 석사와 박사 논문은 각각 〈정약전의 《자산어보》에 담긴 해양박물학의 성격〉과 《서유구의 선진농법 제도화를 통한 국부창출론》이다. 《임원경제지》 중 《본리지》·《섬용지》·《유예지》·《상택지》·《예규지》·《이운지》·《정조지》·《보양지》·《향례지》·《전어지》·《전공지》·《예원지》·《관휴지》·《만학지》를 공역했다. 또 다른 역주서로 《자산어보 : 우리나라 최초의 해양생물 백과사전》이 있고, 《임원경제지 : 조선 최대의 실용백과사전》을 민철기 등과 옮기고 썼다. 현재 임원경제연구소 소장으로, 《임원경제지》 번역 사업에 참여하고 있다.

민철기(閔喆基)

서울 출신. 연세대 철학과를 졸업하고 도올서원에서 한학을 공부했다. 연세대 대학원 철학과에서 학위논문으로 《세친(世親)의 훈습개념 연구》를 써서 석사과정을 마쳤다. 임원경제연구소 번역팀장과 공동소장을 역임했고, 현재는 선임연구원으로 재직하며 《섬용지》를 교감 및 표점했고, 《유예지》·《상택지》·《예규지》·《이운지》·《정조지》·《전어지》를 공역했으며, 《보양지》·《향례지》·《전공지》·《예원지》·《관휴지》를 교감·교열했다.

교열, 교감, 표점

상동

감수

전용훈(한국학중앙연구원 인문학부 철학 전공 교수)

1차 교열

전용훈(全勇勳)

서울대학교 천문학과 졸업, 서울대 과학사 및 과학철학 협동과정에서 석사 및 박사학위 취득. 영국 케임브리지대학 니덤과학사연구소(NRI)와 일본 교토산교대학(京都産業大學) 문화학부에서 박사후 연구원을 지냈다. 현재 한국학중앙연구원 인문학부 교수이다. 저서로 『한국천문학사』(들녘, 2017)를, 번역서로 『밀교점성술과 수요경』(동국대출판부, 2010)을, 그리고 동아시아 천문학, 역법, 점성술 등에 관한 여러 논문을 출간했다.

김정기(金正基)

강원도 춘천 출신. 강원대 국어국문학과를 졸업했고, 태동고전연구소(지곡서당)에서 한문을 공부했다. 강원대 대학원에서 국문학 박사과정을 수료했다. 《번암집(樊巖集)》·《송자대전(宋子大全)》 등을 공역했다. 현재 한국고전번역원 교점번역위원이다.

교감·표점·교열·자료조사

임원경제연구소

풍석문화재단

(재)풍석문화재단은 《임원경제지》 등 풍석 서유구 선생의 저술을 번역 출판하는 것을 토대로 전통문화 콘텐츠의 복원 및 창조적 현대화를 통해 한국의 학술 및 문화 발전에 기여함을 목적으로 설립되었다.
재단은 ①《임원경제지》의 완역 지원 및 간행, ②《풍석고협집》, 《금화지비집》, 《금화경독기》, 《번계시고》, 《완영일록》, 《화영일록》 등 선생의 기타 저술의 번역 및 간행, ③풍석학술대회 개최, ④《임원경제지》 기반 대중문화 콘텐츠 공모전, ⑤풍석디지털자료관 운영, ⑥《임원경제지》 등 고조리서 기반 전통음식문화의 복원 및 현대화 사업 등을 진행 중이다.
재단은 향후 풍석 서유구 선생의 생애와 사상을 널리 알리기 위한 출판·드라마·웹툰·영화 등 다양한 문화 콘텐츠 개발 사업, 《임원경제지》 기반 전통문화 콘텐츠의 전시 및 체험교육 등을 목적으로 하는 서유구 기념관 건립 등을 추진 중이다.

풍석문화재단 웹사이트 및 주요 연락처

웹사이트

풍석문화재단 홈페이지 : www.pungseok.net
출판브랜드 자연경실 블로그 : https://blog.naver.com/pungseok
풍석디지털자료관 : www.pungseok.com
풍석문화재단 음식연구소 홈페이지 : www.chosunchef.com

주요 연락처

풍석문화재단 사무국

주 소 : 서울 서초구 방배로19길 18, 남강빌딩 301호
연락처 : 전화 02)6959-9921 팩스 070-7500-2050 이메일 pungseok@naver.com

풍석문화재단 전북지부

연락처 : 전화 063)290-1807 팩스 063)290-1808 이메일 pungseokjb@naver.com

풍석문화재단우석대학교 음식연구소

주 소 : 전북 전주시 완산구 향교길 104

연락처 : 전화 063-291-2583 이메일 zunpung@naver.com

조선셰프 서유구(음식연구소 부설 쿠킹클래스)

주 소 : 전북 전주시 완산구 향교길 104

연락처 : 전화 063-291-2583 이메일 zunpung@naver.com

서유구의 서재 자이열재(풍석 서유구 홍보관)

주 소 : 전북 전주시 완산구 향교길 104

연락처 : 전화 063-291-2583 이메일 pungseok@naver.com

풍석문화재단 사람들

이사장	신정수 ((前) 주택에너지진단사협회 이사장)
이사진	김윤태 (우석대학교 평생교육원장) 김형호 (한라대학교 이사) 모철민 ((前) 주 프랑스대사) 박현출 ((前) 서울시농수산식품공사 사장) 백노현 (우일계전공업그룹 회장) 서창석 (대구서씨대종회 총무이사) 서창훈 (우석재단 이사장 겸 전북일보 회장) 안대회 (성균관대학교 한문학과 교수) 유대기 (공생사회적협동조합 이사장) 이영진 (AMSI Asia 대표) 진병춘 (상임이사, 풍석문화재단 사무총장) 채정석 (법무법인 웅빈 대표) 홍윤오 ((前) 국회사무처 홍보기획관)
감사	홍기택 (대일합동회계사무소 대표)
재단 전북지부장	서창훈 (우석재단 이사장 겸 전북일보 회장)
사무국	박시현, 박소해
고문단	이억순 (상임고문) 고행일 (인제학원 이사) 김영일 (한국AB.C.협회 고문) 김유혁 (단국대 종신명예교수) 문병호 (사랑의 일기재단 이사장) 신경식 (헌정회 회장) 신중식 ((前) 국정홍보처 처장) 신현덕 ((前) 경인방송 사장) 오택섭 ((前) 언론학회 회장) 이영일 (한중 정치외교포럼 회장) 이석배 (공학박사, 퀀텀연구소 소장) 이수재 ((前) 중앙일보 관리국장) 이준석 (원광대학교 한국어문화학과 교수) 이형균 (한국기자협회 고문) 조창현 ((前) 중앙인사위원회 위원장) 한남규 ((前) 중앙일보 부사장)

《임원경제지·위선지》 완역 출판을 후원해 주신 분들

㈜DYB교육 ㈜우리문화 ㈜래오이경제 ㈜도원건강 Artic(아틱) ㈜벽제외식산업개발 ㈔인문학문화포럼 ㈜오가닉시 ㈜우일계전공업 ㈜청운산업 ㈜토마스건축사무소 굿데이영농조합법인 눈비산마을 대구서씨대종회 문화유산국민신탁 엠엑스(MX)이엔지 옹기뜸골 홍주발효식품 푸디스트주식회사 한국에너지재단 강성복 강윤화 강흡모 계경숙 고경숙 고관순 고옥희 고유돈 고윤주 고혜선 공소연 곽미경 곽유경 곽의종 곽정식 곽중섭 곽희경 구도은 구자민 권경숙 권다울 권미연 권소담 권순용 권정순 권희재 김경용 김근희 김남주 김남희 김대중 김덕수 김덕숙 김도연 김동관 김동범 김동섭 김두섭 김문경 김문자 김미숙 김미정 김병돈 김병호 김복남 김상철 김석기 김선유 김성건 김성규 김성자 김 솔 김수경 김수향 김순연 김영환 김용대 김용도 김유숙 김유혁 김은영 김은형 김은희 김익래 김인혜 김일웅 김재광 김정기 김정숙 김정연 김종덕 김종보 김종호 김지연 김지형 김창욱 김태빈 김현수 김혜례 김홍희 김후경 김 훈 김흥룡 김희정 나윤호 노창은 류충수 류현석 문석윤 문성희 민승현 박낙규 박동식 박록담 박미현 박민숙 박민진 박보영 박상용 박상일 박상준 박석무 박선희 박성희 박수금 박시자 박영재 박용옥 박용희 박재정 박종규 박종수 박지은 박찬교 박춘일 박해숙 박현영 박현자 박현출 박형무 박혜옥 박효원 배경옥 백노현 백은영 변흥섭 서국모 서봉석 서영석 서정표 서주원 서창석 서청원 석은진 선미순 성치원 손민정 손현숙 송상용 송원호 송은정 송형록 신나경 신동규 신미숙 신영수 신응수 신종출 신태복 안순철 안영준 안철환 양덕기 양성용 양인자 양태건 양휘웅 염정삼 오미환 오민하 오성열 오영록 오영복 오은미 오인섭 오항녕 용남곤 우창수 유미영 유영준 유종숙 유지원 윤남철 윤명숙 윤석진 윤신숙 윤영실 윤은경 윤정호 이건호 이경근 이경제 이경화 이관옥 이광근 이국희 이근영 이기웅 이기희 이남숙 이동규 이동호 이득수 이명정 이범주 이봉규 이상근 이선이 이성옥 이세훈 이순례 이순영 이승무 이영진 이우성 이원종 이윤실 이윤재 이인재 이재민 이재용 이정란 이정언 이종기 이주희 이진영 이진희 이천근 이 철 이태영 이태인 이태희 이현식 이현일 이형배 이형운 이혜란 이효지 이희원 임각수 임상채 임승윤 임윤희 임재춘 임종태 임종훈 자원스님 장상무 장영희 장우석 장은희 전명배 전영창 전종욱 전지영 전치형 전푸르나 정갑환 정경숙 정 극 정금자 정명섭 정명숙 정상현 정성섭 정소성 정여울 정연순 정연재 정영미 정영숙 정외숙 정용수 정우일 정정희 정종모 정지섭 정진성 정창섭 정태경 정태윤 정혜경 정혜진 조규식 조문경 조민제 조성연 조숙희 조은미

조은필 조재현 조주연 조창록 조헌철 조희부 주석원 주호스님 지현숙 진묘스님 진병춘 진선미 진성환 진인옥 진중현 차영익 차재숙 차흥복 채성희 천재박 최경수 최경식 최광현 최미옥 최미화 최범채 최상욱 최성희 최승복 최연우 최영자 최용범 최윤경 최정숙 최정원 최정희 최진욱 최필수 최희령 탁준영 태경스님 태의경 하영휘 하재숙 한문덕 한승문 함은화 허문경 허영일 허 탁 현승용 홍미숙 홍수표 황경미 황재운 황재호 황정주 황창연 그 외 이름을 밝히지 않은 후원자분